李修命理作名漢韓辭典

작명한자사전

이기정 편저
이수 감수

이더레인
Iedereen

추천사

백 운 산
社團法人 韓國易術人協會中央會 總裁
社團法人 韓國易理學會 中央會 中央會長

눈부신 현대 과학의 발전과 성과 속에서도 아직까지 우리의 지력은 한 인간의 운명과 이름이 운명에 미치는 작용력에 도달하지 못한다.

사람이 자신의 운명을 알고 싶어하는 지적 욕망은 동양에서 명리학(命理學)이라는 학문의 체계를 쌓아왔다. 밀레니엄 시대에 들어 우리 역학계는 선학들의 유산과 이수(李修)라는 신성의 등장으로 한중일 삼국에서 가장 앞서가는 동양 운명학의 지식과 예측술을 보유하게 됐나.

세계적인 명리학자이자 예언가로 당대 최고로 평판이 높은 이수 선생은 방대한 저술과 수많은 문제자들의 양성으로 사학계에 크게 기여했다. 독보적이고 탁월한 '이수명리학'의 학맥과 학풍은 주로 선생을 흠모하는 독자들과 동호인들을 통해 저변이 확대했다. 반면 그간 수많은 문제자를 배출한 사학계 최대 학파의 명성에 비해 직전제자들의 두드러진 활약이나 업적은 기대에 미치지 못한 감이 있다.

때마침 선생의 최근 제자로 한국역술인협회중앙회의 임원이기도 한 대광(大廣) 이기정 선생이 스승의 학통을 이은 정통 명리학자의 관점에서 각고의 노력으로 정리해 낸 성명철학서를 출간하는 반가운 소식을 접했다. 후천운의 영역인 성명학(性名學)에서 팔자명리의 골자가 되는 진신용신을 채택해 이름 글자를 선용하는 방식을 제시한 점에서 발군의 명리가로서의 충만한 자부심이 엿보인다. 본문에서 성명한자(漢字) 각각의 본 뜻과 운명적 암시를 측자파자로 잘 밝혀 설명해놓았는데, 독자들에게 큰 감동을 주는 길잡이 역할을 단단히 할 것으로 본다.

한마디로 종래에 이만한 작명서를 찾아볼 수 없었다. 성실하고 뛰어난 신진 학자의 등장에 기대와 성원의 마음을 담아 밝은 전도를 기원한다.

이 책이 강호 제현들과 일반 독자들의 교양 실용서로 작명의 지침서로 활용된다면 더 이상의 영광이 없겠다.

추천서문

윤 우 일

사시 36회, 26기 사법연수원 수료
경기도 소청심사위원회 위원
경기도 선거관리위원회 위원
법무법인 양헌 변호사
국세행정개혁위원회 실무분과위원
(현) 아주대학교 법학전문대학원 교수
延世大學教 法學科 學士 · 碩士
University of Washington, Seattle 碩士 / 博士

세상의 모든 것에는 이름이 있어야 그 대상을 정확하고 구체적으로 인식할 수 있고, 시간이 축적됨에 따라 우리는 이름이 붙여진 대상에 대한 느낌 등을 켜켜이 만들어 간다. 1980년 5월 18일 광주에서 시작된 사건에 대한 명칭도 광주사태, 광주 민중항쟁, 광주 민주화 투쟁 등 사건 명에 대한 많은 논란을 거쳐 5.18 민주화 운동 등에 관한 특별법에 그 이름이 '5·18 광주 민주화 운동'으로 자리 잡았는데 그 사건은 이제 사람들의 인식 속에 '민주화 운동'이라는 이름이 가지는 의미와 가치로 재탄생되었다. 또한 각 기업들이 자신들의 상호나 제품의 이름인 상표를 지음에 있어 특별한 의미와 가치를 부여하고 시간과 비용을 들여 고질의 브랜드 이미지를 만들어 나가기 위해 애쓰는 것도 이름의 중요성 때문이다.

사건이나 사물에 대한 이름이 이러할 진데 하나의 작은 우주라고 볼 수 있는 귀한 사람이 사용하게 될 이름지음의 무게는 말할 필요가 없을 정도로 무겁다. 생명이 쓰러져도 이름은 남듯이 이름은 어쩌면 순간 찰나의 생명보다 더 길고 깊은 생명력을 가지고 있다고 할 수 있다. 또한 이름의 깊은 울림은 개인의 정신 세계에 영향을 미치고 정신을 통하여 발생하는 생명력은 육체에 에너지를 불러일으키게 된다. 이렇듯 이름은 한 사람의 일생에 지대한 영향을 미치는 것이므로 이름을 신중하게 지어야 하는 것은 두말할 필요가 없다.

다른 생명체와 마찬가지로 자연의 기운을 받고 태어나는 각 사람에게는 자연으로

부터 받은 선천적인 특유의 에너지가 있다. 뜨거운 기운을 가지고 태어나는 사람이 있는가 하면 차가운 기운으로 태어나는 사람도 있다. 또한 인생의 여정에 꽃피는 날도 있겠지만 그 갈피갈피에 바람이 불고 눈이 내리는 시절도 있을 것이다. 그래서 조상들은 부족한 에너지를 보충하면서도 상서로운 기운을 뿜어낼 수 있는 이름을 지어 기쁨, 행복, 슬픔, 염려 등이 뒤엉킬 인생이라는 긴 여정에 후손이 피흉취길하면서 잘 성장해나가길 바라는 깊은 애정과 간절한 염원을 이름지음에 담아왔을 것이다.

이 책은 각 한자의 의미, 파자를 통한 한자의 묘미와 깊이 숨겨진 뜻, 그리고 그 한자가 어떤 영향력을 갖고 있는지를 알려 주고 있어 우리가 작명을 함에 있어 크게 유익함이 있는 책이다. 쉽지 않은 삶을 순탄하게 꾸려나가는데 도움에 되는, 좋은 에너지와 파장을 만들어내는 이름지음에 있어 이 책은 깊은 통찰력과 지식을 제공하는 좋은 길잡이가 되리라 생각한다.

동시대 최고의 명리학자인 스승의 빼어난 학문과 학통을 직접 계승한 최근의 직전제자가 정리해서 펴낸 책이라 한층 신뢰를 더한다.

서 언

이 기 정 저자
李修命理直前第子師事過程(門下55回) 履修
社團法人 韓國易術人協會 · 韓國易理學會 監察室長-副理事長

몇 해 전, 우인(愚人)은 명리를 공부하고 싶은 마음이 가득차 올랐습니다. 그 내면의 소리가 어디에서 비롯되었는지, 근원과 연유를 알 수 없었지만 결국 저는 마음이 향하는 대로 이수(李修) 선생님을 찾아 뵙기를 청하기로 결심하였습니다.

저의 결단은 어느 날 현실이 되었고, 마침내 스승님으로 모셔 직접 지도를 받는 직전제자로 지난해 마지막 문하 60회 과정까지 곁에서 보좌하는 영광을 누렸습니다.

문하 사사 과정에 속한 문제자들은 단기간의 학습 과정에서 명리(命理)라는 거대한 산봉우리의 정상에서 각각의 능선, 계곡의 갈래 등이 한눈에 펼쳐지는 특별한 경험을 하게 됩니다. 이때 오랜 세월, 여러 선생을 찾아 치열하게 공부해온 도반들의 감흥은 당시에 제가 느낀 감상이나 감탄과는 결이 다르게 '더 깊고 벅차다'는 인상을 받았습니다. 이후로 지금까지 명리학도로서의 다방면의 교류와 학습 과정에서 문득 스승님의 지난 말씀을 떠올려 새로이 깨닫는 경우가 종종 있습니다.

이러한 탑-다운(Top-Down) 방식의 가르침은 방대하고 난해한 명리의 세계를 융회관통한 그랜드 마스터만이 구현할 수 있는 경지일 것입니다. 저는 명리의 입문을 한나절의 십간론(十干論) 개인 교습으로 시작했습니다. 다음으로 오행론(五行論)과 합충론(合沖論)을 공부했고 이후로는 문하 사사 과정에 편입해서 신살론(神殺論)의 '포태물상실기'를 학습했습니다. 이상 일련의 학습 과정은 산꼭대기에서 산허리의 능선까지 오르고 내리면서 이론 체계를 다지고, 산을 내려와 널리 펼쳐진 세상의 다양한 현상을 물상법으로 변통하는 실기 연습을 통해 세상사의 이치를 깨달아가는 식으로 진행됐던 것 같습니다.

선학들과 도반들 거의 모두가 난해하고 방대한 명리학의 정상에 도달하기란 불가하다고 생각하며, 결국 자신의 한계를 드러내거나 혹은 한층 분발해본들 오행론의 5부 능선에서 진로가 막히는 좌절로 그치기가 쉽습니다. 명리 초학인 필자 또한 '명리를 안다'는 것은 어불성설이고 공부를 할수록 모자라고, 부족함을 알게 됩니다. 하지만 저는 이수 스승님을 따라 명리의 산봉우리 정상에 바짝 다가서본 경험을 통해 언젠가 완등할 수 있다는 자신감과 자부심을 지니게 됐습니다. 적어도 사학계 전반에 퍼진 견강부회와 왜곡된 학문적 지식이나 협소한 견해 등은 한눈에 가려 낼만한 안목은 길러왔습니다.

저는 스승님을 통해 제가 기대하고 상상한 명리 이상의 세계를 보았습니다. 명리의 정상에서 한걸음 더 나아간, 백척간두진일보의 경지! 지성(知性)의 극단에서 진일보한 영성(靈性)은 세상에 난무해 판치는 영기(靈氣)가 깃든 부류들의 불편하고 부조리한 언행과는 전혀 다른 편안한 일상의 모습이었습니다. 말씀과 행동이 일관됐고 늘 당당하셨으나, 근래에 비교적 밀접했던 제자의 한 사람인 필자조차도 스승님의 말과 글을 본바탕대로 고스란히 받아들이지 못하는 불민한 때가 더러 있었습니다.

언제부터인가 자연스럽게 스승님을 흠모하고 따르면서 곁에서 보좌하는 충실한 제자임을 자처하며 나름의 애를 써왔으나, 어느 순간부터 스승의 연민으로 가르침과 보살핌을 받아온 최근의 제자라는 현상을 통한 인식을 굳히게 됐습니다. 저는 인연법까지 환하게 설명하고 묘사해내는 영성의 명리학, 명실(明悉)의 차원을 접하면서 "위대한 명리학을 실로 위대한 학문으로 계승하고 구현해 전승하는 '이수명리학'의 일원이 된 자신을 매우 기쁘고 대견하게 여깁니다.

몇 해 전 필자의 인수고지(印綬庫地)가 되는 축운(丑運)에 들어 신축(辛丑)년에 돌아가신 선모(先母)께서 저를 이끌어 사축합작(巳丑合作)으로 을사생(乙巳生)의 이수 스승님을 찾아 뵙는 우연을 낳았고, 이는 곧 남은 인생의 필연적 행로를 여는 계기였음을 스승님께 명리를 배우며 깨달았습니다.

명리학도로서 첫걸음을 스승님께 처음 배웠던 십간론(十干論)의 진신(眞神) 용신(用神)의 중대한 기능을 설교하는 이 책의 발표로 내딛고자 합니다. 난강망(欄江網)에 이르길, "음간(陰干)은 설신(洩神)이 생신(生神)이 된다"고 한 이치가 바로 팔자십간진가론(八字十干眞假論)의 골자인 바, 대개 양일간(陽日干)은 편관(偏官)으로 음일간(陰日干)은 상관(傷官)을 용신으로 삼아 격국(格局)을 이룰 때, 참다운 부귀를 말할 수 있는 진신득용(眞神得用)의 개념부터 확고히 한다면 종래 오행생극제화의 오행론(五行論) 틀에 갇혀 지지부진했던 명리 학습의 한층 진전을 꾀할 수 있을 것입니다.

십간 용신의 주(主)가 되는 진신(眞神)의 효용은 명(命)과 운(運)에서 나아가 개운

과 방편 술기 전반에서 어김없이 드러나는 바, 스승님께서는 오래전부터 '팔자술의 꽃'으로 비유된 성명학에서 정통 명리학자들이 오행의 용신을 적용하는 작명법부터 십간 진신으로 개선해 적용할 필요가 있다는 점을 설파해오셨습니다.

이 책은 명리 초학의 설부른 용기와 턱없는 실력으로 시작된 꽤 곡절을 겪어 선보이는 작명 한자의 뜻풀이와 자원의 십간 분류작업 결과물입니다. 스승님의 자상한 지도와 배려, 그리고 공저자인 김효진님의 큰 도움이 없었다면 제가 감당할 수 없었던 내용입니다. 늘 성원해주신 도반들과 사형 · 사제들께도 깊은 감사의 인사를드립니다.

癸卯年 立春節 大廣 識

차 례

LEESOOISM

OJASUL GROUP

<가>

家 "집 가(家)=움집 면(宀)+돼지시(豕)" - 宀/十/木

눈과 비를 막는 지붕(宀) 아래 돼지(豕)들이 모여 사는 모양. 전문가, 학자, 정통한 사람, 용한 사람의 뜻이 있다. 돼지의 시심(豕心)을 지니고, 그 위에 눈이나 비를 막는 지붕이 있는 형상, 그 방면의 일을 전문적으로 하는 사람이나 또는 어떤 일에 종사하는 사람이란 뜻을 나타내는 말이다.. 직업은 축산업, 도축장, 수용소 등.

佳 "아름다울 가(佳)=사람인(亻)+양토 규(圭)"

훌륭하다 뜻을 나타내는 사람인변(亻(=人))부와 음을 나타내는 圭(규)로 이루어져 아름다운 사람, 전(轉)하여 아름다움을 뜻한다. 아름다운 것을 좋아 하는 사람 즉 풍류를 즐긴다. 직업은 교육자, 서비스업, 무희, 주점 등이 있다.

可 "옳을 가(可)=고무래 성(丁)+입구(口)" - 口/五/水

가(可)는 '말로 옳은 결정을 내린다' 는 뜻이다. 이때 결정권자는 망치로 책상을 두드린다. 어느 분야를 막론하고 결정할 수 있는 권한을 지닌 인사가 될 가능성이 높다.

駕 "멍에 가(駕)=더할 가(加)+말마(馬)."

뜻을 나타내는 말마(馬)와 가(加)가 합하여 '탈것'을 뜻한다. 말이나 소의 목에 얹는 멍에나 머슴, 고용인을 뜻한다. 땀 흘린 대가로 사는 직업군인으로 노력함에 있어 실속이 적고 그 주인이 되지는 못한다.

假 "거짓 가(暇)=사람인(亻)+빌릴 가(叚)"

손을 빌리는 데서 임시의 거짓 뜻이 있다. 후에 사람인변(亻(=人))부를 붙여 사람이~하다란 뜻을 나타내었으나, 곧 가의 뜻을 그대로 나타내어 쓴다. 가짜 얼굴, 사기꾼, 두 얼굴을 가진 사람을 나타낸다. 직업은 화가, 통역관, 작가, 연예인 등이 있다.

稼 "심을 가(稼)=벼화(禾)+집 가(家)"

잘 여문 볍씨, 곡식을 뜻하며, '가'의 음이 居(거=살다, 있다)의 변음이라 생각하여, 벼를 서 있게 하다, '심다'의 뜻으로 쓰게 되었다. 이는 집 안에서 곡식을 심고 가꾸는 일을 뜻한다. 직업은 농업, 양돈축산업, 건축업, 화가 등이 있다.

軻 "수레 가, 힘들 가(軻)=수레거(車)+옳을 가(可)"

일이 뜻대로 되지 아니하다의 뜻을 내포하며, 수레가 가기 힘들다. 옳다고 큰소리를 치거나 우긴다. 직업은 정비공, 운수업 종사자, 많이 돌아다니는 장사꾼, 영업직, 운수업 등이 있다.

嘉 "아름다울 가(嘉)=기쁠희(喜)+힘 력(力)"

옛날에는 공적을 기릴 때 神前(신전)에서 음식을 베풀어 주었으므로 음식을 내려 주어 '칭찬하다'의 뜻이다. 널리 경사스럽다, 아름답다의 뜻이다. 직업은 교육계, 기술직 등이 있다.

歌 "노래 가(歌)=노래 가(哥)+하품할 흠(欠)"

소리를 길게 빼서 노래함의 뜻을 가진 哥(가)가 합하여 노래를 뜻함. 게으르고 비현실적이다. 직업은 서비스업, 음악가, 언론인 등이 있다.

加 "더할 가(加)=힘 력(力)+입구(口)"

힘이 입에 있으니 입으로만 하는 척할 뿐 실행에 옮기지 않는다. 즉 행동보다 말이 앞선다는 뜻이다.

架 "시렁 가(架)=더할 가(加)+나무목(木)"

능가하다, 능력이나 수준 따위가 비교 대상을 훨씬 넘어섬을 뜻한다. 생계를 위하여 최선의 노력을 해야 한다는 뜻이다.

價 "값 가(價)=사람인(亻)+값 가(賈)"

賈는 貝(재산)와 덮을 아(襾(=西, 覀)덮다)部의 합친 글자로서 물건(物件)을 사놓고 손님을 기다리는 일, 행상이 商(상)인데 대하여 가게에서 파는 것이 賈(가), 장사→값→價値(가치)로 되었음. 재물에 욕심을 부리면 안된다.

<각>

刻 "새길 각(刻)=돼지 해(亥)+선칼도(刂)"

칼로 새기다, 표시를 하다, 구분(區分)짓다. 날카로운 칼로 돼지의 살을 발라내듯이 파낸다는 뜻으로 새기어 만든다는 뜻이 있다. 직업은 도장, 식당, 축산, 도살업 등이 있다.

各 "각각 각(各)=뒤져올 치(夂)+입구(口)"

앞에 온 사람과 뒤에 오는 사람의 말이 서로 다르다는 뜻이 합하여 '각각'을 뜻한다. 말을 머뭇거리게 하면서 이익(利)을 취한다. 구설로 주변과 불화하고 건강이나, 재물, 직업 등에 변화 많다. 직업은 작가, 언론인, 인기인 등이 있다.

角 "뿔 각(角)=쌀포(勹)+쓸 용(用)"

짐승의 뿔의 모양을 본뜬 글자로 '뿔' '모서리'를 뜻하며, 날카로운 뿔을 가졌으니 다투는 일이 잦다. 직업은 의사, 한의사, 미용사, 재봉사, 요리사 등이 있다.

脚 "다리 각(脚)=육달월(月)+물리칠 각(却)"

다리는 무릎에서 굽으므로 脚(각)이라 한다. 병든 몸이기에 만사가 귀찮아 고기도 물리친다.

閣 "집 각(閣)=문 문(門)+각각 각(各)"

閣은 문을 열었을 때나 닫았을 때 문짝이 움직이지 않게 거는 노구(道具), 문이 달린 큰 건물, 방을 각각 사용하므로 마음이 서로 각각이다는 뜻으로 사용한다. 화합되지 못하고 외롭다.

覺 "깨달을 각(覺), 꿈깰 교=절구 구(臼)+육 효(爻)+덮을 멱(冖)+볼 견(見)"

學(학－배우다)과 見(견－나타나다→명확해지다)의 합자로 배운 것이 확실해지다－깨닫다의 뜻으로 쓰인다. 잘못을 깨달으니 꿈 같이 허망하다. 가위질과 칼로 사용하는 직업군인, 의사, 조경사, 미용사 등이 있다.

珏 "쌍옥 각(珏)=구슬 玉이 합류한 글자."

玉(옥)자를 두 개 겹쳐 '쌍옥'의 뜻이지만, 나란히 있어도 잘 합해지지 않는다. 사람들과 잘 화합하지 못하고 인덕이 없다. 직업은 보석세공업자, 역학자 등이 있다.

<간>

簡 "대쪽 간(簡)=대 죽(竹)+틈 간(間)"

簡(간)은 (門+月)을 間(간)으로 쓴 것을 본뜬 모양이다. 대나무에 글을 기록한다는 뜻이다.

대나무는 속이 비어있으므로 실속이 없다. 직업은 사학자, 서예가, 화가 등이 있다.

看 "볼 간(看)=손수(手)+눈목(目)"

看(간)은 눈 위에 손끝을 대고 바라보는 모양으로 보다, 見(견)과 옛 음이 비슷하여, 같은 근본에서 分化(분화)한 것으로 생각된다. 눈과 손으로 돌본다는 뜻으로 간호사, 의사, 안마사, 봉사 활동하는 직업 등이 있다.

刊 "책 펴낼 간(刊)=방패 간(干)+선칼도(刂)"

나무에 칼로 글자를 새겨 책을 펴낸 것을 뜻한다. 글을 새기거나, 출판업에 종사하는 사람, 칼을 이용하는 직업군 등이 있다.

肝 "간 간(肝)=육달월(月)+방패 간(干)"

生氣(생기)의 근원이 되는 臟器(장기)의 뜻으로 간과 고기를 나타내며 간에 살이 있는 것을 뜻하므로 행동이 게으름을 나타낸다. 직업은 도축업, 이 · 미용업, 의사, 간호사 등이 있다.

艮 "괘 이름 간(艮)=해 일(日)+씨앗 씨(氏)"

사람이 눈을 뒤로 向(향)하게 한 모양으로 '外面(외면)하다', '원망하다', '배신하다' 등의 뜻을 나타낸다. 艮(방향)간으로 북쪽과 동쪽이 만나 끝나고 시작하는 방향을 나타낸다. 모든 생물이 잠든 즉, 계절이 끝나가고 있는 계절로 아직은 멈추어 있다는 것을 뜻한다. 직업은 샐러리맨, 의사 등이 있다.

間 "사이 간(間)=문 문(門)+가로 왈(曰)"

閒(한)은 방문으로 달빛이 비치다-틈, 후에 間(간) 자가 생겨 間(간)은 사이, 閒(한-閑(한))은 여가 · 조용함으로 나누어 사용(使用)한다. 쉽게 문과 문 사이란 뜻으로 생계를 입으로 이어가는 직업을 예로 들 수 있겠다.

幹 "줄기 간(幹)=열 십(十)+새벽 조(早)+사람인(人)+방패 간(干)"

干(간)에는 막는다는 뜻이 있으므로, 후에 倝(간)에 木(목)을 더한 글자를 幹(간)으로도 쓰고 支柱(지주)란 뜻에서 받침이 되는 중요(重要)한 것, 나무의 줄기, 支線(지선)에 대한 幹線(간선) 따위의 뜻으로 쓰게 되었다. 연결되어 내려오는 줄기, 기둥, 산의 능선 등을 나타낸다.

姦 "간사 할 간(姦)=계집녀(女)가 셋이 모여 있는 형상"

뜻을 나타내는 계집녀(女-여자)部와 干(간)이 합하여 이루어졌으며, 여자를 도리에 어긋나게 범한다는 뜻이다. 여자 셋이 모였으니 무슨 일이든 다 한다는 뜻으로 간통할 간(奸)과 뜻이 통하는 글자이다.

諫 "간할 간, 충고할 간(諫)=말씀언(言)+가릴 간(柬)"

'범하다'의 뜻(=干(간))을 나타내기 위한 柬(간)을 더한 글자이며 웃어른의 面前(면전)을 무릅쓰고 말하다의 뜻. 말을 가려서 한다는 뜻이다.

玕 "옥돌 간(玕)=구슬옥(玉)+방패 간(干)"

뜻을 나타내는 구슬옥변(玉(=玉, 王)-구슬)부와 글자 干(간)이 음을 나타낸다. 구슬을 갈아서 만든 방패. 옥과 같이 단단한 몸(육체)이란 뜻이다.

<갈>

碣 "비 갈(碣)=돌석(石)+어찌 갈(曷)"

비(둥근 비석), 우뚝 솟은 돌, 문체 이름. 돌로 갈아서 없앤다는 뜻이 내포되어 맷돌이나 숫돌을 나타내는 글자로 성명에는 절대 사용하지 않는다.

葛 "칡 갈(葛)=어찌 갈(曷)+초 두(++)"

덩굴나무의 이름. 칡이 서로 뒤엉켜서 어떤 생물도 생존할 수 없다는 뜻으로 쓰이므로 성명에 사용하기에는 적합하지 못하다.

<감>

甘 "달 감(甘)=입 벌린 감(凵)+한 일(一)+손잡을 공(廾)"

입 속에 물건을 물고 있음을 나타내며 입속에 머금고 맛봄을 뜻한다. 甘(감)의 음은 머금다의 뜻을 나타내며 나아가서 맛있다, 달다의 뜻을 내포하고 있다. 하늘을 향해 입을 벌리고 있으니 사탕이 떨어져 벌린 입에 들어가니 맛이 달다는 뜻으로 의지력과 개척 정신이 없고 입만 살아 있다. 그러나 횡재수와 식복이 따른다. 직업은 식당, 요식업, 음료, 주류 판매업, 유흥업 등이 있다.

感 "느낄 감(感)=다 함(咸)+마음심(心)"

감의 변음(變音)은 많은 사람이 소리를 질러 적을 치다, 모두·남김 없이의 뜻이고, 心(심)은 사람의 마음, 즉 많은 사람의 마음을 움직임의 뜻이다. 마음을 다하여 감동케 한다는 의미이다. 마음속에 깊은 뜻을 간직하고 재주를 부린다. 직업은 변호사, 공인중개사 등이 있다.

鑑 "거울 감(鑑)=쇠금(金)+볼 감(監)"

거울의 본 글자 監(감)은 물거울을 뜻하는 글자이므로 금속으로 만든 거울을 나타내기 위하여 金(금)을 더하여 鑑(감) 자를 만들었다. 사물의 형체를 볼 수 있게 한다는 뜻으로 작가나 기술자 등을 예로 들 수 있겠다.

敢 "감히 감(敢)=귀에지 정(丁+耳)+칠 복(攵)"

나아가서 잡다의 뜻으로 전(轉)하여 감히~하다의 뜻을 나타낸다. 구태여 시끄럽게 할 필요는 없지만 용감해야 할 때는 용감해질 수 있다.

監 "볼 감(監)=신하 신(臣)+빌 걸(乞)+그릇 명(皿)"

사람이 물그림자를 보다, 전(轉)하여 비추어 본다는 뜻이다. 물을 담은 대야에 크게 뜬 눈으로 내려다보고 있는 사람으로 세밀히 살핀다는 뜻이다. 직업은 감사원, 판검사, 검사를 하는 직종 등이 있다.

<갑>

甲 "육갑 갑(甲)=밭 전(田)+아래로 뚫을 곤(丨)"

새싹이 싹트면서 아직 씨앗 껍질을 뒤집어쓰고 있는 모양을 본뜬 글자로 싹이 나기 시작한다는 뜻이다. 밭을 아래로 뚫는다는 뜻으로 나무가 뿌리를 내리는 형상으로 나타난다. 직업은 군인, 무도관, 활인업 등이 있다.

鉀 "갑옷 갑(鉀)=쇠금(金)+육갑 갑(甲)"

쇠금이 부수 변으로 쇠로 재목을 다듬는다는 뜻으로 금융계, 경리직, 세무사 등이 있다.

<강>

江 "강 강(江)=삼수변(氵)+장인 공(工) "

큰 시내 곧 강의 뜻이다. 본디 양자강(揚子江)을 가리키며 사람(장인)의 힘으로 강과 하천을 다스린다. 손재주로 생계를 유지해나가는 직업을 예로 들 수 있다.

崗 "언덕 강(崗)=산등성이 강(岡)+뫼산(山)"

그물망(罒(=网, 罓)-그물)部가 岡자에서 山을 뺀 자로 쓰였다. 산과 산들이 그물망과 같이 늘어서 있다는 뜻으로 산골에서 산나는 뜻노 된다.

羌 "오랑캐 강(羌)=양머리 양(羊)+어진사람 발(儿)"

얼굴은 양에 가면을 쓰고, 어진 사람의 발을 하고 돌아다닌다는 뜻으로 똑똑한 척, 착한 척하지만 속은 오랑캐일 뿐이다.

薑 "생강 강(薑)=초두 변(++)+지경 강(畺)"

'생강(생강과의 다년초)'을 뜻하며, 밭과 밭 사이의 두렁의 잡초라는 뜻으로 성격이 생강과 같이 맵고 독하다. 직업은 농업, 축산업, 농업 관련업 등이 있다.

糠 "겨 강(糠)=쌀미(米)+편안 강(康)"

곡식(벼)의 껍질을 겨라고 한다. 겨는 가축의 먹이로 사용되고 있다. 강은 돌로 만든 집에 들어가니 편안하다. 죽어도 근본은 지킨다는 뜻으로 사용된다. 직업은 정미소, 곡물상, 광산업 등이 있다.

康 "편안 강(康)=돌집 엄(广)+미칠 이(隶)"

庚(경)은 단단히 곡식이 익다, 米(미)는 곡식의 낟알(벼), 껍질을 단단히 뒤집어쓴 벼, 또 알맹이를 穀(곡)이라는 데 대하여 벼나 겨를 康(강)이라 하고 糠(강)으로도 쓴다. 돌로 만든 집에 들어가니 편안하다는 뜻으로 이(隶)는 본래대로라는 뜻으로 본래대로 되니 편안하다. 직업은 작가, 예술가,

서예가 등이 있다.

講 "강론할 강(講)=말씀언(言)+달 감(甘)+거듭 재(再)"

말을 짜맞추기도 하고 비교도 해보는 일-사화(私和)하다-알아듣게 이야기하는 일을 뜻한다. 말을 하고 또 한다. 말을 잘하면 먹을 것이 생기니 달다는 뜻으로 교육자, 연설자 등이 있다.

强 "굳셀 강(强)=활 궁(弓)+마늘 모(厶)+벌레충(虫)"

벌레충(뱀이 웅크린 모양)이 강하다. 활이 세다. 직업은 재물과 인연이 먼 공직자나 농업 등.

鋼 "강철 강(鋼)=쇠금(金)+산등성이 강(岡)"

强(강)은 본디 바구미의 뜻이었으나 힘이 세다는 뜻의 勍(경) 또는 활이 세다의 뜻의 彊(강) 따위와 섞여, 후에 강하다의 뜻으로 쓰게 되었다. 산에서 쇠가 난다는 뜻으로 강하고 불굴을 의미한다. 직업은 철과 관련 산업, 제철소 등이 있다.

岡 "산등성이 강(岡)=멀 경(冂)+그물망(罒)"

산등성이 들이 그물망과 같이 서로 엉켜 있다는 뜻으로 야외(산, 들)에서 일하는 농부, 축산업, 목재업 등이 있다.

姜 "성 강(姜)=양머리 양(羊)+계집녀(女)"

옛 민족의 성씨(姓氏)이기도 하며 여자가 머리 위로 모시는 양처럼 착한 사람을 뜻하고 양의 탈을 쓰고 똑똑한 척, 착한 척하는 여자를 말한다. 직업은 정치인, 축산업 등이 있다.

<개>

皆 "다 개(皆)=견줄 비(比)+흰백(白)"

모두 같이 말하다, 전(轉)하여 죄다 또는 함께라는 뜻이다. 비는 서로 비슷한 사람, 동료, 형제, 친구를 나타낸다. 친구, 형제 모두 다, 우애가 없다는 뜻이며, 흰백은 오행에서는 금을 상징하므로 칼과 가위를 이용하는 직업군이다.

芥 "겨자 개(芥)=초두 변(艹)+끼일 개(介)"

겨자를 말하며 나물과 사람 사이를 소개한다는 뜻으로 각종 소개나 중개하는 업이 있다.

盖 "덮을 개(盖)=양머리 양(羊)+그릇 명(皿)"

양 머리를 그릇에 넣고 덮는다는 뜻으로 식당, 그릇을 만드는 직업, 요식업 등이 있다.

改 "고칠 개(改)=자기 기(己)+칠 복(攵)"

등근월 문 방부는 손이나 몸으로 동작하는 일, 즉 굽은 것을 바로잡다, 태도를 고치다, 改善(개선)하다의 뜻으로 자기 스스로를 반성하고 두드려 고쳐야 한다는 뜻이다. 교정 공무원, 사법관, 건물을 고치는 건축업, 수리업 등이 있다.

開 "열 개(開)=문 문(門)+평평할 견(幵)"

문을 평평하게 열어 어떤 것을 맞이한다. 그 설에 의하면 두 손으로 빗장을 들이 올려 양쪽 문짝을 여는 것이다. 견(幵)은 합류한 무기와 방패로 성기를 나타내어 이성 관계를 뜻한다. 군인, 유흥업 종사자, 서비스업 요식업 등이 있다.

<객>

客 "나그네 객(客)=움집 면(宀)+각각 각(各)"

各(각, 객)은 거리까지 이르다, 붙들어 두다의 뜻. 갓머리(宀-집, 집 안)부는 각처에서 집으로 온 사람이라는 뜻. 합하여 '손님'을 뜻한다. 각각 흩어져 산다. 여러 곳을 떠돌아다니는 방랑자, 나그네, 여행자를 상징하는 것으로 성명에 사용하기에는 부적합하다.

<갱>

更 "다시 갱(更)=한 일(一)+말미암을 유(由)+정리할 예(乂)"

매를 손에 들고 강제를 뜻하는 등글월문(攴(=攵)-일을 하다, 회초리로 치다)부와 음은 나타내며 분명하다의 뜻을 가리키는 丙(병-경은 변음(變音))으로 이루어진다. 분명한 쪽으로 향하게 하다의 뜻으로 전(轉)하여 새롭다, 다시 고친다는 뜻이다. 직업은 고치거나 새롭게 하는 업, 수선업, 허가청, 유전공학 등이 있다.

<거>

巨 "클 거(巨)=상자 방(匚)+입구(口)"

손잡이가 달린 커다란 큰 자의 모양. 전(轉)하여 크다의 뜻이다. 입이 상자 속에 있어 표현력 부족하지만, 의리가 있다. 직업은 노동자, 건축업 등이 있다.

去 "갈 거(去)=흙토(土)+사사 사(厶)"

글자 윗 부분의 土(토)는 흙이 아니고 吉(길)의 윗부분같이 뚜껑을 나타냄. 우묵하다·틀어 박히다의 뜻에서 전진(前進)에 대하여 퇴거(退去)를 나타내는 것으로 생각된다. 땅에 발자국의 흔적이 남는 형상으로 오라는 데는 없어도 갈 곳은 많다. 직업은 직장인, 공직자 등이 있다.

據 "의거할 거(據)=제방 변(扌)+원숭이 거(豦)"

손으로 매어 달린다는 뜻으로 전(轉)하여 기대다·의지하다의 뜻이다. 원숭이처럼 웅거한다. 원숭이 거(豦)는 범 호 밑 변(虍)+돼지시(豕)의 합자로서 돼지가 범의 머리를 달았으니 어려운 입장을 나타낸다. 직업은 추산계통, 연예인, 기술자 등이 있다.

車 "수레거(車)=두 이(二)+밭 전(田)+뚫을 곤(丨)"

수레의 모양을 본뜸. 부수(部首)로서는 수레에 관한 글자의 의미로 쓴다. 옆으로 뉘면 양쪽으로 수레바퀴이고 밭 전에 사람이 타는 자리이다. 돌아다니는 직업, 운수업, 택시 기사, 외판원 등이 있다.

鉅 "톱 거(鉅)=쇠금(金)+클 거(巨)"

쇠로 만든 톱날로 강하고 크며 날카롭다. 직업은 철강업, 경찰 등.

居 "살 거(居)=주검 시(尸)+옛 고(古)"

옛날의 그곳. 조상들이 살던 곳이란 뜻으로 사용된다. 직업은 고고학, 역사가, 도예가 등이 있다.

渠 "개천 거(渠)=삼수변(氵)+물모양 파(氵+巨)+나무목(木)"

물을 통하게 한 길의 뜻으로 음을 빌어 대명사 '그', 의문사 '어찌'의 뜻으로도 쓰인다. 물이 큰 나무와 같은 모양으로 흐른다는 뜻이다. 직업은 건축, 토목업 종사자, 농민 등이 있다.

擧 "들 거(擧)=줄 여(與)+손수(手)"

손을 들어주다. 더불어 정답게 물건을 손으로 들어 올린다는 뜻이다. 동업자와 회사를 공동 운영하는 사업체, 선관위, 가내공업 등이 있다.

<건>

建 "세울 건(建)=법 률(律)+길게 걸을 인(廴)"

建(건)은 법을 정하여 나라를 다스리다, 물건(物件)을 세우다의 뜻이다. 律은 붓을 세워서 글자를 쓰다. 사물을 하나하나 차례를 정하다의 뜻으로 민책받침(廴)은 행동을 나타냄. 建(건)은 법을 정하여 나라를 다스리다, 物件을 세우다의 뜻으로 직업은 건축업, 운전기사 등이 있다.

巾 "수건 건(巾)=덮을 멱(冖)+뚫을 곤(丨)"

앞치마 모양을 본떠 '건'의 음은 손을 닦는 것의 뜻에서 유래됐다. 전(轉)하여, 행주의 의미이다. 머리를 덮은 천에다 구멍을 뚫는다는 뜻으로 두건을 상징한다. 건(巾)은 헝겊 따위로 만들어 머리에 쓰는 여러 가지 물건을 통틀어 일컬음. 직업은 천과 통하는 직업, 의류 제조업, 직물공장 등이 있다.

乾 "하늘 건(乾)=새벽 조(早)+빌 걸(乞)"

아침 조(早)에 빌 걸(乞)로 아침부터 하늘에 대고 비를 내리게 해달라고 빈다는 뜻. 종교인이나 역술인 같은 활인업 등.

件 "사건 건(件)=사람인변(亻)+소 우(牛)"

사람이 소처럼 부지런하고 열심히 일을 한다. 사람이 소처럼 어리석게 일을 한다는 뜻으로 일은 많으나 결과는 신통치 못하다. 사건을 다루는 사법부에 관한 업종 등이 있다.

健 "건강할 건(健)=사람인변(亻)+세울 건(建)"

建(건)은 높이 서는 일, 人(인)은 사람, 사람이 씩씩하고 힘참을 뜻한다. 사람의 몸을 건강하고 바르게 세운다는 뜻이다.

<걸>

傑 "뛰어날 걸(傑)=사람인변(亻)+홰 걸(桀)"

뛰어나다의 뜻을 가지는 桀(걸)로 이루어짐. 훌륭한 인물을 뜻한다. 杰의 본 자의 뜻을 나타내는 사람인변(亻), 음을 나타내는 동시에 뛰어나다의 뜻을 가지는 桀로 이루어졌다. 훌륭한 인물을 뜻하며 매사에 일이 순조롭게 풀리지 않는다. 요식업, 레스토랑 등이다.

杰 "호걸 걸(杰)=나무목(木)+연화 발(灬)"

나무 밑에 불을 붙였으나 겁을 먹지 않고 침착하게 어려움을 헤쳐 나간다는 뜻으로 호걸로 나타낸다. 나무에 불을 붙이는 업종, 숯불구이집 등.

<검>

劍 "칼 검(劍)=다 첨(僉)+선칼도(刂)"

끝이 날카롭게 뾰족한 칼의 뜻으로 여러 사람을 울게 할 수도 있고 따르게 할 수도 있다는 뜻이다. 직업은 검사, 판사, 활인업종 등이 있다.

儉 "검소할 검(儉)=사람인변(亻)+다 첨(僉)"

전(轉)하여 낭비를 없애다의 뜻이다. 사람 (亻)은 4개, 입(口)도 2개로 많은 식구를 혼자 부양한다.

檢 "봉함 검(檢)=나무목(木)+다 첨(僉)"

僉(첨, 검)과 나무(木) 중에서 좋은 것을 가려낸다는 뜻이 합하였으며 '검사하다'를 뜻한다. 사람과 나무 등 모든 것을 뒤져서 조사하고 살핀다는 뜻이다. 직업은 검열 관계 업종 등이 있다.

<격>

格 "바로잡을 격(格)=나무목(木)+각각 각(各)"

各(각)은 곧장 다다르는 일, 格(격)은 똑바로 자란 높은 나무란 뜻에서 바르다, 바로잡다, 규칙, 뼈대 따위의 뜻으로 되어있다. 또 各(각)과 같이 다다르다·다하다란 뜻으로도 썼다. 나뭇가지가 각각 바로 잡아 격식을 갖추고 있다는 뜻으로 성명에 사용하면 생각과 이상이 서로 달라 불화한다.

擊 "부딪칠 격(擊)=수레 끌 수(毄)+손수(手)"

손으로 치다의 뜻과 전(轉)하여 치다의 뜻이 있다. 수레를 손으로 끌어서 서로 부딪치게 하거나 친다는 뜻으로 남과 다투는 일이 많고 사고를 조심해야 한다. 직업은 항공, 해운 분야 등이 있다.

<견>

堅 "굳을 견(堅)=굳을 간(臣+又)+흙토(土)"

단단한 흙의 뜻과 전(轉)하여 널리 단단하다의 의미이다. 신하가 땅바닥에 닿을 듯이 굳혀 굳어있다는 뜻이다. 착하고 어진 신하의 선비정신을 뜻한다. 충성심이 필요한 직업군인 등이 있다.

見 "볼 견(見)=눈목(目)+어진사람인 발(儿)"

안석 궤(几-책상)부는 사람, 目(목)은 눈, 見(견)은 눈의 기능-보는 일, 나중에 이쪽으로부터 보는 것을 視(시), 저쪽으로부터 나타나 보이는 것을 見(견)으로 나누어 썼다. 어진 사람이 발로 돌아다니면서 눈으로 보고 세밀하게 살핀다는 뜻이다. 직업은 사법부, 금융계, 검사소 등이 있다.

遣 "보낸 견(遣)=쉬엄쉬엄 갈 착(辶)+벌레충(虫)+써이(以)"

가서 물건(物件)을 삼가 바치게 하다, 전(轉)하여 보내다, 파견하다를 의미하며 벌레를 쫓아 보낸다, 장례를 지낸다는 뜻의 노제 견으로도 쓰인다. 직업은 장례업종이다.

鵑 "두견새 견(鵑)=작은 벌레 연(肙)+새조(鳥)"

새가 벌레처럼 작다는 뜻으로 직업은 새와 관련된 업종, 축산 등이 있다.

肩 "어깨 견(肩=)문 호(戶)+유달월(月)"

형제들이 어깨를 나란히 하고 있다는 뜻으로 가족들이 같이 경영하는 장사 등이 있다.

絹 "명주 견(絹)=가는 실사(糸)+작은벌레 연(肙)"

잇다・감다의 뜻을 나타내며, 실사(糸-실타래)부는 명주실, 絹(견)은 둥근 고치에서 자아낸 명주로 희고 깨끗한 것을 말한다. 즉 작은 벌레에서 뽑은 실로 만들어진 명주란 뜻한다. 직업은 옷 장사, 미장원, 화원(花園), 농업조경, 임업(林業), 과수원(果樹園), 화훼(花卉), 채소 장사 등이 있다.

<겸>

謙 "겸손할 겸(謙)=말씀언(言)+겸할 겸(兼)"

말씀언(言)과 동시에 모자란다는 뜻을 나타내기 위한 兼(겸)으로 이루어졌다. 자기를 미흡한 자라고 말하는 뜻으로 겸손함을 나타낸다. 농업조경, 임업, 제재소(製材所), 교사, 채소 장사 등이 있다.

兼 "겸할 겸(兼)=여덟 팔(八)+터진 가로 왈(ㅋ)+둑새의 벼화(禾禾)"

많은 벼를 손에 쥐다, 한 번에 갖다, 겸하는 일 뜻으로 나타낸다. 禾禾(많은 벼)와 又(손)으로 이루어졌다. 직업은 율사(律師), 예술가(藝術家), 회계사, 교사 등이 있다.

<경>

經 "날 경(經)=실사(糸)+지하수, 물줄기 경(巠)"

옷감 짜는 날실, 씨실인 緯(위)에 대하여 일컫는다. 붓글씨가 옷감 짜는 날실처럼 이어진다는 뜻에서 붓글씨로 쓰인 책 묶음, 명석한 두뇌의 소유자를 말한다. 직업은 의사(醫師)나, 율사(律師), 회계사, 예술가(藝術家), 교사 등이 있다.

卿 "벼슬 경(卿)=동방 묘(卯)+향내 날 흡(皀)"

두 사람이 飮食(음식)을 마주 보고 앉은 모양이다. 또 王(왕)의 음식, 시중을 드는 사람의 뜻으로 차용되었고 古代(고대)에 왕의 음식을 시중드는 사람은 높은 地位(지위)에 있었으므로 公卿(공경)의 뜻으로 專用(전용)되었다. 손에 자를 들고 공사를 감독하는 사람. 전(轉)하여, 바로잡다, '다스리다'의 뜻이 있다. 직업은 의사(醫師)나, 율사(律師), 교사(敎師) 등이 있다.

輕 "가벼울 경(輕)=수레거(車)+물줄기 경(巠)"

곧장 적에게 돌진하는 전차, 輕快(경쾌)한 일, 가벼움의 뜻이 있다. 흐르는 물 위에 수레를 띄웠으니 가볍다는 뜻으로 전국을 돌아다니며 누비는 직업으로 운수업, 장사꾼 등이 있다.

景 "밝은 빛 경(景)=해 일(日)+클, 서울 경(京)"

높은 대 위에 태양이 빛나다, 태양의 빛, 또 빛에 비치어 線(선)이나 색이 뚜렷해지다, 물건(物件)의 그늘, 빛에 비치는 경치를 말한다. 태양이 크게 비치어 밝게 빛난다는 뜻을 담고 있다. 풍류를 좋아하는 기질이 있으며 외모가 잘 생겨 예쁘다.

慶 "경사 경(慶)=집 엄(广)+눈목(目)+한 일(一)+마음심(心)+머뭇거림 치 변(夊)"

옛날 경사스러운 일에 鹿皮(녹비)를 바친 데서 鹿(록) 자를 더하여 경사스러운 일의 뜻을 나타낸다. 전(轉)하여 좋다→기뻐하다→福祉(복지) 따위의 뜻으로 쓰이고 남의 좋은 일에 사슴(鹿)을 선물로 가지고 가서 머뭇거리면서 축하한다는 데서 '경사'를 뜻한다. 좋은 마음을 품으면 경사가 온다는 뜻이다. 직업은 식당, 가스, 주유소, 용접, 전기, 컴퓨터, 난방기구, 통신 등이 있다.

競 "다툴 경(競)=언(言)+언(言)+인(人)+인(人)"

두 사람이(人) 말(言)로 심하게 다툰다는 뜻을 합하여 '다투다'를 뜻한다. 항상 경쟁하여 이겨야 한다. 직업으로는 군인, 장사꾼, 운동선수가 적당하다.

敬 "공경할 경(경)=진실로 구(苟)+등근월 문(攵)"

엄격하게 격려한다는 뜻으로 말을 삼가는 뜻이 있는데 다시 말해 일을 하다, 회초리로 치다를 더하여 한층 더 게을리하지 않음을 뜻한다. 삼가다, 조심하다의 의미이다. 진실로 고개를 숙이고 허리를 굽힌다. 교사, 과수원, 화훼, 화원 등이 있다.

京 "서울 경(京)=돼지머리(亠)+입구(口)+작을 소(小)"

인덕 위에 집이 서 있는 것을 본뜬 글자로 옛날에는 높은 곳에 신전을 모시고 그 둘레에 사람이 모여 산다는 데서 서울을 가리키게 된다. (亠)는 지붕, (口)는 나라와 전답, (小)는 하천으로 풍요를 상징한다. 직업은 변호사, 군인, 경찰관, 은행원 등이 있다.

炅 "빛날 경(炅)=가로 왈(曰)+불화(火)"

영리하고 똑똑하지만 입만 살아 있어 실속이 없다. 직업은 인기 연애인, 언론인, 방송인 등이 있다.

璟 "옥빛 경(瓊)=구슬옥(玉)+경치 경(景)"

산 속의 구슬 같은 돌과 바위로 된 경치를 구경한다는 뜻으로 여행과 산천을 두루 구경하며 방랑을 즐긴다. 직업은 수도자, 종교인, 스님, 무속인 등이 있다.

瓊 "구슬옥경(瓊)=구슬옥(玉)+멀 형(夐)"

아름다운 붉은 색의 돌을 뜻한다.

耕 "밭 갈 경(耕)=쟁기 뢰(耒)+우물 정(井)"

井(정)은 가로와 세로로 테를 짜는 일, 쟁기 뢰(耒-쟁기, 경작)부는 쟁기, 耕(경)은 논밭을 가로세로 가지런히 갈다의 뜻이다.

坰 "들 경(坰)=흙토(土)+먼데 경(冂)+입구(口)"

들이나 서울에서 먼 곳, 국경 근처, 허허벌판, 먼 곳에 있는 들판을 뜻한다.

暻 "밝을 경(暻)=날일(日)+경치 경(景)"

밝다, 환하다의 의미이다.

庚 "일곱 번째 천간 경(庚)=돌집 엄(广)+돼지머리 계(彐)+사람인(人)"

쉽게 굽거나 부러지지 않는 단단한 칼, 전(轉)하여 강하다는 뜻이다. 사람(人)이 (广)와 (彐)에 가려 하늘의 별빛을 못 본다. 직업은 사무직 종사자 등이 있다.

<계>

啓 "열 계(啓)=지게문 호(戶)+두드릴 복(攵)+입구(口)"

입으로 사람을 가르쳐 깨우침을 뜻한다. 문을 두드리면 열린다는 뜻으로 노력하면 얻을 수 있다는 의미이기도 하다. 문제의 해결을 입으로만 쉽게 해결하려는 경향도 있다. 직업은 예술가, 교사, 언론인, 회계사, 건축 등이 있다.

階 "섬돌 계(階)=언덕부 변(阝)+모두 개(皆)"

比(비)는 줄짓는 일, 白(백)은 말하는 일, 음(音)을 나타내는 皆(개)는 여럿이 한결같은 목소리로 말하다, 물건(物件)이 가지런해지는 일, 좌부변(阝-언덕)부는 계단으로 되어있는 지형, 궁정의 계단을 이르는 말이다. 직업은 건축가, 토목, 임업, 농장경영, 시멘트, 건축자재, 도예가 등이 있다.

溪 "시내 계(溪)=삼수변(氵)+계집종 해(奚)"

氵(=水,물)와 奚(해→계)로 산골짜기에서 흐르는 계곡의 물이란 뜻으로 여성의 하복부, 계집종을 나타낸다. 직업은 농업, 임업 등이 있다.

鷄 "닭 계(계)=계집종 해(奚)+새조(鳥)"

奚(해→계)와 새벽을 알리는 새(鳥)의 뜻이 합하였으며 '닭'을 뜻한다. 또 奚는 손톱 조(爫)+작을 요(幺)+큰대(大)로 사람 손톱만한 작은 노리개란 뜻으로 계집종이라고 한다.

械 "기계 계(械)=나무목(木)+경계할 계(戒)"

戒(계)는 두 손 또는 두 사람이 창(戈)과 무기를 가진 모양으로 엄하게 경계하다는 뜻에 木(목)을 합하여 나무로 만들어 죄인(罪人)의 손이나 발을 졸라매어 두는 수갑의 뜻으로 쓰인다. 나중엔 주로 나무를 깎고 다듬어서 만든 기계를 뜻한다. 직업은 각종 기계류를 취급하는 직종.

誡 "경계할 계(誡)=말씀언(言)+삼갈 계(戒)

창을 들고 대비하는 모습, 전(轉)하여 경계하다의 뜻으로 삼가야 할 말을 가르치고 알리어 방비한다는 뜻이다. 직업은 군인, 경찰관, 경비원 등이 있다.

稽 "상고할 계(稽)=벼화(禾)+더욱 우(尤)+맛있을 지(旨)"

맛있게 만든 음식을 차려 놓고 먹기 위해 엎드려 머리를 조아린다는 뜻이다. 독창적으로 일을 꾸려 나가지 못하고 부모로부터 물려받은 일을 말한다. 직업은 농업, 식당 등이 있다.

癸 "열 번째 천간 계(癸)=필 발(癶)+하늘 천(天)"

발로 길이를 재다, 화살은 자와 같이 곧기 때문에 曲直(곡직)을 재는 데 쓰인다. 음을 빌어 천간(天干)의 열 번째 글자로 쓰이고, 북방 계(癸)로 열 번째 천간, 발이 딛고 있는 땅과 하늘 사이를 나타낸다. 요사할 요(夭)와 비슷한 글자로 요상한 행동을 잘한다는 뜻도 된다. 직업은 미래 역술가, 종교인, 과학자, 천문학자 등이 있다.

季 "계절 계(季)=벼화(禾)+아들자(子)"

禾(화)는 벼·보리 따위의 곡식(穀食), 子(자)는 아이, 季(계)는 벼 따위가 늦되다, 키가 작다, 젊다의 뜻. 형제(兄弟)를 나이의 차례로 伯(백)·仲(중)·叔(숙)·季(계)라 한다. 또 계절(季節)을 이른 쪽에서 孟(맹)·仲(중)·季(계)로 나눈다. 씨앗을 뿌려 곡식(子)을 거둔다는 뜻으로 끝, 막내, 계절로 나타낸다. 계절이 변하는 것과 같이 변덕이 있고 자식 복이 박한 편이다. 직업은 수산업, 어업, 농업, 식당, 식료품 도매업 등이 있다.

界 "지경 계(界)=밭 전(田)+끼일 개(介)"

사람의 앞뒤에 무언가 표를 부친 모양으로 사람과 사람 사이에 간격이 있는 일, 구분(區分)한다는 뜻이다. 또는 갑옷을 입은 모양이라고도 한다. 개(介)=사람인(人)+칼도(刂)로 界는 사람이 칼과 밭 사이에 끼어 있다는 뜻이다. 밭과 밭 사이의 경계를 나타내고 사람과 사람 사이의 경계를 나타내기도 한다. 속세와 거리를 두는 직업군인, 스님, 무속인, 종교인 등이 있다.

係 "이을 계(係)=사람인변(亻)+실마리 계(系)"

사람과의 관계를 실로 엮다, 이어 가다는 뜻을 나타내기도 하고 사람과의 관계(關係)에서 사람을 속박하다, 얽다의 뜻으로도 나타낸다. 직업은 실을 다루는 섬유업 관련업이다.

系 "실마리 계(系)=삐침(丿)+실사(糸)"

係, 繫의 간체자(簡體字). 실을 감아 놓은 명주실의 타래와 실의 끝 모양을 본뜬 글자로 '잇다'를 뜻한다.

契 "맺을 계(契)=무성할 봉(丰)+칼도(刀)+큰대(大)"

큰 符節(부절)의 뜻으로 옛날에는 부절을 증거로 하여 약속을 하였기 때문에 장래를 굳게 약속한다는 뜻으로 된다. 큰 칼로 베어도 벨 수 없을 정도로 풀이 무성하게 맺어 있다는 뜻으로 약속을 지킨다. 직업은 외판원, 재봉사, 보험설계사, 외부판매업 등이 있다.

桂 "계수나무 계(桂)=나무목(木)+서옥 규(圭)"

서옥 규(圭)는 土(토=흙·땅)을 두 개 포개어 이뤄진 글자로 음을 빌어 天子(천자)가 諸侯(제후)를 封(봉)할 때 약속의 표로 주는 위가 둥글 뾰족하고 아래가 모진 玉(옥)의 이름으로 상스러운 구슬이란 뜻으로 계(桂)는 상스러운 나무, 이름다운 나무란 뜻을 나타낸다. 직업은 건축사, 군인, 무관, 경찰관, 경비원, 등이 있다.

戒 "경계할 계(戒)=평평할 견(幵)+창 과(戈)"

창을 들고 대비하는 모습. 전(轉)하여 경계하다의 뜻이다.

繼 "이을 계(繼)"

실을 잇는다는 뜻으로 이을 계(係), 실마리 계(系)와 일맥상통한다.

<고>

高 "높을고(高)=옛 고(古)+먼데 경(冂)+입구(口)"

성의 망루의 모양. 높은 건물(建物)의 뜻이다. 후에 단순히 높음의 뜻이다. 속이 비어있는 높은 건물로 재물이 모이지 않는다. 직업은 금융계통, 회계사, 세무사, 경리 등이 있다.

皐 "언덕/못 고(皐)=흰백(白)+물수(水)+열 십(十)"

흰 머리뼈와 네발 짐승의 주검을 본뜬 글자로 물이 있는 큰 언덕 즉 물이 많은 큰 연못이란 뜻이다. 직업은 수산업, 어업, 농업, 주점, 물 판매업, 식당, 식료품제조업, 목욕탕, 수영장, 스키장, 스킨 스쿠버 계통의 직업이 좋다.

考 "상고할/생각할 고(考)=늙을 로 밑변(耂)+어조사 여(与)"

늙어 죽음에 이르렀으니 조상에게 알린다는 뜻이다. 머리가 세고 허리가 굽은 노인의 모습으로 본디는 考(고)나 老(로)나 모두 노인의 모습이지만, 후에 考(고)는 (老(로)+음(音)을 나타내는 考(고)의 밑부분 고(굽다-노인의 허리가 굽음을 나타냄)를 합한 자형)으로 쓰인다. 직업은 역사와 관련이 있는 사학자, 골동품 관련업 등이 있다.

古 "옛 고(古)=열 십(十)+입구(口)"

十代(십대)나 입에서 입으로 전하다, 낡다, 옛날이란 뜻이다. 직업은 역사와 관련이 있는 사학자, 고고학자, 골동품 관련업 등이 있다.

故 "연고 고(故)=옛 고(古)+두드릴 복(攵)"

옛날로부터의 습관(習慣)에 따라 일을 함을 나타냄. 古(고)와 마찬가지로 오래 되었다는 뜻으로도 많이 쓰인다. 옛 고(古)와 뜻이 통하는 글자.

告 "알릴 고(告)=소 우(牛)+입구(口)"

소(牛)를 제물로 바쳐 놓고 신에게 소원을 말한다는(口) 뜻이 합하여 '알리다'를 뜻하며 告(고)는 큰 소리로 아뢰다의 뜻이 된다. 나이보다 영리하고 빨리 성장하고 빨리 성장을 멈춘다. 직업은 언론, 연예인, 방송인, 광고업 등이 있다.

顧 "돌아볼 고(顧)=더부살이 고(雇)+머리 혈(頁)"

지난 날의 경험을 돌아보며 더부살이하는 머슴, 종들을 돌봐주며 가르친다는 뜻으로 사용된다. 직업은 사업가, 대리인, 예식업 등이 있다.

庫 "곳집 고(庫)=돌집 엄(广)+수레거(車)"

수레를 보관하는 집, 창고로 수레는 움직이는 물건을 상징, 유체동산(움직이는 물건)을 보관하는 창고를 뜻한다. 즉, 무기(武器)나 車馬(거마)를 넣어 두는 곳, 나중에 책이나 보물을 넣는 곳에도 쓰인다. 직업은 금융계통, 회계사, 세무사, 경리, 사채업자 등의 직업이 적합하다.

孤 "외로울 고(孤)=아들자(子)+오이 과(瓜)"

아비를 여읜 의지할 곳 없는 아이, 고아의 뜻이다. 또는 오이는 씨앗이 여물지 않아 씨앗을 생산하지 못하니 후손이 없어 외롭다는 뜻을 나타낸다. 가족과의 인연이 박하다.

稿 "원고 고(稿)=벼화(禾)+높을고(高)"

높이 자란다는 뜻을 가지는 고(高)로 이루어진다. 곡식과 같은 작은 알맹이를 쌓아 높게 만든다는 뜻으로 글자를 쌓아 원고를 만든다 하여 원고 고(稿)를 나타낸다. 직업은 작가, 출판업, 기자 등이 있다.

鼓 “두드릴 고(鼓)=열 십(十)+콩 두(豆)+칠 복(攵)

대나무 가지로 북을 친다는 뜻으로 후에 직접 북을 뜻하게 된다. 콩 두(豆)는 북의 형태로 둥근 북을 두드려(치다)서 소리가 나는 악기를 뜻한다. 직업은 언론인, 종교인, 변호사, 교사, 법조인, 음악가 등이 있다.

<곡>

谷 “골 곡(谷)=두 명의 사람인(人人)+입구(口)”

샘물이 솟아 나와 山間(산간)을 흐르는 水路(수로)를 뜻한다. 산골짜기에서 물이 나오는 구멍(口)으로 샘물이 솟아 나 山間을 흐르는 水路의 뜻이기도 하다. 직업은 직장인, 가내 수공업, 상점과 같이 집 안에서 일하는 직업이 있다.

曲 “굽을 곡(曲)=가로 왈(曰)+달 감(甘)”

대나무나 싸리로 만든 바구니 모양의 굽은 모양을 본뜬 글자로 '굽다'를 뜻한다. 달콤한 뇌물에 마음을 굽힌다는 뜻으로 정직하지 못하다, 공정하지 못하다를 나타낸다. 직업은 연예인, 배우, 보험설계사, 방문판매업 등이 있다.

<곤>

昆 “맏 곤(昆)=날/해 일(日)+견줄 비(比)”

해 밑에 형제들이 나란히 있으므로 맏형을 뜻한다. 직업은 언론인, 연예인, 방송인, 광고업, 변호사, 법조인 등이 있다.

坤 “땅 곤(坤)=흙토(土)+납 신(申)”

만물을 자라게 하는 大地(대지)의 뜻이다.

<공>

公 "귀/공평할 공(公)=여덟 팔(八)+사사 사(厶)"

사사로운(厶) 일과 서로 등지고(八) 있다는 뜻으로 사람 됨됨이가 작고 개인의 감정을 잘 드러내고, 공적인 일에는 이득이 있다. 직업은 학자, 교육자, 작가 등이 있다.

共 "함께 할 공(共)=손잡을 공(廾)+여덟 팔(八)"

스무 사람이 모두 손을 마주 잡고 바친다는 뜻에서 출발, 함께 하다, 상부상조하다의 뜻을 나타낸다. 여럿이 함께 화합하여 하는 업종에 적합하다.

工 "장인 공(工)=두 이(二)+뚫을 곤(丨)"

무언가의 도구(道具)의 모양. 본디는 巨(거)와 같은 갈고랑이 모양의 자같고, 그것은 신에게 기도드릴 때 쓰는 것이기도 하였다. 또 石器(석기)에 구멍을 뚫는 연장도 工(공)이었다. 하늘과 땅 사이에 구멍을 뚫는 것과 같은 형태로 구멍을 뚫는 연장을 나타내어 연장을 사용하는 장인을 뜻함. 기술직과 같이 장인 정신이 필요한 직업에 적합하다.

空 "빌 공(공)=구멍 혈(穴)+장인 공(工)"

工(道具를 이용하여 무언가를 만드는 모양)과 구덩이를 판 구멍(穴)은 비어 있다는 뜻으로 이름에 사용하기에는 부적절하다.

孔 "구멍 공(孔)=외로울/고단할 혈(孑)+새 을(乙)"

어린아이가(子) 젖통에서 젖을 빠는 모양으로 젖이 나오는 '구멍'을 뜻한다. 새가 구멍에 갇힌 형상으로 외롭고 고단하다는 뜻. 직업은 기술계통.

功 "공 공(功)=장인 공(工)+힘 력(力)"

도구를 가지고 있는 힘을 다하여 일하다는 뜻으로 훌륭하게 일을 하다, 훌륭한 일, 공로로 쓰인다. 직업은 공직자, 직장인, 기술계통 등이 있다.

攻 "칠 공(攻)=장인 공(工)+등글월문(攵)"

무기(武器)를 들고 치다의 뜻이다.

供 "이바지할 공(供)=사람인변(亻)+함께할 공(共)"

함께 손을 잡고 공손히 신에게 물건(物件)을 바치는 일에 이바지하다는 뜻이다. 나중에 신에게 모시고 가다라는 뜻으로도 쓰인다.

恭 "공손할 공(恭)=함께할 공(共)+심방 변(忄)"

두 손을 마주 잡은 공손한 마음으로 이루어져 공손한 마음가짐이란 뜻이다.

<과>

科 "과거 과(科)=벼화(禾)+말 두(斗)"

정도(程度), 품등, 과목 등을 뜻하게 된다. 곡물(穀物)을 말로 되어 나눈다는 것이 본 뜻이나 추수한 곡식을 높게 쌓았다는 뜻으로 과거에 등용되는 법조인을 나타내기도 한다. 직업은 율사, 법조인, 고급공무원 등이 있다.

果 "실과 과(果)=밭 전(田)+나무목(木)"

나무 위에 열매가 열린 모양, 또 열매를 맺는다는 데서 일의 결과나 혹은 과감히 함을 뜻한다. 화원(花園), 과수원(果樹園), 화훼(花卉), 채소 장사, 농업조경, 임업(林業) 등이 적합하다.

<곽>

郭 "바깥 성 곽(곽)=드릴 향(享)+고을읍 부(阝)"

성벽의 望樓(망루)를 나타내는 享으로 이루어진다. 주민을 지키는 바깥 울타리를 뜻하고, 부모와 이별하지 않으면 커서 가족과 이별을 암시한다. 직업은 군인, 무관, 경찰, 경비원, 외교관 등이 있다.

<관>

官 "벼슬 관(관)=움집 면(宀)+할 이(以;尸+口의 古字)

官(관)은 많은 관리(官吏)가 사무를 보는 곳으로 백성을 다스리는 마당이란 뜻이다. 직업은 공무원, 숙박업, 호텔, 서비스업 등이 있다.

館 "집 관(館)=밥 식(食)+벼슬 관(官)"

관리가 머물면서 식사하는 곳으로 여관이나 숙박업소를 나타낸다. 직업은 공직자, 숙박업, 호텔, 음식점, 서비스업 등이 있다.

冠 "갓 관(冠)=민갓머리(冖)+마디촌(寸)"

쓰는 것을 뜻하는 민갓머리(冖)와 머리를 뜻하는 元과 손을 뜻하는 寸으로 이루어져 벼슬아치의 모자와 관직을 뜻한다. 직업은 율사, 법조인, 공직자 등에 적합하다.

觀 "볼 관(觀)=황새 관(雚)+볼 견(見)"

황새처럼 목을 길게 내밀고 세밀히 살핀다. 눈을 크게 뜨고 살핀다는 뜻이다. 늘어놓아 보이다, 자랑스럽게 남에게 보이다, 잘 본다는 뜻. 직업은 변호사, 법조인, 공직자 등에 적합하다.

寬 "너그러울 관(寬)=움집 면(宀)+초두 변(++)+볼 견(見)"

집 안에서 꽃을 구경하니 마음이 넓어진다는 뜻이다. 마음은 너그럽지만, 재물 욕심은 있다. 직업은 공직자, 변호사, 법조인, 의사 등이 있다.

<광>

光 "빛 광(光)=불화(火)+위험할 올(兀)"

사람이 횃불을 들고 밝게 비추고 있다는 뜻이 합하여 '빛'을 뜻한다. 또 전(轉)하여 번영하다도 되고 가차(假借)하여 廣大(광대)·廣遠(광원)의 뜻도 된다. 상상 밖의 생각을 하기도 하지만 구설이 따르고 욕심만 많다. 분수를 지키면 의외의 소득이 있다. 직업은 식당, 가스, 수학(數學), 과학, 철학, 주유소, 용접, 전기, 컴퓨터, 난방기구, 통신 등이 적합하다.

廣 "넓을 광(廣)=돌집 엄(广)+누를황(黃)"

집 안에 들판처럼 넓고 빛나는 마당과 창고가 있다는 뜻으로 넓다, 공허하다, 빛나다를 뜻함. 금융계통, 회계사, 세무사, 경리, 교사, 음식점에 적합하다.

曠 "빌 광(曠)=날일(日)+넓을 광(廣)"

해가 넓은 들판의 한쪽 모서리에 있으니 공허하다, 비어있다는 뜻으로 쓰인다.

匡 "바를 광(匡)=상자 방(匚)+임금왕(王)"

왕이 상자 속에 갇혔으니 구하라는 뜻으로 구할 광, 도울 광, 바로잡을 광으로도 쓰인다. 직업은 경비원, 법조인, 교도관, 군인, 무관, 경찰 등이 적합하다.

鑛 "쇳돌 광(鑛)=쇠금(金)+넓을 광(廣)"

쇠로 만든 廣(창고)이므로 금고란 뜻이다. 직업은 금융계통, 금고, 창고, 가구업에 적합하다.

侊 "클/성찬 광(侊)=사람인변(亻)+빛 광(光)"

성찬(盛饌), 성(盛)한 모양, 크다.

洸 "용감할 광(侊)=삼수변(氵)+빛 광(光)"

성내다, 용감하다, 깊다.

桄 "베틀 광(桄)=나무목(木)+빛 광(光)"

나무를 빛을 내어 베틀을 만든다는 뜻으로 베틀같이 소리를 내는 기계를 나타낸다. 직업은 섬유제품 제조업, 각종 기계업 등이 적합하다.

<괴>

槐 "삼공 괴(槐)=나무목(木)+귀신 귀(鬼)"

주(周)대에 조정의 뜰에 회화나무 세 그루를 심어 귀신도 쫓는 삼공의 좌석을 표시한 데서 온 뜻이다. 직업은 의사, 법조인, 경찰, 종교인 등이 적합하다.

塊 "덩어리 괴(塊)=흙토(土)+귀신 귀(鬼)"

흙덩이, 선(轉)하여 보는 물건(物件)의 덩어리의 뜻.

흙이 귀신같이 생겼다는 뜻으로 이름에 사용하기에는 부적합하다.

愧 "부끄러워할 괴(愧)=심방 변(忄)+귀신 귀(鬼)"

귀신의 마음이란 뜻으로 이름에 사용하기에는 부적합하다.

<괵>

虢 "범 발톱자국/나라 괵(虢)=취할 률(寽)+범 호(虎)"

범이 할퀸 발톱 자국. 주(周) 문왕(文王)의 아우인 괵중(虢仲)과 괵숙(虢叔) 및 그의 자손들을 봉한 나라. 과격하고 담대한 성격의 소유자로 현실을 직시하지 못한다.

<교>

交 "사귈 교(交)=돼지머리 두(亠)+아비 부(父)"

사귀다. 오가다. 왕래하다는 뜻으로 언론인, 연예인, 방송인, 외교관. 무역업 등에 적합하다.

校 "학교 교(校)=나무목(木)+사귈 교(交)"

交(교)는 交叉(교차)하다, 죄다, 校(교)는 죄인(罪人)의 손발에 끼우는 나무로 된 桎梏(질곡), 진을 친 곳에 설치한 나무나 대나무의 울타리→진을 친 곳에 있는 지휘관(指揮官), 장교를 나타낸다. 또 交(교)는 爻(효), 教(교), 學(학) 따위와 관계(關係)가 깊은 글자로서, 뒤섞인 것을 이것저것 비교하는 데서 較(교), 校(교)는 비교하다, 재다, 생각하다의 뜻으로 된다. 서로 사귀면서 가르치고 배우는 곳으로 직업은 학자, 교육자, 제재소(製材所), 화원(花園), 과수원(果樹園), 임업(林業) 등이 적합하다.

教 "가르칠 교(教)=효도 효(孝)+등글월문(攵)"

爻(효-배움)와 孝(회초리)의 합자로 회초리로 쳐서 가르쳐 배우게 한다는 뜻이다. 직업은 학자, 교육자 등이 적합하다.

巧 "교묘할 교(巧)=장인 공(工)+더불어 여(与)"

장인과 같이 솜씨의 공교함을 뜻한다. 기술이 있다. 재치가 있다는 뜻으로 부지런하면 복이 더불어 온다. 직업은 작가, 기자, 언론인, 기술자, 기능인 등이 직업으로 적합하다.

郊 "성 밖/들 교(郊)=사귈 교(交)+고을읍 부(阝)"

넓다는 뜻을 가진 交(교)로 이루어졌고, 두리의 넓고 넓은 곳을 뜻한다. 읍(마을)내에서 사람을 사귀기 쉽다.

喬 "높을 교(喬)=요사할 요(夭)+높을고(高)"

'꼬부라지다'의 뜻을 나타내는 夭(요)로 이루어졌고, 우듬지가 구부러진 높은 나무, '높다'의 뜻이다. 높고 위가 굽어 있다. 요상하게 높고 굽어 있다. 엉뚱하고 요상한 일을 잘하는 풍류객을 나타낸다. 직업은 무속인, 종교인, 언론인 등이 적합하다.

<구>

九 "아홉 구(九)=새 을(乙)+삐침 별(丿)"

다섯 손가락을 위로 펴고 나머지 손의 네 손가락을 옆으로 편 모양을 나타내어 '아홉'을 나타낸다. 수효의 끝. 새 을(乙)은 허리를 굽히는 모양으로 아부하여 먹고 산다. 九는 생선의 배를 따는 모양으로 생선을 취급하는 업종, 일식 요리점, 생선가게 또는 식육점 등이 직업으로 적합하다.

究 "연구할 구(究)=구멍 혈(穴)+아홉 구(九)"

굽는 길을 더듬어 구멍의 속 깊이 이르다, 사물이 窮極(궁극)에 이르다의 뜻으로 잘못하면 구멍으로 빨려들어 갈 수 있다. 직업은 율사, 법조인, 의사, 과학자, 교수 등이 적합하다.

久 "오랠 구(久)=삐칠 별(丿)+들 입(入)"

사람의 뒤 또는 엉덩이를 붙잡아 끄는 모양이며 잡아끌고 오랫동안 놓지 않는다는 데서 '오래다'를 뜻한다. 사람을 만류하다, 거기에 머물게 하여두다, 길다, 성숙은 빠르지만 오래도록 기다린다는 뜻도 있어 지루하다. 직업은 수산업(水産業), 어업(漁業), 농업(農業), 술장사, 물장사, 식당, 소개인, 부동산 중개인, 보험설계사, 외판원, 방문판매업 등이 적합하다.

口 "입구(口)"

입 모양을 본뜬 글자로 입과 말을 나타낸다. 들판, 구멍, 마당 등을 나타내기도 한다. 말이 많고 박복하다. 직업은 언론, 연예인, 방송인, 광고업, 교사 등이 적합하다.

具 "갖출 구(具)=눈목(目)+한 일(一)+여덟 팔(八)"

두 손으로 物件을 바치는 모양의 글자와 貝의 합자(合字). 물건(物件)을 供給(공급)하여 모자라지 않도록 하다. 갖추어짐의 뜻으로 네모진 상자를 다리로 받히고 있는 형상으로 나타난다. 직업으로는 가구(家具), 목수, 인테리어업, 학자(學者)나 작가 등이 적합하다.

求 "구할 구(求)=물수(水)+한 일(一)+표할 주(丶)"

머리에 손발이 달린 동물의 모피(毛皮)를 나타낸다. 모피 옷은 몸에 꽉 죄게 입으므로, 다잡다란 뜻이 있고, 구하다란 뜻으로 발전한다. 또 물 속에 잠긴 것을 찾아낸다는 뜻에서 구걸할 求, 찾을 求로도 사용한다. 짐승의 가죽으로 만든 옷, 몸에 감다, 정리하다, 모으다, 구하다의 뜻. 모피를 달아맨 모양. 직업은 소방관, 소개인, 부동산 중개인, 보험설계사, 종교인 등이 있다.

句 "귀절/글귀 구(句)=쌀포(勹)+입구(口)"

입에서 나오는 말을 보자기에 싸서 퍼지지 않게 한다는 뜻이다. 직업은 포장에 관계되는 직업군이 적합하다.

舊 "옛 구(舊)=많은 풀 우거질 추(萑)+절구 구(臼)"

절구에서 나온 작은 풀이 무성한 풀이 될 때까지 자랐다는 뜻에서 늙은이 구로도 나타낸다. 귀를 가진 새(새 추(隹-새)部)인 부엉이의 뜻이 합하였으나 久(오랠 구)와 음이 같다고 하여 '오래다'로 뜻한다. 직업은 스님, 종교인 등이 적합하다.

龜 "나라 이름 구(龜)=아홉 구(九)+가운데 중(中)+많을 다(多)+흉할 흉(凶)" 획수 16

거북이 등 모양을 본뜸. 거북 귀(귀)와 같은 글자다. 거북이 같이 수명 장수한다는 뜻에서 사용하지만 흉(凶)한 일을 많이 겪는다. 직업은 변호사, 법조인, 학자, 교육자 등이 적합하다.

邱 "땅이름 구(邱)=언덕 구(丘)+고을읍부(阝)" 획수 8

계곡의 맑은 물이 흘러나오는 水原(수원)의 뜻. 나중에 들판의 뜻으로 쓰이게 되자 수원의 뜻으로는 源(원)이란 글자가 따로 만들어졌다. 직업은 건설업종, 각종 기계, 공구업 등이 적합하다.

丘 "언덕 구(丘)"

사방이 높고 중앙이 낮은 언덕의 모양이다. 아래로 빠진 구덩이.

區 "지경 구(區)=상자 방(匚)+품할 품(品)"

여러 가지 물건[品]을 일정한 자리에 갖추어 둔다는 데서, 지경, 나누다, 숨기다, 작은 방을 뜻한다. 치워둔 모양, 따로따로 갈라놓다, 구분(區分)하다, 또 구부러지다, 자잘하다, 숨기다의 뜻으로 쓰인다. 땅과 땅의 경계선을 나타낸다.

俱 "함께 구(俱)=사람인변(亻)+갖출 구(具)"

함께 하다. 具(구)와 구별하여 특히 사람들 모두의 뜻을 나타낸다.

<국>

國 "나라 국(國)=큰 입구(口)+혹시 혹(或)"

백성들(口)과 땅(一)을 지키기 위해 국경(口)을 에워싸고 적이 침입하지 못하게 했다는 데서 '나라'를 뜻한다. 무력[戈]으로 국경[口]을 지킨다는 뜻. 의심이 많고 세심하다. 직업은 돌아다니는 직업으로 보험설계사, 외판원, 방문판매업, 운전사 등이 적합하다.

局 "판 국(局)=주검 시(尸)+귀절 구(句)"

자(尺)로 잰 듯이 정확한 말(口)을 법도에 따라 한다는 데서 '관청'을 뜻한다. 구획을 한정하다 따위의 뜻이 나오고, 전(轉)하여 구획, 방, 장기나 바둑판 따위의 뜻으로 된다. 句의 변형으로 작은 테두리를 구획함의 뜻. 활 궁(弓)에 입구(口)를 합한 글자로 일은 힘겹게 하나 성과는 적고 부족하다. 직업은 바둑이나 장기 기사, 기원, 돌아다니는 직업으로 보험설계사, 외판원, 방문판매업, 운전사 등이 적합하다.

菊 "국화 국(菊)=초두 변(++)+움켜뜰 국(匊)"

가을철의 국화를 뜻한다. 직업은 화원(花園), 과수원(果樹園), 화훼(花卉), 채소 장사, 농업조경, 임업(林業) 등이 적합하다.

鞠 "기를 국(鞠)=가죽 혁(革)+움킬/줌 국(匊)"

손으로 움켜잡은 뒤, 가죽으로 묶어서 기른다는 뜻으로 국화의 허리를 묶기 때문에 허리가 아프고 욕심이 많다. 직업은 화원, 과수원, 화훼, 채소 장사, 농업조경, 임업(林業) 등이 적합하다.

<군>

軍 "군사 군(軍)=덮을 멱(冖)+수레거(車)"

'군사'를 뜻함. 軍(군)은 전차 여러 대를 줄로 늘어놓은 陳形(진형), 옛날엔 네 마리의 말이 끄는 전차에 세 사람의 무사(武士)가 타고 열 사람의 보병이 딸려 하나의 車(차)를 이루고, 이를 百乘(백승)·千乘(천승) 등으로 세어서 군대의 규모의 크기를 나타내었다. 나중에 보병이 직접 싸우는 전법으로 변하자 그 군사의 모임이나 싸움을 軍(군)이라 일컫게 되었다. 수레를 덮어 위장하고 싸운다는 뜻으로 부지런하지만, 결과가 신통치 않다. 직업은 운전사, 군인, 외교관, 보험설계사, 외판원, 방문판매업 등이 적합하다.

君 "임금 군(君)=다스릴 윤(尹)+입구(口)"

하늘에 기도하여 하늘의 뜻을 이어받아 천하를 다스리는 사람이다. 방 안에서 다스린다는 뜻은 입으로만 해결한다는 뜻이다.

郡 "고을 군(郡)=임금/군자 군(君)+우부 읍(阝)"

사람이 모이는 곳으로 처음에 縣(현)을 나누어 군으로 한 것을 나중에 바꾸어 썼기 때문에 중국(中國)의 군은 縣(현)보다 크다. 군자들이 사는 마을, 입으로만 잘 난 척하지만, 실속이 없다. 직업은 작가, 기자, 언론인, 교사 등이 적합하다.

群 "무리 군(群)=임금/군자 군(君)+양 양(羊)"

양처럼 순한 사람들이 모였다는 뜻이다. 가족과의 인연이 짧음. 직업은 작가, 기자, 언론인, 교사 등이다.

<궁>

宮 "집 궁(宮)=움집 면(宀)+등뼈 여(呂)"

건물(建物)이 많이 늘어선 집을 나타냄. 옛날엔 貴賤(귀천)에 관계(關係)없이 썼으나 秦(진)나라 이후 대궐의 뜻으로만 쓴다. 지붕 [宀]과 건물이 여러 채로 된 모양 [呂]으로, 여러 채의 큰 집을 나타낸다. 지붕 아래 여러 가족이 거주하는 형상과 서로 입을 맞추고 하는 형상으로 애정과 화합을 나타내기도 한다. 직업은 출판, 연예인, 방송인, 광고업 작가, 기자, 언론인 등이 적합하다.

弓 "활 궁(弓)"

가운데가 불룩하게 굽은 활의 모양을 본뜸. 弓(궁)이 부수(部首)가 되어 글자를 만들 때는 활 또는 화살을 쏘는 동작(動作)과 관계(關係)가 있음을 나타낸다. 몸 기(己)가 힘이 빠져 늘어진 모양이다.

<권>

權 "권세/저울추 권(權)=나무목(木)+황새 관(雚)"

황새가 높은 나무 위에 앉아있으니 권세를 얻은 것과 같다는 뜻이다. 본디 나무 이름. 음을 빌어 걸다의 뜻. 전(轉)하여 저울추를 뜻하게 되었다. 또 저울추는 輕重(경중)을 支配(지배)하는 것이므로 전(轉)하여 권세의 뜻을 나타냄. 직업은 언론, 방송인, 기자, 변호사, 법조인, 경찰, 종교인 등이 적합하다.

卷 "책 권(卷)=여덟 팔(八)+지아비 부(夫)+병부 절(卩)"

병부 절 방卩(=㔾) 무릎을 꿇고 두 손으로 자잘한 낟알 같은 것을 뭉치는 모양으로 이루어진다. 스승 앞에서 무릎을 꿇고 책을 읽고 있으니 힘겹다는 뜻으로 의리와 신의를 중히 여긴다. 사람이 몸을 구부리다, 물건(物件)을 말다, 만 것을 뜻한다. 직업은 교육 및 서적과 관련 있는 업종이 적합하다.

勸 "권할 권(勸)=황새 관(雚)+힘 력(力)"

소리를 지르며 힘을 합하여 일하다, 권하다, 가르치다는 뜻이다. 직업은 언론, 방송인, 기자, 변호사, 법조인, 경찰, 교육자, 종교인 등이 있다.

券 "문서 권(券)=여덟 팔(八)+지아비 부(夫)+힘 력(力)"

지아비에게 주먹(힘)을 내미는 망나니를 뜻한다.

<궐>

厥 "그 궐(厥)=언덕 엄(厂)+숨찰 궐(欮)"

언덕에 오르니 숨이 찬다, 힘들다는 뜻으로 직업 변동이나 이사가 심하다.

<귀>

貴 "귀할 귀(貴)=가운데 중(中)+조개 패(貝)"

자궁을 꿰맸으니 절개를 지킬 수 있어 좋고 귀하다는 뜻도 있고 귀(貴)에서 패(貝)를 제외하면 궤로 대바구니를 뜻하고 貝는 보배, 재물을 뜻하여 보배가 담긴 바구니가 귀하다는 뜻도 된다. 자궁을 꿰맸으므로 불임의 위험이 있고 자식과 배우자는 복이 없다. 흙을 담는 그릇, 대나무로 만든 바구니, 나중에 흙이 아니고 물건(物件)을 넣어두는 것에도 쓰인다. 많이 있는 보배, 귀하다, 귀하게 여기는 일을 뜻한다. 직업은 보석 관련업, 도예, 종교인 등이 적합하다.

<규>

圭 "양토 규(圭)=흙토(土)+흙토(土)"

음을 빌어 天子(천자)가 諸侯(제후)를 封(봉)할 때 약속의 표로 주는 위가 둥글 뾰족하고 아래가 모진 玉(옥)의 이름으로 쓰였다. 또, 諸侯(제후)는 天子(천자)가 내려 준 땅(土)을 재어서(=土) 다스리므로 '土'를 두 개 겹침. 土(토=흙・땅)을 두 개 포개어 이룬 언덕. 土를 겹치면 주인 주(主)가 되므로 고집과 인내가 있다. 직업은 농업, 건축, 토목, 낙농업, 임업, 농장경영, 신앙생활, 시멘트, 건축자재, 도예 등이 적합하다.

規 "법규 규(規)=지아비 부(夫)+볼 견(見)"

훌륭한 사람(夫)이 사물을 바르게 본다(見)는 의미에서 '법'을 뜻함. 길이를 구분(區分) 짓거나

圓(원)을 그리거나 하는 컴퍼스의 뜻을 가진다. 아버지와 스승의 뜻을 보고 배워 지킨다. 직업은 학자(學者)나 군인(軍人), 경찰(警察), 법 계통, 학자, 교육자 등이 적합하다.

奎 "별 규(奎)=큰대(大)+양토 규(圭)"

사람이 팔다리를 벌린 꼴을 본뜬 뜻을 나타내는 큰대(大)와 土(땅)을 두 개 포개어 이룬 언덕 圭(규)로 이루어져 큰사람이 언덕 위에 올라 있다는 뜻이다. 큰사람 밑에서 모시고 살아가는 2인자를 나타낸다.

閨 "도장방/안방 규(閨)=문 문(門)+양토 규(圭)"

문 안에 主人(圭)이 있다는 뜻으로 도장방(부녀자가 거처하는 방), 안방 閨이다.

<균>

均 "고를 균(均)=흙토(土)+고를 균(匀)"

匀(균)은 勹(싸다)와 二(이)를 합친 것, 二(이)는 가지런하다, 均(균)은 땅을 평평하게 고르다. 흙과 관련된 직업 즉, 농업, 건축, 토목, 낙농업, 임업, 농장경영, 신앙생활, 시멘트, 건축자재, 도예 등의 직업에 좋다.

鈞 "고를/서른근 균(鈞)=쇠금(金)+고를 균(匀)"

무게를 고르게 한다. 도자기 공장 발로 빙빙 돌리면서 그릇을 만드는데 사용되는 바퀴 균이라고도 한다. 직업은 금융 계통, 회계사, 세무사, 경리, 약국 등이 적합하다.

<극>

極 "다할 극(極)=나무목(木)+빠를 극(亟)"

용마루의 뜻을 나타내는 나무목(木)부와 극(위아래가 막힌 곳에서 말(口)와 손(又)으로 빨리 하라고 지시함)의 뜻이 합하여 지극히 높다는 데서 '지극하다'를 뜻한다. 함나무로 만든 함(函) 속에서는 빠르게 전달되어 끝난다는 뜻이다.

克 "이길 극(克)=열 십(十)+맏 형(兄)"

剋의 간체자(簡體字). 克(극)은 사람이 갑옷을 입은 모양을 본떠 갑옷의 무게에 견딘다는 뜻에서 전(轉)하여 잘하다, 이기다의 뜻을 나타낸다. 열 십(十)+맏 형(兄)이므로 양보심이 많아 먹을 것이 풍족하지 못하다.

剋 "이길 극(剋)=이길 극(克)+선칼도(刂)"

칼(刂)를 붙여 강하게 이긴다는 뜻으로 나타낸다. 직업은 이 미용사, 의사, 재봉사, 요식업, 요리사, 재봉사 등이 적합하다.

劇 "심할 극(劇)=범호밑 변(虍)+돼지시(豕)+선칼도(刂)"

호랑이가 두 발을 들고 서는 모양−급함−맹렬함. 갑자기 무엇인가 일어나는 것을 遽(거)라 하고, 맹렬한 일, 큰 일을 할거라 한다. 力(력)은 일의 뜻. 후에 음은 극, 字形(자형)은 力(력)을 닮은 刀(도→선칼도방(刂(=刀)−칼, 베다, 자르다)부)로 변하였다. 호랑이 머리를 한 돼지가 칼을 가지고 날뛴다는 뜻이다. 엉뚱한 행동도 잘한다. 직업은 연예인, 방송인, 외판원 등이 적합하다.

<근>

根 "뿌리 근(根)=나무목(木)+그칠 간(艮)"

나무의 끝, 그치는 부분이 뿌리로 나타낸다. 직업은 제재소(製材所), 석탄(石炭), 가구(家具), 옷장사, 미장원, 화원(花園), 과수원(果樹園), 화훼(花卉), 채소 장사, 농업조경, 임업(林業) 등이 적당하다.

近 "가까울 근(近)=날 근(斤)+쉬엄쉬엄 갈 착(辶)"

斤(근)은 나무를 베는 도끼, 일부를 잘라내다, 구분(區分) 짓는 일을 뜻한다. 물건(物件)의 주위를 구분(區分)하는 일, 그 주위, 가깝다, 가까이, 가까워진다는 뜻을 나타낸다. 직업은 광산(鑛山), 자동차(自動車), 철강(鐵鋼), 건자재, 공장, 선반, 밀링, 기계, 금, 은, 동과의 관계가 많은 곳의 직업이 적당하다.

槿 "무궁화 근(槿)=나무목(木)+노랑 진흙 근(堇)"

무궁화꽃이 아침에 피었다가 저녁에 시든다 하여, 수명이 짧은 나무란 뜻으로 '무궁화나무'를 가리킨다. 직업은 문방구, 건축업, 약국, 화원, 과수원, 화훼, 채소 장사 등이 적합하다.

謹 "삼가할 근(謹)=말씀언(言)+노랑 진흙 근(堇)"

말을 충분히 하지 않고 끝내다의 뜻으로 전(轉)하여 삼가다의 뜻言(말하다) 글자와 堇(적다)으로 이루어진다. 말을 하였으나 결과가 없으니 말조심하라는 뜻이다. 직업은 문방구, 건축업, 약국, 화원, 과수원, 화훼, 채소 장사 등이 적합하다.

勤 "부지런할 근(勤)=노랑 진흙 근(堇)+힘 력(力)"

'부지런하다'를 뜻한다. 벽에 노랑 진흙을 바르는 데 힘써 일한다는 뜻이다.

<금>

金 "쇠금(금)=큰 산(人)+구슬옥(玉)"

큰 산(山, 人) 밑에 있는 흙(土) 속에 광물(두 개의 점)을 담고 있다는 뜻이다. 직업은 광산(鑛山), 자동차(自動車), 철강(鐵鋼), 건자재, 공장, 선반, 밀링, 기계, 금, 은, 동, 철의 관계가 많은 곳의 직업이 마땅하다.

今 "이제 금(今)=사람인변(人)+자축거릴 촉(亍)"

세월이 흐르고 쌓여(合) 지금에 이르렀다는 뜻이 합(合)하여 '지금', '이제'를 뜻한다. '지금', '이제'를 뜻함. 사람이 움직이기 시작하는 시점을 나타낸다. 공직자나 직장인이 무난하다.

錦 "비단 금(금)=쇠금(금)+비단 백(백)"

번쩍번쩍 빛난다는 뜻을 나타내는 동시(同時)에 음(音)을 나타내는 쇠금(金-광물·금속·날붙이)部와 비단을 뜻하는 帛(백)으로 이루어짐. 오색이 빛나는 비단의 뜻이다. 황금색이 빛나는 비단의 뜻과 사람이 죽어서 입는 비단 수의. 직업은 의류, 디자이너, 섬유제품 생산업. 장의 관련업 등이 적합하다.

禽 "날짐승 금(禽)=사람인변(人)+돼지머리(亠)+흉할 흉(凶)+발자국 유(禸)" 획수 13

처음에는 짐승 전부를 뜻했으나 구별하여 특히 새를 뜻한다. 산 밑에 남겨진 흉측스러운 날짐승들의 발자국을 나타낸다. 즉 날짐승을 상징, 흉측스럽고 어리석음을 나타낸다. 직업은 스님, 무속인, 종교인 등이 적합하다.

琴 "거문고 금(琴)=쌍옥 각(珏)+이제 금(今)"

거문고의 몸통을 자른 면을 본떠서 거문고의 모양을 나타낸다. 쌍옥처럼 아름다운 소리가 난다는 데서 거문고로도 나타낸다. 쌍옥은 두 사람의 기둥서방을 나타내므로 남편 복이 박하다. 직업은 음악가, 악사, 기생, 가수 등이 적합하다.

<급>

給 "줄 급(給)=실사(糸)+합할 합(合)"

모으다·합하다의 뜻으로 給(급)은 실에 다른 실을 이어서 길게 하다, 없어져 가는 것을 補給(보급)하다, 더하다, 주다의 뜻이다. 직업은 의류, 디자이너, 섬유제품 생산업, 검사소, 농업 축산 등이 적합하다.

級 "등급 급(級)=실사(糸)+미칠 급(及)"

실타래(糸)와 급(及)은 잇다가 합하여 실을 잇다가 이은 곳의 매듭으로 階級으로 변하여 등급(級)이 된다.

及 "미칠 급(及)=이에 내(乃)+파임 불(乀)"

사람의 뒤에 손이 닿음을 나타내며, 앞지른 사람을 따라붙는 뜻으로 사물이 미침을 나타낸다. 돌이낄 반(反), 껍질 피(皮)와 연결되는 글자로 자식 복이 없다. 직업은 의류, 디자이너, 섬유제품 생산업. 검사소, 농업 축산 등이 적합하다.

急 "급할 급(急)=쌀포(勹)+터진 가로 왈(彐)+마음심(心)"

남을 쫓아 따라가는 모양이며 조급한 마음(心)이라는 뜻으로 '급하다'를 뜻한다. 터진 가로 왈(彐)은 얼버무리다의 뜻으로 얼버무리는 마음을 포장하려니 조급하다는 뜻이다. 직업은 작가, 기자, 언론인, 종교인, 무속인 등이 적합하다.

<긍>

肯 "즐길 긍(肯)=그칠지(止)+달월(月)"

冎의 생략형, 月(肉)로 이루어짐. 뼈에 딱 붙어 있는 살의 뜻으로 그 음을 빌어 동의하다, 옳다, 전(轉)하여 감히 따위의 뜻에 차용한다. 뼈와 고기를 즐긴다는 뜻과 달이 뜨면 그친다는 뜻이다. 직업은 가수, 탤런트, 배우, 모델 등이 적합하다..

矜 "자랑할 긍(矜)=창모(矛)+이제 금(今)"

矛(세모진 창)에 자루의 뜻을 나타내기 위한 今(금)으로 이루어진다. '창 자루'란 뜻으로 자랑할 거리가 나타난다는 뜻이다. 직업은 군인, 경찰, 경비원, 선반, 밀링, 기계와 관련되는 업종이 적합하다.

兢 "조심할 긍(兢)=이길 극(克)+이길 극(克)"

克(극)을 겹쳐 뜻을 나타낸 글자. 본디 경(言+言)이 음(音)을 나타내며 뒤에 글자가 兢(긍)으로 바뀌었다. 이길 극(克)을 두 개 합한 것이니 운동선수나 도박사 등으로 운명이 고달프므로 조심함이 필요하다.

<기>

己 "몸 기(기)=뱀 사(巳)와 병부 절(卩)을 본뜬 글자"

몸 전체를 꼬부리고 있는 형상으로 이름에는 사용하기에는 부적절하다.

基 "터 기(基)=어조사 기(其)+흙토(土)"

基(기)는 土(흙)으로 토담을 쌓는 土臺의 뜻이 된다. 음(音)을 나타내는 其(기)는 벼를 까부르는 (키)의 모양과 그것을 놓는 臺(대)의 모양을 합한 字形(자형), 나중에 其(기)는 가리켜 보이는 말의 (그)의 뜻으로 쓰이고 (키)의 뜻으로는 箕(기)를 따로 만듦. 土는 흙으로 땅을 높이고 굳혀서 집터를 만든다는 뜻. 基(기)는 土(토)로 구획을 짓다, 토담을 쌓는 土臺(토대)의 뜻이 된다. 묘터, 집터, 한정된 토지 등. 직업은 농업, 건축, 토목, 건축자재, 도예 등이 좋다.

氣 "기운 기(氣)=기운 기 속자(气)+쌀미(米)"

屈曲(굴곡)하여 올라가는 水蒸氣(수증기), 목에 막히어 나오는 숨, 米(미)는 쌀, 氣(기)는 김을 올려서 밥을 짓다, 손님을 위한 맛있는 음식. 직업은 식당, 미곡상, 정미소, 농업, 수도원, 단전호흡, 천문학자 등이 적합하다.

期 "기약할 기(期)=그것 기(其)+달월(月)"

달(月)이 한 바퀴 돌아오는 것처럼 때를 기다린다는 뜻으로 '기약하다'를 뜻한다. 그달로 약속하다. 月(肉)이 합해지는 것을 약속한다는 뜻이 있어 육체의 사랑을 즐긴다는 뜻도 있다. 직업은 언론, 기자, 연예인, 방송인, 작가, 가수, 탤런트, 배우 등이 적합하다.

器 "그릇 기(器)=부르짖을 현(口口)+개 견(犬)+부르짖을 현(口口)"

犬(견)은 고대의 食料(식료)로서 무덤에 묻히는 일이 많았다, 개고기를 네 개의 접시에 쌓은 모습으로 먹을 것을 제각기 덜어 먹는 접시, 그릇을 말한다. 口자 넷은 갖가지, 犬은 종류가 많다는 뜻으로, 여러 가지 그릇을 뜻한다. 여러 마리 개 입이 밥그릇에 달려드는 모양을 나타낸다. 직업은 언론, 기자, 연예인, 방송인, 작가, 가수, 탤런트, 배우, 보신탕집 등이 적합하다.

起 "일어날 기(起)=달릴 주(走)+몸 기(己)"

달리기 위하여 몸을 일으킨다. 일어나서 달려가라는 뜻이다. 일어서서 하는 일이나, 돌아다니는 일이 많은 직업이 적합하다.

奇 "기이할 기 (奇)=큰대(大)+가할 가(可)"

사람들 중에 끼어들어 가부 결정을 잘하기도 하며 남의 일에 참견도 잘하는 기이한 행동을 잘한다는 뜻이다. 잘 배웠으면 변호사, 법조인, 소개인, 부동산 중개인 등이 적합하다.

其 " 그것 기(其)=달 감(甘)+여섯 육(六)"

벼를 까부르는 키의 모양과 그것을 놓는 臺의 모양을 합한 字形(자형), 其(기)는 가리켜 보이는 말의 (그)의 뜻으로 쓰여 語助辭로 쓰인다. 맛이 달다고 함부로 탐내지 말라는 뜻으로 쓰인다. 직업은 토목, 건축자재, 농업, 건축, 도예 등이 좋다.

旣 "이미 기(旣)=향내날 흡(皀)+숨막힐 기(旡)"

향내가 난들 이미 다 지나가고 없다는 뜻이다. 숨이 막히고 답답해도 끝이 났다는 뜻에서 숨 막힐

기(旡) 한 글자만으로도 이미 (旣)가 되고 없을 무와 통하는 글자다. 먹을 것을 수북이 담은 모양인 문자의 왼쪽 부분 皀(핍)과 배불리 먹고 옆을 보고 있는 모양인 문자의 오른쪽 부분 旡(기)로 이루어진다. 실컷 먹었다는 뜻. 전(轉)하여 끝났음을 뜻하는 이미의 뜻이 되었다. 문자의 오른쪽 부분인 旡(기)가 음(音)을 나타낸다.

綺 "비단 기(綺)=실사(糸)+기이할 기(奇)"

기이하게 생긴 여러 가지 색상의 실로 짜여진 옷감. 실에 묶이는 수가 있다. 직업은 경찰, 법관, 공직자, 방적, 실, 의류, 운전사 등이 적합하다.

幾 "얼마 기(幾)=작을 유(玄玄)+개 술(戌)"

작은 것을 모자라는 짐승과 합류시킨들 얼마 안된다는 뜻이다. 가족과의 불화도 잦다. 직업은 보신탕, 식당, 각종 기계, 실, 방적, 음악가, 가수 등이 적합하다.

譏 "나무랄 기(譏)=말씀언(言)+얼마 기(幾)"

별 것 아닌 말, 별 것 아닌 작은 말을 간단히 한다는 뜻에서 나무라다의 뜻으로 나타낸다. 얼마 기(幾)는 작을 유(玄玄)+개 술(戌)=작은 것을 개에게 붙이고 붙여도 얼마 안된다는 뜻이다.

機 "틀 기(機)=나무목(木)+얼마 기(幾)"

큰 나무와 작은 나무들을 조금씩 이용하여 만든 크기가 얼마 안되는 기계를 나타내어 "베틀 기, 기계 기" 라고도 한다. 각종 기계를 만들거나 만지는 기술자. 가상적인 일을 꾸미는 사람을 일컫는다. 직업은 방앗간, 방적, 실, 염직, 의류, 보신탕, 악기, 식당과 인연이 있다.

飢 "굶주릴 기(飢)=밥 식(食)+안석 궤(几)"

안석 궤(几)는 궤짝, 책상, 방석을 나타내어 飢는 음식 옆에 의자이므로 식당(부엌)을 상징한다. 부뚜막에 음식이 있으나 내 것이 아니므로 먹지는 못한다는 뜻. 식당, 종업원, 농업, 목수, 건축업, 가구점, 노동자 등이 적합하다.

璣 "구슬 기(璣)=구슬옥(玉)+얼마 기(幾)"

돌을 갈고 갈아서 얼마 안되는 크기로 둥글고 작게 만든 기구를 나타내기도 한다. 각종 기계를 만들거나 연구하고 만지는 직업으로 금은방, 시계, 발명가, 방적, 실, 염색, 의류, 악기 등이 적합하다.

技 "재주 기(技)=손수 변(手)+지탱할 지(支)"

손재주에 의지하여 산다는 뜻이다. 각종 기술자나 기계를 만지는 직업, 기능공과 같이 손과 기술에 의지한다는 뜻이다. 이 글자를 떼어서 읽으면 수지(手支)가 되므로 손재주에 의지한다는 뜻이다.

畿 "경기 기(畿)=작을 유(玄玄)+창 과(戈)+밭 전(田)"

밭과 밭 사이의 경계선을 상징하여 지경 기, 경계선 기로도 나타내며 어떤 기계의 내부로도 나타내는 것은 밭 전이 수레거로 연결된 탓. 운전사, 조종사, 기관사, 기계를 움직이는 기술자 등이 적합하다.

棋 "바둑 기(棋)=나무목(目)+그것 기(其)"

나무로 만든 장기판이나 바둑판, 또는 각종 기구를 나타냄. 각종 게임이나 도박에 정신이 팔리는 수가 많으며 직업은 농업, 과수원, 기수, 바둑, 장기, 당구, 골프, 볼링, 화투, 각종 놀이기구 등이 적합하다.

麒 "기린 기(麒)=사슴 록(鹿)+어조사 기(其)"

사슴을 닮은 기린을 나타낸다. 사슴 鹿은 언덕 엄(广)+돼지머리 계(彑)+견줄 비(比)이므로 부모 형제의 덕이 없고 우애롭지 못하지만, 본인은 무난함. 약방, 한의사, 의사, 법관, 경찰, 군인, 부동산, 공직자, 보신탕, 식당 등이 적합하다.

冀 "바랄 기(冀)=북녘 북(北)+다를 이(異)"

괴이하게도 다르게 생겼다. 생각과는 다르다는 뜻. 다를 이(異)는 밭 전(田)+함께할 공(共), 北의 모양이 서로 등진다는 뜻을 가지므로 冀는 일은 함께하지만 배신한다는 뜻이다. 공동으로 하는 일은 실패를 자초함. 형제, 가족, 친구와도 의견이 다르고 불화함을 나타낸다.

騏 "천리마 기(騏)=말마(馬)+어조사 기(其)"

말과 그것이므로 운전사나 기수를 상징한다.

祺 "좋을/복 기(祺)=보일 시(示)+어조사 기(其)"

입으로만 하던 일이 현실로 나타나기를 바라는 마음에서 좋다는 뜻이다.

企 "꾀할 기(企)=사람인(人:지붕)+그칠지(止)"

죽지 않기 위해서 곳간에서 몸부림을 친다는 뜻이다.

寄 "부칠 기(寄)=움집 면(宀)+기이할 기(奇)"

힘이 모자란다는 뜻이다.

琪 "옥이름 기(琪)=구슬옥(玉)+어조사 기(其)"

돌을 갈아서 만든 그것이란 뜻과 괴상하게 생긴 돌을 말한다.

記 "기록할 기(記)=말씀언(言)+몸 기(己)"

뒤섞인 일을 정리하여 순서 있게 하다, 적는 일을 말한다. 작가나 속기사, 출판, 인쇄, 문서를 작성하는 직책. 공직자 등이 적합하다.

紀 "벼리 기(紀)=실사(糸)+몸 기(己)"

뒤얽힌 실을 풀어서 정리하다—실마리, 나중에 구분(區分)짓다, 나이의 한 구분(區分)이라든가 記(기)와 같이 적어서 표하다란 뜻으로도 쓰인다. 몸을 실로 묶을 수도 있다.

旗 "깃발 기(旗)=모 방(方)+그 기(其)"

其(기)를 뺀 나머지 글자인 (언)은 기가 휘날리는 모양이며 族(족)・旅(려) 따위는 이 글자에서 생겼음, 旗(기)는 軍旗(군기)이며 나중에는 여러 가지 기가 있어 각각 다른 글자를 써서 곰이나 호랑이의 그림을 그린 대장의 기를 旗(기)라 일컫기로 하였다. 직업은 군인, 기수, 광고업 등이 적합하다.

錤 "호미 기(錤)=쇠금(金)+어조사 기(其)"

쇠로 만든 연장을 나타내므로 호미나 각종 도구, 기계, 기술자 등이며, 쇠로 만든 그것이란 뜻이다.

玘 "패옥 기(玘)=구슬옥(玉)+몸 기(己)"

몸에 찬 구슬이란 뜻이므로 귀걸이나 팔지, 목걸이 등을 나타내지만 때로는 수갑을 찰 수도 있다. 또는 돌로 만든 불상이나 미륵과 같다.

杞 "구기자 기(杞)=나무목(目)+몸 기(己)"

사람의 몸처럼 작게 쪼그린 나무에 작은 열매가 달린다는 뜻에서 구기자로 나타낸다. 나무로 만든 인형이 내 몸이란 뜻도 된다.

崎 "산 험할 기(崎)=뫼산(산)+기이할 기(奇)"

산이 괴상스럽게 생겼다. 요상하게 생긴 산을 나타낸다.

錡 "세발 가마솥 기(錡)=쇠금(金)+기이할 기(奇)"

발이 셋 달린 가마솥이 기이하게 생겼다는 뜻이다.

箕 "키 기(箕)=대나무 죽(竹)+그것 기(其) "

대나무로 만든 그것 즉, 알맹이와 껍질을 날려 보내는 키와 바구니를 나타낸다.

岐 "산 이름/갈림길 기(岐)=뫼산(山)+지탱할 지(支) "

산에 지탱하는 산이란 뜻이므로 산줄기와 어느 한 산의 이름을 나타낸다.

汽 "증기 기(汽)=삼수변(氵)+기운 기(气) "

물에서 나는 김과 증기를 나타낸다.

沂 "물 이름 기(沂)=삼수변(氵)+날 근(斤)"

칼날처럼 갈라지고 부서지는 물의 흐름을 보고 만든 글자이다.

圻 "지경 기(圻)=흙토(土)+날근(斤)"

땅과 땅의 끝 부, 경계선을 나타낸다.

耆 "늙을 기(耆)=늙을 로(老)+가로 왈(曰)"

몸은 늙고 입만 살았다는 뜻이다.

嗜 "즐길 기(嗜)=입구(口)+늙을 로(老)+가로 왈(曰)"

몸은 늙었으나 입으로 즐긴다는 뜻이다.

ㄱ

暣 "별기운 기(暣)=날일(日)+기운 기(氣)"

날마다 기운을 쓰고, 또는 기운을 살려 보겠다는 뜻이지만 생각과는 다르다.

<긴>

緊 "급할 긴(緊)=굳을 간(臣+又)+실사(糸)"

급할 때는 늙은 선비나 가느다란 지푸라기도 긴요히 쓰인다는 뜻에서 만들어졌다. 허리가 아프고 심하면 곱추가 배출된다. 직업은 실, 방적, 염직, 의류, 양복점, 공직자, 직장인 등이 적합하다.

<길>

吉 "길할 길(吉)=선비 사(士)+입구(口)"

선비의 입에서 좋은 말만 나온다는 뜻에서 길하다는 뜻과 글 읽던 청렴한 선비가 한 칸의 방을 얻었으니 길한 징조라는 뜻이다. 배운 글을 입으로 풀이하여 먹는 선비. 물질 면에서 과욕은 잃는 것이 많다. 직업은 교수, 교사, 학자, 공무원, 직장인, 농업, 건축 등이 있다.

佶 "건강할 길(佶)=사람인변(亻)+길할 길(吉)"

헌걸차다(매우 풍채가 좋고 의기가 당당한 듯하다), 난삽하다(難澁--: 매끄럽지 못하면서 어렵고 까다롭다). 사람이 길한 것을 바란다는 뜻이다.

桔 "도라지 길(桔)=나무목(木)+길할 길(吉)"

두레박 길이라고도 하는 이 글자는 땅 속의 도라지로도 나타내고 또는 우물 난간 대에 두레박을 달아서 샘물을 쉽게 퍼 올리니 길하다는 뜻이다.

姞 "성씨 길(姞)=계집 여(女)+길할 길(吉)"

여자를 얻으니 길하다는 뜻에서 성씨로도 나타낸다.

LEESOOISM

OJASUL GROUP

<나>

ㄴ

那 "어찌 나(那)=다스릴 윤(尹)+언덕 부(阝)"

西方(서방)에 살고 있던 種族名(종족면), 奈(나)何(하)의 合音(합음)과 음이 통하므로 어찌의 뜻에 차용된다. 자신의 주관만으로는 고을을 다스리기 어렵다는 뜻과 믿음성이 있는 고을이란 뜻이다. 지도자가 여자를 만나니 더욱 흔들린다는 뜻이다. 공직자, 국회의원, 토목, 교사, 농업, 장의사, 역학자, 식당 등이 있다.

娜 "휘청거릴/아리따울 나(娜)=계집녀(女)+어찌 나(那)"

한곳에 집중하지 못하고 휘청거림. "예쁠 나"의 뜻으로도 사용하지만 예쁜 것이 아니라 유혹한다는 뜻이다.

<낙>

諾 "허락할 낙(諾)=말씀언(言)+두양초/반 야(若)"

'낙'이라고 대답하여 허가하여 준다는 뜻이다. 말씀을 같다의 뜻으로 허락하다, 대답하여 허가하여 준다는 뜻. 풀을 나타냄. 직업은 한약방, 약방, 약초재배, 한의사, 심마니, 농업, 무당, 종교인 등이 적합하다.

<난>

難 "어려울 난(難)=놈/한수 한(漢)에서 삼수변(氵)이 없는 글자+새 추(隹)"

진흙 속에 빠진 새가 빠져 나오기 어렵다는 뜻이 합하여 '어렵다'를 뜻한다. 원래는 새 이름. 약한 새가 무례한을 만났으니 어려울 난으로 나타낸다. 재물을 보면 교도소에 갈지라도 지아비 마저 죽일 수 있다는 뜻에서 "무례한 한"으로 나타낸다.

暖 "따뜻할 난(暖)=날일(日)+당길/끌다 원(爰)"

음(音)을 나타내는 爰(원)은 직접이 아니고 사이에 무엇인가를 사용(使用)하여 남의 손을 끄는 일, 여기에서는 援(원)·緩(완) 따위와 함께 한가롭다는 뜻을 나타낸다. 태양을 당겨서 따뜻하게 덥힌다는 뜻이다. 직업은 수금원, 세무직, 경리, 금융계, 공직자 등이 있다.

<남>

南 "남녁 남(南)=천간 병(丙)+방패 간(干)"

울타리를 치고 많은 양을 기르는 곳이 남쪽 지방이었기 때문에 '남쪽'을 나타낸다. 지킨다는 뜻에서 남쪽하늘을 지키며 입을 이용하여 산다는 뜻으로 요상한 짓도 제법 잘함. 직업은 군인, 경찰, 언론, 방송, 연예인, 역학, 교사, 소개소 등. 입으로 생계를 유지하는 사람을 말한다.

男 "사내 남(男)=밭 전(田)+힘 력(力)"

밭에서 열심히 일하는 남자를 나타낸다. 남자는 자신의 맡은 직업에 충실하고 힘과 노력을 아끼지 않아야 가족에게 대접을 받음. 즉, 무척 힘드는 일꾼이다. 직업은 농업, 건축, 노동자, 종교인, 공직자, 강사, 언론, 운전사 등이 있다.

楠 "들뫼나무/녹 남(楠)=나무목(木)+남녁 남(南)"

남쪽의 나무란 뜻이다.

湳 "물/강이름 남(湳)=삼수변(氵)+남녁 남(南)"

남쪽의 강물 이름을 뜻한다.

<납>

納 "들일 납(納)=실사(糸)+안 내(內)"

어떤 물건이나 돈을 계속적으로 받아들인다는 뜻이다. 세무서나 금융계에서 세금을 받거나 거둬들이는 일을 말한다. 직업은 경리, 공무원, 수금원, 실, 염직, 방적, 경찰, 세무직 등이 있다.

<낭>

ㄴ

囊 "주머니 낭(囊)=뜻 지(志의 고자=지)+도울 양(襄)"

뜻깊은 지혜 주머니, 뜻이 깊은 것을 담는 주머니를 나타낸다. 자신의 이득은 크게 챙기지 못하고 남에게 주거나 보관하는 역할을 뜻한다. 직업은 금융계, 금고, 수금원, 공직자, 창고관리인, 서예, 교사 등이 있다.

娘 "각시 낭(娘)=계집녀(女)+어질 량(良)"

어질고 착한 아가씨, 아직 남의 손길이나 때가 묻지 않는 처녀를 낭자(娘子)라 부른다. 직업은 한약방, 약방, 건재상, 심마니, 농업, 노동자, 식당, 서비스업 등이 있다.

內 "안 내(內)=멀 경(冂)+들 입(入)"

문 안으로 들어가면 속이 있다는 뜻으로 만듦. 간장, 폐, 중풍 조심하고 섹스를 즐김. 직업은 집 내부 사무실에서 일하거나 공직자, 직장인, 식육점, 식당, 의류 등이 있다.

柰 "벗 내(柰)=나무목(木)+보일 시(示)"

사과나무를 상징한 글자이다. 효도를 다하고, 조상을 정성껏 모시면 좋은 일이 생김, 직업은 가구, 목수, 과일, 과수원, 농업, 건축, 디자이너, 묘목, 종묘사 등이 있다.

乃 "이에 내(乃)=삐침 별(丿)+교묘할 교(巧)"

말이 입에서 술술 나오지 않고 막히는 상태(狀態)를 나타낸다. 빌어 위의 글을 받아 밑의 글을 일으키는 조사(助詞)로 쓰인다. 배속 또는 속 내의 등에 쓰인다. 육체의 아랫배를 상징함. 자궁병, 유방암, 위장, 변비, 장염에 조심, 직업은 산부인과, 조산소, 간호사 등이다.

<녀>

女 "계집녀(女)"

여지기 손을 앞으로 모으고 무릎을 꿇고 앉아있는 모양을 본뜬 글자다. 이런 글자는 이름에 사용하지 않아도 집 안에 있는 것이 여자이며 내가 또한 여자이기 때문에 이름에 또 들어가면 여자로 인하여 말썽이 따르고 오히려 여자가 없을 수도 있으며 재물과 명예가 따르지 않는 글자다. 속이 빈 여자와도 같다.

<년>

年 "해 년(年)=사람인(人)+걸을 과(과)"

사람이 걸어서 가는 것과 같이 세월도 흐른다는 뜻이다. 가족과 이별할 수 있으며 날마다 어디론가 떠나고 싶다.

<념>

恬 "편안할 념(恬)=심방 변(忄)+혀 설(舌)"

혀가 움직이는 것은 마음 속의 뜻이란 표현으로 만든 글자이다. 혀 설(舌)은 일천 천(千)+입구(口)로 수천 가지의 소리가 나는 입을 뜻한다. 직업은 언론, 방송, 공인중개사, 소개소 등이 적합하다.

念 "생각 념(念)=이제 금(今)+마음심(心)"

포함하다, 포함되다란 뜻을 나타낸다. 언제나 그 일을 마음 속에 생각하여 잊지 않고, 어떤 일을 하고자 마음으로 생각한다는 뜻이다. 정성을 드리는 일. 직업은 점쟁이, 종교인, 언론, 방송, 교사, 작가, 화가 등이 있다.

<녕>

寧 "편안 녕(寧)=움집 면(宀)+마음심(心)+작은 그물 정(皿+丁)"

편안하게 한다는 뜻의 丁 이외(以外)의 글자 녕(寍)으로 이루어졌다. 음을 빌어 語助辭(어조사)로 씀, 차라리, 어찌의 뜻이 있다. 집 안에서 눈(目)이 옆으로 누운 형상(罒). 장정(丁)들이 그물을 치듯 가려 놓고 있으니 죽을 때가 되었다는 뜻에서 편안 녕(寧). 직업은 죄수, 산속의 사람, 땅꾼, 사냥꾼, 농업, 어부, 장의사, 간호사 등이 있다.

<노>

努 "힘쓸 노(努)=종 노(奴)+힘 력(力)"

怒(노)가 무리하게 하다, 열심히 하다란 뜻으로도 쓰였으나 나중에 怒(노-화내다)와 努(노-열심히 하다)를 구별하여 쓰인다. 종과 노비처럼 힘을 많이 쓰고 노력도 많이 해야 살 수 있다는 뜻이다. 이름에 사용하면 노력은 많으나 결실이 적다.

奴 "종 노(奴)=계집녀(女)+또우(又)"

나중에 널리 남에게 부림을 받는 천한 사람을 가리켜 특히 남자 종의 뜻이 되었다. 여자가 또 있다는 뜻이니 첩과 같이 고생스럽게 일하며 살아야 함을 말한다.

怒 "성낼 노(怒)"

'성내다'를 뜻하고, 憤激(분격)한 마음의 뜻이다. 종이나 노비와 같은 마음이란 뜻이다.

<농>

農 "농사 농(農)=굽을 곡(曲)+별/지지 진(辰)"

풀을 깍다. 전(轉)하여 농업이란 뜻으로 되었다. 진은 언덕 厂 밑에 새 을 (乙)과씨앗 씨(씨)이며 전은 이랑수가 많은 밭과 굽은 밭의 이랑으로 나타낸다. 직업은 농업, 종묘사, 음악가, 가수, 연예인, 의류상, 노동자 등이 있다.

濃 "깊을 농(濃)=삼수변(수)+농사 농(농)"

본디 이슬이 많이 내린다는 뜻으로 풀이되며 농(酉+農☞진한 술)과 통하여 맛이 진하다는 뜻이다. 전(轉)하여 진하다는 뜻으로 쓰였다.

<뇌>

腦 "뇌 뇌(腦)=육달월 변(月)+내 천(巛)+정수리 신(囟)"

고깃덩어리로 형성된 머리에 개미허리부와 같은 물줄기가 흐르는 저수리란 뜻에서 "뇌"로 나타낸다. 뇌성마비, 지체장애, 간경화 등의 위험이 있다.

惱 "괴로워할 뇌(惱)= 마음심(忄)+내 천(巛)+정수리 신(囟)"

괴롭다, 마음을 어지럽힌다는 뜻이다.

<능>

能 "능할 능(能)=뼈사이살 궁(肯)+비수 비(匕)+비수 비(匕)"

뼈사이에 날카로운 비수를 대도 참을 수 있어야 한다는 뜻과 칼질하는 솜씨가 능숙하다는 뜻. 섹스는 즐김. 의사, 간호사, 식육점, 식당, 도살장, 이 미용사, 각종 칼과 가위, 도구를 만지는 직업.

<니>

尼 "여승 니(尼)=주검 시(尸)+숟가락 비(匕)"

머리가 큰 곰 같은 동물(動物)의 모습. 이 동물(動物)은 힘이 세고 고기 맛이 좋기 때문에 이 글자를 빌어 사람의 일이 충분히 된다는 뜻으로도 쓰고, 나중에 곰을 나타내기 위하여는 熊(웅)이란 글자를 따로 만들었다. 또는 작은 숟가락에 의지하여 죽은 사람처럼 지낸다는 뜻과 날카로운 혀를 이용하여 생계를 유지한다는 뜻도 된다. 모든 종교인이 이와 같다고 보면 된다.

<다>

多 "많을 다(多)=저녁 석(夕)+저녁 석(夕)"

多는 夕(석-저녁)을 겹친 모양이 아니고 신에게 바치는 고기를 쌓은 모양으로 물건(物件)이 많음을 나타낸다. 하루의 성과가 두배, 또는 두 번, 저녁이 두 번이란 뜻에서 많다는 뜻이다. 조각달(夕)을 본뜬 글자로서 달 월(月)과 같으며 섹스는 강하고 수술, 사고 조심, 각종 칼과 가위를 만지는 형상이다. 직업은 의사, 간호사, 정육점, 도살장, 어물, 식당, 미용사 등이 있다.

ㄷ

<단>

短 "짧을 단(短)=화살 시(矢)+콩 두(斗)"

예전에 짧은 것들의 치수를 잴 때에 화살(矢)과 콩(豆)으로 쟀다는 데서 '짧다'를 뜻한다. 화살을 쏘지만 작은 콩 알맹이처럼 작고 짧게 날아간다는 뜻이다. 부모나 배우자의 수명이 짧아질 수 있으니 조심해야 한다. 직업은 군인, 경찰관, 무술도장, 언론인, 방송인, 연예인, 직장인, 서비스업, 운동선수 등이 있다.

端 "끝 단(端)=설립(立)+끝 단(耑)"

直立(직립)의 뜻. 또 음이 斷(단)과 통하는 데서 빌어 자른 끝의 뜻이다. 뜻을 세워도 끝을 보기 어렵다. 어차피 끝이다. 끝단(耑)은 뫼산+말이을 이(而)의 어조사로 쓰이는 글자이므로 산 밑의 끝, 산속에서 말을 이어간다는 뜻에 세울 립(立)을 붙여 이루지 못한다. 돌아다니는 직업은 운전사, 장사꾼, 직장인, 농업, 산 속의 사람 등이 있다.

旦 "아침 단(旦)=날일(日)+한 일(一)"

땅(一) 위로 솟아오르는 태양을 보고 아침 또는 이르다를 뜻한다. 이름의 3글자 중에 뜻이 크면 정치인, 작가로서 명성을 얻지만 그렇지 못할 때는 "날마다 수고하나 속은 비었다."

丹 "붉을 단(丹)=멀 경(冂)+한 일(一)+표시할 주(丶)"

사람의 아랫배에 있는 단전의 기운이 붉다는 데서 나타낸 글자이며 알약 단, 단풍나무로도 나타낸다. 직업은 단청을 그리는 화가, 삭가, 난선호흡, 건축, 식당 등이다.

單 "홀로 단(單)=부르짖을 현(ㅁㅁ)+낮을 비(卑)"

식구들을 먹여(口) 살리기 위해 많은 날을(十) 밭(田)에 나가 홀로 열심히 일한다는 데서 '홑'을 뜻한다. 혼자서 소리를 크게 지르지만 알아주는 이가 없다는 뜻에서 외롭다는 뜻으로도 나타낸다. 직업은 농업, 직장인, 건축, 노동자, 역학자, 종교인, 운전사 등이다.

檀 "박달나무 단(檀)=나무목(木)+믿을 단(亶)"

나무로 만든 제단을 나타냄. 믿을 단(亶)의 亠는 지붕, 回는 묘지와 좌판을 나타낸다. 무당이나 스님, 역학자 등이다.

團 "둥근 단(團)=큰입구(口)+전일할 전(專)"

뜻을 나타내는 큰입구몸(囗-에워싼 모양)部와 음(音)을 나타내는 專(전)이 합하여 이루어진다. 음(音)을 나타내는 專(전-단은 변음(變音))은 織物(직물)에 쓰는 오지로 된 실패, 그 모양은 둥글게 뭉친 것이므로 專(전)에는 오로지란 뜻이 있다, 口(위)는 에우다는 뜻이며 본디는 ○모양으로 쓴 것, 團(단)은 둥글게 뭉치다-둥근 모양이다. 어떤 단체를 임의로 꾸려간다는 뜻이다.

但 "다만 단(但)=사람인(人)변+아침 단(旦)"

사람이 옷을 벗어 상반신을 드러내는 것을 뜻했으나 語助辭(어조사)인 다만으로 차용된다. 일찍 일어난 사람. 부지런한 사람을 뜻한다.

<달>

達 "통달할 달(達)=쉬엄쉬엄 쉬어갈 착(辶)+흙토(土)+양 양(羊)"

사람이 障碍(장애)없이 길을 수월하게 가다, 통하는 일을 말한다. 辶(쉬엄쉬엄 가다)와 달(大+羊-새끼 양이 수월하게 태어나는 일)로 이루어져 사람이 장애 없이 길을 수월하게 간다는 뜻으로 통하는 일을 말한다. 돌아다니는 일이 많으며 역학에 취미와 소질이 있다. 직장은 운전사, 보험, 장사꾼, 노동자, 이민 등이 있다.

<담>

淡 "맑/묽을 담(淡)=삼수변(氵)+불탈 염(炎)"

불꽃으로 오물을 태우고 물을 부으니 꺼지고 씻어져 깨끗이 없어졌다는 뜻이다. 淡은 두 개의 불화(화)를 서로 포개어서 왕성하게 타오르는 불꽃이다. 사람(人)의 양 옆에 불길이 오르는 모양을 본뜬 글자이다. 재물도 없고 건강을 지키기 어렵다.

ㄷ

談 "말씀 담(談)=말씀언(言)+불꽃 염(炎)"

炎은 타오르는 불길이지만 이 字形(자형)을 부분으로 하는 글자는 모두 조용한 기분을 나타내고 있다, 言(언)은 말, 서로 논쟁하거나 싸우거나 하는 것이 아니고 조용하게 함께 이야기하는 일을 뜻한다. 말을 불꽃처럼 태운다는 뜻은 말을 많이 한다는 뜻이다. 말이 많고 입만 살아 있으므로 생계의 곤란과 건강에 위험이 따른다. 화재, 익사, 간장 질환, 농아의 위험이 따른다.

潭 "못/깊을 담(潭)=삼수변(氵)+넓을 담(覃)"

깊은 물을 가득히 채운 곳이란 뜻이다. 물이 여기까지 모여드니 연못이란 뜻. 마지막 부분에 일찍 이른다는 뜻이며 깊고 넓은 담으로도 나타낸다. 직업은 공직자, 양식장, 어부, 식당, 댐 관리자, 토목 등이 있다.

譚 "말씀 담(譚)=말씀언(言)+넓을 담(覃)"

입에서 나온 말의 뜻이 넓고 크며 때로는 말씀이 너무 많다는 뜻도 된다. 직업은 언론인, 강사, 교육계, 공무원, 양식장, 댐 관리인, 어부, 식당 등이 있다.

擔 "맬 담(擔)=제방 변(扌)+이를 첨(詹)"

말로서만 하던 것을 손에까지 이르니 어떤 물건이나 말을 끈으로 붙들어 맨다는 뜻이다. 욕심을 버려야 복을 받고 오래 산다. 말을 잘하는 변사, 변호사, 강사, 교사 등이 있다

<답>

答 "대답할 답(答)=대나무 죽(竹)+합할 합(合)"

대나무에 쓰인 글자나 편지의 내용과 같은 마음이란 뜻과 대나무 속과 같이 합한다는 뜻이다. 동업이나 가속과 함께 하는 직업이 좋나.

畓 "논 답(畓)=물수(水)+밭 전(田)"

밭에도 물을 대면 논이 된다는 뜻으로 농업, 염전, 댐, 양식업, 하천이나 바닷가에 사는 마을이 포함된다.

<당>

唐 "당나라 당(唐)=돌집 엄(广)+다스릴 윤(尹)+입구(口)"

집 안(广)에서 업무를 보거나 다스리(尹)는 마음(口)이란 뜻이므로 "황당할 당"으로도 나타낸다. 집 안에서 입으로만 다스리려 한다. 공직자의 탁상공론, 당나라의 천추태후와도 비교된다. 욕심은 많으나 게으르다. 직업은 정육점, 식당, 학원, 도축장, 축산업, 농업, 건축사, 정치인, 공무원 등이 있다.

堂 "집 당(堂)=집 당의 俗字(火+冖+口)+흙토(土)"

흙을 높이 쌓아 올린 위에 세운 네모난 건물(建物)이며 공적인 일을 하는 곳, 나중에 殿(전)이라 일컫게 된다. 또 큰 건물(建物)의 앞쪽의 봉당으로 되어 있는 곳으로서 儀式(의식) 따위를 거행하는 곳−대청, 堂(당)의 안쪽에 방이 있다. 사람이 거주하는 집이란 뜻으로 堂의 俗字=火는 지붕 위로 올라오는 화목한 기운. 덮을 멱(冖)은 지붕, 입구(口)는 방과 마당, 토(土)는 집을 받치고 있는 터를 나타낸다. 집 안에서 일하는 주부를 말한다. 불조심.

當 "마땅할 당(當)=부자 부(富)+불화(火)"

집 안에 넓은 마당과 텃밭이 있는 것은 당연하다는 뜻으로 화목한 기운을 나타낸다. 지혜로운 이 있는 집 안과 넓은 전답이란 뜻이다. 직업은 교사, 연예인, 강사, 농장, 농업, 창작활동 등이 있다. 불조심.

黨 "무리 당(黨)=집 당(堂)의 속자(火+冖+口)+검을 흑(黑)"

검은 굴뚝과 같은 흑심을 품은 사람들이 모여드는 단체와 집. 성품이 곧은 듯하지만 욕심이 많음을 나타낸다. 본디는 쓸데없이 사람들이 많이 모이는 모임을 黨(당)이라고 하였던 것인데 나중에는 같은 목적으로 모이는 사람들이란 뜻으로 쓰였다. 직업은 식당, 화장터, 장의사, 병원, 항공사 등이 있다.

<대>

大 "큰대(大)=사람인(人)+한 일(一)"

사람이 양 팔을 벌리고 선 모습이다. 남의 앞길을 잘 가로막고 다투기를 좋아하며, 시기심과 욕심이 많다. 직업은 정치인, 장사꾼, 경찰관, 운전사, 건달 등이 있다.

ㄷ

對 "대답할 대(對)=언덕 구(丘)+양머리 양(羊)+마디촌(寸)"

선하고 착한 사람(양)이 서로 머리를 맞대고 구덩이(구)에 마주했으니, 서로의 정성이 오간다는 뜻으로 만들어졌다. 서로의 정성이 오간다는 뜻이다. 직업은 교사, 건축, 토목, 철근, 각종 기계와 가위, 칼을 만지는 직업. 미용사, 서비스업, 식당 등이 있다.

帶 "띠 대(帶)=사십 십(卌)+둘릴 잡(帀)"

옛날 지위 높은 사람은 허리에 띠를 매고 그 전체를 帶(대)라 일컫고 늘어뜨린 부분만은 紳(신)이라 하였다. 사십 십(십)은 여러 개를 한꺼번에 묶는다는 뜻으로 남보다 일찍 부모나 가족의 상주가 되거나 교도소 수감자가 될 수 있다.

代 "대신할 대(代)=사람인 변(人)+주살 익(弋)"

활을 쏘아서 새를 잡는 것도 남을 대신하거나 나를 대신한다는 뜻이다. 상복을 입고 검은 띠를 매는 것도 대신한다는 뜻으로 주살 익(弋)은 일을 대신함과 검은 띠를 나타낸다. 부모와 인연이 짧거나 가족이나 자식과의 인연도 짧아질 수 있다. 중공업, 정비, 카센터, 군인, 의류, 장의사 등이 있다.

待 "기다릴 대(待)=자축거릴 척(彳)+절 사(寺)"

무엇인가 행동(行動)하기 위하여 준비를 갖추고, 시기가 오기를 기다리고 있는 일, 절간에 앉아서 정성이 도달하기를 기다린다는 뜻으로 창조력과 개척정신이 부족하고 공짜를 바라는 것이다. 직업은 종교인, 무당, 역학자, 교사, 정치인, 지관, 장의사 등이 있다.

貸 "빌릴 대(貸)=대신할 대(代)+조개 패(貝)"

음식과 재물을 빌리고 여자도 빌려서 쓴다는 뜻이다. 그러나 빌렸으면 언젠가 갚아야 하므로 내 것은 아니다. 그렇다고 모든 일이 순조롭게 빌릴 수도 없으므로 항상 모자란다. 직업은 식당, 정비업, 카센터, 서비스업, 공인중개소, 사채업자, 임대업 등이 있다.

臺 "돈대/누각 대(臺)=선비 사(士)+입구(口)+덮을 멱(冖)+이를 지(至)"

사방을 바라보기 위한 높은 건물(建物), 관청 등의 건물(建物). 따라서 널리 물건(物件)을 놓는 받침의 뜻이다. 선비의 맑은 정신을 숨기니 재물과 돈이 생긴다는 뜻에서 "누각 대"로도 나타낸다. 선비가 큰 집에 앉아 정성이 오도록 기다린다는 뜻이다. 직업은 교수, 교사, 금융계, 교주, 종교인, 음식점, 건축업 등이 있다.

垈 "터 대(垈)=대신할 대(代)+흙토(土)"

집터나 건축물도 남의 것을 빌려서 산다는 뜻으로 지금의 전세, 사글세는 물론 영업장소도 빌려서 사용한다. 셋방살이, 건축, 토목, 이사를 자주하는 집, 각종 서비스업 등이 있다.

戴 "일 대(戴)=흙토(土)+창 과(戈)+기이할 이(異)"

뜻을 나타내는 창 과(戈-창, 무기)部와 귀신이 탈을 머리 위에 이는 모양을 본뜬 異(이)와 음을 나타내는 재(戴에서 異를 제외한 부분)로 이루어졌다. '머리에 이다', '받들다'의 뜻이다. 모든 일을 하면서 우선은 공동으로 함께 한다는 생각을 가졌으나 머지않아 엉뚱한 생각을 가진다. 직업은 군인, 경찰, 건달, 교사, 이 미용사, 각종 기계나 칼과 연장을 만지는 직업 등이 있다.

<덕>

德 "큰 덕(德)=자축거릴 척(彳) + 곧을 직(直) + 마음심(心)"

德(덕)은 행실이 바른 일, 남이 보나 스스로 생각하나 바람직한 상태(狀態)에 잘 부합하고 있는 일, 본디 글자는 悳(덕)이었는데 나중에 德(덕)이 대신 쓰였다. 마음을 곧게 쓰면 사방을 돌아다녀도 덕을 입을 수 있다. 곧을 직(直)은 마음을 곧게 쓰라는 뜻이지만 욕심이 많고 게을러서 탈이며 많이 돌아다닌다. 직업은 외판원, 보험, 세무, 광고, 사업, 장사꾼, 노동자 등이 있다.

悳 "큰 덕(悳)= 곧을 직(直) + 마음심(心)"

(德)=(悳)=(悳)은 같은 글자로서 고자(古字)이다. (悳)도 같은 글자이며 고자(古字)이다. 즉 획수만 다를 뿐, 큰(悳)의 옛날 글자로서 뜻은 같다.

悳 "큰 덕(悳)=곧을 직(直) + 마음심 (心)"

곧을 마음, 올바른 마음을 가져야 복이 일어난다는 뜻이다. 위의 두 글자의 고자(古字)로서 뜻을 같이함.

<도>

陶 "질그릇 도(陶)=언덕부(좌부방: 阝) + 쌀포 (勹) + 장군 부(缶)"

地名(지명), 음을 빌어 질그릇의 뜻으로 쓰인다. 언덕의 흙을 파서 항아리나 그릇들을 만든다는 뜻을 나타낸다. 쌀포(勹)는 보자기에 싸 모으다의 뜻이 있다. 장군 부(缶)는 화장실의 오물을 담던 변기나 각종 항아리를 나타낸다. 도자기, 골동품, 운전사, 그릇점, 식당 등이 있다.

道 "길 도(道)=머리 수(首) + 쉬엄쉬엄 갈 착(辶)"

道는 한 줄로 통하는 큰 길을 말하며 사람을 목적지에 인도하는 것도 길이지만 또 도덕적인 근거도 길이다. 착(辶)은 교차로 중 삼거리를, 수(首)는 공손히 받든 두 손(八)과 몸을 나타내어 '인도하고 가르치다의 뜻' 도 된다. 돌아다닐 일이 많은 직업, 경찰관, 광고업, 교사, 운전사, 상업, 종교인, 스님, 무당 등이 있다.

都 "도읍 도(都)=놈 자(者)+우부방(阝)"

우부방(阝;마을)와 者(자)이 합(合)하여 '도읍'을 뜻한다. 사람이 많이 모여서 사는 고을과 놈들과 마을이란 뜻이다. 우부방(阝)은 고을읍(邑)이 방(傍)으로 쓰일 때의 자형이다. 어려서는 영리하고 성숙하지만, 나이보다 많이 들어 보이고 빨리 늙으며 속전속패하는 형이다. 직업은 교사, 교수, 건축, 노동자, 건달 등이다.

圖 "그림 도(圖)=에울 위(囗)+인색할 비(啚)"

넓고 큰 종이나 비단의 테두리 안에 인색하게도 물감을 조금씩 칠하여 그림이나 도안을 그리므로 인색하다 한다. 주는 것도 인색하고 받는 것도 인색하다. 사방을 돌고 또 돌아도 항상 제자리 걸음이다. 직업은 화가, 작가, 도색, 도안, 설계사, 화공약품, 간판집, 광고 등이 있다.

途 "길 도(途)=나 여(余)+쉬엄쉬엄 갈 착(辶)"

내가 쉬어가면서 갈 수 있는 길, 내 마음대로 돌아다닐 수 있는 길. 나여(余)는
사람인(人)+벼화(禾)로서 사람이 필요로 하는 음식이나 곡식, 재물을 나타낸다. 직업은 농업,

식생활용품, 도색, 택배, 우편, 운전사, 수금원 등이 있다.

盜 "도적 도(盜)=버금 차(次)+그릇 명(皿)"

氵欠(침을 흘리다)과 皿(그릇)의 합자(合字). 접시 속의 것을 먹고 싶어 군침을 흘리다, 훔치다의 뜻으로 주인이 먼저 사용하고 난 다음 물건을 그릇에 담는다는 뜻에서 도적으로 나타낸다. 어떤 물건이나 돈도 주인이 쓰고 남아야 도적이 가져갈 물건도 있다는 뜻이다.

度 "법도 도(度)=돌집 엄(广)+스물 십(十十)+또우(又)"

달콤한 말과 행동으로 규칙을 만들고 가르친다는 뜻에서 '법도 도, 우량 도, 잴 도'로 나타낸다. 어떤 기자재를 취급하는 점포나 만드는 사람, 설계사, 기상대, 기공사, 실험실, 공직자, 경찰관, 법관, 교사, 교수, 측량 등이 있다.

島 "섬 도(島)=흰백(白)+어조사 여(与)+뫼산(山)"

山(산봉우리)와 鳥(새)가 합하여 이루어졌다. 섬이 바다에서 새가 날개를 쉬는 곳이기 때문이라고 설명되어 '섬'을 뜻한다. 鳥(조)는 새의 뜻이 아니고 물결이 담쟁이덩굴처럼 감겨 붙듯 하는 곳, 또는 사람이 다다라 이르는 곳이란 뜻을 나타내는 것이기도 하다. 인적이 드문 산속이나 섬마을에 사는 사람, 조류나 농업 등이 있다.

挑 "복숭아 도(挑)=나무목(木)+억조 조(兆)

한 나무에 여러 개의 과일이 열린 것을 보고 사람들이나 새들이 모여든다는 뜻에서 복숭아로 나타냈다. (兆)는 어진 사람인 발(儿)의 옆으로 날개가 붙어 아닐비(非)를 닮아 날개도 아니고 사람도 아니지만 달려가는 속도가 빠르다는 뜻이다. 직업은 과수원, 산림청, 서비스업종 등이 있다.

到 "이를 도(到)=이를 지(至)+선칼도(刂)"

날카로운 칼이 여기서 저기까지, 또는 거기서 여기까지 이른다는 뜻으로 (至)는 세심한 계획과 노력 및 계절의 절기(節氣)를 나타낸다. 강하고 날카로운 성품이나 고집을 말한다. 칼과 가위를 만지는 직업, 의사, 미용사, 조경사, 의류, 식육, 식당등이 있다.

逃 "달아날 도(逃)=억조 조(兆)+쉬엄쉬엄 갈 착(辶)"

달아난다는 뜻의 語源(어원)에서 온 것, 달아나다, 떠나다, 빨리 거리로 도망간다는 뜻이다.

倒 "넘어질 도(倒)=사람인 변(亻)+이를 도(到)"

넘어지다의 뜻을 가진 到(도)로 이루어진다. 넘어지다, 거꾸로를 뜻한다.

徒 "무리 도(徒)=자축거릴 척(彳)+달릴 주(走)"

수레 따위를 타지 않고 걸어가는 일, 천천히 걷기도 하고 빨리 달리기도 한다는 뜻에서 혼자가 아닌 여러 사람이 뭉쳐서 다니기도 함을 뜻한다. 종교인들이 떼를 지어 교화, 전도를 펴고 운동선수나 어떤 단체가 떼지어 다니기도 한다. 각종 종교인, 군인, 시위대, 운동선수 등이 있다.

稻 "벼 도(稻)=벼화(禾)+손톱 조(爫)+절구 구(臼)"

곡식을 넣고 찧는 방아. 즉, 도정공장의 절구통을 나타내기도 하고, 곡식이나 씨앗을 넣으면 껍질을 벗기고 가루로 만들어지는 절구를 나타낸다. 가족과의 공동 사업이나 점포, 농업, 정미소, 금융계 등이 있다.

塗 "진흙 도(塗)=도랑물 도(途)+흙토(土)"

본디는 涂(도)가 탁한 물, 곧 진흙을 나타내었는데, 江(강)의 이름인 涂(도-삼수변(氵(=水, 氺)-물)部+余)와 구별하기 위하여 土(토)를 더하여 만든 글자. 흙과 도랑물을 섞어서 벽에 바르는 진흙이나 페인트를 나타낸다. 도랑물 도(途)는 '축축할 차, 먹칠할 차, 길 도로도 나타낸다. 도랑가에 사는 사람, 화가, 칠, 도색, 도장공, 차량 도색, 페인트, 도료, 간판, 인쇄, 건축, 토목, 미장공, 레미콘 등이 있다.

鍍 "도금할 도(鍍)=쇠금(金)+법도 도(度)"

뜻을 나타내는 쇠금(金-광물・금속・날붙이)부와 음을 나타내는 度(도)가 합하여 이루어졌다. 금으로 도색한다는 뜻으로 금은방, 차량도색, 도금공장이 있다.

禱 "빌 도(禱)"

목숨을 신에게 빌어서 구한다는 뜻이므로 공직자, 교사, 교수가 되어도 종교인이 된다.

濤 "큰 물결 도(濤)=삼수변(氵)+목숨 수(壽)"

목숨이 물결에 달렸다는 뜻으로 선장, 사공, 교수, 교사, 정치인, 공직자 등이지만 삶이 고달프고 바람을 많이 탄다.

棹 "노 도(棹)=나무목(木)+책상 탁(卓)"

공직자, 가구점, 뱃사공, 어부, 선장, 목수 등이 있다.

堵 "담 도(堵)=흙토(土)+놈 자(者)"

흙을 만지는 놈이란 뜻에서 농사꾼이나 벽을 바르는 미장공을 나타낸다.

挑 "집적거릴 도(挑)=제방 변(扌)+억조 조(兆)"

자꾸만 손으로 건드린다는 뜻이다.

刀 "칼도(刀)"

칼을 만지는 직업이다.

跳 "뛸 도(跳)=발족(足) + 억조 조(兆)"

발을 여러 번 많이 놀려서 뛴다는 뜻이므로 달리기 선수가 좋다.

渡 "건널 도(渡)=삼수변(氵) + 법도 도(度)"

물을 건너는 법칙을 나타낸다.

導 "인도할 도(導)=길 도(道) + 마디촌(寸)"

導(도)는 남을 도와서 목적지에 인도하다, 남의 행실을 좋은 쪽으로 인도하는 일, 옛날에는 道(도)와 導(도)는 같을 글자로서 道(도), 길·인도하다의 뜻을 나타냈다. 정성들여 가르치고 지도한다는 뜻이지만 촌지를 바란다.

<독>

獨 "홀로 독(獨)=개견 변(犭)+벌레이름 촉(蜀)"

蜀(촉-독은 변음(變音))과 개(犬)는 모이면 싸우므로 한 마리씩 떼어 놓은 데서 '홀로'를 뜻한다. 개 같은 벌레, 버러지 같은 개라는 뜻으로 만들어 혼자서 다 먹어 치우고 독차지하지만 외롭다는 뜻으로 나타낸다. (蜀)은 그물망(罒)에 벌레집(勹+虫), 버러지의 집을 나타내고, 이름에 사용하면 개처럼 모자라는 짓거리를 잘하기에 사용 불가하다.

讀 "읽을 독(讀)=말씀언(言)+팔 매(賣)"

입으로 소리 내서 팔고 속인다는 뜻이다. (賣)는 선비 사(士)+넉 사(四)+조개 패(貝)로 학자가 재물을 노리면 복록이 줄어든다. 직업은 강사, 교육계, 상업, 약장수, 학자 등이 있다.

ㄷ

犢 "송아지 독(犢)=소 우(牛)+팔 매(賣)"

소를 팔아서 송아지를 산다는 뜻과 송아지가 소를 만든다는 뜻으로 소가 송아지를 낳고 재물을 불린다는 뜻이다. 작은 소 독(牛+蜀)과 동자로 쓰인다. 우시장의 소 중개인, 경마장의 도박꾼, 상업, 도축장 등이 있다.

篤 "두터울 독(篤)=대나무 죽(竹)+말마(馬)"

말의 걸음이 늦다는 뜻과 음을 빌어 두텁다는 뜻으로 쓰이고, 말이 대나무 숲에 들어가니 걸음은 느리지만 마음이 든든하다. 왜냐하면 대나뭇잎을 먹을 수 있어서 좋고 달리는 말이 대나무 숲에 갇혔으니 병이 생겼다는 뜻도 된다. 직업은 운전사, 차표 판매원, 장사꾼, 광고업 등이 있다.

督 "감독할 독(督)=어릴 숙(叔)+눈목(目)"

눈으로 보고 살피면서 모르는 사람들을 가르치고 독려하다. 어릴 숙(叔)은 콩 숙(上+小)으로 어린 콩나물과 같은 어리다의 뜻에서 장가 안 간 시동생을 나타내어 아재비 숙이라고도 한다. 직업은 공사장의 감독이나 교사, 식당, 선장, 군인 등이 있다.

<돈>

敦 "두터울 돈(敦)=드릴 향(享)+똑똑두드릴 복(攵)"

화내어 치다의 뜻과 음을 빌어 두텁다의 뜻으로 쓰인다. 향사(享祀=제사)를 지낼 때 정성을 다하고 마음을 곧게 가져야 덕이 있다. 독자적인 판단이 어렵고 짜증을 잘 내며, 조상을 잘 모시라는 뜻이다. 아버지와의 인연이 짧을 수도 있다. 직업은 교사, 금융계, 공직자, 건달 등이 있다.

頓 "두드릴 돈(頓)=진칠 둔(屯)+머리 혈(頁)"

지도자의 입장에서 계획을 수립하여 윗사람에게 고하고, 또 머리를 흔들고 휘젓기도 하며 춤을 잘 춘다. 직장의 우두머리란 뜻이지만 신경을 많이 쓰면 머리가 아프고 신경계통의 질병을 조심해야 한다. 직업은 장군, 장관, 사업체의 우두머리, 단체장, 군인, 악사, 음악가, 목수 등이 있다.

豚 "돼지 돈(豚)=육달월 변(月)+돼지시(豕)"

멧돼지와 구별해 제사에 고기를 바치는 돼지 즉 돼지의 뜻이다.

墩 "돈대 돈(墩)=흙토(土)+두터울 돈(敦)"

조상에게 정성을 드리니 땅이 생긴다는 뜻이다.

惇 "정성 돈(惇)=심방 변(忄)+드릴 향(享)"

제사는 정성을 다해야 덕을 입는다는 뜻이다.

暾 "아침해 돈(暾)=날일(日)+두터울 돈(敦)"

날마다 제사를 올리듯 조상을 잘 모셔야 후에 후덕을 입는다는 뜻이다.

燉 "불빛 돈(燉)=불화(火)+두터울 돈(敦)"

제사상에 촛불을 밝힌다는 뜻이다.

<동>

洞 "골 동(洞)=삼수변(氵)+한가지 동(同)"

물(水)이 있는 곳에 마을이 있다는 데서 '마을'을 뜻한다. 먹을 물과 뜻(旨)이 있는 골짜기와 같은 동굴이란 뜻으로 한자기 동(同)은 문을 상징한 멀 경(冂)에 뜻 지(旨)의 고 자(자)를 붙여서 사람의 생각과 깊은 뜻을 모은다는 뜻에서 마을, 집 안, 골목, 골짜기 등으로 나타낸다.

桐 "오동나무 동(桐)=나무목(目) 함께할 동(同)"

나무와 같은 종류의 나무란 뜻에서 오동나무 동으로 나타내고, 잎이 크고 목재는 가벼워서 가구용이나, 북, 장고처럼 가벼운 악기에도 많이 이용되는 나무이다. 직업은 법관, 의사, 간호사,

공직자, 식당, 농업, 목수, 가구, 악기, 각종 칼과 기계를 만지는 직업 등이 있다.

冬 "겨울 동(冬)=똑똑 두드릴 복(夊)+얼음 빙(冫)"

추운 겨울에 얼음이 엉킬 때도 '똑똑이나 찡찡' 소리를 내며 얼음을 깨뜨릴 때도 소리가 난다는 뜻에서 계절의 변화를 나타낸다. 얼어붙은 계절, 만물이 활동을 중단한 계절을 말한다. 직업은 공직자, 교사, 학자, 연구가 등이 있다.

ㄷ

同 "함께 할 동(同)=멀 경(冂)+뜻 지(旨)"

한 집 안의 가족과 같고, 동업자와 같은 한 마음을 가진다는 뜻이다. (冂)은 멀리 있는 문(門)을 나타내고, 뜻 지(旨)는 마음 속에 품은 뜻, 가족과의 화합을 상징한다. 혹은 凡(범)은 모든 것을 종합하는 일과 口(구)는 사람의 입이라는 뜻을 합하여 사람의 모든 말이 맞다는 데서 '같다'라고도 한다. 직업은 정치인, 법관, 의사, 한의사, 군인, 경찰, 공직자, 동업자나 가족과 함께하는 일.

動 "움직일 동(動)=무거울 중(重)+힘 력(力)"

힘이 있으면 무거운 것도 움직일 수 있다는 데서 움직이다의 뜻으로 (重)의 아래위에 (丿)과 (一)을 떼버리면 움직이는 수레거(車)이며, (重)은 일천 천(千)+마을 리(里)로 천리도 갈 수 있다는 뜻이다. 물건(物件)을 들어 올리거나 움직이거나 할 때의 반응-무게-동)이 합하여 '움직이다'를 뜻한다. 직업은 농업, 정치, 금융, 부동산, 활동력이 많은 직업 등이 있다.

東 "동녁 동(東)=나무목(目)+날일(日)"

東(동)의 옛 모양은 전대에 물건(物件)을 채워 아래와 위를 묶은 모양으로 나중에 방향(方向)의 東(동)으로 삼은 것은 해가 떠오르는 쪽의 방향(方向)이 동이므로 같은 음의 말을 빈 것을 말한다. 아침 해가 돋을 때 나무 위에 걸린 듯한 태양의 모양을 나타내고, 가로 왈(曰)로 읽으면 입 때문에 나무가 상할 우려가 있고, 벌린 입은 먹이를 노린 형상이다. 직업은 공직자, 연예인, 가수, 노래방, 서비스업, 건축, 목재, 산림, 농업, 약방, 농장 등이 있다.

銅 "구리 동(銅)=쇠금(金)+함께할 동(同)"

놋쇠 덩이의 속에 뜻을 간직한 내용물도 함께 있다는 데서 쇠와는 다른 성질의 구리로 나타낸다. 독자적인 사업체가 아닌 공동체의 돈벌이이다. 구리와 쇠를 합치면 동전(동전)과 동상, 주물공장, 제철소, 조폐공사, 금율, 탁구공, 야구공, 골프공 등이 있다.

童 "아이 동(童)=설립(立)+마을 리(里)"

동네(里) 어귀에 서서(立) 노는 아이들이라는 뜻이 합하여 '아이'를 뜻한다. 마을에서 앞날의 뜻을 세울 수 있는 사람은 아이들이란 뜻으로 (里)는 (田 +土)로서 밭과 흙으로 구성된 터 (田)는 옹기종기한 집들과 많은 입(口口口口)으로도 나타낸다. 직업은 교사, 종교인, 농업, 식당, 운전사, 건축 등이 있다.

棟 "마룻대 동(棟)=나무목(木)+동녘 동(東)"

'집의 맨 꼭대기의 나무'의 뜻으로 마룻대를 뜻한다. 동쪽의 나무란 뜻과 건축물의 상량 기둥을 나타낸다.

董 "동독할 동(董)=초두 변(艹)+무거울 중(重)"

풀의 이름, 음을 빌어 '바로 잡다'의 뜻이다. 무거운 수레가 꽃으로 치장했다는 뜻이므로 '연뿌리 동, 비빔밥 동' 이라고도 한다.

潼 "물 이름 동(潼)=삼수변(氵)+아이 동(童)"

아이들의 마음처럼 맑게 흐르는 물을 나타낸다.

<두>

杜 "막을 두(杜)=나무목(木)+흙토(土)"

적을 막기 위해 흙과 나무로 토성을 쌓다시피 했다. 또는 나무의 이름, 또 음이 遮(차=가로막다)와 통하므로 그 뜻을 빌어 '막다'의 뜻으로 쓰이게 된다. 나무와 흙이므로 직업은 나무와 흙을 만지는 일, 농업, 임업, 과수, 건축, 전기, 그림, 서예 등이 있다.

斗 "북두성/말 두(斗)=석 삼(三)+점 복(卜)"

밤하늘의 북두칠성을 나타내어 세 가지의 복을 상징한다. '말 두, 솟을 두' 는 높다는 뜻과 물건을 담는 항아리를 뜻하기도 한다. 직업은 고위공직자, 군인, 장군, 법관 등이 있다.

豆 "제기/콩 두(豆)"

뚜껑 (一)과 그릇 (口)과 발(ㅛ)로 이루어짐. 고기를 담는 식기의 모양을 본뜸. 나중에 荅(답☞팥)과 통하여 콩의 뜻으로 빌어 쓰인다. 한 일(一)은 뚜껑이며, 입구(口)는 음식을 담는 그릇을 말한다. 아래의 제기(亠)는 그릇의 받침대와 쟁반 등을 나타내어 제사상이란 뜻이다. '콩 두' 라고 하는 뜻을 콩을 닮았다는 뜻이며 초두 변이 있어야 콩 두(豆)가 된다. 부모나 가족과 인연이 짧다.

頭 "머리 두(頭)=제기 두(亠)+머리 혈(頁)"

豆(두)는 고기 따위를 담는 식기로서 둥근 그릇에 높은 발이 달려 있음, 頁(혈)은 얼굴이나 머리에 관계(關係)가 있음을 나타낸다. 가장 위의 어른, 장남, 장손, 단체의 우두머리, 콩나물의 머리, 가장 첫머리, 앞부분, 산의 머리 등을 나타냄, 부모나 가족과의 인연이 짧은 경향이 있으나 잘 사용하면 두목이 될 수 있으며 머리나 어깨, 등뼈, 치매증, 두통 등에 조심해야 한다.

<득>

得 "얻을 득(得)=자축거릴 척(彳)+아침 단(旦)+마디촌(寸)"

아침부터 일찍 열심히 뛰어야 이득이 있다는 뜻이다. (彳)은 교차로의 두거리를 나타낸다. (旦)은 일찍이란 뜻이며 (寸)은 정성이다. 바쁘고 힘겹지만, 실속은 적다. 돌아다닐 일이 많은 직업, 외판원, 보험, 운전, 장사꾼 등이 있다.

<등>

騰 "오를 등(騰)=날 등(𠔉)+달 월(月)"

달(月)이 있는 곳까지 높이 날아(𠔉) 오른다는 뜻. (𠔉)은 스승 부(夫)+여덟 팔(八)+말마(馬)로 윗사람을 말 등에 태우고 순종한다는 뜻. 정치인, 교육계, 경마장, 운전사, 장사꾼 등.

登 "오를 등(登)=필 발(癶)+콩 두(豆)"

사람이 죽어서 발을 폈으니 제사상을 차려야 하늘로 오른다는 뜻으로 만들어졌다. 필 발(癶)은 발가락 끝이 하늘을 쳐다본 모양이다. (登)에 고을읍(邑) 변을 붙여도 같은 뜻이므로 조심스럽게 사용하기 바람. 조상이나 가족의 제사를 남보다 일찍 모심을 뜻한다.

等 "등급 등(等)=대나무 죽(竹)+절 사(寺)"

대나무가 있는 사찰로 대나무처럼 곧고 아름답게 절개를 지키는 사찰을 가장 으뜸으로 삼는다. 당시에는 오랑캐를 막기 위한 활, 창 등의 무기와 바구니 등의 가정에 활용되는 것들을 대나무에서 얻었으므로 대나무를 많이 심고 잘 가꾸는 마을과 사찰의 평가가 좋았다.

藤 "등나무 등(藤)=초두 변(艹)+육달원 변(月)+클 태(泰)"

잎과 꽃, 줄기가 무성하게 넝쿨로 엉킨 등나무를 나타낸다. 클 태(泰)의 사람인(人)이 빛을 보고자 하나 하늘을 가려서 고난을 이겨내야 함. 직업은 교육계, 정치, 법관, 의사, 식육, 식당, 미용사, 각종 칼과 가위, 묘목, 농업, 정원사, 기계를 만지는 직업 등이 있다.

鄧 "나라 이름 등(鄧)=오를 등(登)+우부 방(阝)"

고을의 위상이 위로 뻗어 오른다는 뜻에서 고대 중국의 등 나라 이름으로 사용되던 글자이다.

燈 "등잔 등(燈)=불화(火)+오를 등(登)"

登(등)은 위에 올라가다, 위에 없는 일. 여기서는 고기 따위를 소복이 담아 신께 바치는 도구(道具)인 豆(두) 대신 썼다. 그 도구(道具)가 금속제인 것을 등(金+登) 또는 錠(정)이라 하였다. 나중에 불을 켜는 촛대의 모양이 이것과 닮았기 때문에 등(金+登)을 촛대의 뜻으로도 썼다. 촛대는 불을 켜는 것이기 때문에 燈(등)이라고 쓰는 속체(俗體)가 생겼다.

<라>

羅 "벌일 라(羅)=그물망(罒)+이을 유(維)"

새를 잡기위해서 실로 짠 그물을 펼쳐 놓는다는 뜻에서 '그물' 이라고도 한다. 이을 유(維)는 실사(糸)+새 추(隹)로서 실로 얽어매거나 이어서 연결시키고 짠다는 뜻이다. 염직, 의류, 그림, 화가, 어부, 방적, 면사, 작가, 연예인 등이 있다.

騾 "노새 라(騾)=말마(馬)+포갤 루(累)"

노새는 말과 당나귀가 교접하여 출생한 짐승이라는 데서 노새라 부른다. 포갤 루(累)=밭 전(田)+실사(糸)로 씨앗도 연결된 합작품이란 뜻과 얽힐 루, 맬 루, 연좌할 루로도 나타낸다. 직업은 운전사, 농업, 방적, 면사, 염직, 음식점, 장사꾼 등이 있다.

<락>

落 "떨어질 락(落)=초두 변(艹)+낙수 락(洛)"

'떨어지다'를 뜻하며, 各(각)은 목적지에 도착하다, 안정되는 일, 음(音)을 나타내는 洛(락)은 시내가 아래 쪽으로 흘러가는 일, 초두머리(艹(=艸)-풀, 풀의 싹) 부는 식물을 나타낸다. 폭포수의 물이 떨어지듯이 꽃잎과 나뭇잎도 떨어진다는 뜻으로 가족과의 화합, 형제나 친구 간의 화합도 어렵다. 꽃잎처럼 떨어질 수 있으니 주의해야 한다. 부모와 인연 또한 짧음. 각각 각(各)은 마음과 정성을 의미한다.

樂 "즐거울 락(樂)=작을 유(幺幺)+흰백(白)"

나무와 닮은 것에 실(幺)과 실(幺)을 연결하여 퉁기며 없던 소리(白)가 들리므로 악기 악(樂), 즐길 요(樂)로도 나타낸다. 직업은 요식업, 악사, 음악가, 노래방, 서예, 방적, 면사, 염직, 농업, 과수원 등이 있다.

洛 "낙수 락(洛)=삼수변(氵)+각각 각(各)"

물과 꽃잎, 낙엽, 친구, 형제, 부모, 가족 등이 각각으로 흩어지고 떨어진다는 뜻으로 물락, 폭포수 락이라고도 한다. (各)은 똑똑 두드릴 복(夊)+입구(口)로 마음도 각각이며, 가족과의 불화도 상징한다. 학자, 교육계, 화가, 작가, 댐 관리인, 공직자 등이 있다.

絡 "이을 락(絡)=실사(糸)+각각 각(各)"

실이 휘감겨 얽히다의 뜻으로 처음부터 각각 있던 것을 실로 억지로 연결한다는 뜻에서 '실감을 락' 으로도 나타낸다.

珞 "목걸이 락(珞)=구슬옥(玉)+각각 각(各)"

각각으로 된 돌을 다듬고 꿰어서 만든 구슬을 목에 치장한다는 뜻에서 목걸이로 나타낸다.

<란>

蘭 "난초 란(蘭)=초두 변(艹)+문 문(門)+가릴/분별할 간(柬)"

집 안에서 사람들의 담배 연기와 굴뚝의 연기를 마시며 사는 풀, 마음이 바르지 못하고 검은 속셈을 가진 사람에게도 향기를 뿜는 풀이 난초란 뜻이다. 남편은 출세하지 못하고 죄수나 사법관과 인연이 있다. 자신이 향기를 뿌리며 벌어야 한다. 꽃을 피우면 가족과 이별, 고생하면 오래 산다. 직업은 가수, 연예인, 화류계, 꽃집, 작가, 서예, 화가 등이 있다.

卵 "알 란(卵)=동방 묘(卯)+거듭첩(丶丶)"

닭 따위 새의 알의 뜻으로 쓰이지만, 본디는 물고기나 개구리의 알과 같이 얽혀 있는 모양의 것이라고도 한다. (卯)는 동쪽의 시작점에서 만물과 새싹이 움트기 시작한다는 뜻에서 두 개의 점(丶丶)을 붙여서 알, 정자, 씨앗, 기르다의 뜻을 나타낸다.

瀾 "물결 란(瀾)=삼수변(氵)+가로막을 란(闌)"

난초의 무늬로 수 놓은 옷감이나 물결이 일 듯한 아름다운 빛을 나타낸다.

鸞 "난새 란(鸞)=말 잇대일 연(糸言糸)+새조(鳥)"

봉황새 중의 아름다운 봉황새 즉 금난새와 임금이 타는 수레를 상징하며, 말을 서로 이어간다는 뜻의 연(糸言糸)에다 새조(鳥)는 말을 잘 조잘거린다는 뜻으로도 나타낸다. 직업은 언론, 방송, 기자, 운전사, 방적, 염직, 면사, 의류 등이 있다.

欄 "난간대 란(欄)=나무목(木)+가로막을 란(闌)"

사람이 앞에 나가는 것을 막는 나무라는 뜻을 나타내며, 전(轉)하여 문서 따위가 線(선)에 둘러싸인 구획의 뜻이다. 난초와 나무로 장식한 난간대나 어떤 테두리 또는 겉옷을 나타내기도 한다.

爛 "빛날 란(爛)=불화(火)+가로막을 란(闌)"

쭈굴쭈굴 해지다의 뜻을 나타내기 위한 부수(部首)를 제외(除外)한 글자 闌(란)으로 이루어진다. 난초에 불빛이 비치니 빛이 더욱 아름답다는 뜻이다.

<람>

濫 "쪽 람(濫)=초두 변(艹)+볼 감(監)"

풀의 조각들을 바라보니 해진 옷 조각과 닮았다는 뜻에서 조각으로 나타내며, 監은 신하 신(臣)+빌 걸(乞)+그릇 명(皿)으로 신하가 마음을 비우고 물건, 글, 책 등을 살핌을 뜻한다. 직업은 경찰, 법관, 감사원, 학자, 작가, 교사, 못 배우면 장사꾼도 가능하다.

覽 "볼 람(覽)=볼 감(監)+볼 견(見)"

두루 보다, 보고 또 본다는 뜻에서 더욱 세밀히 살핀다. 볼 견(見)은 조개 패(貝)의 변형체로서 아래의 발이 약간 다르게 생겨 돌아다니면서 본다는 뜻이며 재물과 명예에 과욕은 금물이다.

濫 "넘칠/지나칠 람(濫)=삼수변(氵)+볼 감(監)"

전(轉)하여 넘친다는 뜻으로 지나치게 욕심을 부려 처리가 곤란하고 결국에는 눈물도 넘쳐 흐르게 된다는 뜻이다. 볼 감(監)도 마찬가지로 이렇게 될 수 있으니 과욕은 금물이다. 신하 신(臣)+빌 걸(乞)로 별로 아는 것이 없는 선비가 재물에 욕심을 부린다는 뜻이다.

<랑>

朗 "달 밝을 랑(朗)=어질 량(良)+달 월(月)"

良(량)은 맑게 환히 비쳐 보이듯이 아름다움, 朗(랑)은 아름답고 맑게 밝음, 나중에 좌우(左右)를 바꾸어서 朗(랑)이라고 쓰인다. 달이 고맙게도 빛을 비춘다는 뜻에서 밝다는 뜻으로 나타낸다. (良)은 그칠 간(艮)과 연결되는 뜻이며 달 월(月)은 밤과 어둠, 고기 육(肉)으로 나타내므로 낮에는 자고 밤에 출근하는 바쁜 마음, 섹스를 즐긴다. 직업은 식육점, 식당, 약방, 간호사, 의사, 화류계 등이 있다.

浪 "물결 랑(浪)=삼수변(氵)+어질 량(良)"

물이 구불거리어 산 같이 된 것의 뜻과 물결이 출렁인다는 뜻이므로 삶에 풍랑이 심하다.

廊 "행랑/복도 랑(廊)=언덕 엄(广)+사내 랑(郎)"

남자들이 거처하는 행랑채를 나타낸다. 본체의 곁에 지은 사랑채, 절간이나 남의 집에 사는 세입자를 말한다. (郞)은 어질 량(良)+고을읍 부(阝)로 마음만 어질고 얻어지는 것은 없다.

郎 "사내 랑(郞)=어질 량(良)+우부 방(阝)"

사나이의 뜻으로 쓰인 것은 良(량)의 음이 같기 때문이다. 고을에서 남에게 무엇이든 베풀며 사는 남자를 일컬어 어질다 한다.

琅 "옥 이름 랑(琅)=구슬옥(玉)+어질 량(良)"

돌로서 자물쇠를 채우듯이 잠근다는 뜻으로 어질 량(良)은 멈춘다는 뜻의 그칠 간(艮)으로 나타나기 때문이다.

<래>

來 "올 래(來)=나무목(木)+따를 종(人人)"

꿋꿋하게 버티고 선 큰 사람(木=十+人)을 따라온다는 뜻으로 만들어져 목(木)에다 두 개의 사람(人人)을 옆구리에 낀 글자이다. 본뜬 글자가 낄 협(夾,俠). 대인관계가 많으며 연인과 사람이 많이 따른다. 직업은 정치인, 사업가, 종교인, 연예인 등이 있다.

崍 "산이름 래(崍)=뫼산(山)+올 래(來)"

산으로 오르거나 산에서 만난다는 뜻이므로, 오히려 래(來)보다 못하고 게으르다.

萊 "명아주 래(萊), 밭 묵힐 래(萊)=초두 변(艹)+올 래(來)"

아래의 사람인(人)들이 무성한 풀을 뒤집어 쓰고 있으므로 빛을 볼 수 없다. 올 래(來)보다 훨씬 못하고 게으르다. 명아주는 잡초의 이름이다.

<랭>

ㄹ

冷 "찰 랭(冷)=얼음 빙(冫)+하여금 령(令)"

얼음을 얼게 한다는 뜻으로, 하여금 령(令)은 사람인(人)+새을(乙)+병부 절(卩)이므로 활동력이 없는 사람으로 변한다. 냉혈한(冷血漢)

<량>

兩 "둘 량(兩)=둘릴 잡(帀)+따를 종(人人)"

양 옆구리에 끼고 나를 따르게 한다는 뜻에서 숫자의 둘로 나타내며, 때로는 '쌍 량, 무게 량, 수레 량' 으로 나타낸다. 여기서 수레란 사람을 가두는 기계와 수레. 연인이 둘이 될 수도 있으며 활동력이 많은 직업이다.

糧 "양식 량(糧)=쌀미(米)+무게 량(量)"

무게를 달고 헤아리니 곡식과 재물이란 뜻이다. 즉 무엇이든 많이 있으면 곡식을 만들 수 있는 재료가 된다. (量)은 아침 단(旦)+마을 리(里)로 아침마다 마을과 집 안을 살피고 헤아림을 나타낸다. 직업은 농업, 농경계, 공직자, 지적, 상업, 식당, 등기소 등이다.

凉 "서늘할 량(凉)=얼음 빙(冫)+서울 경(京)"

전(轉)하여 서늘하다의 뜻으로 왕이 다스리던 서울이 서늘하다는 뜻으로 만듦. 또, 삼수변(氵)에 서울 경(京)을 붙여서 물이 있으니 서늘하다는 뜻으로도 나타내며 획수만 다를 뿐 같은 글자이다. 서울과 경기도에서 살면 편함을 나타내고, 물가의 어부나 냉동 시설의 직업도 가능하다.

良 "어질 량(良)=그칠 간(艮)+표할 주(丶)"

죽을 때가 되어도 베푸는 마을을 가졌으니 어질다는 뜻이다. 직업은 의사, 간호사, 한약방, 종교인, 농업 등이다.

量 "헤아릴 량(量)=아침 단(旦)+마을 리(里)"

옛날 오랑캐들이 많이 설치던 마을에서 아침마다 주민들의 인구를 점검한 데서 비롯된 글자로 무게를 잴 때 수량의 단위로도 나타낸다.

亮 "밝을 량(亮)=돼지해머리(亠)+입구(口)+구멍 혈(穴)"

구멍 속에 있어도 밝고 깊은 뜻을 헤아릴 수 있다는 뜻이다.

樑 "대들보 량(樑)=나무목(木)+들보 량(梁)"

나무로 이리저리 짜 맞추어 사용한 집의 대들보와 교량(교량)을 나타내어 다리 량, 징검다리 량, 굳셀 량으로도 나타낸다. (梁)은 삼수변(氵)+칼날 인(刃)+나무목(木). 의사, 간호사, 건축, 공직자, 설계사, 각종 칼과 가위, 기계를 만지는 일.

諒 "살필 량(諒)=말씀언(言)+서울 경(京)"

공손한 말의 뜻과 전(轉)하여 성실의 뜻으로 그 지역을 살피는 경찰이나 교도관, 공직자, 교사와 비슷한 직업 등이 있다.

倆 "재주 량(倆)=사람인 변(亻)+둘 량(兩)"

사람의 솜씨에는 한 가지가 더 있다는 뜻이다.

<려>

呂 "음률 려(呂)=입구(口)+표할 주(丶)+입구(口)"

사람의 등뼈가 이어져 있는 모양을 본뜬 글자로 입과 입이 서로 마주치는 형상에서 등마루 뼈로도 나타낸다. 허리뼈나 등뼈가 좋지 않음을 말하며 여러 개의 입이 서로 뽀뽀하는 형상이므로 가족과 화합, 부드러운 성품이지만 입(口)이 비어 있으므로 재물은 어렵다. 직업은 가수, 연예인, 언론, 방송, 건달 등이 있다.

麗 "빛날 려(麗)=두개의 둘릴 잡(帀帀)+사슴 록(鹿)"

칼 이름 록(鹿)이라고도 하며 언덕 엄(广)은 뿔과 긴 허리, 눈목(目)은 얼굴, 견줄 비(比)는 네 개의 긴 다리를 나타냈다. 형제간의 우애가 없다. 직업은 한의원, 수의사, 포목점, 포목점, 의상실, 의류 등이 있다.

黎 "검을 려(黎)=벼 이삭 숙인 모양 초(禾 +勹)+뜰 탄(氽)"

무리 려의 뜻으로도 나타내며 기장 서(黍)에 작(勺)의 합자에다 물 위에 뜬다는 뜻(氽)을 추가하여 검다는 뜻으로 나타냈다. 곡식과 물을 이용한다. 직업은 농업, 음식점, 수영, 애주가, 서비스업, 양곡 판매소, 정미소 등이 있다.

驢 "나귀 려(驢)=말마(馬)+검은빛 로(盧)"

사냥개처럼 검은 빛깔이 나는 작은 말이란 뜻에서 당나귀로 나타낸다. (盧)는 범호밑 면(虍)+밭 전(田)+그릇 명(皿)으로 호랑이 껍질은 밭에 널어서 잘 다루어야 그릇이 된다는 뜻이다. 직업은 사냥꾼, 군인, 운전사, 농업, 목축, 작자, 화가, 식당 등이 있다.

慮 "생각 려(慮)=범호밑(虍)+생각 사(思)"

범의 머리처럼 갸우뚱 거리며 한 번 더 깊이 생각한다는 뜻으로 생각 사(思)는 밭 전(田)+마음심(心)의 합자로서 생각이 없으면 죽은 귀신과 같다는 뜻이며 어조사로 쓰인다. 직업은 화가, 작가, 연극배우 등이 있다.

勵 "힘쓸 려 (勵)=언덕 엄(厂)+일만 만(萬)+힘 력(力)"

많은 것을 얻으려면 최선을 다하여 노력하라는 뜻이다.

侶 "짝 려(侶)=사람인(亻)+등마루 뼈 려(呂)"

사람을 '모으다'의 뜻을 나타내기 위한 呂(려)로 이루어져, 동아리・한패를 뜻한다. 사람의 입에서 음률이 나온다는 뜻이기도 하다.

<력>

歷 "지낼 력(歷)=지날 력(厤)+그칠 지(止)"

(歷)과 (厤)은 同字로서 시간이 다 지났다는 뜻에서 해가 바뀌거나 묵은해가 지나갔다, 또는 그 지역을 지났다는 뜻으로도 나타낸다.

力 "힘 력(力)"

칼도(刀)에서 자루를 위로 뽑아 올린 상태의 글자로서 칼을 잡아야 힘이 난다는 뜻으로 칼도(刀)의 변형체다. 창의력은 없고 의사, 간호사, 군인, 경찰, 교도관, 무술관, 미용사, 식당, 정육점, 농업, 각종 가구점, 기계 등이 있다.

曆 "책력 력(曆)=지날 력(厤)+가로 왈(曰)"

日字(일자)를 잇달아 세는 데서 달력의 뜻과 해가 지고 세월도 바뀜을 의미한다.

<련>

輦 "수레 련(輦)=두 개의 지아비 부(夫夫)+수레거(車)"

사람이 수레 앞에서 끌다의 뜻으로 수레를 끄는 마부가 두 명이라는 뜻이다. 운전수란 뜻에서 인도하는 배우자가 둘, 스승이 둘, 아비가 둘, 사장이 둘, 연인이 둘이란 뜻도 된다. 직업은 운전사나 교육계, 본인이 아닌 그 배우자의 연인이 둘이 될 수도 있다.

連 "연할 련(連)=수레거(車)+쉬엄쉬엄 쉬어갈 착(辶)"

수레바퀴가 달린 (車)가 길거리를 가끔 쉬면서 천천히 잘 간다는 뜻으로 착(辶)은 교차로의 사거리 중 삼거리를 상징하여 많이 돌아다니는 직업. 운전사, 장사꾼, 이삿짐, 수금원, 광고업, 장의사, 농업 등이 있다.

蓮 "연꽃 련(蓮)=초두 변(艹)+연할 련(連)"

연꽃으로 장식한 차(車)가 길거리를 쉬면서도 잘 간다는 뜻이 있다. 초두 변(艹)은 풀이시반 난 단위의 수에서도 꽃을 피우면 장의차를 타야 된다. 꽃을 피운다는 뜻은 최대한 잘 된 것. 출세를 나타낸다. 한정된 복에서 가족과의 이별 수 조심.

聯 "연이을/관계할 련(聯)=귀 이(耳)+실을 북에 꿸 관(幺幺+丱)"

귓구멍처럼 생긴 작은 구멍에다 실을 꿰어서 서로 연결하여 짝을 만든다는 뜻으로 연합, 합장품, 동업, 방적, 염직, 의류 등이 있다.

鍊 "단련할 련(鍊)=쇠금(金)+가릴 간(柬)"

금속을 열로 녹여 무르게 하여 벼린다는 뜻과 전(轉)하여 사람을 단련한다는 뜻이다. 직업은 교육원의 강사, 교사, 기도원, 종교인, 제철소 등이 있다.

ㄹ

戀 "사모할 련(戀)=말 잇대일 련(糸言糸)+마음심(心)"

말과 말로써 서로 인연을 맺는다는 뜻과 마음과 마음이 통한다는 뜻이다. 입으로 해결하는 직업으로 언론, 기자, 작가, 가수, 연예인 등이 있다.

煉 "쇠불릴 련(煉)=불화(火)+가릴 간(柬)"

굴뚝에다 불을 지펴서 쇠를 달구어 제련한다.

璉 "호련 련(璉)=구슬옥(玉)+연할 련(連)"

돌이나 토기로 만든 제기를 상징하여 종묘의 '제기 련'이라고 한다.

練 "익힐 련(練)=실사(糸)+가릴 간(柬)"

음(音)을 나타내는 柬(간・련)은 束(속-묶음)으로 한 것을 골라서 구별하다, 공을 들여서 무엇인가 함의 뜻이다. 練(련)은 명주를 충분히 삶아서 마무른 練絲(연사)・누인 명주, 나중에 실이나 비단에 관계(關係)없이 일에 숙련되다, 익숙하여짐에 쓰고 또 금속되다, 익숙하여짐에 쓰고 또 금속을 벼린다는 鍊(련)・煉(련)의 대신에도 이 글자를 쓰인다. 이리저리 엉킨 실을 가려내고 풀어낸다는 뜻이 있다.

<렬>

列 "벌일 렬(列)=뼈와 살 발라낼 알(歹)+선칼도(刂)"

칼로 뼈와 살을 발라내기 위하여 쪼개고 벌린다는 뜻으로 '벌려서다. 나열하다'의 뜻이다.

사법관, 운동선수, 식당, 의사, 교육계, 작가, 언론, 군인, 미용사 등이 있다.

烈 "매울 렬(烈)=벌일 렬(列)+연화발(灬)"

칼로 뼈와 살을 쪼개고 발라내어 불을 붙이니 그 냄새와 마음이 지독하게 맵고 독하다는 뜻으로 예를 들어 성씨가 민(閔), 문(文)씨이거나 중간 글자가 문(文)일때 문렬(文烈)이면 글을 벌려 놓는다는 뜻이므로 작가나 기자가 된다.

裂 "찢을 렬(裂)=벌일 렬(列)+옷의(衣)"

옷을 베어 자르다의 뜻으로 列(열)이 째다란 뜻의 본디 글자이다. 나중에 列(열)은 행렬의 뜻으로 쓰였으므로 衣(의)를 더하여 裂(렬) 자가 만들어졌다. 옷을 가위나 칼로 찢는 재단사를 의미한다.

劣 "용렬할/못할 렬(劣)=젊은 소(少)+힘 력(力)"

없는 힘을 있는 척 하는 못난이를 뜻한다.

冽 "맵고찰 렬(冽)=얼음 빙(冫)+벌일 렬(列)"

독하게 뜨겁다가 부족하니 오히려 차갑다는 뜻으로 나타내어 독한 마음을 뜻한다. 얼음 장수.

<렴>

廉 "청렴 렴(廉)=돌집 엄(广)+겸할 겸(兼)"

집의 굽은 모퉁이의 뜻과 음을 빌어 결백하다는 뜻으로 쓰인다. 집 안의 일을 겸하고 있으니 벼슬이나 재물을 모을 수가 없다는 뜻으로 만들었으며 공직자로서 두 가지의 일을 겸할 수 없다는 뜻이므로 욕심을 부리지 말라는 뜻이다.

斂 "감출/거둘 렴(斂)=다 첨(僉)+등글월문(攵)"

마음 속에 있던 배움과 깊은 뜻을 겉으로 모두 드러내지 않고 숨긴다는 뜻으로 나타낸다. 직업은 교육계, 학자, 언론인, 방송인, 기자, 연예인 등이 있다.

簾 "발 렴(簾)=대나무 죽(竹)+청렴할 렴(廉)"

창문에 드리워서 빛과 햇살을 막아준다는 뜻에서 주렴으로 나타낸다. 가느다란 대나무를 잇대어 만든 것으로 '발'을 말한다.

<령>

令 "우두머리 령(令)=사람인(人)+점(丶)+병부절(卩)"

일을 시키기 위하여 사람들을 모아놓고(人) 분부하며 그 사람들은 무릎을 꿇고 (병부절卩) 복종한다는 뜻이 합하여 '명령하다'를 뜻한다. 사람에게 시켜서 그렇게 하도록 한다는 뜻에서 명령할 令이라고도 한다. 병들고 약한 사람을 부리기 쉽다는 뜻으로 고집이 세고 게으르면 솔선수범하지 않고 없어도 있는 체하는 단점이 있다. 직업은 군인, 의사, 경찰관, 교도관, 간호사, 무속인, 점쟁이 등이 있다.

靈 "신령 령(靈)=비 우(雨)+품할 품(口口口)+무당 무(巫)"

雨(비가 오다)와 降下의 뜻을 가진 부수를 제외한 글자 (령)으로 이루어지며, 신이 내린 무당으로 신비하다의 뜻으로 무당이 비를 맞듯이 눈물도 줄줄 흘리며 입으로 부르짖으며 섬기니 신통하다는 뜻이다. 직업은 연극인, 무당, 점쟁이, 국악, 도사, 종교인 등이 있다.

聆 "들을 령(聆)=귀 이(耳)+하여금 령(令)"

내리는 명령을 귀로 들었다는 뜻과 또는 한 말을 귀로 듣게 한다는 뜻이다. 내리는 명령을 듣고 보고 실천에 옮긴다는 뜻이지만 게으른 단점이 있으며 귓병 조심해야 한다.

領 "다스릴 령(領)=하여금 령(令)+머리 혈(頁)"

명령을 하달할 수 있는 가장 높은 자리를 차지했다는 뜻으로 만듦을 의미한다. 머리 혈(頁)=한 일(一)+조개 패(貝)로 조개의 머리에 명예를 상징하는 갓을 씌웠다는 뜻에서 높은 자리를 나타낸다. 성격상의 단점이 많고 고집스러우며 게으르고 성실하지 못하며 허리가 굽거나 아프고 두뇌, 신경계통에 위험이 따른다.

玲 "옥소리 령(玲)=구슬옥(玉)+하여금 령(令)"

옥이 아름답게 울리는 소리를 나타내는 令(령)으로 이루어지며, 옥이 울리는 소리를 뜻한다. 돌로 만든 구슬이나 돌에다 소리를 내도록 명령한다는 뜻에서 소리를 낸다는 뜻이다.

鈴 "방울 령(鈴)=쇠금(金)+하여금 령(令)"

산 속의 작은 돌(玉)에게 무엇인가 나타나도록 일을 시킨다는 뜻에서 방울 소리를 낸다는 뜻이다. 쇠금(金)은 큰 산 밑에서 쓸모 있는 돌이나 구슬이 난다는 뜻으로 만들어졌으며, 산 속에서 돌에게 빌며 소리를 내도록 한다는 뜻이므로 무당이나 점쟁이, 각종 종교인, 기도원 등이 있다.

齡 "나이 령(齡)=이 치(齒)+하여금 령(令)"

齒(이, 나이)와 해를 넘기다의 뜻을 나타내기 위한 令으로 이루어졌다. 태어난 후 지나온 나이의 뜻으로 치아의 숫자로서 나이를 계산하거나 먹을 것을 찾는다는 뜻이다. 우(牛)시장에서 소의 나이를 헤아릴 때 치아를 셈한다. (齒)는 아래위의 치아가 서로 부딪치는 형상을 본뜸을 의미한다. 직업은 치과의사, 간호사, 기공소, 입으로 사는 직업 등이 있다.

伶 "영리할 령(伶)=사람인 변(人)+하여금 령(令)"

사람에게 그렇게 하도록 시키거나 부림을 받음을 의미한다.

零 "떨어질 령(零)=비 우(雨)+하여금 령(令)"

하늘에서 비를 내리게 명령한다는 뜻으로 기우제를 주도하거나 사당의 종묘를 모시는 사람, 무당 등이 있다.

嶺 "고개 령(嶺)=뫼산(山)+다스릴 령(領)"

잇닿는 산의 능선의 뜻으로 산처럼 높은 곳을 차지하고 또, 높은 곳에서 다스린다는 뜻으로 만들어졌다.

<례>

禮 "예도 례(禮)=보일 시(示)+풍년 풍(豊)"

示(보이다, 신)와 신에게 바치기 위해 그릇 위에 제사 음식을 가득 담은 모양의 뜻을 가진 豊의 합하여 제사를 풍성하게 차려 놓고 예의를 다하였다 하여 '예도'를 뜻한다. 겉으로 나타내는 행위와 절도가 풍만하고 아름답다는 뜻이지만 속은 비었고 말만 무성하다. 가족이 신(神)을 추종하거나 건강을 잃을 위험. 향교에 근무자, 교사, 가수, 종교인, 무당, 역학, 연예인, 농업 등이 있다.

例 "법식 례(例)=사람인 변(人)+벌일 렬(列)"

列(物件을 칼로 잘라 벌려 놓음)와 사람이(人) 나란히 줄을 지어 서 있다는 뜻이 합(合)하여 '법식'을 뜻한다. 사람이 대오를 벌이거나 사람이 칼을 들고 뼈와 살을 발라낸다는 뜻으로 또는 어떤 일을 떠벌리는 데도 법칙이 있음을 뜻한다.

<로>

ㄹ

露 "이슬 로(露)=비 우(雨)+길 로(路)"

雨(비, 비가 오다)와 잇닿는다는 뜻을 나타내기 위한 路로 이루어졌다. 수증기가 낱알 모양으로 잇닿아 있는 것, 이슬이란 뜻으로 (路)는 발족(足)+각각 각(各)을 붙여서 발이 제각각으로 갈 수 있는 길을 의미한다.

路 "길 로(路)=발족(足)+각각 각(各)"

저마다 각각(各)의 발로(足) 걸어 다니는 곳이라는 데서 '길'을 뜻한다.

勞 "수고할 로(勞)=불성할 계(火火)+덮을 멱(冖)+힘 력(力)"

労의 本字. 熒(형)은 집 안의 등불, 여기에서는 많은 불과 민갓머리(冖)가 합쳐져서 집이 불에 타는 것을 나타내고 있다고 볼 수 있음, 力(력)은 사람이 일하는 힘, 집에 불이 나서 사람이 분주하게 일하는 모습을 의미한다. 있는 힘을 다하여 몸을 태우듯이 노력을 많이 한다는 뜻에서 수고는 많으나 이득은 적다. 불과 물 조심. 의사, 간호사, 노동자, 농업, 건축, 칼이나 가위, 연장을 만지는 직업, 기술자 등이 있다.

老 "늙을 로(老)=늙을로밑 변(耂)+비수 비(匕)"

머리카락이 길고 허리가 굽은 노인이 지팡이를 짚고 서 있는 모양으로 조숙하여 빨리 늙음. 의사, 한의사, 간호사, 농업, 기술자 등이 있다.

魯 "노나라 /우둔할 로(魯)=고기 어(魚)+가로 왈(曰)"

고기 어(魚)와 말하다의 뜻인 白(백→나중에 曰(왈)로 쓰여짐)로 이루어졌다. 말하는 것이 둔한 일, 바뀌어 어리석다. 고기를 잡는 어부가 단체의 모임을 만들어 말을 한다는 뜻으로 한의사, 간호사,

상업, 어부, 운전사, 농업, 고철상, 식당 등이 있다.

蘆 "검은빛 로(蘆)=범호밑 변(虍)+온화할 온(昷)"

범의 껍질은 밭에다 널어 잘 말려야 큰 그릇이 된다. 직업은 한의사, 사냥꾼, 농업, 식당, 정육점, 그릇공장, 화로, 공무원 등이 있다.

爐 "화로 로(爐)=불화(火)+가마솥 로(盧)"

불을 모아두는 곳의 뜻으로 가마솥처럼 생긴 그릇에 불을 담으니 화로(火盧)와 도자기, 그릇이란 뜻이다.

鷺 "백로/해로라기 로(鷺)=길 로(路)+새조(鳥)"

걸어 다니는 사람처럼 다리가 긴 새를 나타낸다.

<록>

祿 "재물 록(祿)=보일 시(示)+깎을 록(彔)"

열심히 깎고 다듬어야 그 근본이 현실로 나타난다는 뜻으로 (彔)은 (彑)에다 물수(氺)의 합자이다. (氺)는 순리대로 흐르므로 욕심을 버리고 순리대로 살라는 뜻이다. 불구의 위험이 있다. 의사, 간호사, 목수, 목형, 이 미용사, 인장, 성형외과, 인쇄, 주물, 식육점, 판금, 건축, 깎아서 먹는 직업들.

鹿 "사슴 록(鹿)=돌집 엄(广)+돼지머리 계(彐)+견줄 비(比)"

사슴의 뿔·머리·네 발의 모양을 본뜸. 부수(部首)로 되어 사슴에 관한 뜻을 나타낸다. 가족에게는 불구의 위험이 있다. 약재상, 의사, 간호사, 식육점, 식당, 운전사, 칼이나 가위, 기계 등이 있다.

錄 "기록할 록(錄)=쇠금(金)+깎을 록(彔)"

쇳조각으로 나무의 홈을 파서 글자를 새겨 남긴다는 뜻으로 또는 나무와 쇠를 이용하여 깎고 다듬어서 후세에 남긴다는 뜻으로도 나타낸다. 가족에게 불구의 위험이 있다. 직업은 인쇄, 정육점, 식당, 도살장, 건축, 조각, 목수, 인장, 목형, 판금, 주물, 성형외과, 간호사 등이 있다.

彔 "깎을 록(彔)=돼지머리 계(彑)+물수(氺)"

두레박 우물의 도르래 근처에 물이 넘치는 모양으로 목수들이 대패질하는 모양이다. 또는 칼끝으로 도장을 새기는 모양을 본떴다. 칼, 가위, 대패, 기계 등으로 깎아서 먹는 직업이나 양재상, 성형외과 의사, 인쇄 등이지만 잘못 사용하면 불구자가 될 위험이 있다.

<론>

ㄹ

論 "의논 론(論)=말씀언(言)+뭉치 륜(侖)"

侖은 책(冊)과 집(人+一)의 합자(合字)☞冊은 나무나 대나무의 패를 이은 옛날 책, 집(人+一)은 모으는 일, 侖(륜·론)은 책을 모아 읽고 생각하여 정리하는 일)과 여러 사람과 의견을 교환하며 정리하여 말한다(言)는 뜻으로 '논의하다'를 뜻한다. 즉 상대방(相對方)과 조리를 세워서 의논하는 일. 교육계, 언론, 방송, 연예인, 작가, 의사, 간호사, 식육점, 식당 등이 있다.

<뢰>

賴 "힘입을 뢰(賴)=묶을 속(束)+빚질 부(負)"

벌다가 본뜻이고 남을 말려들게 한다는 뜻에 쓰고 의뢰한다는 뜻이 있다. 남에게 도움을 받고 힘을 입는다는 뜻으로 만들었으나 빚더미에 쌓여 묶이는 몸이 될 수도 있다. (束)은 사람을 상징한 나무를 상자(口)로 묶고 뭉친다는 뜻. (負)는 재물로 인하여 허리를 굽힘을 의미한다. 직업은 사채업자, 소개소, 중매인, 식당, 금융계, 채무자 등이 있다.

雷 "우뢰 뢰(雷)=비 우(雨)+밭 전(田)"

비우(雨), 비, 비가 오다와 천둥소리가 거듭된다는 뜻을 가진 田으로 이루어졌다. 우뢰소리, 우뢰의 뜻. 천둥소리가 들려야 밭에 비가 내린다를 뜻한다. 비를 맞으며 밭에서 일하고 비가 내리는 데도 일해야 먹을 것이 생김을 의미한다. 공직자, 군인, 언론, 식당, 장사꾼, 농업, 서비스업 등이 있다.

<룡>

龍 "용 룡(龍)=설립(立)+육달월 변(月)+점 복(卜)+몸 기(己)+거듭 첩(二)"

날아다니며 복(卜:福)을 주는 꼬리 달린(己+二) 육식(肉:月)동물이란 뜻이다. (立)은 머리와 뿔, (月)을 고기, (人)은 (福), (己)는 뱀의 허리, (二)는 꼬리와 날개. 전란(戰亂), 재난(災難)을 상징하므로 경찰관이 되면 액운을 면하고 출세가 빠르지만, 군인이 되면 전쟁을 겪는다. 사고, 수술, 신장, 간장 질환 조심해야 한다. 사법관, 군인, 의사, 간호사, 지관, 장의사, 식육점 등이 있다.

<루>

累 "여러 루(累)=밭 전(田)+실사(糸)"

실을 차례로 겹쳐 포개 나간다는 뜻으로 실사(糸)와 포갠다는 뜻을 가진 뢰(儡에서 人변은 뺀 자)의 田(전)으로 이루어졌다. 실을 차례로 겹쳐 포개 나간다는 뜻으로 서로 얽히듯이 포개고 여러 사람들이 많이 모인다는 뜻으로도 나타내며 사람을 상징한 글자(糸)가 (田)의 밑에 있어서 밭에 깔린 사람이 되므로 이름은 곤란하다.

樓 "누각 루(樓)=나무목(木)+빌 루(婁)"

木(목)과 꾸며낸다는 뜻을 나타내기 위한 婁(루)로 이루어졌다. 나무를 짜서 높이 세운 망루의 뜻으로 나무로 만든 현실적으로는 사람이 거주하지 않는 빈집, 즉, 정자와 같은 종류의 다락이란 뜻이다. 빌 루(婁)는 꿸 관(毌)+가운데 중(中)+계집녀(女)의 합자로서 여자 기생이 주인 행세를 하는 누각이란 뜻이다.

淚 "눈물 루(淚)=삼수변(氵)+어그러질 려(戾)"

눈에 괸 물의 뜻하며 매사의 일이 어긋나니 눈물을 흘리며 운다는 뜻이다.

屢 "자주/여러 루(屢)=주검 시(尸)+빌 루(婁)"

죽은 시체처럼 힘없는 사람을 여자가 다스린다는 뜻에서 빈 집이란 뜻이다.

漏 "샐/눈물 루(漏)=삼수변(氵)+주검 시(尸)+비 우(雨)"

물이 새다의 뜻으로 비를 맞는 사람을 보고 쓸모가 없다는 뜻에서 눈물 흘릴 루(淚)와 통하는 글자다.

<류>

流 "흐를 류(流)=삼수변(氵)+찰 충(充)"

삼수변(氵(=水, 氺))와 류(아기가 태어나는 모양)가 합하여 이루어졌다. 아기가 양수와 함께 순조롭게 흘러나옴을 뜻한다. 물이 모였다가 다시 흘러내리듯이 쉴 새 없이 돌고 돌지만, 재물은 쌓이지 않는다. 직업은 서비스업종, 산부인과 등이 있다.

柳 "버들 류(柳)=나무목(木)+동방 묘(卯)"

목(木)과 흐르다의 뜻인 卯(묘)로 이루어졌다. 가지나 잎이 바람에 나부끼는 나무, 곧 버드나무. 봄 동산에 빛을 발하는 나무란 뜻에서 버드나무를 상징하며, 토끼 묘(卯)로도 불리는 것은 연약한 탓이며 어진 마음을 가지면 향기를 뿌리고 빛을 내므로 정승이나 고위공직자, 교육계, 임업, 화원, 의사, 약방 등이 있다.

留 "머무를 류(留)=길 인(厶ㅣ刀)+밭 전(田)"

남의 집에서 길게 오래도록 머무른다는 뜻으로 밭에서 일하는 시간도 길다. 창조력과 개척정신이 부족하고 남에게 의지하여 살게 되는 난관이 있음을 의미한다. 칼이나 가위, 기계류를 만지는 직업.

<륙>

六 "여섯 육(六)=뜻없는 토 두(亠)+여덟 팔(八)"

사람이 모자를 쓰고 반듯하게 선 모습으로 사람이 바르게 선 모습이다. 한자의 (六)과 (八)은 같은 글자지만 그 뜻이 다르다. (六)은 선 사람의 머리에 모자를 쓴 형상이며 (八)은 바르게 선 모습이다.

陸 "뭍/육지 륙(陸)=언덕부 변(阝)+지아비 부(夫)+흙토(土)"

六(지붕이 높은 건물(建物)의 모양)과 土(토지)로 이루어진 글자 坴(높이 솟구쳐 오른 언덕, 물이 있는 곳에 대하여 육지)과 좌부변(阝언덕)을 더하여 이루어졌다. 높은 언덕과 평평한 땅에 지아비, 스승, 남편 등이 있어서 삶에 굴곡이 심하다는 뜻으로 나타낸다. 직업은 교육계, 공직자, 군인, 농업, 건축, 부동산 등이 있다.

ㄹ

<륜>

綸 "인끈/낚시줄 륜(綸)=실사(糸)+뭉치 륜(侖)"

糸(실타래)와 둥근 테의 뜻을 가진 侖으로 이루어짐. 둥근 테에 감은 실, '낚싯줄'의 뜻으로 실타래로 둘둘 뭉치듯이 인연을 맺어놓고는 뒷감당이 어렵다. 실에 묶이는 수도 있으니 조심해야 한다.

倫 "인륜 륜(倫)=사람인 변(人)+뭉치 륜(侖)"

사람이 해야 할 일을 하나로 뭉쳐서 지켜나감을 의미한다. 그 테두리를 나타내어 사람이 지켜야할 도리, (倫)은 모든 사람이 할 도리와 뭉치다의 뜻이다. 직업은 정치, 건축, 안경, 학자, 교육계, 의사, 각종 칼과 가위를 만지는 직업, 식당, 미용사, 어부 등이 있다.

輪 "바퀴 륜(輪)=수레거(車)+뭉치 륜(侖)"

侖(륜)은 자잘한 것 전체를 깨끗이 정리함을 나타냄. 輪(륜)은 바퀴 살이 가지런히 되어 있는 것을 둘러 싸 하나로 통합하고 있는 둘레의 테를 일컬으며, 또 수레의 바퀴 전체-바퀴 비슷한 것-돌다의 뜻으로 된다. 바퀴와 수레 즉, 차의 모든 몸체와 부속을 합쳤다는 뜻이다. 직업은 운전사, 정비공, 카센터, 떠돌이 장사꾼, 농업 등이 있다.

侖 "뭉치/생각할 륜(侖)=사람인(人)+새 을(一;乙)+쓸 용(用)"

冊(책)과 집(人+一)의 합자(合字). 冊은 나무나 대나무의 패를 이은 옛날 책, 집(人+一)은 모으는 일, 侖(륜・론)은 책을 모아 읽고 생각하여 정리하는 일, 그물 말(网)=사람인(人)이 하늘을 나는 새 을(乙)처럼 펼쳐 놓은 그물 위에 누운 모습이라는 뜻에서 '하늘 평상 륜' 으로도 나타낸다. 즉, 그물을 쳐놓고 사람이 오기를 기다림을 의미한다. 직업은 종교인, 교도관, 경찰, 무당, 학원 강사, 교육계, 심마니 등이 있다.

崙 "산 높을 륜(崙)=뫼산(山)+뭉치 륜(侖)"

산 속에서 그물을 쳐놓고 사람을 기다림을 말한다. 종교인, 스님, 무당, 땅꾼, 심마니, 산골 농사꾼 등이 있다.

<률>

律 "법칙 률(律)=소리낼 률(彳)+자축거릴 척(彳)"

彳변(걷다, 자축거리다)에 聿(붓을 손에 잡은 모양)로 이루어짐. 붓으로 구획을 긋는 일이나 기록하는 일, 률(聿)은 거문고의 통과 같이 생긴 터진 가로왈(彐)에 여러 가닥의 줄을 이어서 여러 가지 음향(彳)으로 소리(彳)를 내는 것은 정해진 법칙이란 뜻으로 만들어졌다. 직업은 음악가, 가수, 악사, 서예가, 화가, 법관, 경찰, 교도관, 변호사, 노래방 등이 있다.

栗 "밤 률(栗)=서녁 서(西)+나무목(木)"

ㄹ

나무 위에 열매가 열리는 밤나무를 나타냈지만, 글자의 구성은 서쪽의 나무, 나무의 머리를 덮은 나무, 죽어서야 가는 곳인 서방세계의 나무와 사람을 나타낸다. 직업은 건축, 농업, 목재, 과수, 종교인, 양조장 등이 있다.

<륭>

隆 "높을 륭(隆)=언덕부 변(阝)+등글월문(夂)+날 생(生)"

阝변(=阜 언덕)과 봉긋이 오르다의 뜻을 가진 글자 夅(륭)으로 이루어졌다. 작은 산같이 봉긋하다는 뜻으로 (門)은 똑똑 두드려서 문(門)을 열리게 하니(文)이 나타나 발전을 나타냈다. 직업은 학자, 정치인, 교육계, 건축, 토목, 농업, 화훼, 역학자, 목수 등이 있다.

<름>

凜 "찰 름(凜)=얼음 빙(冫)+넉넉할 름(稟)"

싸늘하고 차갑다의 뜻이다. 넉넉할 름(稟)은 돌집 엄(广)+뜻업는 토 두(亠)+돌 회(回)+벼화(禾)의 합자다. 곡식이 돌아서 나올 듯하지만 (亠)의 영향과 (回)에서 눌려서 빛을 볼 수 없고 제자리 걸음이란 뜻이다. 빙빙 돌아도 제자리걸음이란 뜻이다.

<릉>

陵 "언덕 릉(陵)=언덕부 변(阝)+넘을 릉(夌)"

큰 언덕의 뜻으로 음이 靈(령)과 비슷하므로 신령을 모신 작은 언덕, 능의 뜻이 되고 또 淩(릉)과 통하여 능가하다의 뜻으로 쓰인다. 阝(언덕)변과 夌(릉)으로 이루어짐. 직업은 학자, 교육계, 건축, 토목, 농업 등이 있다.

綾 "비단 릉(綾)=실사(糸)+넘을 릉(夌)"

묶여진 실과 비단을 풀로 넘으라는 뜻이다.

菱 "마름 릉(菱)=초두 변(艹)+넘을 릉(夌)"

艹(풀, 풀의 싹)변 밑에 '모서리'의 뜻을 나타내기 위한 글자 夌(릉)으로 이루어졌다. 모난 열매를 맺는 풀(수초)의 뜻. 뾰족한 가시가 돋힌 풀이름. 지아비(夫)가 풀을 뒤집어 썼으니, 배우자가 없는 것과 같다.

<리>

履 "밟을 리(履)=주검 시(尸)+다시 부(復)"

죽도록 밟고 또 밟는다는 뜻으로 만들어졌다. 다시 부(復)는 돌아올 복(復)과 동자로서 보리밭을 밟아도 제자리로 다시 돌아옴을 나타낸다. 이름에 사용하면 아무리 바삐 뛰어도 제자리걸음이 된다.

離 "떠날 리(離)=날짐승 금(禽)+새 추(隹)"

새와 날짐승 모두가 날아가고 남은 것을 흉물스러운 발자국 뿐이란 뜻에서 새 금(禽)의 산(亼)을 상징함과 흉할 흉(凶)과 발자국 유(禸)가 붙음이다.

理 "도리 리(理)=임금왕(王)+마을 리(里)"

里(리)와 구슬(王←玉)을 닦아낸다는 뜻을 합(合)하여 '다스리다'를 뜻히고, 왕이 마을을 순례한다는 뜻에서 다스릴 때의 지켜야 할 도리와 이치를 나타낸다. 이곳저곳으로 돌아다니는 직장인, 운전사, 농업, 식당업 등이 있다.

利 "얻을 리(利)=벼화(禾)+선칼도(刂)"

곡식을 농기구(칼)로 베어서 거두어 들인다는 뜻으로 나타낸다. 곡식이 익어서 고개를 숙인 모양이므로 조숙하여 나이보다 많이 보인다. 칼과 가위를 만지는 직업. 의사, 간호사, 식당, 식육, 금은방, 농업 등이 있다.

李 "오얏 리(李)=나무목(木)+아들자(子)"

번식률이 왕성한 오얏나무를 상징한다. 나무와 씨앗, 자식과 부모란 뜻으로 나타냄. 두 글자를 파자(파자)로 읽으면 목자(목자)가 되므로 나무의 자식이란 뜻이다. 이름의 두 글자를 잘못 연결시키면 부모나 자식, 또는 그 배우자가 상하는 수도 있다.

璃 "유리 리(璃)=구슬옥(玉)+밝을/산신 리(离)"

산 속에 쪼그리고 앉은 작은 날짐승 금(金)과 같은 돌멩이가 빛이 난다는 뜻에서 유리로 나타낸다. (璃)를 예쁘다는 이유로 이름에 많이 사용하지만, 어차피 생명력이 없는 유리와 구슬, 또는 짐승처럼 생긴 돌멩이일 뿐이다. 명석하지 못하고 우둔하며 결혼과 자식을 얻기도 힘겹다.

梨 "배 리(梨)=얻을 리(利)+나무목(木)"

나무에 열리는 과일을 다른 과일과는 달리 칼로 깎아서 먹는다는 뜻에서 배, 칼질을 해야 먹을 수 있다는 뜻에서 슬픈 여자의 운명으로 나타낸다. 식당이나 유흥업소, 잘되면 의사나 간호사, 이미용사, 안마사, 식육점 등이 있다.

吏 "관리 리(吏)=돼지해머리(亠)+사기 사(史)"

본디 事(사)와 같은 글자이었음. 나중에 事(사-일), 史(사-관리)로 나누어 쓰여졌다. 직업은 직장인이나 공직자가 좋다.

莉 "꽃 리(莉)=초두 변(艹)+얻을 리(利)"

열대지방에서 자생하는 풀이름으로 '말리(물푸레나무과의 상록 관목)'를 뜻한다.

<린>

鱗 "비늘 린(鱗)=고기 어(魚)+도깨비불 린(粦)"

물고기(魚)에 쌀(米)알처럼 생긴 작은 것들이 이리저리 어그러지게(舛) 붙어 있는 것을 비늘이라 한다.

麟 "기린 린(麟)=사슴 록(鹿)+도깨비불 린(粦)"

어질고 착한 짐승, 길게 생긴 벌레를 닮았다는 뜻에서 기린이라 부르며, 형제와 친구, 배우자의 덕이 없으므로 의지하지 말고 북(北)쪽에서 살아야 좋고 결혼은 늦어야 이별을 면한다. 직업은 한의사, 한약재, 의사, 약방, 간호사, 목장, 학자, 식육점 등이 있다.

潾 "물 맑을 린(潾)=삼수변(氵)+도깨비불 린(米+어그러질 舛)"

물을 억지로 퍼 올려서 쌀농사를 짓고자 하나 안 된다(舛)는 뜻이다.

璘 "옥무늬 린(璘)=구슬옥(玉)+도깨비불 린(米+어그러질 舛)"

돌멩이를 갈고 다듬어서 무늬를 새겨 양식을 얻고자 하나 잘 안된다는 뜻이다.

<림>

臨 "임할 림(臨)=신하 신(臣)+사람인(人)+품할 품(品)"

臣(눈, 신하)와 品은 자잘한 물건(物件), 또 그것을 구별하는 일, 臥(와)는 사람이 위에서 내려다 보는 일, 臨(림)은 파수보는 일이다. 사람다운 사람(人)이 충신(臣)과 모든 사람들에게 벼슬이나 덕을 베풀(品)기 위해서 내려(臨)보낸다는 뜻으로 만들어졌다. (臣)은 공직자, 직장인. (品)은 입으로 생계를 이어가는 사람 즉, 언론, 방송, 탤런트, 가수, 약장수 등이 있다.

林 "수풀 림(林)=나무목(木)+나무목(木)"

나무들이 많이 있으니 숲이 무성하다는 뜻이다. 무엇이든 빽빽하게 많다는 뜻과 사람이 빽빽하다는 뜻도 된다. 이름의 형성에 따라 농촌에서 살거나 사람이 많은 대도시에서 출세하는 일이 많다. 고위공직자, 농업, 임업, 목재, 약재 등의 직업과 이름 석자로 이어진다.

琳 "옥이름 림(琳)=구슬옥(玉)+수풀 림(林)"

돌이 수풀처럼 빽빽하게 많다. 또는 구슬이 수풀처럼 많다는 뜻에서 돌의 이름으로 나타낸다. 수풀처럼 푸른 옥. 옥이 부딪쳐 나는 소리이다.

霖 "장마 림(霖)=비 우(雨)+수풀 림(林)"

비가 수풀처럼 앞을 가릴 정도로 많이 내린다. 소낙비가 억수같이 쏟아진다는 뜻이다.

ㄹ

<립>

立 "설립(立)=큰대(大)+한 일(一)"

또는 여섯 육(六)+한 일(一), 사람이 땅 위에 반듯하게 선 모습을 본뜬 글자로 '뜻을 세우다. 물건을 세우다의 뜻' (大)는 사람이 양팔을 벌리고 모자를 쓴 모습이 되고 한 일(一)은 평평한 땅을 나타낸다. 많이 돌아다니는 직업, 경찰, 운전사, 공직자, 상업 등이 있다.

笠 "삿갓 립(笠)=대나무 죽(竹)+설립(立)"

대 죽(竹) 밑에 '머물다'의 뜻을 가진 立(립)으로 이루어지고, 머리 위에 얹어 비나 햇빛을 막는 대나무로 만든 것, '삿갓'. 길거리에 반듯하게 선 사람이나 돌아다니는 방랑객이 대나무로 만든 삿갓을 썼다는 뜻이니 빛을 볼 수 없고, 대나무의 속이 빈 것과 같이 창자도 비었다. 먹을 것도 부족하고 모이는 게 없으며 먹으면 아래로 쏟아진다. 위장, 장 질환, 변비 등 조심.

粒 "낟알 립(粒)=벼화(禾)+설립(立)"

곡식의 알맹이가 낟알이란 뜻이다.

LEESOOISM

OJASUL GROUP

<마>

磨 "갈 마(磨)=삼 마(痲)+돌석(石)"

石(돌)과 문지르다의 뜻을 나타내기 위한 痲(마)로 이루어졌다. 돌을 문질러 갈다, 갈다의 뜻으로 맷돌 마라고도 하는 이 글자는 우거진 숲도 갈아 없앤다는 뜻과 칼을 가는 숫돌로도 나타냄. '칼을 갈다. 수련하다. 연마하다' 등에 쓰였다. 방앗간이나 연수원, 교육대의 조교, 학원 강사, 목재소, 석공, 건축업, 기술직, 농업 등이 있다.

馬 "말마(馬)=임금왕(王)+쌀포(勹)+연화발(灬)"

말의 모양(머리와 갈기와 꼬리와 네 다리)을 본떴으며, 말의 등에 왕이나 주인을 태우고 다닌다는 뜻이다. 항상 주인을 모시거나 심부름하며 먹고 사는 직업. 운전사나 심부름꾼, 외교관, 직장인 등이 있다.

痲 "삼 (痲)=언덕 엄(广)+수풀 림(林)"

집 안에서 삼 껍질을 벗긴다는 뜻으로 언덕 밑에 빽빽한 숲이란 뜻에서 무성한 삼나무, 대마초로 쓰이는 나무로 나타낸다.

<막>

漠 "아득할 막(漠)=삼수변(氵)+말 막(莫)"

삼수변(氵)과 없다는 뜻을 가진 莫으로 이루어짐. 물이 없는 곳의 뜻으로 물이 없다는 뜻에서 '사막' 으로 나타낸다. 말 막(莫)은 초두 변(艹)+햇빛 대(旲)=큰 사람의 머리 위를 햇볕이 쬔다는 뜻이지만 여기서는 풀을 덮어서 햇빛을 볼 수 없도록 하여 사람이 살기 어렵다는 뜻이므로 사용 불가하다.

莫 "말 막(莫)=초두 변(艹)+햇빛 대(旲)"

草原에 해가 지는 모양을 나타내고 해 질 녘의 뜻. 아득할 막, 사막 막(莫)

幕 "휘장 막(幕)=초두 변(艹)+햇빛 대(旲)+수건 건(巾)"

暮와 동자(同字). 森林(삼림) 혹은 草原(초원)에 해가 지는 모양을 나타내고 해질녘의 뜻. 나중에 음을 빌어 없다・말다의 뜻(無(무)・毋(무))으로 專用(전용)되고 해 질 녘의 뜻으로는 暮(모)자를 만들었다. 햇빛이나 사람들의 시선을 막기 위하여 둘러친 장막. 군부대나 천막, 텐트 등의 직업과 같다.

<만>

萬 "일만 만(萬)=초두 변(艹)+밭 전(田)+짐승 발자국 유(禸)"

가위나 꼬리를 번쩍 든 전갈의 모양을 본뜬 글자로 전갈이 알을 많이 낳는다고 하여 '일만'을 뜻으로 숲이 무성한 밭에 일만 개의 짐승 발자국도 많다는 뜻이다. 짐승은 남이 만든 길로 다니므로, 창조력이 부족함을 뜻한다. 직업은 욕심꾼(정치인), 공직자, 농업, 운동선수, 부동산, 사업가 등이 있다.

滿 "찰 만(滿)=삼수변(氵)+손잡을 공(廾)+둘 량(兩)"

하나가 아닌 두 사람이 손을 잡고 합심한 데서 다시 물을 부어 '가득히 차고 넘치다' 의 뜻으로 (兩)은 수레 량으로도 나타내어 두 가족, 두 사람과 인연이 있음, 정치인, 연예인, 언론, 상업, 학자, 교사 등이 있다.

晚 "늦을 만(晚)=날일(日)+면할 면(免)"

날마다 면한다는 뜻이다. 또는 어떤 일을 면하기 위해서 도망하고 피한다는 뜻과 태양이 옆에 있으니 늦게야 빛을 본다. 하지만 태양(月)을 위로 얹으면 면류관 면(冕)이 되므로 최고의 자리를 지킬 수 있다. 욕심이 많다. 정치, 공직자, 사업, 의사, 칼과 가위를 만지는 직업 등이 있다.

慢 "게으를 만(慢)=심방 변(氵)+먼길/완만할 만(曼)"

심방변(忄)에 완만하다는 뜻을 가진 曼으로 이루어짐. 게을리하다, 깔보다의 뜻. 생각은 있으나 끝없이 멀기만 하다. 그래서 게으를 만으로 나타낸다.

曼 "먼길 만(曼)"

게으를 만(慢) 참조. 왜냐하면 마음(忄)만 없으면 같은 글자이기 때문이다.

蔓 "덩굴 만(蔓)=초두 변(艹)+먼길 만(曼)"

풀을 뜻하는 초두머리(艹)와 먼길 만(蔓)을 합하여 '덩굴'을 뜻한다. 먼 길이 풀로 뒤엉켜 이리저리 꼬이므로 더욱 멀고 게을러진다는 뜻이다.

鏋 "흙 손 만(鏋)=쇠금(金)+밑스물 입(卄)+둘 량(兩)"

쇠로 만든 흙 칼, 미장공들이 사용하는 흙 손, 흙 칼을 나타낸다.

蠻 "오랑캐 만(蠻)=말 잇대일 련(糸言糸)+벌레충(虫)"

도적, 오랑캐, 때놈이란 뜻이므로 사용 불가하다. 때놈이란 원래 돼지처럼 욕심을 부린다는 뜻에서 옛날 청나라 군을 상징했다. 중국(中國) 지방에 사는 뱀을 신성시하는 종족의 이름으로도 쓰인다.

ㅁ

<말>

末 "끝 말(末)=나무목(木)+한 일(一)"

나무의 목에다 세로로 한 개의 막대기를 걸어서 더 이상 자라지 못하게 하였으니 마지막이란 뜻이다. 특히 (末)은 아닐 미(未), 붉을 주(朱) 와도 통하는 글자로 쓰인다. 옛날에는 딸을 많이 낳는 집 안에서 그만 낳으라고 '말자. 말숙이' 등으로 사용했다. 부모 형제와 인연이 짧다.

<망>

忘 "잊을 망(忘)=망할 망(亡)+마음심(心)"

心(마음, 심장)과 亡(숨다, 없어지다)의 합자(合字). 주의하는 마음이 없어지다, 잊다, 모든 것을 잊어버렸으니 망했다는 망(亡)과 동자로 쓰인다.

罔 "없을/그물망(罔)=멀 경(冂)+망종 망(芒)"

넉사머리(罒=冈, 网)(그물)와 同時에 덮는다는 뜻을 나타내기 위한 亡(망)으로 이루어졌다. 덮어 씌워 새나 짐승을 잡는 그물의 뜻으로 망종 망(芒)은 음력 5월의 절기(절기)로서 보리가 익어서 말라 죽고 강가에 있는 물망초의 꽃이 시든다는 뜻에서 가스라이 (물망초의 별칭) 망이라고도 한다. 이 글자도 집 안이 망했다는 뜻과 같으므로 사용 불가하다.

邙 "터 망(邙)=망할 망(亡)+고을읍부(阝)"

죽어서 가는 마을이란 뜻으로 중국의 낙양에 있는 '북망산' 의 이름이며 사람이 죽어서 가는 곳이란 뜻으로 나타낸다. 이 글자도 고을과 집 안, 마을이 망했다는 뜻이므로 사용 불가하다.

莽 "풀/우거질 망(莽)=대나무 죽(竹)+달아날 분(大+卄)"

풀을 뜻하는 초두머리(艹)와 글자 奔(호)가 合하여 풀숲 속에서 개가 토끼를 쫓음의 뜻으로 도망을 쳐야 산다는 뜻이 있으므로 사용 불가하다.

亡 "잊을 망(亡)=돼지해머리 두(亠)+새 을(乙)"

사람이(人) 망하고 도망해 와서 숨는다는 뜻이 합(合)하여 '망하다'를 뜻한다. 몸뚱이는 없고 머리만 남았으니 죽어서 없어졌다는 뜻으로 나타낸다. 망할 망, 없을 무(無)로도 나타낸다. 사용 불가하다.

望 "바랄 망(望)=망할 망(亡)+달 월(月)+임금왕(王)"

기지개를 켠 사람 위에 强調(강조)한 눈의 모양을 본떠 멀리 바라보다의 뜻을 나타내며, 달을 바라보며 없는 것을 빌고 또 빌어서 바란다는 뜻. 아무리 빌고 또 빌어도 현실적으로 없는 것이 나타날 리 없다. 특히, 임금(王)이 고기(肉)를 바라는 마음에서 만들어진 글자다.

網 "그물망(網)=실사(糸)+없을 망(罔)"

'그물'의 뜻인 옛 글자 그물망(罓(=网, 罒)−그물) 部에 '가리다'의 뜻과 음(音)을 나타내는 亡(망)을 더한 罔(망=그물)으로 이루어졌다. '그물'의 뜻실을 짜서 그물을 만들었으나 속은 비었다.

<매>

每 "매양 매(每)=사람인(人)+말 무(毋)"

어린아이(人)가 어머니(母)의 젖을 매번 먹는다는 뜻이 합하여 '매양'을 뜻함. 엉뚱한 짓은 말라는 뜻에서 '마냥 그렇다. 사람이 없다' 는 뜻으로 나타낸다. 언론, 연예인, 종교인 등이 있다.

梅 "매화 매(梅)=나무목(木)+매양 매(每)"

해마다 이른 봄이면 여전히 꽃을 피운다는 뜻에서 매화나무로 이름이 붙여졌다. '상용(喪容)나무매' 로도 불리는 것은 상복을 입으면 지팡이로 사용하고, 부모나 가족 중 누군가가 미리 죽을 것을 암시한다. 인내와 의지력이 강하지만 없는 것이 많다.

妹 "손아랫누이 매(妹)=계집녀(女)+아닐 미(未)"

계집녀(女)와 나무 끝의 작은 가지를 나타내는 未가 合하여 이루어졌다. 女는 처녀, 妹는 나중에 난 딸로 누이동생

埋 "묻을 매(埋)=흙토(土)+마을 리(里)"

흙 속에 상자를 상징한 밭 전(田), 또는 수레를 상징한 밭 전(田)을 땅속에 묻는다는 뜻이다.

ㅁ

賣 "팔 매(賣)=선비 사(士)+살 매(買)"

글을 읽은 선비도 답답하면 글과 땅을 팔아야 한다는 뜻으로 (買)는 눈(罒)으로 물건(貝)를 보고 돈을 흥정하여 산다는 뜻이므로 이름에 사용하면 장사꾼이다.

買 "살 매(買)=넉 사(罒)+조개 패(貝)"

그물로 떠내듯이 물건(物件)을 사 모으다라는 뜻으로 사는 일. 따라서 매점(買店)하여 이익(利益)을 얻음을 말한다. 눈으로 보고 물건(貝)를 산다는 뜻이다.

<맥>

麥 "보리 맥(麥)=올 래(來)+뒤올 치(夂)"

초목이 무성해지고 난 다음에 천천히 뒤따라온다는 뜻에서 보리로 나타낸다. (麥)은 (木)의 양옆으로 따를 종(从)의 사람을 끼고 온다는 뜻이다. 뒤올 치(夂)는 천천히 뒤따라옴. 농업, 임업, 사람을 많이 거느리는 사업체, 정치인, 학자, 교사 등이 있다.

脈 "줄기 맥(脈)=달 월(月)+낮을 저(底)"

살보다 낮고 깊은 곳으로 흐른다는 뜻에서 줄기, 동맥, 혈맥 등으로 나타낸다. 낮을 저(底)는 한

획이 부족한 언덕 엄(厂)+성 씨(氏)의 합자로서 깊은 곳으로 흐르는 씨앗이란 뜻이다.

<맹>

盟 "맹세할 맹(盟)=밝을 명(明)+그릇 명(皿)"

그릇 명 받침(皿)과 똑똑히 나타내는 일의 明이 合하여 이루어진다. 血(혈)은 희생된 짐승의 피, 나중에 皿(그릇 명 받침; 피를 넣는 그릇)을 씀, 盟(맹)은 희생된 짐승의 피를 번갈아 빨고 신에게 맹세하여 약속하는 일. 맹세는 잘하지만 실천하지 못함. 불구의 위험이 있다.

孟 "만 맹(孟)=아들자(子)+그릇 명(皿)"

자식이 그릇 위에 있으니 먼저란 뜻과 큰아들이란 뜻으로 맹랑하다는 뜻을 함께 나타낸다. 여기서 자(子)는 고단할 혈(孑)로 통하므로 일을 성사하려면 많은 고통이 따름. 그릇 장사나 식육점. 학자 등이 있다.

<면>

面 "얼굴 면(面)=장정 정(丁)+물돌 회(回)"

麵의 간체자(簡體字). 靣이 속자(俗字). 面(면)은 사람의 얼굴과 그 윤곽을 나타냄. 나중에 물건(物件)의 거죽, 얼굴을 그쪽으로 돌리다 따위의 뜻으로도 쓰인다. 장정의 고개를 이쪽으로 돌려도 얼굴 저쪽으로 돌려도 얼굴이라는 뜻에서 돌 회(회)를 붙였으나 근래에 와서 큰 입구(口)에 눈목(目)을 붙여서 얼굴과 행정구역의 면을 나타냄. 한 바퀴 돌아도 제자리걸음이란 뜻이다.

綿 "솜 면(綿)=실사(糸)+비단 백(帛)"

帛+系(비단을 짜는 실이 한 줄로 나란히 계속되는 일)임. 비단에 대하여 생긴 글자였으나, 훨씬 뒤에 무명이 만들어지게 되었으므로 무명을 나타내는 데 썼다. 실을 짜서 비단을 만드는 재료가 솜이란 뜻이다. 부모나 가족과의 이별이 아쉽다. 방적, 의류, 염색, 포목, 다올점 등이 있다.

勉 "힘쓸 면(勉)=면할 면(免)+힘 력(力)"

힘 力(힘써 일하다)과 免(물건(物件)을 만들어내다. 일하다)로 이루어졌고, 일에 힘쓰도록 권하다. 힘써서 일하면 모든 어려움을 면한다는 뜻으로 만들어졌다.

眠 "졸 면(眠)=눈목(目)+백성 민(民)"

백성 민(民)은 씨앗 씨(氏)에다 입구(口)를 붙여서 말하는 백성, 말하는 씨앗이므로 눈과 코도 있는데 다시 눈목(目)을 붙였으니 쓸데없이 눈을 희멀그레 뜨거나 껌벅인다는 뜻에서 '졸리다' 는 뜻으로 나타낸다.

冕 "면류관 면(冕)=날일(日)+면할 면(免)"

멀경몸(冂;경계, 성곽)과 免 합(合)하여 이루어졌으며, 왕의 머리에 쓰는 관(冠)을 나타내지만 일반적인 뜻이다.

免 "면할 면(免)=쌀포(勹)+가운데 중(中)+사람인 발(儿)"

여자가 아이를 낳는 것을 나타내며, 거기에서 벗어나다의 뜻이 되었다. 토끼처럼 달아나서 면한다는 뜻이므로 토끼 토(兎)와 동자로 취급된다.

棉 "목화 면(棉)=나무목(木)+비단 백(帛)"

무명의 재료가 되는 나무의 뜻. '면'의 音(음)은 거두어들인 재료를 자아 연결하여 실로 만든다는 뜻에서 連(련=잇다)에 유래했다. 木(나무목 변)에 '비단'의 뜻인 帛(백)으로 이루어짐. 무명(목화)의 재료가 되는 나무의 뜻으로 나무에서 나는 목화로 비단을 짠다는 뜻이다.

<멸>

滅 "멸할 멸(滅)=삼수변(氵)+천간 무(戊)+재 회(灰)"

물이 다하여 없어지다의 뜻으로 멸망하다의 뜻이다. 천간 무(戊)의 아궁이에 불(火)을 붙였으나 삼수변의 물을 부었으니 불이 꺼져서 재 (灰)만 남았다는 뜻에서 다할 멸, 멸할 멸로 나타낸다.

<명>

明 "밝을 명(明)=날일(日)+달 월(月)"

해와 달이 합쳐지니 밝다는 뜻이며, 총명하고 활달한 듯하지만 복이 짧다. 낮과 밤이란 뜻에서 주야로 바쁘고 실속은 적다. 40대 중반부터 갑자기 외로움을 느낀다. 유산의 횟수가 잦으며 섹스를 즐기는 편. 교육계, 언론, 음악, 연예인, 식당, 서비스업, 이 미용사, 한의사, 간호사 등이 있다.

銘 "새길 명(銘)=쇠금(金)+이름 명(名)"

금속에 새긴 글자라는 뜻으로 강한 쇠로서 돌이나 나무에 홈을 파서 이름을 새긴다는 뜻으로 만들어졌다. 도장이나 비석에 글을 새기거나 출판, 인쇄, 컴퓨터, 석공 등에 소질이 있다.

冥 "어두울 명(冥)=덮을 멱(冖)+날일(日)+여섯 육(六)"

日(일)과 六(륙)으로 십육일을 뜻하며, 음력 16일에는 달이 이지러져 어두워지거니와 덮는다는 뜻과 덮을 멱(冖) 더하여 덮여서 어두워짐을 나타낸다. 사람이 서 있는 머리 위의 태양(日)과 머리도 덮어버렸다는 뜻에서 죽은 사람을 나타내어 사명부의 물귀신 명으로 나타낸다. 사상적인 교화를 나타내어 종교인이 되면 액운을 면함을 뜻한다.

鳴 "울 명(鳴)=새조(鳥)+입구(口)"

鳥는 여기서는 수탉, 口는 입, 소리를 냄, 수탉이 때를 알리는 모양을 나타 냄. 새가 운다는 뜻으로 나타내므로 울어야 할 일이 많다. 사람인(人)에다 입(口)을 붙이면 나팔불 팔(叭), 고함칠 팔(叭)이 된다.

名 "이름 명(名)=저녁 석(夕)+입구(口)"

夕(석;어두움)과 口(구;소리를 내다)의 합자(合字). 저녁이 되어 어두우면 자기 이름을 말해서 알려야 했음. 여기서 저녁 석(夕)은 하루 종일의 일과에 대한 성과가 나타나는 시간 즉, 저녁(夕)을 말하며 입구(口)는 그 테두리의 안을 나타낸다. 나이보다 빨리 늙음을 의미한다.

命 "목숨 명(命)=사람인(人)+새 을(乙)+두드릴 고(叩)"

입구(口;먹다, 말하다)와 令(령;신이나 높은 사람이 명령을 내려 그것에 복종시키는 일)과 말(口)로 시킨 일을 목숨을 걸고 지킨다는 뜻이 合하여 '목숨'을 뜻한다. 命(명)은 신의 계시나 높은 사람의 명령. 옛날엔 그 뜻도 令(령)이라고만 써서 나타내었으나, 나중에 입으로 전함을 명백히 하기 위하여 命(명)이라고 쓰게 되었다.

<모>

慕 "사모할 모(慕)=말 막(莫)+심방 변(忄)"

마음심(心)과 모습·모양의 뜻을 가지는 莫으로 이루어졌다. 마음의 모습을 회상한다는 뜻으로 멋대로 표현하지는 못하고 마음 속으로만 가진 감정의 표시이다. 하지 말라는 뜻의 말 막(莫)은 햇빛 대(昊)위에 풀을 뒤집어 썼으므로 어둡다는 뜻과 숨긴다는 뜻으로 숨겨진 마음이란 뜻이다. 희망과 포부는 크나 실속이 없다.

母 "어미 모(母)=계집녀(女)+한 일(一)+점 주(丶丶)"

어머니가 아이에게 젖을 먹이는 모양을 본뜬 글자로 '어머니'를 뜻함. 말 무(毋)로 형성되는 글자인데 중간의 한 일(一)은 졸라맨 허리띠, 두 개의 점(丶丶)은 두 개의 유방을 나타내어 어머니는 아들과 딸을 낳아 잘 키우라는 뜻과 허리띠는 함부로 풀지 말라는 뜻이다.

貌 "모양 모(貌)=벌레 치(豸)+모양 모(皃)"

벌레를 닮은 모양으로 나타낸다. 모양 모(貌)는 아이 아(兒)를 닮은 글자로서 성숙하지 못한 아이는 머리가 빈(白) 것과 같다는 뜻으로 만들어졌다. 즉, 발 없는 벌레의 모양이나 아기의 모양이 닮았다는 뜻이다. 산부인과, 산파, 간호사 등이 있다.

毛 "털 모(毛)"

사람의 눈썹이나 머리털이나 짐승의 털 모양, 본디는 깃털의 모양이라고도 하지마는, 老(로)의 옛 자형의 머리털을 나타내는 부분과 닮았다고 한다. 각종 동물과 새의 털이 사람의 손을 닮았다는 데서 손수(手)의 손목을 옆으로 구부린 글자다. 손수(手)가 글자의 변으로 쓰일 때는 제방 (扌)이 된다. 직업은 손재주를 최대한 활용하는 기능직이 좋다.

模 "법 모(模)=나무목(木)+말 막(莫)"

나무 외에는 아무것도 없다는 뜻이다. 그래서 주나라 강태공의 '묘지에 심은 나무 단'으로도 나타낸다. 다만 남의 흉내를 잘 내고 작품을 모방한다는 뜻이 포함됨. 직업은 공직자나 직장인, 가수, 컴퓨터, 상업, 노동자, 연예인 등이 있다.

冒 "가릴 모(冒)=멀 경(冂)+두 이(二)+눈목(目)"

눈(目)을 물건(物件)으로 가림을 뜻하는 글자. 사람의 얼굴을 상징(目)한 글자의 위를 덮고 가렸다는 뜻에서 무릅쓸 모, 가릴 모로 나타낸다. 특히, 윗 글자는 가로 왈(왈)이 아니며 얼굴을 덮은 모자나 옛날 여인네들이 얼굴을 가리던 가리개를 나타낸다. 건강 조심

某 "아무 모(某)=달 감(甘)+나무목(木)"

화나무가 본디 뜻. 음을 빌어 누구라고 정할 수 없다는 뜻. 아무의 뜻으로 쓰인다. 나무목(木) 部와 母의 변형으로 이루어짐.

募 "모을 모(募)=말 막(莫)+힘 력(力)"

모집하는 데는 힘이 들기 때문에 力(력-힘)을 더하여 널리 구한다는 뜻으로 나머지는 법 모(模)와 비슷하니 참조하라.

暮 "저물 모(暮)=말 막(莫)+날일(日)"

해가 풀숲에 숨은 모양을 나타내며 해 질 녘을 뜻하는 莫(막)이 없다의 뜻으로 빌어 쓰이게 되자 나중에 날일(日-해) 部를 더하여 暮(모)를 해 질 녘의 專用(전용)글자로 하였다. 태양이 이미 말 막(莫)의 밑으로 숨어버린 상태이니 그 시기가 늦었고 죽을 때를 기다린다는 뜻이다.

矛 "창모(矛)=줄 여(予)+삐침(丿)"

장식이 달린 긴 창을 본뜬 글자로 손에 잡은 창이나 연장, 무기 등의 힘을 빌려서 손재주로 생계를 유지한다.

摸 "본뜰 모(摸)=제방 변(扌)+말 막(莫)"

손으로 '더듬다'의 뜻. 또, 摹(모)와 통용(通用)하나 지금은 摹(모)는 거의 쓰이지 않고 摸(모)가 그 뜻을 겸한다. 본뜨고 모방하지만 속은 비었다는 뜻이다.

牟 "탐낼 모(牟)=마늘 모(厶)+소 우(牛)"

소의 머리에 고깔을 씌운 형상이다. 즉, 소의 머리에 고깔을 씌웠으니 소가 우는 모양이란 뜻에서 '소가 울 모, 클 모, 침노할 모, 보리 모' 로도 나타내며, '보리 모' 의 뜻은 소가 머리를 숙여서 보리를 먹는 모양을 나타낸다. 사용하면 남의 일꾼이며 평생 힘겹다.

謨 "꾀 모(謨)=말씀언(言)+말 막(莫)"

없는 것에 빗대어서 말을 하지만 꾀만 남았다는 뜻으로 만들어졌다.

<목>

牧 "칠 목(牧)=소 우(牛)+똑똑 두드릴 복(攵)"

소를 막대기로 두드려서 길들여 가며 기른다는 뜻으로 목장(牧場)=소나 말을 기르는 곳을 나타내지만 등글월문(攵)의 영향으로 글을 가르치고 배움의 전당으로 사용되는 교육계, 학원 등과 목장, 축산업, 농업 등이 있다.

目 "눈목(目)=에울 위(口)+두 이(二)"

하나의 큰 얼굴에 두 개의 눈을 붙여서 눈목이라 했지만 때로는 얼굴 전체 즉, 눈, 코, 입, 귀의 모든 것을 함께 나타낼 때도 있으므로 듣고 보고 말하고 살핀다는 뜻이다. 직업은 학자, 연구가, 사업, 안경, 안과의사, 천문대 등이 있다.

木 "나무목(木)=열 십(十)+사람인(人)"

땅에 뿌리를 박고 선 나무 모양을 본뜬 글자로 '나무'를 뜻 함. 원래는 양팔을 벌리고 꿋꿋하게 선 사람의 모습을 본떴으나, 큰 나무를 더욱 닮았다고 하여 나무목(木)이 된 글자지만 이름에 들면 사람으로도 나타낸다. 많이 돌아다니는 직업, 직장인, 운전사, 목수, 건축, 가구점, 농업, 임업, 화훼 등이 있다.

睦 "화목할 목(睦)=눈목(目)+아비 부(夫)+흙토(土)"

눈목(目)部와 친하여진다는 뜻을 나타내기 위한 坴(륙)으로 이루어졌다. 눈매가 온화하다는 뜻. 화목하다는 뜻으로 서로 우애롭고 친목이 두텁다는 뜻으로 나타낸다. 이 글자의 (目)은 온 가족의 얼굴을 나타내고 (夫)는 윗어른을, 흙토(土)는 거느리는 여러 식솔들을 상징한다. 보고 연구하는 학자, 연구가, 교육계, 농업, 축산업, 건축, 안경 등이 있다.

穆 "화목할 목(穆)=벼화(禾)+샘 천(泉)+터럭 삼(彡)"

온 가족이 서로 화목하고 윗사람을 잘 받들어 모신다는 뜻에서 공경할 목으로도 나타냄. (禾)는 곡식과 농사이며 (泉)은 샘물을 상징하여 부족함이 없다는 뜻으로 만들어졌다. 공직자, 화가, 건축, 토목, 농업, 과수, 식당 등이 있다.

<몽>

蒙 "어릴 몽(蒙)=초두 변(艹)+속일/덮어쓸 몽(冡)"

초두머리(艹)部와 덮다의 뜻을 나타내는 글자 冡(몽)으로 이루어짐. 덩굴 풀의 이름, 덮다·어둡다의 뜻으로 쓰인다. 속인다는 뜻에서 또다시 무성한 풀을 씌웠으니 차라리 어리다는 뜻과 어리석다는 뜻이 옳다. 속일 몽(冡)은 덮을 멱(冖)+돼지시(豕)의 합자로서 어린 돼지 새끼를 움집으로 덮어놓고 속임수를 쓰거나 남에게 당한다는 뜻이다.

夢 "꿈 몽(夢)=연지초 목(苜)+덮을 멱(冖)+저녁 석(夕)"

잠을 자는 듯, 하지만 자지 않고 현실의 일들을 생각할 수 있다는 뜻에서 꿈으로 나타낸다. 목(苜)의 눈목(目)이 (夢)에서는 옆으로 쓰였으나, 풀을 뒤집어써서 잔다는 뜻으로 장사와 사업, 학문에 뛰어난 소질이 있다. 사업, 정치, 학자, 교사, 안경 등이 있다.

<묘>

妙 "묘할 묘(妙)=계집녀(女)+젊을 소(少)"

계집녀(女)部와 少(소;자잘하다)로 이루어졌다. 여자가 오밀조밀하게 아름답다는 뜻으로 젊고 예쁜 여자를 가리킨다. 예쁜 여자아이를 가리켜 신비하게도 예쁘고 재주가 많다는 뜻으로도 나타낸다. 즉, 젊은 여자, 미혼녀, 처녀를 나타냄.

廟 "사당 묘(廟)=언덕 엄(广)+아침 조(朝)"

돌아가신 조상들의 위패를 모신 작은 집을 사당이라 하고 왕조의 조상들을 모신 곳을 종묘라 한다. 아침 조(朝)가 돌집 엄(广)의 밑에 있으니 답답하다.

苗 "싹 묘(苗)=초두 변(艹)+밭 전(田)"

밭에 돋아난 새싹이란 뜻이므로 어리고 약하다.

<무>

茂 "무성할 무(茂)=초두 변(艹)+천간 무(戊)"

풀이 무성하다는 뜻으로 불 꺼진 아궁이 즉, 하늘과 땅 사이의 아궁이 위에 풀이 무성하다는 뜻이다. 천간 무(戊)는 하늘의 빛살을 나타낸 삐침(丿)에다 창 과(戈)를 붙여 무기를 가졌으니 힘을 쓴다는 뜻이지만 욕심이 많음을 의미한다. 군인, 경찰, 무도관, 상업, 노동자 등이 있다.

武 "굳셀 무(武)=바를 정(正)+주살 익(弋)"

창(戈)과 같은 무기(武器)로 병란을 막아 그치게(止) 한다는 뜻이 합(合)하여 '호반' '굳세다'를 뜻한다. 잡거나 죽여도 선악을 분명히 가려서 죽인다는 뜻에서 올바른 무사의 기질이지만 비교적 부드럽고 온순하다. 부모 형제와 이별을 나타낸다. 직업은 군인, 경찰, 법관, 교사, 무도관, 노동자, 식육점 등이 있다.

務 "힘쓸 무(務)=세모창모(矛)+등굴월 문(攵)+힘 력(力)"

'힘쓰다'를 뜻함. 무기(矛)도 들고 배운 것(攵)도 있어야 힘을 쓴다는 뜻으로 만들어졌다. 창이나 무기를 사용하는 직업과 글을 익혀서 학문으로 이용되는 두 가지의 직업이다. 공직자, 교사, 직장인, 군인, 경찰, 무도관, 노동자, 건축 등이 있다.

畝 "이랑 무(畝)=돼지해머리 두(亠)+밭 전(田)+오랠 구(久)"

오래된 밭과 이랑이란 뜻, 묵은 밭이란 뜻이다. 본음은 '무' 이며 속음은 '묘' 로도 나타냄. 묵은 밭이란 이용 가치가 적어서 오래도록 사용하지 않던 밭이다. 직업은 농업, 산간벽지에 사는 사람, 종교인, 노동자 등이 있다.

無 "없을 무(無)=사람인(人)+사십 십(卌)"

커다란 수풀에 불(火)이 나서 다 타 없어진 모양을 본뜬 글자로 '없다'를 뜻한다. 아닐 무, 말 무(毋)와 망할 망(亡)과 통하는 글자. 이름에 사용이 가능하다. 사십 십(십)은 두 개의 달 감(甘)으로 형성된다.

戊 "천간 무(戊)=빛살을 상징한 삐침(丿)+창 과(戈)"

무사(武事)에 관계(關係)되는 뜻을 나타내며, 음을 빌어 천간(天干)의 다섯째 글자로 쓰인다. 하늘과 땅이 중간을 나타내며 멀거니 입만 벌리고 있는 불 꺼진 아궁이다. 노력은 적고 욕심은 많으며 욕심을 버려야 마음이 편하다. 천간 무(戊)는 도끼 월(戉)과 같은 글자.

霧 "안개 무(霧)=비 우(雨)+힘쓸 무(務)"

비우(雨;비, 비가 오다)部와 넓는다는 뜻을 가진 務(무)로 이루어졌다. 공중을 덮는 수증기, 안개의 뜻하며 비를 맞으며 일하니 앞이 잘 안보이고 희미함을 나타낸다.

舞 "춤출 무(舞)=없을 무(無)+어그러질 천(舛)"

사람이 장식이 붙은 소맷자락을 나풀거리며 춤추고 있는 모양, 無(무)가 부정사로 주로 쓰이게 되어 舛(순;양쪽 발의 모양)을 더하여 舞(무)를 춤의 뜻으로 쓰인다. 직업은 무도장, 댄스, 뮤직, 국악 등이 있다.

貿 "무역할/바꿀 무(貿)=마늘 모(厶)+힘 력(力)+조개 패(貝)"

卯(묘)는 문이 열려 있는 모양으로 칸막이를 넘어서 나아가다, 貝는 물건이나 재산, 貿는 물건을 팔아 이익을 얻다. 재물을 모으기 위해서 꾀를 써서 힘을 다한다는 뜻이다. 건강 조심.

<묵>

默 "잠잠할 묵(默)=검을 흑(黑)+개 견(犬)"

개가 입을 다물고 있다는 뜻으로 말을 하지 않다, 말을 안하다의 뜻이다. 개는 불을 지피는 아궁이와 검은 연기가 솟아오르는 굴뚝만 봐도 겁을 먹어 잠잠하다는 뜻에서 검은 개라는 뜻이다. 개를 잡아서 구울 때 나는 연기와 그을음이 검다는 뜻이다. 개장수, 보신탕, 화장터, 굴뚝이나 건축, 보일러, 식당 등.

墨 "먹 묵(墨)=검을 흑(黑)+흙토(土)"

검을 묵, 재 그을음 묵으로도 나타내는 이유는 검은 굴뚝에서 나온 그을음은 나무가 타고난 재를 나타냈다. 묵향(묵향)은 먹으로 그린 그림의 향기를 상징함. 정치, 공직자, 항공사, 서예, 화가, 식당, 보신탕, 보일러, 목욕탕, 건축 등이 있다.

<문>

文 "글월문(文)=사람인(人)+돼지해머리 두(亠)"

갓(亠)을 쓴 선비(人)가 땅바닥에 쪼그리고 앉아 글 읽는 모양을 본뜬 글자이므로 글과 선비로 나타냈다. 직업은 교육계, 작가, 학자 등이며, 잘못되면 유치원, 학원, 서점, 서예, 지업사, 인쇄 등이 있다.

問 "물을 문(問)=문 문(文)+입구(口)"

문으로 들어가서 문안에서 입(口)으로 묻는다는 데서 문안(問安)한다는 뜻이다. 응용법=문안에 입(口)만 있으므로 복록이 적고 입(口)도 속의 글자가 없는 빈 입이므로 재물이 모이지 않으니 욕심을 부리면 물거품이 된다.

門 "문 문(門)=문 호(戶)+문 호(戶) 또는 멀 경(冂)+두 개의 날일(日日)"

두개의 문짝이 있는 문의 모양. 문짝을 맞추어 닫는 출입구. 두 개의 날일(日)은 문에 있는 창살이다. 직업은 가구점, 목수, 유리, 건축 등이 있다.

聞 "들을 문(聞)=문 문(門)+귀 이(耳)"

귀 이(耳)部와 門(문;입구)으로 이루어졌다. 소리가 귀로 들어가다, 들리다는 뜻으로 문안에서 귀로 듣는다. 또는 집 안에서 말을 듣는다는 뜻으로 만듦. 또는 좁은 집 안에 있는 귀라는 뜻에서 듣는다는 뜻을 나타낸다. 직업은 방송인, 언론인, 연예인, 학자 등이 있다.

紋 "무늬 문(紋)=실사(糸)+글월문(文)"

'무늬'의 뜻을 가진 文(문)으로 이루어졌다. 실로 짜서 나타낸 무늬-'무늬'의 뜻이다. 실사(糸)部와 '무늬'의 뜻을 가진 文으로 이루어졌다. 실로 짜서 나타낸 '무늬'의 뜻이다. 방적 계통이나 염직, 연사, 각종 실과 종이, 서예, 화가 등의 직업과 인연이 있다.

炆 "연기날 문(炆)=불화(火)+글월문(文)"

종이를 불에 태우니 연기가 난다는 뜻으로 만들어졌다. 불과 물 조심.

<물>

勿 "말 물(勿)=쌀포(勹)+터럭 삼(彡)"

장대 끝에 세 개의 기가 달려 있는 모양, 부정(否定)·금지(禁止)의 뜻의 어조사로 씀. 터럭을 보자기에 싸 모으지 말라는 뜻이나. 왜냐하면 터럭 삼(彡)은 물이나 털, 또는 먼지가 될 수도 있으며 혼자만의 물건이 아니라 여러 사람이 공동으로 사용할 것이므로 욕심을 부리지 말라는 뜻이다. 말 막(莫)과 통하는 글자.

物 "만물 물(物)=소 우(牛)+말 물(勿)"

소는 물건이 아니란 뜻에서 소 우(牛)와 말라는 뜻의 말 물(勿)을 붙인 글자다. 소는 귀중한 재산이기 때문이지만 소의 등에 많은 물건을 싣는다는 뜻에서 만물로 나타낸다. 좀도둑이 소도둑 된다는 뜻과 재물만 보면 환장하고 자신의 위치도 망각할 것을 염려한 탓이다.

<미>

美 "아름다울 미(美)=양머리 양(羊)+큰대(大)"

크고(大) 살찐 양(羊)이라는 뜻이 합하여 보기 좋다는 데서 '아름답다'를 뜻한다. 羊은 신에게 바치는 희생의 짐승으로서의 양, 美는 신에게 바치는 살찐 양, 맛있다, 아름답다, 훌륭하다. 큰 사람이 양의 탈을 쓰고 잘난 체하므로 배우자의 덕이 없다. 항상 머리가 무겁고, 답답할 정도로 애정이 빈약하고 심하면 이별하여 내가 일을 한다. 돼지 머리를 바위 앞에 놓고 양 머리로 속이는 점쟁이일 수도 있다. 직장인, 화가, 연예인, 교육계, 역학이 좋고 사업은 곤란하고 종교에 집착하면 잃는 것이 많고 특히 사랑과 가정도 멀어진다.

微 "작을 미(微)=자축거릴 척(彳)+민둥산 올(岏)+등글월문(攵)"

두인 변(彳;자축거리다)部와 보일 듯 말 듯 할 만큼이란 뜻을 나타내는 글자 (微)로 이루어졌다. 몰래 간다는 뜻. 절름발이처럼 조그마한 산이 자축거리며 다녀본들 미천하고 별 볼일도 없다는데서 천할 미, 없을 미로도 나타낸다. 그러나 학문을 열심히 익혀 그 학문을 이용한 직업이라면 액운은 없다.

未 "아닐 미(未)=나무목(木)+한 일(一)"

붉을 주(朱)와 닮고 땅속에 말뚝 미로도 나타낸다.

味 "맛 미(味)=입구(口)+아닐 미(未)"

나무 끝에 여는 과일도 각각 조금씩 틀리는 데가 있고 미묘한 맛이 남. 그래서 未(미)를 맛이란 뜻으로 썼으나 나중에 未(미)의 다른 쓰임과 구별하여 먹는 것에 관계(關係)가 있음을 분명히 하기 위하여 입구(口☞입, 먹다, 말하다)部를 붙여서 咮(미)라 쓰인다. 내 몸뚱이를 그대가 맛보라는 뜻과 같고 아닌 것도 맛을 보라는 뜻이므로 사용 불가.

米 "쌀미(米)=나무목(木)+여덟 팔(八)"

쌀이나 수수 따위 곡식(穀食)의 낟알→벼의 모양, 나중에 중국(中國)에서는 쌀을 대미(大米)·조를 소미(小米)라 일컬었고 우리는 보리·수수·조 따위에 대하여 쌀을 米(미)자로 나타냄. 또 미터의 취음자(取音字)로서 百(백미터)를 백미(百米)로 쓰기도 한다. 벼화(禾)의 변형제로서 곡식은 정성껏 잘 받들어 이용하라는 뜻이므로 이름에 사용이 가능하다.

尾 "꼬리 미(尾)=주검 시(尸)+털 모(毛)"

엉덩이를 나타내는 尸(시)와 엉덩이에 붙어 있는 毛(털)로 이루어졌다. 꼬리, 뒤, 끝의 뜻으로도 된다.

眉 "눈썹 미(眉)=파충류 파(巴)+눈목(目)"

눈썹을 본뜬 문자로 눈 위에 뱀처럼 생긴 눈썹이란 뜻이다.

迷 "미혹할 미(迷)=쌀미(米)+쉬엄쉬엄 갈 착(辶)"

迷)는 길을 잃다, 어떻게 하여야 좋을지 갈피를 못 잡음을 의미한다.

渼 "물결무늬 미(渼)=삼수변(氵)+아름다울 미(美)"

출렁이는 물결과 파도의 무늬가 예쁘다는 뜻이다.

彌 "두루 (彌)=활 궁(弓)+너 이(爾)"

너의 몸이 활처럼 늘어졌다는 뜻이다. 너 이(爾)는 말을 이을 때 어조사로 쓰이는 글자로서 죽은 시체를 뫼고 가는 상여꾼들의 노래에 이용되는 글자이다.

<민>

民 "백성 민(民)=입구(口)+씨앗 씨(氏)"

말하는 씨앗, 즉 인권과 언론의 자유를 누리는 사람이란 뜻이다. 즉, 말하는 씨앗이란 뜻에서 백성으로 나타낸다. 성품이 잘고 연약하며 여성적인 성품을 지닌다. 말년에 자식의 고통이 따른다. 동식물의 씨받이를 하는 인공 수정소, 공직자, 직장인이 좋으며 농업, 의류, 교육계, 식당, 언론 등이 있다.

敏 "민첩할 민(敏)=매양 매(每)+등글월문(攵)"

회초리로 쳐서(攵) 강제로 일하게 하다의 뜻. 재빨리 시키다, 재빠르다의 뜻으로 날마다 학문을 열심히 익혔다면 똑똑 두드려(攵)서 열리도록 하면 될 것이다. 하지만 학문에 의존하지 못하면 힘겹다. 교육계, 공직자, 언론, 건축, 농업, 연예인, 식당 등이 있다.

旼 "화할 민(旼)=날일(日)+글월문(文)"

태양을 상징한 날일(日)이 멀리 있다는 뜻에서 옆에 붙인 글자로서 가을하늘로 나타낸다.

玟 "옥돌 민(玟)=구슬옥(玉)+글월문(文)"

돌 바위 옆에서 글 읽는 선비, 돌 옆의 씨앗, 돌밭의 씨앗이란 뜻이다. 영리하나 여성적인 성품을 지닌다. 바위나 비석에 글을 새기는 석공, 언론, 연예인, 교육계, 인쇄소, 공직자, 무당 등이 있다.

珉 "옥돌 민(珉), 돌이름 매(珉)=구슬옥(玉)+백성 민(民)"

위의 옥돌 민(玟)과 동자로서 돌 옆의 씨앗, 돌의 사람, 자갈밭의 백성이란 뜻이다. 종교인이나 기도를 많이 하는 무당과 연관된다. 자식에게 근심이 있으니 참고하고, 돌 옆, 자갈밭의 씨앗이므로 복록은 약하다.

旻 "하늘 민(旻)=날일(日)+글월문(文)"

태양이 쪼이는 들판에서 글 읽는 선비. 집 한 칸이 없는 고달픈 선비를 나타내어 '가을하늘 민, 어진 것을 덮어버린 하늘' 이란 뜻이다. 언론인, 작가, 교육계, 연예인, 컴퓨터, 공직자, 인쇄소 등.

閔 "민망할 민(閔)=문 문(門)+글월문(文)"

집 안에서민 글을 읽고 혼자만의 학문으로 소화하자니 남에게 민망스럽다는 뜻으로 그래서 外孫이 잘되고 親孫은 빛을 보기가 극히 힘듦을 의미한다. 그러나 잘 연결하면 부족하지 않다. 학자, 작가, 교육계 등이 좋다.

岷 "산이름 민(岷)=뫼산(山)+백성 민(民)"

산 속이나 산 밑에서 사는 사람, 즉 백성이란 뜻이다. 도회지와는 인연이 적다는 뜻이니 농촌으로 가면 살기가 쉽다. 도시에 살더라도 언덕 밑이나 산비탈에 집을 짓고 살면 인연이 있는 주택이다. 직업은 백성 민(民)을 참조하라.

<밀>

密 "빽빽할 밀(密)=움집 면(宀)+반드시 필(必)+뫼산(山)"

집 안에 산처럼 많은 것들이 반드시 모여든다는 뜻이니 빽빽하고 촘촘하다는 뜻으로 만들었으나 반드시 숨기는 것이 있고 비밀이 많다는 뜻에서 '비밀할 밀'로도 나타낸다. 집 안에 갇힌 사람과 같으므로 이름에 사용 불가.

蜜 "꿀 밀(蜜)=움집 면(宀)+반드시 필(必)+벌레충(虫)"

벌레가 집 안으로 드나들며 숨긴 것이 있다는 뜻에서 벌꿀로 나타낸다.

LEESOOISM

OJASUL GROUP

<박>

薄 "엷을 박(薄)=초두 변(艹)+클 부(溥)"

물과 풀이 뒤덮여 있으므로 뜻을 펼 수가 없고 복록이 작다는 뜻. 섹스를 즐긴다. '박'의 글자는 가급적 이름으로 금물. 학자, 교육계, 약사, 의사, 사법관, 공직자, 식당, 식육점 등이 있다.

朴 "순박할 박(朴)=나무목(木)+점 복(卜)"

나무(木) 껍질이 갈라져 자연 그대로라는 뜻이 합하여 '순박하다'를 뜻한다. 나무에서부터 가지와 줄기를 타고 올라가서 복덩이가 열린다는 뜻으로 만들어졌다. 가지와 줄기에서 복(福)덩이가 열렸으면 이름의 중간 글자를 잘 연결하여 관리하면 큰 복(福)덩이로 나타난다. 과수, 임업, 화훼, 역학자, 학자, 공직자 등이 있다.

拍 "손뼉칠 박(拍)=손수 변(扌)+흰백(白)"

손을 부딪쳐서 없는 소리가 난다는 뜻이다. 음악가, 종교인, 신을 섬기는 사람 등이 있다.

泊 "배댈 박(泊)=삼수변(氵)+흰백(白)"

물 위에 배를 머물게 한다는 뜻. 물가에 흰 깃발이 모여든다는 뜻에서 항구에 배를 댄다는 뜻이다. 어부, 뱃사공, 선장 등이 있다.

珀 "호박 박(珀)=구슬옥(玉)+흰백(白)"

돌을 갈아서 만든 구슬에서 빛이 난다는 뜻이다. 호박=보석의 이름.

<반>

盤 "서릴 반(盤)=되돌아올 반(般)+그릇 명(皿)"

그릇 명 받침(皿;그릇)부와 평평하고 큰 그릇의 뜻을 가진 般(반)으로 이루어졌다. 큰 쟁반을 뜻한다. 물 위에 뜬 배와 같이 되돌아 와서 그릇 위에 얹힌다는 뜻으로 만들어졌다. 그릇, 도자기, 조선소, 군인, 기계와 선반, 어부, 선장, 선박 등이 있다.

飯 "밥 반(飯)=밥 식(食)+돌이킬 반(反)"

反(반)은 위에서 물건(物件)을 덮고 아래로부터도 그것을 받는 일, 밥 식(食(=飠)-먹다, 음식)部는 먹는 것-먹는 일, 飯(반)은 입에 머금고 잘 씹어 먹다-먹는 것-밥, 본디는 食(식)과 飯(반)은 같은 말이며 먹는데도 먹는 것에도 같이 쓴 것인데 나중에 곡식(穀食)의 主食(주식)을 가리켜 飯(반)이라고 일컫게 되었다. 형제와 친구의 덕이 없다. 음식점이나 음식의 재료를 만드는 일, 농업, 식료품 공장 등이 있다.

班 "나눌 반(班)=쌍옥 각(玨玉)+선칼도(刂)"

玨(각)은 두 개의 옥, 班(반)은 天子(천자)가 諸侯(제후)에게 증표의 옥을 나누어 주다-물건(物件)을 구분(區分)하여 나누다. 쌍옥을 칼로 나누어 가진다는 뜻이다. 한 개의 구슬을 쪼개려고 애쓴다. 가정도 형제도 둘로 나누려 하고 오는 복도 쪼갠다. 직업은 공무원, 돌이나 금속 가공업, 무당, 금은방, 종교인 등이 있다.

反 "돌이킬 반(反)=언덕 엄(厂)+또우(又)"

'뒤엎는다' '반대(反對)'를 뜻한다. 비탈진 地形(지형)→正常(정상)이 아님, 반대(反對)임, 反(반)은 위에서 덮는데 대하여 밑으로부터도 뒤덮는 일, 그 양쪽을 합하면 反復(반복)이란 말이 된다. 또 손바닥을 뒤집다, 배반하다, 돌아오다, 돌아보다 따위의 뜻으로 쓰인다. 제자리로 다시 돌아온다는 뜻에서 반대의 형상을 나타낸다.

潘 "성씨 반(潘)=삼수변(氵)+번지 번(番)"

성(姓)의 하나이다. 뜨물, 소용돌이.

般 "옮길 반(般)=배 주(舟)+팔모창 수(殳)"

배가 왕래(往來)하여 돌아다닌다는 뜻을 나타낸다. 본디 뜻은 돌다, 주위를 둘러싸다, 옮기다, 나르다는 뜻으로 쓰인다. 배를 만드는 조선소, 군인, 어부, 선장 또는 날카로운 기계, 무기를 만지는 사람을 말한다.

<발>

發 "일어날 발(發)=필 발(癶)+활 궁(弓)+팔모창 수(殳)"

발(필발머리(癶;걷다, 가다)은 나중에 풀을 밟아 죽이는 것이라고 일컬어지지만, 본디는 물건(物件)을 치거나 튀기거나 하는 일을 뜻한다. 반듯하게 누웠던 발(癶)을 팔모 창(殳)처럼 꼿꼿이 세우고 일어나서 걷고 '출발' 하라는 뜻이다. (癶)은 발가락이 하늘을 쳐다본 죽은 사람의 발이다. 시작은 잘하나 끝맺음이 부족하다. 쇠를 만지는 기술자, 돌아다니는 직업, 운전사 등이 있다.

髮 "터럭 발(髮)=길 장(長)+터럭 삼(彡)+벗 우(又)"

길다는 뜻의 (長)에다 터럭(彡)을 붙여 긴 털이 된 글자에 벗 우(友)를 붙였으니 털과 털의 친구란 뜻이다. 옷을 너덜너덜하게 입은 노인의 모양, 나이보다 많아 보이고 빨리 늙음을 뜻한다. 양장점, 양복점, 의류, 미용사, 건축업 등이 있다.

拔 "뺄 발(拔)=제방 변(扌)+벗 우(友)"

재방 변(扌;손)부와 바깥에 끌어낸다는 뜻을 가진 글자 犮(발)로 이루어졌다. 손으로 끌어내다, 잡아 빼다의 뜻으로 손으로 벗을 털어버린다는 뜻과 또는 가족과도 이별 수도 조심해야 한다.

鉢 "바리때 발(鉢)=쇠금(金)+근본 본(本)"

스님들이 뫼고 다니는 배낭과 금고 등을 나타낸다. 그릇, 도자기, 금융계, 주물 등이 있다.

<방>

方 "모 방(方)=돼지해머리 두(亠)+쌀포(勹)"

方(방) 자의 기원(起源)은 통나무배 두 척을 나란히 한 모양이라고 일컬어졌다. 사방을 빙 둘러 싼다는 뜻으로 욕심이 많고 순리적이 아닌 힘을 이용하려고 하다가 실패의 확률이 많음을 뜻한다. 직업은 군인, 경찰관, 건축, 토목, 노동자, 의사, 식당, 간호사 등이 있다.

傍 "곁 방(傍)=사람인 변(人)+사귈 방(旁)"

사람인 변(亻(=人))部와 곁・옆의 뜻을 갖는 旁(방)으로 이루어졌다. 사람의 양편, 곁을 뜻하고 사람과 사람이 사귀기 위해서 만드는 방이란 뜻이다. 직업은 군인, 경찰, 건축, 토목, 노동자, 의사, 간호사, 식당 등이 있다.

房 "방 방(房)=문 호(戶)+모 방(方)"

문이 달린 방, 창문이 달린 방을 나타낸다, 즉 사람이 거주하고 있는 방, 문 호(戶)는 주검 시(尸)의 변형이며 시체가 쌓인 방이나 영안실, 장의사, 창고지기, 건축, 공사장, 군인, 의사, 간호사, 식당 등이 있다.

芳 "꽃다울/향기날 방(芳)=초두 변(艹)+모 방(方)"

초두머리(艹;풀, 풀의 싹)部와 향기롭다는 뜻을 나타내기 위한 云(운)으로 이루어졌다. 향기가 芬芬(분분)하다의 뜻으로 꽃을 가꾸어서 향기가 나고 무성한 화초로 꾸며진 방을 나타낸다. 또는 미용실이나 안마소, 분장실, 식물원, 꽃집, 도살장, 정육점과도 관계가 있다.

紡 "길쌈 방(紡)=실사(糸)+모 방(方)"

길쌈을 하기 위해서 만든 방으로 지금은 방적공장의 자재창고, 염색공장의 창고, 작업장 등과 관계된다.

放 "방지할 방(放)=모 방(方)+등글월문(攵)"

회초리로 치다)部(문자의 오른쪽)는 손으로 무엇인가 하다, 무리하게 무엇인가 시키다의 뜻으로 음(音)을 나타내는 方(방)은 좌우(左右)로 퍼지다, 중앙으로부터 멀어지다의 뜻이다. 나쁜 사람을 중앙으로부터 쫓아내는 刑罰(형벌), 나중에 내놓다, 내버려두다, 살짝 물건(物件)을 놓다 따위의 뜻에 쓰인다. 가축을 방목하거나 어떤 침입자를 막고 해충을 방제한다는 뜻으로 만들어졌다. 직업은 학자, 군인, 경찰, 약품, 제약회사, 보건소, 의사, 간호사 등이 있다.

邦 "나라 방(邦)=무성할/예쁠 봉(丰)+고을읍(阝)"

우부방(阝=邑)部와 境界를 뜻하는 글자로 이루어졌다. 경계를 나타내는 우거진 樹木으로 이루어졌으며, 경계 내의 부족으로 나라의 뜻이 된다. 상호에는 사용 가능하나, 이름에는 사용 불가하다.

方 "나머지의 방(方)"

양쪽에 손잡이가 달린 쟁기의 모양으로 두 사람이 가지고 갈기 때문에 좌우(左右), 한 줄로 늘어놓다, 비교하다의 뜻이다. 다시 방향(方向)·방위·방법(方法) 등 여러 가지 뜻으로 변하였다. 方(방)자의 기원(起源)은 통나무배 두 척을 나란히 한 모양이라고도 하며, 또 십자가에 못 박은 모양이라고도 일컬어진다. 그러나 하여간 方(방)과 万(만)이 붙는 글자와의 뜻에는 좌우(左右)로 넓어진다는 점이 닮았다.

<배>

背 "등 배(背)=북녁 북(北)+육달월 변(月)"

사람이 등을 맞댄 모양으로 등지다, 背(배)는 사람의 등을 등지다. 형제를 상징한 견줄 비(比)가 서로 등을 돌리고 있는 형상을 본떠서 배반하다의 뜻으로 나타낸다. 형제나 가족과 불화하며 친구의 덕도 없고 배반의 위험이 있다. 사고나 수술, 간장, 신장, 고혈압, 중풍 조심해야 한다. 직업은 군인, 의사, 경찰, 간호사, 정육점, 미용사, 장의사, 지관 등이 있다.

杯 "잔 배(杯)=나무목(木)+아니 불(不)"

나무로 만든 것은 술잔이 될 수 없다는 뜻에서 술잔으로 나타낸다. 나무도 아니고 그릇도 아니란 뜻이므로 사용 불가하다.

拜 "절할 배(拜)=손수(手)+한 일(一)+예쁠 봉(丰)"

두 손(手·手)을 모으고 몸을 아래(下)로 구부려서 절하였다는 데서 '절'을 뜻한다. 두 손을 모으니 하나(一)가 된다는 뜻에다 절하는 모양이 예쁘다는 뜻으로도 나타낸다. 엎드려서 두 손을 모으고 절한다는 뜻이므로 부모나 가족의 제사를 남보다 일찍 모실 수도 있으므로 이별을 암시한다. 사용 불가.

徘 "배회할 배(徘)=자축거릴 척(彳)+아닐비(非)"

목적지를 향하여 걷는 것이 아니라 목적지가 없이 왔다 갔다 한다는 뜻에서 배회한다는 뜻으로 나타낸다. 교차로를 오가며 서성거린다는 뜻이니 할 일이 없는 사람이나 건달의 운명이다. 사용 불가.

倍 "더할 배(倍)=사람인 변(亻)+설립(立)+입구(口)"

설립(立)+입구口)는 소리 음과 같은 글자로서 사람이 서서 크게 소리를 지르니 크기가 배로 불어난다는 뜻이다. 그러나 소리만 클 뿐, 재물이나 명예에 큰 이득은 없다. 설립(立)의 덕으로 서서 돌아다니는 직업, 경찰, 군인, 운전사, 정치인, 상업 등이 있다.

培 "북돋울 배(培)=흙토(土)+설립(立)+입구(口)"

초목(草木)의 뿌리를 흙으로 싸서 가꾸는 일, 초목(草木)을 북돋우어 기르다의 뜻이다. 흙무덤을 포개어 돋우듯이 밭의 이랑에 흙을 더욱 크게 모은다는 뜻으로 나타낸다. 직업은 돌아다닐 일이 많은 경찰관, 운전사, 군인, 정치인, 농업, 상업, 포크레인 운전사, 레미콘, 쓰레기 처리장 등이 있다.

配 "짝 배(配)=닭 유(酉)+몸 기(己)"

사람이 술 단지를 늘어놓는 모양에서 늘어 놓다의 뜻을 나타낸다. 술 단지를 놓고 서로 인연을 맺는다는 뜻으로 만들었지만 결국 술 단지에 의지하여 산다는 뜻이니 요식업, 또는 술장수다.

<백>

百 "일백 백(百)=한 일(一)+흰백(白)"

없던 것도 하나씩 모여지면 많은 숫자로 불어난다는 뜻에서 숫자의 묶음을 표시한다. 흰백(白)은 머리 위로 빛이 번쩍번쩍 오르는 모양에서 한(一)을 덮으니 명예와 관직의 모자를 쓴 형상이다. 공무원, 사업가, 언론, 기자, 가수, 작가, 교사, 사진, 복사기 등이 있다.

魄 "혼백 백(魄)=흰백(白)+귀신 귀(鬼)"

현실로는 없는 귀신이 흰빛으로 나타난다는 뜻.

白 "흰백(白)=날일(日)+삐침 별(丿)"

햇빛이 위를 향하여 비추는 모양을 본뜬 글자로 '희다' '밝다'를 뜻한다. 희다의 뜻을 나타내지만, 본래의 뜻은 아무것도 없는 깨끗한 백지와 같고, 초년에는 재물과 명예가 따르지 않고 힘겹다.

伯 "맏 백(伯)=사람인 변(亻)+흰백(白)"

아무것도 없던(白) 곳에서부터 윗사람이란 뜻이다. 집 안의 윗사람이란 뜻에서 '존경의 의미'를 나타내어 '맏이, 장남, 백 · 숙부' 등을 나타낸다.

柏 "잣나무 백(柏)=나무목(木)+흰백(白)"

나무 이름. 잣나무. 잣.

栢 "측백나무 백(栢)=나무목(木)+일백 백(百)"

(柏)과 같은 글자지만 측자 곁에서는 다르게 나타나며 오히려 일백 백(百)이 들어간 측백나무 백(百)이 더 좋은 뜻을 지닌다.

<번>

煩 "번거로울 번(煩)=불화(火)+머리 혈(頁)"

불화(火)가 머리에 가까이 이른다는 뜻은 머리가 복잡하고 괴롭다는 뜻으로 만들어졌다. 머리 혈(頁)은 어떤 사물의 윗부분을 나타낸다. 괴롭고 고달픈 일이 많은 것을 암시하여 두통이 심하고 번뇌할 일이 많다. 두통, 치매증, 뇌성마비, 뇌졸중 등에 조심해야 한다. 직업은 고위 공직자, 장군, 법관, 학자 등이 있다.

ㅂ

番 "번지/차례 번(番)=캘 채(菜)+밭 전(田)"

논밭(田)에 씨앗을 뿌리고 지나간 농부의 발자국 모양이 차례로 나 있다고 하여 '차례'를 뜻한다. 차례와 순서, 집의 번지를 나타낸다. 직업은 땅과 곡식이므로 농업, 임업, 식당, 건축, 외판원, 보험, 우체국 등이 있다.

繁 "번성할 번(繁)=민첩할 민(敏)+실사(糸)"

말의 갈기에 붙이는 장식, 장식이 많다는 뜻에서 전(轉)하여 많다, 성하다의 뜻으로 총명하고 재빠르게 매사의 일을 엮어 나간다는 뜻에서 번창하고 번창한다는 뜻이다. 두뇌가 총명하며 공직자, 교육계, 학자, 방적, 의류, 식당 등이 있다.

飜 "날 번(飜)=차례 번(番)+날 비(飛)"

날 비(飛)部와 反轉의 뜻을 가진 番으로 이루어졌으며 날아서 반전하다, 뒤엎다의 뜻이다.

<벌>

伐 "칠 벌(伐)–사람인 변(亻)+창 과(戈)"

목을 잘라 죽이는 모양이며 죄인(罪人)을 베다, 전(轉)하여 치다의 뜻을 나타낸다. 직업은 군인, 경찰, 교도관, 무술관, 식당 등이 있다.

罰 "벌줄 벌(罰)=그물망(罒)+소리 견(言+刂)"

선칼도(刂(=刀)) 部와 詈(큰 소리로 꾸짖다)의 합자로 잡아서 말로 꾸짖고, 칼로 끊다의 뜻으로 벌주는 일을 말하며 성격이 날카롭고 강하다.

<범>

凡 "평범할/무릇 범(凡)=안석 궤(几)+표할 주(丶)"

엉덩이에 깔고 앉는 의자나 방석, 궤짝 등에 한 개의 점(丶)을 찍어서 대개 평평하다. 무릇 그렇다. 그저 그렇다는 뜻으로 나타낸다. 타인의 받침 역할을 하는 직업으로서 공직자, 직장인, 운동선수, 복싱, 목수, 농업, 식당, 노동자 등이 있다.

範 "법 범(範)=대죽머리 (竹)+차 앞의 범버 범(車+㔾)"

옛날 출타할 때 개를 수레로 깔아 바퀴에 피를 묻혀 액막이를 위한 비방으로 삼고, 이것을 範(범)이라 일컬었음. 나중에 본디 뜻은 잊히고, 오로지 范(범☞골・거푸집)의 뜻에 쓰이다가 전(轉)하여, 규칙・모범의 뜻으로 되었다. 차의 앞 범퍼가 곧은 대나무처럼 본보기가 된다는 뜻에서 떳떳하다는 뜻으로도 나타낸다. 범(범)은 수레거(車)+병부절(㔾)로서 수레 앞에 쪼그려 앉은 몸통이란 뜻이므로 건강, 사고 조심해야 한다. 돌아다닐 일이 많은 직업, 공직자, 경찰, 운동선수, 운전사, 장사꾼 등이 있다.

汎 "뜰/띄울 범(汎)=삼수변(氵)+무릇 범(凡)"

물에 뜨는 모양, 궤짝을 물 위에 띄워서 넓은 곳으로 보낸다는 뜻이다.

帆 "돛 범(帆)=수건 건(巾)+무릇 범(凡)"

배처럼 생긴 궤짝에 바람을 받기 위한 상박을 달았으니 배의 돛이란 뜻이다.

氾 "넘칠 범(氾)=삼수변(氵)+병부절(㔾)"

병들어서 쪼그려 앉은 사람의 몸 위로 물이 넘친다는 뜻이다.

犯 "범할/죄인 범(犯)=개 견(犭)+병부절(㔾)"

개가 사람을 해치다의 뜻으로 전(轉)하여 널리 해쳐 범하다의 뜻이다. 개 같은 짓을 한 사람을 잡아 가두어 쪼그려 앉게 하여 개 취급을 한다는 뜻에서 병부절(㔾)은 사람의 몸 기(己)가 병든 형상이다.

<법>

法 "법 법(法)=삼수변(氵)+갈 거(去)"

물(水)은 높은 데서 낮은 곳으로 흘러가는(去) 규칙이 있다는 뜻이 합하여 '법', '규정'을 뜻한다. 순리대로 흐르는 물의 법칙을 인용함과 가고 온다는 뜻의 갈 거(去)는 흙토(土)+마늘 모(厶)의 합자로서 이를 운(云)에다 뚫은 곤(丨)을 붙인 글자로서 순리를 거역하면 떠나야 한다는 뜻이므로 물욕을 버려야 한다. 공직자, 사법관, 군인, 운전사, 건축, 농업, 간호사 등이 있다.

<벽>

壁 "벽 벽(壁)=죽은 남편 벽(辟)+흙토(土)"

흙을 쌓아 올려 안과 밖을 구별하여 막다, 집의 벽을 가리킨다. 임금이나 죽은 남편의 초상화를 걸어놓는 자리를 흙으로 만든 '토성 벽'으로 나타낸다. 죽은 남편 벽(辟)은 죽은 남편의 사진을 벽에 걸어놓은 것과 같다는 뜻에서 무섭다는 뜻으로 만들어졌다. 직업은 농업, 공직자, 건축, 미장공, 식당 등이 있다.

璧 "구슬 벽(璧)=임금 벽(辟)+구슬옥(玉)"

돌을 깎아서 만든 고리 모양의 옥을 나타낸다. 글자의 전체적인 뜻은 위의 벽 벽(壁)과 비슷하다.

碧 "푸를 벽(碧)=호박 박(珀)+구슬옥(玉)"

옥돌의 맑고 푸른 기가 있는 흰색, 전(轉)하여 푸르다·녹색의 뜻이다. 호박이라는 보석과 같은 종류의 푸른 돌이란 뜻이다.

<변>

弁 "고깔 변(弁)=사사 사(厶)+손잡을 공(廾)"

두 손을 서로 맞잡고 받쳐 든 보물과 머리에 쓴 모자로도 나타내어 '고깔 변' 또는 '손뼉칠 변', 즐겁다는 뜻의 '즐거울 반'으로도 나타낸다. 마늘 모(厶)는 자신의 사사로운 감정과 생각을 나타내지만 모자를 닮은 형상이므로 말이나 소에게 고깔을 씌워 밥을 먹이는 것과 같으니 우둔하다.

辨 "분별할 변(辯)=매울 신(辛)+선칼도(刂)+매울 신(辛)"

선칼도방(刂=刀;나누는 일)과 辛+辛(변-재판하는 일)으로 이루어졌다. 말다툼하여 옳은지 그른지를 明白히 하다. 가족과 하고자 했던 뜻도 나눈다. 직업은 법관, 변호사, 경찰, 군인, 정육점, 식당, 미용사 등이 있다.

辯 "말 잘할 변(辯)=매울 신(辛)+말씀언(言)+매울 신(辛)"

말로서 옳은지, 그른지를 명백히 하다. 괴로운 사람들을 위하여 말로서 변론하다, 또는 말로서 남을 괴롭힐 수도 있다는 뜻에서 변호사의 직업에 많이 사용된다. 직업은 변호사, 법관, 교수, 식당, 식육점, 기계나 칼을 만지는 직업 등이 있다.

邊 "가 변(邊)=보이지 않을 면(自+穴+方)+쉬엄쉬엄 갈 착(辶)"

臱(면→변)은 처마가 좌우로 같이 내민 집, 나중에 좌우 양쪽 끝 뜻으로 된다. (臱)은 스스로 자(自)+구멍 혈(穴)+모 방(方), 구멍 속의 모서리를 보지 못한다. 많이 돌아다니는 직업, 또는 대도시나 중앙을 피하여 변두리를 빙빙 돌아다닌 수가 많다.

卞 "조급할 변(卞)=돼지해머리 두(亠)+점 복(卜)"

점쟁이가 모자를 써서 하늘의 태양을 볼 수 없으니 마음이 조급하다. 손뼉칠 변, 땅이름 변의 뜻이다. 유행성 질병에 조심. 역학자, 점쟁이, 무당, 각종 종교인, 구멍가게를 운영하는 상인 등이 있다.

變 "고칠 변(變)=실사(糸)+말씀언(言)+실사(糸)+뒤올치 변(夂)"

마음을 고쳐 사람이 달라진다는 데서 '변하다'를 뜻하므로 문자의 윗부분은 실이나 말이 헝클어지듯이 사물이 뒤섞이는 일, 또 뒤섞인 것을 고치는 일, 문자의 아랫부분인 등글월문(攴(=攵)☞일을 하다, 회초리로 치다)部는 치는 일, 무리로 무언가 시키는 일, 變(변)은 변하게 하는 일→변하는 일을 뜻한다. 사용 불가.

<별>

別 "다를 별(別)=다를 령(另)+선칼도(刂)"

선칼도(刂=刀)部와 패(살이 붙어 있지 않은 뼈)의 합자(合字)로 살과 뼈를 나누는 일, 나중에 살에 한하지 않고 사물을 구분(區分)하는 뜻으로 쓰인다. 별거(별거)=주거지가 다름. 이별(이별)=헤어짐, 떠남, 이별, 나누다 등에 사용되는 글자이므로 사용 불가하다.

<병>

丙 "남녘 병(丙)=둘릴 잡(帀)+표할 주(丶)"

제사에 희생물을 얹는 큰 齊床(제상)을 본뜬 글자로 동쪽과 서쪽의 중간이란 뜻에서 '남녁 병 천간 병' 이라고도 한다. 양팔을 늘어뜨려 하늘과 같이 빙빙 둘러서 끌어 안다의 뜻으로도 나타낸다. 직업은 언론, 교육계, 공직자, 연예인, 가수, 소개업 등이 있다.

兵 "군사 병(兵)=언덕 구(丘)+사람인(人)"

무기(武器)를 두 손으로 쥐고 있음의 뜻. 나중에 무기(武器)를 갖는 무사(武士)나 전쟁(戰爭)의 뜻에도 쓰인다. 군인, 경찰관, 무기를 든 괴한, 식육점, 식당, 도살장, 미용사, 각종 쇠, 칼, 가위, 연장, 기계를 만지는 직업

幷 "아우를 병(幷)=평평할 견(幵)+여덟 팔(八)"

두 사람이 나란히 따름과 방패를 가지고 나란히 섬을 뜻한다. 두 개의 방패 간(干)을 양손으로 떠받쳐 모은다는 뜻과 여러 개를 아울러서 평등하게 이용함을 의미하기도 한다. 평평할 견(幵)은 두 개의 방패 간(干)과 같으므로 계집녀(女)를 붙이면 고을 연(姸)이므로 이성 관계가 많아진다. 화류계, 외판원, 요식업, 각종 대인관계가 많은 직업 등이 있다.

秉 "잡을 병(秉)=벼화(禾)+돼지머리 계(彐) "

벼화(禾;곡식)部와 (손)으로 이루어졌다. '벼를 한 줌 갖다'의 뜻으로 '잡다'의 뜻이다. 볏단을 묶은 모양이 돼지머리를 닮았다는 뜻에서 손으로 쥔다는 뜻, 곡식과 삶은 고기, 언변을 이용하여 손님에게 접대하고 돈을 번다는 뜻이다. 사업가, 곡물상, 의류, 모직, 농업, 목재, 식당, 식육점, 사법관 등이 있다.

竝 "아우를 병(竝)=설립(立)+설립(立)"

두 사람이 나란히 섰다는 뜻에서 함께 나란히 선다는 뜻과 의견을 같이한다는 뜻으로 나타낸다. (立)은 뜻을 세우다, 서다의 뜻이다. 뜻을 세우고 또 세우기 위하여 많이 돌아다니거나 길거리에 섰다는 뜻이다. 직업은 건축, 외판원, 운전사, 장사꾼, 이동이 많은 교사, 공직자 등이 있다.

炳 "불꽃/밝을 병(炳)=불화(火)+천간 병(丙)"

어두운 하늘에 횃불을 밝히니 밝을 병, 불꽃 병으로 나타낸다. 눈에 보이지 않는 일을 만들어 내는 창의력은 있으나 욕심만큼 실속은 적은 편이다. 욕심이 많으며 올바르게 배우지 못하면 건달이 되는 수도 있다. 직업은 언론인, 컴퓨터, 교육계, 노동자, 식당, 연예인, 가수, 소개업 등이 있다.

柄 "자루 병(柄)=나무목(木)+천간 병(丙)"

나무목(木;나무)部와 '쥐어 잡는다'는 뜻.(=秉(병))을 나타내기 위한 丙(병)으로 이루어졌다. 나무로 된 器物의 손잡이. 잡을 병, 권세 병으로도 나타낸다. 또는 칼자루 병으로도 쓰인다. 임업, 목재 또는 위의 잡을 병(병), 천간 병(병)과 비슷하니 참조하라.

昞 "빛날 병(昞)=날일(日)+천간 병(丙)"

하늘의 한쪽 옆에다 태양을 붙였으니 밝다. 빛나다의 뜻이다. 불꽃 병(병)을 참조하라.

昺 "밝을 병(昺)=날일(日)+천간 병(丙)"

하늘의 위에다 태양을 붙였으나 둘릴 잡(帀)의 장막으로 가렸으니 빛을 볼 수 없다.

棅 "나뭇가지 병(棅)=나무목(木)+잡을 병(秉)"

나뭇가지에 의지하여 산다는 뜻이니 잡을 병(秉)과 자루 병(柄)을 참조하라.

<보>

步 "걸음 보(步)=그칠 지(止)+젊은 소(少)"

止(지)는 발의 모양, 옛 자형은 오른쪽을 향한 것이나 왼쪽을 향한 것이 같았음, 步(보)는 止(지)를 포갠 것으로 한 걸음 한 걸음 걸어가는 일, 옛날엔 큰길을 나타내는 行(행)을 붙여서 쓰는 자체도 있었다.

寶 "보배 보(寶)=움집 면(宀)+임금왕(王)+장군 부(缶)+조개 패(貝)"

집 안(宀)에 구슬(玉←王)과 값비싼 도자기(缶)와 많은 재물(貝)을 두었음. 집 안에 여러 가지 보물을 간직해 두다, 보배를 뜻한다. 재물에 욕심은 금물, 그릇, 금은방, 골동품, 석공, 가구점, 선물 코너 등의 점포에 사용되는 상호이다.

保 "보호할 보(保)=사람인 변(亻)+어리석을 매(呆)"

어른이(人) 아이를 지키고 보살핀다는 데서 '보전하다'를 뜻한다. 어리석을 매(呆)는 나무목(木)의 머리에 입구(口)를 얹어 입을 헤벌린 사람의 모양을 나타낸다. 이름에 사용하면 저지능아, 치매증, 지체장애인, 중풍 등의 위험이 있다.

報 "알릴 보(報)=다행 행(幸)+미칠 급(及)"

요행스럽게도 거기까지 이르게 알린다는 뜻으로 방송보도(방송보도) 등에 사용된다. 직업은 언론계, 기자, 광고사, 출판사 등이 있다.

普 "넓을 보(普)=아우를 병(並)+날일(日)"

서로 등진 사람도 모두 함께 모아서 이용한다는 뜻이다. 함께 병합하여 널리 이용한다는 뜻으로 아우를 병(並)은 여덟 팔(八)+북녁 북(北)의 합자이다. 직업은 정치인, 공직자, 의사, 약방, 군인, 법관, 식당 등이 있다.

甫 "클 보(甫)=열 십(十)+쓸 용(用)+표할 주(丶)"

쓸 수 있는 것이 또 있다는 뜻에서 크다, 넓다, 쓸 용(用)은 합류한 벗 붕(朋)과 같이 취급되므로 욕심과 체격, 성기도 크며 성욕도 왕성하고 욕심도 많다. 간 기능, 고혈압, 중풍 조심하고 직업은 의사, 약사, 식당, 식육점, 사업가 등이 있다.

譜 "계보 보(譜)=말씀언(言)+넓은 보(普)"

이것저것 두루두루 모아서 말씀으로 전하고 남긴다는 뜻에서 악보 보라고도 한다. 직업은 출판,

언론, 기자, 작가, 공직자, 정치인, 교수, 교사 등이 있다.

補 "도울/기울 보(補)=옷의(衣)+클 보(甫)"

甫는 모종의 뿌리를 둘러싼 모양, 衣는 옷으로 해진 곳을 깁다, 모자라는 것을 보태는 일, 官職에 임명함에도 쓰인다. 클 보(甫)의 인물이 아름답지는 못하지만, 체격은 크고 욕심도 많다. 직업은 의류, 의상실, 양복점 등이 있다.

輔 "도울 보(輔)=수레거(車)+클 보(甫)"

수레바퀴 양쪽의 덧방나무, 전(轉)하여, '돕다'의 뜻이다. 차 바퀴를 연결하는 연결대를 나타내어 돕는 다는 뜻과 연결대의 끝부분이 광대뼈처럼 툭 불거져 나왔다는 데서 '광대뼈 보' 라고도 한다. 이름에 사용하면 그 얼굴의 광대뼈가 불거져 나오고 뼈대가 굵으며 몸집이 크고 욕심이 많다. 자동차, 카센터, 운전사, 정비공, 중장비, 식당, 식육점, 약방 등이 있다.

堡 "작은성/보루 보(堡)"

흙토(土)部와 '막다'의 뜻(防)을 가진 保로 이루어졌다. 흙을 쌓아 적을 막는 것을 뜻한다.

<복>

服 "옷 복(服)=육달월 변(月)+미칠 급(及)"

몸을 다스려 보호한다는 의미가 합(合)하여 '옷을 입다'를 한다. 여기서 달 월(月)은 고기 육(肉)의 몸이란 뜻이므로 그 몸을 덮어주는 옷을 나타낸다. 이름에 사용하면 남의 이용물이 된다. 간장, 신장, 고혈압, 중풍, 사고, 수술 조심해야 한다.

伏 "엎드릴 복(伏)=사람인 변(亻)+개 견(犬)"

犬(견;개)가 사람인(人=亻) 옆에 엎드리고 있는 모양으로, 엎드리다를 뜻한다. 아부하기 위해 엎드린 사람의 모양이 개의 구부린 모양을 닮은 데서 엎드리다의 뜻을 나타낸다. (犬)의 뜻은 사람답지 못한 행동과 연관되어 이득을 위해서는 아부도 잘한다. 즉, 개를 닮은 사람이라는 뜻이다.

福 "복 복(福)=보일 시(⺬)+너비/가득할 복(畐)"

음식과 술을 잘 차리고(豊) 제사(示) 지내 하늘로부터 복을 받는다 하여 '복'을 뜻한다. 뜻이 있으면 없던 전답도 나타난다는 뜻에서 복(福)으로 평가한다. 직업은 법관, 의사, 약사, 식당, 식육점, 미용사, 의류, 칼이나 가위, 기계를 만지는 직업, 부동산 등이 있다.

復 "돌아올 복(復)=자축거릴 척(彳)+되돌아올 복(复)"

두인 변(彳;걷다, 자축거리다)部와 复(복)이 합(合)하여 '돌아오다' '다시'를 뜻한다. 가다가 다시 되돌아 온다는 뜻에서 광복 복, 회복할 복으로도 나타낸다. 성공은 어렵고 제자리걸음이다. 직업은 학자, 교사, 돌아다니는 직업, 운전사 등이 있다.

腹 "배 복(腹)=육달월 변(月)+되돌아올 복(复)"

육달 월(月=肉)部와 复(복)은 아래위가 같고 가운데가 불룩한 모양, 月(월)은 몸과 관계있음을 나타낸다. 腹은 배꼽 아래위 양쪽 곁→배. 이름에 사용하면 성욕은 왕성하지만, 배탈, 장 질환, 간장 질환, 중풍, 불의의 사고 등에 조심해야 한다. 직업은 의사, 간호사, 약사, 약재상, 식당, 식육점, 미용실, 기계를 만지는 직업 등이 있다.

ㅂ

卜 "점 복(卜)"

옛날에는 거북의 등딱지나 쇠뼈를 불에 구워 그 금을 보고 吉凶(길흉)을 판단했으며 옛 글자는 터진 금을 나타내고, 갈라질 때 나는 소리를 따서 복(卜)이라고 했다. 점쟁이나 무당, 역학자, 학자, 교수 등과 인연이 있지만 역학자를 만나면 액운을 면한다.

馥 "향기 복(馥)=향기 향(香)+되돌아올 복(复)"

'좋은 향기'의 뜻으로 냄새가 되돌아온다는 뜻이다.

<본>

本 "근본 본(本)=나무목(木)+열 십(十)"

木(목;나무) 아래쪽에 표를 붙여 나무의 뿌리 밑을 나타낸다. 나중에 나무에 한하지 않고 사물의 근본이란 뜻으로 쓰인다. '될 성싶은 나무는 뿌리에서부터 시작된다' 는 뜻에서 밑 본이라고도 읽음. 뿌리 부분에 한 개의 점이 붙었으니 자식은 하나다. 십자가를 섬김. 장남의 이름에 사용됨. 목재, 가구, 건축, 잡화점, 직장인, 공직자 등이 있다.

<봉>

鳳 "새 봉(鳳)=안석 궤(几)+새 을(一)+새조(鳥)"

새장에 갇힌 새, 집 안에서 기르는 새를 본떠 봉황새로 나타냈다. 다른 새와는 달리 새의 머리에 벼슬을 상징한 새 을(一)을 더 붙여 명예를 상징하고, 가족과 애정이 깊지만, 그 배우자의 수명이 단축되고 출세와 인연이 멀다. 공직자, 화가, 작가, 식당, 서비스업 등이 있다.

奉 "받들 봉(奉)=지아비 부(夫)+한 일(一)+예쁠 봉(丰)"

泰에서 水를 뺀 부분(태→봉)과 두 손(手)으로 받든다는 뜻을 합(合)하여 '받들다'를 뜻한다. 때로는 석 삼(三)+사람인(人)으로 합류시켜 주인(主)이나 왕(王)이 많은 사람을 끼고 있으니 잘 받든다는 뜻이기도 하다. 직업은 공무원, 직장인, 교사, 운동선수 등이 있다.

封 "봉할 봉(封)=양토 규(圭)+마디촌(寸)"

흙을 수북이 모아 나무를 심은 모양을 나타내며, 古代(고대)에는 흙을 수북이 모아 나무를 심어서 국경으로 삼았기 때문이다. 흙을 수북이 모으다, 지경(地境)삼다, 막다의 뜻을 나타내며, 전(轉)하여 領土(영토)의 뜻으로 되었다. 직업은 지업사, 벽지, 도배, 통신, 서비스업, 교육계 등이 있다.

峯 "산봉우리 봉(峯)=끌어당길/만날 봉(夆)+뫼산(山)"

뫼산(山; 산봉우리)部와 뾰족한 끝의 뜻을 글자 夆(봉)으로 이루어진다. 산의 뾰족한 꼭대기. 산봉우리로 나타낸다. 농장, 양봉, 임업, 산속에 사는 사람 등이 있다.

逢 "만날 봉(逢)=끌어당길 봉(夆)+쉬엄쉬엄 갈 착(辶)"

길에서 만나다의 뜻으로 이리저리 돌아다니다가도 만날 수 있다. 억지로라도 끌어당겨 만날 수 있음을 나타내기도 한다. 직업은 돌아다닐 일이 많은 직업과 운동선수, 장사꾼, 운전사, 양봉업 등이 있다.

峰 "봉우리 봉(峰)=뫼산(山)+끌어당길/만날봉(夆)"

위의 산봉우리 봉(逢)과 (동자)

蜂 "벌 봉(蜂)=벌레충(虫)+서로 바둥거릴/끌어당길 봉(夆)"

곤충의 일종인 꿀을 생산하는 '벌'을 나타낸다.

俸 "봉급/급료 봉(俸)=사람인 변(亻)+받들 봉(奉)"

녹봉(祿俸: 벼슬아치에게 주던 급료). 사람과 사람을 받들어서 생계를 유지한다.

捧 "받들 봉(捧)=제방 변(扌)+받들 봉(奉)"

받들다. 끌어안다. 손(扌)으로 일하여 사람을 받들어서 생계를 유지함을 의미한다.

琫 "칼 장식 옥 봉(琫)=구슬옥(玉)+받들 봉(奉)"

돌을 갈아서 꿰어 단 구슬로 장식품을 만든 칼자루란 뜻이다. 직업은 무관, 무술, 군인, 무도관, 경찰, 교사, 금은방, 석공, 농업, 목수 등이 있다.

ㅂ

棒 "몽둥이 봉(棒)=나무목(木)+받들 봉(奉)"

木(목)과 '때리다'의 뜻을 가진 奉(봉)으로 이루어진다. '때리기 위한 나무'의 뜻으로 나무로 만든 몽둥이를 받들고 설친다는 뜻이므로 운동선수를 포함하여 칼 장식 옥 봉(琫)을 참조하라.

烽 "봉화 봉(烽)=불화(火)+받들 봉(奉)"

횃불을 밝혀 들었다는 뜻이다. 불이나 화로를 만지는 직업, 제철소, 연락병 등을 포함하여 만날 봉(逢) 참조.

<부>

府 "마을 부(府)=돌집 엄(广)+줄 부(付)"

付(부)는 주는 일, 엄호밑(广;집)部는 建物, 府는 언제든지 사람에게 내어 줄 수 있도록 물건(物件)을 모아 두는 곳, 나중에 文書를 넣어 두는 곳간, 문서를 취급하는 관청의 뜻으로 쓰였다. 여기서 돌집 엄(广)은 산 밑의 집터나 언덕, 언덕 밑의 마을에서 서로 주고받는 정성이 있다는 뜻으로 나타내어 관청 府라고도 한다. 직업은 공무원, 직장인, 마을의 이장, 반장, 교사, 학자 등이 있다.

富 "부자 부(富)=움집 면(宀)+복 복(畐)의 고자(一+口+田)"

갓머리(宀)(집, 집 안)部와 畐(복;술 단지→물건(物件)이 가득 차 있다)로 이루어졌다. 집에 재산이 가득 있는 일, 집 안에 복이 있으니 부자란 뜻으로 만들어졌다. 복(畐)의 고자를 너비 복, 찰 복((一+口+田))이라고도 하고, 찰 복의 (一 +口)는 뜻 지(旨)의 고자이다. 움집 면(宀)은 지붕, 뜻 지(旨)는 생각하고 세운 뜻이며, 밭 전(田)은 집 앞의 전답과 마당을 나타낸다.

阜 "언덕 부(阜)=퇴비 퇴(堆)의 본자(𠂤+口)+열 십(十)"

산의 측면 단층의 모양을 본뜬 글자로 퇴비를 포개고 또 포개어서 높다는 뜻으로 나타낸다. 직업은 농업이나 교사, 학자, 스승, 비료 등으로서 세상에 밑거름이 될 만한 일을 하는 사람을 말한다.

扶 "붙들 부(扶)=제방 변(扌)+지아비 부(夫)"

재방 변(扌=手;손)部와 더한다는 뜻을 가진 夫(부)로 이루어졌고, 일손을 돕는다는 뜻이다. 직업은 기술자, 공업, 기술직을 위주로 하는 사람을 말한다.

俯 "구부릴 부(俯)=사람인 변(亻)+고을 부(府)"

사람은 마을의 규칙에 복종하고 위기가 닥치면 숨기도 한다는 뜻을 나타낸다. 측자결의 뜻은 이 동리와 저 동리를 언덕이 가로막고 있는 형상이므로 이름에 사용 불가하다.

副 "버금 (副)=부자 부(富)+선칼도(刂)"

선칼도방(刂(=刀)-칼, 베다, 자르다)部는 칼, 음(音)을 나타내는 부수를 제외한 글자 畐(복-부는 변음(變音))은 술단지, 좌우(左右)가 불룩하여진 모양, 副(부)는 희생의 짐승의 배를 갈라 발라서 바치다, 제사, 나중에 쪼개다, 둘로 나누다, 또 둘 있는 것 중 으뜸이 되는 것에 대하여 버금이 되는 것을 뜻한다.

傅 "스승 부(傅)=사람인 변(亻)+펼 부(尃)"

사람들에게 뜻을 펴기도 하고 가르치기도 한다는 뜻으로 만들어졌다. 펼 부(尃)는 넓을 보(甫)+정성을 상징하는 마디촌(寸)의 합자이다. 직업은 학자, 교육계, 법관, 의사, 약사 등이 있다.

婦 "지어미 부(婦)=계집녀 변(女)+터진 가로 왈(彐)+돌릴 잡(帀)"

시집와서 빗자루(사당을 깨끗이 하는 비)를 들고 집 안을 청소하는 여자로 '아내'를 뜻한다. 둘릴 잡(帀)은 한 일(一)+수건(巾)이며 돼지머리 계(계)는 얼굴과 머리를 나타낸다. 이 글자에 제방 변(扌)을 붙이면 청소할 소(掃)가 된다. 집 안에서 앞치마와 수건을 두르고 일하는 여자를 지어미, 마누라, 며느리로 나타낸다.

父 "아버지 부(父)=여덟 팔(八)+풀벨 예(乂)"

회초리(爻;여기서는 一家를 다스리는 지배권을 나타냄)로 자식을 훈계하는 엄한 아버지라는 뜻을 합(合)하여 '아버지'를 뜻한다. 풀 벨 예(乂)는 사람인(人)의 모습에다 여덟 팔(八)을 붙인 것은 양 어깨에 둘러멘 도끼나 연장을 상징하며 일하는 사람의 모습을 나타낸다.

夫 "지아비(夫)=큰대(大)+한 일(一)"

一(일)은 여기서 상투의 모양으로 大(대)는 사람, 어른, 훌륭한 사람을 나타낸다. 夫(부)는 상투를 튼 어엿한 丈夫(장부), 큰 사람의 위에 더욱 큰 사람이란 뜻으로 만들고 큰 사람은 여러 사람을 부양하고 보살펴야 한다는 뜻으로 사람인(人)에다 두 이(二)를 붙여 스승, 지아비, 남편, 아내, 윗사람 등을 나타낸다.

浮 "뜰 부(浮)=삼수변(氵)+믿을 부(孚)"

물에 뜨다의 뜻으로 부(孚)는 어머니의 사랑을 상징한 손(手)끝에 아들(子)을 붙여 모자(母子)는 서로 믿는다는 뜻이지만 여기에서 물(水)은 흐르는 물과 같은 세월을 나타낸다.

符 "부작/병부 부(符)=대나무 죽(竹)+줄 부(付)"

대 죽(竹)부와 붙인다는 뜻을 가진 付(부)로 이루어졌다. 맞붙여 증거를 확인하는 부절이다.

附 "붙을 부(附)=언덕 부(阝)+줄 부(付)"

흙이 수북하게 쌓인 곳의 뜻으로 음을 빌어 붙다의 뜻으로 쓰인다. 언덕과 같은 큰 사람에게 붙어서 의지한다는 뜻이다.

部 "나눌 부(部)=소리 음(音)+우부 방(阝)"

'나누다'를 뜻하며, 부수(部首)를 제외(除外)한 글자 音(부)는 倍(배) 따위와 통함, 물건(物件)이 갈라지다, 붙다의 뜻을 나타냄. 우부방(阝(=邑)-마을)部는 사람이 사는 마을, 사람이 살고 있는 한 구역, 또 地名(지명)으로 쓰여졌다. 나중에 군대를 나누어 배치하거나 물건(物件)을 작게 나누는 것을 나타낸다. 부분 부, 떼 부, 나눌 부로도 나타내며 음(音)은 설립(立)+입구(口)의 합자와 같이 사용됨. 마을에서 나는 소리는 구석구석에서 각 분야가 다르다는 뜻이다.

ㅂ

簿 "문서 부(簿)=대나무 죽(竹)+클 부(溥)"

대나무를 이용하여 많은 자로를 기록할 수 있으므로 넓을 부, 클 부의 뜻에서 장부, 문서로 나타낸다. 당시의 대나무는 지금이 종이 대용품이었다. 내용에 따라 竹簡(죽간)을 一括(일괄)하여 흩어지지 않도록 하여, 보기에 편리하게 한 것, 전(轉)하여 장부의 뜻으로 되었다. 이름에 사용하면 각종 문서를 만지는 직업이다.

孚 "믿을 부(孚)=손톱 조(爫)+아들자(子)"

기를 부, 예쁠 부라고도 하는 것은 어머니의 손에서 사랑스럽게 자란 씨앗이란 뜻일 뿐이지 나중에는 그 자식으로 인하여 고통이 따른다. 즉, 자식은 엄하게 키워야 하기 때문이다.

芙 "연꽃 부(芙)=초두 변(艹)+지아비 부(夫)"

지아비의 머리에 초목이 꽃을 피운다는 뜻으로 만들었다. 그러나 머리에 초목이 무성하게 꽃을 피우거나 연꽃을 뒤집어쓰면 곧 죽음을 상징하므로 여자는 과부가 되거나 남자는 마누라, 아버지, 스승 등의 수명이 짧아진다. 사용 불가.

溥 "클 부(溥)=삼수변(氵)+펼 부(尃)"

문서 부(簿)를 참조하라.

<북>

北 "북녁 북(北)"

사람이 서로 등지고 있는 모양으로 적에 등을 보이고 달아나다(敗北). 또는 사람은 밝은 쪽을 향하며 집도 남향으로 세우므로 반대(反對)쪽을 북쪽으로 삼는다. 두 개의 비수 비(匕)를 서로 등지게 돌려놓은 형상에서 견줄 비(比)와 같은 뜻으로도 나타내며 때로는 흙토(土)+비수 비(匕)로서 땅의 끝 사방위의 끝, 생명의 끝이란 뜻으로 나타낸다.

<분>

分 "나눌 분(分)=사람인(人)+칼도(刀)"

칼을 가지면 사람도 등분 할 수 있다는 뜻이다. 칼로서 인연도 나눌 수 있고 分에 쌀미(米)를 붙이면 가루 분(粉)=재물과 사람도 등분한다는 뜻으로 아버지, 형제자매와 이별, 커서는 배우자나 자식과 이별을 암시한다. 직업은 식당, 운전사, 의사, 약사, 이 미용사, 정미소 레미콘 등이 있다.

墳 "무덤 분(墳)=흙토(土)+꾸밀 비(賁)"

부풀어 오른다는 뜻을 가진 賁(분)으로 이루어졌다. 흙으로 꾸민 무덤으로 꾸밀 (賁)는 클 분(賁)으로도 나타내며 입구(口)를 붙이면 뿜을 분(噴)이 된다.

紛 "어지러울/잡될 분(紛)=실사(糸)+나눌 분(分)"

실사(糸;실타래)부와 나누어진다는 뜻의 分으로 이루어졌다. 실이 흩어져 엉클어져 지저분하고 정신이 어지럽다는 뜻이다. 잘 못 사용하면 정신질환의 위험이 따른다.

粉 "가루 분(粉)=쌀미(米)+나눌 분(分)"

分(분)은 나누는 일, 米(미)는 쌀, 粉(분)은 쌀을 가루로 만든 것인데, 얼굴에 발라 분으로 삼았다고 일컬어졌다. 나중에 쌀에 한하지 않고 가루를 가리켜 말한다. 여자라면 한정된 복에서 내가 벌어 가족을 부양해야 할 위험이 따른다.

奮 "떨칠 분(奮)=큰대(大)+새 추(隹)+밭전(田)"

새가 들판을 날개 치면서 날다, 새나 양이 힘찬 모양, 분발하다의 뜻이다. 새가 날개를 크게 펴고 빨리 날다의 뜻에서 성낼 분, 날랠 분으로도 나타낸다. 성질이 조급하고 믿음성이 부족하다.

汾 "물이름 분(汾)=삼수변(氵)+나눌 분(分)"

물줄기가 갈라지고 흩어지는 폭포수처럼 강물의 이름으로 사용된다.

芬 "향기 분(芬)=초두 변(艹)+나눌 분(分)"

'향기 나다'의 뜻(=薰(훈))을 나타내기 위한 分(분)으로 이루어졌다. 풀이 나서 '芳香(방향)을 내뿜다'의 뜻이다. 꽃과 풀의 향기를 이리저리 나누어서 뿌린다는 뜻에서 향기를 나누어 준다는 뜻으로 나타낸다. 기생, 화류계의 운명이다.

ㅂ

盆 "동이 분(盆)=나눌 분(分)+그릇 명(皿)"

'크다'의 뜻을 나타내기 위한 分(분)으로 이루어졌고, 물・술 따위를 넣는 '큰 질그릇'을 뜻한다. 그릇의 내용물을 나눈다는 뜻에서 화분, 분재 등에 사용된다.

<불>

不 "아니 불(不)=한 일(一)+낱 개(介)"

낱 개(介)는 사람으로 형성이 부족한 숫자를 나타내므로 사람이 아니란 뜻으로 만들어졌다. 아니 불(不)과 同字로 쓰이며 아닐비(非)와 없을 무(無)도 통하는 글자이다. 아니 불(不)에 사람인(人)을 붙여 부처(弗)는 사람이 아니란 뜻과 또는 죽었으니 사람이 아니란 뜻이다.

弗 "아니 불(弗)=활 궁(弓)+선칼도(刂)"

끈으로 매어도 물건(物件)이 뒤로 젖히는 모양에 의하여 돌아온다는 뜻을 나타내며 음을 빌어 아니라(→不불)는 뜻으로 쓰인다. 찢어지고 늘어진 몸(己)은 사람이 아니다는 뜻에서 (己)의 변형체인 (弓)과 선칼도(刂)를 붙였다. 선칼도(刂)는 활처럼 늘어진 사람이 지팡이에 의지한 모습과 (弗)에 (亻)을 붙이면 부처(佛)=사람이 아니란 뜻을 나타낸다.

<붕>

朋 "벗 붕(朋)=달 월(月)+달 월(月)"

나란히 계속되는 데서 벗・한패의 뜻으로 나타내고, 달과 달은 같은 벗이란 뜻으로 고기 육(肉)+고기 육(肉)=고깃덩어리와 고깃덩어리도 벗이며 살코기 즉, 성기(性器)와 성기도 벗이란 뜻이다. 작곡가, 가수, 시인 등과 인연이 있다. 정력이 강하고 섹스를 무척 즐기지만 수명이 단축되고 대수술, 불의의 사고 등에 조심해야 한다.

崩 "임금 죽을 붕(崩)=뫼산(山)+벗 붕(朋)"

산이 무너진다는 뜻으로 널리 무너져 떨어지다의 뜻이다. 산 밑으로 떨어진 달이므로 큰 사람이 죽어서 산속으로 간다는 뜻을 존대어로 나타낸 글자다. 임금이 죽었을 때 붕어(崩御)했다고 한다.

鵬 "붕새 붕(鵬)=벗 붕(朋)+새조(鳥)"

뜻을 나타내는 새조(鳥-새)部와 음을 나타내는 동시에 '크다'는 뜻(=凡(범))을 가진 朋(붕)으로 이루어졌다. 큰 새의 이름이나 왕이 타는 수레를 붕새라 한다. 운전사나 비서관 등이 있다.

<비>

匪 "도적 비(匪)=상자 방(匚)+아닐비(非)"

새의 날개가 아닌 것, 즉 사람답지 않은 것이 상자 속에 숨었다는 뜻이니 도적으로 나타낸다. 도둑이나 죄수가 될 우려가 있으니 사용 불가하다.

悲 "슬플 비(悲)=아닐비(非)+마음심(心)"

음(音)을 나타내는 非(비)와 마음이(心) 좋지 않아 '슬프다'를 뜻한다. 非(비)는 새의 날개, 여기에서는 어기는 일, 扉(비-문짝)나 排(배-밀치다)의 경우와 마찬가지로 억눌렸던 것이 배출구를 찾아 초조해지는 기분을 나타낸다. 마음대로 안 되어 마음에 치밀어 오르는 괴로운 기분→슬픔→슬퍼하는 일을 뜻한다. 마음은 항상 맑고 밝은 미래와 즐거움, 행복을 추구하는 것인데, 그것은 참 마음(心)이 아니라는 뜻이니 슬픈 마음이 된다.

非 "아닐비(非)"

새의 좌우(左右)로 벌린 날개, 나중에 배반하다, ~은 아니다 따위의 뜻으로 쓰인다. 새의 날개는 깃 우(羽)와 같이 한쪽으로 가지런히 모여야 하지만 날개의 반대 방향이므로 어길 비, 몹쓸 비의 뜻으로도 나타낸다.

卑 "낮을 비(卑)=귀신머리 불(由)+열 십(十)"

왼손(十십)에 어떤 물건(物件)을 들고 있는 모양으로 중국(中國)에선 왼손을 천하게 여김을 의미한다. 그것은 신분(身分)이 천한 사람이 하는 일이므로 전(轉)하여 천하다의 뜻이다. 발과 다리도 없는 것이 머리만 쏙 내밀고 있다는 뜻에서 작고 천하다는 뜻으로 나타내며, 비녀(卑女)=지위가 낮고 천한 여자를 의미한다.

比 "견줄 비(比)=윗 상(上)+비수 비(匕)"

두 사람이 나란히 서 있어 비교하는 모양으로 두 개의 날카로운 칼이나 숟가락을 나란히 놓아도 서로 비슷하다는 뜻에서 '견주다. 나란히 하다'의 뜻을 나타내고 때로는 형제를 상징하기도 한다. 두 개의 비수 비(匕)의 합자다. 형제와 친구 간에 우애롭지 못하여 재물이나 여자로 다툰다.

飛 "날 비(飛)=오를 승(升)+두개의 새 을(乙)+거듭 첩(疊의 약자)"

새가 날개를 거듭 퍼덕이며 날아오른다는 뜻으로 만들어졌으며, 거듭 첩(疊)의 약자는 새 을(乙)의 날개에 두 개의 점(점)이 붙은 글자이다. 비행사, 운전사, 항해사, 스포츠맨 또는 현실에는 만족하지 못하고 미래의 허황된 꿈을 쫓는 사람 등이 있다.

肥 "살찔 비(肥)=육달월 변(月)+파충류 파(巴)"

알맞게 살이 찐 사람, 동물(動物)에서는 주로 소나 양이 살찐 것을 일컫는다. 지금은 사람·동물(動物)·토질에 모두 쓰이고 육달월 변은 고기 육(肉)의 변형체다.

碑 "비석 비(碑)=돌석(石)+낮을 비(卑)"

돌을 깎아서 죽은 사람의 행적을 추모하는 뜻으로 글을 새겨서 묘지 앞에 세우는 돌을 말한다. 낮을 비(卑)는 귀신머리 (由)에다 많다는 뜻의 열 십(十)을 합류한 글자로서 귀신의 머리만 있고 발은 없다는 뜻으로 만들어졌다. 석고나 비석에 글을 새기는 직업으로 레미콘, 농업 등이 있다.

枇 "나무 비(枇)=나무목(木)+견줄 비(比)"

나무를 닮은 나무란 뜻으로서 즉, 비파를 만드는 비파나무와 참빗나무, 도마를 만드는 강하고 단단한 나무를 나타낸다. 참빗나무란 옛날에 머리를 빗는 빗을 만드는 단단한 나무를 나타내지만 결국은 나무란 뜻으로 나무를 견주어보는 목수, 임업, 농업, 산림청, 등산가, 목재소 등이 있다.

妃 "왕비 비(妃)=계집녀(女)+몸 기(己)"

계집녀(女;여자)부와 짝 짓다의 뜻을 나타내기 위한 己로 이루어졌다. 配偶(배우)의 여성, 왕비의 뜻으로 쪼그리고 앉은 여자의 몸이란 뜻이다.

備 "갖출 비(備)=사람인 변(亻)+초두 변(艹)+언덕 엄(厂)+쓸 용(用)"

비(갖추어지는 일)와 사람(人)이 물건(物件)을 갖추어 준비한다는 뜻이 합하여 '갖추다'를 뜻한다. 무성한 숲과 언덕 밑에 구덩이를 파서 사람이 사용할 수 있도록 미리 대비한다는 뜻에서 준비할 비로도 나타낸다. 그 예로 예비군(豫備軍), 유비무환(有備無患)을 들 수 있다.

秘 "숨길 비(秘)=벼화(禾)+반드시 필(必)"

양식은 필요할 때가 있으므로 반드시 숨겨 두어야 한다는 뜻에서 비밀할 비로 나타낸다.

琵 "비파 비(琵)=쌍옥 각(玨)+견줄 비(比)"

현악기를 뜻하는 玨(각=주감이)과 음(音)을 나타내는 比(비)로 이루어졌다. 악기의 일종인 비파를 나타낸다.

妣 "죽은 어미 비(妣)=계집녀(女)+견줄 비(比)"

다른 여자와 비슷한 사람, 죽었으니 그런 여자와 비슷하다는 뜻에서 지방(紙榜)을 쓸 때 사용된다.

ㅂ

<빈>

賓 "손 빈(賓)=움집 면(宀)+새 을(乙)+젊을 소(少)+조개 패(貝)"

존경하여 기다리는 사람으로 곧 손님, 손님을 대접할 때는 반드시 예물이 따랐으므로 貝(패;재물・돈)를 써서 그 뜻을 나타낸다. 집 안에 많은 손님이 찾아드는 것은 그만한 위치에 있기 때문이며 집안을 흥하게 할 징조이기 때문이다. 이름에 사용하면 먹어 치우는 결과가 손님이므로 상호로 쓰기에는 가능하다.

彬 "빛날 빈(彬)=수풀 림(林)+터럭 삼(彡)"

터럭 삼(彡;무늬, 빛깔, 머리, 꾸미다)부와 '뒤섞이다'의 뜻(=紛)을 가진 분(=林+分)의 생략형 林(림)으로 이루어졌다. 문채와 바탕이 잘 섞이고 조화하여 '찬란하다'는 뜻으로 무성한 나무와 숲이 잘 갖추어졌다는 뜻이다. 더욱 빛이 난다는 뜻일 뿐, 태양의 빛을 볼 수는 없다. 앞을 가릴 정도로 빽빽한 숲이므로 수풀 림(林)보다 못하나.

斌 "빛날 빈(斌)=글월문(文)+무사 무(武)"

뛰어난 문관에다 무사의 기질을 더하니 더욱 빛이 난다는 뜻이다. 즉, 문무(文武)를 겸비한 글자다. 성씨에서부터 이름 석 자가 잘 연결되지 못하면 모두 허사로 돌아갈 수도 있지만 잘 사용하면 좋은 글자이다. 문무를 겸비한 직업을 갖지 못하면 서점, 교사, 작가로 끝난다.

貧 "가난할 빈(貧)=나눌 분(分)+조개 패(貝)"

재산이 나누어져서 적어지다, 가난함을 의미한다. 재물을 상징한 조개(貝)를 많은 가족과 나누어 가지므로 가난하다는 뜻으로 나타낸다.

嬪 "궁녀 빈(嬪)=계집녀(女)+손 빈(賓)"

계집녀(女;여자)部와 '곁에 따라 있다'의 뜻인 賓(빈)으로 이루어졌다. 남편에게 시집간 여자, '아내'의 뜻으로 내 집 안에 들어온 여자 손님을 아내와 궁녀처럼 공경하여 대하라는 뜻이다.

<사>

師 "스승 사(師)=퇴비 퇴(戶+口))+둘릴 잡(帀)"

만인들의 거름이 될 만한 인재를 만들기 위해 두루두루 모아서 가르친다는 뜻으로 선생, 어른, 이득을 나타낸다. (師)의 앞 글자는 퇴비 퇴(堆)의 (古字)로서 문 호(戶)+방(口)이며, 둘릴 잡(帀)은 빙빙 둘러 두루 두루의 뜻이 있다. 직업은 학자, 교육계, 농업, 비료공장, 음식점 등이 있다.

四 "넉 사(四)=큰입구(口)+어진사람인 발(儿)"

죄수 수(囚)와 같은 뜻으로 나타내며, 방안에 갇힌 사람의 형상을 숫자의 넷, 죽을 사, 죄수로도 나타내고 입구(口)에 큰 사람(大)이 들어간 글자는 헤칠 인(因)이며 나무목(木)이 들면 고단할 곤(困)이 된다. 사람이 죽어서 들어가는 관(棺)과 감방을 상징한다. 그러나 재물은 있다. 직업은 사법관, 의사, 간호사, 교도관 등이 있다.

使 "시신 사(使)=사람인 변(亻)+벼슬아치(吏)"

吏(리→사;오로지 공평하게 공적인 일을 기록하는 사람)와 윗사람(人)이 아랫 관리(官吏)에게 일을 시킨다는 데서 '부리다'를 뜻한다. 역사의 자료가 될 만한 내용으로 타국과 절충을 벌여 '그렇게 하도록 한다는 뜻' 으로 나타낸다. 지금의 외무장관이나 대사관의 역할, 사기 사(사)의 위에 한 일(일)을 붙인 것은 관직을 상징한 모자를 나타낸다. 직업은 외무부 직원, 대사관, 사법관, 통역관, 교육계, 공직자 등이 있다.

絲 "실사(絲)=실사(糸)+실사(糸)"

실과 실이란 뜻으로 만들어졌으며, 한 개의 실(糸)만 써도 실이 된다. 즉, 실의 많은 양을 나타낸다. 실사(糸)는 작을 요(幺)와 작은 소(小)의 합자이므로 작은 실꾸러미와 실이란 뜻이다. 작은 요(幺)는 똘똘 뭉쳐진 실꾸러미를 나타내며 발(小)을 내밀면 눈에 보이지 않는 소리도 난다는 뜻이므로 음악가, 가수, 악사, 방적, 염직, 의류, 직가 등이 있다.

事 "일 사(事)=뜻 旨와 同字+터진 가로 왈(ヨ)+갈고리 궐(亅)"

마음속에 품은 뜻과 말을 행동으로 옮긴다는 뜻으로 만들어졌다. 뜻 지(지)는 마음이며, 터진 가로 왈(ヨ)은 입(曰)을 벌린 상태이며 갈고리 궐(亅)은 서로 꿰어서 행동으로 옮긴다를 의미한다. 지혜로운 자의 행위. 직업은 법관, 학자, 교육계, 언론, 정치인, 공직자 등이 있다.

厶 "사사 사(厶)"

한쪽 팔을 구부려서 주변의 것을 끌어 안는 모양을 본뜬 글자로서 개인의 욕심을 나타낸 글자다. 간사할 사(私)와 같은 뜻을 지니며 이름에 사용되면 형제의 남편, 친구의 남편이나 애인을 좋아하고, 가지고 싶어 하는 마음도 생긴다. 즉, 주변의 것을 끌어 안고 가지고 싶다는 뜻이므로 재물과 명예에도 많은 욕심을 가진다. 직업과 숫자는 간사할 사, 사사로운 욕심 사(私)와 같다. 욕심이 많음.

斯 "쪼갤 사(斯)=어조사 기(其)+날 근(斤)"

날카로운 연장으로 쪼개고 또 쪼개어 여러 등분으로 이어지게 한다는 뜻으로 만들어졌다. '말 그칠 사, 이 사'로도 나타내며, 어떤 것이든 쪼갤 수 있다는 뜻이다.

思 "생각 사(思)=밭 전(田)+마음심(心)"

여기서 밭 전(田)은 밭으로 나타낸 것이 아니고 여러개의 입(口)이란 뜻의 뭇입 즙(ㅁㅁ+ㅁㅁ)은 네 개의 입구(口)가 모인 합자로서 어려운 일을 생각한다는 뜻을 나타낸다. 꾀가 많은 사람의 마음이란 뜻이며 말을 더듬는 수가 있고 사심(私心)이 많다. 직업은 작가, 사상가, 가수, 음악가, 농업 등이 있다.

辭 "말씀 사(辭)=손톱 조(爫)+병부절(卩)+짐승발자국 유(禸)+매울 신(辛)"

글귀를 그대로 본뜨거나(禸) 읽더라도 세밀히 살펴 냉정(辛)히 하되 조심스럽게 거절(爫)하는 자세를 가진다는 뜻으로 사양할 사, 거절할 사, 글장 사의 뜻으로도 나타낸다. 손(爫)으로 병(㔾)자를 간호하고 많은 짐승발자국 (禸)과 같이 생긴 글자와 말씀들을 보고 읽는다는 뜻이 있다. 직업은 항상 괴로움이 있는 사법관, 의사, 간호사, 언론, 교육계 등이 있다.

仕 "벼슬 사(仕)=사람인 변(亻)+선비 사(士)"

선비(士)가 학문에 힘쓴 후 벼슬에 나아간다는 뜻으로 士는 관리, 仕는 벼슬하는 일, 학자가 글을 읽어 벼슬을 얻는 것은 좋은 일이지만 재물이 없다. 만약 재물을 탐하면 명예를 잃는다. 학자, 교육계, 공직자, 직장인, 건축, 전기, 항공, 기술자 등이 있다.

寫 "베낄 사(寫)=움집 면(宀)+가득찰 석(舃)"

한 장의 작은 테두리 안에 가득히 차도록 복사 한다는 뜻에서 사진으로 나타낸다. 가득찰 석(舃)은 절구 구(臼)+말 물(勿)의 합자이며 말 물(勿)은 쌀포(勹)+ 연화발 (灬)로서 작은 판화에 빛으로 찍혀진 그림을 나타낸다. 직업은 사진사, 복사, 도장, 화가, 작가, 방앗간, 식당, 보신탕 등이 있다.

肆 "베풀 사(肆)=길 장(長)+소리낼 률(聿)"

음악과 같은 소리를 내어 길게 환영한다는 뜻으로 길 장(長)은 장(長)이 변으로 쓰일 때의 자형이다 소리낼 률(聿)은 이를 이(隶)와 같은 글자이므로 교육계, 음악, 작가, 화가, 서예, 악사 등이 있다.

舍 "집 사(舍)=사람인(人)+혀 설(舌)"

모임과 좌담을 하기 위해서 만든 지붕과 집이란 뜻이다. 따라서 '베풀 사, 놓을 사'로 나타내는 이유는 짐승이나 사람도 키울 수 있는 곳이란 뜻으로 만들어졌다. 또, 집 사(舍)는 지붕을 상징한 (人)에다 흙토(土)+입구(口)로도 사용된다. 입으로 생계를 유지하거나 건축업, 농업, 축산 등이 있다.

士 "선비 사(士)=열 십(十)+한 일(一)"

하나를(一) 배우면 열을(十) 깨우치는 사람이라는 데서 '선비'를 뜻한다. 재물을 탐하면 잃음이 많다. 직업은 공무원, 학자, 교육계, 농업, 토목, 전기 등이 있다.

ㅅ

沙 "모래 사(沙)=삼수변(氵)+젊을 소(少)"

삼수변(氵=水, 氺)部와 少(소;모래알)의 합자(合字)로서 넓은 강가에 흩어진 돌, 모래를 뜻한다. 또 곡식(穀食)의 낟알도 沙(사)라 한다. 젊을 소(少는 작을 소(小)와 뜻이 통하는 글자로 사용된다.

史 "사기 사(史)=가운데 중(中)+파임 불(乀)"

中은 신을 모실 때 쓴 나뭇가지, 또 天文을 조사할 때 쓰는 계산용 막대, 又는 손, 손에 가지다, 나중에 천문이나 나랏일을 기록하는 관리(官吏)로 발전, 기록, 역사의 뜻이 된다. 직업은 공무원, 직장인, 교육계, 강사, 도서관 등이 있다.

謝 "사례 사(謝)=말씀언(言)+쏠 사(射)"

말과 행동으로 정성을 드린다는 뜻에서 사례한다는 뜻으로 나타내며, 쏠 사(射)는 몸 신(身)+마디촌(寸)으로 몸을 바쳐 정성을 다한다는 뜻이다. 학자, 언론, 변호사, 의사, 교육계 등이 있다.

嗣 "이을 사(嗣)=입구(口)+꾀 책(冊)+맡을 사(司)"

天子의 辭令狀의 뜻인 冊과 '아뢰다'의 뜻인 口 및 '잇다', '계승하다'의 뜻을 나타내는 司로 이루어졌다. 諸侯가 나라를 계승할 때 천자의 冊命을 祠堂)에서 읽게 하다의 뜻이다. 직업은 법관, 변호사, 의사, 교수, 교육계, 공직자, 언론, 서점, 출판 등이 있다.

社 "모일 사(社)=보일 시(示)+흙토(土)"

토지(土)의 신에게 제사(示) 지내기 위해 많은 사람들이 모여서 제사를 지낸다는 뜻이다.

私 "간사할 사(私)=벼화(禾)+사사 사(厶)"

벼화(禾;곡식)부와 '둥글게 에워싸다, 자기 것으로서 거두어 넣다'의 뜻인 厶(사)가 합(合)하여 이루어졌다. 수확할 때 자기 몫으로 한 것-나-몰래의 뜻을 나타낸다. 재물과 양식, 명예, 이성 관계에도 사사로운 욕심이 생긴다. 즉 자신의 이득으로 돌리고자 끌어들이고, 끌어안고, 모든 것에 욕심이 많다.

司 "맡을 사(司)"

옳을 가(可)에다 한 일(一)을 보탠 글자로, 고무래 정(丁)+뜻 지(旨)와 같은 글자로서 중임을 맡는다는 뜻이다. 법관, 의사, 변호사, 고위공직자, 교수, 교사와 인연이 있다.

詞 "말씀 사(詞)=말씀언(言)+맡을 사(司)"

신에게 기도하는 사람, 기도하는 일, 기도하는 말 따위의 뜻을 나타내었으나, 나중에 구별하여 伺(사-신에게 여쭈다)・詞(사-신에게 기도하는 말)로 나누어 쓰게 되었다.

巳 "뱀 사(巳)"

뱀이 몸을 사리고, 꼬리를 드리우고 있는 모양을 본뜬 글자로 (사)에 한 개의 점(丶)을 붙이면 파충류 파(巴)가 된다.

査 "조사할 사(査)=나무목(木)+비석 차(且)"

'사실하다'를 뜻하며, 옛 글자 사(木且)는 명자나무라고 하는 가시가 있는 식물, 옛 음은 살핀다는 뜻의 찰(갓머리(宀-집, 집 안)部+祭)과 관계(關係)가 깊으므로 번잡한 사항(事項)을 조사하는 것을 査(사)라고 일컫게 되었다. 나무 밑에 숨은 것을 찾아내어 비석에 기록한다는 뜻이다.

<삭>

朔 "초하루 삭(朔)=거스릴 역(逆=⻍이 없는 글자))+달 월(月)"

달이 되살아난다는 뜻에서 초하루를 말한다.

削 "깎을 삭(削)=닮을 초(肖)+선칼도(刂)"

선칼도방(刂=刀;칼, 베다, 자르다)部와 작게 하다의 뜻을 가진 肖(소)로 이루어졌다. 날붙이를 써서 작게 하다, 깎다의 뜻이므로 각종 칼이나 가위, 기계를 만지는 직업. 즉, 미용사나 목수, 목형, 금형, 성형외과 의사, 간호사처럼 깎아서 생계를 유지하는 직업이다.

<산>

散 "흩어질 산(散)=옛 석(昔)+똑똑두드릴 복(攵)"

등글월문(攴(=攵)-일을 하다, 회초리로 치다)部(~하다, ~시키다)와 배(마(麻)에서 엄호밑(广-집)部를 뺀 자-삼)자로 이루어진 글자 산(배+등글월문(攴(=攵)-일을 하다, 회초리로 치다)部)은 삼을 산산히 흩다→물건(物件)을 분산시키는 일에 月(월→肉육-고기)을 더하여 토막고기, 나중에 흩어지다, 흩어지게 하다의 뜻에도 쓰인다. 흩어지다, 흩어지게 하다의 뜻이다. 오래 된 것을 잘 못 건드리면 흩어지고 부서질 수도 있다는 뜻이지만 거문고 곡조 산, 한가할 산으로도 나타낸다.

産 "낳을 산(産)=글월문(文)+언덕 엄(厂)+날 생(生) 또는 설립(立)+언덕 엄(厂)+날 생(生)"

뜻을 나타내는 날 생(生-나다, 살다)部와 음(音)을 나타내는 彦(언)의 생략형(省略形)(彦에서 터럭삼(彡-무늬, 빛깔, 머리, 꾸미다)部를 뺀 자-산은 변음(變音))의 합자(合字). 彦(언)의 생략자는 미남자, 여기에서는 두드러지다-나타나다의 뜻으로 生(생)은 움틈-돋아나다의 일이다. 아기가 태어나다, 만물이 돋아나는 일 사람이 익힌 글자의 뜻과 학문의 지식에서부터 모든 것이 배출되고 생성된다는 뜻으로 만들어진 글자이다. 설립(立)으로 쓰면 여자의 치마 밑으로 아기가 출생한다는 뜻으로만 뜻이 나타나게 된다. 이 글자는 이름에 사용할 수 있다.

算 "셈할 산(算)=대죽머리 죽(竹)+눈목(目)+손잡을 공(廾)"

대나무(竹)와 같은 것을 갖추어(具) 두고 헤아려 센다는 뜻이 합(合)하여 '셈하다'를 뜻하고, 손에 물건(物件), 즉 산가지를 가지고 셈을 함의 뜻이다.

珊 "산호 산(珊)=구슬옥(玉)+책 책(冊)"

구슬로서 책을 엮듯이 만들어진 것이 바다 속에 생성하는 조개를 닮은 동물로 나타낸다.

<살>

殺 "죽일 살(殺)=풀벨 예(乂)+나무목(木)+팔모창 수(殳)"

갖가지 모양의 창칼로 나무의 머리를 벤다는 뜻에서 죽인다는 뜻으로 나타내며, 죽일 살(殺)의 본 자(本資)는 풀벨 예(乂)+나무목(木)이다. 즉, 나무의 머리만 베어도 죽인다는 뜻이 되는 것은 나무목(木)의 열 십(十)은 사람의 양팔을 벌린 모습이며 아래의 사람인(人)은 사람을 상징하기 때문이다.

薩 "보살 살(薩)=초두 변(艹)+언덕부 변(阝)+낳을 산(産)"

초목이 무성한 산 속의 언덕 밑에서 중생을 제조하는 방법을 만들어 낸다는 뜻에서 부처의 제자를 일컫는 말이다.

<삼>

三 "석 삼(三)=하나 일(一)+두 이(二)"

1+2=석 삼, 세 개 삼, 셋 삼이다. 여기서 두 이(二)는 하늘과 땅이며 위의 일(一)은 하늘, 아래의 한 일(一)을 땅을 나타내고 중간의 한 일(一)은 우주공간에 살고 있는 모든 동식물을 상징하여 천지인(天地人)의 삼재(三才)가 합류한 글자이므로 크게 평가한다. 석 삼(三), 참여할 참(參)과 같은 뜻을 지니므로 욕심이 많고 끈기가 있는 반면에 아무 곳에 끼어들어 모자라는 짓도 제법 잘한다는 뜻에서 참여할 참(參)으로 나타낸다.

森 "수풀 삼(森)=나무목(木)+수풀 림(林)"

木(목)이 셋으로 나무가 많이 나 있는 모양, 무성하다, 으쓱함을 뜻함. 많이 있는 것은 셋 쓰는 것이 한자(漢字)를 만드는 原則(원칙)이다. 숲이 너무 빽빽하므로 사람의 앞을 분간하기 어려우며 이 글자를 사용하고 도시에 살게 되면 사람이 빽빽하게 많다는 뜻으로 평가되어 많은 사람들이 모이는 자리에서 장사를 하거나 근무한다.

參 "석 삼(三), 참여할 참(參)=흙담 쌓을 뤼(厶厶厶)+사람인(人)+터럭 삼(彡)"

여러 사람을 끌어모아 흙과 물로서 버무린 진흙으로 담장을 쌓듯이 한다는 뜻에서 참여할 참, 석 삼의 뜻으로 나타내며, 담 쌓을 뤼는 세 개의 마늘모가 합류한 글자로서 한쪽 팔을 구부려서 끌어안고 포용하는 형상이며 사람인(人)은 큰 산(山)을 표시하고 터럭 삼(彡)은 계곡을 물을 나타내기도 한다. 그래서 크게는 산과 계곡을 나타내어 놀기를 좋아하는 풍류객과 화류계의 성품을 나타내기도 한다. 산속에서 일하는 스님이나 무당, 농부, 점쟁이, 종교인, 공직자, 정치인, 욕심쟁이, 식당, 언론인, 건달, 화류계 등이 있다.

<상>

ㅅ

相 "서로 상(相)=나무목(木)+눈목(目)"

재목을 고르기 위해 나무(木)를 살펴본다는(目) 뜻이 합(合)하여 나무와 눈이 서로 마주 본다는 데서 '서로'를 뜻한다. 나무상자(四)라는 뜻과 (目)을 살펴본다()는 뜻에서 '상볼 상, 죽은 자의 관(棺)과 (通)' 하는 글자이다. 재물에 욕심이 많으므로 공직자라 할지라도 장사꾼의 마음을 지닌다. 만약. 사법관이라 할지라도 돈을 벌기 위해서 40대 후반, 50대 초반에 변호사로 개업하는 일이 많으며, 여자의 이름이면 남편 대신에 직업을 가지거나 사업체를 이끌어간다. 교도소 조심. 금융계, 사업가, 금고, 경리, 세부, 사채업자, 사법관도 변호사나 사업가로 전환한다.

賞 "상줄 상(賞)=주장할 상(尙)+조개 패(貝)"

조개 패(貝;돈, 재물)部와 尙이 합하여 이루어졌다. 尙(상;위로 향하다, 위에 더하는 일, 높이다)과 공을 세운 사람에게 재물(貝)을 주다라는 뜻이 합하여 '상주다'를 뜻한다. 집 안에 갇힌 재물과 사람이지만 재물은 있다. 건강조심.

箱 "상자 (箱)=대나무 죽(竹)+서로 상(相)"

대나무로 만든 상자와 나무로 만든 상자란 뜻이다. 상자 상(箱)은 서로 상(相)과 뜻이 통하는 글자로서 서로 상(相)도 이름에 사용할 때는 상자로 풀이한다.

象 "코끼리 상(象)=쌀포(勹)+큰돼지 간(口口+豕)"

아주 큰 산 돼지처럼 생겼다는 뜻에서 코끼리로 나타내지만 사람의 얼굴을 상징할 때도 있다. 또는 쌀포(勹)+부르짖을 현(口口)+돼지시(豕)로 해석도 가능하다. 관상가, 축산업, 도축장, 식육점, 유치원 등이 있다.

床 "상 상(床)=움집 엄(广)+나무목(목)"

평상 상(牀)의 속자(俗字)로서 음식을 차리는 상을 나타내며, 이름에 사용하면 지붕에 누운 사람의 형상이므로 환자를 취급하는 병원이나 의사, 간호사가 아니면 자신이나 가족이 환자나 불구자가 될 수도 있다.

嘗 "맛볼 상(嘗)=오히려 상(尙)+맛있을 지(旨)"

맛있다는 뜻의 旨(지)와 음(音)을 나타내는 尙(상)으로 이루어졌으며, 맛본다는 뜻이다. 있을 지(旨)는 비수 비(匕)+가로 왈(曰)로서 숟가락으로 먹어서 맛을 본다는 뜻과 (嘗)의 약자는 지(旨) 대신에 달 감(甘)이 든 글자이다. 음식의 맛이나 자신의 맛, 여자의 맛을 보게 할 수도 있다.

觴 "잔 상(觴)=뿔 각(角)+사람인(人)+바꿀 역(易)"

뿔을 잔으로 바꾼 상태, 뿔을 깎아 만든 술잔, (觴)의 바꿀 역(易)=사람인(人)+바꿀 역(易)은 상할 상(觴)의 속자로 사용된다.

詳 "자세할 상(詳)=말씀언(言)+양 양(羊)"

말씀언(言;말하다)部와 작다는 뜻을 가진 羊으로 이루어졌다. 자세하게 말한다는 뜻. 양(羊)은 착하고 선량한 사람을 나타낸다. 그러나 임금왕(王)의 머리 위에 뿔이 솟은 글자이므로 사람이 아닌 양의 머리나 제사상에 올리는 돼지머리, 묘지 앞에 세운 비석의 상징물이 될 수도 있다. 그러므로 무당, 점쟁이, 역학자, 날마다 머리가 아프거나 일이 힘겹고 과부, 홀아비가 될 수도 있다.

想 "생각할 상(想)=서로 상(相)+마음심(心)"

相은 상대편을 가만히 보다, 마주 보는 일과 마음속으로(心) 상대를 그리워한다는 뜻이 합하여 '생각'을 뜻한다. 想은 상대편에 바라다, 생각하다, 생각과 몸과 마음이 함께 한다. 몸과 마음이 서로 같다는 뜻에서 생각하고 희망을 가진다는 뜻으로 나타냄. 작가나 작곡가, 음악가, 시인, 역학자 등이 있다.

霜 "서리 상(霜)=비 우(雨)+서로 상(相)"

빗방울(雨)이 서로 엉키어서 상자(相)의 모서리처럼 각각의 모양으로 만들어진다는 뜻에서 서리(霜)로 나타낸다. 눈 설(雪)의 본자는 비 우(雨)+무성할 봉(丰丰)에다 하늘이 터졌다는 뜻의 터진 가로 왈(ヨ)을 세 개 붙인 글자다. 초겨울에 내리는 서리와 추위를 나타낸다.

翔 "날개 상(翔)=양머리 양(羊)+깃 우(羽)"

새의 날개에다 머리는 양(羊)이니 순진하고도 착한 것이 솟아난다는 뜻의 '돋아날 상'이라 한다. (羊)은 왕(王)의 머리에 뿔(八)이 돋았으므로 타인의 존경을 받는 척하지만 날개는 새이고 머리는 양의 머리를 닮았으니 거짓과 사기성이 농후하다. 연극인, 배우, 화가, 작가, 만화가, 역학자, 또는 매사에 신빙성이 부족한 사람 등이 있다.

裳 "치마 상(裳)=집 당(堂의약자)+옷의(衣)"

옷의(衣=衤)部와 가로막는다는 뜻을 나타내기 위한 尙으로 이루어졌다. 아랫도리를 가로막는 옷, 치맛자락. 집 안에 가만히 둔 옷이므로 이름에 사용하면 불구사의 몸이 될 수도 있다.

常 "항상 상(常)=집 당(堂)+슬퍼할 적(吊)"

아랫도리에 입는 속바지 위에 받쳐 입는 긴 치마, 길다, 오래 계속하다, 항상을 의미한다.

傷 "상할 상(傷)=사람인변(亻)+사람인(人)+바꿀 역(易)"

사람의 몸에 상처가 나는 것을 傷(상), 마음에 상처 나는 것은 심방 변(忄=心, 忄;마음, 심장)部를 쓰인다. 바꿀 역(易)의 상항 상(傷)은 사람인 변(亻)에 거스릴 (易)만 써도 같은 뜻을 나타낸다. 사람이 해야 할 도리를 거슬렀으므로 몸까지 상하게 한다는 뜻의 글자다.

商 "장사 상(商)=여섯 육(六)+빛날 경(冏)"

여섯 육(六)은 설립(立)과 같은 글자이며 빛날 경(冏)은 안 내(內)+입구(口)와 같은 글자로서 집안에서 뜻을 세우니 밝게 빛난다는 뜻이다. 즉, 집안이란 사업체의 점포, 사무실 등과 같은 뜻이며 금융계, 전당포, 사업가로서 자질이 뛰어나다.

上 "윗 상(上)=점 복(卜)+한 일(一)"

上(상)은 一(일)위에 짧은 一(일)을 쓰기도 하고, 또는 긴 一(일)위에 ·을 쓰기도 하여 어떤 위치보다도 높은 곳을 나타낸다고 일컬어져 왔으며, 그러나 본디는 무엇엔가 얹은 물건(物件)의 모양을 나타내며 下(하)에 대한 上(상)–위에 없다–위쪽을 뜻하는 것으로 생각된다.

狀 "형상/문서 상(狀)=조각널 장(爿)+개 견(犬)"

犬(견;개)은 옛날 신이나 죽은 사람에게 犧牲으로서 바치며, 또 사람을 도와 일을 하는 동물이었다. 왼쪽 글자 爿(장)은 여기에서는 壯(장;훌륭하다)과 뜻이 통하여 모습·모양이란 뜻을 나타내고 있으며, 狀(장)은 훌륭한 개의 모양, 사람이나 물건의 말쑥한 모습, 정상, 일의 형상을 뜻한다.

<쌍>

雙 "쌍 쌍(雙)=한 쌍의 새 수(雔)+또우(又)"

새 추(隹;새)+새 추(隹;새)(새 두 마리)와 又(우;손)의 합자(合字). 한 쌍의 새를 손에 잡고 있음의 뜻이 둘의 뜻이 된다. 우가 두 개로 합한 쌍 쌍(又又)과 통하는 글자로서 이름에 사용하면 사람이 하나가 더 있다는 뜻이므로 배우자가 둘이 될 수도 있으며 여자의 이름에 사용해도 연인이나 배우자가 둘이 될 수도 있다.

<새>

塞 "변방 새(塞)=움집 면(宀)+터 기(基)"

글자 (색)의 옛 자형은 벽돌을 양손으로 쌓아 집의 벽을 막는 모양을 나타냄. 土(토)를 더하여 塞(새·색)가 막다의 뜻을 나타내게 되었으며, 또 砦(채)와 통하여 堡壘(보루)의 뜻이다. 구석진 국경선 근처에 만든 요새(要塞)를 나타내고, 터 기(基)의 상단부에는 달 감(甘으로 형성되었지만 (基)의 (塞)는 두 개의 무성할 봉(丰丰)으로 연결되어 숲이 우거진 터. 즉, 구덩이와 무덤, 반공호 등을 나타낸다.

<색>

色 "빛 색(色)=쌀포(勹)+파충류 파(巴)"

파충류의 뱀을 보자기에 싸자니 몸부림치면서 그 기색이 달라지는 모양에서 갖가지 색상으로 나타낸다. 특히 파충류를 보자기 싼다는 뜻은 그 속에 숨겨진 속마음을 나타내므로 속마음도 밖으로 표출되면 갖가지의 색상으로 바뀐다는 뜻이 있다. 화공약품, 염색, 미용, 화가, 생물학자 등이 있다.

索 "노 삭(索)=열 십(十)+덮을 멱(冖)+실사(糸)"

잘 우거진 초목(草木)의 잎이나 줄기로 꼰 새끼의 뜻이며, 실을 열십자로 뱅뱅 꼬아서 만든 줄, 또는 새끼줄을 상징하여 새끼줄 삭, 수색할 삭, 구할 색, 찾을 색으로도 나타낸다. 이름에 사용하면 새끼줄에 묶인다.

嗇 "인색할 색(嗇)=무당 무(巫)+돌 회(回)"

來(래=수확)와 亶((广;집)部인 글자)의 생략형의 합자(合字). 收藏하여 잘 내지 않는 뜻으로 아낌의 뜻이다. 무당이나 종교인이 될 수도 있다.

穡 "거둘 색(穡)=벼화(禾)+인색할 색(嗇)"

농사나 뿌린 씨앗, 닦은 학문 들을 베풀거나 타인의 청탁에도 인색하다는 뜻이므로 고려 말 1328년에 출생한 충신 이 색(이색)은 이성계의 간곡한 청에도 불구하고 굽히지 않다가 68세로 죽었다. 물론 죽기 위해서 한 일이지만 사람은 누구나가 그 한정된 복이 다하면 죽음도 두려워하지 않는 법이다.

<생>

生 "날 생(生)=흙토(土)+사람인(人)"

풀이나 나무가 싹트는 모양, 생기다, 태어나다는 뜻으로 날 생(生)은 흙토(土)에서 한 개의 떡잎이 더 솟은 임금 주(主)와 같은 글자이다. 즉, 흙토(土)위에 한 일(一)을 추가한 글자와 같다.

笙 "저 생(笙)=대나무 죽(竹)+날 생(生)"

대나무의 구멍에서 소리가 난다는 뜻으로 만들어 생황과 통소 등을 나타낸다. 때로는 '대자리 생' 이라고도 한다. 통소의 일종인 생황은 대 생황이 19구멍으로, 소 생황은 13구멍으로 만들어져 있어서 불면 소리가 아름답다. 농업이나 음악가로서 소질이 풍부하다.

<서>

暑 "더위 서(暑)=날일(日)+놈 자(者)"

노인을 상징한 늙을로밑 변(耂)의 아래위도 태양(日)이 뜨겁게 부추니 무덥다는 뜻으로 나타냄. 놈 자(者)는 늙을로밑 변(耂)+흰백(白)의 합자이다. 땡볕에서 일하는 평민들이다 (耂)는 늙은이, 노인이며 흰백(白)은 마음씨가 깨끗한 백성을 나타내어 뙤약볕에서 일하는 백성이다.

序 "차례 서(序)=돌집 엄(广)+줄 여(予)"

무엇을 주기 위해서 지붕 밑에서 차례를 기다린다는 의미, 이름에 사용하면 자신의 주관은 무시되고 항상 줄을 서야하는 입장이 된다.

西 "서녁 서(西)=덮을 아(襾)+한 일(一)"

해가 빠지니 하늘이 땅을 덮은 것과 같다는 뜻에서 서녁 서(西)가 되고, 불교에서는 죽어서 가는 곳을 나타내기도 한다. 이 글자의 덮을 아(襾)는 둘릴 잡(帀)과 같이 하늘이 구름으로 덮인 것이며, 한 일(一)은 지평선을 상징하여 하늘과 땅이 맞닿은 듯한 저녁을 나타낸다. 이름에 사용하면 모자라는 사람, 알콜 중독자, 장애자, 가족이나 본인 모두가 단명하다.

書 "글 서(書)=마침내 률(聿)+가로 왈(曰)"

터진 입(ㅋ)에서부터 나오는 소리가 글이나 경문이 될 수도 있다는 뜻으로 만들어졌다. 글을 읽어도 소리가 나고 글자를 써도 그 글로 인하여 기쁘거나 슬픈 소리가 나게 마련이라는 뜻이다. 글을 배우지 않아도 제법 아는 체하거나 글씨와 그림도 제법 그린다.

黍 "기장 서(黍)=벼화(禾)+뜰 탄(氽)"

물 위에 뜨는 곡식이란 뜻에서 기장으로 나타낸다. 기장은 볏과의 일년초로서 밭에 심는 좁쌀보다 알맹이가 약간 굵은 찰기가 많은 곡식으로서 키는 50~120cm정도. 방아에 찧기 전에는 알맹이가 물 위에 뜬다. 수영선수로서는 좋은 글자이며, 선장, 선주, 어부, 해녀 등. 익사(익사)와 불조심.

庶 "여럿 서(庶)=놀집 엄(丿``)+밑스물 입(廿)+연화발(灬)"

집 안의 빛이 있는 모양으로 미개 시대에 불이 있는 곳에 사람이 모인 것을 나타내서 많다는 뜻이 되고, 전(轉)하여, 서족 또는 서민의 뜻이다. 奢(사)와 통하여 풍성하다의 뜻에 이어 바란다는 뜻으로도 쓰인다. 한 지붕 밑에서 여러 사람들이 함께 산다는 뜻에서 '무리 서, 많을 서'로 나타낸다. 밑스물 입(廿)은 일 벌릴 감(甘)+한 일(一)과 같은 글자이다.

緖 "실마리 서(緖)=실사(糸)+놈 자(者)"

실과 그 놈이란 뜻으로서 '실마리' 란 실을 감아 놓은 '실타래(실꾸리)' 를 나타낸 말로서 즉, 오랏줄에 묶인 죄수라는 의미를 지닌다. 천한 백성, 평범한 백성이 둘둘 감겨진 실타래와 같은 것에 묶였다는 뜻이다. 죄수, 의류, 실, 철사, 철근 등을 만지는 직업이다.

徐 "천천히 갈 서(徐)=자축거릴 척(彳)+나 여(余)"

두인 변(彳;걷다, 자축거리다)部와 느리다는 뜻을 가진 余(여)로 이루어졌다. 천천히 가다의 뜻으로 줄 여, 남을 여, 나 여(余)의 인(人)은 지붕과 산을 표시하고 벼화(禾)는 곡식을 나타낸다. 자축거릴 척(彳)은 교차로의 절반을 나타내므로 돌아다니다의 뜻이다.

瑞 "상서로울 서(瑞)=구슬옥(玉)+끝 단(耑)"

돌을 갈아서 만든 구슬을 꿰듯이 산 밑의 끝까지 이어가니 좋다는 뜻이지만 어차피 돌일 뿐이다. 즉, 돌맹이의 끝부분이란 뜻이다.

署 "관청 서(署)=그물망(罒)+놈 자(者)"

넉사머리(罒;그물)部와 많은 물건(物件)을 구별하여 정리하는 일의 글자 者로 이루어졌다. 署는 얼기설기 얽힌 일을 정리하는 관청 일의 담당, 그물망(罒)은 넉 사(四)와 같으며 사람을 가두거나 잡는다는 의미를 지니므로 죄수 수(수)와 같은 뜻이다. 법관, 경찰, 교도관이 되면 액운을 면할 수는 있으나 욕심을 부리면 예외는 아니다.

棲 "깃들일 서(棲)=나무목(木)+아내 처(妻)"

木(목)과 음(音)을 나타내는 동시(同時)에 붙잡다의 뜻(=執(집))을 나타내기 위한 妻(처-서는 변음(變音))로 이루어졌다. 새가 앉을 때 붙잡는 나무, 곧 횃대의 뜻-보금자리, 집의 뜻이다

栖 "쉴 서(栖)=나무목(木)+서녁 서(西)"

해질 무렵이 되는 나무 밑에서 죽을 때까지 쉰다는 뜻이지만 깃들일 서(棲)와 같은 뜻을 지닌다. 즉, 죽을 때까지 쉰다는 뜻은 시집간 시댁을 나타낸다.

婿 "사위 서(婿)=계집녀(女)+발 소(疋)+육달월 변(月)"

계집아이의 배필이란 뜻이다. 발 소(疋)는 짝 필(疋)로도 나타내며 육달월 변(月)은 고기 육(肉)이 되므로 딸의 육체와 짝이 되는 사람을 사위라 한다.

<석>

席 "자리 석(席)=돌집 엄(广)+손잡을 공(廾)+둘릴 잡(帀)"

한 지붕 아래에서 여러 사람이 함께 빙 둘러서 앉을 수 있는 자리, 좌석, 의자로도 나타낸다. 또는 돌집 엄(广)+밑 스물 십(廿)+수건 건(巾)으로도 읽으므로 많은 사람들이 엉덩이에 깔고 앉을 수 있는 수건과 천을 나타낸다.

石 "돌 (石)=언덕 엄(厂)+입구(口)"

언덕 밑에 둥글고 납작하게 생긴 것들을 돌로 나타낸다. 바위나 돌이란 뜻이 같다. 즉, 한글로는 바위와 돌이지만 한자로는 석(石)과 암(岩)이다. 이름에 사용하면 지혜롭지 못하여 현실에 적응력이 부족하고 남을 업신여길 줄은 안다. 나이가 들면 중풍, 고혈압, 치매증, 간장 질환에 조심. 부모 형제와 인연이 짧음을 의미한다.

夕 "저녁 석(夕)"

달 월(月)에서 한 개의 점(丶)이 모자란 글자로서 해가 막 지고 난 다음에 산마루에 걸린 초생달을 본떠서 저녁으로 나타낸다. (石)과(月), 알(歹), 알(歺), 육(肉)은 비슷한 뜻을 지니며 (月)의 변형체다. 즉, 고기, 살코기란 뜻을 지니므로 정력과 섹스는 강하나, 사고, 수술, 간과 장 질환, 중풍에 조심, 식당과 서비스업 등이 있다.

釋 "놓을 석(釋)=분별할 채(釆)+죄인잡을 역(睪)"

睪(역)은 짐작으로 범인을 잡다. 物件을 분류하는 일, 釆는 자잘한 것, 釋은 뒤섞인 사물을 풀어내는 일을 뜻한다. 잡았던 죄인을 씨앗을 흩뿌리듯이 놓아준다는 뜻에서 놓을 석, 풀어 줄 석, 석가모니 석(釋)으로도 나타낸다. 사법관, 정치인, 교도관, 각종 종교인 등이 있다.

碩 "클 석(碩)=돌석(石)+머리 혈(頁)"

돌의 머리란 뜻이다. 좀 더 험하게 사용하면 돌대가리가 된다. 즉, 돌의 머리가 크다는 뜻이므로 이름에 사용하면 머리와 체격도 크지만 지혜롭지 못하여 욕심이 많아진다. 두통, 치매증, 뇌종양,

혈액장애, 간장 질환에 조심. 장사꾼, 사업가, 석공, 공재, 건축, 노동자, 직장인, 식당 등이 있다.

奭 "클 석(奭)=큰대(大)+두 개의 일백 백(百百)"

큰대(大;크다)部와 二百(이백), 곧 '많다'의 뜻을 나타내는 百百으로 이루어졌으며, '크다', '왕성하다'의 뜻이다. 체격이 굵고 큰 편이다. 재물과 대인관계에 욕심이 많으며 심하면 건달이나 도적이 될 수 있을 만큼 욕심이 있으니 이름의 석자를 잘 연결시켜야 한다. 장사꾼, 운전사, 공직자, 직장인, 정치인, 사업가의 재질이 뛰어나다.

錫 "주석 석(錫)=쇠금(金)+바꿀 역(易)"

쇳조각을 돈과 바꾸기도 쉽고 돈 때문에 생각을 바꾸기도 쉬우며 무언가를 자꾸 바꾸고 갈아끼워야만 쇠(돈)를 벌 수 있는 직업이다. 말만 쉽게 잘해도 금고 속의 돈을 바꿔줄 수 있다. 금융계, 경기, 사채업자, 인쇄소, 서점, 사업, 금속, 기계, 전당포 등이 있다.

<선>

ㅅ

鮮 "생선 선(鮮)=고기 어(魚)+양 양(羊)"

부드러운 양고기(羊)처럼 맛있는 물고기(魚)는 싱싱하다는 뜻을 합(合)하여 '곱다'를 뜻한다. 이름에 사용하면 식당의 음식이니 나를 맛보라는 뜻이 된다. 즉 내가 싱싱하니 맛보라는 뜻이 된다. 직업은 고기를 잡는 어부, 식육점, 식당, 직장인 정도일 뿐이다.

宣 "배풀 선(宣)=움집 면(宀)+베풀 선(亘)"

글자 亘(선)은 빙 둘러싸는 일, 갓머리(宀;집, 집 안)部는 건물(建物), 건물(建物)이 빙 둘러싸고 있는 天子의 방, 나중에 널리 퍼지다의 뜻으로 쓰인다. 집 안에 갇힌 사람을 구원한다는 뜻에서 덕을 베푼다는 뜻으로 나타냄. 배우자의 체격이 작고 출세기 어렵다. 작가, 직장인은 가능.

禪 "닦을 선(禪)=보일 시(示)+클 단(單)"

보일 시(示=礻;보이다, 신)部와 땅을 평평하게 하다의 뜻을 나타내기 위한 單(단)으로 이루어졌다. 땅을 판판하게 닦고 깨끗이 하여 지내는 제사의 뜻이다. 없던 것에서부터 크게 나타나도록 수련한다는 뜻에서 터를 닦는다는 뜻으로도 나타낸다. 單은 '홑 단, 단자 단, 주역 단' 이라고도 함. 클 단(單)은 홀로 단, 복이 엷을 단은 부르짖을 현(ㅁㅁ)+밭 전(田)+열 십(十)은 수레바퀴의 소리가 시끄럽다는 뜻. 역학, 운전사, 장사꾼 등이 있다.

膳 "반찬 선(膳)=육단월 변(月)+베플 선(善)"

고기로 반찬을 만들어 선하고 착한 양머리에게 바친다는 뜻에서 선물 또는 베풀다의 뜻으로 나타낸다. 월은 고기육, 양은 착하고 선한 사람. ㅛ는 그릇이며 ㅁ는 방이나 앉는 곳을 나타냄. 식당 서비스업이 최고.

扇 "부채 선(扇)=문 호(戶)+깃 우(羽)"

'문짝'의 뜻인 지게 호(戶;지게문)部와 '날개'의 뜻인 羽(우)로 이루어져, 문짝이 문의 양쪽에 있어, 새의 날개처럼 열림을 나타냄. 그리고 문 호(호)는 주검 시(시)로 연결되는 글자이므로 죽은 새와 날개란 뜻으로도 나타낸다. 사용 불가

善 "착할 선(善)=양머리 양(羊)+제기(ㅛ)+입구(ㅁ)"

옛날 재판에는 양 비슷한 신성한 짐승을 썼으며, 신에게 맹세하고 한 재판이란 데서 나중에 훌륭한 말, 훌륭함, 좋다의 뜻이 되었다. 제사상에 올려놓은 양머리이므로 덕을 베풀고 효도해야 성공한다. 돼지머리를 양머리로 속임수를 쓴다. 화가, 서예, 학원 강사, 직장인 등이 있다.

仙 "신선 선(仙)=사람인 변(人)+뫼산(山)"

산에 사는 사람, 신선의 뜻하며, 仚과 동자(同字). 가족, 자식 덕이 없고 인연이 짧다. 직업은 무속인, 종교인, 농업, 땅꾼, 심마니 등이 있다.

先 "먼저 선(先)=어진사람인 발(儿)+흙토(土)"

지아비 부(夫)의 변형체에 삐침(丿)을 붙여서 먼저 선, 선생님 선, 선조 선, 끝날 선으로 나타낸다. 직업은 교육계의 학자로서 남의 앞에 서는 사람이 되지만 재물에 욕심을 부리면 명예와 건강도 잃는다.

選 "가릴 선(選)=사양할 손(巽)+쉬엄쉬엄 쉬어갈 착(辶)"

巽(손)은 臺 위에 활을 나란히 놓은 모양으로 가지런히 함, 제사를 지내러 갈(辶=辵) 사람을 고른다는 뜻이 합하여 '뽑다'를 뜻한다. 또 이 글자는 몸 기(己)가 쪼그라든 뱀 (사사)를 함께할 공(공)으로 받쳐 든 형상이므로 마음은 유순하나 삶에 허무가 많듯이 돌아 다니거나 이사할 일도 많다.

嬋 "고울 선(嬋)=계집녀(女)+홑 단(單)"

과부가 되어도 시집가지 않고 혼자서 수절하니 곱다는 뜻이다.

<설>

設 "베풀 설(設)=말씀언(言)+팔모창 수(殳)"

작업을(부수(部首)를 제외(除外)한 글자) 열심히 하도록 말(言)로 지시하고 타이르니 '베풀다'를 뜻한다. 남에게 일을 명령하여 시키다, 물건(物件)을 준비하다, 미리 준비하다의 뜻으로 무수히 많은 말을 뱉는다는 뜻에서 베푼다는 뜻으로도 쓰인다. 공부를 많이 하여 교육계에 종사할 수 있고 그렇지 못하면 외판원으로서 재물이 따르지 않으니 고생한다. 직업은 군인, 교도관, 직장인은 말단직이다.

說 "말씀 설(說)=말씀언(言)+바꿀 태(兌)"

말을 이리저리 바꾸어 여러 말로 만들어 낸다는 뜻으로 유세할 세(說)로도 나타낸다. 바꿀 태는 지름길 태로도 읽어서 말을 빨리 하고자 지름길을 이용한다는 뜻도 되므로 직장, 직업 변동수가 많고, 이름을 바꿀 수도 있다.

舌 "혀 설(舌)=일천 천(千)+입구(口)"

입에서 나오는 것이 천 가지, 만 가지나 된다는 뜻으로 만들어졌다. 입은 구멍(口)으로 표시하고 천(千)은 혀를 나타낸다. 설(舌)의 천(千)은 천 가지, 만 가지 화(禍)를 부른다고 해서 뱀의 혀로도 나타낸다.

雪 "눈 설(雪)=비우(雨)+터진 가로 왈(ヨ)"

비(雨)가 하늘에서 얼어 내리는 하얀 눈을 빗자루(부수(部首)를 제외(除外)한 글자)로 쓴다는 뜻을 합한 글자로 '눈'을 뜻한다.

<섭>

燮 "불 꽃/빛날 섭(燮)=불꽃 염(炎)+말씀언(言)+또우(又)"

불꽃이 타오르듯이 말을 많이 해야 빛이 난다는 뜻이다. 즉, 말을 많이 하는 직업 즉, 교사나 언론계가 좋다. 그러나 불꽃이 너무 왕성하기 때문에 언변의 재주가 없다. 많이 배우지 못하면 불을 다스리는 직업이나 장사에 눈을 뜨지만, 소질은 없다.

涉 "건널 섭(涉)=삼수변(氵)+걸을 보(步)"

걸어서 물을 건넌다는 뜻에서 건널 섭, 겪을 섭으로도 나타낸다. 걸을 보(步)는 발가락을 표시한 그칠 지(止)+젊은 소(少)의 합자로서 젊을 때 실컷 돌아다니며 걷다가 나이가 들면 멈춘다는 뜻이므로 돌아다닐 일이 많은 운전사, 장사꾼, 운동선수의 소질을 가진다.

<성>

成 "이룰 성(成)=천간 무(戊)+고무래 정(丁)"

아궁이(戊)에 불(丁)을 붙여서 무기를 완성시킨다는 뜻으로 천간 무(戊)는 도끼 월(戉)과 같은 글자로서 대장간의 아궁이에 불(丁)을 붙여서 망치(丁)로 두드려 도끼나 창과 같은 무기나 연장을 만든다는 뜻이다. 헛된 욕심이 많고 억지로라도 이루고 애쓰지만, 이름 석 자의 연결을 중요시한다. 만약, 글자와 뜻이 풍족하지 못하면 건달이 될 우려가 있으며, 주로 무관이나 군인, 경찰로서 출세할 수는 있다. 교육계, 군인, 경찰, 교도관, 의사, 간호사, 소방관, 건축, 사진, 복사, 가스, 무관, 칼, 가위, 연장을 만지는 직업 등이 있다.

聖 "성인 성(聖)=귀 이(耳)+입구(口)+천간 임(壬)"

귀가 잘 들리다, 事理에 잘 통하고 있다, 뭐든지 다 알고 있는 사람, 곧 성인을 일컬음. 사람들에게 귀와 입이 될 수 있는 뛰어난 사람을 성인으로 일컫는다. (耳)+(口)=입아귀 이(咡), 귓속말로 참소할 즙(口+耳)과 같은 뜻이다. (壬)은 하늘(丿)고 땅(土)의 사이란 뜻으로 착하고 근면 성실함을 나타낸다. 많이 배우면 비서관, 의사, 간호사, 교육계, 안경, 안과, 금속 기술직 등이 있다.

聲 "소리 성(聲)=소리 성의 속자(土+巴)+팔모창 수(殳)+귀 이(耳)"

귀로 들을 수 있는 창을 부딪치는 소리가 파장(파장)을 일으킨다는 뜻으로 만들어졌다. 소리 성의 소속자((土+巴)는 흙토(土)+뱀 파(巴)의 꼬리를 편 글자. 음악가, 가수, 악사, 교사, 땅꾼, 보신탕, 의사, 간호사 등이 있다.

盛 "성할 성(盛)=이룰 성(成)+그릇 명(皿)"

접시에 신에게 바치는 음식을 높이 괸다하여 성함을 뜻한다. 직업은 이룰 성(成)의 직업을 포함하여 골동품, 도자기, 옹기, 그릇 집 등이 있다.

誠 "정성 성(誠)=말씀언(言)+이룰 성(成)"

음(音)을 나타내는 成(성-물건(物件)을 완성하다, 확실히 정리되어 있음)과 거짓없이 진실한 말(言)로 표현한다는 뜻을 합(合)하여 '정성'을 뜻함. 거짓이 없는 확실한 말, 또 말과 행동(行動)이 일치하여 틀림 없음을 의미하며, 사람의 말은 거짓이 없음이 중요(重要)하며 人(인)과 言(언)을 합(合)하여 信(신)자가 된다. 信(신)을 다시금 마음 속의 문제로서 생각한 것이 誠(성-진심)이다.

性 "성품 성(性)=심방 변(忄)+날 생(生)"

심장에서부터 우러나오는 마음을 성품이라 한다. 심방 변(忄)은 마음심(心)이 글자의 변으로 쓰일 때의 자형(字形)이다. 마음(心)은 사람에게 있는 것이다. 자손은 흥하다.

ㅅ

星 "별 성(星)=날일(日)+날 생(生)"

날마다 하늘에 뜨는 태양을 닮은 것과 같은 것을 별이라 한다. 즉, 날마다 나타난다는 뜻이다. 땅에서 올라온 초목이 하늘의 태양을 향하여 힘차게 자란다는 뜻이므로 상호에는 사용이 가능하다. 역학자의 자질이 뛰어나다.

城 "재 성(城)=흙토(土)+이룰 성(成)"

城(성)은 흙을 높이 쌓아 防壁(방벽)을 지어 人民(인민)을 지키다의 뜻으로 중국(中國)에서는 동네 전체를 성벽으로 에워싸기 때문에 동네를 城市(성시)라 한다. 흙을 쌓아서 만든 성이란 뜻에서 '고개 재' 로도 나타낸다. 이름에 사용하면 건축업이나 골재, 담장을 쌓는 미장공, 또는 성곽을 지키는 군인이나 수비대, 최전방에서 고생하는 군인이 될 수도 있고 벽지를 바르는 도배공, 건축, 미장공이 될 수도 있다.

省 "살필 성(省)=젊을 소(少)+눈목(目)"

젊고 왕성한 눈으로 밝게 살필 수 있고 시찰할 수도 있다는 뜻으로 나타낸다. 너무 세밀히 살피다 보니 자신의 것을 아끼는 마음이 지나쳐 인색하다는 말을 듣는다. 의사, 교사, 학자, 사법관, 감사원, 공직자, 안경점, 보청기, 이비인후과, 장사꾼 등이 있다.

惺 "깨달을 성(惺)=심방 변(忄)+별 성(星)"

하늘에 든 별자리의 마음과 운명도 깨닫는다는 뜻이다.

晟 "밝을 성(晟)=날일(日)+이룰 성(成)"

날마다 수고를 아끼지 않아야 한 가지를 이룰 수 있다는 뜻이다. 그러나 생각과는 다를 수도 있다.

珹 "옥 이름 성(珹)=구슬옥(玉)+이룰 성(成)"

돌을 깨고 다듬어서 창이나 칼, 연장, 골재 등을 만든다는 뜻이다.

瑆 "옥빛 성(瑆)=구슬옥(玉)+별 성(星)"

하늘의 별이 구슬처럼 빛이 난다는 뜻일 뿐이다. 별 성

姓 "성씨 성(姓)=계집녀(女)+날 생(生)"

뜻을 나타내는 계집녀(女-여자)部와 음(音)을 나타내는 生(생-성은 변음(變音))으로 이루어졌으며, 어떤 집 여자로부터 태어난 같은 혈족의 이름, 나중에 집 안 이름 곧 성으로 되었다. 여자의 배 속에서 출생한 씨앗이란 뜻이다.

<세>

世 "인간 세(世)=스물 십(廿+一)+새 을(乙)"

입 벌릴 감(凵)+한 일(一)=달 감(甘)+새 을(乙)=여러 사람과 함께 손을 잡고(廿) 일하며 나누어 먹으니 달다는 뜻에 넓고 큰 곳을 난다는 뜻으로 인간과 세상으로 나타낸다. 정치, 공직자, 의사, 법관, 군인 등이 있다.

稅 "부세 세(稅)=벼화(禾)+바꿀 태(兌)"

禾(화)는 곡식(穀食), 농민이 수확한 것 중에서 자유로이 쓸 수 있는 몫을 떼어 버린 나머지를 관청에 바치는 것. 곡식과 바꾸어서 내는 세금이란 뜻이다. 금융계, 세무, 경리, 교도관, 경찰, 상업 등이 있다.

歲 "해 세(歲)=그칠 지(止)+천간 무(戊)+가질 장(爪)"

묵은 한 해가 끝나(止)고 새로운 한 해가 시작된다는 뜻에서 천간 무의 속에 젊을 소(少)와 새을(乙)을 붙였다. 별로 하는 일과 되는 일도 없으면서 세월은 가고 나이는 자꾸 많아진다는 뜻이다.

洗 "씻을 세(洗)=삼수변(氵)+먼저 선(先)"

先(세)는 발을 내디뎌 앞으로 나아가는 일이지마는, 여기서는 발의 뜻을 나타낸다. 물로 발을 씻다, 물건(物件)을 씻는 일.

勢 "기세 세(勢)=지아비 부(夫)+흙토(土)+둥글 환(丸)+힘 력(力)"

모을 집(執)의 변형체에다 힘 력(力)을 붙여서 만들어 힘써 세력을 모은다는 뜻이다. 그러나 그 세력은 힘만 낭비할 뿐 생각과는 다를 수 있다. 정치인, 공직자, 직장인 등이 있다.

<소>

ㅅ

素 "본바탕 소(素)=날 생(生)+실사(糸)"

빨아 널어 드리운(垂) 명주실이 깨끗하다는 데서 '희다'를 뜻한다. 아직 물들이지 않은 명주가 희다, 또 물건(物件)의 시초가 되는 바탕이란 뜻이다. 방직, 염직, 의류, 실, 공직자, 정치인, 직장인 등이 있다.

笑 "웃을 소(笑)=대나무 죽(竹)+요사할 요(夭)"

대나무가 바람에 흔들리듯이 몸을 꼬면서 웃는 모습이라 하고 竹(죽)과 犬(견)을 써서 개가 대바구니를 쓰고 거북해하는 모양이 우스운 데서 웃다로 되었다 하고 사람을 따르는 개가 낑낑거리는 소리와 사람의 웃음소리가 닮았기 때문이라 하였다. 요절할 요(夭)=큰대(大)+삐침(丿)의 합자로서 하늘 천(千)의 변형체이다. 사용하면 모자라는 인간이 되거나 단명한다.

少 "젊을 소(少)=작을 소(小)+삐침 별(丿)"

작은 물체의 일부분이 떨어져 나가 적어지는 모양을 본뜬 글자로 '적다'를 뜻하며, 小(소)는 작다는 뜻과 적다는 뜻의 양쪽을 나타내었으나 나중에 小(소-자다)와 少(소-적다)를 구별하기 위하여 자형을 조금 바꾸었다. 少(소)가 붙어야 할 말을 小(소)로 쓰는 일이 많음은 본디 한 글자였기 때문이다.

卲 "높을 소(卲)=부를 소(召)+우부방(阝)"

읍민들이 사는 높은 땅으로 병든 환자들처럼 약한 사람을 불러서 부리는 높은 지위의 사람이 사는 땅이란 뜻에서 땅이름 소로도 나타내는 것은 부를 소(召)+우부방(阝)과 같은 자로 쓰였기 때문이다.

所 "곳 소(所)=문 호(戶)+날 근(斤)"

戶(호;집을 나타냄)와 도끼(斤)로 찍은 그 곳이라는 뜻이 합(合)하여 '곳'을 뜻한다. 나무를 베는 소리를 일컬은 것이었으나 나중에 處(처;곳)으로 대신 쓰였다. 도끼나 날카로운 무기, 연장 등을 든 사람이 드나드는 문이란 뜻도 있다. 의사, 의료기구, 간호사, 식육점, 식당, 이 미용사, 기계 등이 있다.

小 "작을 소(小)=통할 곤(丨)+여덟 팔(八)"

한 가운데의 갈고리 궐(亅;갈고리)部와 나눔을 나타내는 八을 합하여 물건을 작게 나누는 것이라 생각되었다. 小(소)는 작다와 작게 하다의 두 가지 뜻을 나타냈으나, 나중에 小(소;작다)와 少(소;적다)를 구별하여 쓰인다. 직업은 어느 것이든 능력껏 가능하다.

召 "부를 소(召)=칼도(刀)+입구(口)"

소리를 내어 불러오다의 뜻으로 입에 칼을 문 형상으로서 입으로 칼을 부르고 칼로서 입을 열게 한다는 뜻이므로 남에게 지기 싫고 고집스러우며 성품이 강하여 잘난 척한다. 의사, 간호사, 가수, 사법관, 이 미용사, 조경사, 점쟁이, 각종 기계와 금속제품 등이 있다.

昭 "밝을 소(昭)=날일(日)+부를 소(召)"

召는 손짓으로 부름, 흔들리는 느낌을 나타낸다. 昭는 日光이 흔들리듯이 빛나는 일, 부를 소(召)에 태양을 상징한 날일(日)을 붙였으니 밝다는 뜻이지만 구름이 끼거나 밤이면 어둡다.

蘇 "자주색풀 소(蘇)=실 소(穌)+초두 변(艹)"

쉰다는 뜻의 쉴 소(穌)는 고기 어(魚)+벼화(禾)로서 양식을 먹기 위하여 잠자던 고기가 깨어난다는 뜻이며 초두 변(艹)을 붙이면 고기를 더욱 잠들게 만든다는 뜻이므로 같은 깨어날 소가 되지만 사람에게 사용하면 게을러서 아무짝에도 쓸모가 없다. 쉴 소(穌)는 식용, 양식으로 이용되는 고기라는 뜻이다.

沼 "늪 소(沼)=삼수변(氵)+부를 소(召)"

물을 불러 모아서 더욱 많은 물이 되므로 연못 소, 늪 소, 깊을 소로도 나타낸다.

掃 "쓸 소(掃)=제방 변(扌)+터진 가로 왈(ヨ)+둘릴 잡(帀)"

둘릴 잡(帀)은 한 일(一)+수건 건(巾)이므로 사람의 머리에 수건이나 앞치마를 두르고 빗자루로 청소한다는 뜻에서 쓸다의 뜻을 나타낸다. 집 안에서 일하는 여자를 상징하거나 청소부가 된다. 이름에 사용되면 부모나 가족 중 누군가가 청소부가 될 수도 있다.

紹 "이을 소(紹)=실사(糸)+부를 소(召)"

실사(糸)와 부를 소(召)로 이루어져 실을 잇다, 계승하다, 사이에 들어 '주선하다'의 뜻으로 수술을 집도하는 의사, 간호사, 양복, 한복점, 옷 수선, 농업, 과수 등을 하지 않으면 교도소에 묶이는 범죄자가 될 수도 있다.

蔬 "나물 소(蔬)=초두 변(艹)+성글 소(疏)"

밭과 들판의 풀이 엉성하다는 뜻이다.

韶 "아름다울 소(韶)=소리 음(音)+부를 소(召)"

강압에 못 이겨 노래를 부르고 음악을 한다는 뜻이므로 '임금의 앞에서 노래 부를 소'와 '풍류 소'로도 나타낸다.

<속>

屬 "붙을 속(屬)=오줌 뇨(尿)+벌레 촉(蜀)"

미물에 속하는 작은 벌레도 소변을 보고 살며 항상 무리를 지어 산다는 뜻과 항상 붙어 다닌다는 뜻으로도 나타낸다. 무리 속, 쫓을 속, 지을 속, 붙일 속으로도 나타내며, 이름에 사용하면 자주정신이 부족하여 남에게 붙어서 산다.

續 "이을 속(續)=실사(糸)+팔 매(賣)"

물건을 팔고 상품을 속이더라도 실만은 끊어지지 않도록 이어간다는 뜻으로 강한 의지력을 나타낸다. 즉, 정당한 대가를 받고 상업을 일으키라는 뜻이다. 고객을 속이면 그 사업은 반드시 실패한다는 가르침이다.

俗 "풍속 속(俗)=사람인 변(亻)+골 곡(谷)"

사람이 사는 골짜기란 뜻으로 만들어 '습관, 풍습, 관습'으로 나타내어 풍속 속, 익을 속, 하고자할 속, 속될 속으로 나타낸다. 그래서 옛날 풍속이란 우리의 선조들이 습관적으로 사용하던 행위로서 사람들에게 이익을 얻게 하다를 뜻한다.

束 "묶을 속(束)=나무목(木)+입구(口)"

두 개의 입을 하나로 묶는다는 뜻에서 언약 속, 약속할 속으로 나타낸다. 즉, 입구(口)를 가운데 중(中)처럼 만들어진 것은 입을 꿰맨 것이지만 두 개의 입으로 나타내고 말이 많다는 뜻과 한 입으로 두 가지 말을 한다는 뜻도 된다.

<손>

飧 "저녁밥 손(飧)=뼈살발라낼 알(歹)+밥 식(食)"

밥과 반찬을 함께 먹는 손님이란 뜻이며 (歹)은 저녁 석(夕)의 변형체이므로 저녁 밥을 먹는 손님이란 뜻이다. 식당의 상호에는 가능하나 이름에는 불용(不用). 고기반찬과 밥을 지어서 저녁에 식사 손님을 접대한다는 뜻이다.

孫 "손자 손(孫)=아들자(子)+이을 계, 맬 계(系)"

자손의 대(대)를 잇는다는 뜻이다. 또는 고단할 혈(孑)로 읽으면 자손의 대를 잇도록 하자니 붙들어 매야 하고 고달픔을 감수해야 한다는 뜻이다. 이을 계, 맬 계(系)는 삐침(丿)+실사(糸)의 합자로서 도망가지 못하도록 붙잡아 맨다는 뜻이다.

<솔>

率 "거느릴 솔(率)=뜻없는 토 두(亠)+얼음 빙(冫)+작을 요(幺)+거듭 첩(疊)+열 십(十)"

작고도 약한 아랫사람들을 거느려 보살핀다는 뜻으로 만들어졌다.

<송>

松 "소나무 송(松)=나무목(木)+귀 공(公)"

나무 중에 귀한 나무는 소나무란 뜻으로 만들어졌다. 귀 공(公)은 공변될 공, 마을 공이라고도 한다.

宋 "송나라 송(宋)=움집 면(宀)+나무목(木)"

나무의 위를 지붕으로 덮었으니 집 안에서 빛을 볼 수 없는 나무, 태양을 볼 수 없는 나무 즉, 죽은 나무, 힘없는 나무와 같은 뜻을 의미한다.

頌 "칭송할 송(頌)=귀 공(公)+머리 혈(頁)"

우두머리가 되어 많은 사람들에게 칭송받음을 의미한다.

ㅅ

<수>

收 "거둘 수(收)=넝쿨 구(丩)+똑똑두드릴 복(攵)"

각종 초목과 넝쿨에 열린 곡식들과 열매를 두드려서 수확함을 나타낸다. 넝쿨 구(丩)는 윗 상(亠)+뚫을 곤(丨)의 합자이다. 이름에 사용하면 학문을 깊이 익혀 명예와 재물을 얻는다. 학자, 교육계, 법관, 농업, 임업, 공직자 등이 있다.

水 "물수(水)=통할 곤(丨)+표할 주(丶)"

아래위로 통한다는 뜻의 통할 곤(丨)의 양 옆으로 흐르는 물의 모양새를 표시한다는 뜻으로 네 개의 점(丶)을 붙인 것이 상형문자의 본체이다. 물수(水)는 내 천(川)과 같은 글자이다. 사방이 터진 글자이므로 위장, 장염, 변비, 설사가 잦음. 재물은 모이지 않고 흘러내림을 뜻하고, 방황이 많음을 의미한다.

垂 "드리울 수(垂)=천간 임(壬)+쌍옥 각(珏)"

또는 일천 천(千)+풀초(卄)와 닮은 뜻으로 나타낸다. 하늘과 땅의 사이(壬)를 구슬로 만든 발(珏)이나 풀처럼 생긴 천(卄)으로 만든 커튼을 드리운다는 뜻으로 만들었으므로 '들게 한다. 내린다' 는 뜻을 나타냄. 종교인, 신부, 수녀, 스님, 목사, 천막, 텐트, 광고지 등이 있다.

首 "머리 수(首)=제기를 상징한 글자(丷)+한 일(一)+스스로 자(自)"

얼굴과 머리 전체를 나타내며, 상단부의 (丷)는 머리 털을, (一)은 이마와 머리, (自)는 얼굴의 전체 즉, 눈, 귀, 코, 입을 상징한 글자다. 이 내용에서는 '윗사람, 수뇌부, 머리' 를 나타낸다. 교육계, 공직자, 정치인, 상업, 식당, 안경, 보청기 등이 있다.

樹 "나무 수(樹)=나무목(木)+세울 주(尌)"

기둥을 세운 듯이 쭉쭉 곧은 나무란 뜻으로 나타냄. 세울 주(尌)는 열 십(十)+제기 두(丷)의 합자는 (十)을 초두 변(卄)과 같이 평가하여 콩 두(荳)와 같은 뜻이며 마디촌(寸)을 붙여 기둥으로 사용한다는 뜻이 있다. 도박성이 강함. 건축, 목수, 임업, 농업, 교사, 식당 등이 있다.

殊 "다를 수(殊)=뼈살 발라낼 알(歹)+붉을 주(朱)"

(朱)의 붉게 변한 상태의 이미 죽음이 임박한 나무에 살 발라낼 알(歹)을 붙인 것은 목숨이 끊어지고 죽었으니 달라진다는 뜻을 나타낸다.

誰 "누구 수(誰)=말씀언(言)+새 추(隹)"

새에게 말을 시켜본들 누가 감히 알아들을 수 있겠느냐의 뜻에서 '누구냐?' 의 물음으로 나타내는 발어사(發語辭)로 쓰임. 독자적인 판단과 자립정신이 부족함.

隨 "따를 수(隨)=수나라 수(隋)+쉬엄쉬엄 걸을 착(辶)"

고대 중국 수나라의 국호로 쓰이던 글자 수(隋)는 떨어질 타(陏), 고기 찢어질 타로도 뜻을 나타내며 언덕 부 변(阝))이 없으면 열매 라, 오이 라로 쓰이는 글자로서 찢어지고 떨어져서 죽어도 따른다는 뜻이다. 이름에 사용하면 출세의 길이 없고 건강이 악화된다.

受 "거둘 수(受)=손톱 조(爫)+덮을 멱(冖)+또우(又)"

손에서 손으로 주고받고 또 받아들인다는 뜻으로 손톱 조(爫)는 손톱과 발톱은 물론 여러 글자의 합류에 따라서 손 전체를 나타내기도 한다. 세무, 금융, 경기, 사채업자, 욕심이 많은 도박꾼, 식당 등이 있다.

守 "지킬 수(守)=움집 면(宀)+마디촌(寸)"

집 안에서 손을 꽉 잡고 법도에 따라 일한다는 뜻으로 조상들의 뜻을 정성으로 지킨다는 뜻으로 만들어졌다. 마디촌(寸)은 마음속의 정성과 촌지(寸志)를 뜻하고 때로는 재주 재(才)를 본뜬 글자로서 잔재주를 잘 부리고 촌지(寸志)를 잘 주고 잘 받음. 사법관, 교육계, 공직자, 정치, 금융, 상업 등이 있다.

獸 "짐승 수(獸)=산짐승 휴(嘼, 畜의 고자)+개 견(犬)"

산짐승(畜)을 잡는 도구와 犬(견;개)의 합자(合字). 사냥에서 잡힌 것, 짐승의 뜻. 산짐승 휴(嘼)로서 가축 축(畜)의 고자이다. 이름에 사용하면 개 같은 짐승이 될 우려가 있다.

峀 "뫼뿌리 수(峀)=뫼산(山)+말미암을 유(由)"

산 능선의 끝부분, 또는 산자락의 끝부분을 나타낸다. (由)는 밭 전(田)이 미리를 내민 모양이며 귀신머리 불(由)과 통하는 글자이다. 사용하면 산속에서 잠든 사람이 될 수 있다.

手 "손수(手)=일천 천(千)+한 일(一)"

아무리 많은 천 개의 숫자도 손으로 해결할 수 있다는 뜻으로 만들어졌다. (手)는 활짝 편 손과 손가락의 모양을 본뜬 글자로 종교인들이 많이 사용한다. 사람의 한쪽 손을 나타내므로 사람의 한쪽 팔(人)을 더 붙이면 잃을 실(失)이 된다. 즉, 손에 잡았던 것은 언젠가는 반드시 놓는다는 뜻이다.

修 "닦을 수(修)=사람인 변(亻)+통할 곤(丨)+등글월문(攵)+터럭 삼(彡)"

두드리고 또 두드려서 어떤 길을 열리게 한다는 뜻에서 닦고 깨우친다는 뜻을 나타내며, 사람인 변(亻)+곤(丨)은 또우(又)와 통하는 글자로서 사람을 끼고 거느린다는 뜻이다. 너무 많이 얻으면 단명함. 학자, 교사, 정치, 역학자 등이 있다.

洙 "물가 수(洙)=삼수변(氵)+붉을 주(朱)"

붉은 색상의 물이 든 나무 즉, 가을철 단풍나무처럼 시들어야 할 시기가 임박해진 나무를 나타낸다. 붉을 주(朱)는 나무목(木)의 목에다 사람인(人)을 붙여서 팔신(八神) 중의 가장 악한 주작(朱雀)으로 나타낸다. 즉, 참새가 나무의 목을 갉아 먹음의 뜻이다. 화가, 서예가, 만화가, 배우, 염색, 소방관, 운전사 등의 직업을 가지면 다행이며 그렇지 않으면 어렵다.

需 "음식 수(需)=비 우(雨)+말이을 이(而)"

而(이)는 수염-부드러움, 需(수)는 부드럽게 오는 비\부드러움, 濡(유-젖다·축축하다)와 관계(關係)가 깊음, 또 而(이)는 須(수-수염·기다리다)와 관계(關係)가 깊어 需(수)는 비가 그치길 기다리다, 기다리다, 구하다의 뜻을 나타낸다. 맑고 깨끗한 물로 음식을 만들어 제사상에 놓고 입을 고하라는 뜻이다.

壽 "목숨 수(壽)=선비 사(士)+덮을 멱(冖)+장인 공(工)+한 일(一)+꾸짖을 두(口寸)"

선비가 가르치는 글이나 기술도 정성들여 가르쳐야 그 학문이 오래간다는 뜻에서 생명으로 나타낸다. 공직자나 학자로서 재물과 명예에 욕심을 버리고 살아야 그 명예와 직위도 오래간다. 교육계, 공직자, 기술자 등이 있다.

秀 "빼낼 수(秀)=벼화(禾)+이에 내(乃)"

곡식이 잘 익었으니 뽑아낸다는 뜻이지 빼어나게 아름답다는 뜻은 아니다. 익은 곡식을 뽑아낸다는 뜻이다. 이에 내(乃)는 아랫배에 저장된 내용물을 나타내며 그것을 뽑아낸다는 뜻이다. 어려서는 영리하지만 빨리 늙고 유산의 횟수가 잦다. 위장, 장 질환, 신장, 간, 유산 등에 조심해야 한다. 공직자, 음악, 농업, 상업, 식당, 산부인과 등이 있다.

授 "가르칠/줄 수(授)=제방 변(扌)+거둘 수(受)"

손으로 거두기도 하고 주기도 한다는 뜻이다. 교수로서 학생들에게 학문을 가르쳐 주는 대신에 촌지(寸志)를 받기도 한다는 뜻에서 교수(敎授)로 나타낸다. 학자, 교육계, 금융, 경리, 세무, 상업, 기술자 등이 있다.

琇 "옥돌 수(琇)=구슬옥(玉)+빼낼 수(秀)"

산이나 땅속에 묻힌 돌을 캐내어 이용한다는 뜻이다.

銖 "저울 눈금 수(銖)=쇠금(金)+붉을 주(朱)"

(金)은 저울의 추를 나타내고 붉을 주(朱)는 저울대와 눈금을 나타낸다.

<숙>

孰 "누구 숙(孰)=드릴 향(享)+둥글 환(丸)"

밥익을 숙(熟)과 통하는 글자로서 둥글 환(丸)의 한약을 지어서 누구에게 줄까? 하는 뜻을 나타냄. 드릴 향(享)은 형통할 형(亨)의 본자로서 제사상을 드리다의 뜻으로 나타낸다. 조숙하고 빨리 늙음. 한의사, 약방, 음식점, 보신탕 등이 있다.

俶 "비로소 숙(俶)=사람인 변(亻)+어릴 숙(叔)"

어린 것이 자라고 또 자라서야 비로서 어른, 즉 사람이 된다는 뜻으로 만들어졌다. (叔)은 콩 숙(上+小)+또우(又)=장가를 들지 않는 어린 시동생을 일컬을 뜻도 되지만 어린 콩나물이 새싹을 띄워서 또 자라고 자란다는 뜻에서 어리다는 뜻으로 나타낸다. 교육계, 공직자, 역학, 식당업, 농업, 주부, 콩나물장수, 학원, 유모, 산부인과 등이 있다.

熟 "익힐 숙(熟)=드릴 향(享)+알 환(丸)+연화발(灬)"

불을 지펴서 알맹이를 삶아 제사상에 올려야 하므로 익힌다는 뜻으로 (享)은 변형체는 형동할 형(亨)이며 근래에 와서 (亨)으로 바뀌었나. (享)에다 연화발(灬)을 붙이면 사냥이 끝나면 사냥개도 삶아 먹는다는 삶을 팽(烹)이 된다.

淑 "맑을 숙(淑)=삼수변(氵)+어릴 숙(叔)"

물이 맑고 가득하다는 뜻으로 어린 것을 물에 씻으니 맑다는 뜻이다. 어릴 숙, 아재비 숙(叔)은 장가들지 않는 어린 시동생을 키운다는 뜻이다. 숙(叔)은 콩 숙(上+小)+또우(又)는 어린 자식과 같이 콩나물을 기르고 뽑아서 물에 씻고 또 씻으니 맑다는 뜻이다. 교육계, 식당업, 주부, 콩나물장수, 유모, 학원, 농업, 공직자, 산부인과 등이 있다.

宿 "잘 숙(宿)=움집 면(宀)+백사람의 어른백(佰)"

백사람의 어른 백(佰)은 일백(百)과 (同字)로서 지붕(宀)이나 하늘(宀)밑에서 많은 사람(百)이 쉬고 잠을 잔다는 뜻이다. 사용하면 바라는 것은 많으나 게으르고 솔선수범하는 능력이 없다.

琡 "옥이름 숙(琡)=구슬옥(玉)+어릴 숙(叔)"

돌을 갈고 또 갈아서 작은 구슬이 되었으니 그 이름을 나타낸다. 즉, 어리듯이 작은 돌멩이란 뜻이다.

夙 "이를 숙(夙)=안석 궤(几)+뼈살 발라낼 알(歹)"

문 밖으로 나오려니 아직은 이르다는 뜻을 나타낸다. 이 글자의 안석 궤(几)는 문(門)이나 어떤 상자의 안을 상징했고 뼈살발라낼 알(歹)은 그곳으로부터 들어 내다의 뜻을 간직하여 일어나서 집 밖으로 나오려니 아직은 이르다는 뜻이다. 사용하면 건강이 상하거나 수술, 사고의 위험이 따른다.

叔 "아재비 숙(叔)=콩 숙(上+小)+또우(又)"

작은 콩 알맹이가 겨우 싹을 틔웠으니 어리고 또 어린 콩나물과 같이 장가를 들지 않는 '시동생과 어리다' 는 뜻의 '어릴 숙' 장가를 들지 않는 어린 시동생이란 뜻에서 '아재비 숙' 으로도 나타낸다.

肅 "엄숙할 숙(肅)=돼지머리 계(彐)+뚫을 곤(丨)+동방 묘(卯)"

동방 묘(卯)는 조각 편(片)+널조각 장(爿)의 합자이며 돼지머리 계(彐)+뚫을 곤(丨)은 소리낼 율(聿)과 이를 이(隶)로 만들어지는 글자로서 공경할 숙(肅)으로도 나타냄. 학자, 교육계, 군인, 정치인, 서예, 화가, 음악가, 가수, 음식점 등이 있다.

<순>

殉 "따라 죽을 순(殉)=죽을사 변(歹)+열흘 순(旬)"

뜻을 나타내는 죽을 사변(歹(=歺)−뼈, 죽음)部와 음(音)을 나타내는 동시(同時)에 뒤를 좇는다는 뜻을 가진 旬(순)으로 이루어지며 死者(사자)에 따라 죽는다는 뜻을 나타낸다. 열흘도 못가서 앞서 간 사람을 따라서 죽는다는 뜻으로 만들어졌다.

荀 "사람이름 순(荀)=초두 변(艹)+열흘 순(旬)"

열흘 후에는 풀 밑으로 간다는 뜻으로 대나무 순(筍)과 같다.

筍 "대순 순(筍)=대나무 죽(竹)+열흘 순(旬)"

죽순이 돋아나는 시간은 자그마치 열흘도 부족하다는 뜻이다. 열흘 순(旬)은 날일(日)+쌀포(勹)로서 태양을 감싸고 있다는 뜻은 봄철의 아주 따뜻한 날과 또는 날마다 보자기에 싼다는 뜻을 나타낸다. 한약재, 약방, 약사, 포장업, 점원 등이 있다.

順 "순행할 순(順)=내 천(川)+머리 혈(頁)"

불역순리(不逆順理) = 물 길은 순리를 거스리지 않는다. 착하고 순하다는 뜻이 아니라 혈(頁)은 머리나 얼굴의 뜻으로 물이 위에서부터 아래로 순리대로 순행 한다는 의미다. 마음씨는 착한듯 하지만 욕심과 고집이 있다. 남편이 뛰어나지 못하면 불만이 생기고 내가 직업을 가지고 명예를 얻고자 한다. 리더십이 강하고 자만과 자존심도 강하다. 왕비의 꿈이 있지만 과욕은 금물이다.

旬 "열흘 순(旬)=쌀포(勹)+날일(日)"

날마다 봉지나 보자기를 싼다. 또는 때가 되면 태양을 보자기에 싼다는 뜻도 된다. 태양을 보자기에 싼다는 뜻은 가족과 이별을 의미한다. 봉지나 보자기에 싼다는 뜻은 약봉지나 상품의 보자기를 나타낸다. 약방, 상업, 점포, 간호사, 약재상, 장의사 등이 있다.

純 "순전할 순(純)=실사(糸)+모일 둔(屯)"

실들을 모아서 큰 실타래를 만든다는 뜻에서 형제와 가족 간의 우정이 두텁다는 뜻으로 나타낸다. 모일 둔(屯)은 왼손 좌(左), 또는 풀초(艹)+열 십(十)의 합자로서 여러 사람을 모아 군대나 어떤 단체처럼 진을 치고 싶지만 인색하여 크기는 어렵다. 군인, 직장인, 모임 등이 있다.

盾 "방패 순(盾)=언덕 엄(厂)+열 십(十)+눈목(木)"

눈위의 눈 두덕(눈썹부분)이 눈에게는 방패란 뜻이다. 큰 눈과 얼굴이 언덕 밑에 숨었다는 뜻도 된다. 숨을 곳도 방패가 되기 때문이다. 숫자는 눈목(木)에 열 십(十)을 더한 숫자와 같다.

脣 "입술 순(脣)=별 진(辰)+육달월 변(月)"

고깃덩어리에 붙은 별이란 뜻이다. 즉, 이빨과 잇몸, 입술과 잇몸이란 뜻이다. 입술이 없으면 이가 시리다는 말과 같이 서로의 상관 관계를 나타낸 글자로서, 달 월(月)의 고깃덩어리가 땅속에 숨었다는 뜻과 연결된다.

淳 "순박할 순(淳)=삼수변(氵)+드릴 향(享)"

물과 같이 깨끗하고 착한 마음을 드린다는 뜻이다. 드릴 향(享)은 형통할 형(亨)+한 일(一)이며, 형(亨)은 옛 고(古)와 같은 글자에다 마칠 료(了)를 붙여 미리 죽은 옛 어른에게 제사상을 바친다는 드릴 향(享)의 변형체로서 만든 지가 약 50년 정도다. 40대까지 방황하고 고생이 많지만 순박한 마음으로 신임을 얻어서 일어나야 한다. 그러나 다 된 음식을 남에게 줘야 하는 어리석음도 있다.

舜 "순임금 순(舜)=손톱 조(爫)+덮을 멱(冖)+어그러질 천(舛)"

밖에서 일하지만 집 안에서는 항상 어그러지는 일이 많다. 즉, 집 안의 일은 엉망이란 뜻이며,

여자의 이름에 쓰더라도 밖에서 일해야 한다는 뜻이다. 남자의 이름에 사용하면 마누라와 자식에게 이변이 생길 수도 있다.

瞬 "눈깜짝할 순(瞬)=눈목(木)+순임금 순(舜)"

뜻을 나타내는 눈목(目(=罒)-눈, 보다)部와 음(音)을 나타내는 동시(同時)에 빠르다는 뜻을 가진 舜(순)으로 이루어졌다. 눈을 깜박깜박 빨리 움직이다의 뜻이다.

洵 "믿을 순(洵)=삼수변(氵)+열흘 순(旬)"

한여름의 열흘 가뭄에도 하늘에서 비가 내릴 것이라는 믿음으로 산다는 뜻이다.

巡 "돌 순(巡)=개미 허리부(내천=巛)+쉬엄쉬엄 갈 착(辶)"

강물이 빙빙 돌면서 쉬엄쉬엄 흐르듯이 돌아다니며 일거리를 만든다는 뜻이다. 경찰관, 장사꾼, 외판원 등이 있다.

醇 "순수할 순(醇)=닭 유(酉)+드릴 향(享)"

옛 글자는 뜻을 나타내는 닭 유(酉-술, 닭)部와 음(音)을 나타내는 동시(同時)에 '잘 익다'의 뜻을 나타내는 순(醇에서 酉를 제외(除外)한 부분)으로 이루어졌다. 잘 익은, 물 타지 않은 술-'섞인 것이 없다'의 뜻이다. 또 淳(순)의 음을 빌어 '도탑다'의 뜻으로 쓰인다. 항아리에 든 술이나 간장. 음식의 맛은 함부로 상하지 않고 순수하다는 뜻이다. 이름에는 사용 불가하다.

<술>

戌 "개 술(戌)=천간 무(戊)+표할 주(丶)"

천간 戊는 아궁이를 상징하고 표할 주(丶)는 개의 눈알을 상징하여 개가 보신탕집의 아궁이를 보면 미친 듯이 날뛴다는 뜻에서 '때려부술 술' 로도 나타낸다. 이름에 사용되면 술주정을 잘 부리고 가족과 화목하지 못하다.

述 "지을 술(述)=삽주 출(朮)+쉬엄쉬엄 갈 착(辶)"

천천히 돌아다니며 구할 수 있는 약초가 삽주, 백출이란 뜻이다. 약재상, 한약방 등이 있다.

術 "꾀 술(術)=갈 행(行)+삽주 출(朮)"

돌아다니며 캐낸 삽주로 갖가지 재주를 부리듯이 약을 제조한다는 뜻이다. 삽주 출(朮)은 사람인(亻)+열 십(十)+표할 주(丶)로서 나무를 닮은 사람을 혼란스럽게 꾀를 쓴다는 의미다. 역학자, 점쟁이, 한의사, 약사, 침술, 안마다, 모사(모사) 등.

<숭>

崇 "높일 숭(崇)=뫼산(山)+근본 종(宗)"

그 근본을 지키는 사람은 존경과 숭상을 받을 수 있다는 뜻으로 만들었으나 산을 숭배하는 종교인이나 무당이 될 우려가 있다.

<슬>

瑟 "비파 슬(瑟)=쌍옥 각(珏)+반드시 필(必)"

돌을 깎아 다듬은 구슬에 마음속에서 우러나오는 애정의 표현도 나타난다는 뜻에서 '악기이름' 을 사용한다. 쌍옥 곡(瑴)과 (同字)로 쓰이며 (瑟)의 본자는 (珏+人+必)이다. 비파는 주로 슬픈 사랑의 마음을 나타내는 악기로서 반드시 쌍옥과 같은 소리가 난다는 뜻이다. 형제와 배우자의 덕이 없고 공직자나 악사, 화류계의 운명이다.

<습>

習 "익힐 습(習)=깃 우(羽)+흰백(白)"

어린 새가 날개(羽)를 퍼드덕거려 스스로(自→白)날기를 연습한다 하여 '익히다'를 뜻한다. 깃 우(羽)는 다른 글자와 달리 똑 같은 생김새가 가지런하게 한결같은 모양에서 익히다. 수련하다의 뜻이다. 화가, 작가, 서예, 가수, 국악 등이 있다.

拾 "열 십/주을 습(拾)=세방 변(扌)+합할 합(合)"

손으로 쓸어 모아 합하니 여러 개의 묶음이란 뜻이다. 합할 합(合)은 사람인(人), 또는 창고의 지붕을 나타내고 아랫 글자는 뜻 지(旨)의 (古字)이므로 마음에 있는 뜻을 끌어 모은다는 뜻이다. 많은 사람을 포용한다. 직업은 정치, 사업 등이 있다.

<승>

承 "이을 승(承)=도울 승(氶)+석 삼(三)"

남의 도움을 받아 주인(主)의 대를 이어간다는 뜻으로 만들어졌다. 또, 도울 승(氶)에다 임금왕(王)을 붙여서 (王)의 대(代), 집 안의 대를 이어 간다는 뜻도 된다. 장남의 이름에 주로 사용된다. 정치인, 고위공직자, 직장인, 사업가 등이 있다.

勝 "이길 승(勝)=달 월(月)+고달픈 권(劵)"

고달파도 잘 접대하니 남보다 앞설 수 있다는 뜻에서 이길 승, 나을 승으로 나타낸다. 배우자를 잘 섬기며 섹스도 즐기지만 몸에 상처를 입을 우려가 있다. 권(劵)은 여덟 팔(八)+지아부 부(夫)+힘력(力)=윗사람을 힘껏 받들어야 한다. 작가. 학자. 서점. 교육계, 정치, 식당, 횟집, 이 미용사 등이 있다.

丞 "도울 승(丞)=받들 승(氶)+한 일(一)"

한 일(一)은 땅이며 위의 일 (一)은 하늘이므로 하늘과 땅이 돕는다는 뜻으로 나타낸다. 도울 승(氶)은 같은 글자이며 이을 승(承)과 뜻이 통하는 글자로 사용된다. 즉, 석 삼(三)과 같은 주인 주(主)나 임금왕(王)을 붙이면 되기 때문이다.

昇 "오를 승(昇)=날일(日)+되 승(升)"

곡식을 담아서 숫자를 헤아리를 되(되)에 날마다 더 포개어 올린다는 뜻에서 해돋을 승, 풍년들 승으로도 나타낸다. 되 승(升)=손잡을 공(廾)+삐침(丿)=곡식을 더욱 많이 올리고 포갠다는 뜻에서 오를 승으로도 읽음. 함께 태양을 받든다는 뜻이다. 공직자, 정치인, 사업가 등이 있다.

升 "오를 승, 되 승(升)=손잡을 공(廾)+삐침(丿)"

가족이 함께 손잡고 노력한다는 뜻이다. 즉, 재물과 명예 및 모든 것을 얻기 위해여 노력을 아끼지 않으며 가족이 화합함을 의미한다. 농업, 정미소, 슈퍼, 금융계 등이 있다.

陞 "오를 승(陞)=우부방(阝)+오를 승(升)+흙토(土)"

언덕의 절벽을 기어오른다는 뜻이다. 산속을 헤매는 일이 많거나 어떤 적을 위하여 언덕을 넘나들기도 한다. 역학자, 지관, 등산가, 종교인, 농업 등이 있다.

乘 "탈 승(乘)=벼화(禾)+북녘 북(北)"

북녘 북(北)은 견줄 비(比)의 친구, 형제와 같은 사람들이 서로 등이 맞닿게 형성된 글자이며 그러한 사람들을 벼화(禾)의 나무에 태운다는 뜻에서 버스에 탄다. 승차하다 등에 쓰인다. 도박성이 강하고 운전사나 관광지의 놀이터, 관광사업, 경마, 주식 등이 있다.

<시>

時 "때 시(時)=날일(日)+절 사(寺)"

땅(土)의 한쪽 귀퉁이에서 정성(寸)을 드린다는 뜻의 사찰(寺)은 태양도 기울어져 있는듯 하므로 날일(日)은 옆에다 붙였다. 부부의 애정이 빈약하거나 허리가 아픈 경향이 있으며 촌지(寸志)를 좋아한다. 종교인, 스님, 무당, 교사, 금융계, 공직자, 사채업자, 전당포, 식당 등이 있다.

市 "저자 시(市)=돼지해머리 두(亠)+수건 건(巾)"

옷(巾)을 차려입고 장 보러 간다(之)는 뜻을 합(合)하여 '시장'을 뜻한다. 머리에 쓴 수건, 또는 앞치마, 시장의 천막을 나타낸다. 거리를 오가는 건달, 떠돌이 장사꾼이 될 수도 있으므로 사용 불가.

侍 "모실 시(侍)=사람인 변(亻)+절 사(寺)"

조용한 절간에서 부처님을 모시듯이 정성껏 섬긴다는 뜻으로 만들어 내시 시, 내관 시라고도 한다. 내관이나 내시는 임금을 섬기는 근본으로 삼는다. 가족과의 애정이 빈약하다. 이름에 사용 불가.

施 "베풀 시(施)=모 방(方)+기이한 이름 이(㐌)"

기이한 것들을 구석구석으로 뿌려준다는 뜻에서 베풀고 준다는 뜻으로 만들어졌다. 시비(施肥)=거름과 퇴비를 주어 곡식을 살찌게 한다. 또, 옮길 이, 버릴 이, 잘 난체 할 이의 뜻과 소리음으로도 나타낸다. (㐌)는 사람인(人)+어조사 야(也)로서 사람이 또 있다는 뜻이다. 교사,

연사 등이 있다.

試 "시험할 시(試)=말씀언(言)+법 식(式)"

말로서 어떤 규칙을 정하여 시험한다는 뜻이다. 정치인, 교사, 강사, 사법관, 직장인, 기술자 등이 있다.

矢 "화살 시(矢)=사람인(人)+큰대(大)"

큰 사람이 쏘는 화살을 나타내며, 화살 시(矢)는 잃을 실(失)의 변형체로서 뜻은 (失)과 같이 나타난다. 즉, 화살은 쏘면 날아 가버리는 것처럼 입에서 나온 말도 화살처럼 빠르게 나간다는 뜻. 언론, 방송, 교사, 연예인, 가수 등으로 총명하지만 말이 많고 복은 약하다.

始 "처음 시(始)=계집녀(女)+별 태(台)"

이 내용의 별 태(台)는 기쁠 이로 나타나므로 여자가 잉태(胎)를 하니 기쁘다는 뜻으로서 우주만물의 시작을 나타낸다. 특히, 무엇이든 시작에는 여(女)자가 있어야 한다. (台)에 고기육(月)을 붙이면 아이밸 태(胎)가 된다. 시작은 잘하나 끝마무리가 부족하며 키와 덩치가 적은 편이다.

恃 "믿을 시(恃)=심방 변(忄)+절 사(寺)"

사찰(寺)에 가서 촌지(寸志)를 냈으니 사람의 마음(心)이 믿기 싫어도 믿으라는 뜻이다. 따라서 조용한 절간에 나오는 마음이다. (寺)는 흙토(土)의 외진 구석에서 정성(寸)을 베풀기도 하고 받기도 하는 곳으로서 절을 나타냄. 마음을 상징한 심방 변(忄)은 없어도 되는 것이므로 절사(寺)로만 풀이가 가능하다.

詩 "시조 시(詩)=말씀언(言)+절 사(寺)"

심장에서 우러나오는 말씀은 조용한 절간에서 많이 나온다는 뜻에서 '글 시, 시조 시' 라고도 한다. 구석지고도 한적한 절간에서 좋은 문구가 되살아난다는 뜻이므로 수험생과 고시생들은 조용한 곳으로 모여든다. 이름에 사용하면 학자나 교육계, 언론인, 작가, 시인, 음악가, 가수, 연예인이 되지 못하면 종교인이 되고 부부의 애정이 빈약하고 외롭다.

是 "이 시(是)=날일(日)+짝 필(疋)"

태양(日)을 머리에 이고 힘차게 걷는 모습을 본떠서 옳을 시, 바를 시, 곧을 시라고도 한다. 짝 필(疋)은 발 소(疋)로도 쓰이므로 돌아다닐 일이 많아지며 운전사나 장사꾼이 된다. 즉, 많이 돌아다니는 직업을 가지지 않으면 운동선수, 포목점 등을 가진다.

示 "보일 시(示)=두 이(二)+작을 소(小)"

제물을 차려 놓은 제단의 모양을 본뜬 글자로 제물을 신에게 보여 준다는 의미로 '보이다'를 뜻한다. 또는 잘 마(三+小)와 같은 글자로서 아주 미세하게 작은 것들이 모여서 현실이 아닌 환상적인 영상으로 나타난다는 뜻에서 귀신 신(神)의 시작이며 현실이 아니란 뜻의 아니 불(不)로 만들어지는 글자다.

視 "볼 시(視)=보일 시(示)+볼 견(見)"

보이는 것을 눈을 크게 뜨고 살핀다는 뜻이다. 볼 견(見)은 눈목(目)+ 어진사람인 발(儿)의 합자이며, 안경점, 학자, 교사, 상업 등이 있다.

<씨>

ㅅ

氏 "씨앗/각시 씨(氏)"

여자의 치마 밑에서 씨앗이 출생한다는 뜻에서 자식 씨, 각시 씨, 씨앗 씨, 성 씨로 나타낸다. 씨앗 씨(씨)는 옷의(衣)에서 점(丶)하나가 빠진 글자이기 때문이다. 이 글자에다 입구(口)를 붙이면 말하는 백성이란 뜻의 백성 민(民)이 되므로 여성적인 성품을 지니며, 영리하여 말은 잘하지만 실속이 없고 훗날 자식에게 근심이 있다.

<식>

食 "밥 식(食)=사람인(人)+어질 량(良)"

사람(人)이 살아가기 위해 좋아하며(良) 즐겨먹는 음식물을 뜻한다. 사람에게 먹임을 당하는 것이니 어질고 착하게 베푼다는 뜻에서 음식을 나타낸다. 때로는 어질 량(良)에서 점(丶)하나가 빠지면 그칠간으로도 연결되므로 사람이 죽으면 필요 없어진다는 뜻이 될 수도 있다. 식당, 식육점, 종교인, 농업, 축산업, 무당, 별로 할 일이 없는 직업 등이 있다.

息 "쉴 식(息)=스스로 자(自)+마음심(心)"

힘겹고 고달프고 휴식하는 것도 그 자신의 마음에 달렸다는 뜻으로 의, 식, 주의 생활과 문화, 살림도 자신이 가꾸기에 달렸다. 이름도 마찬가지로 잘 만들기에 달렸다. 물욕을 버리고 마음을 비우면 편안히 쉴 수 있다. 그러나 게으른 것이 험이지만 욕심은 있다. 직업과 숫자는 눈목(目), 스스로 자(自) 참조.

寔 "이 식(寔)=움집 면(宀)+이 시(是)"

실질적으로 그친다는 뜻으로 나타내고, 이 시(是)는 다리를 벌리고 서서 빛을 바라본다는 뜻과 돌아다닌다는 뜻에서 곧을 시, 옳을 시가 된 글자에 갓머리로 덮었으니 걸음을 멈추고 끝맺음을 나타낸다.

植 "심을 식(植)=나무목(木)+곧을 직(直)"

나무를 곧게 심어야 살아난다는 뜻으로 곧게 심어야 성공한다는 뜻이다. 사람도 마음을 곧게 쓰고 행동도 올바르게 해야 복이 생긴다는 뜻이다. 곧은 마음으로 정성껏 농사를 지으면 지신(지신)이 돌본다. 무조건 곧아야 한다. 공직자, 교육계, 농업, 안경, 의사, 식당 등이 있다.

識 "알 식(識)=말씀언(言)+진흙 시(音+戈)"

입에서 나온 말이 진흙처럼 끈적끈적하게 잘 붙는다는 뜻에서 아는 것이 많다는 뜻의 지식으로 나타낸다. 진흙 시(시)=소리 음(音)+창 과(戈)의 합자로서 진흙처럼 끈적끈적한 말로서 남을 희롱하고나 잘 이용한다는 뜻에서 말을 잘함을 의미한다. 직업은 교육계, 언론, 연예인, 음악가, 가수 등이 있다.

式 "법 식(式)=장인 공(工)+주살 익(弋)"

장인(工;道具)이 물건(物件)을 만들 때에는 일정한 법식이 필요하다는 뜻. 장인 정신으로 업무에 임해야 어렵지 않게 살아갈 수 있다. 그러나 재물이나 명예에 욕심을 부리면 법칙만 따지게 될 뿐 허황된 일이 많다. 사업은 안된다. 공직자, 직장생활이 좋고 다음은 기능직이다.

殖 "불릴 식(殖)=뼈살 발라낼 알(歹)+곧을 직(直)"

죽어도 곧고 올바른 마음으로 사업과 생활에 임해야 번창한다는 뜻이다. 만약, 양식(양식)업을 한다면 고기를 잡아서 다시 고기에게 먹이는 정성이 깃들어야 한다는 뜻이다. 건강에 조심. 직업은 양식장과 그리고 위의 심을 식(식)과 같다.

軾 "수레난간 식(軾)=수레거(車)+법 식(式)"

수레를 만드는 데에도 법칙이 있다는 뜻이다. 운전사나 정비공, 각종 기능공, 또는 많이 돌아다니는 장사꾼 등이 있다.

栻 "나무이름 식(栻)=나무목(木)+법 식(式)"

점치는 나무 판, 바둑판 등을 상징한 글자이다.

<신>

臣 "신하 신(臣)"

클 거(巨)에 두 개의 점을 붙인 글자로서 허리를 구부린 신하의 눈을 본뜬 눈목(目)이다. 왕 앞에 엎드린 신하의 비스듬한 눈을 본떴으므로 순종하는 눈, 작한 눈의 모양으로 나타낸다. 눈을 바로 뜨면 반역자, 거부하는 눈(目)이 되어 여자도 고집스럽지만, 이 글자는 순종 형이다. 공직자, 직장인 등이 있다.

身 "몸 신(身)=스스로 자(自)+재주 재(才)"

자신의 몸은 스스로가 갈고 닦아서 잘 관리해야 한다는 뜻이며 재주가 있고 없고도 스스로의 노력에 달렸다는 뜻으로 만들어졌다. 몸 신(身)은 임산부가 자신의 불룩한 아래 배를 내려다보니 재주 재(才)의 한쪽 다리가 보이지 않는다는 뜻을 본뜬 글자이다.

信 "믿을 신(信)=사람인 변(亻)+말씀언(言)"

사람이 말하는 말에 거짓이 없는 일로 성실을 말한다. 나의 말(言)에 사람(亻)이 따라준다는 뜻과 사람의 마음을 믿을 수 있도록 언행을 조심스럽게 해야 한다는 뜻으로 만들었다. 말씀언(言)은 심장에서 우러나온 마음의 표현이기 때문이다. 교육계, 공무원, 음악, 연예인, 언론인 등이 있다.

愼 "삼가할 신(愼)=심방 변(心)+참 진(眞)"

마음을 세밀히 쓴다는 뜻으로 조심하고 또 조심하라는 뜻이다. 참 진(眞)은 비수 비(匕)에다 갖출 구(具)의 합자이다. 구(具)의 머리에 날카로운 칼(匕)을 얹은 것은 진실하고 참된 마음을 가져야 골고루 갖출 수가 있다는 뜻이다. 기구, 음식, 상업 등이 있다.

神 "귀신 신(神)=보일 시(示)+펼 신(申)"

현실적으로 없던 것이 펴져서 나타난다는 뜻에서 신이라 한다. 보일 시(示)는 영상적인 것이다. 항상 마음이 허약하고 의지할 곳이 부족한 사람의 마음을 어지럽게 하는 가상적인 생각에서 나타나는 것이므로 신(神)은 없다. 즉, 마음의 병이다.

新 "새 신(新)=매울 신(辛)+사람인(人)+날 근(斤)"

도끼로 나무를 베어 새 입이 나도록 한다는 뜻에서 새롭게 하다는 뜻으로 쓰인다. 의사, 사법관, 식당, 이 미용사 등이 있다.

薪 "섶 신(薪)=초두 변(艹)+새 신(新)"

도끼(=斤)로 벤 나무, 곧 '땔나무'의 뜻에서 땔감 신, 섶 신, 불을 태우다의 뜻으로 나타낸다.

辛 "매울 신(辛)=설립(立)+열 십(十)"

끝이 뾰족해진 것(바늘)이라는 뜻으로부터 온 것으로 바늘에 찔리는 것과 같이 맵다. 혹독하다. 고생스럽다. 고달프다는 뜻을 나타낸다. 앉아서 쉴 기회가 없이 항상 서서 때를 기다리니 고달프다. 또는 뜻을 세우고 또 세우자니 혹독한 괴로움과 인내심이 따른다는 뜻이다.

申 "납 신(申), 펼 신(申)=밭 전(田)+뚫을 곤(丨)"

밭에 물이 많이 찼으므로 도랑을 만들어 밭의 기능을 펴도록 만들었다는 뜻이며, 납신다는 뜻은 귀신머리 불(由)로 읽어서 영상적인 귀신이 나타나기를 바란다는 마음에서 '납 신'으로도 읽는다. 납 신(申)에다 어진 사람인 발(儿)의 오른쪽을 붙이면 귀신 귀(鬼)가 되기 때문이다. 이름에 사용하면 배탈, 설사, 변비, 위장, 장염 등을 앓으며 재물과 명예가 잘 따르지 않으나 이름 석자의 뜻이 좋으면 다행이다.

伸 "펼신/늘일 신(伸)=사람인 변(亻)+펼 신(申)"

뜻을 나타내는 사람인 변(亻(=人)-사람)部와 음(音)을 나타내는 동시(同時)에 펴진다는 뜻을 갖는 申(신)으로 이루어졌다. 사람인 변(亻(=人)-사람)部를 붙여 地支(지지)의 申(신)과 구별하여 편다는 뜻의 專用字(전용자)로 삼았다.

晨 "새벽 신(晨)=날일(日)+별 진(辰)"

별의 이름, 농사를 알리는 별이라고 한다. 땅덩어리를 닮은 별, 날마다 나타나는 별, 새벽에 나타나는 샛별을 나타낸다. 이름에는 사용 불가.

<실>

實 "열매 실(實)=움집 면(宀)+돈궤미 관(貫)"

씨가 잘 여문 '열매', '참다움', '내용'의 뜻 함. 각종 과일이나 열매도 재물이 되기 때문이며 무게 관(貫)이라고도 하는 이 글자는 꿸 관(毌)+조개 패(貝)의 합자로서 집 안에 있는 열매와 여자 종도 많으면 재물이란 뜻이다. 재물에 욕심이 많다. 사업, 상업 등이 있다.

室 "집 실(室)=움집 면(宀)+이를 지(至)"

室(실)은 바깥채인 堂(당)에 대하여 안쪽의 방을 말하며 즉 집 안으로 이르게 한다는 뜻이다. 무엇이든 좋은 것은 집 안으로 오도록 만든다는 뜻이다. 이를 지(至)는 한 일(一)+사사 사(厶)+흙토(土)의 합자로서 사사로운 감정과 아주 미세한 것 까지도 이르게 한다는 뜻이다.

ㅅ

失 "잃을 실(失)=사람인(人)+큰대(大)"

사람인(人)+큰대(大) 또는 새 을(乙)+큰대(大), 사람의 머리 위를 잘랐으니 큰 것을 잃는다는 뜻으로서 쏘면 날아 가버리는 화살 시(矢)의 변형체다.

<심>

尋 "찾을 심(尋)=터진 가로 왈(彐)+장인 공(工)+입구(口)+마디촌(寸)"

깊이 숨겨진 것은 정성을 다해야 찾을 수 있다는 뜻으로 만들어 구할 심, 이을 심, 상상할 심으로도 나타낸다. (尋)은 불에 삶을 심(燖)과 同字이다. 불과 물 조심 및 실물(失物)수 조심해야 한다.

審 "살필 심(審)=움집 면(宀)+번지 번(番)"

덮여서 보이지 않은 것을 자세히 살펴 알아낸다는 뜻에서 알 심, 심문할 심, 알아낼 심으로도 나타낸다. 번지 번(番)은 삐침(丿)+쌀미(米)+밭 전(田)의 합자로서 향기 향(香)에 여덟 팔(八)을 붙여서 냄새만 맡고도 그 위치를 찾아낼 수 있다는 뜻으로 만들어졌다. 체신부, 동신공사, 서비스업 등이 있다.

心 "마음심(心)=아래 하(下)의 (古字)+파임 불(乀)"

사람의 심장을 본뜬 글자로서 생각하는 마음으로 나타낸다. (心)에다 삐침 별(丿)의 빛살이 파고들면 반드시 필(必)이 된다. 이 글자는 이름에 사용하지 않아도 마음은 있는 것이다. 음악가.

深 "깊을 심(深)=삼수변(氵)+그물망(罒)+나무목(木)"

나무 위에다 그물로 덮어서 감춘다는 뜻에다 삼수변의 물을 붙였으니 더욱 깊이 감춘다는 뜻이다. 즉, 나무를 물속에다 넣거나 땅속에 깊이를 감출 수도 있음을 나타낸다. 건강과 익사 조심. 즉, 그물 속에 갇힌 사람이나 병자와 같으므로 이름에 사용 불가.

沁 "물속에서 찾을 심(沁)=삼수변(氵)+마음심(心)"

물속에 깊이 숨겨진 마음과 같으므로 물속에 어떤 물건을 찾는다는 뜻이지만 마음이 없으면 물도 없다.

甚 "심할 심(甚)=달 감(甘)+짝 필(匹)"

달고 맛있다는 말과 어리석고 모자란다는 말을 한꺼번에 사용하니 '연극이 너무 심하다. 더욱 심하다는 뜻' 에서 속임수로 활용되는 글자이다. 특히, 단것을 맛 본 사람이 그 것을 더욱 탐내다가 상자 방(匚)에 갇힌 죄수(囚)가 될 수도 있다. 사용 불가.

<십>

十 "열 십(十)=하나 일(一)+뚫을 곤(丨)"

숫자의 하나에서 아홉 개 까지를 모두 한 묶음으로 꿰어서 묶었다는 뜻이다. 또는 일(一)은 땅을 상징하고 곤(丨)은 하늘의 기운이 서로 합류했다는 뜻이므로 남녀의 성기가 합했다는 뜻으로도 나타낸다. 트기, 열십이 다른 부수변과 합류 했을 때는 더욱 많다. 더 높다는 뜻으로 나타낸다.

<아>

兒 "아이 아(兒)=절구 구(臼)+어진사람인 발(儿)"

어머니의 뱃속(口)에서 갓 나온 아이가 그래도 발과 다리로 걷는 모습이 대견스럽다는 뜻에서 만든 글자이다. 아이 아(兒)로 쓴 글자는 약자이다. 아직도 어리석고 모자라는 점이 많은 아이란 뜻이다. 즉, 입만 헤벌리고 있는 모습이다.

雅 "맑을 아(雅)=어금니 아(牙)+새 추(隹)"

이빨이 작은 새의 모양처럼 가지런하게 예쁘다는 데서 맑다. 어금니가 아름답다는 뜻. '선비 아, 아담할 아, 바를 아, 떳떳할 아'의 뜻으로 나타낸다. 즉, 예쁜 어금니라는 뜻일 뿐이다. 또는 어금니 아(牙)=좋을 가(佳)로 읽어도 어금니일 뿐, 소리음은 착할 '개'로도 나타낸다.

阿 "언덕 아(阿)=언덕부 변(阝)+가할 가(可)"

언덕의 높이를 옳게 관찰해 본다는 뜻에서 '큰 언덕'이란뜻으로 나타낸다. 가할 가, 옳을 가(可)는 가부(可否)를 결정한다는 뜻에서 언덕부 변(阝)을 붙였으므로 사법관, 교육계, 학자가 되지 못하면 소개업, 중개업 등으로 남의 일에 간섭하는 사람이 된다.

ㅇ

我 "나 아(我)=제방 변(扌)+창 과(戈)"

내 손에 창을 잡았으니 내 것이란 뜻에서 '나'로 나타내고 또는 '이것, 우리의 것' 등으로도 나타냄. 나 아(我)에 계집녀(女)를 붙이면 예쁠 아(娥)가 된다. 손수 기계를 만지거나 칼과 가위, 이미용사, 정육점, 무기 등을 만지는 기능공이나 여군이 될 수도 있다.

亞 "버금 아(亞)=클 거(巨)+클 거(巨)"

합자로서 더욱 크다는 뜻을 나타내어야 옳을 깃이지만 오히려 적다. 남보다 앞서지는 못하고 뒤따라간다는 뜻으로 나타내는 이유는 클 거(巨)라는 그 자체가 모자라는 글자이기 때문이다. 상호에는 사용 가능하나, 이름에 불가하다. 소리음은 칠을 하여 장식할 악(堊)과 같이 쓰인다.

芽 "싹 아(芽)=풀초(艹)+어금니 아(牙)"

풀을 뜻하는 초두머리(艹(=艸)-풀, 풀의 싹)部와 음(音)을 나타내는 동시(同時)에 송곳니의 뜻을 가지는 牙(아)로 이루어져 송곳니와 같은 모양으로 나오는 풀의 싹의 뜻이다. 어금니처럼 작고 예쁜 새싹이란 뜻이다.

牙 "어금니 아(牙)"

상하 서로 물고 있는 모양을 나타낸다. 송곳니도 아래위 교차해서 서로 물고 있는 데서 牙(아)를 송곳니의 뜻으로 빌어 쓰이고, 전(轉)하여 엄니의 뜻이다. 동물과 사람의 입속에 든 어금니를 나타낸다.

娥 "예쁠 아(娥)=계집녀(女)변+나 아(我)"

여자의 손에 잡은 은장도와 같은 것들이 보기가 좋다는 데서 예쁘고 아름답다는 뜻이다. 여자의 손에 든 무기란 자신의 정조를 의미한다. 어머니의 위치를 지키기 위한 수단이기 때문이다.

峨 "높을 아(峨)=뫼산(山)+나 아(我)"

내가 산에 있다는 뜻으로 내가 산위에 있다는 뜻에서 높다는 뜻으로 나타낸다.

<악>

嶽 "큰 산 악(嶽)=뫼산(山)+감옥 옥(獄)"

많은 산들이 첩첩이 둘러 쌓인 곳에 각종 사슴과 개를 닮은 짐승들이 있고 흡사 감옥과 같이 어둡다는 뜻으로 만들어졌다. (獄)은 개사슴록 변(犭)+말씀언(言)+개 견(犬)=개와 사슴을 닮은 것들을 모아 교화시키는 곳을 감옥이라 한다.

惡 "모질 악(惡)=버금 아(亞)+마음심(心)"

惡의 본자(本字). 음(音)을 나타내는 亞(아-악)와 곱게 쓰지 못한 마음(心)이라는 뜻을 합(合)하여 '악하다'를 뜻한다. 亞(아-악은 변음(變音))는 古代(고대) 중국(中國)의 집의 토대나 무덤을 위에서 본 모양, 나중에 꼽추의 모양으로 잘 못 보아 보기 흉하다→나쁘다의 뜻에 쓰였고, 心(심)은 마음, 惡(악)은 나쁜 마음-미워하다-나쁨, 아주 옛날에는 惡(악)과 亞(아)는 비슷한 음이었다. 곱게 쓰지 못한 마음(心)이라는 뜻이다. 모질게도 악한 마음, 죄악(죄악)과 통한다.

岳 "큰 산 악(岳)=언덕 구(丘)+뫼산(山)"

높은 산과 구덩이, 높은 산과 낮은 언덕을 나타낸다. 그래서 등산하는 사람들이 높은 곳과 낮은 구덩이도 밟고 다닌다는 뜻이다.

樂 "악기 악(樂)=작을 요(幺)+흰백(白)+나무목(木)"

옛 모양 (작을 요(幺-작다)部+작을 요(幺-작다)部-실)와 木(목)으로 현악기를 나타낸 듯함. 후세의 모양은 신을 모시는 춤을 출 때 손에 가지는 방울과 같기도 하지만 북 따위의 타악기라고도 일컬어져 왔고, 크고 작은북이 받침 위에 놓여 있는 모양, 악기를 나타내는 말로서, 나중에 음악의 뜻인 때는 (악), 그것을 듣고 즐긴다는 뜻일 때는 (락)이라 읽는다.

<안>

鴈 "기러기 안(鴈)=언덕 엄(厂)+사람인 변(亻)+새조(鳥)"

집 안에 든 사람과 새는 편안하고 화목하다는 뜻에서 애정이 깊은 기러기로 나타낸다. 즉, 부부와 가족들은 서로 화목하지만, 어차피 철새처럼 배우자의 수명이 짧은 경향이 있다. 안(雁)과 획수만 다를 뿐 同字이며 화목하지만, 사회생활과 출세와는 인연이 없다.

安 "편안할 안(安)=움집 면(宀)+계집녀(女)"

집 안에 쪼그리고 앉은 여자를 본떠서 편안하다는 뜻으로 나타낸다. 즉, 여자는 가지런한 몸과 마음으로 집을 지키고 가만히 있어야 편안하다는 뜻이다. 이름에 사용하면 집 안에 갇힌 여자, 더욱 심하게 해석하면 교도소에 갇힌 여자나 병이 들어 꼼짝 못하는 여자란 뜻이다. 특히, 이름에 사용하지 않아도 본인이 여자이므로 사용 불가.

眼 "눈 안(眼)=눈목(目)+간방 간(艮)"

눈으로 방향의 중간지점도 세밀히 살필 수 있다는 뜻이다. 그칠 간(艮)으로 읽으면 눈을 감아버리면 모든 것이 멈춰진다는 뜻이다. 안경점, 콘택트렌즈, 안과의사, 교사, 간호사, 상업 등이 있다.

顔 "얼굴 안(顔)=언덕 언(彦)+머리 혈(頁)"

얼굴과 머리는 낭떠러지처럼 밋밋하게 생겼다는 뜻으로 만들어졌다. 덩치와 키, 얼굴과 머리가 언덕처럼 길고 크거나 예쁘지는 않다는 뜻도 된다. 이름에 사용하면 언덕 언(彦)과 같은 형태의 얼굴이 된다. 언(彦)은 글월문(文)+언덕 엄(厂)+터럭 삼(彡)의 합자로서 글 읽는 선비가 높은 언덕 위에 있다는 뜻이다. 이름의 석자 중에 중간에 사용될 때와 끝에 사용될 때의 영향력은 중간이 먼저다.

<암>

巖 "바위 암(巖)=뫼산(山)+부르짖을 현(口口)+언덕 엄(厂)+용감할 감(敢)"

산 밑에 큰소리치듯이 우뚝 솟은 바위란 뜻이며 암(岩)과 同字이다. 산 밑에 우뚝 솟은 바위를 나타낸다. 도시와 인연이 없고 게으르며, 하는 일이 잘 안되고 신임을 얻기도 힘들며 부모 형제와 인연이 짧다. 종교인, 스님, 무당, 농부, 심마니 등이 있다.

庵 "암자/초막 암(庵)=돌집 엄(广)+오랠/그칠 엄(奄),"

큰 사람이 돌집 밑의 터진 밭에 있다는 뜻에서 본래는 죽은 사람과 같은 형상이지만 큰대(大)는 큰 산(山)을 나타내어 산속의 암자에서 속세를 잊고 사는 스님과 같은 부류의 종교인을 나타낸다. 그래서 종교인이란 속세와 인연이 박한 사람의 신앙심과 살기 위하여 기도하는 사람이다.

岩 "바위 암(岩)"

위의 바위 암(巖)과 같은 글자이다.

菴 "암자 암(菴)"

위의 암자 암(庵), 초막 암과 같은 글자이며 위에 풀초(艹)를 지붕을 이었을 뿐이다.

<앙>

仰 "우러러볼 앙(仰)=사람인 변(亻)+바랄 앙(卬)"

상대편을 높이 평가하여 바라본다는 뜻에서 존경과 사랑의 의미를 나타낸다. 바랄 앙(卬), 격앙할 앙(卬)은 장인 공(工)+병부절(卩)과 같으며, 아래의 우러러볼 앙(仰)과 같은 글자이다.

央 "가운데 앙(央)=큰대(大)+가운데 중(中)"

한 개의 큰 테두리 안의 가장 중앙에 큰 사람이 있는 모습을 본떠서 많은 사람들 중의 가운데란 뜻으로 나타낸다. 그러나 큰대(大)의 사람(人)이 입구(口)의 안으로 들어가는 모양이므로 (四),(囚)가 된다. 사법관, 공직자, 직장인이 좋다.

鴦 "원앙새 앙(鴦)=가운데 앙(央)+새조(鳥)"

머리에 예쁜 벼슬을 달고 있는 새, 화목한 부부를 닮은 새 중의 새라는 뜻이며 가운데 앙(央)은 입구(口)에 뚫을 곤(丨)으로 입을 꿰맨 형상. 남편의 출세가 어렵고 욕심을 부리면 죄수 수(囚)를 조심해야함. 배우자의 덕이 없다. 화류계, 연예인, 가수 등이 있다.

昂 "우러러볼 앙(昂)=날일(日)+바랄 앙(卬)"

뜻을 나타내는 날일(日-해)部와 음(音)을 나타내는 동시(同時)에 '높다'의 뜻-高고)을 가지는 부수(部首)를 제외(除外)한 글자 공(卬)의 전음(轉音)으로 이루어지며, 해가 높이 '뜨다'의 뜻이다. 날마다 바라는 것은 많으나 병든 몸이나 다름없다.

<애>

愛 "사랑 애(愛)=손톱 조(爫)+덮을 멱(冖)+마음 심(心)+뒤띠를 치(夂)"

좋아하는 마음에 다가설까 말까 망설이는 마음을 감추고 손톱만 깨문다는 뜻으로 '사랑'을 뜻한다. 할 일은 밖에 있고 마음은 집 안에 있으니 항상 편하지 못하다. 직장도 가야하고 집 안의 살림도 살아야 하지만 항상 가족이 이끄는 데로 따라간다는 뜻에서 사랑하는 마음으로 나타낸다. 여자도 직장에 다니거나 직업을 가지며 남편의 출세는 보장 못한다.

涯 "물가 애(涯)=삼수변(氵)+끝 애(厓)"

깎아 세운 듯한 벼랑과 물가를 뜻한다.

厓 "언덕 애(厓)=언덕 엄(厂)+양토 규(圭)"

깎아지른 듯한 언덕이 큰 집의 벽처럼 생겼다는 뜻에서 언던 애, 단애 애, 낭떠러지 애로 나타낸다.

哀 "슬플 애(哀)"

옷깃 모양 원(袁)에서 한 획이 빠진 글장에다 옷의(衣)를 붙여서 슬픈 사람이 입은 흰 옷, 상복(喪服)과 슬픔을 나타낸다.

<액>

ㅇ

額 "수량/금액 액(額)=손 객(客)+머리 혈(頁)"

나그네가 숙이는 머리의 대가, 나그네가 머리를 숙여서 얻는 구원의 액수에서 금액으로 나타낸다.

厄 "재앙 액(厄)=언덕 엄(厂)+병부절 (㔾)"

벼랑을 뜻하는 민엄호밑(厂-굴바위, 언덕)部와 몸을 구부려 주의를 기울이다는 뜻인 부수(部首)를 제외(除外)한 글자 㔾(절)로 이루어졌다. 비좁은 벼랑가, 위태롭다의 뜻. 전(轉)하여 災殃(재앙)의 뜻이다.

<앵>

鸚 "앵무새 앵(鸚)=어릴 영(嬰)+새조(鳥)"

계집아이처럼 어린 새, 재롱스러운 새를 나타내어 노래하는 가수나 연예인, 기생 등이지만 복은 없고 아주 약하다.

鶯 "꾀꼬리 앵(鶯)=불꽃 염(炎)+움집 면(宀)+새조(鳥)"

새의 머리가 울긋불긋하게 아름답다는 뜻에서 꾀꼬리로 나타내지만, 새집에 불이 훨훨 타는 모양이다. 불과 물조심.

<야>

夜 "밤 야(夜)=돼지해머리 두(亠)+사람인(亻)변+저녁 석(夕)+파임 불(乀)"

어둡다는 뜻의 밤 야(夜)는 뜻 없는 토 두(亠)가 하늘을 덮은 저녁이 되었으니 사람들은 집 안으로 들어가라는 뜻을 나타내기도 하지만 때로는 저녁 석(夕)의 조각달과 같은 별들이 낱개(个)로 보이는 밤으로도 나타낸다.

野 "들 야(野)=마을 리(里)+줄 여(予)"

마을 사람들에게 먹을 것을 준다는 뜻에서 들판으로 나타냄. 들판은 전답을 주고 곡식과 마을과 물과 땔감도 주는 곳이다.

也 "어조사 야(也)=성씨 먀(乜)+뚫을 곤(丨)"

이 글자와 저 글자를 뚫어서 서로 잇는다는 뜻의 어조사(語助辭)로 쓰인다. 성씨 먀(乜)는 번씨(蕃씨)의 후예이다.

冶 "쇠불릴 야(冶)=얼음 빙(冫)+별 태(台)"

작은 쇳덩이를 대장간에서 달구어서 불리고, 찬물에다 식히기도 한다는 뜻에서 쇠를 불린다는 뜻으로 나타낸다.

<약>

若 "같을 약(若)=초두 변(艹)+오른쪽 우(右)"

초두머리(艹(=艸)－풀, 풀의 싹)部와 右(우－오른손－손으로 물건(物件)을 잡는 일)의 합자(合字). 먹을 수 있는 나물을 캐는 일을 뜻한다. 오른쪽에 있는 풀과 서로 같다는 뜻에서 같을 약으로 나타낸다. 스님이나 종교인이 되고 싶다면 사용해도 좋다.

弱 "약할 약(弱)=책권 규(弓+二)+책권 규(弓+二)"

힘이 빠진 몸 기(己)가 활 궁(弓)으로 변한 상태에다 거듭 첩(疊)을 붙여서 거듭 허약해진 몸이므로 곧 죽음이 임박한 약한 사람으로 나타낸다. 거듭 첩(疊)의 약자는 두 개의 점(:)이 합류하여 두 이(二)를 닮은 글자이다.

約 "언약 약(約)=실사(糸)+술잔 작(勺)"

한 잔의 작게 나눈 술잔이 인연으로 이어진다는 뜻에서 약속으로 나타낸다. 실로 매듭을 짓듯이 묶는다는 뜻에서 약속한다는 뜻으로 구기 작이라고도 하는 이 글자는 쌀포(勹)에 표시할 주(丶)의 합자이다. 한약방, 약재상, 약국, 방적, 실과 의류, 요식업 등이 있다.

躍 "뛸 약(躍)=발족(足)+꿩 적(翟)"

쪼그리고 앉은 날개 달린 꿩에게 발을 붙였으니 뛴다. 약진한다. 도약한다는 뜻으로 나타난다. 그러나 날고 달리는 새와 짐승의 이름에는 합당하지만, 사람에게는 불가하다.

藥 "약 약(藥)=초두 변(艹)+즐거울 락(樂)"

즐겁기 위하여 사용하는 것이 풀이나 잡초로 만든 약, 또는 먹거나 사용해서 즐겁기 위한 수단, 건강과 행복을 누리기 위한 수단으로 사용하는 것이 약초란 뜻이다. 그러나 이름에 사용하면 약초를 재배하거나 농업, 가수, 악사, 약사 등의 직업을 가지지만 결론적으로는 풍류를 즐기는 인물이다.

<양>

驤 "달릴 양(驤)=말마(馬)+도울 양(襄)"

말의 도움을 받아 달려간다는 뜻이다. 즉, 말을 타고 달린다는 뜻이다. 남을 태워다 주는 마부, 운전사, 기수 등의 직업을 가진다. 두울 양(襄)=돼지해머리 두(亠)+ 부르짖을 현(口口)+두개의 무성할 봉(丰丰=丘)+옷의(衣)=크게 고함을 지르는 것도 남을 위함이요. 옷을 입고 예쁘게 보이는 것도 남의 눈을 위함이라 한다. 두 개의 무성할 봉(丰丰)은 언덕 구(丘)의 약자이다.

陽 "볕 양(陽)=언덕부 변(阝)+바꿀 역(昜)"

언덕 밑은 원래 음지(陰地)이지만 음지에서 양지(陽地)로 바뀐(昜)다는 뜻에서 빛으로 나타낸다. 역(昜)은 태양(日)에다 어조사로 쓰이는 말 물(勿)을 붙여서 만들어진 글자이다. 재물이나 명예를 얻기 위해서는 본심과 성품도 바꾸고 직장도 한곳에 머무르지 못한다. 점쟁이, 역학자, 금융 등이 있다.

讓 "사양할 양(讓)=말씀언(言)+도울 양(襄)"

서로 말다툼하다에서 사양하다의 뜻으로 발전했다. 남을 돕기 위하여 나는 물러난다는 뜻으로 만들어졌다. 도울 양(襄)은 돼지해머리 두(亠)+ 부르짖을 현(口口)+걸 표(表)=말로서 표현한다는 뜻이다. 걸 표(表)는 무성할 봉(丰丰)이 하나뿐이지만 (丰)을 하나 더 붙인 글자다. 남을 돕는다는 뜻이므로 자신의 위치를 확고히 하지는 못한다.

羊 "양 양(羊)"

양머리 양(羊)에 꼬리를 길게 단 글자이다. 머리의 두 개의 점은 양의 뿔을 나타낸다. 온순하고 착하며 맑고 깨끗하다는 뜻에서 신(神)에게 바치는 재물(재물)로서 사용된다. 교사, 학원, 무당, 연예인, 종교인, 식당, 식육점, 서비스업 등이 있다.

楊 "버들 양(楊)=나무목(木)+쉬울 이(易)"

잎과 가지가 쉽게 뻗어 잘 자란다는 뜻에서 버드나무로 나타낸다. 또, 바꿀 역(易)으로 읽으면 휘청이는 가지가 이곳저곳으로 잘 흔들거리는 나무로 나타낸다. 이름에 사용하면 바꿀 역(易)의 영향력이 많이 나타난다.

揚 "날릴 양, 까부는 양(揚)=제방 변(扌)+바꿀 역(易)"

어떤 물건을 손으로 들고 날리게 하기 위하여 까부른다는 뜻이다.

洋 "큰바다 양(洋)=삼수변(氵)+양 양(羊)"

羊(양)은 양, 아주 옛날 신에게 바치는 희생의 짐승 중에서도 양은 가장 소중히 취급되었으므로 훌륭함・성장(成長)하다는 뜻으로 羊(양) 자를 썼으며, 물수(水=氵, 氺)는 시내, 시냇물이 가득하여 장한 모양, 나중에 큰 바다의 뜻으로 깨끗하고 착한 것에다 물(氵)을 붙여서 더욱 넓고 큰 바다와 같다는 뜻으로 나타낸다. 수산업, 어부, 선박, 역학자, 점쟁이, 연예인, 식당, 횟집 등이 있다.

孃 "계집아이 양(孃)=계집녀(女)+도울 양(襄)"

孃의 본자(本字). 뜻을 나타내는 계집녀(女-여자)部와 음(音)을 나타내는 양(襄)으로 이루어졌다. 커다란 여자의 뜻으로 본래(本來) 어머니를 가리키는 속어(俗語), 전(轉)하여 娘(낭=소녀의 존칭)과 혼용(混用)된다.

襄 "도울 양(襄)=돼지해머리 두(亠)+ 부르짖을 현(口口)+겉 표(表)+무성할 봉(丰丰)"

옷을 입거나 큰 소리를 지르는 것도 남의 눈을 위함이란 뜻이다. 겉 표(表)에 무성할 봉(丰)이나 두 개의 무성할 봉(丰丰)+옷의(衣)와 같은 글자이다.

養 "기를 양(養)=밥 식(食)+양 양(羊)"

양에게 밥을 먹여서 기른다의 뜻으로 나타낸다. 양머리(羊)은 착하고 선한 백성을 나타내어 좋은 사람을 양육한다는 뜻이다.

<어>

於 "어조사 어(於)=모 방(方)+사람인(人)+거듭 첩(疊의 본자(:))"

한쪽 모서리에서 거듭으로 신음 소리를 낸다는 뜻이므로 '통곡할 오, 오흡다 호, 어조사 오'로도 나타낸다. 조선 시대의 요녀(妖女) 어우동의 이름과 운명이 현실적으로 잘 나타났다.

魚 "고기 어(魚)=쌀포(勹)+발 전(田)+연화발(灬)"

지느러미가 달린 민물고기를 나타낸다. 쌀포(勹)+발 전(田)은 수레 승(승)과 同字로서 고기의 몸은 지느러미의 힘으로 움직이는 수레와 같다는 뜻으로 만들어졌다. (勹)는 머리와 입이며 (田)은 비늘과 몸통, 연화발(灬)은 지느러미다. 이름에 사용하면 어부, 선박, 수산업, 생선가게에 종사할 확률이 많으며, 불과 물, 건강조심.

御 "모실 어(御)=자축거릴 척(彳)+짐벗을 사(卸)"

禦의 간체자(簡體字). 길을 가는 뜻의 征(정)의 생략형(省略形)(征에서 一자를 뺀 자)과 무릎을 꿇고 앉은 모양-병부절과 음(音)을 나타내는 午(오→어는 변음(變音))로 이루어졌다. 무릎을 꿇고 貴人(귀인)의 通行(통행)을 마중하는 뜻이다. 恭遜(공손)하게 하는 데서부터 전(轉)하여 敬語(경어)가 된다.

語 "말씀 어(語)=말씀언(言)+나 오(吾)"

나의 말, 내 말과 내 글이란 뜻이다. 나오(吾)는 다섯 오(五)+입구(口)로서 어그러진다는 뜻으로도 나타낸다. 즉, 어그러진 입, 어그러진 말씀이란 뜻도 된다. 행동은 게으르고 입만 살았으니 입으로 먹고사는 사는 직업 언론학자, 교육계, 가수, 작가 등이지만 재물 복은 약하다.

<억>

億 "억 억(億)=사람인 변(亻)+뜻 의(意)"

뜻이 있는 사람은 수많은 것도 생각하고 얻을 수도 있다는 뜻이다. 뜻의(意)는 소리 음(音)+마음심(心) 합자이다. 즉 마음에 있는 것을 소리로 나타낼 뿐이다.

憶 "생각할 억(憶)=심방 변(心)+뜻의(意)"

심방변(忄=心;마음, 심장)과 단단히 누른다의 意(의)로 이루어짐. 마음에 단단히 새겨 외다의 뜻.

넓고 크게 가졌던 뜻도 생각뿐이다. 즉 현실과는 다르다는 뜻이다.

抑 "누룰/굽힐 억(抑)=제방변(扌)+바랄/높일 앙(卬)"

뜻을 나타내는 재방 변(扌(=手)－손)部와 음(音)을 나타내는 印(인→억은 변음(變音))을 뒤집은 것으로서 도장을 누름을 나타낸다. 나중에 재방 변(扌(=手)－손)部를 더하여 누르는 뜻이 된다. 바라는 것이 있어서 남을 억제하거나 내가 굽힐 수도 있다는 뜻이다. 바랄 앙(卬)은 장인 공(工)+병부절(卩)의 합자이다.

<언>

言 "말씀언(言)=입구(口)+네 개의 표할 주(점)"

심장에서 우러나오는 생각을 표현하기 위하여 입(口)을 벌렸을 때 그 표현이 점(丶)으로 나타난다. 어려서는 똑똑하고 영리하여 말을 잘한다. 그러나 복록이 많지 않지만, 교수, 교사 학자가 되면 좋고, 음악가, 가수, 연예인, 입으로 생계를 유지하면 복이 적다.

焉 "어찌 언(焉)=바를 정(正)+어조사 여(与)+연화발(灬)"

바른 것과 보이지 않는 발(灬)은 어디에 있는가? 하는 물음에서 어조사로 쓰이는 글자다. '거지 갈, 빌 개(丐)로 시작되는 글자이며, 보이지 않을 면(丏)과 닮았으므로 안질과 눈병, 소경의 위험이 있으며 먹을 것이 부족하다.

彦 "언덕 언(彦)=글월문(文)+언덕 엄(厂)+터럭 삼(彡)"

사람들이 숲처럼 많이 모인 자리의 위에 앉은 선비란 뜻이다. 글을 읽어서 남보다 뛰어난 학자를 나타내지만 이름 석 자의 뜻과 연결이 부족하면 농사꾼이나 건달, 정치인이 된다. 그러나 제법 명예를 얻고 나면 정치에 욕심도 부리지만 불명예에 조심해야 한다.

<엄>

奄 "오랠 엄(奄)=큰대(大)+펼 신(申)"

큰 사람이 터진 밭(田)을 깔고 앉았으니 뜻을 펼 수가 없다는데서 문득 엄, 가릴 엄으로도 나타낸다.

ㅇ

특히, 위의 큰대(大)는 사람을 표시한 글자가 아니고 큰 산(山)을 나타내고 터진 밭(申)을 귀신(鬼=由)의 시작이므로 이미 끝났으니 산속에 묻힌다는 뜻으로 연결된다. (奄)의 위에 돌집 엄(广)만 있으면 암자 암(庵)이 된다. 점쟁이, 무당, 각종 종교인 등이 있다.

嚴 "엄할 엄(嚴)=부르짖을 현(口口)+언덕 엄(厂)+용감할 감(敢)"

吅(훤)은 바위가 널린 모양, 바위가 많이 널린 험한 산이 엄하다. 용감하게도 고함을 크게 질러서 엄한테 위엄을 나타내고 '구태여 감, 범(犯)할 감(敢)' 으로도 나타내며 장인 공(工)+귀 이(耳)+똑똑두드릴 복(攵)의 합자로서 해서는 안 될 짓거리도 잘하여, 범죄자가 되는 일이 많다. 위에다 산(山)만 있으면 바위 암(巖)이 된다.

俺 "나 엄(俺)=사람인 변(亻)+오랠 엄(奄)"

사람이 살 수 있는 암자이니 곧 나의 암자란 뜻이다.

掩 "가릴 엄(掩)=제방 변(扌)+오랠 엄(奄)"

재방 변(扌=手;손)과 '어둡다'의 뜻(;暗)을 나타내는 奄(엄)으로 이루어지며 손으로 어두운 그림자를 만드는 것처럼 덮어씌우는 뜻에서 덮칠 엄으로도 나타낸다.

<업>

業 "일 업(業)=언덕 구(丘)+오랑캐 강(羌)"

오랑캐 강(羌)은 양머리 양(羊)의 아래에 사람인(人)이 붙은 글자와 同字이며 윗 글자는 언덕 구(丘)와 同字로 쓰인다. 순수한 글자의 뜻을 새기면 오랑캐처럼 생긴 사람들이 한 구덩이에서 일한다는 뜻이다. 여기서 오랑캐란 당시의 천민들과 일꾼, 종(從)들을 나타낸다. 이름에 사용하면 선한 양머리가 구덩이에 빠진 형상이 된다.

<여>

與 "더불어 여(女)=절구 구(臼)+어조사 여(与)+여덟 팔(八)"

어조사 여(与)와 同字로 쓰임. 절구 구(臼)는 한 구덩 안에서 여러 사람과 함께라는 뜻이다. 절구 구(臼)는 절구통과 같은 구덩이를 나타내고 여덟 팔(八)은 존경의 의미로서 책상 기(丌)와 같은 받침을 나타낸다. 화가, 작가, 사진, 복사기, 연예인, 방앗간, 식당 등이 있다.

餘 "남을 여(餘)=밥 식(食)+나 여(余)"

내가 먹고도 남은 음식이란 뜻에서 남았다는 뜻으로 만들어졌다. 나 여(余)는 사람인(人)+벼화(禾)를 붙여서 내가 사용할 곡식이란 뜻이다. 밥 식(食)은 사람인(人)+어질량(良)의 합자로서 착한 사람에게 베푸는 것이므로 음식으로 나타낸다. 나이보다 많이 보임. 식당, 서비스업, 농업 등이 있다.

如 "같을 여(如)=계집녀(女)+입구(口)"

원래는 입(口)도 있고 계집(女)도 함께 붙은 것인데 하필이면 왜 붙이느냐는 뜻에서 이러나 저러나 같다는 뜻, 즉 입과 여자는 함께 있기 때문이다. (女)는 너 여(女)와 同字로 쓰이며 女에 오줌을 싸면(氵) 축축할 여(汝)가 된다.

汝 "너 여(여)=삼수변(氵)+계집녀(女)"

여자도 물처럼 흘러 다니다가 멈추는 곳에서 산다는 뜻에서 너라는 뜻으로 나타낸다. 떠돌이 여자, 강과 고을의 이름으로 쓰던 글자이다.

輿 "수레 여(輿)=절구 구(臼)+수레거(車)+여덟 팔(八)"

뜻을 나타내는 수레거(車☞수레, 차)部와 음(音)을 나타내는 동시(同時)에 있다, 놓다의 뜻을 나타내기 위한 여(臼+十十)로 이루어진다. 車(차)의 사람이 타는 곳, 물건(物件)을 싣는 곳, 전(轉)하여 수레의 뜻으로 나중에 여(臼+十十)가 擧(거)와 통하여 사람이 뫼는 가마의 뜻이 된다.

<역>

亦 "또 역(亦)=여섯 육(六)+선칼도(刂)"

다시, 또 한번 일어선다는 뜻에서 '모두 다'라는 뜻으로도 나타낸다. 사람이 서 있는 형상의 여섯 육(六)에 선칼도(刂)를 붙인 것은 수술대에 누운 사람의 형상을 나타내어 환자가 일어나기를 바라는 치료(치료)의 효과를 누린다. 이 글자에 한 일(一)을 보태면 붉을 적(赤)이 되므로 글자의 뜻은 거의 같고 의사, 간호원이 안되면 환자가 될 우려가 있다.

易 "바꿀 역(易)=날일(日)+말 물(勿)"

자연의 합당한 이치를 바꾸지 말라는 뜻이지만 무엇이든 자주 바꾸게 된다. 물론, 직업과 상업, 마누라와 이름까지도 바꾸고 싶다는 생각을 가지며 직업은 역학자, 점쟁이 무당, 종교인, 인쇄소, 책방, 금융계 등이 있다.

域 "구역 역(域)=흙토(土)+혹시 혹(或)"

가지는 或(혹→역은 변음(變音))으로 이루어졌다. 즉, 토지(土地)의 넓이, 지경(地境)을 뜻한다. 땅과 땅의 경계선을 나타낸다.

譯 "통역 역(譯)=말씀언(言)+엿볼/바꿀 역(睪)"

남의 말을 바꾸어 말하는 통역을 뜻한다. 엿볼 역(睪)은 그물망(罒)+다행 행(幸)의 합자로서 죄인 잡을 역(睪)으로도 나타내며 경찰, 사법관, 통역관, 정치인, 죄수 등이 있다.

驛 "역말 역(驛)=말마(馬)+엿볼/바꿀 역(睪)"

말을 바꿔 타는 곳을 뜻한다. 운전사, 마부, 심부름꾼의 이름이다.

逆 "거스릴 역(逆)=쉬엄쉬엄 갈 착(辶)+거스릴 역(屰)"

정도를 걷지 않고 갈 길을 거슬러서 간다는 뜻에서 거역할 역으로도 나타낸다. 쉬엄쉬엄 갈 착(辶)이 없어도 같은 글자이다. 거스릴 역(屰)의 古字는 제기(凵)+왼손 좌(左)의 합자이다.

<연>

延 "끌/미칠 연(延)=바를 정(正)+당길 인(廴)"

조용히 있는 것을 끌어내어 길거리로 돌아다닌다. 또는 조용히 있는 사람을 길거리로 나오도록 독촉한다는 뜻도 된다. 당길 인(廴)은 쉬엄쉬엄 갈 착(辶)과 같은 뜻을 지니며 헬스클럽의 운동기구, 견인차, 사다리차, 포크레인, 운전사, 장사꾼과도 연관된다.

沿 "물따라 내려갈 연(沿)=삼수변(氵)+안석 궤(几)+입구(口)"

물 위에 떠내려가는 네모난 궤짝을 나타낸 글자로서 배 주(舟)를 붙이면 배 선(船)이 되는 글자다. 이름에 사용하면 어부나, 선박, 뱃사공이 된다.

演 "넓힐/길게흐를 연(演)=삼수변(氵)+동방 인(寅)"

작은 것을 넓게 넓히는 것을 나타낸다. 물이 멀리 흐른다는 뜻이다. 동방 인(寅)은 움집 면(宀)+말미암을 유(由)+여덟 팔(八)이며 말미암을 유(由)+여덟 팔(八)은 귀신 귀(鬼)로 통하므로 진실성이 부족하고 연극과 장사에 소질이 있다. 부모 형제와 인연이 짧거나 덕이 없다.

然 "그럴 연(然)=저녁 석(夕)+개 견(犬)+연화발(灬)"

개(犬)고기(月)를 불(火)에 구워 먹어야 하는 것은 당연하다는 뜻이다.

研 "연구할/갈 연(硏)=돌석(石)+평평할 견(幵)"

둥글고 모난 돌을 평평하도록 간다는 뜻에서 연마할 연으로 나타내지만, 본래는 벼루 연(硯)의 古字로서 같은 뜻을 나타낸다. 평평할 견(幵)은 두 개의 방패 간(干+干)이 합류한 글자로서 간통할 간(奸)으로 만들어지는 글자이다. 연구원, 학자, 교사, 건축, 석공, 레미콘 등이 있다.

燕 "제비 연(燕)=밑스물 십(廿)+북녘 북(北)+입구(口)+연화발(灬)"

(廿)은 제비의 예쁜 머리를 북(北)은 펼친 날개, (口)는 몸통, 연화발(灬)은 꼬리와 따뜻한 남쪽의 기운을 나타내어 제비로 상징한다. 이름에 사용하면 부모 형제와 인연이 짧거나 부부의 애정이 빈약하고 팔도를 돌아다니지만 이루어지는 것을 적다.

緣 "인연 연(緣)=실사(糸)+주역단사 단(彖)"

돼지가 달아나지 않도록 실로 붙잡아 맨다는 뜻에서 인연으로 나다내지만 억지로 잡아맨 인연이다. 단(彖)은 고슴도치 계(彑)+돼지시(豕)의 합자로서 돼지 달아날 단(彖)으로 나타낸다. 부모 형제와 인연이 박하고 붙잡아맨 배우자도 끈이 풀어지면 달아날 수 있으며 건강에 수술, 사고 등 조심해야 한다.

淵 "못 연(淵)=삼수변(氵)+널각 장(爿)+조각 편(片)

상수도와 농사, 공업용수에 이용하기 위하여 만든 댐이나 연못을 나타내며, 널조각 장(爿)+조각 편(片)은 멀 경(冂)+쌀미(米)로서 멀 경(冂)은 댐의 제방이며 쌀미(米)는 전답의 곡식을 나타냄.

연못, 댐 관리인, 수리조합, 농업, 정치인, 상업, 식당 등 다양하다.

姸 "고울 연(姸)=계집녀(女)+평평할 견(幵)"

별로 모난 곳이 없는 평범한 여자란 뜻이지만 견(幵)은 방패 간(干)이 두 개 합류한 글자로 창끝으로 찌른 형상에서 오랑캐 견, 도적놈 견으로 나타내며 이성 관계에서는 성기(性器)를 표현하여 찌를 간, 범할 간, 눈물 흘릴 간으로 나타낸다. 조심스러운 글자이다.

娟 "아름다울 연(娟)=계집녀(女)+작은벌레 연(肙)"

작은 벌레 같이 예쁜 여자란 뜻이다. 그 이유는 작은 벌레가 기어가는 모양이 예쁘다는데서 예쁜 여자를 비유한 글자이다. 요염한 자태로 하늘거리는 모양이 벌레를 닮았다는 뜻이며 벌레 연(肙)에 육달월 변(月)이 있으므로 섹스를 즐기며 사고, 수술 등에 조심해야 한다.

硯 "벼루 연(硯)=돌석(石)+볼 견(見)"

들여다보고 살피는 돌이므로 벼루를 만드는 돌을 나타낸다. 이름에 사용하면 학문과 서예에는 밝지만 복록은 없다.

燃 "불탈 연(燃)=불화 변(火)+그럴 연(然)"

살코기와 개의 밑에 불을 붙였는데 또다시 불을 붙였으니 불이 탄다는 뜻이다. 사용하면 사람이 천박해지며 불과 물을 조심해야 한다.

煙 "연기 연(煙)=불화(火)+덮을 아(亞)+임금왕(王)"

연기가 자욱하면 왕의 얼굴도 덮는다는 뜻으로 만들어졌다. 담배 연기나 대기 오염이 심하면 임금도 죽는다는 뜻과 같다. 안개처럼 자욱하다는 뜻에서 안개 연(煙)으로도 나타내며 또는 덮을 아(亞)를 서녁 서(西)로 읽고 흙토(土)와 합류시키면 연기가 땅을 덮는다는 뜻이다.

宴 "잔치 연(宴)=날일(日)+편안 안(安)"

늙은 나이지만 편안히 살고 있으니 잔치를 연다는 뜻이다. 늦을 안. 편안할 안(安)과 同字로 쓰인다. 즉, 날일(日)이 갓미리(宀)의 위에 있이도 같은 글자이다. 하지만 이름에 사용하면 여지기 날미디 잔치를 열고 연회를 즐긴다는 뜻이 될 수도 있다.

輭 "연약할 연(輭)=수레거(車)+하품할 흠(欠)"

뜻을 나타내는 車(거)와 음(音)을 나타내는 연(－본자 輭의 而(이)＋大(대))으로 이루어졌으며, 차바퀴가 느슨해져서 연하게 되다의 뜻에서 연하다, 부드럽다의 뜻으로 쓰인다. 돌아다니는 장사꾼이나 운전사의 직업이다.

衍 "퍼질/넓힐 연(衍)=갈 행(行)+삼수변(氵)"

삼수변(氵(=水, 氺)－물)部와 行(행)의 합자(合字). 물이 흘러감의 뜻으로 퍼짐의 뜻은 음의 차용이다.

烟 "연기 연(烟)=불화(火)+해칠 인(因)"

자욱한 연기가 상자(口)에 갇힌 큰사람을 해친다는 뜻이며 연기 연(煙)의 속자(속자)다.

涓 "가릴/물방울 연(涓)=삼수변(氵)+벌레 연(肙)"

졸졸 흐르는 물로 물이 작은 벌레처럼 작게 생겼다는 뜻에서 물방울로 나타내고, 또는 작은 벌레 떼가 연못을 가린다는 뜻에서 '가릴 연'으로도 나타낸다. 벌레 연(肙)과 동자.

<열>

悅 "기쁠 열(悅)=심방 변(忄)+바꿀 태(兌)"

마음의 바르지 않음을 없애다의 뜻과 전(轉)하여 기뻐하다를 뜻한다. 갖가지 잡념을 털어버리고 마음을 바꾸어서 흥겹다는 뜻으로 나타낸다. (兌)는 지름길 태, 서쪽방위 태, 바꿀 태로도 나타내며, 바꿀 태(兌)는 여덟 팔(八)+맏 형(兄)=동생이 형을 받들며 살아도 결국 의롭지 못하고 지름길로 돌아다니는 직업을 가지며 형의 위치를 내가 지키는 입장이 된다.

熱 "뜨거울 열(熱)=잡을 집(執)+연화발(灬)"

뜨거운 불기운이 모였다는 뜻에서 무더울 열로 나타내며, (執)의 다행 행(幸)+둥글 환(丸)이 옳지만 (熱)의 잡을 집(執)은 아비 부(夫)로 구성되었으나 같은 글자이다. 사용하면 불과 물조심을 해야 한다. 항상 목마른 삶이 된다. 다만 환약을 만드는 한약방, 한의사, 제약회사를 경영하면 액운을 면한다.

閱 "볼/살필 열(閱)=문 문(門)+바꿀 태(兌)"

뜻을 나타내는 문문(門-두 짝의 문, 문중・일가)部와 음(音)을 나타내는 열(門자를 뺀 나머지 글자)로 이루어졌다. 사당의 오른쪽 기둥이 있는 곳, 옛날엔 여기에서 거마(車馬)를 줄로 세워 놓고 헤아렸으며, 그러므로 '점고하다' 보다, 전(轉)하여 책을 '읽다'의 뜻으로도 쓰인다. 문안에서 바꾸고자 하고 지름길을 찾는다는 뜻이므로 허황된 생각을 나타낸다.

<염>

艶 "고울 염(艶)=풍년 풍(豊)+빛 색(色)"

갖가지의 아름다운 색상이 만연하다는 뜻에서 고울 염, 탐스러울 염으로도 나타내며, 이름에 사용하면 인물은 아름다우나 복록이 약하고 박명(薄命)의 우려가 있다.

染 "물들일 염(染)=샘 궤(氿)+나무목(木)"

샘물가에서 나무에다 물을 들인다는 뜻으로 만들어졌으며, 여기에서의 샘(샘)이란 염색소를 넣은 물통을 상징한다. 사람을 상징한 나무(木) 위에 샘물의 물통을 얹었으니, 익사(溺死)를 조심해야 한다. 직업은 염색공장, 화공약품, 제약사, 한약방, 방적 의류 등이 있다.

炎 "불꽃 염(炎)"

두 개의 불화(火)를 포개어 훨훨타는 불이 더욱 뜨겁게 탄다는 뜻에서 덥다. 뜨겁다의 뜻을 나타내며 두 개의 불화(火)가 옆으로 나란히(火火) 있는 글자는 불성할 계(火火)로 읽지만 불꽃 염과 같은 뜻의 글자이다.

琰 "비취옥 염(琰)=구슬옥(玉)+불꽃 염(炎)"

불이 타는 듯이 붉은 색을 띤 돌을 나타낸다.

鹽 "소금 염(鹽)=신하 신(臣)+사람인(人)+소금밭 로(鹵)+그릇 명(皿)"

허리가 구부러진 노인이 소금단지를 지고 팔러 다니는 모양을 나타내며, (臣)은 구부린 신하의 눈을 본뜬 글자이며 사람인(人)과 그릇 명(皿)은 항아리와 사람을 나타내고 소금밭로, 쌀 로(鹵)의 (ㅁ)속에 든 글자는 쌀미(米)로서 음식의 일종으로 나타내며 점 복(卜)은 복(福)으로 나타낸다. 소금장수와 간장, 된장, 식품가게를 나타낸다.

<엽>

葉 "잎 엽(葉)=초두 변(艹)+엷을 엽(世+木)"

풀잎처럼 엷고 연약한 나뭇잎을 나타내며, 초두 변(艹)+엷을 엽(世+木)은 통하는 글자이다. 인간 세(世)가 나무(木) 위에 앉았으니 위험하다는 뜻의 위에 또다시 풀(艹)을 뒤집어썼다. 직업은 임업, 농업, 과수, 등산가, 낚시꾼, 간호사, 미용사, 식육점, 약재상 등이 있다.

燁 "빛날 엽(燁)=불화(火)+빛날 화(華)"

많은 가족이 사는 집 안에 불빛이 밝으니 빛이 난다는 뜻이지만 화목해야 빛이 난다를 의미한다. 물과 불조심.

曄 "성할/빛날 엽(曄)=날일(日)+빛날 화(華)"

위의 빛날 엽(燁)과 同字.

<영>

盈 "찰 영(盈)=이에 내(乃)+또우(又)+그릇 명(皿)"

이에 내(乃)에다 사람인(人)을 닮은 또우(又)를 붙인 것은 아이 밸 잉(孕)과 같이 배가 부르다는 뜻에 그릇(皿)을 붙여 넘친다는 표현. 그릇에 올려진 태반(胎盤)과 같은 뜻이다. 13세에 생리가 시작되고 어려서 임신을 경험할 수 있으며 자식 때문에 고통을 받는다. 산부인과, 간호사 등이 있다.

映 "비칠 영(映)=날일 변(日)+가운데 앙(央)"

햇살이 가운데로 비친다는 뜻이다. 가운데 앙(央)은 큰대(大)+가운데 중(中)의 합자로서 사람들의 가운데란 뜻이지만 사람인(人)이 구(口)의 안으로 들어갈 수도 잇음을 암시하여 가운데 중(中)으로 형성된다. 정치, 공직자, 직장인으로서 욕심을 부리면 관재구설이 따르고 퇴직이 빠르다.

榮 "영화 영(榮)=불꽃 염(炎)+송나라 송(宋)"

송나라의 번영함이 불꽃이 일어나듯 한다는 뜻으로 만들어졌다. 측자결에서는 두 개의

ㅇ

불화(火火)는 촛불()을 상징하고 멱(冖)은 '제사 상'이며 나무(木)는 시체나 환자를 나타내기도 한다. 아버지의 덕이 없고 가족의 건강, 불조심, 의사, 간호사, 식육점, 장의사, 미용사 등이 있다.

詠 "읊을 영(詠)=말씀언(言)+길 영(永)"

말을 길게 이어가다. 울음을 길게 울다. 노래를 길게 읊다의 뜻으로 나타낸다. 길 영(永)은 물이 길게 흐르는 모양인데 입에서 나오는 말을 붙였으니 슬픈 노래란 뜻이다. 이별 수, 건강, 사고 등에 조심. 교사, 학자, 장의사, 병원, 간호사, 국악, 가수 등이 있다.

楹 "기둥 영(楹)=나무목(木)+찰 영(盈)"

속이 꽉 찬 굵은 기둥이란 뜻으로 나타냄. 찰 영(盈)은 이에 내(乃)+또우(又)=사람의 뱃속에 또 사람이 있다는 뜻에 그릇 명(皿)을 붙여서 꽉 찼다는 뜻으로 나타낸다. 즉, 잉태(孕胎)한 산모(産母)가 기둥에 기댄 모습. 산부인과, 약사, 간호사, 건축, 목수, 과수, 농업 등이 있다.

英 "꽃부리 영(英)=초두 변(艹)=가운데 앙(央)"

가장 중앙에 위치한 꽃의 입술을 나타낸다. 꽃을 피우지 못하면 미천한 꽃이므로 수명이 연장되고, 꽃을 피우면 화무십일홍(花無十日紅)이 되어 수명이 단축된다. 남편은 출세하지 못하며 만약, 출세하면 이별한다. 교육계, 직장인, 운전사, 꽃집, 서비스업, 장의사, 연예인, 농업 등.

永 "길 영(永)=물수(水)+표할 주(丶)"

흐르는 물의 모양에서 한 개의 점을 붙여 '길게 흐르는 강물'을 나타내며, 발복(發福)의 시간이 늦고 옳게 배우지 못하면 허황된 꿈에 매달려 욕심이 많고 건달이 될 우려가 있다. 젊어서는 공직자가 좋다. 잘 배우지 못하면 운전사, 장사꾼이 되어 실속이 없고 돌아다니기를 즐긴다. 장질환, 위장병 조심해야 한다.

泳 "헤엄칠 영(泳)=삼수변(氵)+길 영(永)"

많은 물이 흐르는데 다시 물을 더 보탰으니 헤엄을 칠 정도로 많다는 뜻이다. 정치인이나 공직자가 되더라도 허황된 꿈이 크고 욕심이 많으므로 옳게 배우지 못하면 건달이 될 우려가 있다.

濚 "물소리 영(濚)=삼수변(氵)+지을 영(營)"

흐르는 물소리가 음악을 만든다는 뜻이다. 위의 지을 영 참조.

迎 "맞이할 영(迎)=바랄 앙(卬)+쉬엄쉬엄 갈 착(辶)"

迊과 동자(同字). 뜻을 나타내는 책받침(辶(=辵)-쉬엄쉬엄 가다)部와 음(音)을 나타내는 동시(同時)에 우러러 본다는 뜻을 가진 부수(部首)를 제외(除外)한 글자인 卬(앙-영은 변음(變音))으로 이루어졌으며, 오는 사람을 우러러 맞이한다는 뜻이다. 쉬면서 천천히 가더라도 바라는 것을 얻을 수 있다는 뜻이다. 그러나 바랄 앙(卬)의 뜻과 숫자가 부족하므로 명예와 재물에 욕심을 버리고 최선을 다하면 좋다.

影 "그림자 영(影)=볕 경(景)+터럭 삼(彡)"

뜻을 나타내는 터럭삼(彡-무늬, 빛깔, 머리, 꾸미다)部와 음(音)을 나타내는 景(경-일광-영은 변음(變音))의 합자(合字)이다. 아름다운 일광의 뜻으로 나중에 光(광)은 陽光(양광), 影(영)은 陰光(음광)으로 區別(구별)해서 쓰이게 된다. 어떤 물체를 현실이 아닌 그림자가 그림, 사진으로 나타낸다는 뜻이다. 사진사, 복사, 도장, 화가, 작가, 무당, 역학자 등이 있다.

暎 "비출 영(暎)=날일(日)+꽃부리 영(英)"

꽃의 입술에 태양이 비친다는 뜻이다. 위의 비칠 영(영)과 같이 쓰이지만 초두 변(艹)의 풀을 뒤집어 썼으므로 꽃부리 영(英)을 참조하라.

渶 "물맑을 영(渶)=삼수변(氵)+꽃부리 영(英)"

아름다운 꽃잎이 물에 비치니 물이 맑다는 뜻이다. 꽃부리 영(英)참조.

瑛 "옥광채 영(瑛)=구슬옥(玉)+꽃부리 영(英)"

돌을 갈아서 만든 구슬이 꽃잎처럼 예쁘게 빛이 난다는 뜻에서 옥이 광체를 낸다는 뜻이다. 그러나 어차피 돌과 꽃, 돌과 화초일 뿐이므로 무당이나 종교인이 될 우려가 있다. 꽃부리 영(英)참조.

鍈 "방울소리 영(鍈)=쇠금(金)+꽃부리 영(英)"

쇠로 만든 방울이 아름다운 꽃의 소리와 향기처럼 아름답다는 뜻에서 만들어진 글자다. 그러나 어차피 쇳소리와 꽃잎일 뿐이므로 무당이나 종교인이 될 우려가 있다. 꽃부리 영(英)참조.

營 "지을 영(營)=불꽃 염(炎=火火)+집 궁(宮)"

집 위에 화목한 기운이 오른다는 뜻이지만 초상집이 될 수도 있다. 집 궁(宮)의 속글자는 풍류, 음악, 시끄러운 소리가 들리기 때문이다. 직업은 음악가, 연예인, 국악, 가수, 장의사 등이 있다.

<예>

乂 "풀벨 예(乂)=삐침(丿)+파임 불(乀)"

사람인(人)의 변형체로서 어질고 뛰어난 인재란 뜻으로 나타내지만, 실상은 쓸모없는 것은 잘라내고 옳은 것만 사용한다는 뜻에서 정리하다, 풀을 베다, 풀을 좌우로 후려쳐 쓰러트림의 뜻으로 나타낸다. 즉, 가위질하는 형상으로서 죽일 살(殺)의 약자(略字)로도 사용된다. 또한, 풀벨 예(乂)+나무목(木)은 살(殺)의 약자이며 예(乂)가 두 개면 괘 효(爻)가 된다. 부모나 가족과의 인연이 짧을 수도 있다.

譽 "기릴 예(譽)=더불어 여(與)+말씀언(言)"

이미 했던 말과 행위를 더불어 좋게 평가한다는 데서 뜻을 기린다로 나타낸다. 절구 구(臼)+어조사 여(与)는 절구속에 함께 든 곡식과 같다는 뜻과 더불어 여(與)의 약자는 어조사 여(与)로 쓰이며, 욕심이 많다. 직업으로는 학자, 교육자, 화가, 작가, 방앗간, 음식점, 정미소 등이 있다.

藝 "재주 예(藝)=초두 변(艹)+심을 예(埶)+이를 운(云)"

나무를 심기도 하고 풀을 베다가 이리저리 엮어서 어떤 물건을 이룬다는 뜻에서 손재주와 창작품의 기술을 나타낸다. 직업으로는 기술직 공무원, 교사, 한의원, 간호사, 기능공, 예술가, 작가, 화가, 연극인 등이 있다.

豫 "미리 예(豫)=줄 여(予)+얼굴 상(象)"

얼굴 모양을 맑고 밝게 하여 상대편에게 잘 보이게 한다는 뜻에서 먼저, 미리 등의 뜻으로 나타낸다.

銳 "빠를 예(銳)=쇠금(金)+바꿀 태(兌)"

쇳덩이가 지름길로 날아가니 빠르다. 날카롭다의 뜻과 쇳덩이가 바뀌어서 총알, 대포, 실탄으로 바뀔 수도 있다는 뜻으로 나타낸다.

睿 "슬기로울 예(睿)=점 복(卜)+덮을 멱(冖)+화목할 목(巜+木)"

깊이 통하여 명백한 뜻으로 눈의 모양이 매섭지 않고 예쁘고 총명하게 보인다는 뜻으로 나타낸다. 또한, 점 복(卜)은 복(福)을, 골 곡(谷)과 닮은 큰도랑 괴(巜)는 눈썹을, 아래의 눈목(木)은 눈을 나타내어 지혜스러울 예로도 나타낸다. 눈이 예쁘고 슬기롭게 생겼으며 안경점, 안과의사 등의 직업과 인연이 있다.

叡 "밝을 예(叡)=슬기로울 예(睿)+또우(又)"

사리에 깊이 '통한다'는 뜻으로 예쁜 눈을 뜨고 또 떠서 살핀다는 뜻에서 밝게 살핀다는 뜻이다.

芮 "물가 예(芮)=초두 변(艹)+안 내(內)"

초두머리(艹(=艸)는 풀, 풀의 싹)部와 內(내)의 전음이 음을 나타내어 '물가'를 뜻하며, 물가나 물 속에서 자라는 풀을 나타내며 뾰족한 풀 예, 나라 이름 예로도 나타낸다.

<오>

梧 "오동나무 오(梧)=나무목(木)+나 오(吾)"

내가 좋아하는 나무 즉, 오동나무, 또는 나와 같이 서글픈 정취를 느끼는 나무로 나타낸다. 또한, 나 오(吾)는 다섯 오(五), 어그러질 오(五), 에다 입(口)를 붙여서 나라는 뜻이지만 나는 입 때문에 갖가지 일을 어그러지게 만들 수도 있다는 뜻으로 나타낸다. 직업으로는 가구점, 자개, 목수, 건축업 등이 있다.

五 "다섯 오(五)=임금왕(王)+표할 주(丶)"

숫자는 구슬옥(玉)과 同字로 취급되며 소 축이나 수갑 축(丑)과 같은 글자로도 쓰인다. 수갑 축(丑)이 방(口) 안으로 들어가면 감옥 어(圄)와 (同字)가 된다. 또한 나 오(吾), 어그러질 오(五)로도 나타낸다. 숫자는 일(一), 이(二), 삼(三), 사(四), 오(五)로 연결되며 나 오(吾)는 50과 54세로 나타내지만 이름에 사용하면 매사에 어그러지는 일이 많다.

吾 "나 오(吾)=다섯 오(五)+입구(口)"

나의 입, 또는 나의 어그러진 입, 아무리 잘하려고 해도 어그러지는 일이 많은 행동과 말을 나타낸다. 만가지 일이 생각과는 다르게 삐뚤어지게 나타나기 때문이다. 또한, 다섯 오(五)가 입구(口)의 안으로 들어가면 감옥 어(圄)가 된다. 직업으로는 연예인, 건달, 만담가, 개그맨, 서커스단, 말 많은 여자 등이 있다.

午 "낮 오, 말 오(午)=사람인(人)+열 십(十)"

사람에게 힘을 보태주는 역할을 하는 말(午)과 소(牛)라는 뜻에서 낮 오, 말 오, 어그러질 오로도 나타낸다. 짐승은 낮이 되어야 먹을 것도 있고 일을 하기 때문에 낮으로 나타내는데, 말 오(午)와 소 우(又)는 같은 글자로서 서로의 변형체다. 직업으로는 직장인, 공무원, 연예인, 가정부 등이 있다.

吳 "오나라 오(吳),큰소리칠 호(吳)=입구(口)+하늘 천(天) 또는 이미 기(旡)"

떠들썩하다, 빈 공간을 향하여 큰소리를 친다, 또는 별 것 아닌 일로 남에게 큰소리는 잘 친다는 뜻으로 '소리음은 호'로도 나타낸다. 하늘 천(天)과 이미 기(旡)는 같은 글자로서 없을 무(無)의 古字다. 직업으로는 언론인, 연예인, 기자, 경찰, 배우, 약방, 가수 등이 있다.

晤 "밝을/깨우칠/저녁별 오(晤)=날일(日)+나 오(吾)"

총명하다, 밝다의 뜻으로 해가 뜨면 밝지만, 태양이 옆에 있으니 해질 무렵의 저녁 별이란 뜻과 날마다 어그러지던 일만 하던 사람이 태양을 보니 어떤 이치를 깨우칠 수 있다는 뜻도 된다. 또, 날마다 쉬지 않고 일해야 한다는 뜻으로 연결된다.

悟 "깨달을 오(悟)=심방 변(忄)+나 오(吾)"

마음 속에 분명해지다, 깨닫다의 뜻으로 날마다 엉뚱한 생각만 하던 마음을 겨우 바로 세울 수 있다는 뜻이다.

娛 "즐거워할 오(娛)=계집녀(女)+큰소리칠 호(吳)"

빛나고 호화롭게 즐기다, 즐겁게 놀다의 뜻으로 계집이 큰소리칠 수 있다는 것은 곧 즐겁다는 뜻이며 가수로서 노래를 크게 부를 수 있는 여자도 즐겁다.

烏 "까마귀 오(烏)=문 호(戶)+어조사 여(与)+연화발(灬)"

시체가 있는 입구에서 상주와 더불어 탄식하며 우는 새를 까마귀로 나타낸다. 문 호(戶)는 주검 시(豕)에 점(丶)을 붙여 새의 머리를 나타내고 또, 새조(鳥)에서 문 호(戶) 속의 한 획이 빠진 글자이다.

伍 "다섯/대오 오(伍)=사람인 변(亻)+다섯 오(五)"

고대 중국의 군대는 다섯 사람을 최소단위로 하였으므로 항오를 뜻하였다. 즉, 사람들이 어그러지게 줄을 섰다. 또는 사람들이 다섯이라는 뜻도 된다.

旿 "대낮 오(旿)=날일(日)+낮 오(午)"

날일(日은 해)部와 음을 나타내는 午(오)가 합하여 이루어져, 태양이 중천에 밝게 뜬 한 낮이란 뜻과 또는 날마다 말(午)이나 소(又)와 같다는 뜻도 된다.

<옥>

玉 "구슬옥(玉)=두 이(二)+열 십(十)+표시할 주(丶)"

석 삼(三)+뚫을 곤(丨)+표시할 주(丶)=(玉)은 세 개의 돌(石)을 갈아서 예쁘게 꿰단(丨) 것을 구슬이라 한다. 이 십(二十), 석 삼(三), 다섯 오(五), 임금왕(王)과 같은 글자로서 돌일 뿐이다. 이름 석 자의 뜻이 잘 연결되면 본인이나 배우자가 고위공무원, 정치인으로서 최고의 영화를 누리지만 잘못 연결되면 무당, 역학자, 석공, 레미콘, 과부, 병자, 금은방, 금융계와 인연이 있다.

鈺 "보배/단단한 쇠 옥(鈺)=쇠금(金)+구슬옥(玉)"

쇠금(金은 광물·금속·날붙이)部와 음을 나타내는 玉(옥)이 합하여 이루어졌으며, 쇠로 만든 구슬 또는 돈이 될 만한 구슬이므로 전당포, 금은방, 석공, 레미콘, 금융계와 인연이 있다.

沃 "기름질/세수할/물댈 옥(沃)=삼수변(氵)+요상할/요절할 요(夭)"

전혀 쓸모없이 요상스러운 땅에 물을 대니 다행스럽게도 농사가 가능하다는 뜻에서 기름질 옥으로 나타나며, 요절할 요(夭)로도 나타나는 것은 하늘 천(天)의 변형체이므로 큰사람(大)이 물로 세수한다는 뜻으로도 나타낸다. 그러나 이상한 짓을 잘하여 타인의 신임을 얻기 어려우며 가족에게 단명할 위험이 있다.

獄 "감옥 옥(獄)=개사슴록 변(犭)+말씀언(言)+개 견(犬)"

개와 사슴이나 산짐승과 같은 것들은 말로 다스려서는 안되므로, 감옥에 가두어서 가르친다, 판결 등의 뜻이다. 또한, 감옥 옥(獄)의 위에 뫼산(山)을 붙이면 큰산 악(嶽)이 된다. 즉, 산속에 갇혀서 사는 개 같은 짐승이란 뜻이다.

<온>

溫 "따뜻할/데울/익힐 온(溫)=삼수변(氵)+어질 온(昷)"

따뜻하다, 따뜻하게 하다, 데우다 등의 뜻으로 어질 온(溫)은 날일(日) 또는 죄수 수(囚)+그릇 명(皿)과 同字이며 삼수변의 물을 붙여 목욕탕의 따뜻한 물, 익힌다는 뜻이므로 목욕탕 속에 갇힌 죄수, 뜨거운 물 속에 갇힌 고기와 같다는 뜻이다. 특히, 고혈압, 중풍, 교통사고 등에 조심해야 한다.

昷 "어질/온화할 온(昷)=날일(日)또는 죄수 수(囚)+그릇 명(皿)"

날일(日은 해)部와 그릇 명 받침(皿)部의 합자하여, 상자 속, 감방에 갇힌 죄수의 마음이 꼼짝 못하니 차라리 어질고 착한 마음으로 변한다는 뜻이다. 특히, 고혈압, 중풍, 교통사고를 조심해야 한다. 직업은 목욕탕, 교도관, 사법관, 전자제품, 그릇점, 도자기, 간호사가 되지 않으면 죄수가 될 수 있다.

<옹>

翁 "늙은이/새 나는 모양 옹(翁)=귀 공(公)+깃 우(羽)"

公(공)과 음이 통하는 것을 빌어 노인의 뜻으로 새의 나는 모양이 늙은 노인의 성숙된 모양처럼 아름답다. 귀공자처럼 보기가 좋다는 뜻에서 성숙된 노인으로도 나타낸다. 나이보다는 조숙하여 빨리 늙는 수도 있으나 최고 수명은 80세이다.

雍 "화할 옹(雍), 벽옹 옹(雍)=돼지해머리 (亠)+작을 요(幺)+새 추(隹)"

새 추(隹는 새)部와 음을 나타내는 邕(옹)의 생략이 합하여 이루어져, 작은 새처럼 생긴 사람이 배우고 자라서 어른과 늙은이가 된다는 뜻에서 변한다는 뜻으로 나타낸다.

壅 "막을 옹(壅)=화할 옹(雍)+흙토(土)"

흙토(土는 흙)部와 음을 나타내는 雍(옹)이 합하여 이루어져, 흙으로 작은 새가 드나드는 쥐구멍과 같은 것을 막는다는 뜻이다.

擁 "안을 옹(擁)=손수 변(扌)+화할 옹(雍)"

손으로 덮어 가리고 꼭 '껴안다'의 뜻으로 손으로 작은 것을 끌어안는다는 뜻이다.

<와>

瓦 "기와/질그릇 와(瓦)=한 일(一)+고슴도치머리 계(彐)"

고슴도치나 돼지머리처럼 구부정하고 모나게도 생긴 기와, 질그릇을 나타내며, 상호 호(互)와 같은 글자지만 쓰기의 순서인 획수만 다르다. 직업으로는 그릇장수, 옹기, 도자기 등이 있다.

臥 "누울 와(臥)=신하 신(臣)+사람인(人)"

누운 사람의 비스듬한 눈을 본뜬 글자이며, 눕다, 누이다, 쉬다의 뜻이다. 이름으로 사용하면 환자의 위험이 있다. 와불상은 누운 부처, 와룡는 승천하지 못하고 누워있는 용을 뜻한다.

<완>

翫 "탐할 완(翫)=익힐 습(習)+으뜸 원(元)"

좋지 않은 일을 익히는데 으뜸, 또는 으뜸된 습관성과 익숙하다. 구경하다의 뜻을 나타내어 물질을 탐하는 습관적으로 탐내다, 욕심내다란 뜻이다. 두 이(二)+어진 사람인 발(儿)이지만 그 본래의 뜻은 한 일(一)+절음발이 왕(王)과 같기 때문이다. 즉 모자라는 짓거리를 더욱 잘한다는 뜻이기 때문이다.

完 "마칠/완전할 완(完)=움집 면(宀)+으뜸 원(元)"

건물을 완전히 수리하다, 모든 일을 완전히 마쳤으니 흠이 없다, 이제는 끝 날때가 되었다는 뜻이다. 즉, 부귀영화가 따르면 죽을때가 되었다는 뜻이다. 만약, 어렵게 살면 최고 수명을 유지하지만, 명예와 재물을 얻으면 움집 속으로 들어간다는 뜻이다. 특히 건강, 관재구설, 교통사고를 조심해야 한다.

緩 "늘어질 완(緩)=실사(糸)+당길 원(爰)"

맺은 끈을 느슨하게 하는 일, 실이나 어떤 물건을 당기고 또 당겨서 늘어지게 한다는 뜻이다. 또한 당길 원(爰)은 손톱 조(爫)+방패 간(干)+또우(又)=또는 벗 우(友)=사람을 끌어당긴다는 뜻도 된다. 특히, 건강과 관재구설을 조심해야 한다. 직업으로는 의류업, 실, 방적, 헬스클럽, 운동기구, 소개업 등이 있다.

婉 "아름다울/순할 완(婉)=계집녀(女)+완연할/땅이름/구덩이 완(宛)"

여자가 구덩이 위에 있다가 아래에 있다가 한다는 뜻이다. 즉, 땅이름 완(婉)은 움집면(宀)+누워뒹굴 원(夗)이며, 누워뒹굴 원(夗)=저녁 석(夕)+병부절(㔾)=병자, 또는 고깃덩어리가 방바닥에서 누워 뒹군다는 뜻이다. 이름으로 사용하면 배우자의 덕이 없고 식당, 작가, 화류계, 환자가 될 수도 있다.

玩 "즐길/놀 완(玩)=구슬옥 변(玉)+으뜸 원(元)"

둥근 구슬을 손바닥으로 '가지고 놀다', '만지작거리다'의 뜻으로 모자라는 사람이 가지고 노는 노리개는 구슬이 최고라는 뜻에서 즐기다, 놀다의 뜻으로 나타낸다. 이 글자를 파자로 읽으면 옥원(玉元)이 되므로 돌 즉, 재물만 보면 환장하도록 탐을 낸다는 뜻이다. 관재구설과 건강을 조심해야 한다.

琓 "서옥 완(琓)=구슬옥 변(玉)+완전할 완(完)"

돌로 잘 다듬어서 완성된 구슬, 즉, 옥 이름 뜻하는데 재물의 값어치가 있는 구슬이다. 그러나 글자를 파자하여 읽으면 옥완(玉完)이 되므로 돌로 시작했으니 부귀영화를 얻으면 또다시 돌로 돌아간다는 뜻이다. 직업으로는 공무원, 금은방, 전당포, 사채업자, 석공, 건축업, 레미콘, 무당, 역학자, 포주 등이 있다.

浣 "씻을 완(浣)=삼수변(氵)+마칠 완(完)"

깨끗이 빨다, 세탁하다 씻는다는 뜻이다.

琬 "순할 완(琬)=구슬옥 변(玉)+땅이름 완(宛)"

구슬옥 변(玉(=王, 玊)은 구슬)部와 음을 나타내는 宛(완)으로 이루어졌으며, 방바닥에 누워뒹구는 환자나 화류계에게 구슬(돈)을 주니 온순해졌다는 뜻이다.

莞 "빙그레 웃을 완/왕골 관(莞)=초두 변(艹)+완전할 완(完)"

풀 중에는 왕골(돗자리를 짜는 풀종류)이 으뜸이며, 또는 왕골이 꽃을 피우면 웃는 모양, 빙그레하다를 나타낸다.

垸 "바를 완(垸)=흙토(土)+완전할 완(完)"

흙을 뭉쳐서 집을 완전하게 지었다는 뜻에서 산 사람의 주택과 죽은 사람의 묘지(墓地)를 함께 나타낸다.

<왈>

曰 "가로왈(曰)=입구(口)+새 을(乙)"

입을 벌리고 말함을 나타내며, 날일(日)의 변형체로서 사람의 입(口)이 움직이는 모양을 본떠 '가로데~ 가라시데~' 와 같이 말을 머뭇거리거나 다시 또 한다는 뜻에서 말이 많다는 뜻을 나타낸다. 가로 왈(曰)이 두 개인 창성할 창(窓)과 같이 입으로 먹고 사는 직업을 가진다. 또한, 재물 욕심은 갖지 않는 것이 좋다. 직업으로는 교육자, 언론인, 방송인, 작가, 연예인, 가수가 못되면 건달이 된다.

<왕>

往 "갈 왕(往)=자축거릴 척(彳)+임금왕(王)"

주인(主)을 상징한 사람이 교차로의 2거리를 절룩거리며 왔다, 갔다, 향하다, 보내다는 뜻으로 만든 글자로 주(主)는 구슬옥(玉)과 같이 독자적으로 사용하면 돌(石)이 된다. 두 이(二)+열 십(十)의 십(十)은 性器를 표현한다. 직업으로는 종교인, 기독교, 천주교 신자, 장사꾼, 운전사 등이 있다.

王 "임금왕(王)=석 삼(三)+뚫을 곤(丨)"

천지인(天地人)의 삼재(三災)가 하나로 뭉쳐져서 주인, 임금, 으뜸이 된다는 뜻으로 석 삼(三)=위의 (一)은 하늘, (二)는 땅, (三)은 사람이란 뜻이다. 하늘과 땅과 우주만물이 합류한 완성형 글자이다. 어차피 돌일 뿐이며 이름의 석자가 잘 연결되어야 왕이 될 수도 있지만 잘 못되면 불행을 자초한다. 특히, 치매증, 두통, 교통사고, 뇌 질환에 조심해야 한다.

旺 "왕성할 왕(旺)=날일(日)+임금왕(王)"

태양의 옆에 있는 임금, 즉, 태양이 멀리 있다는 뜻이며, 기울어져 가는 태양이므로 빛을 보기는 어렵다. 인간에게 주어진 합리적인 뜻은 날이 새면 보는 돌멩이나 구슬, 보석. 또는 날마다 만지는 돌멩이, 구슬, 보석으로도 나타낸다. 직업으로는 금은방이나 석공, 레미콘, 골재, 건축업, 공무원, 직장인, 연예인, 언론인, 교사 등이 있는데 그것이 못되면 과부나 건달, 홀아비, 불구자가 될 수도 있다.

枉 "굽을 왕(枉)=나무목(木)+임금왕(王)"

임금이 나무 밑에서는 허리와 목을 굽다, 굽히다의 뜻으로 즉, 돌멩이가 나무 밑에서는 힘을 쓸 수 없다는 뜻이다.

<왜>

倭 "왜국 왜(倭)=사람인(亻)+맡길 위(委)"

다른 사람에게 어떤 일을 맡기고 위임한다는 뜻이지만 본래의 뜻은 오랑캐, 나쁜 짓을 하는 사람으로 나타낸다. 맡길 위(委)는 벼화(禾)+계집녀(女)로서 양식을 얻는 곡식농사와 일은 여자들에게 맡기고 남자들은 엉뚱한 짓거리를 일삼는다는 뜻이다.

<외>

外 "바깥 외(外)=저녁 석(夕)+점 복(卜)"

해가 지고 난 다음의 저녁에야 점쾌를 본다는 뜻으로 해질 무렵, 나이가 많아서 늙을 무렵에야 비로서 일한 대가의 보람이 나타난다는 뜻이다. 즉, 집 안이나 가족과 함께 돈을 벌 수는 없고 밖으로 나가서야 벌수 있으며 외톨이가 되어야 편하다. 이름으로 사용하면 가족과의 인연이 짧아지거나 인간의 덕이 없고 외롭고 고독하다. 만약, 돈을 벌고 싶다면 음식, 식육, 생선, 이·미용사가 좋으며 어려서 많이 배우면 한의사, 간호사가 좋다, 다만 배우자나 자식이 이러한 직업을 가질 수도 있다.

<요>

遙 "멀 요(遙)=질병 요(夕+缶)+쉬엄쉬엄 갈 착(辶)"

아득히 먼 모양의 뜻으로 먼 곳으로 나가고 싶은 마음은 있으나 이미 건강이 쇠약하여 마음뿐이라는 뜻에서 멀다는 멀 요, 노닐 요로도 나타낸다. 질병 요는 뼈살발라낼 알(歹)+장군 부(缶)의 합자로서 병자와 죄수들이 사용하는 변기를 나타낸다. 특히, 병자가 될 우려가 있다.

要 "구할 요(要)=덮을 아(襾)+계집녀(女)"

계집을 덮개로 덮어서 억제하고 있으니 구해야 한다, '중요(重要)하다'의 뜻에서 구할 요, 취조할 요, 요구할 요, 겁박할 요, 허리 요(腰)로도 나타낸다. 요구할 요(要)의 상단부에 서녁 서(西)로 써도 되지만 본자는 아니며 근래에 고쳐 쓴 글자이다. 남의 여자를 훔치는 남자, 여자를 가두어 놓고 핍박하는 유괴범이 될 수도 있고 허리에 요통을 앓을 수도 있다.

曜 "빛날 요(曜)=날일(日)+꿩 적(翟)"

해가 환하게 '비치다'의 뜻으로 날개 달린 새, 구석진 숲속에 앉은 꿩에게 태양이 비쳤다는 뜻에서 비칠 요, 요일 요로도 나타내므로 결국은 '날마다' 란 뜻이 된다.

耀 "빛날 요(耀)=빛 광(光)+꿩 적(翟)"

구석진 숲속에 앉은 꿩에게 빛이 비친다, 빛내다, 영광스럽다란 뜻이다. 위의 요일 요(曜), 빛날 요와 통하는 글자이다.

謠 "노래 요(謠)=말씀언(言)+질병 요(夕+缶)"

말이 나오는 항아리, 노래주머니란 뜻으로 말을 천천히 늘여서 노래한다는 뜻이다. 그러나 이름에 사용하면 숫자와 뜻이 부족하여 병자가 될 우려가 있다. 또 질병 요, 항아리 유는 같은 글자로서 뼈살발라낼 알(歹)+장군 부(缶)의 합자로서 병자나 교도소의 감방에서 사용하는 변기통을 나타낸다.

堯 "요임금 요(堯)=양토 규, 서옥 규(圭)+흙토(土)+절름발이 왕(兀)"

흙 무덤을 여러 개로 높이 쌓았다는 뜻에서 높다, 멀다는 뜻을 나타내어 높을 요, 요임금 요로 나타낸다. 그러나 이름에 사용하면 양토 규(圭)보다도 더 높으니 아래의 절름발이 왕(兀)의 사람(儿)은 맥을 못 춘다. 이 글자의 뜻과 같이 요임금도 선덕은 쌓았으나 오래 살지는 못했다.

腰 "허리 요(腰)=육달 월(月)+구할 요(要)"

허리를 뜻하는 要(요)가 주로 구하다의 뜻으로 쓰이게 되었으므로 月(월)을 보태어 腰(요)를 만들고, 허리의 전용자로 즉, 허리를 나타낸다. 머지않아 허리에 이상이 생길 것을 암시한다.

瑤 "아름다운 옥 요(瑤)=구슬옥(玉)+항아리 유(夕+缶)"

아름다운 옥의 이름으로 질병 요, 항아리 유는 같은 글자로서 뼈살발라낼 알(歹)+장군 부(缶)의 합자로서 병자나 교도소의 감방에서 사용하는 변기통, 돌이나 질그릇으로 만든 변기통, 항아리를 나타낸다.

ㅇ

<욕>

浴 "목욕할 욕(浴)=삼수변(氵)+골 곡(谷)"

물(水)을 끼얹어 씻는다는 뜻이 합하여 '목욕하다'를 뜻으로 골짜기에서 물을 보니 목욕을 하고 싶은 욕심이 생긴다는 뜻이다. 또는 목욕탕의 욕조도 골 곡(谷)이 될 수 있으며 곡(谷)의 소리음은 웃을 각(谷), 성씨 욕(谷), 목욕할 욕, 기름진 옥(沃)과 소리음만 다르고 같은 글자로도 나타낸다.

辱 "하고자할 욕(辱)=별 진(辰)+마디촌(寸)"

옛날 농사의 때를 어긴 자를 죽이고 욕보인 일로부터 욕보이다, 부끄럼의 뜻으로 땅속에 숨겨진 재물이라도 있다면 욕심을 부려 보겠다는 뜻이다. '하고자할 욕, 욕심 욕, 장차 그러할 욕(欲)'과 통하는 글자이며, 나는 땅속에 숨은 듯이 보잘 것 없지만, 재물에 욕심을 부려 보겠다는 뜻이다.

欲 "욕심부릴 욕, 하고자할 욕(欲)=골 곡(谷)+하품할 흠(欠)"

더욱더 하고자 하는 일, 먹을 것에 한하지 않고 무엇인가 하고자 하는 일의 뜻으로 골짜기에서 기지개를 켠다는 것은 일어나려는 모양이므로 무엇이나가 하고자 욕심을 낸다는 뜻이다. 욕심 욕(慾)과 뜻이 통하는 글자로 욕심을 부리면 사람대접을 못받는다. 직업으로는 산골에 사는 사람이나 스님, 무당, 종교인, 농업, 심마니 등이나 항상 집 안에서만 일하는 직장인, 점포 등이 있다.

<용>

容 "얼굴 용(容)=움집 면(宀)+골 곡(谷)"

많은 물건을 담을 수 있듯이 많은 표정을 담을 수 있는 '얼굴'을 뜻하며, 골 곡(谷)의 위에 사용된 두 개의 여덟 팔(八)은 산(山)과 산 사이의 계곡을 표시한 글자이다. 입구(口)는 방과 전답을 상징하므로 사회의 출세와는 거리가 멀며 덩치가 굵고 큰 편, 얼굴의 둘레가 크고 눈, 입, 코, 귀가 큰 편으로 성품이 너그럽고 온화하다. 쓸 용, 용납할 용으로도 나타낸다. 직업으로는 공무원, 직장인, 점포에서 일하는 직업, 농업 등이 있다.

用 "쓸 용(用)"

물건을 쓰다, 일이 진행되다의 뜻을 나타내며, 그물망(网), 또는 두 개의 달 월(月)을 합류한 글자로서 벗 붕(붕)과 같이 이것 저것을 합하거나 붙이고 만들어서 쓰다의 뜻을 나타내다. 또한, (用)은 판자에 구멍을 뚫고 못을 받아서 사용하다의 뜻으로 나타낸다. 특히, 사고, 수술을 조심해야 한다, 직업으로는 의사, 약사, 간호사, 건축업, 안경테, 서비스업, 장식, 식육, 각종 기능공 등이 있다.

庸 "떳떳할 용(庸)=돌집 엄(广)+터진 가로 왈(ヨ)+쓸 용(用)"

절굿공이를 들어 올리다의 뜻으로 음을 빌어, 올려쓰다 또 일정하고 변치않다의 뜻으로 집 안에도 큰 소리 치는 사람, 아무 데서나 큰 소리 친다는 뜻으로 만들어 '성낼 용, 억지 쓸 용, 용렬할 용' 으로 나타내므로 활달하지만,ㅡ 화를 잘 내고 용렬한 면이 있다. 쓸 용(用)은 두 개의 육달월 변(月月), 또는 판자나 철판에 구멍을 뚫고 못을 박는 소리, 각종 기계 소리가 시끄럽다는 뜻도 된다. 직업으로는 목수, 각종 기계, 기능공, 안경원, 목형, 식육점 등이 있다.

勇 "날랠/용맹할 용(勇)=병부 절(㔾)+사내 남(男)"

사내 남(男)은 밭 전(田)+힘 력(力)=밭에서 일하는 남자가 자신의 몸을 돌보지 않고, 몸을 아끼지 않고 더욱 열심히 한다는 뜻에서 용맹스럽다, 과감하다, 결단력이 있다는 뜻으로 나타낸다. 즉 남자라는 뜻에나 병부절(㔾)을 붙인 글자이다. 직업으로는 농업, 건축가, 토목, 직장인 등이 있다.

蓉 "부용 용(蓉)=초두 변(艹)+얼굴 용(容)"

사람의 얼굴처럼 널찍하고 둥글며 곱게 생긴 연꽃과 목련꽃을 나타내며, 얼굴 용(容)의 위에다 풀(艹)을 뒤집어 씌웠으니, 산골에 핀 연꽃, 계곡에 핀 연꽃이므로 속세와는 인연이 없다. 이름으로 사용하면 본인과 배우자의 수명이 단축될 우려가 있으며 출세도 어렵고 부부의 인연도 짧다. 직업으로는 스님, 종교인, 무당, 농업, 화류계 등이 있다.

鏞 "쇠녹일/거푸집 용(鏞)=쇠금(金)+떳떳할 용(庸)"

어떤 모형이나 조각품을 만들기 위해여 쇠를 녹여서 만든다는 뜻에서 '쇠북 용' 으로도 읽는다. 직업으로는 판형, 조각품, 금형, 금속, 기계, 기능공, 제철소 등과 인연이 있다.

溶 "녹을 용(溶)=삼수변(氵)+형용 용(容)"

'녹다'의 뜻(鎔용・溶용)을 가진 용(溶)으로 이루어졌으며, 물이 흐르는 모양이 좀 더 쉬워졌다는 뜻에서 '물길 편하게 흐를 용' 으로도 나타낸다.

瑢 "패옥소리 용(瑢)=구슬옥(玉)+형용 용(容)"

구슬옥 변(玉(=玉, 王)은 구슬)部와 음을 나타내는 容(용)이 합하여 이루어졌으며, 돌을 다듬어서 산골의 계곡처럼 형상화 시켰다는 뜻이다. 즉, 돌과 계곡이란 뜻이다.

湧 “날 뛸 용(湧)=삼수변(氵)+용맹할 용(勇)”

땅속에서 솟는 물이 용맹스럽다는 뜻에서 ‘물 솟을 용’으로도 나타내며, 끓어 오르다, 솟아나다, 샘솟다의 뜻이다. 직업으로는 농업, 상수도 관리인, 댐 관리인 등이 있다.

涌 “물 솟을 용(涌)=삼수변(氵)+병부 절(㔾)+쓸 용(用)”

뚫어진 판자의 구멍으로 물이 솟는다는 뜻에서 땅속에서 물이 솟는다, 떠오른다는 뜻이다. 직업으로는 댐 관리인, 농업 등이 있다,

<우>

禹 “펼 우(禹)=삐침 별(丿)+가운데 중(中)+짐승발자국 유(禸)”

짐승 발자국의 가장 가운데의 넓은 모양으로 펼친다는 뜻에서 ‘펼 우, 하우씨 우’라고도 하며, ‘하우씨 우’란 중국 하(夏)나라의 우(禹)임금의 성씨란 뜻이다. 즉, ‘펼 우’는 산 짐승의 발자국을 따라다니듯이 남이 하던 일을 본받아 가운데(中)의 뜻을 편다는 뜻이지만 창조 정신과 자립정신이 부족하고 게으른 편이다. 직업으로는 농업, 종교인, 작가, 화가, 학자 등이 있다.

寓 “붙어살 우(寓)=움집 면(宀)+짐승이름 우(禺)”

가끔 몸을 붙이는 집, 임시 사는 곳의 뜻으로 스스로가 삶을 개척할 줄 모르는 짐승은 한 우리 속에서 서로 의지하며 산다는 뜻에서 ‘붙어살 우, 더불어 살 우’로도 나타낸다. 짐승 이름 우(禺)는 밭 전(田)+짐승 발자국 유(禸)로서 앞서 간 발자국을 따라서 다닌다는 뜻에서 창조정신, 개척, 자립정신이 부족하다.

祐 “도울 우(祐)=보일 시(示)+오른쪽 우(右)”

도울 우(祐)와 통하는 글자로서 귀신이 도울 우, 다행할 우로도 나타낸다. 즉, 왼쪽에서는 보이지 않는 귀신의 도움을 받는다는 뜻이다. 또는 주위 사람들의 도움을 받아 어떤 일을 성취시킨다는 뜻으로도 사용한다. 즉, 오른쪽 우(右)는 왼 좌(左)+입구(口)로서 좌우에도 있다는 뜻이다. 직업으로는 공무원, 정치인, 학자, 기능공 등이 있다.

愚 “어리석을 우(愚)=짐승이름 우(禺)+마음심(心)”

마음의 움직임이 느림의 뜻으로 짐승의 마음이란 뜻에서 어리석다는 뜻으로 나타낸다. 짐승이름 우(禺)는 밭 전(田)+짐승 발자국 유(禸)의 합자로서 먼저 간 짐승의 발자국을 따라서 다닌다는 뜻과 발자국이 남겨진 터(田)라는 뜻에서 짐승 이름으로 나타낸다. 직업으로는 학자, 정치인, 농업, 운동선수, 교육자, 사업가 등이 있다.

宇 "집 우(宇)=움 집(宀)+어조사 우(于)"

하늘과 땅을 지붕으로 삼는다는 뜻으로 지붕을 상징한 움 집(宀)에다 갈 우(于)를 사용 하며, 우(于)는 '간다'의 뜻과 '여기'라는 뜻으로도 사용 된다. 또한, 우(于)는 우산 산(傘)과 비슷한 뜻을 지닌다. 두 이(二)+갈고리 궐(亅)=하늘과 땅의 연결을 나타낸다. 직업으로는 공무원, 직장인, 상업, 건축가 등이 있다.

雨 "비 우(雨)=둘릴 잡(帀)+물수(氺)"

하늘에서 물방울이 떨어지고 있는 모양을 본뜬 글자로 (우)란 음은 宇(우)·羽(우) 따위와 관계가 있고 위로부터 덮는다는 뜻이 닮았다. 부수로서는 비 또는 구름, 기타 기상에 관한 뜻을 나타내며, 둘릴 잡은 하늘 천의 변형체로서 힘 빠진 하늘 천이 양 팔을 늘어뜨린 형상으로 둘릴 잡(帀)에 물(氺)의 상형문자를 붙여서 비(雨)가 되고, 어두운 구름으로 하늘을 빙 둘러 쌌다(帀)는 뜻으로 아래가 터졌으므로 설사, 변비, 장염에 조심해야 한다. 이름에 사용하면 재물이 모이지 않는다.

羽 "깃 우(羽)"

한 쪽으로 가지런하게 모여진 새의 날개를 본뜬 글자로서 날다, 오르다, 습관, 익히다, 닮았다, 글자를 만들어 날개나 나는 것에 관한 뜻을 지녔다. 또 깃 우(羽)가 서로 반대편으로 펼치면 새의 날개가 아니란 뜻의 아닐비(非)가 된다. 이름에 사용하면 사람에게 날개를 달았으니 날아 다닌다는 뜻이 되므로 이름으로 사용하지 않는 것이 좋다.

優 "넉넉할 우(優)=사람인 변(亻)+근심할/걱정할 우(憂)"

憂(우)가 근심·걱정을 뜻하는 것과 구별하여 특히 가면을 쓴 무인, 배우, 연기자를 뜻하며, 또 裕(유)와 통하여 풍부한 모양, 전하여 더 낫다의 뜻으로 뭔가가 부족하여 근심스럽던 차에 사람(亻)이 왔으니 다행스럽게 근심을 덜었다는 뜻이지만 연극할 우, 희롱할 우로도 나타낸다. 걱정 우(憂)는 질병 우, 욕먹을 우로도 나타내며 재물이 넉넉해지면 사람은 떠나고 근심 우(憂)로 변한다. 직업으로는 상업, 작가, 학자, 교사 등이 있다.

友 "벗 우(友)=왼좌의 본자()+또우(又)"

오른손(又)을 서로 맞잡고 웃으며 친하게 지낸다 하여 '벗'을 뜻하며, 동족의 친구를 朋(붕)이라는데 대하여 관리 친구를 友(우)라 하였으나 나중에 朋(붕)도 友(우)도 친구를 의미하는데, 사이좋게 하는 일의 뜻을 나타낸다. 즉, 나와 닮은 친구가 좌측에도 또 있다는 뜻으로 우정은 마음을 나누는 친구, 합한다는 뜻도 되므로 여자의 이름에 사용하면 오른쪽에는 남편이 있고 왼쪽에 친구가 있다는 뜻이다. 직업은 직장인, 연예인, 기능공 등이 있다.

右 "오른쪽 우(右)=왼쪽 좌(左)의 본자+입구(口)"

식사할 때 밥을 먹는(口) 손(又)이라는 뜻을 합한 글자로 좌측의 반대편, 또는 좌측의 맞은편이란 뜻으로 오른쪽을 나타낸다. 이 글자에다 사람인(亻)변을 붙이면 도울 우(佑)가 된다.

于 "갈/어조사 우(于)=두 이(二)+갈괴리 궐(亅)"

亐의 약자이며, 막대기의 양쪽 끝을 고정시켜 중간을 굽히는 모양 十이 기원, 굽다에서 (우)라 하였으며, 음을 빌어 어조사로 쓴다. 즉, 하늘과 땅을 연결시킨 글자지만 위에 갓머리(宀)가 없으므로 우산 산(傘)이 되지 못한다. 장인 공(工)과 같이 해설하라.

遇 "만날 우(遇)=짐승이름 우(禺)+쉬엄쉬엄 갈 착(辶)"

가끔이란 뜻을 가진 부수를 제외한 글자 禺(옹·우)로 이루어졌으며, 짐승을 만나기 위하여 거리로 나선다는 뜻이다.

偶 "짝 우(偶)=짐승이름 우(禺)+사람인 변(亻)"

사람이 줄을 짓다의 뜻으로 사람을 닮을 짐승과 짝을 이룬다는 뜻이다.

憂 "근심/걱정할 우(憂)=여름 하(夏)+덮을 멱(冖)+마음심(心)"

천천히 걷는다는 뜻으로 부수를 뺀 글자 (우)가 근심한다는 뜻의 본디 글자였으나 나중에 憂(우)를 오로지 근심한다는 뜻으로 빌어 쓰게 되었다. 즉, 같이 갈 사람과 마음은 집 안에 있고 얼굴과 머리, 직장은 밖에 있으니 마음과 뜻이 합하지 못하여 근심스럽다는 뜻이다.

郵 "우편/역 우(郵)=드리울 수(垂)+우부방(阝)"

허물의 뜻으로 쓰이는 것은 우(言+尤)를 빌어 쓴 것이며, 역참, 우편을 뜻한다. 직업으로는 우체부, 커텐, 천막 등이 있다.

尤 "더욱 우(尤)"

일설에는 손에서 물건이 떨어지는 모양으로서, 예사 보통이 아니다, 뛰어나다의 뜻이 되었는데, 음을 빌어 탓하다의 뜻으로 쓰인다. 즉, 절음발이 왕(尢)에 점(丶)을 붙인 글자로서 개 견(犬)위 변형체이다. 몸과 마음도 모자란다는 뜻에서 절음발이로 나타낸다.

佑 "도울 우(佑)=사람인 변(亻)+오른쪽 우(右)"

右(우)로부터 특히 '돕다'의 뜻을 구별하기 위하여 만든 글자이며, 즉, 좌우에서 돕는다는 뜻이다.

瑀 "옥돌 우(瑀)=구슬옥(玉)+우임금 우(禹)"

구슬옥 변(玉(=王, 王)은 구슬)部와 음을 나타내는 禹(우)가 합하여 이루어졌으며, 돌 옆에 있는 임금이란 뜻이니 죽어서 세운 하우 씨의 비석이란 뜻이다.

<욱>

旭 "빛날 욱=아홉 구(구)+날일(일)"

날일(日는 해)部와 음을 나타내는 九(구)로 이루어졌으며, 아침 해가 돋아 오른다는 데서 빛난다는 뜻으로 나타낸다. 또 아홉 구(九)=새 을(乙)에 삐침()의 빛살이 파고들어 만들어진 글자인 새(乙)의 등에 태양이 오르고 있다는 뜻이다. 그러나 아홉은 숫자의 끝이므로 항상 위태로움을 안고 있다. 직업으로는 공무원, 상업, 기능공, 식당업 등이 있다.

煜 "빛날/불꽃 욱(煜)=불화(火)+빛날 욱(昱)"

불화(火(=灬)는 불꽃)部와 음을 나타내는 昱(욱)이 합하여 이루어졌으며, 빛나다, 비치다, 불꽃의 뜻으로 쓰인다. 아래 빛날 욱(昱)과 同字이다.

昱 "빛날 욱(昱)=날일(日)+설립(立)"

날일(日는 해)部와 음을 나타내는 立(입)의 전음이 합하여 이루어졌으며, 사람의 머리 위에 태양이 떠올랐다는 뜻에서 밝다, 빛나다의 뜻을 나타낸다. 즉, 날일(日)은 태양을 나타내고 양기를 나타내며 날마다의 뜻도 된다. 또, 설립(立은) 사람을 상징한 여섯 육(六)이 땅(一) 위에 섰으므로 서다, 세우다의 뜻이다. 직업으로는 공무원, 직장인, 사법관, 운전사, 상업 등이 있다.

ㅇ

郁 "성할 욱(郁)=있을 유(有)+우부방(阝)"

본디 땅 이름, (역은 有+或)과 음이 통하여 융성한 모양의 뜻으로 쓰이며, 문체성할 욱, 이상기후의 현상에서 농도 짙을 욱, 향기날 욱으로도 나타낸다. 간단히 해석하면 우부방(阝)은 고을읍(邑)이므로 마을에 달이 있다는 뜻으로 고기가 있다, 사람이 있다는 뜻도 된다. 직업으로는 직장인, 공무원, 식육점, 식당, 칼이나 가위를 만지는 직업, 이・미용사 등이 있다.

頊 "멍할/삼가는 모양 욱 (頊)=구슬옥(玉)+머리 혈(頁)"

머리 혈(頁은 머리)部와 음을 나타내는 王(왕=玉옥)의 전음이 합하여 이루어졌으며, 돌과 머리, 돌머리, 왕과 머리, 왕의 머리란 뜻이므로 굽실거릴 욱으로도 나타낸다. 특이하게도 이 글자는 임금왕(王)이지만 구슬옥(玉)에서 나온 글자이므로 옥으로 읽어서 돌머리란 뜻이 되며, 파자하면 옥혈(玉頁), 또는 왕혈(王頁)이 되지만 머리 혈(頁)의 앞에 내 천(川)을 붙이면 순할 순(順)이 되므로 옥순, 왕순과 같은 이름이 되므로 옥순이나 왕순이란 즉, 돌머리란 뜻이다. 특히, 치매증, 뇌성마비, 중풍, 뇌종양 등을 조심해야 한다.

彧 "무성할 욱(彧)=혹시 혹(或)+터럭 삼(彡)"

터럭 삼(彡은 무늬, 빛깔, 머리, 꾸미다)部와 음을 나타내는 或(혹)의 전음이 합하여 이루어졌으며, 터럭이나 숲이 무성하다는 뜻이다.

<운>

雲 "구름 운(雲)=비 우(雨)+이를 운(云)"

수증기가 하늘에 올라 자욱이 퍼지는 모양으로 구름 雲(운)자가 생긴 후로는 云(운)을 말하다란 뜻으로 썼으며, 빗방울(雨)이 모여(云)서 수증기가 되고 그 것이 더 많이 모이면 구름(雲)이 되게 마련이라는 자연의 이치를 설명한다. 또, 구름이 모이면 비가 되게 마련이다. 또 거기서 여기까지 이르다의 뜻인 이를 운(云)은 두 이(二)+사사 사(厶)=또는 돼지해머리(亠)+사사 사(厶)의 해산할 때 아이돌아나올 돌과 (同字)이다.

云 "이를 운(云)=두 이(二)+사사 사(厶)"

구름이 뭉게뭉게 피어 오르는 모양을 거꾸로 한 글자로 음을 빌어 말하다의 뜻으로 쓰이며, 거기서부터 여기까지...... 여기서부터 그 곳까지 이르다의 뜻이다. 해산할 때 아이 돌아나올 돌(石)과 同字이다. 또한, 사사 사(厶)=한쪽 팔을 구부려서 상대편을 끌어 안는 표현으로서 사사로이 내 것으로 만든다는 사정 사, 간사할 사(私)의 약자이다.

運 "운전 운(運)=군사 군(軍)+쉬엄쉬엄 갈 착(辶)"

빙빙 돌다, 움직이게 하다, 운반하는 일을 뜻하며, 군사가 움직이는 데는 그 길을 가려서 간다는 뜻으로 만들어 스스로 움직이며 운전하듯이 앞길을 헤쳐 나간다는 뜻에서 운수 운(運)으로 나타낸다. 또한, 군사 군(軍)은 수레거(車)를 천막으로 덮(冖)어서 위장한 차, 수레라는 뜻으로 만든 글자로 즉, 군사가 싸워서 이기는 것은 병법에도 있으나 운수에 많이 달렸다는 뜻을 표현하기도 한다.

韻 "운치 운(韻)=소리 음(音)+관원 원(員)"

옛 자형은 員(원)을 勺(작)으로 썼으며, 목소리의 고른 울림의 뜻으로 관원이 소리를 치니 풍경이 더욱 볼만하다. 즉, 옛날에는 공무원들이 좋다고 하면 좋은 것으로 듣던 어리석던 백성들의 내용을 그대로 나타낸다.

<울>

鬱 "답답할 울(鬱)=수풀 림(林)+장군 부(缶)+덮을 멱(冖)+울창술 창(鬯)+터럭 삼(彡)"

술 창(鬯은 술)部와 부수를 제외한 글자 林(림)을 바탕으로 (울)의 생략형이 음을 나타내며, 숲이 우거진 언덕 밑과 같은 속에 묻어둔 술단지처럼 빛을 볼 수 없어 답답하다는 뜻으로 만든 글자이다. 장군 부(缶)는 똥장군, 창(鬯)은 화살통(전대), 터럭 삼(彡)은 계곡의 물과 우거진 숲을 상징한다.

蔚 "우거질/땅이름 울(蔚)=초두 변(艹)+벼슬/편안하게할 위(尉)"

초두머리(艹(=艸)는 풀, 풀의 싹)部와 음을 나타내는 尉(위)로 이루어졌으며, 고을 이름, 빽빽하다의 뜻으로 제비쑥 위(蔚)와 同字이다.

<웅>

雄 "숫컷 웅(雄)=팔뚝 굉(肱에서 月이 없는 글자)+새 추(隹)"

새가 팔을 괴이고 있다는 뜻에서 '수컷'을 뜻하며, 새의 수컷, 그것으로부터 굳세다, 용감하다는 뜻으로 되었다. 새가 날개를 땅에 괴고 짝짓기를 한다는 뜻에서 수컷으로 나타내며 다시 날아오른다는 뜻에서 영웅으로도 나타낸다. 팔뚝 굉(肱)은 육달월 변, 살코기 육(肉)이 없는 글자가 변으로 쓰일 때의 자형이며 굉(肱)의 고자(古字)이다. 팔뚝을 괴듯이 날지 못한다는 뜻이므로 키가 작지 않으면 수족이 상하는 수가 있으니 사고를 조심해야 한다. 또 섹스를 즐기는 것을 좋아한다. 직업으로는 직장인, 식당, 식육점, 이·미용사, 운수업, 장사꾼 등이 있다.

熊 "곰/웅담 웅(熊)=능할 능(能)+두개의 비수 비(匕;匕)+연화발(灬)"

불빛이 곱게 '빛나다'의 뜻과 음을 빌어 동물중의 곰의 뜻으로 쓰인다. 곰의 쓸개, 산돼지의 쓸개로도 나타내지만, 글자의 본뜻은 뼈 사이의 살을 발라먹는 버러지를 불에다 삶는다는 뜻이다. 능할 능(能)은 벌레 연(肙)과 통하는 글자 즉, 뼈 사이살 긍(厶+月)+두 개의 비수 비(匕;匕)는 뼈 사이의 살을 칼로 쪼개어 발라낸다는 뜻에서 벌레와 같은 쓸개를 꺼내어 불(火)에 굽는다는 뜻이다. 직업으로는 의사, 간호사, 한약사, 약재상, 약국, 식육점, 식당, 도살장, 이·미용사 등이 있다.

<원>

垣 "담 원(垣)=흙토(土)+베풀 선(亘)"

흙토(土는 흙)部와 음을 나타내는 부수를 제외한 글자 亘(선)의 전음이 합하여 이루어졌으며, 흙을 사용하여 흙으로 만들어진 '낮은 담, 보호받아야 하는 담장' 이란 뜻에서 베풀 선(亘)을 붙였다. 사람도 마찬가지로 이름에 사용하면 보호를 받아야 할 사람이다. 즉, 베풀 선(亘)은 선(宣)과 同字이며 남자를 상징한 날일(日)을 중간에 두고 아래위를 덮어 담을 쌓았으므로 고부가 불화하고 남편이 출세를 못한다. 직업은 직장인이 최고이며 사업은 하지 않는 것이 좋다.

圓 "둥굴 원(圓)=큰입구(口)+관원 원(員)"

음을 나타내는 員(원)은 둥글다의 뜻으로 나중에 수를 세는 말로 쓰이게 되매 둥글다의 뜻으로는 圓(원)이라고 쓰인다. 즉, 나라에서, 관청에서 일을 보는 관원, 공무원, 직장인을 나타낸다.

遠 "멀 원(遠)=옷깃모양 원(袁)+쉬엄쉬엄 갈 착(辶)"

袁(원)은 衣(의)자 속에 ○을 쓴 낙낙한 긴 옷, 책받침(辶(=辵)은 쉬엄쉬엄 가다)部는 움직이는 일, 나아가는 일, 즉 길게 하다, 길다, 멀어지다, 멀다의 뜻으로 사람이 입은 옷깃의 모양이 멀리 사라져간다. 너무 멀어 가늠하기 어렵다는 뜻에서 멀다는 뜻으로 나타낸다. 옷깃 모양 원(袁)=흙토(土)+입구(口)+옷의(衣)의 합자로서 옷은 옷이되 그 형체가 분명하지 않다는 뜻이다. 천천히 쉬면서 간다는 뜻의 착(辶)은 교차로의 사거리 중 삼거리를 나타낸다. 직업으로는 돌아다니는 직업, 운전사, 장사꾼 등이 있으며, 이사를 자주 한다.

園 "동산 원(園)=에울 위(口)+옷깃모양 원(袁)"

口(위)는 에워싸는 모양, 음을 나타내는 袁(원)은 여유가 있는 모양, 즉, 과수원, 또는 채마밭을 말하며, 둥글게 에워싼 모양이 옷깃 모양을 닮았다는 뜻에서 낮은 산이나 정원으로도 나타낸다. 또한, 원(園)의 토(土)는 흙, (口)는 울퉁불퉁한 구렁과 밭, 衣는 나무와 숲을 나타내며, 나라 국(國)의 물돌 회(回)와 같은 뜻이므로 항상 제자리 걸음이다. 직업으로는 정원사, 농업, 꽃집, 직장인, 의류 등이 있다.

圓 "둥글 원(圓)=큰입구(口)+관원 원(員)"

음을 나타내는 員(원)은 둥글다의 뜻으로 나중에 수를 세는 말로 쓰이게 되며 둥글다의 뜻으로는 圓(원)이라고 쓰인다. 즉, 큰 테두리 안에 빙 둘러 쌓인 모든 둥근 것을 나타내며, 원(圓)은 입구(口)+조개 패(貝)로서 나라의 국록을 함께 나누어 먹는다는 뜻에서 관원, 공무원으로 나타낸다. 한편, 사업운은 없으며, 또한 과욕을 부리면 교도소에 갈 위험이 있다. 즉, 공무원으로서 정직하게 살아야 한다.

阮 "성 원(阮)=언덕부(阝)+으뜸 원(元)"

좌부 변(阝(=阜)은 언덕)部와 음을 나타내는 元(원)으로 이루어졌으며, 높은 언덕을 닮은 언덕의 시작지점을 나타내며 원나라의 국명과 성(城)으로도 나타낸다. 언덕부 변(阝)은 부(부)가 변으로 쓰일때의 자형과 퇴비 퇴(堆)의 (本字)+열 십(十)=퇴비가 나는 높은 언덕이다. 으뜸 원(元)=절름발이 왕(兀)+한일(一)로서 처음과 시작이란 뜻이다.

願 "원할 원(願)=언덕 원(原)+머리 혈(頁)"

頁(혈)은 머리가 큰 사람, 음을 나타내는 原(원)은 물의 근원, 큰 머리, 물이 흘러나오듯이 머리에서 생각이 떠올라 나오다, 생각하다의 뜻으로 언덕과 근원지를 보고 머리를 숙인다는 뜻에서 어떤 일을 원한다는 뜻으로 나타낸다. 또한, 근원 원(原)은 언덕 엄(厂)+샘 천(泉)=샘물이 솟는 근원지를 나타내며, 샘 천(泉)은 흰백(白)+물수(水)이지만 여기서는 약자로 쓰인다. 직업으로는 공무원, 화가, 학자, 토목, 목욕탕, 농업, 서비스업, 물장수 등이 있다.

原 "근본 원(原)=언덕 엄(厂)+샘 천(泉)"

ㅇ

계곡의 맑은 물이 흘러나오는 水原(수원)의 뜻으로 샘의 근원지는 언덕 밑에서부터 시작된다. 즉, 샘물의 근원지는 땅속이란 뜻이다. 이 글자의 샘 천(泉)이 흰백(白)+작을 소(小)로 구성된 것은 서체의 변형이며 원래는 샘 천(泉)이다. 근원 원(原)에 삼수변(氵)을 붙인 글자도 물의 근원지, 강물의 근원지도 샘이란 뜻이므로 같은 글자다.

源 "근원 원(源)=삼수변(氵)+근본 원(原)"

原은 민엄호밑(厂는 굴바위, 언덕, 낭떠러지)部와 泉(천은 샘)을 합친 글자로 샘이 바위 사이에서 솟아 나오는 모양, 원천, 시작, 발생의 뜻으로 흐르는 물, 강물의 근원지도 샘이란 뜻이다.

員 "관원/둥글 원(員)=입구(口)+조개 패(貝)"

생계(口)를 위해 돈(貝)을 받고 일하는 사람이라는 데서 '관원, 수효'를 뜻하며, 조개에다 말하는 입을 하나 더 붙였다는 뜻은 먹고 살기 위한 직장, 공직자란 뜻이다. 또는 입을 하나 더 붙였으니 소리음은 더 할 운, 성씨 운으로도 나타낸다. 조개 패(貝)는 눈목(目)+여덟 팔(八)로서 재물을 상징하기도 하지만 이 글자만 이름에 쓰면 재물은 물론, 일생에서 어려움이 많다. 직업으로는 직장인, 공무원, 상업 등이 있다.

援 "도울 원(援),끝 원(援)=제방 변(扌)+당길 원(爰)"

잡아 끌어 구하다의 뜻을 가지는 援(원)의 본디 글자 爰(원)으로 이루어져 떠맡다, 돕다의 뜻으로 이끌고 당겨주니 돕는다는 뜻이다. 제방 변(扌)은 손수(手)가 변으로 쓰일 때의 자형(字形)이며 당길 원(爰)은 손톱 조(爫)+갈 우(于)+또우(又)로서 손을 내밀어 친구를 만들고 돕는다는 뜻이다. 또한, 갈 우(于)+또우(又)=벗 우(友)와 같이 쓰인다.

媛 "예쁠 원(媛)=계집녀(女)+당길 원(爰)"

계집녀(女는 여자)部와 음을 나타내는 爰(원)으로 이루어졌으며, 남을 이끌고 당겨주는 여자, 또는 여자를 이끌고 당겨주니 그 마음씨가 갸륵하고 예쁘다는 뜻으로 나타낸다. 또한 당길 원(爰)을 바꿀 원으로도 나타내는 이유는 손(手)을 내밀어 친구(友)를 돕다가 마음에 들지 않으면 버리고 다시 바꿀 수도 있다는 뜻이므로 이름에 사용하면 친구와 배우자도 쉽게 바꿀 수 있다.

元 "으뜸 원(元)=한 일(一)+절름발이 왕(兀)"

元(원)은 머리, 으뜸의 뜻으로 쓰지만, 한편, 머리는 둥글다의 뜻으로도 쓰인다. 또한, 두이(二)+어진 사람인 발(儿)=뭐든지 가장 으뜸이라는 뜻이 아니라 시작의 처음을 나타낸다. 시작은 잘 하나 자기 위주의 프라이드와 욕심 때문에 비난의 대상이 된다. 이름 석자의 뜻이 부족하면 모자라는 짓을 잘하고 복과 수명도 단축되므로 올바르게 살아야 한다.

苑 "나라동산 원(苑)=초두 변(艹)+누워뒹굴 원(夗)"

동산의 뜻을 나타내기 위한 부수를 제외한 글자 夗(원)으로 이루어졌으며, 고깃덩어리가 누워서 뒹구는 땅 위에 숲이 무성한 곳이 동산을 닮았다는 뜻이다. 또 시련이 많다는 뜻에서 큰바람 원(大風)으로도 나타내며, 누워뒹굴 원(夗)은 저녁 석(夕)+병부절(㔾절)이며, 저녁 석(夕)을 육달월 변(月)으로 읽으면 고깃덩어리가 된다. 한편, 환자, 불구자, 부부간의 애정이 없는 이름에 사용되는 글자이다. 이름으로 사용하면 본인이나 배우자의 운명에 시련이 많아진다.

瑗 "도리옥 원(瑗)=구슬옥(玉)+당길 원(爰)"

구슬옥 변(玉(=玉, 王)은 구슬)部와 음을 나타내는 爰(원)이 합하여 이루어졌으며, 돌에 큰 구멍을 뚫어서 주춧돌로 사용되던 큰 바위를 큰 구멍 뚫린 옥이라고 했다.

袁 "성/옷깃모양 원(袁)"

옷의(衣(=衤)은 옷)部와 음을 나타내는 止(지는 발)를 바탕으로 哀(애)의 전음이 합하여 이루어졌으며, 슬플 애(哀)를 닮았으므로 이름으로 사용하지 않는 것이 좋다.

沅 "물이름 원(沅)=삼수변(氵)+으뜸 원(元)"

삼수변(氵(=水, 氺)은 물)部와 음을 나타내는 元(원)이 합하여 이루어졌으며, 흐르는 강물의 윗부분을 나타낸다. 또한, 강물의 이름, 물 이름을 나타낸다.

院 "집/고을 원(院)=좌부방(阝)+미칠 완(完)"

둘러싼 담장의 뜻을 갖는 完(완)으로 이루어졌으며, 주위에 담을 두른 저택의 뜻으로 언덕이 끝나는 지점에 생긴 마을과 집이란 뜻이다.

<월>

月 "달월(月)=멀 경(冂)+두 이(二)"

언제나 둥근 날일(日은 해)部에 비하여 차고 이지러짐이 있으므로 초생달 혹은 반달의 모양을 글자로 삼으며, 창문(月)의 창살 틈(二)으로 내다본 달을 본뜬 글자이다. 모든 동식물이 잠을 자므로 죽은 고깃덩어리와 같다는 뜻에서 육달월변의 고기 육(肉)으로 변한다. 또는 밤에는 고기 덩어리(肉)처럼 같은 방안(冂)에서 살(人)과 살(人)이 섞여 이성교제를 가진다는 뜻에서 살코기(性器)로도 나타낸다. 그러나 정력이 왕성하고 섹스를 즐기지만 부부의 애정은 빈약하다. 밝을 명(明)과 비슷한 뜻을 지니지만 밝거나 활달하지도 못하고 어두운 곳을 즐기며 외롭다. 특히, 간장, 신장, 기관지염, 사고, 수술, 고혈압, 심장병, 중풍을 조심해야 한다. 많이 배우면 시인, 의사, 약사, 제약회사, 간호사, 음악가, 시인, 작다. 그렇지 않으면 식당, 식육점, 서비스업, 이・미용사 등의 직업으로 갖는다.

越 "넘을 월(越)=달릴 주(走)+천간 무(戊), 또는 도끼 월(戉)"

물건 위를 통과하다, 넘다의 뜻으로 무기나 도끼를 들고 담장을 뛰어넘는다는 뜻이다. 무기가 아닌 애정에 빠져도 담장을 넘을 수 있다. 즉, 속도위반을 말할 수도 있다. 잘 배우면 무관, 군인, 사법관, 의사, 기자, 스포츠맨이 되고 그렇지 못하면 식당, 식육점, 기능공, 운전사, 건달, 칼과 가위를 만지는 직업 등을 가질 수 있다.

<위>

爲 "할 위(爲)=손톱 조(爫)+주검 시(尸)+말이을 이(而)"

하다・이루다・만들다・다스리다의 뜻으로 삼고, 남을 위하다, 나라를 위하다 따위의 뜻으로 쓰며, 죽어서(尸)라도 내 손(爫)으로 하겠다(而)는 뜻에서 어조사로 사용되는 말로서, 이을 이(而)를 사용한다. 또는 죽기 전에 내 손으로 무엇이든 할 수 있다. 하겠다는 뜻이다. 말 이을 이(而)는 말을 이어갈 때 어조사로 사용되는 글자다.

渭 "위수 위(渭)=삼수변(氵)+밥통 위(胃)"

삼수변(氵(=水, 氺)은 물)部와 음을 나타내는 胃(위)가 합하여 이루어졌으며, 신경성 위장병을 앓으니 밥통에 위산과다증이 생긴 현상으로서 속 끓일 위로 나타내며, 중국의 강 이름, 물 이름, 즉 위수로 나타낸 것은 밥통에도 물이 있어야 한다는 뜻도 된다. 밥통 위(渭)는 밭전(田)+육달월(月)의 합자로서 살점으로 만들어진 큰 밭과 같다는 뜻에서 음식을 먹어 소화시키는 밥통으로 나타낸다.

位 "자리 위(位)=사람인 변(亻)+설립(立)"

大는 훌륭한 사람, 一(일)은 매우 넓은 땅의 모양, 立(립)은 훌륭한 사람이 서 있는 모양, 서는 일,

즉, 사람이 서다, 사람이 서는 곳을 말하며, 뜻을 표시하기 위하여 사람(亻)의 사이에서 자리를 만들었다는 뜻으로 설립(立)의 아래의 한 일(一)은 땅을 나타내고 위의 여섯 육(肉)은 모자(亠)를 쓴 사람(亻)이란 뜻과 서 있는 사람으로서 생각의 이념을 세우다의 뜻으로 나타낸 글자에 사람인 변(亻)을 붙여서 의자나 좌석, 직위로도 나타낸다.

煒 "빛날 위(煒)=불화(火)+가죽 위(韋)"

불화(火(=灬)는 불꽃)部와 부수를 제외한 글자 韋(위)가 음을 나타내며, 가죽을 다루고 또 다루니 벌겋게 보인다는 뜻에서 빛난다는 뜻과 한스럽다는 뜻으로도 나타낸다. 또한 가죽 위(韋)는 나라 한(韓)에 쓰이는 글자로서 빙 두르다, 둘러서 막다의 뜻에서 가죽을 나타내며 사람(人)의 옆으로 불이 훨훨타는 모양을 본뜬 불화(火)를 붙였으므로 한약, 제약회사, 제철소, 가죽공장, 소방관 등의 직업을 갖는다.

魏 "나라 위(魏)=맡길 위(委)+귀신 귀(鬼)"

귀신 귀(鬼은 귀신, 영혼)部와 음을 나타내는 委(위)로 이루어졌으며, 귀신의 힘을 믿지 않는다는 뜻으로 맡길 위, 버릴 위, 시들 위로도 나타내지만 때로는 귀신의 힘을 빌려 귀신에게 맡기고 싶다는 마음도 가지므로 든든할 위, 클 위, 우뚝할 위로도 나타낸다. 또한, 맡길 위(委)는 양식과 재물은 여자에게 맡긴다는 뜻이며, 귀신 귀(鬼)는 귀신머리 불(由)+어진 사람인 발(儿)의 합자이다. 이름으로 사용하면 남에게 의지하려 들고 게으르며 종교에 의지하게 된다.

ㅇ

威 "위엄 위(威)=천간 무(戊)+새 을(乙)+귀신 귀(鬼)"

옛날엔 한 집 안의 권력을 잡고 있는 여자, 곧 시어머니의 뜻으로 나중에 음을 빌어 두려워하다, 으르다의 뜻으로 쓰인다. 연약한 작은 새와 여자를 아궁이 즉, 품 안에 넣고 힘을 과시한다는 뜻이다. 이 글자의 한 일(一)은 새 을(乙)이며 계집녀(女)를 붙이면 새처럼 생긴 작은 여자, 힘없는 여자란 뜻이다. 또한, 천간 무(戊)를 도끼 월(月)로도 나타내므로 욕심은 많으나 정당한 행위가 아닌 힘으로 상대방을 억제하려 든다.

委 "맡길 위(委)=벼화(禾)+계집녀(女)"

여자(女)에게 곡식(禾) 창고를 맡긴다는 데서 '맡기다'를 뜻한다. 즉, 곡식과 음식, 재물과 창고는 여자에게 맡기라는 뜻에서 만들어져 위임하다의 뜻을 나타낸다. 남자는 일을 열심히 하고 집 안의 모든 재정 관리는 여자가 맡아 화목과 복을 누리되 여자는 창고와 같으므로 복도 많고 관리도 잘해야 한다. 이름으로 사용하면 여자에게 의지하여 살고 여자가 집 안을 관장한다. 직업으로는 공무원, 농업, 창고관리, 금융계, 식당 등이 있다.

謂 "이를 위(謂)=말씀언(言)+밥통 위(胃)"

옮기다의 뜻을 나타내기 위한 胃(위)로 이루어졌으며, 옮겨 바꾸어 말하다의 뜻으로 밥통에서부터 우러나오는 말로 고하여 이르게 한다는 뜻이다. 배속에서부터 우러나오는 진실된 말로 알리고 고한다는 뜻으로 말씀언(言)은 심자에서 우러나온 생각을 입으로 뱉는다는 뜻이다. 직업으로는 학자, 교육자, 언론인, 의사, 간호사, 식당업 등이 있다.

韋 "가죽 위(韋)=다섯 오(五)+입구(口)+걸을 과(中)"

둘러 '싸다'의 뜻(圍)에서 '위'로 읽으며, 음을 빌어 무두질한 가죽의 뜻에 쓰인다. 또한, 한자의 부수로서는 무두질한 가죽에 관한 뜻으로 다른 가죽으로 이리저리 빙 둘러서 두르다의 뜻을 나타낸다. 다섯 오(五)는 왼발을 본떠 출발을 타나내고 입구(口)는 나라 국(國)과 같이 빙 두르다의 뜻이며, 걸을 과(과)는 오른발이므로 양 발로 빙 둘러서다의 뜻도 된다.

偉 "클 위, 기이할 위(偉)=사림인 변(亻)+가죽 위(韋)"

보통 사람 이상으로 큰 사람, 뛰어난 인물을 뜻한다. 즉, 큰 사람이 가죽을 뒤집어 썼으니 괴상하게 생겼다는 뜻이다.

慰 "위로할 위(慰)=벼슬 위(尉)+마음심(心)"

마음을 부드럽게 진정시키다의 뜻으로 높은 벼슬을 가진 사람은 아랫사람을 항상 위로하고 감싸주라는 뜻이다. 또한, 벼슬 위(尉)와 동자로 쓰인다. 즉, 마음심(心)이 없어도 같은 글자이며 획수와는 관계없다.

違 "어길 위(違)=가죽 위(韋)+쉬엄쉬엄 갈 착(辶)"

순회하다의 뜻을 가지는 韋(위)로 이루어지며, 빙빙 돌며 걸어다니는 뜻으로 어기다의 뜻에 쓰이는 것은 빌여 쓴 것으로 잘못할 위로도 나타내며, 왼발과 오른발을 잘 내밀면 크나큰 과오를 범하게 된다는 뜻과 같이 6. 25 사변 때 김일성이 내민 발걸음과 같다.

尉 "벼슬 위(尉)=주검 시(尸)+잘 마(二+小)+마디촌(寸)"

손에 다리미를 들고 헝겊에 댄다, '누르다'의 뜻으로 못된자를 누른다는 뜻에서 군대 장교의 뜻으로 쓰이며, 공무원은 모든 사람들에게 정성스럽게 대하여 편안하게 하라는 뜻에서 위로할 위, 편안할 위로도 나타낸다.

暐 "햇빛 위(暐)=날일(日)+가죽 위(韋)"

날일(日) 部와 음을 나타내는 韋(위)가 합하여 이루어졌으며, 말아 놓은 가죽에 햇볕이 빛난다는 뜻으로 쓰인다.

衛 "호위할 위(衛)=갈 행(行)+가죽 위(韋)"

순회하다의 뜻을 가진 韋(위는 圍)가 합하여 이루어졌으며, 주위를 돌아다니면서 지킴의 뜻으로 타인의 호위병, 따라다니며 빙둘러 싸서 지켜준다는 뜻이다. 직업으로는 호위병, 경비, 경호원 등이 있다.

<유>

有 "있을 유(有)=왼쪽 좌(左)+육달월 변(月)"

又(우는 손, 가지다, 손을 보다, 그 위에 더하다, 또…하다)는 음을 나타내며 有(유)는 달이 숨었다가 다시 나오다의 의미로 밤하늘의 달은 왼쪽에도 있는 듯하고 오른쪽에도 있다는 뜻에서 만들어진 글자지만 고기와 섹스의 상대가 왼쪽에도 있다는 뜻이 될 수도 있다. 왼 좌(左)는 변으로 쓰일 때의 자형으로 왼 좌(左)의 古字이다. 육달월 변(月)은 고기(肉)와 육체, 성기로도 활용된다. 직업으로는 의사, 간호사, 약국, 식육점, 식당, 이·미용사, 서비스업, 각종 칼이나 가위를 만지는 직업 등이 있다.

油 "기름/물댈 유(油)=삼수변(氵)+말미암을 유(由)"

끝이 오므라진 단지, 천천히 계속하여 나오는 모양, 油(유)는 물이 계속하여 흐르는 모양, 훨씬 나중에 끈적끈적한 액체 즉, 기름을 나타내는데. 아마도 밭에서 물이 솟으니 기름이 아닌가하는 의아스러움을 나타낸다.

惟 "오직 유(惟)=심방 변(忄)+새 추(隹)"

마음에 묻다, 생각하다의 뜻으로 음을 빌어 발어의 어조사로 쓰이며, 오로지 한마음이란 뜻이다. 또한, 새 추(隹)는 사람인 변(亻)이 있으므로 사람과 새로도 나타내어 변함이 없는 마음, 좋은 마음으로도 나타낸다. 새 추(隹)는 사람인 변(亻)+양토 규(圭)로서, 좋을 가(佳)와 같은 글자이며 사람(亻)이 언덕에 의지하고 있으니 추위와 비를 피할 수 있어서 좋다는 뜻일 뿐이다. 즉, 양토 규(圭)는 흙(土)을 두 개로 포개어 높은 언덕을 나타낸다.

維 "이을 유(維)=실사(糸)+새 추(隹)"

실로서 글자, 밧줄의 뜻으로 이어간다는 의미로, 새 추(隹)란 한자에서 사람인 변(亻)에 양토 규(圭)를 붙여서 좋을 가(佳)와 같은 글자로서 좋은 실이란 뜻이다. 새 추(隹)는 꼬리가 짧은 새로 나타내어 사람과 새, 실과 사람과 땅으로 연결됨을 나타낸다. 또한, 실사(糸)는 작을 요(幺)+작을 소(小), 작은 실꾸러미와 가는 실을 나타낸다.

猶 "같을 유(猶)=개사슴록 변(犭)+두목 추(酋)"

원숭이의 일종으로 의심 많은 성질이 있으며, 의심, 망설임의 뜻이 있다. 또한, 우두머리도 술을 마시면 개나 다름이 없다는 뜻에서 '개와 술단지는 같다'는 뜻으로 나타낸다. 두목 추(酋)는 술단지를 본뜬 글자 닭 유(酉)+여덟 팔(八)=양손(人)으로 받드는 형상에서 어미원숭이 유(猶)의 비슷한 뜻으로 나타낸다. 또 개사슴록 변(犭)은 개 견(犬)이 변으로 쓰일 때의 자형이므로 개견 변(犬)으로도 읽는다.

猷 "꾀 유(猷)=두목 추(酋)+개 견(犬)"

큰대(大는 크다)部와 음을 나타내는 酋(추)의 전음이 합하여 이루어졌으며, 개같은 두목이 날마다 술을 마시고 괴만 부린다는 뜻과 모자라는 사람도 늙으면 꾀만 남는다는 뜻으로 만든 글자로 같을 유, 어미 원숭이 유, 길 유(猶)로도 나타내는 글자와 뜻이 통하는 글자이다. 어미원숭이 유(猷)로도 읽는 것은 원숭이처럼 게으르다는 뜻이다.

遊 "놀 유(遊)=깃발 유(斿)+쉬엄쉬엄 갈 착(辶)"

游(유)는 물위를 흘러가다, 헤엄침, 어슬렁어슬렁 산책하다, 나다니다의 뜻으로 천천히 쉬어가면서 깃발처럼 뽐낸다, 논다는 뜻으로도 나타낸다. 깃발 유(斿)는 모 방(方)+맡길 仔(人+子)의 합자로서 씨앗과 인간, 남자와 여자를 나타내며 헤엄칠 유(游)와 同字로 쓰이며, 자신을 뽐내기를 좋아하고 나태하여 돌아다니며 여행도 좋아한다. 직업으로는 관광 가이드, 낚시꾼, 여행객, 떠돌이 장사꾼, 운전사 등이 있다.

攸 "곳 유(攸)=열사람 십(什)+똑똑두드릴 복(攵)"

회초리로 많은 사람을 두드려서 쫓아버린다는 뜻으로 만들어 곳 유, 멀 유, 달아날 유, 어조사로도 사용된다. 영리하고 총명하나 사람을 다스리고 거느리는 방식이 부족하여 사람이 따르지 않는다. 직업으로는 사법관, 군인, 지휘관, 교육자의 자질을 지녔으나 스스로를 다스릴 줄 알아야 좋다.

帷 "장막 유(帷)=수건 건(巾)+새 추(隹)"

수건 건(巾은 옷감, 헝겊)部와 부수를 제외한 글자 隹(추)의 전음이 음을 나타내며, 수건과 천들을 이리저리 연결하여 임시로 만든 천막, 휘장, 텐트, 커튼 등을 나타낸다. 수건이나 천, 의류, 광고지, 천막, 텐트, 등산용품, 커튼 등을 이용하는 직업을 갖는다.

乳 "젖 유(乳)=믿을 부, 알깔 부(孚)+새 을(乙)"

낳다의 뜻에서 전하여 키우다, 다시 전하여 키우는 젖의 뜻이 되며, 새가 어린 새끼를 품고 있다는 뜻이다. 알깔 부(孚)는 손톱 조(爫)+씨앗 자(子)로서 손끝의 애정으로 자식을 키우고 또는 새의 입과 발톱으로 쪼아서 알을 깐다는 뜻과 믿는다는 뜻도 된다. 남의 자식만 못해도 내 자식이 최고라는 믿음으로 살다보니 자식으로 인한 고통이 따른다.

由 "말미암을 유(由)"

바닥이 깊은 술단지의 모양을 본떠서 만들었으며, 가차하여, '말미암다'의 뜻을 나타낸다. 즉, 밭 전(田)에서 머리를 쏘~옥 내민 글자로서 귀신 귀(鬼)의 발(儿)이 없는 귀신머리 불과 같은 글자이다. 이중성격의 소유자가 많은 말미암을 유(由)는 해칠 인(因)의 뜻을 나타내며 양부모 중 한분과 인연이 짧거나 가족과 이별을 암시할 수도 있다. 특히, 간장, 신장, 기관지를 조심해야 한다, 직업으로는 상업, 농업, 식당, 닭장수, 서비스업 등이 있다.

酉 "닭 유(酉)=서녁 서(西)+한 일(一)또는 우뚝할 올(兀)+가로 왈(曰)"

술을 빚는 술단지의 모양을 보고 만들었으며, 본디 술의 뜻에 같은 의미의 뜻을 나타내며 서쪽으로 해가 질 무렵이면 술 단지의 술이 익는다는 뜻이다. 닭으로 나타낸 것은 해 질 무렵이면 닭들이 홰에 오른다는 뜻을 나타낸다. 이름으로 사용하면, 술을 마시면 알콜 중독의 위험이 있다. 직업으로는 양조장, 식당, 서비스업 등이 있다.

柔 "부드러울 유(柔)=줄 여(予)+삐침(丿)+나무목(木)"

나무를 폈다 굽혔다 하는 일로 쌍날창의 자루로 쓰는 탄력성 있는 나무의 뜻으로 남에게 주는 마음을 가져라, 나의 힘을 남에게 주는 척하면서 다시 이용한다는 뜻이 된다. 유도는 힘을 상대방에게 주는 척하다가 반대로 이용하는 길을 가르친다. 이름에 사용하면 출세가 어려운 것은 나무목(木)이 묻혔기 때문이다. 직업으로는 운동선수, 농업, 과수, 서비스업 등이 있다.

裕 "넉넉할 유(裕)=옷의 변(衤)+골 곡(谷)"

의복이 풍부하게 있다의 뜻으로 전하여 마음에 여유가 있는 것이다. 산골짜기가 옷을 두텁게 입었다는 뜻은 즉, 신록이 우거져서 숲과 나무들이 울창함을 나타내어 넉넉하고 두텁다는 뜻도 된다. 여름에는 신록이 우거지고 가을에는 단풍으로 옷을 갈아 입는 계절의 변화를 나타낼 때 사용된다. 직업으로는 산골에 사는 사람, 종교인, 무당, 농업, 음식점 등이 있다.

庾 "노적거리 유(庾)=돌집 엄(广)+잠깐 유(臾)"

엄호밑(广는 집)部와 음을 나타내는 臾(유)로 이루어졌으며, 집 안에 노적가리가 가득하지만 잠시 뿐이란 뜻이다. 잠깐 유(臾)=절구 구(臼)+사람인(人)의 합자로서 때가 되면 사람이 구덩이 속으로 들어간다는 뜻이므로 후손의 대(代)가 끊어질 위험이 있다. 직업으로는 정치인, 공무원, 사업가, 사법관, 의사, 식당, 정미소 등이 있다.

兪 "그러할 유(兪)=들 입(入)+달 월(月)+선칼도(刂)"

나무를 파내어 배를 만드는 것을 뜻하며, 그 음을 빌어 응답이라는 말로 삼으며 그렇게 여긴다는 뜻이다. '인월도 유'로도 읽으며 사람인(人)+달 월(月)+선칼도(刂)의 합자로 칼을 가지면 사람이나 달과 고기도 쪼갤 수 있으므로 중풍, 사고, 간장 질환 조심해야 한다. 직업으로는 의사, 간호사, 칼, 가위를 만지거나 식육점, 식당, 이·미용사, 기능공 등이 있다.

侑 "권할 유(侑)=사람인 변(亻)+있을 유(有)"

사람인 변(亻(=人)는 사람)部와 음을 나타내는 有(유)가 합하여 이루어졌으며, 있을 유(有)만 사용해도 옆에 사람이 있다는 뜻인데, 또 다시 사람인(亻)을 붙였으니 또 있다는 뜻과 사람에게 어떤 일을 권한다는 뜻도 된다.

儒 "선비 유(儒)=사람인 변(亻)+음식 수(需)"

德(덕)을 가지고 사람에게 은덕을 베푸는 사람, 학자, 특히 공자의 가르침을 받는 사람을 뜻하며, 별로 아는 것도 없으면서 잘난체 입으로만 뽐내는 선비로 나타내며 '난쟁이 유, 말광대 유'로도 나타낸다. 음식 수(需)는 비 우(雨)+말이을 이(而)의 합자로서 눈물로 음식을 만들어 조상에게 고한다는 뜻의 사모할 유(孺)로 나타내는 글자다. 사용하면 부모의 수명이 단축되거나 부모덕이 없다.

愈 "더욱 유(愈)=그러할 유(兪)+마음심(心)"

마음에 더 낫다→전하여 더 낫다의 뜻으로 또 음을 빌어 점점, 드디어의 뜻으로 쓰이며, 마음적으로 더욱 그렇게 하고 싶다는 뜻이다.

幽 "그윽할 유, 숨을 유(幽)=뫼산(山)+적을 요(幺幺)"

불에 그을려 검게 되다, 전하여 어둡다, 희미하다의 뜻이 되며, 현실이 아닌 것이 어둡고도 그윽하게 나타내 보인다는 뜻에서 어둡다는 뜻으로도 나타낸다.

悠 "멀 유, 한가할 유(悠)=곳 유(攸)+마음심(心)"

근심하다, 또 遙(요)와 음이 비슷하여 아득하다의 뜻으로 쓰이며, 조용한 곳에서 한가롭게 놀고 싶은 마음에서 모든 노력과는 멀다.

誘 "꾈 유, 당길 유(誘)=말씀언(言)+빼낼 수(秀)"

권하다의 뜻을 나타내기 위한 秀(수→유는 변음)로 이루어졌으며, 사람에게 권하는 것을 뜻하며, 입으로 꾀어서 끌어낸다는 뜻이다.

宥 "용서할 유(宥)=움집 면(宀)+있을 유(有)"

'권하다'의 뜻을 가진 有(유)로 이루어졌으며, 음식을 권하며 편히 있게 하다에서 '용서하다'의 뜻으로 권할 유와 동사로서 집 안에 갇힌 사람을 너그럽게 용서한다는 뜻이다.

楡 "느릅나무 유(楡)=나무목(木)+그러할 유(兪)"

木(목은 나무)部와 음을 나타내는 兪(유)가 합하여 이루어졌으며, 그저 그렇고 그런 마누, 별로 쓸모없는 나무를 나타낸다.

洧 "물이름 유(洧)=삼수변(氵)+있을 유(有)"

삼수변(氵(=水, 氺)은 물)部와 음을 나타내는 有(유)로 이루어졌으며, 사람이나 고깃덩어리 옆에 물이 있다는 뜻이다.

<육>

育 "기를 육(育)=해산할 때 아이돌아나올 돌(𠫓)+육달월 변(月)"

부수를 제외한 글자(아이를 거꾸로 세운 모양으로서 갓난아이를 말함)와 月(월는 肉(육는 기르다))의 합자하여, 난 아이를 기르는 일로써 어린 아기는 태중에서부터 큰 고기가 되도록 키운다는 뜻이다. 아이 돌아나올 돌은 돼지해머리(亠)+마늘 모(厶)로서 작은 것이 머리를 달고 배속으로부터 나온다는 뜻에 달 월(月)을 붙여서 키우다. 기르다의 뜻으로 나타낸다. 육달월 변(月)의 변형체는 고기 육(肉)이다. 또한 중풍, 불의의 사고, 수술, 간장, 신장질환, 고혈압을 조심해야 한다.

堉 "기름진땅 육(堉)=흙토(土)+기를 육(肉)"

뜻을 나타내는 흙토(土은 흙)部와 음(音)을 나타내는 育(육)이 합하여 이루어졌으며,
고깃덩어리와 같이 좋은 거름을 땅에 뿌리니 기름지다는 뜻으로 나타낸다.

肉 "고기 육(肉)=안 내(内)+사람인(人)"

신에게 바치는 동물의 고기의 썬 조각, 組(조) 따위의 글자에 포함되는 夕(석) 비슷한 모양은 肉(육)의 옛 자형이지만 나중에 月(월)로 쓰는 일이 많아지매 이것을 日月(일월)의 月(월은 달)과 구별하여 月(육달월변部)라 부르며, (육)이란 음은 부드럽다의 뜻과 관계(關係)가 있는 듯하다. 즉, 사람의 살점 덩어리가 냉장고 속에 든 것을 나타낸다.

<윤>

閏 "윤달 윤(閏)=문 문(門)+임금왕(王)"

해가 도는 것과 달이 도는 것을 비교하여 계절에 맞지 않는 달을 말하며, 옛날 윤달에는 왕이 문안에 있는 습관이 있었다. 즉, 집(門) 안으로 들어오는 일거리와 복록(王)이 많아졌다는 뜻으로 즉, 1년을 24절기에 맞춰 12개월로 만들다 보니 한 달이 더 많아졌다는 뜻에서 윤달로 나타낸다. 집 안의 구슬, 문안의 왕이므로 가족과 직장에선 화목하다. 직업으로는 공무원, 직장인, 금융계, 금은방, 사업 등이 있다.

尹 "믿을 윤(尹)=주검 시(尸)+왼 좌(左)"

尹(윤)은 오른손과 뚫을 곤(丨은 뚫음)部(=자)로 이루어졌으며, 손에 자를 들고 공사를 감독하는 사람을 바로 잡다, '다스리다'의 뜻으로 왼쪽에도 시체이니 죽어도 믿으라는 뜻에서 믿을 윤, 제사상의 건포처럼 생명이 없다는 뜻에서 포 윤, 죽은 시체는 다스리기 쉽다는 뜻에서 다스릴 윤으로도 나타낸다. 시(尸)는 사람(人)이 양 발을 모으고 머리를 늘어뜨린 모양에서 시체로 나타낸다. 직업으로는 정치인, 공무원, 장의사, 지관, 역학자 등이 있다.

允 "진실로 윤(允)=사사 사(厶)=어진사람인 발(儿)"

본디 신을 섬기는 사람으로 음을 빌어 성실하다의 뜻으로 쓰며 사사로운 자신의 감정과 욕심을 없게 해야 진실하다는 뜻이 되지만 실상은 사사로운 욕심을 많이 부린다는 뜻이며, 사사로운 욕심을 부리지 않으면 먹을 것이 부족하기 때문이다. 사(厶)는 한 팔을 구부려 끌어들이는 모양을 본떠 간사할 사(厶)와 같다. 직업으로는 공무원, 교육자 등이 있다.

胤 "이을 윤(胤)=작을 요(幺)+달 월(月)+안석 궤(几)"

月(肉육)과 작을 요(幺는 작다)部와 八(팔)의 합자이며, 밤하늘의 작은 달이 날마다 나타나는 것처럼 자손의 대(代)를 대대로 이러갈 수 있다는 뜻에서 '자손의 대 이을 윤'으로 나타내므로 장남 윤, 맏 윤의 뜻으로도 나타낸다. 작을 요(幺)+달 월(月)은 소(牛)의 위장(胃)이란 뜻의 '천엽 현'과 비슷하다. 직업으로는 의사, 식당, 식육점 등이 있다.

玧 "귀막이 옥 윤(玧)=구슬옥(玉)+진실로 윤(允)"

구슬옥 변(玉(=王, 王)은 (구슬) 部와 음을 나타내는 允(윤)으로 이루어졌으며, 귓구멍에 끼우는 돌로 만든 보청기처럼 생긴 구슬, 또는 귀걸이로 사용되는 돌로 만든 구슬을 나타낸다.

鈗 "창 윤(鈗)=쇠금(金)+진실로 윤(允)"

쇠금(金)은 (광물 · 금속 · 날붙이)部와 음을 나타내는 允(윤)으로 이루어졌으며, 왕을 시중드는 내시가 호신용으로 사용하는 무기이다.

潤 "불릴 윤(潤)=삼수변(氵)+윤달 윤(閏)"

넘칠 정도로 많은 모양의 뜻을 갖는 閏(윤)으로 이루어졌으며, 충분히 물에 젖다의 뜻으로 12개월을 절기로 맞추자니 한 달이 더 있는 것처럼 재물도 더 불릴 수 있다는 뜻이다.

<융>

戎 "되 융(戎)=창 과(戈)+왼 좌(左)"

창 과(戈는 창, 무기)部와 甲(갑=갑옷)의 합자이며, 무기의 뜻으로 왼쪽 품에도 무기를 숨기고 있다는 데서 '오랑캐, 나쁜 놈'이란 뜻이다 또 오랑캐=떼 놈(되 융)=조상들이 우리나라를 침략하는 중국군을 일컬은 호칭이다. 왜놈은 우리를 침략하는 일본인들을 일컬은 호칭, 오랑캐는 6.25때의 북한 군 호칭, 도적이나 강도처럼 인간 이하의 행동을 하는 사람을 오랑캐라 한다.

融 "융통할/귀신이름 (融)=오지병 격(鬲)+벌레충(虫)"

물건을 삶아 김이 '빠지다'의 뜻으로 귀신같은 버러지도 함부로 드나들 수 없는 오목한 병, 또는 뚜껑이 닫혀진 가마솥이나 항아리를 상징하여 화할 융으로 나타낸다. 오지병 격(鬲)은 발이 셋 달린 가마솥의 생김새를 본떠서 금융에 사용되는 글자이다. 직업으로는 금융계, 상업, 금고, 전당포, 사채업자 등이 있다.

<은>

殷 "은나라 은(殷)=문 호(戶)+고무래 정(丁)+팔모창 수(殳)"

'떨치다'의 뜻(震진)을 나타내기 위한 身(신)으로 이루어졌으며, 무기를 들고 성대하게 춤을 추다, 바뀌어 '성하다'의 뜻으로 문 호(戶)는 문(門)의 한쪽 문을 나타낸 글자이다. 문안에 창과 망치, 무기들이 많다는 뜻으로 나타내어 '많을 은' 이라고도 하며, 은나라의 국호로 사용하던 글자다. 직업으로는 각종 연장이나 도구를 만지는 기능공, 기술직, 군인, 건축, 철물, 제철소, 식육점 등이 있다.

隱 "숨을 은(隱)=언덕부 변(阝)+손톱 조(爫)+장인 공(工)+터진 가로 왈(曰)+마음심(心)"

언덕에 가려서 보이지 않는 것을 뜻으로 숨다, 가리다의 뜻이다. 즉, 미련하다는 뜻에서 언덕부(阝)를 붙여 언덕 밑에 숨는다는 뜻과 은퇴할 은으로도 나타낸다. 숨을 은(隱)은 숨다, 숨기다, 물러나다의 뜻으로도 나타낸다. 직업으로는 직장인, 기술직, 각종 연장과 도구를 이용하는 기능사, 식당, 이·미용사 등이 있다.

銀 "은빛 은(銀)=쇠금(金)+그칠 간(艮)"

艮(간→은은 변음)은 뚜렷하게 눈에 띄는 것, 金(금)은 금속, 銀(은)은 금속 중에서 희고 깨끗한 것으로 누런 황금빛이 멈추어야 흰백색의 은빛이 될 수 있다는 뜻으로 만들었으나 멈춘다는 것은 없어진다는 뜻과 같다. 그칠 간(艮)은 북쪽의 마지막 지점과 동쪽의 중간지점의 방위를 나타내는 것도 끝난다는 뜻과 같다. 직업으로는 금은방, 금융계, 회계, 금고, 철물 등이 있다.

恩 "은혜 은(恩)=해칠 인, 인할 인(因)+마음심(心)"

음(을 나타내는 因(인→은)과 마음(心)으로 도와준다는 뜻을 합하여 '은혜'를 받음을 뜻하며, 因은 依支(의지)하는 일, 恩(은)은 의지가 되는 마음(心)→사람을 소중히 다루는 일, 본디는 惠(혜는 자비를 베풀다)와 같은 뜻으로 감옥에 가둬 놓고 헤치라는 뜻이 아니라 은혜를 베풀어 풀어주는 마음을 가지라는 뜻에서 사사로울 은으로도 나타낸다. 해칠 인(因)은 큰 사람(大)을 방안이나 감옥에 갇힌 형상이므로 본인이나 배우자가 법관, 경찰, 교도관, 불구자, 장의사 등의 직업을 가진다.

垠 "끝 은(垠)=흙토(土)+그칠 간(艮)"

흙토(土는 흙)部와 음을 나타내는 艮(간은 은으로 바뀜)이 합하여 이루어졌으며, 흙으로 이어지던 끝 지점, 언덕 끝이란 뜻이다

誾 "하편한 은(誾)=문 문(門)+말씀언(言)"

말씀언(言은 말하다)部와 음을 나타내는 門(문은 은으로 바뀜)이 합하여 이루어졌으며, 문안에 소리를 죽여 하는 말씀, 남이 들을까 봐 조용히 하는 말, 남몰래 하는 말로도 나타내므로 정상적인 사람으로서 할 일이 아니다.

<을>

乙 "새 을(乙)"

한가운데가 쥐는 곳이며 양쪽이 굽고 뾰족한 작은 칼의 모양, 일설에 이른 봄에 초목의 싹이 트려고 할 때, 추위 때문에 웅크리고 있는 모양, 음을 빌어 천간의 두번째로 쓰인다. 또한 새 을의 변형체는 글자의 속에 발로 쓰일 때는 한 일(一)자로 쓰이고 뒤편(변)에 쓰일때는 (ㄴ)으로 쓰인다. 사람의 이름에 사용하면 사람인(人)+새 을(乙)이 될 수 있으므로 빌 걸(乞)과 같은 글자로 만들어지므로 거렁뱅이와 같이 노력은 많으나 실속이 없고 고생만 남는다. 배우자의 이름에 들어도 모든 글자와 같이 마찬가지다. 직업으로는 직장인이 가장 좋다.

<음>

陰 "그늘 음(陰)=언덕부 변(阝)+길 장(長)"

산의 해가 비치지 않는 그늘의 뜻으로 언덕 밑의 그늘은 오래간다는 뜻이다. 음지 음이라고도 하는 이 글자는 우부방(阝)+길 장(長)의 고자이다. 길고도 큰 언덕 밑의 그늘을 나타내므로 출세는

어렵고 질병이 들면 완쾌하는 시기도 오래간다. 직업으로는 공무원, 직장인, 의류, 방적, 건축가, 토목과, 한의사 등이 있다.

音 "소리 음(音)=설립(立)+가로 왈(曰)"

言(언)의 口(구) 속에 또는 一(일)을 더한 모양, 노래 부르거나 외거나 할 때 곡조를 붙인 말, 또는 목구멍 속에서 나는 소리, 뚜렷한 말이 되지 않는 음성, 음을 글자의 성분으로 하는 글자에는 어둡다는 뜻이 있다. 즉, 일어서서 입을 크게 벌리고 소리를 낸다는 뜻과 겉으로 표현하다의 뜻이다. 우리말인 소리음은 뜻을 전달하기 위한 수단으로 뜻이 없는 이름을 소리만 내면 전달의 능력이 부족하고 복이 없다. 직업으로는 음악가, 소리만 시끄럽고 실속이 없는 사람, 강사, 가수, 악사, 음반, 운전사, 장사꾼 등이 있다.

吟 "읊을 음(吟)=입구(口)+이제 금(今)"

목소리를 입 속에 머금고 낮은 소리로 읊조리다의 뜻으로 금방 들었던 것도 입으로 뱉어내다의 뜻이다.

飮 "마실 음(飮)=밥 식(食)+하품할 흠(欠)"

밥 식(食(=飠)은 먹다, 음식)部와 음을 나타내는 欠(흠은 입을 크게 벌리고 하품하는 모양→음)이 합하여 '마시다'를 뜻하며, 음식을 먹듯이 양팔을 들고 기지개를 켜면서 먹는다는 뜻에서 '마시다, 맛보다'의 뜻으로 나타낸다.

淫 "음란할 음(淫)=삼수변(氵)+가까이할 임(爫+壬)"

물속에 담그다의 뜻을 나타내기 위한 부수를 제외한 글자 㸒(음)으로 이루어졌으며, 물에 축축하게 적시다의 뜻으로 물에 담그다, 度(도)를 지나치다의 뜻이다. 또 손을 천간 임(壬)의 성기를 건드리면 마음이 어지러워지고 음란한 생각이 들어 정욕이 솟아난다는 뜻에서 간통할 음(婬)과 같은 뜻을 나타낸다. 천간 임(壬)의 삐침(丿)은 하늘의 빛살, 이성의 기운이며, 흙토(土)는 자신의 몸뚱이를 나타낸다. 즉, 간통할 음(婬)은 다른 여자를 가까이 하면 간통하게 된다는 의미로 나타낸다.

<읍>

邑 "고을읍(邑)=입구(口)+뱀 파(巴)"

口(구는 나라)와 병부절방(卩(=㔾)은 무릎 마디, 무릎을 꿇은 모양)部의 합자하여, 국가에는 크고 작은 절도가 있음의 뜻한다. 한 곳에 많이 뭉쳐서 사는 파충류와 같은 사람의 무리와 전답이 있는 마을, 동네, 나라란 뜻으로 입구(口)는 전답이며 뱀 파(巴)는 파충류의 무리 즉, 인간의 무리를 나타낸다. 또 뱀 파, 파충류 파(巴)는 몸 기(己)가 뱀의 따뱅이를 튼 모양처럼 꼬부라진 글자에 빛과 눈, 비늘을 상징한 점(丶)을 붙여서 파충류로 나타내며 쌀포(勹)를 붙이면 빛 색(色)이 된다.

<응>

應 "응할 응(應)=돌집 엄(广)+사람인 변(亻)+새 추(隹)+마음심(心)"

마음 속에 확실히 무엇인가 느끼다, 상대편 소리에 맞추다, 받아서 멈추게 하다의 뜻이며, 원래는 기러기 안(雁)+마음심(心)과 같은 글자이다. 기러기의 마음을 나타내어 서로 묻고 대답에 응하여 화목하다는 뜻이지만 돈과 명예를 위주로 사는 세상이므로 화목하지 못하다. 집 안에 든 새가 하고 싶은 일은 많으나 마음뿐이다. 직업으로는 변호사, 교육자, 공무원, 직장인, 가내공업, 식당 등이 있나.

膺 "가슴칠 응(膺)=기러기 안(雁)+육달월 변(月)"

육달 월(月(=肉)은 살, 몸)部와 음을 나타내는 부수를 제외한 글자 옹(응으로 바뀜)이 합하여 이루어졌으며, 집 안에 있으니 답답하여 병이 생길 것 같은 불안과 초조, 심장병, 간장 질환, 수술, 사고 등에 조심해야 한다.

<의>

疑 "의심할 의(疑)=화창할 양(匕+矢)+병부절(卩)+발 소(疋)"

어린아이가 비수(匕)와 화살(矢)을 들고 있어 위험하여 걱정하니 '의심하다'를 뜻으로 말을 듣기 좋도록 밝게 잘 하지만 믿음성이 부족하다는 뜻으로 나타낸다.

衣 "옷의(衣)=돼지해머리 두(亠)+씨앗 씨(氏)"

옷을 입고 깃을 여민 모양을 본뜬 글자로 옛날 상반신에 입는 것을 衣(의), 하반신에 입는 것을 裳(상), 옷 전체를 의상이라 하였으며, 씨앗에게 모지(亠)를 씌운다는 뜻이므로 옷이 된다.

ㅇ

씨앗이란 인간과 동식물의 씨앗, 자식과 같은 뜻이며 씨(氏)는 각시의 강보에 쌓인 갓난아기를 나타낸 글자이므로 각시 씨(氏)로도 읽는다. 그러나 씨(氏)는 옷의(衣)의 시작이며 껍질일 뿐이므로 이름에 사용되면 말년에 자식의 근심이 있고 뜻이 부족하다.

宜 "마땅 의(宜)=움집 면(宀)+비석 차(且)"

신에게 기도드리다가 본래의 뜻으로 전하여, 순리에 맞는 일의 뜻으로 조상이 돌아가시니 그 이름을 비석에 새겨 남기는 것은 '당연하다'는 뜻으로 만든 글자이다. 이 글자는 비석(且)의 위에 지붕을 씌운 형상이다. 마땅 의(宜)의 俗字는 움집 면(宀)+돼지머리 계(彑)이며 움집 면(宀)+아침 단(旦)은 同字로 쓰인다. 특히, 마땅 의(宜)와 베풀 선(宣)은 1획의 차이로서 이름에서는 비슷한 뜻을 지닌다. 빛을 볼 수 없으니 이름으로 사용하지 않는 것이 좋다.

儀 "법도 의(儀)=사람인 변(亻)+의로울 의(義)"

사람의 올바른 행동을 뜻하며, 옳은 일을 사람에게 베풀고 가르친다는 뜻에서 법칙, 규칙, 예절로 나타낸다. 의로울 의(義)는 양머리 양(羊)+나 아(我)의 합자로서 내가 온순한 양머리를 닮았다는 뜻이지만 실지로는 창(戈)을 손(手)에 잡고 착한 사람들(羊)을 이용한다는 뜻이다. 직업으로는 공무원, 직장인, 정치인, 군인, 사법관, 식당, 식육점, 철물, 기능사 등이 있다.

義 "옳을 의(義)=양머리 양(羊)+나 아(我)"

나(我)의 마음 씀을 양(羊)처럼 착하고 의리있게 가진다는 뜻을 합하여 '옳다'를 뜻으로 선하고 착한 사람을 위해서는 내가 무기를 들고 나설 수도 있다는 뜻이다. 나 아(我)는 제방 변(扌)에 창과(戈)의 합자이며 양머리(羊)는 선하고 착한 사람, 또는 신선한 피를 신(神)에게 바친다는 뜻을 나타낸다. 직업으로는 법관, 군인, 경찰, 정치인, 공무원, 식당, 정육점, 건달 등이 있다.

意 "뜻 의(意)=소림 음(音)+마음심(心)"

마음에 생각하는 일은 음성이 되어 밖으로 나타남의 뜻으로 나중에 이들 뜻은 憶(억), 臆(억)의 글자가 나타내고 意(의)는 마음, 생각 따위의 뜻에만 쓰게 되었다. 겉으로 나타나는 소리는 마음속의 뜻이다. 또한, 뜻 의(意)와 닮은 글자는 고칠 경(竟)이며 아래에 사람인발(儿)과 마음심(心)이 다른 것은 뜻과 글자를 본뜬 글자이며 고칠 경(竟)은 소리를 마음대로 고칠 수가 있다는 뜻이다. 배움이 부족하면 소리만 내고 실속이 없다. 직업으로는 음악가, 가수, 음반, 강사, 교사, 장사꾼, 운전사 등이 있다.

醫 "의원/병고칠 의(醫)=활집 예(匸+示)+팔모창 수(殳)"

소리 마주칠 예(匚+示+殳)+닭 유(酉) 병을 치료하는 데 사용되는 의약품과 침술류, 칼, 순갈 등을 나타내어 의원으로 나타낸다. 활집 예(匚+示) 날카로운 화살촉과 같은 침(針)을 넣는 통, 팔모창 수(殳)는 창을 닮은 침, 칼, 약 순갈 등, 닭 유(酉), 술 단지와 닮은 약탕기를 나타내며, 즉 그 술로 병이나 상처를 고친다는 뜻이다. 이름에 사용하면 의사, 약사, 약재 등의 직업을 가지지 못하면 자신이 환자가 될 수도 있다.

誼 "옳을 의(誼)=말씀언(言)+마땅할 의(宜)"

'마땅하다'는 뜻을 가진 宜(의)로 이루어졌으며, 사람이 모두 좋다고 한다, 바뀌어 사귄 정의 뜻으로 입으로만 마땅하다, 당연하다고 우기지만 실속은 없다.

倚 "의지할 의(倚)=사람인 변(亻)+기이할 기(奇)"

사람인 변(亻(=人)은 사람)部와 음을 나타내는 奇(기는 의로 바뀜)가 합하여 이루어졌으며, 의지하다, 기대다, 치우치다의 뜻이다. 즉, 괴상한 사람이 남에게 의지한다는 뜻이다.

<이>

移 "옮길 이(移)=벼화(禾)+많은 다(多)"

곡식의 이삭이 넘실넘실 물결치는 모양, 넘실넘실 자라다, 옮기는 일을 뜻하며, 많은 볏가리를 옮기는 것을 보고 만들어진 글자로서 많을 다(多)는 두 개의 저녁 석(夕)이 합류하여 저녁에는 볏가리를 옮겨야 하고 돈벌이가 안 되면 다른 곳으로 옮겨 가야 하는 데서, 옮긴다는 뜻으로 파자로 읽으면 화 다, 또는 화석이 되므로 저녁이면 하루의 결과가 많은 저녁에 익은 곡식이 된다. 이름으로 사용하면 이사를 자주 하게 된다. 직업으로는 배달부, 택배기사, 운전사, 식당, 식육업을 해야 좋다.

李 "오얏 이(李)=나무목(木)+아들자(子)"

나무목(木)은 部와 음을 나타내는 子(자)의 전음이 합하여 이루어졌으며, 나무와 아들 즉, 번식률이 왕성한 오얏나무. 나무(木)가 자식(子)을 많이 낳으면 고단할 혈(孑)로 변하는 글자이다. (子)의 변형체는 고단할 혈(孑)과 줄 여(予)로 변하고 나중에는 마칠 료(了)가 된다. 아들자(子)가 2개 이상 이면 말년에 자식과 배우자의 근심이 생기고 복록이 짧아진다.

而 "어조사 이(而)=한 일(一)+말 물(勿)"

턱수염의 모양, 수염, 음을 빌어 말을 이어갈 때 어조사로 쓰이는 글자이다. 또 '말이을 이' 로도 나타낸다. 말물(勿)은 사랑할 물, 먼지 털이 물의 뜻과 털어낸다는 뜻도 되므로 소리음은 '몰' 로도 나타낸다.

以 "생각할 이(以)=사사 사(厶)+사람인(人)"

사람이 연장을 사용하여 밭을 갈 수 있다는 데서 '~로써', '까닭'을 뜻하며, 사사로이 그 까닭은 생각한다. 할 이, 써 이의 뜻으로도 나타내며 어조사로 쓰인다. '할 이' 는 하다의 뜻이며, '써 이' 사용하다, 쓰다의 뜻' 이지만 글자의 뜻이 부족하여 이름에는 합당치 못하다. 즉 이 글자를 사용하지 않아도 필요한 것은 사용하고 이용하기 때문이다.

二 "두 이(二)=한 일(一)+한 일(一)"

두 개의 손가락을 펴거나 나무젓가락 두 개를 옆으로 뉘어 놓은 모양을 나타내어 '둘'을 뜻하며, 숫자의 둘을 나타낸 두 이(二)의 윗 글자는 하늘을 상징하고 아랫 글자는 땅을 나타낸다. 그러나 천지인의 삼재중에 사람이 사는 중간이 비었으므로 항상 부족한 뜻을 지닌 글자이다. 두 이(이)는 아무리 만들어도 장인 공(工)에 안되므로, 직장에서 장인 정신으로 일해야 부족함이 없지만, 사업은 실패의 위험이 있다. 그러므로 욕심은 금물이다.

易 "쉬울 이(易)=날일(日)+말 물(勿)"

반짝반짝 껍질이 빛나는 도마뱀의 모양이란 설과 햇볕이 구름사이로 비치는 모양이란 설 따위가 있는데, 도마뱀은 아주 쉽게 옮겨 다니므로 바뀌다, 쉽다는 뜻으로 되고 햇볕도 흐렸다 개였다 바뀌며 햇살은 어디나 비치므로 쉽다는 뜻이 된다.
태양 즉, 하늘의 뜻은 함부로 거역하지 말라는 뜻에서 만들어진 글자로서 어쩌면 바꾸기도 쉽다는 뜻의 쉬울 이, 바꿀 역, 거스릴 역, 꾀 역과 같은 글자이다. 이름에 사용되면 말씀과 직업과 직장도 잘 바꾸고 한곳에 오래 머물지 못하며 인내심이 약하여 이사도 자주한다. 역학자, 점쟁이처럼 장사꾼의 기질이 있으므로 상품도 바꾸는 일을 한다.

伊 "저 이(伊)=사람인 변(亻)+믿을 윤(尹)"

사람인 변(亻(=人)은 사람)部와 음을 나타내는 尹(윤)으로 이루어졌으며, 사람을 믿었더니 저 것(伊), 즉 다른 것으로 대신한다는 뜻으로 만든 글자이다. 저것 피(彼)와 통하는 글자로서 겉껍질만 거리로 돌아다닌다는 뜻도 되며, 발어사(발어사)로도 쓰인다. 또한 믿을 윤(尹)은 주검 시(尸)+왼 좌(左)=제사상의 건포(乾脯)와 다스린다는 뜻으로도 나타낸다. 부모 형제와 인연이 짧지 않으면 나보다 먼저 떠나거나 불구자의 가족이나 후손이 생기므로 이름으로 사용하기는 적당하지 않다.

貽 "끼칠 이(貽)=조개 패(貝)+늙을 태(台)"

나이가 들어서도 재물에 탐욕을 부리면 오히려 남에게 폐를 끼친다, 남긴다는 뜻으로 늙을 태(台)는 사사 사(厶)+입구(口)의 합자로서 사사로운 욕심을 입(口)으로 먹어 치운다는 뜻이므로 늙는다는 뜻과 '별 태'로도 나타낸다. 그러므로 한정된 복밖에 받지 못한다.

耳 "귀 이(耳)"

귀의 모양을 본뜬 글자로서 사람의 몸에 붙어있는 귀라는 뜻으로 몸 신(身)에서 삐침(丿)이 빠진 글자이다. 또 '제8대째 손자의 이름'으로도 사용했다. 눈목(木)은 눈만 나타낸 것이 아니라. 얼굴 전체를 나타낼 때도 있으므로 참고하면 되지. 율곡(栗谷) 이이(李珥)는 그의 어머니 사임당 신씨와 더불어 당대의 최고 학자라고 했으나 오얏나무에 해무리, 귀막이를 붙여 총명하게 출생한 사람을 고생스럽고 단명하게 만든다.

異 "다를 이(異)=밭 전(田)+함께할 공(共)"

양손으로 물건을 나누어줌의 뜻과 다름의 뜻으로 밭은 하나인데 여러 사람이 함께하니 다를 이, 괴이할 이, 나눌 이, 이상할 이로도 나타낸다. 즉, 한 그릇의 밥으로 여러 사람이 갈라 먹어야 하니 생각과 의견도 달라지고 나중에도 서로 다툴 수도 있으며 먹을 것이 부족할 수도 있다는 뜻이 될 수도 있으므로 이름으로 사용하지 않는 것이 좋다.

爾 "어조사/너 이(爾)=평할 평(平)+그물망(网)"

爾(이)는 실을 가락 옷에 잘 감을 때 쓰는 물레를 본뜬 글자로 조사로 쓰이며 죽을 때와 죽어서 가는 길은 쉬면서 가도 멀지 않다는 뜻으로 나타낸다.

貳 "두 이(貳)"

조개 패(貝는 돈, 재물)部와 음을 나타내는 부수를 제외한 글자 弍(이)가 합하여 이루어졌으며, 주살 익(弋는 줄 달린 화살)部는 안표로 삼는 막대기가 같은 것이다. 음(音)을 나타내는 부수를 제외한 글자 弍(이)는 물건을 세는 말이며 一(일)·二(이)·三(삼)을 주살 익(弋은 줄 달린 화살)部+一·二·三이라고도 썼다. 貝(패)는 돈이나 물건, 돈이나 물건이 붙는 일, 또 두 개의 물건을 뜻한다.

夷 "오랑캐/상할 이(夷)"

평정하다, 항상 변하지 않다 등의 뜻으로 빌어쓰며, 조상할 조(弔)와 닮은 글자로서 몸이 상했다는 뜻이다.

巳 "이미 이(巳)"

이미 · 그치다 · 따름 따위의 뜻을 나타내며, 몸 기(己)가 더욱 꼬부라진 글자로서 뱀(巳)을 닮아간다.

<익>

益 "더할 익(益)=두 개의 여덟 팔(八)+그릇 명(皿)"

그릇 위로 물이 넘치고 있는 모양, 넘침의 뜻에서 더함의 뜻이 되며, 뚜껑으로 덮고 또 덮을 만큼 많이 넘친다는 뜻과 여덟 팔(八)+절름발이 왕(尢)+그릇 명(皿)=모자라는 사람이 두 손으로 공손히 받는 형상에다 다시 그릇을 붙였으니 그릇 속에 또 넣는다는 뜻에서 더한다는 뜻이다. 직업으로는 공무원, 교육자, 사업가, 도자기, 그릇, 식당 등이 있다.

翼 "날개 익(翼)=깃 우(羽)+다를 이(異)"

날기 위해서는 두 개의 날개가 서로 가세해야 되므로 돕다, 가세하다의 뜻으로 몸뚱이는 다른 새가 아닌 것이 날개를 달았으니 날아다녀야 옳지만 날아다닐 수 없으니 타인을 호위하는 직업을 갖는다. 직업으로는 호위병, 경호원, 운전사, 장사꾼, 운동선수 등이 있다.

翊 "도울 익(翊)=설립(立)+깃 우(羽)"

깃 우(羽는 깃, 날개)部와 음을 나타내며 立(립은 익으로 바뀜)이 합하여 이루어졌으며, 뜻을 세운 사람에게 날개를 달았으니 더욱 쉽다는 뜻에서 돕는다는 뜻이지만 사람에게 날개가 달리면 어떻게 될까?

<인>

人 "사람인(人)=삐침 별(丿)+파임 불(乀)"

사람이 허리를 굽히고 서 있는 것을 옆에서 본 모양을 본뜬 글자로 옛날에는 사람을 나타내는 글자를 여러 가지 모양으로 썼으나 뜻의 구별은 없었다. 사람인은 아주 단정하게 바로 선 사람의 모양을 본뜬 글자이다. 사람인(人)이 글자의 변으로 쓰일 때는 (亻)이며 아래의 발로 쓰일 때는 어진 사람인 발(儿)이다. 즉, 사람인(人)은 독자적으로 사용하지 않아도 사람의 이름에 사용하는 것이므로 여러 개의 부수변이 합류되지 않은 글자는 숫자와 복이 적으므로 불필요하다는 뜻이다.

因 "헤칠 인(因)=에울 위(口)+큰대(大)"

에워싼 영토를 넓히려고 하는 데에는 반드시 큰 '원인' '이유'가 있다는 뜻에서 큰 사람이 상자 속에 갇혔으나 덕을 베풀지 못하면 해를 끼친다는 뜻이다. 에울 위(口)는 큰 입구(口)로서 상자 방(口)과 같은 뜻이며 큰대(大)는 큰 사람이란 뜻이다. 법관이나 경찰, 교도관이 되지 못하면 도리어 감옥에 갇히거나 건강을 잃고 빈곤하다. 본인이나 배우자는 욕심을 버리고 곧은 마음으로 살아야 하며 정치와 재물에 큰 욕심을 부리면 단명을 재촉하게 된다.

仁 "어질 인(仁)=사람인 변(亻)+두 이(二)"

두 사람이 친하게 지냄을 뜻하는 데서 어질다의 뜻으로 쓰이며, 한 사람이 벌어서 두 사람을 부양하니 친하게 지내고, 착하고 어질다는 뜻이다. 숫사의 두 이(二)는 아무리 연결해도 장인 공(工)만 되므로 손재주와 직장에 의지하여 어질고 착하게 살아야 편하다. 그러므로 욕심을 부리면 얻는 것보다 잃는 것이 많다. 직업으로는 공무원, 직장인, 기능공 등이 있다.

寅 "동방 인(寅)=움집 면(宀)+새 을(乙)+말미암을 유(由)+불화(火)"

양손으로 화살을 바로 펴고 있는 모양을 본뜬 글자로 나중에는 본 뜻이 잊혀지고, 음을 빌어 십이지지의 셋째로 삼으며, 십이지지의 동쪽을 상징한다고 해서 동방 인이지만, 그보다는 삼가고 조심하라는 뜻이 옳다. 또, 말미암을 유(由)+사람인(人)의 발(儿)을 붙이면 귀신 귀(鬼)가 되므로 양부모 중 한분과 인연이 짧거나 가족과의 인연이 짧을 수도 있음을 암시한다. 즉, 지붕 밑의 머리를 쑥 내민 귀신이 될 수도 있다는 뜻이므로 귀신처럼 잔꾀를 잘 부리면 신용을 잃으니 주의해야 한다. 직업은 상업, 닭장수, 농업, 건축업, 식당, 역학, 무당 등이 있다.

刃 "칼날 인(刃)=갈도(刀)+삐침(丿)"

칼에 점획을 찍어 날이 있는 곳을 가리키며 칼날에 빛을 낸다는 뜻이다. 이름에 사용하면 의사, 사법관, 간호사, 약사가 되지만 잘 배우지 못하면 식당, 식육점, 칼이나 가위를 만지는 직업, 이·미용사, 심하면 건달이 될 수도 있으니 주의해야 한다.

忍 "참을 인(忍)=칼날 인(刃)+마음심(心)"

마음에 꾹 참다의 뜻으로 칼로 심장을 도려내는 고통이 따라도 참을 수 있는 마음을 가지라는 뜻이다.

印 "도장 인(印)=장인 공(工)+병부절(卩)"

증표를 손에 쥐다, 사령에 찍는 도장, 표하는 일이며, 아무리 애쓰고 정성들여 만들어도 쪼그리고 앉은 병자처럼 작고 보잘 것 없다는 뜻에서 도장 인, 찍은 인으로 나타낸다. 이름으로 사용하면 얼굴에 낙이 찍힐 수도 있으니 조심해야 한다.

<일>

日 "날일(日)=입구(口)+한 일(一)"

해를 본뜬 글자로 단단한 재료에 칼로 새겼기 때문에 네모꼴로 보이지만 본디는 둥글게 쓰려던 것인 듯하다. 큰 태양을 본떴지만, 현실로 접근하면 오늘과 내일, 날마다의 뜻으로 나타난다. 내일도 날은 있고 모레도 날은 있으니 날마다 그렇다는 뜻도 된다. 두뇌는 영리하나 복록은 없고 입마나 살았다는 뜻이니 마음이 곧지 않으면 더욱 힘겹다. 직업으로는 정치인, 작가, 교육자, 역학, 음악, 가수, 연예인 등이 있다.

逸 "편안할 일(逸)=토끼 토(兎)+쉬엄쉬엄 갈 착(辶)"

달려가는 토끼가 교차로의 넓은 도로를 달리니 편안하다는 뜻으로 만든 글자로 면할 면(免)+쉬엄쉬엄 갈 착(辶)=교차로의 길거리로 나가지 않으니 편하다는 뜻으로도 나타낸다. 주로 돌아다닐 일이 많은 직업을 선택하며, 운수업, 선장, 장사꾼, 강사, 식당, 건축, 이・미용사, 철물 등이 있다.

壹 "한 일(壹)=선비 사(士)+덮을 멱(冖)+제기 두(豆)"

술단지에 가득 술을 넣어 마개를 꼭 닫은 모양, 마음을 하나로 하다, 오로지…하다의 뜻으로 나중에 숫자의 一(일) 대신 쓰는 것은 음이 같고 둘 다 하나로 뭉뚱그리다는 뜻이 있기 때문에 선비다운 진실된 사람(士)이 집 안(冖)에서 조상을 섬기는 일(豆)은 정성을 다함으로써 새로운 일의 시작을 나타낸다는 뜻으로 하나 일(一)을 쓴다.

溢 "넘칠 일(溢)=삼수변(氵)+더할 익(益)"

물이 넘쳐 '흐르다'의 뜻으로 益(익)이 '넘치다'의 뜻의 본디 글자인데, '더하다'의 뜻(增증)으로 전용되었기 때문에, '넘치다'의 뜻을 나타내기 위해 삼수변(氵(=水, 氺)는 물)部를 더한 '溢'자를 만들었다. 즉, 물을 자꾸 부으니 그릇이 넘친다는 뜻과 쓸데 없는 욕심을 부려서는 손해를 본다는 뜻이다.

馹 "역마 일(馹)=말마(馬)+날일(日)"

말마(馬는 말)部와 음을 나타내는 日(일)이 합하여 이루어졌으며, 날마다 말처럼 사람을 태우고 심부름하는 운전사이다.

鎰 "무게의 단위 일(鎰)=쇠금(金)+더할 익(益)"

쇠금(金은 광물·금속·날붙이)部와 음을 나타내는 益(익은 일로 바뀜)이 합하여 이루어졌으며, 무게 이름, 중량의 뜻으로 스물넉냥 일로도 나타내며 넘칠 일(溢)과 통하는 글자다.

<임>

任 "맡길 임(任)=사람인 변(亻)+천간 임(壬)"

壬(임은 짐을 짊어지고 있는 모양)과 사람(人)이 짐을 지듯이 책임을 진다는 뜻이 합하여 '맡기다'를 뜻하며, 즉, 사람에게 임무를 맡긴다는 뜻이다. 천간 임(壬)은 일천 천(千)+한 일(一)로서 힘겨운 일을 많이 맡긴다는 뜻으로 하늘의 보이지 않는 빛살을 믿고 의지하는 종교인이 많으며 십자가를 크게 믿는다. 남편에 버금가는 만큼 일이 많고 대리 임신도 맡기거나 맡을 수 있다.

壬 "천간 임, 간사할 임(壬)=삐침(丿)+흙토(土)"

임신하다의 뜻으로 음을 빌어 천간의 아홉째 글자로 쓰이며, 하늘에서 내려오는 기운을 받아 땅을 풍요롭게 한다는 뜻에서 하늘과 땅의 사이를 타나낸다. 타 기운을 내 몸으로 받아들이는 마음도 있다는 뜻에서 간사하다는 뜻도 된다. 삐침(丿)은 이성을 상징하고 흙토(土)는 내 몸을 나타내며 의지력이 있고 부지런하다.

姙 "아이밸 임(姙)=계집녀(女)+맡길 임(任)"

'애 배다'의 뜻(娠)을 가진 壬(임)으로 이루어졌으며, 여자에게 모든 것을 다 맡긴다는 뜻도 되지만 대리 임신도 맡을 수 있다.

妊 "아이밸 임(妊)=계집녀(女)+천간 임(壬)"

'애배다'의 뜻(娠)을 가진 壬(임)으로 이루어졌으며, 위의 아이 밸 임(姙)과 같은 글자지만 획수만 다르다. 이름에 사용하는 글자는 사람인 변(亻)이 없어도 사람은 있는 것이니 참고해야 한다.

賃 "세낼 임(賃)=맡길 임(任)+조개 패(貝)"

일을 하다의 뜻을 가지는 任(임)으로 이루어졌으며, 일한 데 대한 삯의 뜻으로 건물을 임대하거나 돈을 빌려 쓴다는 뜻도 된다. 그러나 더 강하게 나타내면 조개(여자)를 맡기고 돈을 빌린다는 뜻도 되므로 깊이 참조 바란다. 또 조개(貝)는 재물과 여자를 상징한다.

<자>

字 "글자 자(字)=움집 면(宀)+씨앗 자(子)"

字(자)는 文(문)과 文(문)이 합하여 마치 사람의 가족이 붇듯이 계속하여 생기는 글자라는 뜻으로 갓(宀)을 쓴 선비가 만들어 내는 씨앗(자)을 글자라 한다. 또는 집 안에서 어린 자식들이 익혀야할 것도 글자라는 뜻이다. 아들자(子)를 고단할 혈(孑)로 읽으면 선비가 글자를 쓰고 만드는 과정은 무척 고단하다는 뜻으로 연결된다. 직업은 출판사, 인쇄소, 무명 작가, 노동자 등이 있다.

資 "자료 자(資)=버금 차(次)+조개 패(貝)"

次(차)는 차례차례로 갖추어진 것, 貝(패)는 돈이나 물건, 資(자)는 여러 가지 모아서 갖추어진 물건, 생활을 지탱하는 것, 장사의 밑천으로 차례대로 순서에 입각하여 세밀히 살펴서 수집해야 좋은 자료와 재물이 될 수도 있다는 뜻에서 '재물 자'로도 나타낸다. 또 버금 차(次)는 얼음 빙(冫)+하품할 흠(欠) 무엇이든 항상 2등을 나타내며 1등은 어렵다.

子 "아들자(子)=마칠 료(了)+한 일(一)"

씨앗 하나(一)를 낳는데도 죽을 고비(了)를 넘긴다는 뜻에서 고단할 혈(孑)로도 나타내며, 혈(孑)로 나타내는 것은 자식은 낳는 날부터 고단하다는 의미도 되지만 많이 낳을수록 더욱 고달프다는 뜻이다.

慈 "인자할 자(慈)=흐릴 자(滋)+마음심(心)"

키우는 심정의 뜻과 자애를 베푼다는 뜻으로 마음이 강하지 못하고 연약하고 희미하다는 뜻에서 어머니의 마음을 나타낸다. 어머니가 아무리 강직해도 자식에게는 흐릿해 진다는 뜻이다. 또 흐릴 자(滋)는 검을현(玄)과 같은 뜻이며 희미할 현으로도 나타낸다. 이름으로 사용하면 자식과 배우자의 덕이 없다. 직업으로는 연예인, 가수, 음악, 의류, 옷 수선 등이 있다.

自 "스스로 자(自)=삐침 별(丿)+눈목(目)"

사람의 코의 모양을 본뜬 글자, 코, 사람은 코를 가리켜 자기를 나타내므로 스스로란 뜻으로 삼고 또 혼자서 ~로부터 따위의 뜻으로도 쓰이는데, 나중에 (코)의 뜻에는 鼻(비)란 글자가 생겼다. 즉, 자신의 얼굴을 표현한 글자, 스스로 자(自)는 눈으로 자신의 코를 내려다 본데서 스스로란 뜻으로 나타내며 여기서는 눈만 표시한 것이 아니라 얼굴 전체를 나타낸다. 눈목(目)의 변형체는 옆으로 누웠을 때 눈의 모양이며 너 사(四), 그물망(罒)과 같다. 나머지는 눈목(目)과 같다.

ㅈ

紫 "자주색 자(紫)=그칠 차(此)+실사(糸)"

자주 빛으로 물들인 실의 뜻으로 흰 실에 물이 들면 다른 곳에는 쓰지 못하나다는 뜻에서 자주색으로 나타내고 또는 그칠 차(此)의 북(北)을 닮은 그칠 지(止)와 비수 비(匕)는 실(糸)의 이어짐을 막는다는 뜻에서 '검붉은 빛' 을 나타낸다. 이름에 사용하면 수명과 복록이 단축된다.

玆 "흐릴 자(玆)=검을현(玄)+검을현(玄)"

玆(자)는 별자이나 그릇 혼동하는 일이 있으며, 검고 또 검으니 흐릿하고 희미하다는 뜻의 '흐릴 현, 그윽하고 멀 현, 희미할 현' 으로도 나타낸다. 또한 '적을 유(幺幺), 작을 요(幺), 검을현(玄)' 과 뜻이 통하는 글자이며, 검을현(玄)은 돼지해머리(亠)+작을 요(幺)로서 똘똘 뭉쳐진 작은 실 꾸러미에 덮개를 씌웠으니 어둡다는 뜻이지만 악기의 줄로 이용되어 소리로 나타낸다. 이름에 사용하면 욕심이 많고 총명하지 못하다.

姿 "모양 자(姿)=버금 차(次)+계집녀(女)"

음을 나타내는 次(차)는 여러 가지 모아 갖춘 것, 女(녀)는 여성, 姿(자)는 얼굴 모양이 모두 고루 아름다운 여성, 모습·모양을 갖추다의 뜻으로 2등 가는 여자도 맵시는 예쁘다는 뜻에서 만들어진 글자로서 모양은 2등이지만 그 자태가 아름답다는 뜻으로 나타낸다. 이름에 사용하면 가사는 잘 꾸려가고 예쁘지만 행동은 게으르고 낭비가 심하여 의상과 머리의 모양만 꾸미려 든다.

者 "놈 자(者)=늙을로밑 변(耂)+흰백(白)"

나이 드신 어른(老)이 아랫사람에게 낮추어 말한다(白)는 뜻을 합하여 말하는 대상을 가리켜 '사람', '놈'을 뜻하며, 어려도 나, 늙어도 나라는 뜻에서 스스로란 뜻으로 나타낸다. 우리말로는 놈이라면 욕설로 나타내지만 나이가 든 늙은 사람이 힘을 자랑한다는 뜻에서 놈이라고 붙였으나 욕설이 아니며 존대어가 아닌 탓에 사용하지 않는 글자이다. 이름으로 사용하면 나이보다 늙어 보인다.

磁 "자석 자(磁)=돌석(石)+흐릴 자(玆)"

'붙다'의 뜻(磁자)을 가지는 부수를 제외한 글자 玆(자)로 이루어졌으며, 쇠를 빨 듯이 달라 붙이는 광물, 자석을 뜻하며, 돌에서 보이지 않는 기운이 일어나는 것을 자석, 자기라 한다.

刺 "찌를 자, 자객 자(刺)=까스랭이 차(차)+선칼도(刂)"

선칼도 방(刂(=刀)은 칼, 베다, 자르다)部와 음을 나타내는 부수를 제외한 글자 朿(사는 나무에 가시가 있는 모양)로 이루어졌으며, 찔러 죽이다, 찌르다의 뜻으로 뾰족뾰족한 가시 돋은 잡초처럼 날카롭다는 뜻에서 칼을 뽑아 든 자객(자객)과 찌르다의 뜻으로 나타낸다.

<작>

爵 "벼슬 작(爵)=손톱 조(爫)+그물망(罒)+지을 작(作)"

새 형상을 한 술잔을 손에 들고 있는 모양으로 그 술잔의 모양이 雀(작은 참새)과 비슷하였으므로 (작)이라 하였으며, 벼슬을 받는다는 뜻과 작위를 받는다는 뜻이다. 작위를 받을 작, 공작 작으로도 나타낸다. 즉, 촌지(寸)에 정신이 팔리면 모든 것이 끝(艮)나고 그물(罒)에 갇힌다는 뜻이 되니 남에게 내미는 손(爫)을 조심하라는 뜻이다. 직업으로는 공무원, 교육자 등이 있다.

作 "지을 작(作)=사람인 변(亻)+잠간 사(乍)"

사람이 동작하다, 일어서다, 일이 일어나다, 일으키다로 만들어진 글자로 금방 만들어낸다는 뜻으로 짧은 시간에도 지어낸다는 뜻이다. 또 사람(亻)이 마음만 먹으면 뭐든지 잠간 사(乍)이에 만들(作)수도 있다는 뜻이지만 잠간 사(乍)는 사람인(人)에서부터 아래 하(下)로 연결되는 글자이므로 별로 좋은 일이 없다. 그래서 이름으로 사용하지 않는 것이 좋다.

芍 "작약 작, 함박꽃 작(芍)=초두 변(艹)+술잔 작(勺)"

술잔처럼 작게 생긴 뿌리에서도 잎과 꽃이 핀다는 뜻에서 작약으로 나타내며, 작약은 미나리와 제비과의 다년생 약초로서 뿌리는 고구마처럼 생겼다. 또한 흰 꽃이 피는 것을 백작약, 붉은 꽃을 피우는 것을 적작약이라 한다.

昨 "어제 작(昨)=날일(日)+잠간 사(乍)"

음을 나타내는 부수를 제외한 글자 사(물건을 만드는 모양→작)과 해(日)가 지고 다시 뜨니 그 전날을 내고, 잠깐 사이에 날짜가 지났다는 뜻에서 어제로 나타낸다.

<잠>

潛 "삼길 삼(潛)=삼수변(氵)+일찍 참(朁)"

물 속을 꿰뚫고 간다는 뜻과 물속에 들어가다, 잠기다의 뜻으로 일찍(朁)부터 물속에 잠겨있다는 뜻이다. 즉, 일찍 참(朁)은 없을 부(無)의 古字인 숨막힐 기(기)가 두 개에다 가로 왈(曰)의 합자로서 물속에 들어가니 숨이 막히고 보이지 않으니 없다는 뜻으로 만든 글자이다. 직업으로는 해군, 잠수함, 해병대, 선장, 어부 등이 될 수는 있으나 익사에 조심해야 한다.

箴 "경계할 잠(箴)=대나무 죽(竹)+다 함(咸)"

대 죽(竹)部와 음을 나타내는 咸(함은 잠으로 바뀜)이 합하여 이루어졌으며, 대나무를 닳도록 갈아서 만든 바늘을 나타내어 경계한다는 뜻과 돌침대, 돌베개로 나타낸다. 즉, 대나무 밑에서 돌베개를 베고 잠을 자면서도 경계한다는 뜻이므로 근심이 많다는 뜻도 된다. 직업으로는 군인, 경비병, 수위 등이 있다.

<장>

張 "베풀 장(張)=활 궁(弓)+길 장(長)"

張(장)은 활에 화살을 대어 쏘는 일, 나중에 화살에 한하지 않고, 당기다, 펴다, 부풂을 뜻하며, 활(弓)처럼 둥글고 구불구불하고도 길(長)게 늘어놓는다는 뜻에서 남에게 베푼다는 뜻으로 긴 머리카락을 다듬거나 옷을 만지는 직업과 운전사, 건축 등이 된다. 또한, 옷의(衣)는 너덜너덜한 옷, 오래 산 노인과 세월을 나타내므로 차림새도 단정하지 못하고, 도량이 넓고 덩치가 큰 편이지만 조숙하고 나이보다 많아 보인다.

藏 "감출 장(藏)=초두 변(艹)+숨길 장(臧)"

숨기고 감춘다는 뜻의 숨길 장(臧)은 조각널 장(爿)+천간 무(戊)+신하 신(臣)의 합자로서 널판자 조각(爿)으로 아궁이(戊)처럼 만들어진 광(戈)이나 구덩이에 눈(目臣)에 보이지 않도록 저장하며, (艹)는 이엉으로 만든 지붕이다. 직업으로는 창고, 금고, 금융계, 경리, 직장인 등이 있다.

章 "글 장(章)=설립(立)+일찍 조(早)"

일찍이 뜻을 세워 일으킨다는 뜻으로 무엇인가 알기 위해서 글을 읽어서 뜻을 세운다는 뜻으로서 '문체 장, 도장 장' 이라고도 한다. 잘 배우면 학자나 작가, 교육계에 종사하지만 잘 배우지 못하면 인쇄, 도장, 광고업에 종사하게 된다. 도장만 찍으면 되는 줄로만 아는데 그에 따른 욕심과 위험이 있다.

場 "마당 장(場)=흙토 변(土)+바꿀 역(易)"

흙으로 된 땅을 쌓아 높이고 평평하게 다듬어(바꾸어) 마당이나 광장으로 이용한다는 뜻이다. 바꿀 역(易)은 쉽다는 뜻으로도 나타내기 때문에 무슨 일이든 끈기가 없어 직업과 직장, 주택도 잘 바꾼다. 글을 잘 익혔으면 역학자, 출판업, 금융계에 소질이 있고 그렇지 않으면 건축, 중장비, 운전사가 된다.

長 "길 장(長)=클 거(巨)+옷의(衣)"

머리털이 긴 노인이 단장을 짚고 서 있는 모양, 나중에 노인, 나이가 위인 사람, 관리의 長(장), 또 성장하다, 길게 자라다, 길다 따위의 뜻에 쓰이며, 석 삼(三)이나 왕(王)의 반쪽인 클 거(巨)와 닮은 글자에 옷의(衣)를 걸쳤으니 길다는 뜻과 좋다는 뜻으로도 나타낸다. 이미 늙고 크다는 뜻을 나타내어 노인의 길고 너덜너덜한 옷자락에서 긴 세월을 늘어놓는다는 뜻을 나타낸다. 도량이 넓고 덩치는 크지만 조숙하여 나이보다 많아 보인다. 직업으로는 의류, 옷 수선, 의상실, 이・미용사 등이 있다.

帳 "장막 장(帳)=수건 건(巾)+길 장(長)"

'펴다' 의 뜻인 長(장)으로 이루어졌으며, 침대 위에 친 천・장막의 뜻으로 천을 길게 늘어뜨린 커튼과 같은 텐트, 장막, 천막, 또는 광고지를 나타낸다. 또한 수건이나 천막, 광고지 등을 길게 늘어뜨려 긴 세월처럼 늘어놓는다는 뜻과 같다. 건축이나 토목, 광고업, 스포츠용품 등의 직업으로 광고지, 간판, 천막 등을 이용하는 일이 많고 말년에 자식의 근심이 있다.

將 "장수 장(將)=널조각 장(爿)+취할 률(爫+寸)"

사람의 몸도 나무 조각처럼 칼로 쪼개어 어떤 이득을 취할 수 있다는데서 만들어진 글자이며, (爿)은 사람을 상징한 나무(木)의 반쪽이며 취할 률은 손(爫)으로 받아내는 촌지(寸)와 정성을 나타낸다. 강제로라도 이득을 취하려는 욕심이 있다. 직업으로는 군인, 경찰, 교도관, 교사 등이 있다.

墻 "담 장(墻)=흙토(土)+인색할 색(嗇)"

흙토는 部와 부수를 제외한 글자 嗇(색)의 전음이 음을 나타내며, 흙을 조금씩 붙여서 담장에 바르고 치장한다는 뜻으로 흙과 담장을 나타낸다. 또한 인색할 색(嗇)은 무당 무(巫)+돌 회(回)로서 무당(巫)이 재물은 잘 받아먹지만 사람들이 바라는 인정은 베풀지 못한다는 뜻이다. 직업으로는 건축가, 미장공, 무당 등이 있다.

腸 "창자 장(腸)=육달월 변(月)+거스릴 역(昜)"

腸(장)은 내장의 하나이며 길게 구불구불한 대장・소장을 말하며, 고기를 먹을 때는 위로 먹어서 변으로 나올 때는 그 반대편인 아래로 나온다는 뜻이지만 창자는 배속에서 아래위를 빙빙 돌아서 꼬이듯 하므로 거스릴 역(昜)을 붙여 창자라는 뜻이다. 또는 (昜)은 바꿀 역, 쉬울 이로도 나타낸다. 이름으로 사용하면 장염, 대장, 소장, 간장, 변비를 조심해야 하며, 수술, 사고 등의 위험이 있다.

莊 "씩씩할 장(莊)=초두 변(艹)+장할 장(壯)"

풀이 잘 무성하다는 뜻과 성하다, 엄하다의 뜻으로 힘센 장사가 화초(艹)를 만났으니 더욱 씩씩하다는 뜻을 나타낸다. 장, 여관은 힘센 장사와 꽃이 만나는 장소이며, 여기서 조각 널 장(爿)은 나무(木)의 반쪽이므로 모자라는 사람도 여자를 만나면 아주 씩씩하고 잘난 .체 한다는 뜻이다. 직업으로는 간호사, 여관, 호텔, 관광안내원, 서비스업 등이 있다.

丈 "어른 장(丈)=열 십(十)+파임 불(乀)"

十(십)과 又(우=손는 한 뼘→한 자는 一尺)의 합자하여 열 자를 나타내며, 나이가 많은 어른의 존칭에 사용되고, 나이보다 많아 보이고 허리가 아프거나 심하면 꼬부라진다. 열 십(十)은 곧은 지팡이를 나타내며 파임 불(乀)은 휘청거린다는 뜻으로 나타내어 위험을 암시한다.

障 "막힐/거리낄 장(障)=언덕부 변(阝)+글 장(章)"

障(장)은 간막이를 하다, 간을 막다, 막다의 뜻으로 글을 읽었으나 쓸 곳이 막혔다는 뜻이다.

裝 "차릴 장, 꾸밀 장(裝)=씩씩할 장(壯)+옷의(衣)"

더한다는 뜻을 가진 壯(장)으로 이루어졌으며, 옷을 입고 몸차림을 하다, 꾸민다는 뜻으로 의복이나 각종 천, 커튼 등으로 치장하고 장식함을 나타낸다. 직업으로는 인테리어, 커튼점, 지업사, 가구점, 의류 등이 있다.

獎 "장려할 장(獎)=장수 장(將)+큰대(大)"

좋은 일을 하거나 뛰어난 사람에게 상품을 주기도 하고 받기도 한다는 뜻이다. 직업으로는 교육자, 장학사, 군인 등이 있다.

匠 "장인 장(匠)=사장 방(匚)+날 근(斤)"

둘 다 목수의 연장이므로 목수를 뜻하며, 바뀌어 기능공을 말한다. 즉, 집 안이나 공장 안에서 날카로운 연장이나 도구로 제품을 만드는 일을 하는데 장인정신으로 일해야 먹을 것이 생긴다. 이름에 사용하면 건강과 관재구설을 조심해야 한다.

暲 "햇발 장(暲)=날일(日)+글 장(章)"

날일(日)部와 음을 나타내는 章(장)으로 이루어졌으며, 글을 읽으려 하는데 주위에서 햇살이 보인다는 뜻으로 쓰인다.

杖 "지팡이 장(杖)=나무목(木)+어른 장(丈)"

들다, '가지다'의 뜻을 가지는 丈(장)으로 이루어지며, 손에 드는 나무, '지팡이'를 뜻하며, 나이가 많아 몸이 늙으니 나무 지팡이에 의지해야 함을 나타낸다.

<재>

在 "있을 재(在)=왼 좌(左)+사람인 변(人)+흙토(土)"

흙으로 막아서 그치게 하다, 멈추어 있다, 살아 있다, 존재하다의 뜻으로 왼쪽과 오른쪽에도 사람이 있다는 뜻으로 만들어 임금왕(王)으로 형성된 글자로 사람을 옆구리에 끼고 포용한 주인(主)이란 뜻과 많은 사람을 낀 주인이란 뜻으로 사용된다. 재물에 욕심은 명예를 퇴보하게 만들었다. 직업으로는 고위 공무원, 정치인, 학자 등이 있다.

才 "재주 재(才)=열 십(十)+삐침 별(丿)"

초목의 새싹이 땅에서 돋아나는 모양을 나타낸 글자로 초목의 싹이 자라나듯 사람의 능력도 클 수 있다는 데서 '재주'를 뜻하며, 나무목(木)의 한쪽 다리가 없으므로 손재주로 먹고 살라는 뜻의 모자라는 글자이다. 즉, 땅을 상징한 한 일(一)에다 갈고리 궐(亅)로 꿰어서 엮으라는 뜻과 같이 바느질이나 가마니를 짜고, 목재소의 (木)을 켠 모양으로 불구자가 되지 않으면 마음과 성품, 복도 모자란다. 만약, 여자의 이름에 사용되어도 배우자의 덕이 없고 내 손으로 벌어서 먹어야 하며, 특히, 건강이 상하거나 지체 장애의 위험이 따를 수도 있다. 기능공, 직업으로는 목수, 바느질, 한복 등이 있다.

載 "실을 재(載)=흙토(土)+수레거(車)+창 과(戈)"

수레 위에 흙이나 물건을 싣고 무기와 연장도 싣는다는 뜻으로 만들어 물건을 싣기도 하고 어떤 노력의 결과를 거둔다는 뜻으로도 나타낸다. 창 과(戈)는 군인, 경찰이나 연장을 만지는 사람과 (車)는 운전사와 차를 나타낸다. 직업으로는 건축가, 토목과, 운수업, 정비공, 건설교통부 계통의 공무원 등이 있다.

宰 "재상 재(宰)=움집 면(宀)+매울 신(辛)"

허드렛일을 관장하는 사람의 뜻으로 '주관하다'에서 전하여, 벼슬아치의 우두머리를 가리키게 되며, 독하게도 곧은 마음을 가져야 정승이 될 수도 있고 그 직위를 오래도록 유지할 수도 있다는 뜻에서 재상이란 뜻으로 나타내지만 매울 신(辛)은 설립(立)+열 십(十)의 합자로서 돌아다닐 일이 많은 직업, 신경 쓸 일이 많고 괴롭다의 뜻을 나타내므로 고달픈 사람이 된다. 직업으로는 기능공, 학자, 교육자 등이 있다.

再 "두번 재(再)=한 일(一)+늘어질 염(冉)"

나무토막을 쌓아놓은(構의 오른쪽 모양에서 아랫부분) 위에 하나씩(一) 더 얹어 놓는다는 데서 '다시', '거듭'을 뜻하며, 긴 몸이 축 늘어지도록 절하고, 절을 한다는 뜻에서 죽은 조상에게는 두 번 절한다는 뜻을 나타낸다. 늘어질 염(冉)은 '약할 염, 가는 털 늘어질 염' 으로도 나타내며, 모든 일을 다시 하라는 뜻도 되므로 이름으로 사용하기는 적절하지 않다.

哉 "비로소 재(哉)=길할 길(吉)+창 과(戈)"

입구는 部와 음을 나타내는 부수를 제외한 글자 (재)로 이루어졌으며, 손에다 창칼을 잡아도 되는가라고 묻는 말로서 그런가 재, 어조사 재로도 읽으며, 즉, 물음에 사용될 때 어조사로 쓰이는 글자이다. 또한 독자적인 판단과 분석 능력이 부족하며, 학자도 못되고 무관도 못 된다는 뜻을 내장하고 있는 글자이므로 욕심만 생길 뿐이다.

齋 "재계할/정결할/제비집 재(齋)=글월문(文)+칼도(刀)+성 씨(氏)+달 월(月+ 작을 소(小)"

齊(제)는 몸을 정하게 하다의 뜻(淸)을 나타내며, 신에게 제사지낼 때 몸을 정하게 하는 뜻으로 가지런할 제(濟)와 닮았지만, 아래의 달 월(月)속에 작을 소(小)가 다르므로 달처럼 작은 처마에 집을 짓는 제비집으로 나타낸다. 즉, 모르는 곳에 집을 더 가진다(후처를 둔다)는 뜻이 될 수도 있다.

梓 "판목/가래나무 재(梓)=나무목(木)+매울 신(辛)"

나무목(木은 나무)部와 음을 나타내는 辛(신)의 전음이 합하여 이루어졌으며, 나무로 널(棺)을 만들자니 괴롭다는 뜻이다.

<쟁>

爭 "다툴 쟁(爭)=손톱 조(爫)+다스릴 윤(尹)"

손톱(爪)을 드러내고 손(又)으로 치며 싸운다는 뜻이 합하여 '다투다'를 뜻하며, 남에게 다스림을 당하지 않으려니 싸운다는 뜻으로 남을 다스리려 하니 싸움이 생긴다는 뜻이다. 쟁(爭)의 앞에 푸를 청(靑)을 붙이면 고용할 정(靜)이 된다. 주검 시(尸)의 영향이 미칠 수도 있으니 가능한 피해야 한다.

錚 "쇳소리 쟁(錚)=쇠금(金)+다툴 쟁(爭)"

쇠금(金은 광물・금속・날붙이)部와 음을 나타내는 爭(쟁)이 합하여 이루어졌으며, 서로 싸움이 생기니 쇳소리처럼 시끄럽다는 뜻이다.

<저>

著 "지을 저(著)=초두 변(艹)+놈 자(者)"

睹(도)・曙(서는 환히 밝다・새벽)와 결부되어 저명하다의 뜻이 되고, 書(서)・署(서는 써 놓다)와 결부되어 저술이라는 뜻이 되며, 없던 일도 잘 만들어 내는 사람, 아무것도 없던 맨땅에 풀로서 집을 지을 수도 있는 사람을 일컬어 저자라 한다. 이름에 사용되면 창조력은 있으나 조숙하여 빨리 늙는다.

貯 "쌓을/저장할 저(貯)=조개 패(貝)+갓머리(宀)+고무래 정(丁)"

물건을 모아 두는 그릇, 貝(패)는 재물, 물건을 모아 두는 일을 뜻하며, 지붕 밑이나 창고에 재물과 창, 연장, 도구와 같은 것들도 많이 쌓아 둔다는 뜻에서 저장한다는 뜻으로 나타낸다. 이름 3자의 연결이 좋으면 금융계, 창고, 전당포, 사업가 등의 직업을 가지지만 그렇지 못하면 철물점, 건축가, 미장, 보일러 등의 기능직을 가지게 된다.

低 "낮을 저(低)=사람인 변(亻)+근본 저, 천할 저(氐)"

나중에는 사람에 한하지 않고 통틀어 낮다는 뜻을 低(저)라고 쓰게 되었으며, 씨앗의 근본에서부터 사람이 된다는 뜻으로 가장 밑바닥에서부터 사람으로 만들어 진다, 천하다는 뜻으로도 나타낸다. 또 천할 저(氐)는 씨앗 씨(氏)+한 일(一)이며 한 일(一)은 땅, 보일 시(示)를 붙이면 지신 기(신)=땅의 지신을 나타낸다.

邸 "집 저(邸)=근본 저(氐)+고을읍(⻏)"

마을 안에서 언덕 위 등에 있는 집은 이른바 유력자의 것이기 때문에 큰 집을 뜻하며, 집 안에 있는 씨앗, 집 안에서 출생한 자식이란 뜻과 방안에 둘러친 병풍으로도 나타낸다.

<적>

跡 "자취 적(跡)=발족(足)+또 역(亦)"

발족(足은 발)部와 음을 나타내는 亦(역→적은 변음)으로 이루어졌으며, 발자국, 사물의 자취를 뜻하며, 발을 딛고 또 딛으므로 인하여 자국이 남는다는 뜻에서 발자취로 나타낸다. 또 역(亦)은 다시, 또 라는 뜻으로 어조사)로 쓰이는 글자이며, 발족(足)은 입구(口)+그칠 지(止)의 합자로서 (口)는 무릎 밑에서부터 정강이와 발바닥까지를 나타내고 그칠 지(止)는 발가락을 본뜬 글자로서 발을 나타낸다.

赤 "붉을 적(赤)=지아비 부(夫)+선칼도(刂)"

큰 불(火)이 나서 땅(土)이 붉게 보인다는 뜻이 합하여 '붉다'를 뜻하며, 한일(一)+역(亦)의 합자로도 사용되어 지아비의 하복부에 칼을 대니 붉은 피가 흐른다는 뜻에서 붉다는 뜻이다. 또한 남쪽의 붉은 빛이라는 뜻도 된다. 적(赤)을 두 개면 붉을 혁(赫)이 되지만 본래의 뜻은 같다. 이름으로 사용하면 의사, 간호사, 한의사가 못되면 자신이나 배우자가 병실에 누울 수도 있으며 못 배우면 지관, 장의사가 될 수도 있다.

寂 "고요할 적(寂)=움집 면(宀)+어릴 숙(叔)"

집 속에 사람의 소리가 없이 고요하다, 적적하다의 뜻으로 마음이 어리고 작한 것이 집 안에 들었으니 조용하고 적막하다는 뜻으로 나타낸다. 어릴 숙(叔)은 콩 숙(上+下)은 금방 싹을 띄운 어린 콩나물이며 또우(又)는 싹을 틔우고 또 자라지만 어리다는 뜻일 뿐이다. 또, 어릴 숙(叔)을 아재비 숙(叔)으로 나타내는 것은 형수의 입장에서 장가를 들지 않는 어린 시동생을 키운다는 뜻에서 어리다는 뜻과 같다.

的 "과녁 적(的)=흰백(白)+잔질할 작(勺)"

해처럼 둥글고 밝게(白) 보인다는 뜻이 합하여 '과녁'을 뜻하며, 的(적)은 작(日+勺)의 속자이며 명확하다는 뜻으로 적중・정확의 뜻으로 아무것도 없는 곳을 향하여 자꾸 날려 보낸다는 뜻에서 목표 적, 과녁 적, 밝을 적, 적중할 적, 표시할 적으로도 나타낸다. 때로는 적당히 처리한다는 뜻도 되고, 또는 술잔을 자꾸 들이킨다는 뜻이 될 수도 있으므로 참고하기 바란다.

績 "길쌈 적(績)=실사(糸)+꾸짖을 책(責)"

실사(糸는 실타래)部는 실, 績(적)은 실을 꼬다, 뽑는 일, 나중에 실에 한하지 않고 일을 마무리하다를 나타내며, 많은 책망과 꾸지람을 들으면서 만든 것이 길쌈이다. 우리의 어머니들이 한 여름철에 삼나무(麻)를 삶아서 벗긴 껍질을 허벅지에 대고 비벼서 실을 꼬아 삼베가 되는 재료이다.

適 "마침 적(適)=실과꼭지 적(商)+쉬엄쉬엄할 착(辶)"

適(적)은 상대방으로 향하여 나아가는 일, 몇 개의 길이 있는 중에서 어느 것인가를 골라서 나아간다, 또 상대방을 향하다, 적중하다, 적당이란 뜻에도 쓰이며, 쉬었다가 천천히 돌아다녀도 배고파서 먹고 남는 것은 나무뿌리와 실과 과일 꼭지, 또는 다 먹고 남은 찌꺼기를 나타낸다.

嫡 "맏 적(嫡)=계집녀(女)+나무뿌리 적(商)"

계집녀(女는 여자)部와 음을 나타내는 부수를 제외한 글자 商(적)이 합하여 이루어졌으며, 뿌리의 근본이 되는 여자란 뜻에서 정실, 본마누라, 또는 맏며느리와 맏아들을 낳을 수 있는 위치의 본마누라를 나타낸다. 특히 여자는 맏아들을 낳아야 적자로서 대를 이을 수 있고 첩이나 둘째 며느리는 대를 이을 수는 없다는 것을 의미한다.

賊 "도적 적(賊)=조개 패(貝)+되 융(戎)"

무기(戎)를 들고 재물(貝)을 훔치는 무리, 오랑캐가 재물 옆으로 가니 도적이란 뜻이다. 떼놈 융(戎)은 오랑캐, 즉 나쁜 사람을 나타내며 창 과(戈)+왼 좌(左)로서 무기를 숨기고 다니는 도적과 오랑캐란 뜻이다. 사람답지 못한 사람을 나타낸다.

吊 "슬퍼할 적(吊)=입구(口)+수건 건(巾)"

입구(口는 입, 먹다, 말하다)部와 巾(건)의 합자로 이루어져, 조상할 조(弔)와 同字로서 수건으로 눈물을 씻으며 입(口)으로는 소리를 내어 운다는 뜻으로 이 내용에서는 조상한다는 뜻이 아닌 함께 슬퍼한다는 뜻의 '슬플 조'로도 나타낸다.

積 "쌓을 적(積)=벼화(禾)+꾸짖을 책(責)"

쌓이다 따위의 뜻으로 쓰이는데 윗사람이나 스승의 꾸짖음이 있어야 얻는 것도 있다는 뜻으로 학문을 쌓는다, 재물을 쌓는다는 뜻에서 사용된다. 즉, 책망과 꾸지람을 들으면서도 열심히 일해야 재물이 쌓인다는 뜻이다. 직업으로는 농업, 과수원, 임업, 공무원, 상업, 전기, 통신, 건축가, 음식점 등이다.

籍 "문서 적(籍)=대나무 죽(竹)+쟁기 뢰(耒)+옛 석(昔)"

길이 한 자의 대나무의 패, 이것에 글자를 기록하여 이은 것이 서적의 원형이며, 이 글자의 대나무 죽(竹)은 지금의 종이처럼 기록하는 사용된 책으로 쟁기 뢰(耒)는 열심히 갈고 닦은 결과의 내용이다. 또한 옛 석(昔)은 오래된 것들의 이야기란 뜻이므로 오래된 이야기나 내용들을 적은 책으로 문서를 나타낸다. 직업으로는 공무원, 호적계직원, 도서관, 서점, 병무청 등이 있다.

迪 "나아갈 적(迪)=쉬엄쉬엄할 착(辶)+말미암을 유(由)"

책받침(辶(=辵)은 쉬엄쉬엄 가다)部와 음을 나타내는 由(유는 적으로 바뀜)가 합하여 이루어져 길거리로 나가면 갈수록 귀신머리(由)를 닮은 엉뚱한 사람들과 만날 수 있다는 뜻에서 가다의 뜻을 나타낸다. 이름으로 사용하게 되면 별로 달갑지 않은 글자이다.

<전>

傳 "전할 전(傳)=사람인 변(亻)+오로지 전(專)"

보내다, 넓히다 따위의 뜻으로 쓰이며, 사람과 사람을 통하여 후대에 전한다는 뜻으로 만들어진 글자로 오로지 전(專)은 수레거(車)+마디촌(寸)의 합자로서 정성(寸)을 수레(車)에 싣고 옮겨간다는 뜻에서 전해진다는 뜻이지만 운전대를 잡고 달리는 것도 비슷한 뜻이 된다. 직업으로는 우체국, 운수업, 운전사, 통신사, 교육자 등이 있다.

顚 "기울어질 전(顚)=참 진(眞)+머리 혈(頁)"

머리 혈(頁은 머리)部와 음을 나타내는 眞(진)의 전음이 합하여 이루어졌으며, 진실로 좋은 가구를 보면 가지고 싶어서 머리가 혼동된다는 뜻에서 만들어진 글자로 眞은 비수(匕)+갖출 구(具)이므로 참으로 좋은 가구이므로 가지고 싶다는 뜻에서 머리(頁)가 숙여져 자빠진다는 뜻으로도 나타낸다. 즉, 불구자와 같이 건강에 위험이 따르니 이름으로 사용하지 않는 것이 좋다.

殿 "대궐 전(殿)=펼 전(展)+팔모창 수(殳)"

갖은등글월문(殳은 치다, 날 없는 창)部와 음을 나타내는 臀(둔)의 글자가 변하여 음을 나타내며, 기치와 창검이 으리으리하게 많은 것처럼 크게 꾸민 큰 궁전을 나타내고 펼 전(展)이 대궐 전(殿)의 고자이다. 펼 전(展)=주검 시(尸)+손잡을 공(廾)+옷의(衣)의 합자이다. 직업으로는 군인, 건축가, 토목, 교육자, 상업, 전시회, 화랑, 의류 등이 있다.

轉 "구를 전(轉)=수레거(車)+오로지 전(專)"

專(전)은 둥글다는 뜻을 나타내며, 車(거)는 수레바퀴, 수레바퀴 따위, 둥근 것이 구르는 일을 말하는데, 수레의 바퀴가 구르듯이 돌아서 변한다는 뜻이다. 오로지 전(專)의 수레거(車)와 닮은 글자는 사람을 태우는 상자를 나타내고 아래의 마디촌(寸)은 정성을 나타낸다. 즉, 수레바퀴가 굴러가서 전달된다는 뜻이다. 직업으로는 운수업, 교육자, 장사꾼, 약국, 의사, 이·미용사, 간호사, 식당 등이 있다.

典 "법 전(典)=굽을 곡(曲)+여덟 팔(八)"

기록한 책을 제사상에 바쳐 놓은 모양을 본뜬 글자로 법이나 귀한 책, 모범, 규정 따위를 뜻하며, 이글자의 굽을 곡(曲)은 책 책(冊)과 같이 쓰이며 아래의 여덟팔(八)은 책상 기(丌)의 뜻과 연결되어 책을 꽂아 놓은 책과 책꽂이란 뜻이다. 직업으로는 (이비인후과, 치과)의사, 서점, 도서관, 금은방의 진열장, 가구점, 농업 등이 있다.

田 "밭 전(田)=큰입구(口)+열 십(十)"

경작지 주위의 경계와 속에 있는 논두렁길을 본뜬 글자로 본디 농경지나 사냥터를 나타냈지만, 우리나라에서는 특히 논은 畓(답), 밭은 田(전)으로 구별한다. 또는 네 개의 입구(口口口口)를 합친 글자를 '뭇입즙' 이라 한다. 큰입구(口)는 넓은 들판, 십(十)은 밭이랑이다. 말이 많다는 뜻과 귀신머리 불(甶)로도 통한다. (田)을 독자적으로 쓰면 한 개의 밥그릇에 입이 네 개가 되므로 식구가 많다, 먹을 사람이 많다는 뜻이 된다. 즉, 벌어들이는 것은 적고 낭비가 심하다는 뜻이다. 직업으로는 언론인, 교육자, (이비인후과, 치과)의사, 연예인, 가수, 그릇, 농업, 식당 등이 있다.

全 "완전 전(全)=사람인(人)+임금왕(王)"

예쁜 구슬로 '온전하다' '완전하다'를 뜻으로 인(人)은 산(山)을 표시하고 임금왕(王)은

ㅈ

구슬옥(玉)이므로 쇠금(金)에서 변형된 글자이며, 큰 산 밑에서 옥, 금광이 난다는 뜻이다. 그러나 완전하다는 뜻은 큰 산 밑에서 자리 잡고 살아가니 안전하다는 뜻이다.

錢 "돈 전(錢)=쇠금(金)+쌓을 전(戔)"

음을 나타내는 부수를 제외한 글자 戔(전)은 적다, 잘다는 뜻을 나타내며, 쇠와 금 부치를 모으고 또 모으니 돈이 되고 재물이 된다는 뜻이다. 쌓을 전(戔)=두개의 창 과(戈)가 합류한 글자로서 무기고에 많은 창들이 쌓인 모양을 본뜬 글자이다. 그러나 재물에 너무 인색한 면이 있어서 타인의 존경을 못 받는다. 직업으로는 전당포, 사채업자, 금융계, 금은방, 총기, 군인, 병무청 등이 있다.

電 "번개/전기 전(電)=비 우(雨)+펼 신(申)"

電(전)은 본디 申(신)이라고 써서 번갯불의 뜻이었던 것을 申(신)자를 나중에 여러 가지 뜻으로 쓰므로 그것들과 구별하여 본디의 뜻일 때에는 雨(우)를 더한 것으로 하늘이 터진 듯이 비가 쏟아지니 번개가 친다는 뜻에서 만들어진 글자다. 번개가 치니 전류가 흐르고 낙뢰가 떨어진다는 뜻에서 전기, 통신, 전자, 컴퓨터 등. 비 우(雨)는 하늘이 온통 구름으로 덮였다는 뜻에서 둘릴 잡(帀)+물수(氺)이며, 펼 신(申)은 밭(田)의 아래위를 도랑으로 파헤친 글자로서 쓴다. 또한 터진 밭으로도 나타낸다.

前 "앞 전(前)=머리수(首)의 약자(䒑)+발꿈치벨 월(月)"

머리 수(首)의 약자는(䒑)시작, 위, 앞, 먼저, 앞서다라는 뜻으로 발꿈치 벨 월(刖)은 육달 월(月)+선칼도(刂)로서 옛날 도적들의 발꿈치를 베던 형벌의 일종이지만 여기서는 고기를 썰거나 전을 붙여서 죽은 조상의 영혼 앞에 올린다는 뜻이다. 편지를 쓸때 전상서라는 용어는 욕보이는 말이 되므로 참고 할 하는 것이 좋다. 이름에 쓰면 수족을 다치거나 큰 사고의 위험이 따른다.

專 "오로지 전(專)=수레거(車)+마디촌(寸)"

專(전)은 물레가 한쪽으로 잘 돌 수 있도록 손으로 계속 돌린다는 뜻이 합하여 '오로지', 마음대로, 오로지 한곳으로라는 뜻이다.

展 "펼 전(展)"

전(工이 네개인 자)은 볼만하게 세공한 것, 자세히 물건을 보다, 물건을 깨끗이 한줄로 늘어놓다, 물건이 여러가지 있는 일, 尸(시)는 사람이 몸을 태연하게 하고 있는 모습으로, 展(전)은 尸(시)와 전(衣+工 네개)의 생략형을 합한 글자라 일컬어지며, 그것을 쓰기 쉽게 한 것이 展(전)이며, 화려한 옷을 입고 몸을 펴서 자랑한다는 데서 '펴다'를 뜻한다.

銓 "전형할 전(銓)=쇠금(金)+완전 전(全)"

쇠금(金은 광물·금속·날붙이)部와 음을 나타내는 全(전)이 합하여 이루어졌으며, 쇠(金)+쇠(金)와 같은 글자이므로 쇠를 골라서 사용한다는 뜻이다.

琠 "옥이름 전(琠)=구슬옥(玉)+법 전(典)"

구슬옥 변(玉(=玉, 王)은 구슬)部와 음을 나타내는 典(전)으로 이루어졌으며, 즉, 구슬이나 돌멩이를 진열해 놓은 곳. 진열장 등을 나타낸 말이다.

甸 "경기 전(甸)=쌀포(勹)+밭 전(田)"

음(音)을 나타내는 밭 전(田은 밭)部와 쌀포 몸(勹는 싸다)部가 합하여 이루어졌으며, 밭과 밭의 경계선, 땅의 구역을 나타내며, 땅과 땅은 한곳에 모여 있다는 뜻에서 쌀포(勹)를 붙인다.

<절>

切 "끊을 절(切)=비수 비(匕)+칼도(刀)"

七(칠→절은 변음)의 옛 모양은 물건을 베는 모양이라고도 하며, 刀(도)는 날붙이, 切(절)은 날붙이로 물건을 베는 일, 또 절박하다는 뜻으로 칼과 비수를 합해도 끊고 자를 일 뿐이란 뜻이다.

折 "꺾을 절(折)=손수 변(扌)+날 근(斤)"

옛 모양은 풀이나 나무를 자르는 모양이었으나 나중에 모양이 닮았기 때문에 艸는 재방변(扌(=手)은 손)部로 쓰고 뜻도 손으로 꺾는다는 것으로 변하였다. 즉, 연장이나 칼, 도끼의 날을 잡아도 자르고 꺾을 일 뿐이란 뜻이다.

絶 "끊을 절(絶)=실사(糸)+빛 색(色)"

실사(糸는 실타래)部와 卵의 오른쪽 부분이며, 刀(도는 날붙이→자르는 일)의 합자로 실이 끊어지다, 실을 끊다의 뜻으로 흰 실에 다른 색상의 물이 들었으니 그 수명이 끝났다는 뜻이다.

節 "마디 절(節)=대나무 죽(竹)+향기날 흡(皀)+병부절(卩)"

대나무 패는 내나무의 한 마디를 잘라 만들므로 대나무의 마디도 節(절)이라 하고 나중에 마디는 물건의 매듭에도 쓰는데 대나무의 마디가 곧고 아름다운듯 하지만 속이 빈 병자와 같다는 뜻이다.

<점>

占 "점/점칠 점(占)=점 복(卜)+입구(口)"

점칠 때 갈라진 금을 나타내는 卜(점)과 口(구는 問의 물음)의 합자로 점괘로 길흉을 판단함의 뜻으로 점을 쳐서 입으로 뱉어낸다는 뜻과 점을 쳐서 먹고 산다는 뜻이다. 점 복(卜)은 거북의 등딱지에서 점 괘를 얻는다는 뜻이며 이름에서는 복(福)으로 나타난다. 이름의 다른 두 글자 중에 불화(火)나 삼수변(氵), 이수 변(冫)이 있으면 이 글자와 접목되어 아래의 점찍을 점(点)과 연결되어, 다른 글자에 돌집 엄(广)이 있어도 같은 글자이며, 점포 점(店)과 같이 가게를 운영한다. 배우자를 잘 못 만나면 자신이 상점을 운영하게 되며, 뛰어난 역학자와 인연이 있다. 직업으로는 역학자, 서예가, 화가, 상점, 학자, 교육자, 언론인, 장의사, 사진사 등이 있다.

漸 "스며들 점(漸)=삼수변(氵)+목벨 참(斬)"

본디 강 이름, 음을 빌어 조금씩 나아간다는 뜻으로 쓰며, 겨우의 뜻으로 되었는데, 사람의 목을 베이니 물 속으로 숨어버린 것과 같다는 뜻으로 목벨 참(斬)은 수레거(車)+날 근(斤)의 합자로서 죄수를 사형장으로 싣고 가는 수레를 나타내며 날 근(斤)은 날카로운 도끼나 죄수의 목에 씌운 칼을 상징한다.

点 "점찍을 점(点)=검을 흑(黑)+점칠 점(占)"

검은 먹물로 찍어서 점을 친다는 뜻으로, 점찍을 점(点)은 점(點)의 약자이다. 직업으로는 점을 치거나 상점 등이 있다.

店 "가게/점포 점(店)=돌집 엄(广)+점칠 점(占)"

占(점)은 정한 자리를 잡는 일, 土(토)는 흙→봉당, 점(土+占)은 봉당으로 된 대청의 구석, 또 대청 구석에 놓고 식기를 얹는 받침, 선반, 나중에 물건을 늘어놓고 파는 가게의 뜻으로 쓰이며, 점포 속에 돈을 번다는 뜻이므로 상점, 점포, 점쟁이가 된다.

<접>

接 "대접할 접(接)=제방 변(扌)+첩 첩(妾)"

재방 변(扌(=手)은 손)部는 손, 손을 접하다, 사귀는 일, 接(접)은 남을 돌보아 주기 위하여 곁에 다가오다, 가까이 접하는 일을 뜻하며, 내 손을 직접 첩을 만들고 또 만든다는 뜻에서 대접하는 뜻으로 나타내며, 사귈 접, 대접할 접, 연이을 접으로도 나타낸다. 첩 첩(妾)은 설립(立)+계집녀(女)로서 본처가 아닌 후처나 연인을 나타낸다. 즉, 여자를 또 둔다는 뜻과 여자를 이용하여 손님을 접대한다는 뜻이다. 이름으로 사용하지 않는 것이 좋다

蝶 "나비 접(蝶)=벌레충(虫)+모진나무 엽(葉에서 艹이 없는 글자)"

벌레충(虫은 뱀이 웅크린 모양, 벌레)部와 음을 나타내는 부수를 제외한 글자 枼(엽에서 접은 변음)으로 이루어졌으며, 나뭇잎을 닮은 벌레가 나비란 뜻이다. 또는 나뭇잎의 이슬을 받아먹고 사는 벌레가 나비이다. 벌레충(虫)은 가운데 중(中)+사사 사(厶)의 합자로서 나무에 구멍을 뚫어 그 즙을 먹고 사는 해충을 나타낸다.

<정>

正 "바를 정(正)=아래 하(下)+윗 상(上)"

하나(一) 밖에 없는 길에서 잠시 멈추어서(止) 살핀다는 뜻을 합하여 '바르다'를 뜻하며, 위에서부터 내려오는 것과 아래에서 올라오는 것이 서로 합류하여 반듯하다는 뜻으로 (正)의 아래 하(下)의 古字는 (丅)이며 윗 상의 古字는 (丄)이다. 이름으로 사용하면 덩치는 크지 않고 키가 낮은 편이다.

貞 "곧을 정(貞)=조개 패(貝)+점 복(卜)"

음을 빌어 바르다, 정하다 따위의 뜻으로 쓰이며, 모자랄 고, 천할 고(固)와 통하는 글자로서 조개(貝)의 작은 입(卜)으로 큰 배(貝)를 채우자니 마음을 곧게 써야 좋다. 정조를 지키기 어려운 것이 조개(貝)이며 씨앗을 낳는 날부터 고통스럽다는 뜻으로 조개(소라)는 달과 파도소리를 벗삼아 외로움을 하소연하는 운명이다. 직업으로는 직장인이 가장 좋다.

定 "정할 정(定)=움집 면(宀)+짝 필(疋)"

부수를 제외한 글자 正(정은 바르다→정돈하다)과 사당이나 집 안(갓머리(宀는 집, 집 안)部)의 물건을 정돈하여 넣기 위해 자리를 정한다는 뜻이 합하여 '정하다'를 뜻하며, 양발을 흔들며 다리를

길게 내밀어 돌아다니지 말고 집 안에서 안정하라는 뜻으로 짝 필(疋)의 윗부분 아래 하(下)는 몸과 팔을 흔들며 빨리 걷고자 하는 모양, 아래의 사람인(人)은 다리를 길게 뻗은 모양을 말한다. 직업으로는 장사꾼, 운수사업, 직장인, 건축가, 운동선수 등이 있다.

政 "정사 정(政)=바를 정(正)+등글월문(攵)"

등글월문(攴(=攵)은 일을 하다, 회초리로 치다)部가 붙는 한자는 ~하다, ~시키다의 뜻을 나타내며, 음을 나타내는 正(정)은 征(정)과 통하여 적을 치는 일, 政(정)은 무력으로 상대방을 지배하는 일, 나중에 正(정)은 바른 일, 政(정)은 부정한 것을 바로 잡는 일이라고 생각하여 정치는 부정을 바로잡고 정치가는 먼저 몸을 바로 가지면 세상도 자연히 다스려진다고 설명된다. 즉, 두드리고 또 두드려가며 살펴서 정사를 바르게 보살핀다는 뜻으로 나타내며, 공직자로서 결정권을 가진다. 항상 올바르게만 살아가면 부족함이 없다. 그러나 만약 욕심을 부리면 수명과 복이 단축된다. 직업으로는 고위 공무원, 법관, 국회의원, 군인, 학자, 교육자, 작가 등이 있다.

停 "머무를 정(停)=사람인 변(亻)+정자 정(亭)"

음을 나타내는 亭(정)의 나중 자형은 고(高)와 丁(정)을 합친 것이라고 일컬어지지만 옛 자형은 京(경)이나 고(高)를 조금 변경하여 쓴 듯하나, 亭(정)은 옛날 四(사) 킬로미터마다 둔 관소와 같은 것이며 흙을 쌓아 망루를 세워 그 위에 표적인 높은 기둥을 세웠고, 亭(정)은 또 여행자가 숙소로 삼는 곳이므로 머무른다는 뜻으로도 亭(정)을 쓰게 되었다. 직업으로는 화류계, 식당, 서비스업 등이 있다.

靜 "고요 정(靜)=푸를 청(靑)+다툴 쟁(爭)"

爭(쟁)은 물건을 서로 끌어당기는 일, 여기에서 팽팽히 당겨져서 움직이지 않는 모양을 나타내며, 음을 나타내는 靑(청)은 푸른 색깔, 여기에서는 무성하다 菁(청), 깨끗하다 淸(청), 자세하다 精(정), 편안하다 靖(정) 따위에 공통되는 뜻을 이어 받고 있다. 또한, 靜(정)은 물건이 움직이지 않고 조용하고, 편안함, 또 자세함, 장식함, 아름다움, 물이 물결치지 않는 것을 淸(청) 또는 淨(정)이라고 하지만 그것을 또 瀞(정)이라 고도 쓴다. 즉, 다투던 마음이 푸르고도 맑아졌다는 뜻으로 만들어 고요하다는 뜻으로 나타내며, 겉으로는 강한 듯 하나 내면은 착하고 연하다. 그러나 부부의 애정은 깊지 않고 다투지만 곧 풀어져 화해를 한다. (靑)은 임금 주(主), 날 생(生)과 같은 글자에 붉을 단(丹)이 아닌 우물 정(井)의 합자이며, 땅 속의 물을 먹고 초목이 자란다는 뜻이다. 직업으로는 작가, 공무원, 교육자, 음료수, 물, 소방관, 군인 등이 있다.

情 "뜻 정(情)=심방 변(忄)+푸를 청(靑)"

음을 나타내는 靑(청→정)과 마음속의(心) 따뜻한 감정이라는 뜻이 합하여 '정'을 뜻하고, 情(정)은 순수한 타고난 성질대로의 사람의 마음, 靑(청)은 生(생)에서 생겨났으며, 情(정)도 본디는 性(성)과 같은 글자였으나, 나중에 타고난 성질 쪽을 性(성), 밖으로부터 자극받아 일어나는 마음의 움직임을 뜻하며, 욕심에 연결되는 감정 쪽을 情(정)이라 하여 구별하게 되었다. 즉, 맑고 깨끗한 순수한 마음이란 뜻에서 정으로 나타낸다. 애정은 사랑하는 마음, 순정은 맑고 순수한 마음 등에 사용된다. 또한 심방변(忄)은 마음심(心)의 변으로 쓰일 때의 자형이다. 이름에 사용하게 되면 정력이 제법 강하고 이성이 잘 따르며 섹스를 즐기지만 순수한 성격이다. 하지만 이성 관계에는 조심해야 한다.

丁 "장정 정(丁)=한 일(一)+갈고리 궐(亅)"

옛 모양은 무언가 한 덩이의 물건인 듯, 과일의 모양으로서 속이 찬 일이라든가, 釘(정은 못)의 모양이며 바로, 바로 서다, 다른 것 보다 나와 있다 따위의 뜻을 나타낸다고도 생각되며, 음을 빌어 천간의 넷째 글자로 쓰이며, 머리를 꿰 달아맨다는 뜻이다. 본래는 망치, 쇠못, 촛불, 고무래를 본뜬 글자로써 도살장의 소 잡는 망치, 목수들의 망치와 쇠 못, 농부들의 흙을 부수고 아녀자들의 바느질에 쓰이는 고무래와 무사들의 무기와 의사들의 도구로도 쓰인다. 직업으로는 치과의사나 기공소, 식육점, 목수 등이 있다.

精 "정교할 정(精)=쌀미(米)+푸를 청(靑)"

음을 나타내는 靑(청)은 푸른 색깔, 깨끗하다, 깨끗하게 하는 일, 米(미)는 곡식, 精(정)은 곡식을 찧어서 깨끗이 하다, 정미, 애벌 찧는 것을 粗(조)라는 데 대하여 곱게 찧는 것을 精(정)이라 한다. 즉, 맑고 깨끗한 정신, 정기란 뜻으로 만든 글자로, 쌀미(米)는 맑게 정제된 곡식의 알맹이를 나타내고 청(靑)은 깨끗하고 맑음을 나타내므로 정령 정, 정기 정, 정숙할 정으로도 나타낸다. 직업으로는 무도관, 기공, 정미소, 정자은행, 의사, 간호사, 공무원, 농업, 금융 등이 있다.

ㅈ

亭 "정자 정(亭)=옛 고(古)+덮을 멱(冖)+쇠못 정(丁)"

머물러 쉬는 건물의 뜻으로 쇠못처럼 생긴 주춧돌을 땅에다 박아서 그 위에 다락처럼 지은 집을 정자라 한다. 또한 화류계와 풍류객들이 노는 곳, 높을고(高)를 본뜬 글자이다. 직업으로는 공무원이나 직장인 최고지만 만약 그렇지 못하면 건달이 될 우려가 있다.

庭 "뜰 정(庭)=돌집 엄(广)+조정 정(廷)"

건물을 廳(청), 대궐 안을 廷(정), 여염집의 뜰을 庭(정)이라 하였으며, 언덕 밑에 돌로 만든 집들이 단정한 모양에서 '뜰과 정원, 집 안'으로 나타낸다. 또한 정할 정(廷)은 천간 임(壬)+당길 인(廴)=어떤 물체를 끌어 당겨 내 것으로 만들고자 함으로 욕심이 많고 연인을 생각한다. 직업으로는 외판원, 보험설계사, 운동강사(에어로빅, 헬스), 시디리차, 중장비, 견인차, 운송업 등이 있다.

訂 "고칠 정(訂)=말씀언(言)+망치 정(丁)"

정하다의 뜻을 나타내기 위한 丁(정)으로 이루어졌으며, 의론을 바로잡아 정한다는 뜻으로 한번 했던 말을 두드려서 다시 고친다는 뜻에 믿음성이 부족하다.

頂 "정수리 정(頂)=쇠못 정(丁)+머리 혈(頁)"

頂(정)은 사람의 머리 꼭대기, 물건의 꼭대기를 뜻하며, 쇠못처럼 솟은 머리의 꼭대기를 나타낸다. 특히 뇌질환, 두통, 뇌사, 교통사고, 지체장애, 뇌성마비 등을 조심해야 한다.

井 "우물 정(井)=이십 십(廿)+이십 십(廿)"

우물의 난간을 나타내며, 옛 글자의 가운데 점은 두레박을 뜻한다. 또는 손잡을 공(廾)+손잡을 공(廾)과 같은 글자로서 사십 십(卌)으로도 나타내며 정력이 강하고 섹스를 즐기나 복록이 많지 않다. 또한 물과 불을 특히 조심해야 하고, 언덕과 구덩이를 조심해야 한다. 이름에 사용했다가 배움이 부족하면 화류계의 운명이 될 우려가 있다.

程 "법 정(程)=벼화(禾)+보일 정(呈)"

거리의 구분, 노정, 시간의 구분의 뜻으로 사용했으나, 지금은 법칙의 뜻으로 변경하여 사용하고 있다. 즉, 농사를 짓고 곡식을 먹는데도 정해진 법칙이 있다는 뜻이다. 그러므로 순리를 거스르지 않아야 한다. 직업으로는 공무원, 농업, 직장인, 사법관 등이 있다.

廷 "조정 정(廷)=천간 임(壬)+당길 인(廴)"

음을 나타내는 壬(정)은 사람이 땅위에 선 모양, 민책받침(廴은 걸어감)部는 걸어가다의 뜻으로 廷(정)은 걸어 나가서 서는 곳의 뜻으로 정사를 보는 뜰, 궁정·조정의 뜻이다. 즉, 없던 것도 끌어당겨 내 것으로 만들고자 한다. 물욕이 많으며 연인을 두고 싶다는 생각을 하게 된다.

淨 "깨끗할 정(淨)=삼수변(氵)+다툴 쟁(爭)"

물이 맑아지다의 뜻으로 널리 맑고 더럽지 않다의 의미가 있다. 즉, 물과 물이 서로 다투니 정화되었다는 뜻이다.

整 "정돈할 정(整)=경계할 칙, 꾸지람할 칙(敕)+바를 정(正)"

음을 나타내는 正(정)은 바로 잡다의 뜻으로 일을 가지런히 하다, 다스리다, 정돈하는 일을 뜻하여 꾸짖고 경계하여 바르게 정돈하고 묶는다는 뜻이 내포되어 있다. 직업으로는 신문사, 출판사, 인쇄소, 서점 또는 어떤 물건을 포장하고 묶는 일 등이 있다.

汀 "물가 정(汀)=삼수변(氵)+고무래 정(丁)"

삼수변(氵(=水, 氺)은 물)部와 음을 나타내는 丁(정)이 합하여 이루어져 망치나 쇠, 못 들이 물가에 이르렀다는 뜻으로 쓰인다.

玎 "옥소리 정(玎)=구슬옥(玉)+망치 정(丁)"

망치로 돌을 다듬는 소리, 옥 소리의 뜻을 가지고 있다. 직업으로는 석공, 금은방 등이 있다.

呈 "보일 정(呈)=입구(口)+천간 임(壬)"

제출하다의 뜻을 나타내기 위한 壬(정)으로 이루어졌으며, 말을 하다, 진언의 뜻으로 현실로는 보이지 않는 것을 입으로 뱉어내 보이게 한다는 의미가 있다.

姃 "계집단정할 정(姃)=계집녀(女)+바를 정(正)"

계집녀는 部와 음을 나타내는 正(정)으로 이루어졌으며, 단정한 여자의 모양을 나타내지만 바를 정(正)만 써도 되며, 계집녀(女)는 없어도 이름에 사용하니 있는 것과 같다.

偵 "엿볼 정(偵)=사람인 변(亻)+곧을 정(貞)"

따져 '묻다'의 뜻을 가진 貞(정)으로 이루어졌으며, 숨겨진 일을 찾는 사람, '살피다'의 뜻으로 올바르지 못한 성품의 소유자가 남의 재물과 정사 장면을 엿본다는 뜻이다. 이름으로 사용하는 것은 적당하지 않다.

湞 "물이름 정(湞)=삼수변(亻)+곧을 정(貞)"

삼수변(氵(=水, 氺)은 물)部와 음을 나타내는 貞(정)으로 이루어졌으며, 물 이름, 물 모양의 뜻으로 조개가 사는 물, 조개가 서식하는 강을 나타낸다. 이름으로 사용하지 않는 것이 좋다.

幀 "족자 정(幀)=수건 건(巾)+곧을 정(貞)"

수건 건(巾은 옷감, 헝겊)部와 음을 나타내는 貞(정)이 합하여 이루어졌으며, 수건이나 천, 종이 등을 곧게 펴서 만든 액자, 족자를 나타낸다. 직업으로는 화가나 그림 가게의 종업원, 화랑, 표구사 등이 있다.

楨 "쥐똥나무 정(楨)=나무목(木)+곧을 정(貞)"

木은 部와 음을 나타내는 貞(정)이 합하여 이루어졌으며, 단단한 나무, 광나무 등의 뜻으로 쥐똥나무처럼 곧게 자란 나무를 나타낸다. 즉, 쥐똥나무란 도리깨를 만드는 가늘고 곧을 나무를 말한다.

禎 "상서 정(禎)=보일 시(示)+곧을 정(貞)"

곧은 마음이 나타나라는 뜻이지만 곧지 못하므로 상서롭지 못하다, 길조의 의미가 있다.

珽 "옥돌 정(珽)=구슬옥(玉)+조정 정(廷)"

옥 이름, 옥 홀(제후가 조회할 때 천자가 지니던 옥으로 만든 홀)로, 돌을 다듬어 만든 바둑, 집 안의 장식품, 또는 주산 알맹이 등을 나타낸다.

挺 "뺄 정(挺)=제방 변(扌)+조정 정(廷)"

빼어나다, 빼다, 이탈하다의 뜻으로 거리로 나가서 손으로 끌어 당기다의 뜻을 나타낸다.

鼎 "솥 정(鼎)=날일(一)+널조각 장(爿)+날 근(斤)"

鼎(정)은 발이 셋, 귀가 둘 달린 쇠솥을 본뜬 글자로 세 개의 발이 달린 큰 가마솥을 나타낸다. 날일(日)은 음식을 담는 곳과 뚜껑, 장수 장(爿)은 크다의 뜻과 왼쪽의 발, 날 근(斤)은 무쇠로 만든 가마솥이란 뜻과 오른쪽의 발을 나타낸다.

晶 "수정 정(晶)=날일(日)+창성할 창(昌)" 빛이 빛나는 밝은 뜻을

세 개의 날일(日)이 합류한 글자로서 맑고 광채가 빛난다, 밝다는 뜻이다. 그러나 날일(日)의 변형체가 가로 왈(曰)이므로 입이 셋이란 뜻이 되면 말만 더욱 많고 실속이 없으나 두뇌는 영리하며, 태양이 셋이란 뜻은 세명의 연인을 사귀게 되거나 날마다, 또 날마다 그렇다는 뜻과 입은 살아 있다는 뜻도 된다. 직업으로는 교사, 언론인, 연예인, 음악가, 식당, 노래방, 서비스업, 화류계 등이다.

晸 "해뜰 정(晸)=날일(日)+정사 정(政)"

날일(日) 部와 음을 나타내는 政(정)이 합하여 이루어졌으며, 해 뜨는 모양, 해가 뜨다의 뜻으로 날마다 올바르게 정사를 돌보니 아침 해가 돋듯이 밝음이 온다는 뜻이다.

桯 "나무 정(桯)=나무목(木)+바를 정(正)"

나무목(木) 部와 正(정=바르다)이 합자하여, 나무가 바르다, 나뭇결이 좋다라는 뜻으로 바르고 곧게 선 나무를 나타내며 나무를 정교하게 깎아 모형을 만들거나 목수의 직업과 인연이 있다.

鉦 "징 정, 무쇠 정(鉦)=쇠금(金)+바를 정(正)"

쇠를 녹여서 만든 징이나 각종 연장을 나타내며, 제철소, 제련소, 쇠를 이용하여 어떤 제품을 만드는 일을 말한다.

淀 "배댈 정(淀)=삼수변(氵)+정할 정(定)"

삼수변(氵(=水, 氺)은 물)部와 定(정=정하다)이 합자하여, 물가에다 배를 댄다는 뜻으로 좀 더 나쁘게 해석하면 애정의 행위를 위해서 서로의 배를 맞댄다는 뜻이 될 수도 있다.

錠 "신선로 정(錠)=쇠금(金)+정할 정(定)"

은(銀)을 녹여 일정한 모양으로 굳힌 것, 납작하고 둥근 모양으로 굳힌 약의 뜻으로 쇠로 만든 화로를 좋은 자리에 둔다는 뜻에서 신선들이 사용하는 화로를 나타낸다.

鄭 "정나라 정(鄭)=올릴 전(奠)+우부 방(阝)"

춘추시대의 나라 이름으로 고을민들이 음식과 술 단지를 받들어 올린다는 뜻이며 정나라의 '음악' 정으로도 나타내는 것은 높은 사람에게 음식과 술을 올리면 음악은 따르게 마련이기 때문이다. 받들 전(奠)은 두목 추(酋)+큰대(大)= 큰 사람이 두목에게 술 단지를 받들어 올리는 표현이며 우부방(阝)은 고을읍(邑)이 방으로 쓰일 때의 자형이다. 이름에 사용하면 술좌석, 모임, 연회 등이 많고 식당, 서비스업, 음악, 대인관계에도 소질이 있다.

靖 "편안할 정(靖)=설립(立)+푸를 청(靑)"

전음이 음을 나타내는 푸를 청(靑은 푸르다)部와 부수를 제외한 글자 立(립)이 합쳐 이루어졌으며, 푸른 뜻으로 맑다는 뜻에서 편안하고 고요하다의 뜻으로 나타낸다.

珵 "패옥 정(珵)=구슬옥(玉)+보일 정(呈)"

구슬옥(玉) 변은 部와 부수를 제외한 글자 呈(정)이 음을 나타내며, 돌로 만든 구슬을 남이 볼 수 있도록 몸에 매달았다. 몸에 찼다는 뜻이다. 즉, 패검은 몸에 찬 칼. 칼을 몸에 찼다는 뜻이다.

ㅈ

<제>

濟 "구할 제(濟)=삼수변(氵)+가지런할 제(齊)"

남들과 같이 가지런한, 올바른 마음으로 물에 빠진 것을 건진다는 뜻과 가지런한 제(齊)는 남들과 같이 나란히 한다는 뜻으로도 연결되며 글월문(文)을 중심으로 칼도(刂)와 씨앗 씨(氏)를 붙였고 아래의 달월(月)을 붙여 문무(文武)를 겸비한 사람으로서 어두운 곳을 살펴서 불우한 사람을 돕고 마음으로 곧게 써야 한다는 뜻이다. 특히, 글월문(文)이 가장 중앙에서 우뚝하게 솟은 것은 글을 많이 읽어 선비다운 참마음으로 욕심을 버리라는 뜻이며 만약, 재물과 명예에 욕심을 가지면 글월문(文)의 돼지해머리(亠)가 떨어진 두갈래 아(丫), 가닥날 아(丫)로 변한다. 가장 중요한 문제는 아래의 달 월(月)처럼 어두운 곳을 살피는 참된 선비의 마음으로 달이 가듯. 세월이 가듯 욕심을 버리고 남을 돕는 입장으로 살면 평생 부족함이 없지만 그렇지 못하면 슬픔의 눈물을 흘리고 수명과 복록이 단축된다. 직업은 문무(文武)를 겸비하였으니 자신의 노력에 따라 고위 공무원, 학자, 사법관, 의사 등이 있다.

祭 "제사 제(祭)=필 발(癶)+보일 시(示)"

옛 자형은 신에게 바치는 고기에 술을 손으로 뿌려 깨끗이 하고 있는 모양을 나타내며, 나중에 제단의 모양인 示(시)를 붙여 祭(제)라 쓰였다. 즉, 신과 사람의 접촉을 뜻하는데, 조상이 발을 펴고 죽으면 그 혼령을 위로한다는 뜻에서 제사 제라 한다. 만약 이름에 사용하게 되면 조상과 부모, 가족과 인연이 짧아지고 제사를 모실 일이 생긴다. 만약 그렇지 않으면 자신이 당하게 되므로 사용하지 말아야 한다.

帝 "임금 제(帝)=설립(立)+수건 건(巾)"

하늘에 제사지낼 때 제수를 올려 놓는 제상의 모양을 본뜬 글자로써, 천신, 또 황제의 뜻으로 쓰이며, 옥황상제의 제(帝)라고도 하는 이 글자는 세운(立) 뜻을 펼치기 위하여 용상에 앉았다는 뜻인데 수건 건(巾)은 용상(왕이 앉는 자리)의 비단, 또는 비단처럼 아름다운 구름을 나타내기도 한다. 즉, 구름 위에 앉은 듯하다는 뜻이다. 직업으로는 많이 돌아다니는 직업, 기능공, 신문기자, 의류, 수건, 텐트, 광고지, 커튼 등이 있다.

制 "지을 제(制)=소 우(牛)+수건 건(巾)+선칼도(刂)"

날붙이로 나무의 가지를 쳐서 깨끗이 하다, 베다, 만들다, 누르다, 규칙의 뜻을 나타내며, 소(牛)의 가죽(巾)을 칼(刂)로 잘라서 옷을 만든다는 뜻에서 '지을 제, 만들 제'라고도 한다. 직업으로는 가죽, 의류, 가방, 옷 수선, 포목, 한복, 재단사, 종이재단, 지업사, 설계사 등이 있으며, 소 우(牛)는 말 오, 낮 오, 음력 오월의 별칭인 오(午)가 되기도 하고 오른발을 상징한 걸을 (과)과 같은 글자이므로 죽도록 일만 하고 실속은 없다는 뜻이다.

諸 "모두 제(諸)=말씀언(言)+놈 자(者)"

본디 뜻인 말이란 것을 뚜렷이 할 때엔 言(언)을 다시 붙여서 諸(제)라고 쓰이며. 諸(제)는 구별하는 말, 많은 사항, 庶(서는 많다)와 관계가 깊으며, 이 글자에서 말씀언(言)은 어조사로 나타내어 놈들과 같이란 뜻으로 연결되고, 또는 여러 사람들의 말고 같이란 뜻으로도 나타낸다. 놈 자(者)는 늙을로 밑 변(耂)에 날일(日)의 합자로서 머지않아 곧 늙을 사람, 너도 곧 늙는다는 뜻이다. 즉, 말하는 놈이 된다. 제갈량은 입으로 모든 것을 다 처리하는 놈이 된다.

弟 "아우 제(弟)=여덟 팔(八)+활 궁(弓)+재주 재(才)"

활을 들고 노는 아우를 본뜬 글자로 '아우'를 뜻하는데, 활 궁(弓)은 몸 기(己)가 아직은 힘이 없다는 뜻에서 늘어진 활 궁(弓)으로 나타내며, 작고 어리지만 손재주(才)는 있으며 공손(八)할 줄도 안다는 뜻에서 어린 동생, 아우로 나타낸다. 어쩌면 입을 헤벌린 형(兄)보다 나을 수도 있다. (弟)는 글자의 생김새가 사다리를 티고 기어오르는 모양을 닮았다고 해서 소방관, 등산가의 이름에도 쓰인다.

製 "지을 제(製)=지을 제(制)+옷의(衣)"

制(제)는 나무의 가지를 쳐서 다듬다, 물건을 만드는 일, 衣(의)는 옷, 製(제)는 옷을 만들다, 물긴을 만들다, 만드는 일, 물건을 자르는 것과 물건을 만드는 것을 결부시켜 생각하였으므로, 初(초)·制(제)·製(제)·創(창) 따위는 刀(도)가 붙는 글자이며 만든다는 뜻을 나타내고 있다.

提 "끌 제(提)=제방 변(扌)+이 시(是)"

물건을 나르는 일, 또 먹을 것을 퍼내거나 퍼넣거나 하는 도구, 물건을 손으로 들어올리는 일 등을 손으로 끌어당기거나 들기도 한다는 뜻에서 들 제로도 나타낸다. 이 시(是)는 이것이란 뜻이지만 날일(日)+발 소(同字)의 합자로서 땡볕에서 걷는다는 뜻에서 이것으로 나타낸다.

題 "이마 제, 제목 제(題)=이 시(是)+머리 혈(頁)"

처음 보아 옳게 알 수 있는 글의 머리와 같은 것은 '제목'이라 하였다. 頁(혈)은 사람의 얼굴이나 머리에 관계가 있음을 나타내며, 즉, 글의 첫머리, 책의 첫 머리를 나타낸다.

除 "덜 제(除)=좌부 방(阝)+나 여(余)"

집의, 층층대의 뜻, 거(옷의 변(衤(=衣)은 옷)部+去)와 통하여 없애다의 뜻으로 쓰이며, 언덕이 있으므로 나의 힘을 던다는 뜻이다. 방제는 해충을 죽여 농사가 잘되도록 함으로 내 힘을 덜어준다.

齊 "가지런할 제(齊)=글월문(文)+칼도(刀)+씨앗 씨(氏)+달 월(月)"

곡물의 이삭이 가지런히 돋은 모양을 본뜬 글자로 밤하늘의 달처럼 어두운 곳을 보살피고 불우한 사람들을 밝혀주는 사람이 되라는 뜻이다.

<조>

鳥 "새조(鳥)=흰백(白)+새 을(乙)+쌀포(勹)+연화발(灬)"

새의 모양, 나중에 꼬리가 긴 새를 鳥(조), 꼬리가 짧은 새를 새추라고 구별하였으나 본디는 같은 자형이 두 가지로 나누어진 것이며 어느쪽도 뜻에 구별은 없다. 또 한자의 부수로서는 날개가 달린 새의 모양을 본뜬 글자이다. 흰백(白)은 햇빛을 받아 반짝이는 머리, 쌀포(勹)는 보자기처럼 몸을 감싼 날개, 연화발은 새의 발(灬)을 나타낸다. 이름으로는 적당하지 않다.

調 "고를 조(調)=두루 주(周)+말씀언(言)"

周(주→조는 변음, 골고루 미치다, 고르는 일, 調(조)는 말이나 음의 균형이 잘 잡혀 있다, 조율하다, 음악의 가락)가 합하여 이루어졌으며, 입에서 나오는 소리(言)를 듣기 좋도록 두루두루 고르게 한다는 뜻으로 주(周)는 멀 경(冂)에 길한 길(吉)을 붙인 글자이며 말씀언(言)은 심장에서 우러나온 뜻을 입(口)으로 표현(言)한다는 뜻으로 만들어진 글자이다. 직업으로는 교육자, 음악가, 가수, 작곡가, 언론인 등이 있다.

朝 "아침 조(朝)=일찍 조(早)+달 월(月)"

달(月)이 지며 날이 밝아 온다는 뜻이 합하여 '아침'을 뜻하며, 달이 지고 나면 다시 새로운 날(日)이 시작된다는 뜻으로 만들어진 글자이다. 일찍 조(早)의 상단부의 열 십(十)은 없어도 되는 글자이며 아래의 열 십(十)은 태양(日)을 떠받치는 표현과 떠오름을 상징한다. 즉, 아침에는 해가 뜨고 밤에는 달이 뜬다는 뜻에서 좋은 뜻으로 만들었으나 육달월 변(月)으로 읽으면 날이 새면 죽이고 살리는 싸움, 왕권다툼, 섹스다툼으로 얼룩진 조선의 국명이다. 이름으로 사용 시에는 간질환, 불의의 사고와 이성 관계 등을 조심해야 한다.

造 "지을 조(造)=고할 고(告)+쉬엄쉬엄걸을 착(辶)"

造(조)는 신 앞에 나아가 아뢰는 일, 나아가서 자리에 앉다, 이르다, 사물을 마무르다, 만드는 일, 옛 모양에는 갓머리(宀는 집, 집 안)部가 붙은 것도 있으며, 쉬어가면서 천천히 고하고 알린다는 뜻은 곧 할 말을 다시 지어서 한다는 뜻으로 만든 글자이다. 또는 말을 하여 이르게 한다는 뜻도 된다. 고할 고(告)는 흙토(土)=입구(口)로서 땅의 지신에게 알린다는 뜻에서 알릴 고로도 읽는다.

操 "지조 조(操)=제방 변(扌)+새 떼지어울 조(喿)"

재방 변(扌(=手)은 손)部는 손, 가지는 일, 이것저것을 솜씨 좋게 다루다, 손에 꽉 쥐다, 굳게 지키다, 지조로 뜻하며, 새떼 조잘거릴 조(喿)로 새떼만을 나타낸 것이 아닌 거문고에서 나는 소리로도 나타내고 '잡을 조, 또는 선비의 절개, 정조'로도 나타낸다. 이름에 사용하면 새처럼 입을 벌리고 울 일이 많지만 가수와 같은 직업에 소질은 있다.

趙 "조나라 조(趙)=달릴 주(走)+닮을 초(肖)"

달아날 주(走) 部와 음을 나타내는 肖(초)로 이루어지며 빨리 '달아나다'의 뜻으로 닮을 초(肖)는 작을 소(小)+달 월(月)로서 한 달 중 날 수가 작은 달을 상징하여 달려가는 모양이 작은 달을 닮았다는 뜻이다. 바른 세월을 나타내므로 성숙하여 나이보다 많아 보이고, 38세 이전에는 돌아다닐 일이 많으므로 고난도 많다. 또 섹스를 좋아해 즐기는 편이다, 직업으로는 의사, 한의사, 약사, 금융계, 식육점, 이・미용사 등이 있다.

弔 "불쌍히 여길 조(弔)=활 궁(弓)+뚫을 곤(丨)"

옛날 조상할 때에는 짐승을 막기 위하여 사람이 활을 가지고 갔다고 한다. 그러므로 조상한다는 뜻이 되는데 죽은 조상을 슬퍼하는 상주가 힘빠진 허리를 굽혀 지팡이를 짚은 모양을 나타내고 슬퍼할 적(弔)과 통하는 글자이다.

組 "짤 조(組)=실사(糸)+또 차(且)"

음을 나타내는 且는 물건을 겹쳐서 쌓음을 나타내는데 組는 실을 땋아서 만든 끈목, 나중에 실과 관계없이 물건을 짜 맞추거나 한 무리로 삼음을 일컫는다. 그래서 실로 연결하여 묶듯이 어떤 조직체를 구성하고 짠다는 뜻이다. 또 차(且)는 묘지 속에는 죽은 시체가 들었는데 그 행적을 적어서 묘지 앞에 다시 나타내므로 '또 차, 비석 차 '로 나타낸다. 살어서는 어렵다가 죽어서야 이름을 남기는 일이 많다.

條 "조목 조(條)=열사람 십(什)+똑똑두드릴 복(攵)+나무목(木)"

攸(유→조는 변음)는 쭉쭉 뻗은 모양, 修(수는 가지런히 하다)와 뜻이 통하며, 條(조)는 쭉쭉 뻗은 새 가지, 줄기, 한 갈래 한 갈래로 나눈 물건이나 일을 말하며, 나무는 하나인데 가지가 여러 개로 뻗은 나무, 회초리 조, 가지 조, 조리 조로도 나타낸다. 열사람 십(什)은 사람인 변(亻)+뚫을 곤(丨)과 동자로 쓰인다. 즉, 목적을 위해서는 물불을 가리지 않는 성품이다. 직업으로는 교육자, 서점, 도서관, 공무원, 목수, 기능공 등이 있다.

早 "일찍 조(早)=날일(日)+열 십(十)"

태양(日)이 동쪽(十은 해가 뜨는 동쪽의 의미인 甲(갑)의 생략형)에서 뜨는 아침을 뜻하며, 해 돋는 아침, 날마다 아침이면 해가 돋는다는 뜻에서 더욱 일찍이란 뜻으로 나타낸다. 조(早)의 위에 열 십(十)을 보탠 것을 날마다 밝음이 연속이 되라는 뜻이며 없어도 같은 글자이다. 주로 조선이란 국호에 사용된다.

釣 "낚시 조(釣)=쇠금(金)+구기 작(勺)"

아주 작은 쇠를 갈고리처럼 만든 것을 연거푸 술잔 질을 하듯이 놓았다 들었다, 낚다, 낚시 하다는 뜻에서 낚시로 나타내며, 구기 작(勺)은 '술잔 작, 잔질할 작' 이라고도 하여 허리가 아프거나 약산 게으른 면도 있어 노력을 하지 않는다. 직업으로는 기능공, 공무원, 풍류객, 주정꾼 등이 있다.

照 "비칠 조(照)=날일(日)+부를 소(召)+연화발(灬)"

옛날엔 날일(日)部와 불화(火(=灬)은 불꽃)部는 글자로 쓸 때 같이 취급하였기 때문에 昭는 햇빛, 불이 밝다의 뜻으로 썼으며, 나중에 불화(火(=灬)는 불꽃)部를 더하여 照(조)라고 써 역시 해와 불의 양쪽 뜻을 나타낸다. 또 구별할 때는 昭(소)를 밝다(형용사), 照(조)를 비치다로 쓰이는데, 태양의 빛을 불러들여서 밝게 한다는 뜻에서 비친다는 뜻으로 나타낸다. 또 날일(日)+부를 소(召)는 빛날 조, 밝을 조의 소리로도 나타내며 밝을 소(炤)와 통하는 글자로서 소목 소, 태평 세월할 소로도 나타낸다. '소목' 이란 조상을 모시는 사당의 위패의 순서를 나타내므로 이름으로 사용하면 조상, 부모의 수명이 단축되지 않으면 가족의 제사를 모시는 수도 있다.

助 "도울 조(助)=또 차(且)+힘 력(力)"

且(차는 고기를 수북이 담은 모양→조)와 힘(力은 팔의 모양→힘써 일을 하다)을 더하여 돕는다는 뜻이 합하여 '돕다'를 뜻으로 보좌관의 역할을 나타낸다. 묘비석 차(且)는 땅위에 솟은 비석을 나타내고 힘 력(力)을 붙여서 비석을 조성하는 힘이란 뜻이다. 그러나 노력은 많으나 실속은 적다. 직업으로는 보좌관, 경호원, 경비원, 경찰, 석공, 레미콘 등이 있다.

眺 "볼 조(眺)=눈목(목)+억조 조(조)"

눈목은 部와 음을 나타내는 兆(조)가 합하여 이루어져 보고 또 본다는 뜻과 세밀히 자주 쳐다본다는 뜻이 된다. 때로는 달려가서 더욱 세밀히 본다는 뜻도 된다. 억조 조(兆)는 어진 사람인 발(儿)의 양 옆으로 거듭 첩(;)이 합류한 글자로서 몸에 날개를 단 것과 같이 빠르다는 뜻을 나타내며, 시력이 나빠진다. 직업으로는 안경원, 돌아다니는 장사꾼, 운수업 등이 있다.

潮 "조수 조(潮)=삼수변(氵)+아침 조(朝)"

朝(조)는 향하여 간다는 뜻을 나타내며, 潮(조)는 시내의 흐름이 바다로 향하는 일, 나중에 물의 흐름, 큰 파도, 조수가 들어온다는데 쓰이는 글자로써, 밀물과 썰물이 있는 바닷물처럼 날마다 남에게 떠밀려 다닌다는 뜻이다.

措 "베풀 조(措)=제방 변(扌)+옛 석(昔)"

풀어서 자유롭게 하다의 뜻을 갖는 昔(석)으로 이루어지며, 손을 놓다, 그대로 '놔두다'의 뜻으로 옛날의 것들을 가지지 않고 그대로 둔다는 뜻이다. 옛 석(昔)에 사람인 변(亻)을 붙이면 빌릴 차(借)가 된다. 빌려서 쓰더라도 반드시 갚아야 한다는 뜻이다. 직업으로는 공무원, 문화재 관리국, 문화부 등이 있다.

晁 "아침 조(晁)=날일(日)+억조 조(兆)"

날일(日은 해)部와 음을 나타내는 兆(조)가 합하여 이루어졌으며, 아침에는 해가 빠르게 솟는다는 뜻이므로 아침 조(朝)와 같은 옛 글자이다.

曺 "무리 조(曺)=한 일(一)+말미암을 유(由)+날일(日)"

우리나라 姓(성)으로는 반드시 이 글자를 쓰이는데, 여러 개의 입(口)이 날마다 많다는 뜻에서 무리들이 모여든다는 뜻으로 나타낸다. 말미암을 유(由)는 밭 전(田)에서 획을 뽑아 올린 글자이며 그렇고 그런 것들을 나타내며 귀신 머리 불(由)과 같은 글자이다. 직업으로는 의사 (이비인후과, 치과)를 하지 못할 시 연예인, 음식점, 가수, 농업도 가능하지만 그 숫자는 작은 편이다.

祚 "자리 조(祚)=보일 시(示)+잠간 사(乍)"

오래 머물지 못하고 잠시 앉았다가 일어서는 자리의 흔적만 남는다는 뜻으로 이사가 많으면 직장, 직업의 이동도 많아진다. 특히 여자의 이름에 사용되면 한 남편을 섬기기가 어려우므로 이름에 사용하는 것은 좋지 않다.

ㅈ

<족>

足 "발족(足)=입구(口)+그칠 지(止)"

무릎에서 발끝까지의 모양을 본뜬 글자로 '발'을 뜻하며 한자의 부수로 되어 그 글자가 (발)에 관한 것임을 나타낸다. 즉, 발바닥이 땅에서 멈추었다는 뜻에서 발로 나타낸다. 만약, 돼지발을 사기 위하여 달라한다면 일반인들은 보통 '족발 주시오' 하는데, 이렇게 되면 두 개를 달라하는 것과 같으며, '족(足)을 주시오' 하거나 '발' 을 달라고 해야 한다. 특히, 우리말로는 '발' 이며 한자로는 족(足)이므로 우리말로는 '돼지 발' 을 달라고 해야 옳은 용어가 된다.

族 "겨레 족(族)=모 방(方)+사람인(人)+잃을 실(失)"

전쟁이 나면 한 깃발(矢 이외(以外)의 글자) 아래 같은 핏줄의 무리가 활(矢)을 들고 싸운다는 뜻을 합하여 '겨레', '민족'을 뜻으로 조상이 같은 한겨레와 일가족을 나타낸다.

<존>

存 "있을 존(存)=왼 좌(左)+사람인 변(亻)+아들자(子)"

아이가 살고 있음을 불쌍히 여겨 동정을 베푼다는 뜻과 오래 살다, 있다, 존재한다, 보존하도록 만든다는 뜻이 되는데, 오른쪽과 왼쪽에도 자식이 있다는 뜻으로 만든 이 글자는 대(代)를 보존한다는 뜻으로 나타낸다. 이름에 사용하면 자식은 많지만, 그로 인한 고통이 따른다.

尊 "높을 존(尊)=두목 추(酋)+마디촌(寸)"

술병(酋)을 손(寸)에 공손히 받들고 바친다는 데서 존경의 뜻을 나타내어 '높이다'를 뜻하며, 술을 신에게 바치다, 삼가 섬기다, 존경함을 나타낸다. 또 두목 추(酋)는 존경의 의미로서 술 단지(酉)를 양 손(八)으로 받쳐 든 형상이며 마디촌(寸)은 정성을 나타내어 높이 받들어 올린다는 뜻에서 받들 존으로도 나타낸다. 이름으로 사용할 시 알코올 중독자가 될 수도 있으니 조심해야 한다. 직업으로는 식당, 술장수, 서비스업, 화류계, 대인관계가 많은 직업, 술 접대인 등이 있다.

<종>

終 "마지막 종(終)=실사(糸)+겨울 동(冬)"

冬(동→종)과 바느질을 다하고 나서 실(실사(糸은 실타래)部을 매듭짓는다는 뜻이 합(合)하여 '마치다'를 뜻하며, 冬(동은 겨울)은 네 계절의 끝이므로 실사(糸는 실타래)部를 덧붙여 감긴 실의 끝이 되고 널리 끝의 뜻으로 되었다. 즉, 이어지던 실이 마지막 계절처럼 끝이 났다는 뜻으로 나타내며, 마침 종이라고도 한다. 종말, 종착역등, 끝과 마지막의 죽음을 나타내므로 이름으로 사용하면 안 된다.

從 "쫒을 종(從)=자축거릴 척(彳)+따를 종(从)+발 소(疋)"

뒤쫓아서 받들고 따른다는 뜻으로 만든 글자로써, 남을 받들면서 의지하고 따라 다녀야 하는 운명을 나타낸다. 또한 따를 종(從)의 고자(古字)는 (从)이므로 두 개의 사람인(人人)을 써도 같은 글자다.

種 "씨앗 종(種)=벼화(禾)+무거울 중(重)"

種(종은 늦되는 벼)과 동(禾+童은 심는 일)을 나누어 생각하였으나 옛날에는 重(중)을 童(동)으로 쓰는 일이 많았다. 童(동)은 본디 노예·종을 일컫고, 重(중)도 童(동)도 천천히 힘든 일이 계속되고 있음을 나타낸다. 즉, 볍씨와 같은 모든 종자는 발이 없지만, 단시간에 천리까지 퍼트려진다는 뜻으로 만들어져 씨를 말한다. 그러나 씨앗을 퍼트리고 나면 땅속에 묻혀야 한다는 뜻이므로 이름으로는 적당치 않다.

鍾 "술잔 종(鍾)=쇠금(金)+무거울 중(重)"

쇠금(金은 광물·금속·날붙이)部와 음을 나타내는 重(중)으로 이루어져, 쇠를 수레에 실으니 무겁다와 술잔으로 미치는 영향력이 천리를 가 듯 무거운 비중을 차지한다는 뜻으로 무거울 중(重)은 수레거(車)에 아래위로 한 일(一)을 더 붙여서 일천 천(千)+마을 리(里)로 형성되어 술잔 소리를 내며 천리를 뛴다는 뜻이다. 또는 쇠소리를 내며 천리를 뛴다는 뜻이므로 직업으로는 기능공, 운전사가 많고 교육자, 강사, 연설을 하기 위해서 뛰기도 한다. 쇠북 종(鐘)과 뜻이 통하는 글자이다.

宗 "근본 종(宗)=움집 면(宀)+보일 시(示)"

조상을 모시는 사당은 같은 조상을 모시는 한 宗中(종중) 사람들은 근본이 되는 것으로 조상의 영혼을 모신 곳 또는 제사를 지내는 일족의 長(장)의 뜻이다. 또한 없던 것이 지붕 밑에서 영상으로 나타난다는 뜻과 조상을 모시는 사당, 종가댁을 나타내어 마루 종이라고도 한다. 보일 시(示)는 귀신 신(神)의 시작이므로 지붕밑에 보이는 조상 신(神)을 나타내어 종가, 종부 등에 사용되지만 이름에 사용하면 장남, 장손으로서 조상신을 모신다. 만약 차남이라면 맏형의 수명이 단축되거나 부모를 모셔야할 일이 생기고 부모와 가족의 수명이 단축되는 일이 허다하다. 즉, 부모나 가족의 제사를 남보다 빨리 모신다는 뜻이다. 집 안이나 건물 내부에서 일하는 직업을 가지지게 된다.

鐘 "쇠북 종(鐘)=쇠금(金)+아이 동(童)"

쇠금(金) 部와 음을 나타내는 童(동→종은 변음(變音)은 치다)으로 이루어졌으며, 쳐서 큰소리를 내기 위한 것으로 쇳소리가 아이들의 떠드는 소리와 흡사하다. 또는 쇠소리를 내면 마을의 아이들도 모여든다는 뜻에서 종소리를 나타낸다. 또 아이 동(童)은 설립(立)+마을 리(里)의 합자로서 마을에서 뛰노는 아이들을 나타내므로 이 글자가 바로 쇠북 종(鐘)이다. 직업으로는 교육자, 교사, 산사의 스님 등이 있다.

琮 "돌이름 종(琮)=구슬옥(玉)+근본 종(宗)"

구슬옥 변(玉)部와 음을 나타내는 宗(종)이 합하여 이루어졌으며, 돌의 근본, 즉 바위의 뿌리를 나타낸다.

綜 "종사 종(綜)=실사(糸)+근본 종(宗)"

'모으다'의 뜻(湊 주)을 가진 宗(종)으로 이루어졌으며. 실을 하나로 합쳐 모으는 뜻으로 문중의 어른들이나 종가댁의 장손들을 나타낸다.

<좌>

坐 "앉을 좌(坐)=흙토(土)+따를 종(从)"

사람이 마주보고 멈춘다는 뜻에서 그냥 앉아 있다, 또 앉은 채로 있다의 뜻이다. 흙(土)의 위치에 따라(从)서 가려서 앉는다는 뜻으로 만든 글자로 따를 종(從)의 (从)은 변으로 쓰일 때 약자이다. 앉을 좌(左)의 흙(土)은 어머니의 모태이며 양쪽에 포용한 두 개의 사람(从)은 아들과 딸을 상징한다. 이름으로 사용할 시 흙 위에 앉아 있다는 뜻이므로 삶이 고달프다.

左 "왼 좌(左)=왼쪽 좌(𠂇)의 본자(本字)+장인 공(工)"

부수를 제외한 글자가 왼손의 상형으로 그것에 工(공)은 도구와 일, 손에 도구를 가지고 일을 도와주다, 손의 왼손, 왼쪽, 나중에 佐(좌)가 돕는다는 전용자로 되고 左는 왼쪽의 전용자로 된다.

즉, 왼쪽 손도 쓸모가 있어 무엇이든 만드는 장인 정신의 재주가 있다는 뜻과 오른손의 보좌관 역할을 담당한다는 뜻으로 만들어진 글자로써 사용하면 손재주로 생계를 유지한다. 직업은 공무원, 직장인이 있는데 종사할 시 참마음으로 일해야 좋다. 또한 욕심을 부리면 잃는 것이 더 많아진다. 한편, 오른손을 다칠 우려가 있으니 조심해야 한다.

佐 "도울 좌(佐)=사람인 변(亻)+왼 좌(左)"

왼쪽과 오른쪽에서도 돕는다는 뜻에서 도울 우(우)와 통하는 글자지만 왼 좌(左)와 같은 글자이다. 사람인 변(亻)은 있던 없던 사람의 이름에 사용되므로 같은 뜻이 된다. 즉, 획수만 늘어났을 뿐 글자의 내용은 같다.

座 "자리 좌, 지위 좌(座)=돌집 엄(广)+앉을 좌(坐)"

엄호밑(广은 집)部와 음을 나타내는 坐(좌은 봉당에 사람이 마주 앉은 모양)의 합자하여 집 속의 앉는 곳을 뜻하며 집 안에 앉은 사람, 묘지 속에 묻힌 사람의 자리를 나타낸다. 위의 앉을 좌와 같은 뜻이지만 이름으로 사용하면 오히려 그 뜻보다 못하다.

<죄>

罪 "허물 죄(罪)=그물망(罒)+아닐비(非)"

그릇된(非) 일을 하여 법망(넉사머리(罒(=⽳, 网)는 그물)部)에 걸려 들었다는 데서 '죄'를 뜻하며, 범죄의 뜻으로 쓰는 글자 辠(죄)가 皇(황)에 가까우므로 진시황이 이를 피하여 음이 같은 罪(죄)자를 빌어 쓴데서 유래했는데, 이는 새의 날개가 아닌 것(非)이 그물(罒)에 걸렸다는 뜻과 새의 날개가 아니더라도 허물이 있으면 죄인을 취급하여 그물에 가둘 수도 있고, 내가 갇힐 수도 있다는 뜻으로 나타낸다. 그러므로 이름으로 사용하는 것은 좋지 않다.

ㅈ

<주>

周 "두루 주(周)=멀 경(冂)+길할 길(吉)"

본디 뜻은 입을 잘 써서 말을 삼가는 일을 말하는데, 그러나 주밀의 뜻을 나타낸다. 즉, 집 안의 온 가족이 함께 길하다는 뜻으로 만들어진 글자로 멀 경(冂)은 멀리 보이는 문(門)이므로 분살이 없는 문과 문틀이며, 길할 길(吉)은 독자적으로 사용하면 밖으로 새나가는 것이 많지만 문(門)으로 막았으니 두루두루 함께란 뜻으로 쓰인다. 직업으로는 교육자, 학자, 사업가, 건축가, 주부 등이 있다.

宙 "집 주(宙)=움집 면(宀)+말미암을 유(由)"

由는 빠져나가다, 내밀다, 갓머리(宀는 집, 집 안)部는 건물을 宙(주)는 지붕이 불룩한 큰 건물을, 나중에 宇(우)를 공간적 확대, 宙(주)를 시간적 격차 등을 합하여 우주는 천지간의 모든 것을 나타내는 말이다. 즉, 지붕(宀) 밑에 전답과 방들이 있고 귀신머리 붙과 같은 사람들도 산다는 뜻으로 말미암을 유는 전의 획을 뽑아 올려 귀신머리로도 나타내므로 잔꾀가 많다. 또한 집 안에서 큰 소리치는 귀신과 같은 뜻을 나타낸다. 직업으로는 언론인, 건축가, 농업, 노동자, 가수 등이 있다.

珠 "구슬 주(珠)=구슬옥(玉)+붉을 주(朱)"

구슬옥 변(玉(=玉, 王)은 구슬)部와 음을 나타내는 朱(주)가 합하여 이루어졌으며, 옥(玉)은 왕(王)과 같이 쓰이므로 붉을 주(朱)는 나무(木)에 사람인(人)이 목에 걸렸으므로 붉게 물들어 죽어가는 나무란 뜻으로 즉, 붉은 색의 단풍나무란 뜻에 돌을 붙였으므로 붉은 돌이란 뜻이다. 직업으로는 화가, 작가, 시인, 소방관, 풍류객, 서비스업, 페인트공 등이 있다.

州 "고을 주(州)=내 천(川)+아래 하(下의 古字 ...)"

시내 안의 사람이 있을 수 있는 곳, 자형은 배(舟주)를 물이 둘러싸듯이 모래톱이나 강 섬을 물이 에워싸고 흐르는 모양을 나타내며, 냇물에 둘러싸인 삼각주를 본떠서 한정된 구역 또는 행정구획을 뜻한다. 즉, 강을 끼고 있는 작은 집들이 모여서 마을이 됨을 나타낸다. 그러나 내 천(川)은 아래로 터진 글자이므로 물수(水)와 같이 재물이 쌓이지 않고 음식을 먹어도 아래로 쏟아져 변비, 설사, 복통, 위장, 장 질환이 잦기 때문에 건가을 조심해야 한다.

主 "주인 주(主)=임금왕(王)+표시할 주(丶)"

등잔 접시 위에 불이 타고 있는 모양을 본뜬 글자로써 문자의 윗 부분 丶(주)는 등불이 타는 모양, 王(왕)은 촛대의 모양이며 임금이란 王(왕)과는 관계가 없으며 主(주)는 처음에 丶(주)로만 쓴 것을 더욱 자세하게 쓴 자형으로 나중에 그 뜻으로는 炷(주)를 쓰고 主(주)는 등불의 중심이 된다. 왕(王)도 주인임을 표시한다는 뜻에서 임금 주라고도 하며, 주인은 어떤 물건이나 주택의 주인을 나타낸다. 대인관계에서도 리더십이 되고 주동자의 역할을 담당하여 제법 명석하다. 또한 과욕은 금물이며 구슬 육, 왕(王)과 같이 왕도의 꿈을 키우지만 한정된 복이 짧은 것이 허점이다.

奏 "아뢸 주(奏)=지아비 부(夫)+한 일(一)+요사할 요(夭)"

양손으로 받들어 신에게 '받치다', 물건을 '권하다', 바뀌어 '아뢰다'의 뜻으로 또는 석삼(三)+사람인(人)+요사할 요(夭) 여러 사람에게 알린다는 뜻으로 만들어 음악을 연주한다는 '연주랑 주' 로도 나타내며, 양팔과 몸짓으로 요상스런 행동을 잘 한다는 뜻이다. 또한 요(夭)는 요절할 요로도 나타낸다. 직업으로는 연극인, 영화사, 음악가, 악기, 악단, 유흥음식점, 회관 등이 있다.

晝 "낮 주(晝)=마침내 률(聿)+아침 단(旦)"

하루(一)종일 해가(日) 떠 있어 책을 읽을 수 있는(書) 동안이라는 뜻이 합하여 긴 밤의 어둠을 헤치고 마침내 솟아오른 태양이 세상을 밝힌다는 뜻에서 낮으로 나타내고 아침이 밝아오고 태양이 솟을 때도 소리를 내는 듯하다고 해서 소리 률(聿)을 사용한 것이다. 즉, 일이 시작하면 시끄러운 소리가 나기 때문에 주의해야 한다. 직업으로는 화가, 작가, 서예가, 음악가, 농업, 연주자 등이 있다.

鑄 "주물 주(鑄)=쇠금(金)+목숨 수(壽)"

속이 깊은 그릇을 거꾸로 들고 울고 있는 모양, 피와 같이 붉게 녹은 금속을 거푸집에 '붓다'의 뜻으로 쇠를 녹인 물로서 또 다른 쇠를 만든다는 뜻에서 주물로 나타낸다.

酒 "술 주(酒)=삼수변(氵)+닭 유(酉)"

유(酉는 술, 닭)部와 水(수는 액체)의 합자하였고, 닭 유(酉)는 술 단지를 본뜬 글자이므로 삼수변(氵)을 붙이면 술 단지와 물이란 뜻이므로 술이 된다. 즉, 애주가의 삼불(三不)주종불문(酒種不問)은 술의 종류를 탓하지 않는다. 그리고 안주불문(按酒不問)은 안주의 종류도 탓하지 않는다. 두주불사(斗酒不辭) 또한 술독이 바든지 주머니가 비든지 해야 일어난다는 뜻이므로 이름으로 사용하지 않는 것이 좋다.

誅 "벨 주(誅)=말씀언(言)+붉을 주(朱)"

말씀언(言은 말하다)部와 음을 나타내는 朱(주)가 합하여 이루어졌으며, 팔신 중에서 가장 악신이 주작(朱)의 말씀이란 뜻에서 '베일 주, 참할 주, 꾸지람할 주' 로노 나타내어 말로서 꾸지람을 하고 다스리다가 안되면 목을 베이고 벌을 준다는 뜻이 담겨져 있으며 만약 이름으로 사용하게 되면 부모나 가족, 또는 본인의 수명과 복록이 단축되고 관재구설이 따른다.

柱 "기둥 주(柱)=나무목(木)+주인 주(主)"

중심의 뜻을 가지는 主(주)로 이루어졌으며, 중심이 되어 떠받치는 나무의 뜻으로 여러 개의 나무 중에서, 또는 여러 개의 기둥 중에서 가장 으뜸되는 기둥을 주인으로 나타낸다. 주(柱)는 계수나무 계(桂)와 닮은 글자로서 주인의 행세, 모임에서 리더십으로 이끌어가는 역할도 잘 한다. 직업으로는 고위공무원, 정치인 등에서도 뛰어난 기량을 발휘한다.

朱 "붉을 주(朱)=사람인(人)+나무목(木)"

나무 가운데에 표(・)를 붙여 어떤 수목의 중심부를 나타내고 중심부가 붉은 것을 나타내었으며, 자라는 나무의 목에 사람을 닮은 것을 걸어서 더 이상 자라지 못하게 하였으므로 푸른 나무가 아닌 붉은색의 나무로 나타내고, 또는 아닐 미(未)+삐침(丿)=나무가 이미 아니란 뜻이며 아닐 미(未)는 끝말, 말뚝 말의 변형체이므로 죽어서 땅속에 박힐 나무로도 나타낸다. 특히, 팔신중에 가장 악한 신을 나타내어 주작 주(朱)로도 일컫는다. 직업이 화가나 소방관, 페인트공, 사진작가, 역학자 등이 되면 생활에는 어려움이 없으나 건강을 조심해야 하며, 만약 다른 직업을 가지면 서비스업이나 화류계가 될 위험도 있으니 인생이 고달프다.

舟 "배 주(舟)=삐침(丿)+붉을 단(丹)+고무래 정(丁)"

통나무배의 모양을 본뜬 글자로서 한자의 부수로는 배와 관계가 있음을 나타내는데,
물 위에서 떠 다니는 배, 선박을 나타내고 사람이 신고 다니는 신발처럼 천한 것으로도 나타낸다. 즉, 사람들이 물을 건너기 위해서 이용하는 배, 또는 발을 보호하기 위해서 신는 신짝처럼 천하게 여기며, 때로는 붉을 단(丹)의 뜻과 같이 사람의 아랫 배, 단전을 나타내어 여자의 배, 남자와 맞댄다는 뜻에서 더욱 천하게 여기기도 한다.

駐 "머무를 주(駐)=말마(馬)+임금 주(主)"

'머물다'의 뜻(住주)을 가지는 主(주)로 이루어지며 말이 '머물다'와 바뀌어 머물게 하다의 뜻으로 말을 타고 달리다가 주인이 내렸으니 멈춘다는 뜻이며, 주인이 머무르니 자신도 함께 쉬기 위해서 머무른다는 뜻도 된다. 대사관, 영사관, 이민자들의 이름에 간혹 들기도 하나 떠돌이 장사꾼이나 운전사가 확률이 높다.

週 "돌 주(週)=쉬엄쉬엄 갈 착(辶)+두루 주(周)"

주위를 둘러 '싸다'의 뜻(주)을 가지는 周(주)로 이루어지며, '돌아다니다', 바뀌어 '돌다'의 뜻으로 천천히 쉬면서 거리를 돌거나 힘내어 달려간 다는 뜻도 된다. 쉬엄쉬엄 갈 착(辶)은 교차로의 3거리를 표현하므로 천천히 다니는 장사꾼이나 운전사도 되지만 운동선수의 이름에는 더욱 좋은 글자이다.

走 "달릴 주(走)=열 십(十)+발 소(疋)"

禾(옥)은 사람을 나타내는 大(대)를 조금 변경한 모양으로 사람이 뛸 때의 모습, 止(지)는 발자국의 모양은 나아가는 일, 走(주)는 사람이 뛰어가는 모습, 부수로서는 그 글자가 달리다의 뜻에 관계가 있음을 나타낸다. 즉, 양팔을 크게 흔들며 다리를 길게 뻗어 달려간다는 뜻이다. 열 십(十)은 양팔을 흔드는 표현이며, 발 소(疋)는 다리를 길게 뻗는 모양에서 달아난다는 뜻도 되지만 장, 단거리 선수나 마라톤 선수로서도 좋은 글자다. 그러나 운동에 취미를 붙이지 못하면 운전사나, 떠돌이 장사꾼의 운명으로 변한다.

注 "물댈 주(注)=삼수변(氵)+주인 주(主)"

主는 등불의 중심, 물건이 한군데 집중하는 것을 나타내며, 注는 물이 한군데로 흐르는 일, 또 물을 붓듯이 어려운 말을 쉽게 설명하는 일을 말하며, 나중에 써놓다·설명하다의 뜻에는 註(주)라고도 썼으나 지금은 그 뜻에도 注(주)를 쓴다. 즉, 물을 칠하여 어떤 기록을 표시하고 나타낸다는 뜻이다.

<죽>

竹 "대나무 죽(竹)=사람인(人)+뚫을 곤(丨)"

대나뭇잎의 모양과 대나무를 나타내며 竹(죽)의 옛 모양은 筍(순은 죽순) 따위의 글자에 붙어 있는 것에 의하여 알 수가 있다. 또 두 개 합류한 글자로서 사람인(人)은 대나무의 잎을 본뜨고 뚫을 곤(丨)은 줄기를 나타낸다. 겉으로 보기는 좋으나 속이 비었다는 네서 속빈 군자로 비유하기도 한다. 만약, 이름이나 아호에 이 글자를 쓴 사람의 마음도 겉으로는 잘난 체하지만 실속이 없고 속이 빈 헛소리만 잘한다.

<준>

俊 "준걸 준(俊)=사람인 변(亻)+진실로 윤(允)+천천히갈 쇠(夊)"

사람인 변(亻(=人)은 사람)部와 음을 나타내는 부수를 제외한 글자 夋(준)으로 이루어져 뛰어난 것을 뜻하며, 진실한 마음을 가진 사람은 남 보다 뒤져서 천천히 가도 도착은 늦지 않다는 뜻에서 뛰어난 영재로 나타내지만 항상 2인자다. 윤(允)은 사람이 한 팔을 구부려서 자신의 것(厶)으로 끌어 들이는 욕심을 나타내며 비교적 키가 큰 편이지만 한편 마음은 진실한 것이 아니라 거만하고 약자를 돌보지 않게 되면 걸음이 느리고 게으르고 욕심이 많다. 직업으로는 정치인, 학자, 언론인, 사업가, 교육자, 돌아다닐 일이 많은 직업, 운전사, 연예인, 건축가, 운동선수 등이 있다.

遵 "쫓을 준(遵)=쉬엄쉬엄 갈 착(辶)+받들 존(尊)"

책받침(辶(=辵)은 쉬엄쉬엄 가다)部와 음을 나타내는 동시에 하라는 데로 하다의 뜻을 나타내는 부수를 제외한 글자 尊(존→준은 변음)으로 이루어졌으며, 온순히 따라 감, 받들어 따라간다는 뜻으로 노비가 윗사람의 뜻을 받들어 응하다, 따르다의 뜻이다. 즉, 받들 존(尊)은 술 단지(酉)를 정성(寸)스럽게 두 손(八)으로 공손히 받들어 올리는 모양, 받들며 따른다는 뜻을 나타낸다. 직업으로는 공무원, 비서, 경호원, 직장인, 음식점, 서비스업 등이 있다.

竣 "미칠 준(竣)=설립(立)+갈 준(允+夊)"

부수를 제외한 글자 夋(준)이 음을 나타내며, 일을 끝 마쳤으니 떠난다, 물러나다, 는 뜻이다.

準 "법 준(準)=법 준(準)+열 십(十)"

삼수변(氵(=水, 氺)은 물)部와 음을 나타내며 동시에 평균의 뜻을 나타내기 위한 부수를 제외한 글자 隼(준)으로 이루어졌으며, 수면의 평균을 뜻하며, 결재권을 가진 대표나 고위공무원, 직장의 상사로서 규정된 법칙에 의하여 승인한다는 뜻에서 법률과 규칙을 나타낸다. 또 법 준(準)은 이수변(冫)과 삼수변(氵)은 획수만 다를 뿐 뜻은 같다. 직업으로는 사법관, 사업가, 공무원, 국회의원, 속기사, 건축가, 설계사 등이 있다.

埈 "높을 준(埈)=흙토(土)+거만할 준(允+夊)"

높다, 솟다, 험하다, 가파르다의 뜻으로 흙을 쌓은 언덕처럼 높지만 마음은 거만스럽다. 키와 덩치도 크고 걸음도 천천히 걸으며 느린 편이며, 게으르고 욕심도 많아서 주변의 사람들을 끌어 들이고자 애쓰지만 거만스러움 때문에 생각과 다르게 된다. 직업으로는 학자, 사법관, 건축가, 운수업, 운동선수, 농업, 공무원 등이 있다.

濬 "깊을 준(濬)=삼수변(氵)+지혜로울 예(睿)"

삼수변은 部와 산골짜기를 파는 뜻에서, 강 줄을 파는 뜻을 나타내는 睿(예)로 이루어지며, 강을 파서 깊게 하는 뜻으로 눈이 움푹 들어가 있으므로 겉으로만 살피지 않는 눈의 모양이라고 해서 지혜롭다는 뜻과 아름다운 눈이란 뜻이다. 지혜로울 예(睿)는 점 복(卜)+덮을 멱(冖)+큰도랑 괴(巛)+눈목(目)의 합자로서 이름에 사용하기는 곤란한 점이 숫자가 너무 적고 뜻이 약하기 때문이다.

焌 "불땔 준(焌)=불화(火)+느릴 준(允+夊)"

불화는 部와 음을 나타내는 부수를 제외한 글자 夋(준)으로 이루어졌으며, 천천히 불을 지핀다, 태우다, 굽다는 뜻이다. 게으르고 느리며 거만하다는 뜻으로 높을 준(俊)과 거의 같다. 또한 느릴 준, 천천히 걸을 준, 건방질 준, 마칠 준으로도 나타낸다.

儁 "영특할 준(儁)=사람인 변(人)+새 추(隹)+오목할 요(凹)"

재주와 슬기가 매우 뛰어나다, 영특하다의 뜻으로 새가 오목한 구덩이에 빠지지 않고 살아나니 영특하다는 뜻이다.

雋 "영특할 준(雋)"

새 추(隹는 새)部와 弓(궁=활)을 옆으로 한 모양과의 합자로 활로 새를 맞추어 떨어뜨림의 뜻으로 위의 영특할 준(儁)과 획수만 다를 뿐 같은 글자이다.

埻 "과녁 준(埻)=흙토(土)+드릴 향(享)"

토지지신(土地之神)에게 정성을 쏟는다. 과녁, 방과 같은 곳에 무엇을 꿰어 맞춘다는 뜻이 있다. 직업으로는 제사를 모시는 사람이나 종교인, 농업, 또는 어떤 기능직으로서 짜 맞추는 기술자 등이 있다.

峻 "산 높을 준(峻)=뫼산(山)+거만할 준(允+夊)"

높다, 가파르다의 뜻으로 자신이 산처럼 높다는 생각에서 건방지다는 말을 듣는다. 그러나 1인자 보다는 2인자 일 뿐이다.

ㅈ

<중>

重 "무거울 중(重)=일천 천(千)+마을 리(里)"

東(동→중)과 사람(人)이 무거운 짐을 짊어지고 있다는 뜻이 합하여 '무겁다'를 뜻하며, 重(중)은 물건을 들어 올리거나 움직이거나 動(동)할 때의 손에 오는 느낌, 무게, 무거움이며, 또 일을 충분히 하다, 겹친다는 뜻에도 쓰인다. 또 童(동)이라고 써서 重(중)을 나타내는 경우도 많다. 즉, 삼가고 엄중히 여긴다는 뜻에서 마을 리(리)는 많은 집들과 전답을 상징한 밭 전(田)+흙토(土)를 붙여 연속됨을 나타내고 일천 천(千)은 그 숫자만큼 많다는 뜻을 추가한다. 그러나 일천 리를 뛰듯이 힘겹게 움직여야 한다는 뜻이 있다. 직업으로는 운수업, 항공업, 무역, 이민 등이 있다.

中 "가운데 중(中)=입구(口)+뚫을 곤(丨)"

사물의 한가운데를 상하로 통하는 세로 금으로 중심, 중앙을 뜻함과 형제를 위로부터 차례로 伯(백)・仲(중)・叔(숙)・季(계)라고 일컬을 때의 仲(중)으로서 뜻으로 입의 아랫입술과 윗입술을 서로 꿰뚫어서 입을 다물게 했으나 오히려 두 개의 입이 되었으니 말을 더 많이 한다는 뜻과 말로서 사람을 중앙으로 모은다는 뜻에서 가운데란 뜻으로 나타낸다. 입으로 만 가지를 이룰 듯하나 실행이 적고 욕심이 많으며 말솜씨는 있으나 약간 더듬거리기도 한다. 여자의 이름에는 사용하지 않는 것이 좋다. 직업으로는 정치인, 언론인, 연예인, 가수, 음악, 벙어리 등이 있다.

仲 "버금 중(仲)=사람인(亻)+가운데 중(中)"

사람인 변(亻(=人)은 사람)部와 음을 나타내는 中으로 이루어져, 맏이와 막내의 사이에 태어난 아이의 뜻과 입으로 사람을 모은다는 뜻이 있다.

衆 "무리 중(衆)=피 혈(血)+기어오를 임(丿+彡+丨+견)"

나중에 많은 사람이 한군데를 바라보는 모양, 마음을 합하여 일을 하다, 많은 사람 등 많음이라 생각했다. 더욱 나중에 자형을 目(목)을 血(혈)로 잘못 써 衆(중)이란 속체가 되었다. 즉, 싸움이 일어나 머리에 피를 흘려도 모여든다는 뜻에서 많은 무리를 나타낸다. 또한 '기어오를 임은 모여설 임' 으로도 나타낸다.

<증>

增 "더할 증(增)=흙토(土)+무리 증(曾)"

흙토(土는 흙)部와 음을 나타내는 曾(증)이 합하여 이루어졌으며, 음을 나타내는 曾(증)과 흙(土)을 겹쳐 쌓으니 '더하다'를 뜻한다. 또 흙을 보태고 더하여서 많은 흙더미를 나타낸다. 그래서 층계 층(層)과 통하는 글자이다. 무리 증(曾)은 일찍 증이라고도 하며 정성으로 받든다는 뜻의 여덟 팔(八)+가운데 중(中)+사람인(人)+가로 왈(曰)의 합자이며, 중(中)+인(人)은 죄수 수(囚)와 같은 글자로서 굴뚝의 연기 나는 구멍을 나타낸다. 직업으로는 교도관, 건축가, 소개업, 사법관, 탄광, 농업 등이 있다.

蒸 "찔 증(蒸)=초두 변(艹)+불김 증(烝)"

잘 타는 풀, 횃불로 쓰이는 풀, 겨릅대 같이 잘 타는 풀, 나중에 찌다의 뜻으로 쓰임은 烝(증)과 통하기 때문이다. 즉, 불을 지펴서 뜨거운 김이 오를 때 삼나무의 풀을 삶는다는 뜻에서 찐다는 뜻을 나타낸다. 불김 오를 증(烝)은 도울 승(丞)에 연화발(灬)의 합자이며 (丞)은 물수(水)의 밑에 한 일(一)을 붙인 글자이다. 직업으로는 떡 방앗간, 약재상, 한의원, 건강원, 식당 등이 있다.

曾 "일찍 증(曾)=여덟 팔(八)+가운데 중(中)+사람인(人)+날일(日)"

물을 담은 밑바닥 부분과 구멍이 뚫린 깔개와 김이 오르는 모양의 글자로 이루어지며 시루를 본뜬 글자이다. 빌어 겹치다, 또는 일찍이의 뜻으로 쓰이며, 검은 연기가 나오는 굴뚝으로 먼저 나간 사람이 윗사람이란 뜻에서 일찍 증, 증조부를 나타낸다. (中+人)=죄수 수(囚)와 같은 글자로서 행실이 바르지 않고 마음도 검은 사람들이 모였다는 뜻의 모을 회와 닮은 글자이다.

贈 "줄 증(贈)=조개 패(貝)+일찍 증(曾)"

남에게 선물이나 표창을 준다는 뜻으로 때로는 나의 재물도 검은 마음을 가진 자에게 줘야함을 나타낸다.

證 "증거 증(證)=말씀언(言)+오를 동(登)"

상고하다, 증거로 삼는 일로써 증인으로 채택되어 법정에서 말한다는 뜻이다.

<지>

ㅈ

池 "못 지(池)=삼수변(氵)+어조사 야(也)"

둘러싸인 물, 못, 물과 물이 서로 연결된 곳, 또는 여러 곳의 도랑물이 흘러들어 모인 곳을 연못으로 나타낸다. 이름에 사용하면 여러 사람의 정액이 모여드는 여자의 자궁을 암시할 수도 있으므로 조심해야 한다. 특히 연못이란 물이 모여드는 곳인데 비하여 글자의 뜻과 숫자가 부족하여 운명이 고달 퍼지기도 한다.

祇 "공경 지(祇)=보일 시(示)+씨앗 씨(氏)+한 일(一)"

본디 신과 같은 어원의 말로써 신이 하늘의 신을 가리키는 데 대하여, 祇(기)는 땅의 신을 나타내게 되었다. 그러므로 자신 기(祈)와 통하는 글자로서 땅속에서 올라오는 새싹은 지신의 힘과 같으므로 삼가고 정성을 다해야 한다는 뜻이다. 즉, 땅의 지신을 공경해야 한다는 뜻이므로 조상과 부모, 가족에게 근심이 생긴다.

指 "손가락 지(指)=제방 변(扌)+맛있을 지(旨)"

旨(지는 신이 사람에게 주는 啓示(계시)→가리키는 일)와 손가락(手)으로 가리킨다는 뜻이 합하여 '가리키다'를 뜻하며, 손가락에 붙은 것으로 음식의 맛을 본다는 데서 손가락으로 나타낸다. 또한 뜻 지(旨)는 비수 비(匕)+가로 왈(曰)= '뜻 지, 손가락으로 가리킬 지, 맛있을 지' 로도 나타낸다. 손에 비수를 잡고 수술을 하거나 해(害)할 수도 있다. 직업으로는 의사, 사법관, 간호사, 이・미용사, 식육점, 식당 등이 있다.

紙 "종이 지(紙)=실사(糸)+씨앗 씨(氏)"

氏(씨는 허물어져 가는 언덕→지)와 실(실사(糸은 실타래)部)같은 섬유질이 얽혀 만들어진 것이라는 뜻이 합하여 '종이'를 뜻하며, 紙(지)는 고치의 지스러기나 헌솜을 물로 불려서 만든 종이를 뜻하는데 실을 만들 수 있는 재료가 종이도 만들 수 있다는 뜻으로 나타낸다. 직업으로 실이나 의류, 옷감, 바느질, 종이 재단사, 지업사 등이 될 수는 있지만 자식에게 근심이 생긴다.

地 "땅 지(地)=흙토(土)+어조사 야(也)"

온누리(也는 큰 뱀의 형상)에 잇달아 흙(土)이 깔려 있다는 뜻을 합한 글자로 '땅'을 뜻하며, 흙으로 이어진다는 뜻으로 어조사(也)를 붙였다. 야(也)는 말을 이을 때의 어조사로 쓰이는 글자로 즉, 흙에서 흙으로 이어지는 땅을 나타낸다. 노력의 대가와 편안함을 주는 어머니의 모태와 품으로도 풀이된다. 그러나 흙과 땅이란 뜻 뿐이므로 이름에 합당치 못하다. 이름으로 사용하면 실속이 없고 고달프다.

知 "알 지(知)=화살 시(矢)+입구(口)"

화살이 꿰뚫듯이 마음속에 확실히 결정한 일, 말은 마음의 움직임을 나타내는 것이므로 알다, 알리다, 지식 따위의 뜻으로 입으로 뱉어내는 말이 화살처럼 날쌔고 빠르다는 데서 안다는 뜻으로 만들었으며, 아는 것이 있기 때문에, 입으로 뱉어낼 것도 있다는 데서 '알지' 라고 하며 (知)의 아래에 날일(日)을 붙이면 더욱 밝게 안다는 뜻의 지혜로울 지(智)가 되지만 같은 뜻이다 어려서는 총명하고 영아하며 공부도 잘 하는 편이지만 커서의 복록은 다르다. 직업으로는 언론인, 방송인, 연예인, 교육자, 가수 등이 있다.

之 "갈을 지(之)=표할 주(丶)+새 을(乙)"

대지에서 풀이 자라는 모양에서 간다는 뜻으로 음을 빌어 대명사, 어조사로 차용하며, 한 개의 점을 붙이나 마나 새와 같다는 뜻에서 어조사로 쓰이는 글자이다. 이름에는 사용하지 않는 것이 좋으며, 만약 사용하면 성씨의 뜻과 바로 연결된다. 즉, 김씨라면 금지가 되므로 쇠와 같은 사람이란 뜻이며,

산속의 사람과 같다는 뜻도 된다.

枝 "가지 지(枝)=나무목(目)+지탱할 지(支)"

통나무에 의지하여 사는 나뭇가지, 나무줄기에서 갈려 나온 가지의 뜻이며, 지탱할 지(支)는 사람(又)이 손을 뻗쳐 어떤 물건을 잡고 의지한 모양을 본뜬 글자이다. 즉, 자립정신, 창조정신, 인내력이 없으며 남에게 의지해야 산다. 여자가 지탱할 지(支)에 의지하면 기생 기(妓)가 되므로 이름에 사용하지 않는 것이 좋다.

志 "뜻 지(志)=선비 사(士)+마음심(心)"

마음이 가다, 뜻하다의 뜻과 또 음이 비슷한 識(식)과 결부되어 표하다, 표의 뜻으로도 쓰인다. 또 글을 많이 읽은 선비의 마음은 그 생각하는 마음의 뜻이 넓고 깊다는 데서 뜻 지로 나타낸다. 선비 사(士)는 흙토(土)의 변형체로서 선비가 땅바닥에 쪼그리고 앉아 글 읽는 모양을 본뜬 것은 그만큼 빈곤함을 나타낸다. 직업으로는 학자, 교육자, 공무원, 직장인, 건축업, 토목, 농업 등이 있다.

持 "가질 지(持)=제방 변(扌)+절 사(寺)"

나중에 손으로~란 뜻을 뚜렷하게 하기 위하여 재방 변(扌(=手)는 손)部를 붙여 持(지)라고 쓰이며, 사찰을 내 손수 가졌다는 뜻에서 주지로 나타낸다. 또한 날마다 절간에 드나들며 일하는 손으로도 나타낸다. 절 사(寺)=흙토(土)+마디촌(寸)의 합자로서 땅의 한쪽 구석에서 존지를 받는 곳이 사찰이란 뜻이다.

智 "지혜 지(智)=알 지(知)+날일(日)"

지식이 있다의 뜻에서 知(지)와 통합하였으며, 밝게 안다는 뜻이다. 또한 날마다 아는 체 한다는 뜻도 된다. 그러나 총명하고 영리하지만, 너무 영악하여 남의 시기를 살까 두렵다.

誌 "기록할 지(誌)=말씀언(言)+뜻 지(志)"

말을 써서 남기다의 뜻과 나중에 써서 남긴 것을 뜻으로 입에서 나온 말을 기록한다는 뜻이 있다. 직업으로는 속기사, 작가, 언론인, 교육자 등이 있다.

至 "이를 지(至)=한 일(一)+간사할 사(厶)+흙토(土)"

화살이 이르는 모양, 이르다, 후세의 사람은 새가 땅을 향하여 내려앉는 모양이라 하여 '이르다'를 뜻하며, 이는 운(云)과 통하는 글자이다.

ㅈ

支 "지탱할 지(支)=열 십(十)+또우(又)"

又(우는 손→가지다)와 그 이외의 글자 개(竹죽, 대나무, 여기서는 하나하나의 물건을 뜻하며)로 이루어져, 하나하나의 물건을 갖다, 버티다의 뜻으로 쓰여진다.

旨 "뜻/맛볼 지(旨)=비수/숟가락 비(匕)+가로 왈(曰)"

숟갈로 떠서 입으로 핥는다, 정하여 '맛있다'의 뜻으로 빌어서 취지의 뜻으로 쓰인다. 즉, 숟가락으로 맛을 본다는 뜻이다.

沚 "물가 지(沚)=삼수변(氵)+멈출 지(止)"

물가, 강 가운데에 조금한 섬을 나타내며, 발가락이 물가에서 더 이상 앞으로 갈 수 없으니 멈췄다는 뜻에서 물가로 나타낸다. 그러므로 익사에 조심해야 한다.

址 "터 지(址)=흙토(土)+그칠 지(止)"

토대, '주춧돌'의 뜻으로 발가락 끝이 멈추어선 더 이상 갈 수 없는 땅. 땅과 땅의 끝. 경계선, 언덕의 낭떠러지를 나타내어 멈추다의 뜻이다. 그래서 언덕, 낭떠러지, 익사, 추락사, 교통사고 등을 조심해야 하므로 이름으로 사용하지 않는 것이 좋다.

祉 "복 지(祉)=보일 시(示)+그칠 지(止)"

보일 시(示(=礻)는 보이다, 신)部와 음을 나타내는 止(지)가 합하여 이루어져 보이던 것이 멈춘 자리, 상상 밖의 꿈이 이루어지는 자리를 복된 땅이라 하지만 글자의 뜻은 귀신의 영향력이 행사되다가 멈추는 자리가 된다. 그래서 이름으로 사용하지 않는 것이 좋다

芝 "지초 지(芝)=초두 변(艹)+갈 지(之)"

초두머리(艹(=艸)는 풀, 풀의 싹)部와 음을 나타내는 之(지)로 이루어졌으며, 이리저리 휘청거리는 화초와 같다는 뜻이다. 인물은 예쁘고 총명하나 이곳으로 갈까 저곳으로 갈까 갈피를 못 잡는 화초가 벌 나비를 만나면 꽃을 피웠다는 뜻이므로 화무십일홍(花無十日紅)이 된다. 그래서 20세에 꽃을 피우고 싶다. 즉, 꽃을 피우면 열매를 맺고 싶다는 뜻이므로 잉태를 경험한다. 그리고는 또다시 꽃밭에서 휘청거린다. 직업으로는 약재상, 간호사, 농업, 꽃집, 서비스업, 화류계 등이 있다.

<직>

職 "직업 직(職)=귀 이(耳)+진흙 시(戠)"

가게에서 자기 집의 장사 종류를 사람에게 나타내기 위해 장대에 다는 작은 기의 뜻이다. 또 진흙 시(戠)는 소리 음(音)+창 과(戈)이므로 진흙으로 버무려서 만든 모형에 듣고 소리를 내는 것과 무기 등도 만들 수 있다는 뜻으로 직업, 또는 일이라고도 한다. 직업으로는 음악가, 가수, 악사, 연예인, 보청기 판매업, 안경사, 서비스업 등이 있다.

直 "곧을 직(直)=열 십(十)+눈목(目)+새 을(乙)"

보고, 듣고 말하는 마음을 바르게 써야 복이 생긴다, 곧다, 바르다는 뜻이다. (直)의 새 을(乙)은 아래에 한 일(一)로만 써도 새 을이 되고 곧을 직(直)이 되며 마음심(心)을 붙이면 큰 덕(悳)이 되고 나무목(目)을 붙이면 심을 식(植)이 된다. 또한 값 치(치)와 통하며, 마음을 곧게 쓰지 않으면 복이 일어나지 않는다. 그러므로 마음을 정직하게 가져야 한다. 직업으로는 공무원, 직장인, 안경사, 상업, 학자, 사업가 등이 있다.

織 "짤 직(織)=실사(糸)+진흙 시(戠)"

베틀에 날실을 곧바로 팽팽하게 치는 뜻으로 실과 실이 진흙처럼 합친다는 뜻에서 베를 짠다는 뜻이다.

稙 "일찍심는 벼 직(稙)=벼화(禾)+곧을 직(直)"

벼화(禾는 곡식)部와 음을 나타내는 直(직)이 합하여 이루어져 곡식을 곧게 심어야 잘 자란다는 뜻이므로 심을 식(植)과 통하는 글자이다.

稷 "피 직(稷)=벼화(禾)+나아갈 측(畟)"

벼화(禾는 곡식)部와 음을 나타내는 부수를 제외한 글자 畟(측)으로 이루어져 (畟)을 주사위 측, 윷놀이 측이라고도 하는 것은 '기장'을 닮은 잡초로서 논밭에서 자생하는 '피'의 알맹이를 닮았다는 뜻이다. 즉, 농사 귀신에게 풍년제를 올릴 때 밥을 짓던 재료로써 '매기장'이라고 한다.

<진>

ㅈ

振 "떨칠 진(振)=제방 변(扌)+별 진(辰)"

옷에 묻은 흙을 손으로 잡고 털어버린다, 떨치다, 건지다는 뜻에서 '떨칠 진, 거둘 진, 건질 진, 진동할 진'으로 나타낸다. 또 (辰)은 언덕(厂)밑에 옷(衣)을 입은 새(乙)가 쪼그리고 앉았다는 뜻은 해와 달이 함께 잠을 자는 듯한 땅 속의 어두운 시간을 나타낸다. 직업으로는 손에 흙을 묻히는 건축가, 노동자, 농업, 의류 디자이너, 전자제품 등이 있는데 그중에서 직장인이 가장 좋다.

晉 "나라 진(晉)=해산할 때 아이 돌아나올 돌(云云)+날일(日)"

날일(日)部와 至至(진=도달함)의 합자로써 해가 솟아 만물이 나아감의 뜻으로 두 개로 합류한 마늘 모(厶厶)를 닮은 글자에 날일(日)을 붙여서 나아갈 진(晋)과 같은 글자로 쓰인다. (晋)의 윗 글자는 언덕 구(丘)의 고자(北)이다. 무언가를 이루기 위해서 진출하니 그 성과가 되돌아 온다는 뜻이다. 직업으로는 공무원, 직장인, 산부인과 의사, 간호사, 약사 등이 있다.

秦 "나라 진(秦)=지아비 부(夫)+한 일(一)+벼화(禾)"

벼화(禾은 곡식)部와 음을 나타내는 春(춘)의 생략형이 합하여 이루어졌으며, 높은 사람이 여러 사람을 거느리고 많은 곡식을 모으고 산다는 뜻으로 만들어 진나라의 이름에 사용한 글자이다. 또, 당시에 개량한 벼 종자의 '벼 이름 진'으로도 나타낸다. 그래서 진시황은 중국 역사 중 가장 많은 보물과 3천 궁녀를 거느렸다는 말이 있다. 직업으로는 교육자, 학자, 정치인, 공무원, 식당, 농업 등이 있다.

陳 "벌일 진(陳)=언덕부 변(阝)+동녁 동(東)"

지명, 음을 빌어, 늘어놓다, 한 줄로 늘어 놓다의 뜻으로 쓰이며, 해 돋는 동쪽의 언덕 밑이나 옆으로 늘어선 나무와 뿌리들이 진을 치다, 늘어서다 베풀다의 뜻으로 나타낸다. 또한 (陳)의 속자는 좌부방(阝)+수레거(車)의 진칠 진(陣)이다. 즉, 동쪽의 언덕 밑에 진을 치다의 뜻과 같다. 직업으로는 군인, 경찰, 등산가, 스님, 양봉, 산림청 등이 있다.

眞 "참 진(眞)=비수 비(匕)+갖출 구(具)"

真의 본자의 사방팔방(八) 어느 곳에서 보더라도(目) 올바른 것으로 '참'을 뜻하며, 조개 (貝)도 칼(匕)질하여 잘 만든 가구는 참다운 살림의 일부분이란 데서 참 진, 신령(神靈) 진으로도 나타낸다. 또 구(九)에 열 십(十)도 同字이며, 40대 후반에 노후된 가구처럼 살림이 기울 수도 있다. 이름으로 사용하게 되면 허리와 머리가 아프고 사고에 조심해야 한다. 직업으로는 의사, 간호사, 식육점, 이·미용사, 가구점, 식당 등이 있다.

辰 "별 진(辰)=언덕 엄(厂)+새 을(乙)+옷의(衣)"

蜃(신)의 원자로 조개가 껍데기에서 발을 내밀고 있는 모양을 본뜬 글자로 음을 빌어 십이지의 다섯째 글자로 용을 뜻한다. 즉, 한쪽 면이 터진 언덕이나 점포(厂) 속에서 옷을 (衣)입은 새(乙)가 쪼그리고 앉아서 어려움을 피하고 때를 기다린다는 뜻으로 작은 돌멩이가 밤하늘의 해성(별)과 같다는 뜻에서 별로 나타낸다. 그러나 체격은 크지 않고 본인과 가족의 건강, 사고에 조심해야 한다. 직업으로는 공무원, 직장인이 좋고, 의상실, 디자이너, 약사 등이 있다.

珍 "보배 진(辰)=구슬옥 변(玉)+사림 인(人)+터럭 삼(彡)"

좀처럼 없는 구슬의 뜻으로 왕(王)은 산 속의 돌(玉)이며 인(人)은 사람이 아닌 산(山)이며, 터럭 삼(彡)은 계곡의 물이다. 재산상의 보배가 아닌 수려한 산세와 풍경이 보내, 자연환경이 보배란 뜻이다. 그러나 게으르며 학업에 열중하지 못한다. 직업으로는 서비스업, 풍류객, 화류계, 직장인, 공무원, 약사, 석공, 레미콘 등이 있다.

盡 "다할 진(盡)=불똥 진(聿+灬)+그릇 명(皿)"

그릇 속을 비우다가 전하여, 다하다, 남김 없이의 뜻이 되며, 그릇에다 불을 붙였으니 남은 것이 없다는 뜻으로 만든 글자이다. 또 다할 진(盡)은 마침내 률(聿)+불화(灬)의 불똥 진과 동자의 쓰인다. 그러므로 불과 물을 조심해야 한다. 직업으로는 서예가, 작가, 화가, 음악가에는 쓰이지만 기력이 탈진된다.

鎭 "진입할 진(鎭)=쇠금(金)+참 진(眞)"

금속으로 만든 물건을 눌러 놓는 것, 또는 누르다, 가라앉게 하다의 뜻으로 쇠를 다스려서 생활용품, 가구, 전자제품을 만든다는 데서 진압하다의 뜻으로 나타낸다. 진압한다는 뜻은 쇠를 달구로 두드려서 어떤 상품을 만든다는 뜻이다. 그러므로 소리만 시끄럽고 복은 적다. 직업으로는 상업성을 띈 생활용품, 전자제품, 전기, 각종 쇠를 이용한 상품 등이 있다.

震 "우뢰/진동할 진(震)=비 우(雨)+별 진(辰)"

사물을 진동케 하는 천둥, 바뀌어 진동케 하다의 뜻으로 언덕 밑에 쪼그리고 앉은 작은 새가 비를 만났으니 놀라서 퍼덕인다는 뜻에서 땅이 흔들리고 진동한다는 뜻에서 힘과 용기는 대단한 것 같지만 소리만 시끄럽고 실속은 적으며 자존심을 앞세운다. 직업으로는 전자, 전기, 건축가, 토목업, 각종 쇠를 이용한 상품 등이 있다.

進 "나아갈 진(進)=새 추(隹)+쉬엄쉬엄 갈 착(辶)"

책받침(辶(=辵)은 쉬엄쉬엄 가다)部와 음을 나타내는 부수를 제외한 글자 추의 뜻이 합하여 '나아가다'를 뜻하며, 새가 날지 않고 교차로의 3거리를 왔다, 갔다 하며 천천히 움진인다는 뜻에서 앞으로 나간다는 뜻이므로 많이 돌아다니는 직업을 갖는다. 직업으로는 공무원, 직장인, 운수업, 떠돌이 장사꾼 등이 있다.

陣 "진칠 진(陣)=좌부방(阝)+수레거(車)"

언덕(좌부변(阝(=阜)은 언덕)部)에 수레(車)와 전차를 배치한다는 데서 '진치다'를 뜻으로 陳(진)이 정자인데, 후에 군진의 뜻일 경우에 한하여 陳(진)을 고쳐 陣(진)으로 썼다. 또한 언덕 밑에 수레와 자동차가 즐비하게 늘어선 모양에서 진을 치다의 뜻으로 나타낸다. 직업으로는 군인, 운수업, 산악인, 떠돌이 장사꾼 등이 있다.

津 "나루 진(津)=삼수변(氵)+마침내 률(聿)"

마침내 강에 배가 떠나는 곳, 물가에 도착했다는 뜻이므로 나루터, 항구들을 나타낸다. 직업으로는 서예가, 화가, 뱃사공, 어부, 음악가, 가수, 작가 등이 있다.

璡 "옥돌 진(璡)=구슬옥(玉)+나아갈 진(進)"

구슬옥 변(玉(=玉, 王)는 구슬)部와 음을 나타내는 進(진)으로 이루어졌으며, 돌을 이용하여 어떤 물건이나 수레의 바퀴, 물레방아, 방앗간 등을 만든다는 뜻이다. 직업으로는 레미콘기사, 석공, 외판원, 다단계판매원 등이 있다.

瑨 "옥돌 진(瑨)=구슬옥(玉)+진나라 진(晉)"

구슬옥 변(玉(=玉, 王)는 구슬)部와 음을 나타내는 晉(진)으로 이루어졌으며, 아름다운 돌이란 뜻으로 진나라의 돌멩이를 갈아서 만든 구슬을 나타낸다.

<질>

秩 "차례 질(秩)=벼화(禾)+잃을 실(失)"

벼를 깔끔히 쌓아 올리는 뜻과 전하여 순서, 차례의 뜻으로 재물을 탐내지 않고 순리를 지켜야 잃는 것이 적다는 뜻에서 차례, 질서, 봉급 질, 품수 질로도 나타낸다. 즉, 순서와 순리, 질서를 존중해야 먹을 것도 생긴다는 뜻이다.

姪 "조카 질(姪)=계집녀(女)+이를 지(至)"

계집녀는 部와 음을 나타내는 至(지→질은 변음)로 이루어졌으며, 친 마누라가 아닌 다른 사람의 여자에게서 출생한 자식을 조카라 한다. 또는 마누라의 친정 형제에게 출생한 자식도 조카가 된다의 뜻이다.

疾 "병질 질(疾)=병녁 녁(疒)+화살 시(矢)"

본래는 화살 상처를 뜻하였지만, 전하여 넓은 뜻의 앓다, 미워하다의 뜻으로 쓰이고, 또 음을 빌어, 재빠르다의 뜻으로 쓰인다. 즉, 지붕 밑에 버려진 쓸모없는 화살과 같다는 뜻에서 병든 사람으로도 나타낸다.

<집>

集 "모을 집(集)=새 추(隹)+나무목(木)"

나무(木) 위에 새(새 추(隹는 새)部)가 모여서 앉아 있는 것을 나타낸 글자로 '모이다'를 뜻하며, 새들은 나무 위로 모여든다는 뜻으로 만들어 졌으며, 집회는 어떤 일을 의논하기 위해서 모임과 새처럼 작은 사람들, 모자라거나 어리석은 어린이들을 모아놓고 글을 가르치거나 종교적인 교화를 편다의 뜻이다. 직업으로는 교육자, 유치원 교사, 종교인, 전도사, 스님, 직장인, 스포츠 등이 있다.

執 "잡을 집(執)=다행 행(幸)+둥글 환(丸)"

죄인을 잡다의 뜻으로 전하여 널리 잡다의 뜻이 되며, 이것 저것 뭉쳐서 다행스럽게도 잡을 수 있다, 모을 수 있다는 뜻이다. 둥글 환(丸)은 이리저리 합하여 뭉치다와 다행 행(幸)은 요행스럽다는 뜻이다. 직업으로는 작가, 언론인, 출판업, 잡지, 스포츠, 교육자 등이 있다.

輯 "모을 집(輯)=수레거(車)+귓속말로 참소할 즙(口+耳)"

수레거(車는 수레, 차)部와 음을 나타내는 동시에 '모으다'의 뜻(集집)을 나타내기 위한 咠(즙)으로 이루어지며, 재료를 모아 가마를 만들다의 뜻으로 차를 타고 다니며 소곤거린다는 뜻과 수레가 삐걱거린다는 뜻도 된다. 직장으로는 언론인, 잡지, 기자, 스포츠, 교육자, 안경사 등이 있다.

<징>

澄 "맑을 징(澄)=삼수변(氵)+오를 등(登)"

삼수변(氵(=水, 氺)는 물)部와 음을 나타내는 登(등은 징)이 합하여 이루어졌으며, 윗물은 맑다, 맑게 하다 뜻으로, 연못의 고인 물도 위쪽은 맑다는 뜻보다는 수증기가 되어 증발하는 물은 맑다는 뜻이다. 즉 없어져 버리니 맑아졌다는 뜻도 된다. 그러므로 이름에 사용하면 사람도 증발해 버릴 수 있다.

徵 "부를 징(徵)=자축거릴 척(彳)+뫼산(山)+구슬옥(玉)+똑똑 두드릴 복(攵)"

희미하게 나타내다의 뜻으로 노크를 하여 불러들인다는 뜻에서 나타내지만 징험할 징, 본음은 증으로 나타내며 속음은 '치'로서 불화(火)의 뜨거움을 상징하여 답답하게도 말을 잘 못하는 음치로 나타낸다. 직장으로는 한의사, 약재상, 복지관, 심마니, 땅꾼 등이 있다.

<차>

此 "이 차(此)=그칠 지(止)+비수 비(匕)"

계속 이어진 발자국의 뜻이 전하여, 지시사 "여기, 이"란 뜻으로 칼을 상징한 비수(匕)가 앞으로 나아갈 수 없으니 그친다. 멈추다의 뜻이 옳은 해답이며 흐릴 자(玄玄)와 통하는 글자이다. 고대 중국에서 발가락을 베던 형벌에 사용되던 글자로 수족을 자해(自害)하거나 형벌을 받을 수도 있으며 사고를 조심해야 한다. 또한 인간의 덕이 없다. 직업으로는 의사, 한의사, 간호사, 운수업, 건달 등이 있다.

次 "버금 차(次)=얼음 빙(冫)+하품할 흠(欠)"

피곤하여 하품(欠)하며 다음으로 미룬다는 뜻과 二가 이수변(冫는 고드름, 얼음)部가 되어 두 번째를 뜻하여 '버금'을 뜻하며, 기지개를 켜고 하품을 하다 보니 항상 2등이란 뜻으로 만들어진 글자이다. 차기(次期)=다음 기회, 차선(次善)=뒤에는 좋다. 차선책(次善策)=두 번째의 생각이 좋다.

車 "수레 차(車)"

수레의 모양을 본뜬 글자로, 부수로서는 수레에 관한 글자의 의미로 쓰인다. 또한, 지금의 자동차를 상징하며, 아래위의 두 이(二)는 양쪽의 바퀴를 상징하고 중앙의 밭 전(田)은 사람이 탈 수 있는 자리를 나타낸다. 수레바퀴 차(車)로도 나타낼 때는 중앙의 밭 전(田)이 둥근 바퀴이며 두 이(二)는 바퀴, 곤(丨)은 연결대이다. 이름으로 사용할 때에는 돌아다닐 일이 많으며 가족과 화합하지 못한다. 직업으로는 정비사, 운수업, 떠돌이 장사꾼 등이 있다.

且 "또 차(且)=달 월(月)+한 일(一)"

俎(조는 고기를 받치는 받침)의 본자로 고기를 수북이 담아 신에게 바친 찬합 같은 그릇 모양을 본떴으며, 주로 그 음을 빌어 어조사인 '또, 가령'의 뜻으로 쓰이며, 또는 아침 단(旦)과 닮은 글자로서 땅위에 솟은 비석을 나타내므로 비석 차로도 읽는다. 사람이 죽고 난 다음에도 또다시 그 행적을 만들어 세웠으니 또 있다는 뜻에서 비석으로 나타낸다.

借 "빌릴 차(借)=사람인 변(亻)+옛 석(昔)"

날짜가 몇 날이나 겹치다, 옛날, 여기에서는 겹쳐 깔다, 일시적으로 우선 무엇인가 하는 일이란 뜻을 나타내며, 사람이 임시로 무엇인가 한다는 남의 힘이나 돈을 비는 일, 즉, 옛날에 빌린 것이

ㅊ

있는데도 또 빌리러 간다는 뜻이다.

叉 "깍지낄 차(叉)=또우(又)+표할 주(丶)"

손(=又우) 또는 손 모양의 것에 무엇을 낀 모양을 나타내며, 양 손을 서로 모았다는 뜻에서 수갑을 찬다는 뜻이 된다.

<착>

着 "붙을/도착 착(着)=양머리(羊)+스스로 자(自)"

著(저)를 간략하게 쓴 글자체의 속자로써, 우리나라에서는 습관 상(上) 착의 뜻으로는 주로 이 着(착)을 쓰며, 먼 곳에 풀어놓고 기르던 양들이 눈에 보이는 곳까지 이르렀다는 뜻이다.

錯 "섞일/뒤틀릴 착(錯)=쇠금(金)+옛/뒤틀릴 착(昔)"

도금하는 뜻, 또 음을 빌어 교착하다, 틀리게 되다의 뜻으로 쓰이며, 두 가지의 소리음으로 나타나는 이 글자는 쇠꼬챙이처럼 솟아난 것이 이리저리 뒤틀어져 있는 뿔의 모양을 나타낸다. 그리고 옛 석(昔)과 뒤틀어질 착(錯)은 같은 글자다.

捉 "잡을 착(捉)=제방 변(扌)+발족(足)"

재방 변(扌(=手)은 손)部와 음을 나타내는 동시에 연결되다의 뜻을 나타내기 위한 足(족→착은 변음)으로 이루어져 손을 뻗치고 따라붙다의 뜻으로 손으로 발목을 잡는다, 또는 잡힌다는 뜻이다.

<찬>

璨 "옥광채 찬(璨)=구슬옥(玉)+밝을 찬(粲)"

구슬옥 변(玉(=王, 王)은 구슬)部와 음을 나타내는 粲(찬)이 합하여 이루어졌으며, 돌로 만든 구슬의 색상이 빛난다는 뜻이다. 직업으로는 보석가공업, 석공 등이 있다.

讚 "칭찬할 찬(讚)=말씀언(言)+도울 찬(贊)"

말씀언(言은 말하다)部와 음을 나타내는 동시에 앞으로 보내다의 뜻을 가지는 贊(찬)으로 이루어졌으며, 사람을 치켜올려 권하는 말로써 잘한 일을 말로서 힘을 북돋아 준다는 뜻으로 도울 찬(贊)은 두 개의 먼저 선(先)+조개 패(貝)의 합자로서 두 분의 스승을 모시거나 또는 배우자가 선생이 된다는 뜻이다. 먼저 선(先)을 지아비 부(夫)로 읽으면 두 사람의 지아비가 한 개의 조개(패)를 앞에 끌고 간다는 표현이 된다. 가장 많이 배우면 왕 옆에서 조언하는 왕사가 될 수도 있다.

燦 "빛날 찬(燦)=불화 변(火)+밝을 찬(粲)"

불화(火(=灬)는 불꽃)部와 음을 나타내는 동시에 '교차하다'의 뜻(參삼)을 가지는 粲(찬)으로 이루어졌으며, 불화 변(火)이 없는 글자와 같은 글자로서 같은 뜻을 지닌다. 밝을 찬, 찬란할 찬(粲)으로도 나타내는 이 글자는 똑똑 두드릴 복(攴)+또우(又)+쌀미(米)의 합자로서 막대기나 망치, 지휘봉으로 두드리고 또 두드리니 쌀 알맹이가 빛이 난다는 뜻에서 먹을 것이 생긴다는 뜻을 나타낸다. 이 글자 뿐 아니라 모든 이름에서 직업이 맞지 않아도 생활이 어렵다.

粲 "밝을 찬(粲)=똑똑두드릴 복(攴)+또우(又)+쌀미(米)"

쌀미(米) 部와 음을 나타내는 부수를 제외한 글자 잔(찬으로 바뀜)이 합하여 이루어졌으며, 곡식을 거두는데도 두드려야 하고 쌀을 찧으려 해도 막대기로 두드려야 한다. 즉, 이름3자가 잘 연결되면 법관이나 장관, 결정권자로서 책상위의 망치를 두드리고, 운동선수는 야구방망이를 두드려서 이름을 얻으며 복서는 주먹을 두드리고, 잘 배우지 못한 농사꾼은 도리깨질해야 한다. 만약, 색다른 직업을 가지면 생활이 어려워진다.

贊 "도울 찬(贊)=먼저 선(先)+먼저 선(先)+조개 패(貝)"

선물을 들고 남을 만나러 가다의 뜻으로 선물은 남을 만남에 도움되는 실마리로 도움이며, 돕다의 뜻인 佐(좌)와 옛 음이 비슷하므로 돕다의 뜻으로 쓰게 된다. 또 칭찬하다의 뜻인 讚(찬)의 대신으로도 쓰기도 하며, 전하여 돕다, 가세하다의 뜻으로 두 사람의 스승이 앞에서 이끌어 준다는 뜻이다. 먼저 선(先)은 지아비 부(夫)의 변형체로서 지아비 만 나타낸 것이 아니라 아내, 남편, 아버지, 스승이 2명이란 뜻이므로 두 명의 마누라나 남편이 나를 이끈다는 뜻도 된다. 직업으로는 교육자가 있다.

瓚 "큰 그릇 찬(瓚)=구슬옥(玉)+도울 찬(贊)"

구슬옥 변(玉(=王, 王)는 구슬)部와 음을 나타내는 贊(찬)이 합하여 이루어졌으며, 돌로 아름답게 다듬어서 제사상에 올리는 제기로 사용되는 그릇을 나타내며, 도울 찬(贊)의 먼저 선(先)은 지아비 부(夫)로 써도 같은 글자이다. 즉 획수만 다르고 지아비나 스승이나 뜻은 같다.

ㅊ

纘 "이을 찬(纘)=실사(糸)+도울 찬(贊)"

실사(糸는 실타래)部와 음을 나타내는 贊(찬)이 합하여 이루어졌으며, 조상의 대, 스승의 대를 이어가도록 돕는다는 뜻이다.

鑽 "뚫을 찬(鑽)=쇠금(金)+도울 찬(贊)"

쇠금(金은 광물·금속·날붙이)部와 음을 나타내는 贊(찬)이 합하여 이루어졌으며, 쇠꼬챙이에게 힘을 보태주니 뚫는다는 뜻이다.

<찰>

察 "살필 찰(察)=움집 면(宀)+제사 제(祭)"

빠짐없이 생각하여 살핀다는 뜻이 합하여 '살피다'를 뜻하는데 집 안의 어두운 곳도 알뜰히 상고한다는 뜻에서 살핀다는 뜻이다. 보일 시(示)는 현실이 아닌 것이 영상적으로 나타남을 의미하고 하늘을 보고 편 발(癶)은 죽은 사람도 나타나게 한다는 뜻이며 움집 면(宀)은 덮어서 숨긴 어두운 곳을 상징한다. 직업으로는 경찰관, 감사원, 교도관 등이 있으며, 한편, 조상과 부모, 가족의 제사를 일찍 모시지 않으면 자신의 건강이 위태롭다.

<참>

斬 "벨 참(斬)=수레거(車)+날 근(斤)"

車(차)와 斤(근=도끼)의 합자로 참죄의 뜻에서 날이 시퍼렇게 선 도끼로 수레속에 탄 죄수의 목벤다는 뜻이다. 여기서 수레거(車)는 죄수를 싣는 수레를 뜻한는데 남을 상하게 하는 망나니, 의사, 사형장의 간수, 교도관 등이 될 수는 있으나 자신이 당하는 수도 있으므로 이름으로 사용하지 않는 것이 좋다.

參 "참여할 참(參)=흙담쌓을 뤼(厶厶厶)+사람인(人)+터럭 삼(彡)"

參(삼)은 별빛의 빛남, 나중에 오리온 별자리를 가리키며, 三(삼)과 같이 쓰고, '셋', '섞이다', '한패에 끼다', '비교하다'의 뜻을 나타내며, 사람이 옹기종기 모여사는 마을에 참여하여 함께 산다는 뜻이다. 또는 사람들이 많이 모인 자리에 함께 참여한다는 뜻에서 석 삼(三)과 같은 뜻을 지니며 산과 계곡을 끼고 있으므로 체격은 굵은 편이며 놀기도 좋아하고 풍류도 즐기며 욕심이 많다. 직업으로는 공무원, 정치인, 사업가, 사법관, 서비스업, 음식 등이 있다.

<창>

昌 "창성할 창(昌)=가로 왈(曰)+가로 왈(曰)"

날일은 부를 둘 겹쳐서 햇빛이 밝게 빛남을 나타내며, 널리 사물이 창성한다는 뜻으로 가로 왈(曰)은 말을 할 때 '가로데, 가라사데'의 뜻에서 불필요한 말을 자주 하면서도 얼버무리는데 사용되는 글자가 두 개 합류하였으니 말이 더욱 많다는 뜻에서 창성하다는 뜻을 나타낸다. 직업으로는 언론인, 방송인, 기자, 음악가, 가수, 말을 더듬는 사람, 지체장애인, 종교인, 무당, 식당 등이 있다.

窓 "창문 창(窓)=구멍 혈(穴)+마늘 모(厶)+마음심(心)"

悤(총)의 생략형과 마음속(心)의 밝은 눈이라는 뜻이 합하여 구멍을 내어 밝은 빛을 받는 '창'을 뜻하며, 구멍속에 든 마음, 구덩속에 숨겨진 마음이란 뜻에 겉으로 나타나지 않는 마음으로 나타내고, 또는 창문으로도 나타낸다.

倉 "곳집 창(倉)=사람인(人)+문 호(戶)+입구(口)"

倉(창)은 파랑색, 서두르다의 뜻에도 쓰이므로 옛날 사람은 갓 거두어들인 곡물을 서둘러 치우는 곳이 倉(창)이라고 설명하고 있으며, 사람인(人)은 지붕을, 문 호(戶)는 창문, 입구(口)는 곡식을 쌓아 두는 방과 창고로 나타낸다. 직업으로는 의사, 농업, 창고관리인, 금융계, 전당포, 부동산, 기도원, 식당 등이 있다.

ㅊ

創 "상할/부스럼 창(創)=곳집 창(倉)+선칼도(刂)"

칼로 상처를 내다의 뜻과 창(井+刅+점)과 통하여 음을 빌어 시작하다의 뜻으로 창고 속에서 칼로 도려내고 자른다는 뜻에서 아프다, 상한다, 부스럼 등의 뜻으로 나타낸다. 직업으로는 의사, 치료사, 간호사, 식당, 농기구나 각종 공구를 쌓아둔 창고, 기도원, 등이 있다.

昶 "밝을/해길 창(昶)=길 영(永)+날일(日)"

日(일=해)과 永(영=길다)으로 이루어지며, 날이 긴 뜻, 또는 '늘어나다'의 뜻에 빌어 쓰이며, 하루의 해가 길고 긴 여름의 햇살, 길고도 지루한 날이 된다. 파자(破字)로 읽으면 영일이 되므로 길게 흐르는 강 위로 비치는 햇살이 된다. 즉, 일과에 지루함을 느끼며 48세에 새로운 일거리를 찾는다. 욕심은 많으나 인내가 필요하다. 직업으로는 공무원, 직장인, 정치인, 건달 등이 있다.

唱 "부를 창(唱)=입구 변(口)+창성할 창(昌)"

햇볕이 밝음과 똑똑히 말을 하는 것과의 두 가지 뜻으로 쓰이는데, 입을 여러번 벌려서 자주 소리를 낸다는 뜻이다. 창성할 창(창)은 두 개의 가로 왈(曰)이 합류한 입(口)에서 입을 연결되고 말에다 말을 얼버무리는 뜻을 나타내므로 말이 많다는 뜻이다. 한편, 입구(口)대신에 계집녀(女)을 붙이면 여자의 자궁을 자주 벌린다는 뜻에서 창녀 창(娼)이 된다. 직업으로는 가수, 음악가, 언론인, 방송인, 기자, 화류계 등이 있다.

彰 "밝을/나타낼 창(彰)=글 장(章)+터럭 삼(彡)"

아름다움, '환하다'의 뜻을 가진 章(장)으로 이루어졌으며, 글자를 여러 번 쓰거나 찍어서 나타낸다는 뜻과 도장을 여러번 찍는다는 뜻도 된다. 직업으로는 출판사, 인쇄업, 작가, 편집자, 직장의 결재권을 가진 사람 등이 있다.

敞 "드러날/넓을 창(敞)=주장할 상(尙)+똑똑두드릴 복(攵)"

등글월문(攴(=攵)은 일하다, 회초리로 치다)部와 음을 나타내는 尙(상은 창으로 바뀜)이 합하여 이루어졌으며, 말을 하고 또 하거나, 글을 써서라도 자꾸 일러바친다는 뜻에서 드러난다는 뜻으로 나타낸다. 주장할 상(尙)에다 흙토(土)를 붙이면 집 당(堂)이 되는 글자로서 중국 옥편에는 잡 당(堂)의 고자로 쓰인다. 직업으로는 언론인, 작가, 기자, 교육자, 금융계, 공무원 등이 있다.

蒼 "푸를/무성할 창(蒼)=초두 변(艹)+곳집 창(倉)"

지붕 위에 푸른 숲이 무성하다는 뜻에서 풀의 빛, 푸른 하늘로도 나타낸다. 이름에 사용하면 빛을 볼 수 없다.

<채>

債 "빚길 채(債)=사람인 변(亻)+꾸짖을 책(責)"

責(책은 꾸짖다)과 구별하여 주로 금전의 貸(대)·借(차)의 뜻에 쓰이며, 남에게 빚을 지면 꾸지람을 듣게 된다.

菜 "나물 채(菜)=캘 채(采)+초두 변(艹)"

풀(艹)을 뿌리째(木)로 뽑는 (爫)다는 뜻이니 나물이다. 캘 채(采)는 손톱 조(爫)에다 나무목(木)을 붙였으므로 손으로 밑에 있는 나무와 뿌리를 뽑는다는 뜻으로 손톱 조(爫)는 손으로 잡다, 당기다, 뽑다, 사랑하다의 뜻을 나타낸다. 직업으로는 농업, 꽃집, 원예, 식당, 주방장, 채소 등이 있다.

綵 "채색 채(綵)=실사(糸)+캘 채(采)"

실사(糸는 실타래)部와 음을 나타내는 采(채)가 합하여 이루어져, 실로짠 비단에 물감을 묻혀 그 색상이 나타나도록 한다는 뜻에서 색상으로 나타내며, 캘 채(采)는 나무(木)를 손(爫)으로 잡고 뽑는 형상으로 실에다 나무의 뿌리에서 추출한 물감을 묻힌다는 뜻이다. 직업으로는 의류업, 방적, 실, 장갑, 비단, 식당, 채소, 원예 등이 있다.

彩 "채색 채(彩)=캘 채(采)+터럭 삼(彡)"

겹치다의 뜻을 가진 采(채)로 이루어졌으며, 몇 개씩이나 색을 겹쳐서 아름답게 하다의 뜻으로 어떤 색상이 빛을 낸다는 뜻이다. 직업으로는 화공약품, 의류업, 방적, 물감, 식당채소, 원예 등이 있다.

採 "가려낼 채(採)=제방 변(扌)+캘 채(采)"

采(채)는 나무 열매를 따다, 물건을 모으다, 가리는 일, 나중에 모으다는 뜻은, 손의 작용을 나타내는 재방 변(扌(=手)은 손)部를 붙여 採(채)라 쓰이며, 손으로 가려서 뽑는다는 뜻이 있다.

采 "캘 채(采)=손톱 조(爫)+나무목(木)"

나무 싹이나 열매 따위를 '따다'의 뜻으로 采(채)를 영지의 뜻으로 빌어 쓰게 되어 '따다'의 뜻에는 採(채)를 썼다. 즉, 나라에서 내린 땅. 공로가 큰 사람에게 나라에게 내려준 땅을 말한다.

埰 "식읍/사패땅 채(埰)"

흙토(土) 部와 음을 나타내는 采(채)가 합하여 이루어졌으며, 나라에서 내린 땅. 공로가 큰 사람에게 나라에서 내려준 땅을 의미한다.

ㅊ

寀 "동관 채(寀)=움집 면(宀)+캘 채(采)"

갓머리(宀은 집, 집 안)部와 음을 나타내는 采(채)가 합하여 이루어졌으며, 녹봉, 녹봉으로 지급되는 토지라는 뜻으로 쓰인다.

蔡 "나라이름 채(蔡)=초두 변(艹)+제사 제(祭)"

초두머리(艹(=艸)는 풀, 풀의 싹)部와 음을 나타내는 祭(제)로 이루어졌으며, 귀양 가서 억울하게 죽은 영혼들을 위로하며 제사를 지낸다는 뜻에서 거북 채, 성씨 채, 채나라 채, 놓을 살, 귀양 보낼 살로도 나타낸다.

<책>

策 "꾀 책(策)=대나무 죽(竹)+까스랭이 차(朿)"

말을 때리는 대나무 말채찍으로 음을 빌어 계략의 뜻에 쓰이며, 대나무에 쓴 글이 여러 권으로 묶여져 많은 묘책을 만들어 낸다는 뜻에서 당시에는 종이가 없으므로 대나무에 글을 썼으며 글이란 것을 읽을수록 한문과 꾀가 늘어난다는 뜻이다. 또 꾀를 잘 쓴다는 의미가 있다. 가스랭이 차(朿)는 가시 달린 나뭇가지를 나타내지만 때로는 묶을 속(속)과 같이 쓰인다. 직업으로는 서점, 도서관, 공예품 등이 있다.

冊 "책 책(冊)"

둘째는 대나무나 나무의 길이가 가지런하지 않는 패의 아래위를 끈으로 엮은 것으로 簡(간) 또는 策(책)이라고도 일컬으며, 이십 십(廿)의 두 배인 사십 십(卌)과 같이 쓰인다.

<처>

處 "곳 처(處)=범 호(虍)+뒤올치 변(夂)"

걸어서 걸상이 있는 곳까지 가서 머무름의 뜻으로 범이 가다가 뒷발이 멈추는 자리를 나타내어 곳, 처, 위치, 그 곳으로 부름을 말하며, 처처(處處)=그곳과 저곳. 범 호(虍)는 범호밑 변(虍)+안석 궤(几)의 합자로서 범호밑 변(虍)은 범의 몸뚱이와 머리이며 안석 궤(几)는 버티고 선 앞발을 나타낸다. 이름에 사용하지 않는 것이 좋다.

妻 "아내 처(妻)=한 일(一)+돼지머리 계(ヨ)+뚫은 곤(丨)+계집녀(女)"

삼가 달려가서 일하는 사람의 뜻과 사람의 아내, 시집보낸다는 뜻으로 쓰이며, 즉, 머리에 수건을 쓰고 집 안에서 일하는 여자를 아내라 한다.

悽 "슬퍼할 처(悽)=심방 변(忄)+아내 처(妻)"

마음에 쓸쓸하게 생각하다, 아픔을 느끼다의 뜻으로 마음이 연약하여 울기도 잘하는 여자를 애처롭다고 생각한다.

<척>

陟 "오를 척(陟)=언덕부 변(阝)+걸을 보(步)"

언덕으로 기어오른다는 뜻으로 걸을 보(步)는 그칠 지(止)+젊을 소(少)의 합자로서 (止)는 발가락이며 (少)는 젊고 힘이 있다는 뜻이므로 힘있는 발로 언덕을 기어오른다는 뜻으로 만든 글자이다. 힘겨운 일을 많이 하는 사람의 이름에 사용된다. 직업으로는 등산가, 건축가 등이 있다.

慼 "슬플 척(慼)=적막할 척(戚)+마음심(心)"

마음까지도 적막하니 오히려 슬퍼진다는 뜻으로 나타내며, 적말할 척(戚)으로도 나타낸 것은 천간 무(戊)+콩 숙(上+小)=콩나물처럼 어린것들이 한 구덩이에서 더불어 산다는 뜻이지만 숫자가 많지 않을때는 적막하다는 뜻으로 나타낸다.

戚 "겨례 척(戚)=천간 무(戊)+콩 숙(上+小)"

도끼의 이름, 또 그 음을 빌어 친척의 뜻에 쓰이며, 작고 어린 콩나물처럼 생겨나서 한 아궁이 속에서 자라는 더불어 생활한다는 뜻에서 겨레, 친척으로 나타내지만 한 집 안에서 서로 다투기로 한다는 뜻에서 도끼 척, 슬플 첫, 불할 척으로도 나타낸다. 천간 무(戊)는 삐침(丿)+창 과(戈)의 합자로서 창을 만드는 아궁이를 나타내어 무관이 기질을 있으나 욕심이 많다. 직업으로는 군인, 교육자, 기도원, 종교인, 식당 등이 있다.

拓 "집을/딘질 척(拓)=제방 변(阝)+돌식(石)"

ㅊ

사방으로 흩어지게 한다는 뜻을 가지는 石(석에서 척은 변음)으로 이루어졌으며, 토지를 고르게 개척하다의 뜻으로 손으로 돌을 집었으니 반드시 버리거나 던져야 한다는 뜻이다.

尺 "자 척(尺)=주검 시(尸)+파임 불(乀)"

사람의 발 부분에 표를 한 모양으로 발바닥의 길이를 한 치의 열 배로 표현하며, 시체가 모았던 다리를 다시 폈으나 이미 죽음은 임박했다는 뜻에서 짧고 작은 거리를 나타낸다.

<천>

天 "하늘 천(天)=큰대(大)+한 일(一)"

사람이 서 있는 모양(大)과 그 위로 끝없이 펼쳐져 있는 하늘(一)의 뜻을 합한 글자로 '하늘'을 뜻하는데, 사람인(人)+두 이(二)와 같이 사용할 수 있으며, 하늘이 높고, 넓고, 푸르고, 크다는 말은 환상적일뿐 진실된 하늘의 뜻은 어둡고 아무것도 없는 빈 공간이다. 땅을 밟고 살아야 할 사람이 살 수 없는 곳이다. 즉, 큰사람(대)의 위를 덮었으니 머리 위에는 아무것도 없고 어둡다는 뜻이다. 한글로 '하늘' 이란 이름을 쓰거나 '하늘 천(天)' 을 쓰는 것은 뜻이 같으므로 어려서는 아무렇지도 않은 듯 하지만 커 갈수록 자꾸 요상스런 짓을 하거나 모자라는 일을 하게 된다. 자식을 병신으로 만들고자 일부러 하늘이란 이름을 쓰는 것과 같으며 결국을 단명(短命)하게 만든다.

川 "내 천(川)=도랑 괴(巛)+큰도랑 괴(巛)"

양쪽 언덕 사이로 물이 흐르고 있는 모양을 본뜬 글자로 시내·강을 뜻하며, 개미허리 부(부)는 내 천(川)과 동자로 물수(水)가 흐르는 모양이지만 작은 도랑과 큰 도랑이 모여서 내(川)가 된다는 뜻으로 만들어졌다. 즉, 흘러가는 물과 같으므로 이름에 사용하면 재물이 모이지 않고 건강이 빨리 상한다.

賤 "천할 천(賤)=조개 패(貝)+쌓을 전(戔)"

작다의 뜻을 가지는 부수를 제외한 글자 戔(잔→천은 변음)으로 이루어졌으며, 작은 조개, 화폐가치가 적은 조개, 싸다, 천하다의 뜻으로 조개가 여러 개로 쌓였으니 흔하다는 뜻에서 오히려 천대를 받는다는 뜻과 여러개의 화살촉들이 많이 쌓인 것처럼 미천한 여자, 또는 여자와 노비를 상징하여 흔한 첩(妾)으로도 나타낸다. 특히, 끝이 뾰족한 창 과(戈)가 여러개 쌓인 것은 남자의 성기로 나타내어 마천한 여자들이 바라는 물건이란 뜻도 된다.

千 "일천 천(千)=삐침 별(丿)+열 십(十)"

열 십(十은 열, 많은 수)部와 음을 나타내는 人(인에서 천)의 뜻을 합하여 '일천'을 뜻하며, 하늘에서 내리는 빛살이 여러 개로 합쳤다는 뜻에서 숫자의 묶음을 표시한다. 열 십(十)은 땅을 상징한 한 일(一)에 뚫을 곤(丨)이 파고들어 합류한 상태와 묶음을 나타낸다. 직업으로는 특히 기독교 계통의 종교인, 방적, 실, 의류업, 건축자재, 철골 등이 있다.

踐 "밟을 천(踐)=발족(足)+쌓을 전(戔)"

실지로 좌우의 발을 가지런히 하는 뜻으로 실제로 行(행)하다의 뜻이 되는데, 발걸음을 딛고 또 딛으며 자국을 남긴다는 뜻과 발자국들이 많이 쌓인다는 뜻, 또는 많은 사람이 땅을 밟고 또 밟으며 쿵쿵울린다는 뜻을 나타낸다. 쌓을 전(戔)의 변으로 쇠금(金)을 붙이면 돈 전(錢)이 된다.

泉 "샘 천(泉)=흰백(白)+물수(水)"

전체가 수원의 모양을 나타낸 글자인데 나중에 글자 모양을 갖추기 위하여 泉(천)으로 썼으며 白(백)과 물수(水)로 이루어진 것은 아니다. 땅 속의 물줄기가 위로 솟는 모양을 흰백(白)으로 나타내며, 흰백(白)은 사람의 머리 위로 빛이 번쩍번쩍 빛나는 모양을 본떴으나 현실이 아닐 수도 있다. 직업으로는 화가, 작가, 그림, 서예가, 물장수, 서비스업, 식당, 우물을 파는 직업 등이 있다.

仟 "일천 천(仟)=사람인 변(亻)+일천 천(千)"

사람인 변(亻(=人)는 사람)部와 음을 나타내는 동시에 뜻을 나타내는 千(천)이 합하여 이루어졌으며, 밭두둑, 천 명의 두목이란 뜻이 있다.

ㅊ

<철>

哲 "밝을 철(哲)=꺾을/절단할/일찍죽을 절(折)+입구(口)"

죄를 하나하나 들어 말하며 꾸짖다가 원뜻이었으나, 끊고 자르는 것을 밝게 한다, 잘알다는 뜻으로 변했다. 끊을 절(折)=제방 변(扌)+날 근(斤)=연장을 손으로 잡고 자른다는 뜻으로 결단성은 있으나 물욕에는 강제성을 동반시켜 억지로라도 모은다. 공무원이라면 돈을 조심해야 한다. 직업으로는 쇠를 자르거나 제단, 군인, 의사, 간호사, 식당 등이 있다.

鐵 "쇠 철(鐵)=쇠금(金)+흙토(土)+보일 정(呈)+창 과(戈)"

철제 농기구나 무기는 기원전 5세기경부터 나돌고, 그 때까지의 청동기에 견주어 크고 훌륭하며 한층 날카로운 것이었다.
큰 산 밑이나 땅속에서 나는 검은 쇳덩이로 두드리고 제련하여 큰 것을 만들 수 있는 금속, 각종 연장이나 무기를 만든다는 뜻이다. 직업으로는 제철소, 각종 쇠를 다스리는 직업, 연장, 무기, 군인, 기능공, 그릇 등이 있다.

撤 "깍을 철(撤)=제방 변(扌)+기를 육(育)+똑똑두드릴 복(攵)"

재방 변(扌(=手)는 손)部와 음을 나타내는 부수를 제외한 글자로 (철)이 합하여 이루어졌으며, 손으로 두드리고 다듬어서 뛰어난 인재를 육성한다는 뜻이다. 기를 육(育)은 아이 돌아나올 돌(云)+육달 월(月)=아기를 받아낸다는 뜻이다. 즉, 글(攵)을 가르치고 키워 인재를 육성한다는 뜻이다. 직업으로는 교육자, 유아원교사, 의사, 간호사, 식당, 식육점, 농장 등이 있다.

喆 "밝을 철(喆)"

밝다, 슬기롭다의 뜻으로 두 개의 길할 길(吉)이 합류한 글자로서 밝을 철(喆)과 같이 쓰이지만 본래의 뜻은 다르다. 길할 길(吉)은 선비 사(士)+입구(口)로서 청렴결백한 선비가 한 칸의 방이나마 얻었으니 길하다는 뜻이다. 길(吉)을 두 개 합류하면 길한 것이 두 배라는 뜻이므로 학자, 선비, 교육계, 주부로서 좋은 글자이다.

徹 "통할 철(徹)=자축거릴 척(彳)+기를 육(育)+똑똑 두드릴 복(攵)"

매질하며 힘을 돋우어 주어 가르치면, 무엇이든지 알 수 있게 된다는 뜻에서 꿰뚫다의 뜻이 되며, 교도하면 알게 됨의 뜻으로 전하여, 뚫고 감의 뜻이다. 천천히 왔다 갔다 돌아다니며 익히기도 하고 가르쳐서 기르기도 한다. 때로는 세금을 거두기도 하고 물건을 팔기도 한다. 직업으로는 교육자, 세무사, 회계사, 유아원, 의사, 간호사, 식당, 식육, 농장 등이 있다.

轍 "수레바퀴자국 철(轍)=수레거(車)+기를 육(育)+똑똑두드릴 복(攵)"

통하다'의 뜻(通통)을 가지는 徹(철)의 생략형인 부수를 제외한 글자 (철)로 이루어지며, 수레가 지나간 자국의 뜻으로 차를 타고 돌아다닐 일이 많다.

綴 "꿰맬 철(綴)=실사(糸)+쌍 쌍(双)+쌍 쌍(双)"

'연잇다'의 뜻을 가진 부수를 제외한 글자 叕(철)로 이루어졌으며, 실을 얽어서 하나로 '만들다'의 뜻으로 실로 옷을 꿰매고 또 꿰맨다는 뜻에서 쌍 쌍(双)을 또우(又)로 읽어도 되고 형상할 효(爻)로 읽어도 된다. 쌍(双)은 천과 천을 꿰맸으니 같은 쌍이란 뜻이고, 또우(又)는 여러 번 바느질을 한다는 뜻이며, 괘 효(爻)는 여러번 가위질하는 형상이다. 배우자의 덕이 없고 고달프다는 뜻의 의미가 있다. 직업으로는 의류업, 양복점, 옷 수선 등이 있다.

澈 "물맑을 철(澈)=삼수변(氵)+기를 육(育)+똑똑두드릴 복(攵)"

삼수변(氵(=水, 氺)은 물)部와 음을 나타내는 부수를 제외한 글자 (철)이 합하여 이루어졌으며, 물을 자꾸 퍼내고 길러다 부으니 맑다는 뜻으로 쓰인다.

<첨>

瞻 "볼 첨(瞻)=눈목(目)+소곤거릴 첨(詹)"

눈목(目(=罒)는 눈, 보다)部와 음을 나타내는 詹(첨)으로 이루어졌으며, 눈으로는 힐끔거리고 입으로 중얼거린다는 뜻에서 쳐다보고 우러러본다는 뜻으로 나타낸다. 소곤거릴 첨(詹)은 쌀포(勹)+넉 사(四)+말씀언(言)의 합자이다. 귓속말로 소곤거림은 간사한 사람의 행위이므로 참고하는 것이 좋다.

添 "더할 첨(添)=삼수변(氵)+욕될 첨(忝)"

축축하게 적시다의 뜻으로는 주로 沾(첨)을 쓰고, 添(첨)은 더하다, 증가하다의 뜻으로 쓰인다. 욕먹을 짓을 했는데 또다시 물을 보태었으니 더욱 더 한다는 뜻이다. 여기서 삼수변은 눈물이나 슬픔을 나타낼 수도 있다.

尖 "뾰족할 첨(尖)=작을 소(小)+큰대(大)"

小(소)와 大(대)의 합자하여, 뿌리가 굵고 끝이 뾰족한 것, 즉, 뾰족하다의 뜻이 된다. 어떤 물건이나 최첨단 무기, 장비 등을 큰 사람의 위로 받쳐 올린다는 뜻에서 튀어 나오다의 뜻을 나타내며, 즉, 큰 사람보다 더 뛰어나다는 뜻도 된다. 사람과 사람이 서로 포개어 있는 형상이다. 직업으로는 공학자, 기능공, 첨단 장비, 컴퓨터 등이 있다.

僉 "다 첨(僉)=사람인(人)+한 일(一)+부르짖을 현(吅)+따를 종(从)"

많은 사람의 의견이 일치하는 일, 전하여 모든 사람을 뜻하며, 사람들 모두 다 따른다는 뜻이다. 한 일(一)+입구(口)는 뜻 지(旨)의 古字이므로 직업으로는 의사, 한의사, 간호사, 식당, 공무원 등이 인연이 있다.

ㅊ

<첩>

妾 "첩 첩(妾)=설립(立)+계집녀(女)"

뜻을 이루기 위해서 얻은 여자, 날마다 서서 일하는 여자, 남자 옆에 서서(立) 시중을 드는 여자를 첩이라고 한다. 첩은 자식을 얻거나 일을 시키기 위해서 첩을 얻는다는 뜻이다. 설립(立)은 서다, 뜻을 세우다, 서서 일하다의 뜻을 나타내며, 즉, 남자의 욕심에서 얻은 첩, 또는 여자가 자신의 뜻을 이루기 위해서 다시 시집을 가면 첩이 된다라는 뜻이다.

牒 "편지 첩(牒)=조각 편(片)+엷을 엽(葉)"

조각 편 변(片은 조각, 쪼개다)部와 음을 나타내는 부수를 제외한 글자 枼(엽)의 전음이 합하여 이루어졌으며, 엷은 종이 문서를 묶은 책을 나타내어 '문서 첩, 족보 첩, 첩치 첩' 으로도 나타낸다. 또한, 위의 문서 첩(帖)은 많은 분향을 나타낼 수 있으나 편지 첩(牒)은 얇은 편지나 수첩을 나타내지만 뜻은 거의 같다. 직업으로는 집배원, 체신청, 통신공사, 우체국과 인연이 있다.

帖 "문서 첩(帖)=수건 건(巾)+점칠 점(占)"

수건 건(巾은 옷감, 헝겊)部와 음을 나타내는 占(점)으로 이루어졌으며, 명주에 글자를 써넣은 것. 즉, 종이나 천을 이용하여 만든 문서, 수첩, 장부 등을 말한다.

<청>

聽 "들을 청(聽)=귀로리 이(耳+王)+큰 덕(悳)"

소리가 잘 들리도록 귀를 기울여 듣다의 뜻으로 이득이 될 만한 것만 골라서 귀로 듣는다는 뜻으로 만들었으며, 귀고리 이는 귀 이(耳) 밑에 임금왕(王)을 붙여서 성인들의 말을 왕이 드는 다는 뜻으로 큰 덕(悳=德과 同字)은 좋은 말을 듣는다는 뜻이다. 직업으로는 공무원, 전화국, 시청각, 안경원, 보청기, 식당 등이 있다.

清 "서늘할 청(清)=얼음빙 부(冫)+푸를 청(靑)"

푸른 하늘에다 서릿발(冫)을 붙이니 시원하고 서늘하다, 춥다, 차갑다를 나타내며, 삼수변(氵)을 붙이면 맑은 청(淸)이 된다. 얼음 빙(冫)의 얼음은 차다의 뜻과 같이 글자의 뜻이며, 빙

(氵)은 소리음이며, 이수 변(冫)은 글자의 명칭이다.

靑 "푸를 청(靑)=날 생(生)+우물 정(井)"

生은 새싹, 붉은(丹는 물감을 들이는 원료) 광물, 붉은 색을 丹(단)이라고 하지만 옛날 책에 백단 또는 청단이 나타나 있는데 이는 돌을 뜻하는 말이다. 붉은 돌 틈에서 피어나는 새싹(生)은 더욱 푸르러 보인다는 뜻이 합하여, 우물의 맑은 물을 받아먹고 초목이 살아난다는 의미에서 푸르다는 뜻으로 나타낸다. (井)을 (丹), (月)과 같은 글자로 고쳐 놓은 사람은 서예가들이지만 자신들도 무슨 글자인지 모르는 이가 많다. 섹스에 강하다. 직업으로는 연예인, 화가, 서예가, 작가, 정수기, 공무원 등이 있다.

淸 "맑은 청(淸)=삼수변(氵)+푸를 청(靑)"

맑고 깨끗한 물의 뜻이 합하여 '맑다'를 뜻으로 淸(청)은 물이 깨끗이 맑다, 맑은 물, 맑다, 깨끗이 하다, 상쾌하다 따위 여러 가지 뜻으로 쓰인다. 즉, 물이 푸르다 못하여 맑다는 뜻이다.

請 "청할 청(請)=말씀언(言)+푸를 청(靑)"

하고자 하는 일을 청한다, 입으로 어떤 일의 묻는다는 뜻으로 쓰인다.

晴 "개일 청(晴)=날일(日)+푸를 청(靑)"

구름이 걷히어 해가 보이다, 즉, 구름이 없이 맑다는 뜻이다.

廳 "관청 청(廳)=돌집 엄(广)+들을 청(聽)"

백성의 소리를 듣는 관청의 뜻으로 집 안에서 듣고 일을 본다는 뜻이다.

<체>

體 "몸 체(體)=뼈 골(骨)+풍년 풍(豊)"

豊(풍은 신에게 바치는 많은 물건을 수북이 담은 것으로 여기에서는 여러 가지 갖추어져 있음을 나타낸다. 사람의 몸과 관계가 있음의 뜻이 합하여 '몸'을 뜻하며, 體(체)는 목 · 두 손 · 두 발 따위 여러 가지 갖추어진 몸 전체를 일컫는다. 그래서 뼈와 살이 서로 풍만하여 보기 좋은 내 몸이란 뜻으로 나타내며, 풍년 풍(豊)의 본자(本字)는 굽을 곡(曲)이 아닌 뫼산(山)의 양 옆으로 수풀을 상징한 무성할 봉(丰)이 두 개의 합류한 글자이다. 사용하면 체격이 제법 굵고 풍만하지만 수술, 사고, 간장, 관절염, 요통 등은 조심해야 한다. 직업으로는 스포츠맨, 간호사, 의사, 농업, 상업 등이 있다.

体 "몸 체(体)=사람인 변(亻)+근본 본(本)"

사람인 변(亻(=人)는 사람)部와 부수를 제외한 글자로 本(본)의 전음이 음을 나타내며, 용렬하다, 거치다의 뜻이 있다.

締 "맺을 체(締)=실사 (糸)+임금 제(帝)"

'고정하다'의 뜻(定정)을 가진 帝(제)로 이루어졌으며, 얽어 '맺다'의 뜻으로 실로 이어지 듯 인간관계를 맺는다는 뜻이며, 사용하면 사람을 묶는 오랏줄이 될 수도 있다.

遞 "차례로 바꿀 체(遞)=쉬엄쉬엄 갈 착(辶)+언덕 엄(厂)+범 호(虎)"

'바뀌다'의 뜻(代대)을 가지는 부수를 제외한 글자 虒(치·사)로 이루어지며, 교대(交代)로 가다, 연이어 보내다, 다시 역참의 뜻이 된다. 즉, 범의 몸체를 보자기에 싸서 돌아다니며 주기도 하고 바꾸기도 한다는 뜻이 있다. 직업으로는 우체부, 체신청, 배달부, 택배 등이 있다.

<초>

楚 "초나라 초(楚)=수풀 림(林)+발 소(疋)"

잘라 모아진 작은 나무의 뜻으로 많은 사람들의 빠른 걸음, 많은 걸음이란 뜻에서 더부룩할 초, 종아리칠 초, 싸리 초, 나라이름 초로도 나타내며, 걸음을 빨리 옮기도록 독촉한다는 뜻이다. 스포츠맨, 달리기 선수, 마라톤 선수, 운전사 등.

招 "부를 초 (招)=손수 변(扌)+부를 소(召)"

사람을 부르는 일, 招(초)는 손짓으로 사람을 불러 오게 하는 일, 본디 召(소)와 招(초)는 같은 글자였으나 나중에 나누어 쓰게 되었으며, 손짓과 발짓을 해서라도 여러 사람을 불러 모은다는 뜻으로 부를 소(召)는 입구(口)위에 칼(刀)을 물고 있는 형상이므로 강제성을 동반해서라도 부르고 입으로 고함을 친다는 뜻이다.

超 "뛰어 넘을 초(超)=부를 소(召)+달릴 주(走)"

뛰어넘다, 전(轉)하여 뛰어나다, 빼어나다의 뜻으로 누군가가 부르니 바삐 뛴다 곳 더 바쁘면 어떤 장애물도 뛰어넘는다는 뜻이다. 급하면 담장도 넘는다는 뜻으로 만들어진 글자이다. 직업으로는 운수업, 스포츠맨, 장애물 경주 선수, 마라톤, 단거리 선수, 떠돌이 장사꾼, 돌아다닐 일이 많은 직업 등이 있다.

誚 "꾸짖을 초(誚)=말씀언(言)+닮을 초(肖)"

말하는 솜씨가 그 모습과 닮았다는 뜻에서 꾸짖는다, 책망하다는 뜻을 나타낸다. 닮을 초(肖)는 작을 소(小)+달 월(月)=작은 달의 모양을 나타내어 한 달의 날 수가 적은 달을 표현하여 꾸짖음도 잠깐, 재물과 명예도 길지 않다는 뜻이다.

草 "풀초(草)=초두 변(艹)+일찍 조(早)"

초두머리(艹(=艸)는 풀, 풀의 싹)部는 풀이 나 있는 모양, 竹(죽)자의 옛 모양과 아래위가 거꾸로 되어 있으며 나중에 초두머리(艹(=艸)은 풀, 풀의 싹)部와 竹(죽)은 식물을 나타낸다. 풀의 뜻으로는 처음에는 艸(초)라고 썼지만, 나중에 음을 나타내는 早(조→초는 변음(變音))를 곁들여 草(초)로 쓰게 되었다. 즉, 일찍이 돋아나는 새싹, 굵은 나무둥치보다 가녀린 풀이 먼저라는 뜻에서 일찍 조(早)가 붙여졌다. 태양이 풀을 뒤집어쓰고 있으므로 빛을 보기 어렵다. 즉, 일찍이 풀을 뒤집어쓴다는 뜻이 되므로 이름에는 사용하지 않는 것이 좋다.

初 "처음 초(初)=옷의 변(衤)+칼도(刀)"

재단을 하는 것은 의류를 만드는 시초의 일이라는 뜻으로 옷을 만들려면 칼로 가죽을 벗기고 자르고 재단한다는 데서 처음이란 뜻으로 나타낸다. 옷의(衣)는 돼지해머리(亠)+씨앗 씨(氏)=몸에 칼을 찬 것과 같다. 칼과 사고를 조심해야 한다. 직업으로는 무관, 군인, 검도, 사법관, 간호사, 식당, 식육, 칼이나 가위를 만지는 직업, 의류업, 재단사 등이 있다..

肖 "닮을 초(肖)=작을 소(小)+달 월(月)"

닮은 자태의 뜻을 가지는 小(소)로 이루어졌으며, 몸집이 닮다의 뜻 또 전(轉)하여 닮다의 뜻으로 작은 조각달의 모양을 닮았다라고 표현한다. 윗글자 작을 소(小)는 본래 불화(火)이므로 빛을 내는 달 즉, 한 달 중 날자 수가 적은 달을 나타낸다. 또한 명예, 재물, 건강 등이 길지 않을 수도 있으며 성장하여 나이보다 많이 보일 수도 있으며 명예에도 욕심을 부려서는 안된다. 또한 섹스를 좋아해 즐겨한다. 직업으로는 공무원, 금융계, 의사, 한의사, 간호사, 식당, 식육점 등이 있다.

礎 "주춧돌 초(礎)=돌석(石)+초나라 초(楚)"

'주춧돌'을 뜻과 처음에 놓는 돌은 초석의 뜻을 나타내는데 즉, 여러개의 돌을 발바닥 밑에 깔았다는 뜻이므로, 주춧돌로 나타낸다.

焦 "초조할 초(焦)=새 추(隹)+연화발 (灬)"

불에 타서 '상처나다'의 뜻으로 쪼그리고 앉은 새의 둥지 밑에 불을 붙였으니 마음이 초조하다, 또는 새의 꼬리에 불을 붙여서 익혔으니 윗사람에게 올린다는 뜻으로도 나타낸다.

<촉>

燭 "촛불 촉(燭)=불화(火)+애벌레 촉(蜀)"

손에 닿다의 뜻을 나타내기 위한 蜀(촉)으로 이루어졌으며. 손으로 드는 등불의 뜻으로 애벌레처럼 작은 불 곳 촛불을 나타낸다. 촉화규벌레 촉(촉)은 한여름 밤에 날아다니는 반딧불을 말하며 애벌레 촉(蜀)은 그물망(罒)+쌀포(勹)+벌레충(虫)의 합자이다.

<촌>

寸 "마디촌(寸)= 열 십(十)+표할 주(丶)"

손목의 맥을 짚는 자리에서 손목에서 맥 짚는 곳까지의 길이로 생각하게 되며 옛날에는 길이나 저울눈은 사람의 몸을 표준으로 하여 정한 것이 많다. 그런데 숫자의 열 개에다 한 개의 점으로 표시를 했다는 뜻은 정성을 나타내기도 하고, 또 과다한 욕심도 있다는 뜻이다. 촌지 사건에 쓰이는 촌지(寸志)=정성을 잘 주기도 하고 잘 바라기도 한다는 뜻으로 재물과 명예욕이 대단하다. 직업으로는 상업, 사업, 교육자, 공무원 등이 있다.

村 "마을 촌(村)=나무목(木)+미디촌(寸)"

나무의 이름, 음을 빌어, 邨(촌)의 뜻으로 쓰이며, 邨(촌)은 마을의 뜻인 邑(읍)과 음을 나타내며 동시에 모이다의 뜻을 가지는 屯(둔)으로 이루어졌다. 또 사람이 모이는 마을의 뜻과 나무들이 듬성듬성하게 서 있는 시골을 나타낸다.

<총>

寵 "사랑받을 총(寵)=움집 면(宀)+용 룡(龍)"

갓머리(宀는 집, 집 안)部와 음을 나타내는 龍(용)으로 이루어져, 교만하다, 높이다의 뜻으로 집 안에 상서로운 기운을 상징한 용 룡(龍)을 붙여서 임금에게 총애를 받는다는 뜻에서 "첩(妾)" 으로 나타낸다. 즉, 임금의 총애를 받는 첩을 나타낸다.

總 "모을 총(總)=실사(糸)+총총할 총(悤) "

실을 모아 하나로 합치다의 뜻으로 실로 여러 개를 한꺼번에 묶는다는 뜻에서 모은다는 뜻으로 나타낸다. 총총할 총(悤)의 마음심(心)이 없는 글자가 창호지 총, 굴뚝 총(口+夕)이다.

聰 "귀밝을 총(聰)=귀 이(耳)+총총할 총(悤)"

귀가 잘 통하다, 사람의 말의 뜻을 잘 분간 하다의 뜻으로 귓구멍으로 들을 것이 많다는 데서 귀가 밝다는 뜻으로 쓰인다.

銃 "총 총(銃)=쇠금(金)+찰 충(充)"

도끼의 자루를 넣을 수 있게 통으로 되어 있는 것으로 즉 쇳조각으로 채워서 사용한다는 뜻에서 총으로 나타낸다.

叢 "모을/떼 총(叢)=언덕 구(丘)의 고자(古字)+양머리(羊)+얻을 취(取)"

풀이 떼지어 나 있는 모양을 나타내는 '착' 과 음을 나타내는 取(취)로 이루어졌으며, 풀숲, 떼지어 '모이다'의 뜻으로 구덩이로 모아서 일을 시키거나 얻는다는 뜻이 들어있다.

ㅊ

<최>

最 "가장 최(最)=가로 왈(曰)+취할 취(取)"

덮쳐 취하다, 모두 취하다, 모든 것 중에서 가장 뛰어난 것을 말하며, 입으로 불러 모아서 최고로 많다는 뜻으로 나타내고, 무엇이든 입으로 불러 모아서 얻는다는 뜻도 된다. 높을 최(崔)는 산처럼 높다는 뜻이며, 가장 최(最)는 어떤 내용물을 많이 얻는다는 뜻이다. 그러므로 욕심을 삼가야 좋다.

직업으로는 언론인, 기자, 작가, 가수, 음악가, 안경, 등이 있다.

催 "재촉할 최(催)=사람인 변(亻)+높은모양 최(崔)"

서두르다의 뜻을 가지는 崔(최)로 이루어졌으며, 사람을 재촉하다, 징조가 보이다의 뜻으로 더 높고 큰 것을 닮으라고 재촉하고 핍박한다라고 나타낸다. 또 높을 최(崔)는 산(山)밑의 새(隹)가 위를 쳐다보니 너무 높고 가파르다는 뜻에서 높은 모양으로 나타내기도 한다. 속임수로 이용하는 최면술에 사용하면 안 된다.

崔 "높을 최(崔)=뫼산(山)+새 추(隹)"

뫼산(山은 산봉우리)部와 음을 나타내는 부수를 제외한 글자 隹(추)로 이루어졌으며, 새가 산위를 쳐다보니 너무 높다는 생각으로 만들어진 글자로서 높다는 뜻을 나타낸다. 또 숫자와 작업은 새 추(隹), 좋을 가(佳)와 같다.

<추>

秋 "가을 추(秋)=벼화(禾)+불화(火)"

秋(추)는 곡식을 베어서 말리다, 그렇게 하는 계절(季節), 즉 곡식을 상징한 벼(禾)에 불(火)이 타는 듯 오곡이 익어서 붉게 물든다는 뜻으로 만들어 가을로 나타낸다. 벼화(禾)도 있었는데 불(火)까지 붙였으니 오곡이 붉게 물들었다는 뜻으로 불과 물을 조심해야 하며, 성장이 빠르고 총명, 영리하여 붉은 색상의 옷을 좋아한다. 또한 40대가 되면 빨리 늙는다. 직업으로는 화가, 작가, 소방관, 사진사, 복사기, 전자제품, 농업 등이 있다.

推 "밀 추(推)=제방 변(扌)+새 추(隹)"

推(추)는 손으로 밀다, 밀어 젖히다, 밀어 치우다, 밀어 나아감, 또는 옮기다, 짐작하다 따위의 뜻으로 쓰이며, 새를 손으로 밀어낸다는 뜻으로 만든 글자이다. 제방 변(扌)은 손수(手)가 변으로 쓰일때 자형(字形)이다. 밀 추(隹)는 밀 퇴, 옮길 추의 뜻으로도 나타내며, 남의 좋은 자리가 있으면 밀어내고 싶지만 이류의 뜻이 좋아해야 한다. 그러므로 욕심은 금물이다.

抽 "빼낼 추(抽)=손수 변(手)+말미암을 유(由)"

재방 변(扌(=手)는 손)部와 음을 나타내는 由(유→추는 변음)로 이루어졌으며, 손으로 빼내다의 뜻과 귀신머리(由)처럼 못생긴 잡초들을 손으로 뽑아낸다는 뜻으로 유(由)는 밭 전(田)의 변형체로서 밭처럼 생긴 땅에 손질을 한다는 뜻이므로 잡초를 제거한다는 뜻이 된다. 잡초를 제거하느라 고생하는 농부의 운명이다.

追 "따를 추(追)=쉬엄쉬엄 갈 착(辶)+퇴비 퇴(堆)의 본자(본자=戶+口)"

부수를 제외한 글자 (퇴→추는 변음)는 군대가 모인 언덕과 追(추)는 적의 뒤를 쫓아 나아가다라는 뜻으로 즉, 돌아다니며 거름을 뿌린다는 뜻으로 사용된다.

錐 "송곳 추(錐)=쇠금(金)+새 추(隹)"

쇠금(金는 광물・금속・날붙이)部와 음을 나타내는 동시에 가시 모양으로 '가늘다'의 뜻(朿속)을 가지는 부수를 제외한 글자 隹(추)로 이루어지며, 쇠를 가시 모양으로 가늘게 한 것의 뜻으로 뾰족한 쇠꼬챙이가 작은 새처럼 머리를 내민다는 뜻에서 송곳으로 나타낸다.

錘 "저울 추(錘)=쇠금(金)+드리울 수(垂)"

쇠금(金는 광물・금속・날붙이)部와 음을 나타내는 동시에 늘어지다의 뜻을 가지는 垂(추・수)로 이루어지며, 쇳덩어리를 저울대에 다는 추의 뜻을 나타낸다.

<축>

逐 "쫓을 축(逐)=돼지시(豕)+쉬엄쉬엄 갈 착(辶)"

책받침(辶(=辵)는 쉬엄쉬엄 가다)部와 豕(시는 돼지)를 합자하여, 짐승을 에워싸 쫓는다. 즉 돼지를 길거리로 쫓아낸다는 뜻으로 만들고 거리로 나간다는 뜻도 된다.

築 "쌓을 축(築)=대나무 죽(竹)+장인 공(工)+무릇 범(凡)+나무목(木)"

절굿공이로 흙을 찧어 굳게 하다와 토목공사의 뜻으로 장인 정신으로 축대를 쌓는다는 뜻이다. 직업으로는 건축가, 토목가, 노동자, 설계사, 대나무의 나무를 이용한 수공예품 공예가 등이 있다.

丑 "소 축(丑)=고무래 정(丁)+흙토(土)"

사람이 손을 뻗쳐 손가락 끝을 굽혀서 물건을 잡는 모양을 나타내며, 음을 빌어 십이지(十二支)의 둘째 글자로 쓰여 땅을 밟고 다니는 사람의 발에 수갑을 채운 형벌의 일종으로서 "수갑

ㅊ

추" 라고도 하며 망아지와 같은 소에게도 수갑을 채워야 함부로 날뛰지 않는다는 뜻으로 만든 글자이다. 이름에 사용하면 고난이 닥치고 소처럼 일해도 실속이 없다. 특히, 백정들의 이름에 사용하던 글자이다.

祝 "빌 축(祝)=보일 시(示)+맏 형(兄)"

兄(형)은 여기에서는 형제의 형이 아니고 입구의 부분을 강조한 사람의 모습이며 기도의 말이 신비로운 작용을 함을 나타낸다. 示(시)는 신을 모실 때 쓰는 나무 받침이며 신이 거기에 들린다는 뜻으로 축하한다는 뜻에서 빌 축, 짤 축으로도 나타낸다. 빌 축은 저주할 주와 뜻이 통하는 글자이며, 맏 형(兄)의 변형체는 그칠지, 다만 지(只)와 같은 글자이므로 이름에 사용하지 않는 것이 좋다.

<춘>

春 "봄 춘(春)=한 일(一)+지아비 부(夫)+날일(日)"

屯(둔)은 풀이 지상에 나오려고 하나 추위 때문에 지중에 웅크리고 있는 모양으로 따뜻해져 가기는 하나 완전히 따뜻하지 못한 계절(季節)의 뜻으로 석 삼(三)+사람인(人)+날일(日)의 합자이지만 본래는 날 생(生)+움집 면(宀)+날일(一)의 합자로서 땅속에서 태양의 양기(陽氣)가 솟아 오른다는 뜻에서 만물이 회생하는 봄을 나타낸다. 이와 같이 본래의 글자는 별 성(星)이 거루로 된 날일(日)+날 생(生)이므로 여자의 이름에 쓰면 남편을 상징한 태양을 깔고 앉았으므로 남편의 출세가 어렵고 심하면 단명하게 된다. 땅 속의 기운을 받아 초목이 돋아난다는 뜻과 남녀의 정사(情事)를 벌일 춘(春)으로 나타내고 그래서 여자의 이름에 사용을 금하는 것은 과부가 될 우려가 있고 나이 많은 배우자, 또는 제 3의 인연을 만나도 오래가지 못한다. 또 섹스를 좋아하여 즐기는 편이다. 특히, 사계절 중에 봄 한철 뿐이란 뜻이 되므로 공방기가 많고 실속이 없다. 직업으로는 공무원, 정치인, 농업 등이 있다.

瑃 "옥이름 춘(瑃)= 구슬옥(玉)+봄 춘(春)"

구슬옥 변(玉(=玉, 王)는 구슬)部와 음을 나타내는 春(춘)으로 이루어졌으며, 봄 볕에 아름다운 돌, 봄 볕에 빛나는 돌이란 뜻에서 구슬로 나타낸다.

<출>

出 "날 출(出)=입벌릴 감(凵)+입벌릴 감(凵)+뚫을 곤(丨)"

식물의 싹이 땅 위로 돋아나는 모양을 본뜬 글자로 '나다'를 뜻하며, 밖으로 나간다는 뜻의 (出)은 입을 벌리고(凵) 또 벌린 상태의 입에 구멍을 뚫을(丨)은 뱃속으로 내려가든지 토하든지 한다는 뜻이므로 인간과 재물이 나간다. 토한다는 뜻으로 나타낸다. 40대 후반과 50대 초반에 부도를 내고 도망을 가거나 명예를 훼손하고 도피 생활을 할 수도 있다.

黜 "내칠 출(黜)=검을 흑(黑)+날 출(出)"

검을흑(黑은 검다)部와 음을 나타내는 出(출)이 합하여 이루어져 내치다, 물리치다의 뜻으로 굴국의 구멍으로 날려 보내라는 뜻이다. 날 출(出)은 두 개의 입벌릴 凵에 뚫을 곤(丨)으로 뚫어서 쫓아낸다는 뜻으로 쓰인다.

<충>

充 "체울 충(充)=해산할 때 아이돌아나올 돌(𠫓)+어진 사람인 발(儿)"

본디 뜻은 사람이 성장하여 커지는 일, 성장의 뜻에서 전하여 가득차서 아름답다는 뜻으로 쓰이며, 뱃속이 가득히 찼으니 다시 돌아 나온다는 뜻으로 만들어진 글자로서 찰 충, 아름다울 충으로 나타낸다. 긴 창자에 가득히 찼다는 뜻도 된다. 직업으로는 산부인과 의사, 간호사, 내과, 식당, 돌아다니는 직업, 운송업, 떠돌이 장사꾼도 많은 것은 사람인 발(儿)의 탓이다.

忠 "충성 충(忠)=가운데 중(中)+마음심(心)"

中(중은 한가운데, 속을 채우는 일, 충)과 마음속에서 우러나오는 참된 뜻이라는 뜻이 합하여 '충성'을 뜻하며, 마음이 이리저리 흔들리지 않고 어느 쪽으로도 기울지 않는 정직한 마음이란 뜻에서 충성심으로 나타낸다. 가운데 중(中)은 가운데라 뜻이지만 본래는 한 개의 입(口)을 궤맸으나 오히려 두 개로 된 탓에 말이 많고 한 입으로 두 가지의 말을 한다. 그래서 믿음성이 부족할 수도 있다. 직업으로는 공무원, 언론인, 방송인, 기자, 가수, 식당 등이 있다.

衝 "찌를 충(衝)=갈 행(行)+무거울 중(重)"

마을을 꿰뚫고 있는 길의 뜻과 음을 빌어 부딛치다의 뜻으로 쓰이며, 팔도를 누비고 다니더라도 삼가 조심스럽게 다녀야 충돌하지 않는다는 뜻으로 만들었다. 수레 이름 충, 충돌할 충, 돌파할 충(衝)으로도 나타낸 것은 싸움터에서 찌르고 돌파하라는 뜻이다. 무거울 중(重)은 일천

ㅊ

천(千)+마을 리(里)이며, 아래위의 한 일 (一)을 빼면 수레거(車)가 되기 때문에 군인들이 사용하는 수레로도 나타낸다. 직업으로는 군인이나 운수업, 떠돌이 장사꾼 등이 있다.

沖 "화할 충(沖=冲)"

삼수변(氵)이나 이수 변(冫)이나 같은 글자이며 가운데 중(中)의 합자로서 물속의 중앙, 또는 얼음 속의 중앙이므로 변한다는 뜻에서 화한다, 온화하다, 빌다의 뜻으로 나타낸다.

衷 "정성 충(衷)=한 일(一)+가운데 중(中)+씨앗 씨(氏)"

'속옷', '속', 진실한 마음의 뜻으로 쓰는 것은 中(중) 忠(충)의 차용(借用)으로 씨앗을 감싸고 있다는 뜻에서 정성으로 나타낸다. 그러나 자식의 덕이 없어 이름으로 사용하면 좋지 않다.

<취>

取 "취할 취(取)=귀 이(耳)+또우(又)"

又(우는 손)와 耳(이는 귀)를 뜻하는 글로서 손으로 귀를 떼다, 옛날 전쟁에서 적을 잡으면 증거물로 그 왼쪽 귀를 잘라내어 가졌다는 데서 '취하다'를 뜻하며, 여기서 귀 이(耳)는 듣는 것만이 아니라 눈목(木)과 같은 글자로서 취급하여 얼굴 전체를 나타내어 듣고, 보고, 말하는 것 까지 합쳐진 뜻을 담는다. 그래서 매스컴의 기자들이 취재한다는 뜻을 담는다. 물건이나 자료를 얻고 수집하기 위하여 돌아다니는 직업을 갖는다.

吹 "불 취(吹)=입구(口)+하품할 흠(欠)"

크게 숨을 내쉼의 뜻에서 기지개를 켜듯이 양팔과 몸을 비틀며 입으로 입김을 불어낸다는 뜻이다. 欠는 사람(人)이 기지개를 켜는 모습을 본뜬 글자이며, 이름에 사용하면 게으르고 재물이 없지만 춤, 음악, 악기를 다루는데 소질이 있다.

聚 "거둘 취(聚)=취할 취(取)+모여설 임(來의 略字)"

귀 이(耳는 귀)部와 음을 나타내는 取(취)가 합하여 이루어져 많은 무리들을 모아들인다는 뜻으로 만들었으며, 모여설 임은 나란히설 임, 기어오를 임이라고도 하는 이 글자는 사람이 손으로 언덕을 짚고 기어오르는 모습을 본뜬 글자이다. 직업으로는 등산가, 소방관, 삭도 건축 등이 있다.

翠 "푸를 취(翠)=깃 우(羽)+마칠 졸(卒)"

깃 우(羽는 깃, 날개)部와 음을 나타내며 卒(졸은 취로 바뀜)이 합하여 이루어졌으며, 새가 날개를 펼쳐 날고자 하나 이미 끝났다는 뜻의 마칠 졸(卒)에 날개(羽)를 붙였으니 청조새, 비취 석(石), 산기운 취로도 나타내어 마지막 가는 사람에게 마치는 노잣돈(구슬과 비취)과 노을이 지는 시각의 산 그늘 로도 나타낸다.

趣 "빨리 갈 취(趣)=달릴 주(走)+취할 취(取)"

바삐 뛰어 가다의 뜻으로 旨(지)와 통하여 취지의 뜻으로 쓰이며 무엇을 얻거나 자료를 수집하기 위해 달려간다는 의미가 있다.

就 "나아갈 취(就)=서울 경(京)+절름발이 왕, 또는 더욱 우(尤)"

아주 높고 살기 좋은 곳에 닿다, 완성되다, 이루다의 뜻으로 직업을 얻기 위하여 왕이 살던 먼 곳으로 간다는 뜻이다. 이름에 사용하면 절름발이 왕의 영향력을 받으므로 이롭지 못하다.

<측>

昃 "기울 측(昃)=날일(日)+기울리질 측(仄)"

날일(日)+이미 기(旡)와 같은 글자이며, 태양이 하늘의 한쪽으로 기운다는 뜻으로 만들어졌다. 즉, 측(昃)의 하늘 천(天)은 이미 기(旡,)와 같은 글자로서 없을 무(無)와 뜻이 (通)하는 글자이다.

測 "잴 측(測)=삼수변(氵)+곧 즉(則)"

물 깊이를 재는 뜻과 전하여 재다의 뜻으로 길이나 거리, 단위 등을 측량한다. 곧 즉(則)은 조개 패(貝)+선칼도(刂)의 합자로서 조개나 어떤 물건을 자르고 다듬는데도 순서가 있다는 뜻에서 법 측으로도 나타낸다. 직업으로는 사법관, 의료기기, 의사, 측량기사, 조각가, 지적도, 등기소, 건축사, 측우소, 기계류 등이 있다.

側 "곁 측(側)=사람인 변(亻)+곧 즉(則)"

사람이 기울다, 전하여 옆, 곁을 뜻하며, 주어진 법칙과 순서에 입각하여 사람이 일을 행사한다.

ㅊ

<층>

層 "층계 층(層)=주검 시(尸)+일찍 증(曾)"

지붕 위에 지붕이 겹친 높은 건물, 또는 찬합 모양으로 여러 층으로 된 찜통의 뜻을 가졌으며 지붕이 겹치는 데서, 겹친 것을 뜻하게 되었다.
이는 화장터를 표하며 죽은 사람을 화장할 때 하늘로 올라가는 연기가 뭉게뭉게 오르는 모양에서 층층으로 올라가니 높은 하늘이란 뜻에서 계단으로 나타낸다. 주검 시(尸)는 시체이며, 일찍 증(曾)을 일찍 층으로도 나타내며 사람인(亻)+가운데 중(中)+사람인(人)+날일(日)의 합자로서 가운데 중(中)의 속에 든 사람인(人)은 넉 사(四)와 같이 굴뚝의 구멍으로 나오는 연기와 그을음을 나타낸다.

<치>

致 "이를 치(致)=이를 지(至)+똑똑두드릴 복(攵)"

이를 지(至는 이르다, 도달하다)部와 매질하여 빨리 이르도록 한다는 등글월문(攴(=攵)는 일을 하다, 회초리로 치다)部의 뜻이 합하여 이르다를 뜻한다. 여기서 그곳까지 이른다는 뜻의 이를 지(至)에 등글월문(攵)을 붙인 것은 무엇이든 더욱 열심히 하고 계속 열중하여 두드리면 반드시 이룬다는 뜻으로 만들어진 글자이다. 직업으로는 학자, 교육자, 공무원, 건축가, 토목가 등이 있다.

侈 "사치할 치(侈)=사람인 변(亻)+많을 다(多)"

사람인 변(亻(=人는 사람)部와 음을 나타내는 多(다)의 전음이 합하여 사치하다, 많다의 뜻을 가지고 있으며, 사람의 몸에 많은 것들을 더 붙이고 달았다는 뜻에서 치장으로 나타낸다. 많을 다(多)의 두 개의 저녁 석(夕夕)은 하루의 일과 중 성과가 더욱 많다는 뜻이다. 한편, 섹스는 강한 편이며, 즐기지만하는 것을 좋아한다. 수술, 사고, 간장, 신장염 등에 조심해야 한다. 또한 사치와 치장을 즐겨하게 된다.

馳 "말달릴 치(馳)=말마(馬)+어조사 아(也)"

말마(馬는 말)部와 음을 나타내는 也(야를 치로 바뀜)가 합하여 이루어졌으며, 달리다, 질주하다라는 뜻을 가지고 있으며, 말에서 말로 이어진다는 뜻이므로 말이 달린다는 뜻으로 나타낸다. 어조사 야(也)는 말과 말이 이어질 때 사용되는 조사이다. 이름으로 사용하게 되면 운수업이나 떠돌이 장사꾼, 외판원의 직업을 가지게 된다.

治 "다스릴 치(治)=삼수변(氵)+늙은 태(台)"

물의 넘침에 의한 피해를 잘 수습한다는 뜻이 합하여 '다스리다'를 뜻하며, 쇠불릴 야(冶)를 본뜬 글자로서 중국의 무왕이 물을 다스린 데서부터 (治水) 다스린다는 뜻으로 나타낸다. 쇠불릴 야(冶)는 이수 변(冫)+늙을 태(台)를 붙여서 쇠를 달구고 두르려서 찬물에 담근다는 뜻에서 만들어졌다. "늙을 태, 별 태" 로도 불리우는 태(台)는 사사 사(厶)+입구(口)의 합자로서 "기쁠 이, 이를 이" 의 소리음으로도 나타내며 여러 방면에 솜씨가 능숙하다는 뜻에서 능할 능(能)과 통하는 글자이다. 즉, 각종 기술 방면에 능하다는 뜻이며 덩치와 키가 작고 공무원이나 다른 직업을 가지면 생활에 힘겨워진다.

恥 "부끄러울 치(恥)=귀 이(耳)+마음심(心)"

마음 속으로 생각하여 얼굴이 붉어지다의 뜻으로 심장에서 우러나온 말을 귀로 듣자니 부끄럽다는 뜻과 또는 마음속에서 우러나온 말을 남의 귀에다 하자니 부끄럽다는 뜻이다. 또는 내 마음을 남에게 알리자니 부끄럽다는 뜻이다.

置 "베풀 치(置)=그물망(罒)+곧을 직(直)"

그 물을 세우는 뜻과 전하여 설치하다의 뜻으로 그물에 걸린 고기와 새도 풀어줄 줄 아는 마음을 가지라는 뜻이다. 즉 덕을 베풀라는 뜻이며 죄 지은 사람도 가두려고만 말고 옳고 그름을 판단하여 덕을 베풀라는 뜻이다. 그물망(罒)은 넉 사(四), 죄수 수(囚)와 같이 응용된다. 직업으로는 사법관, 교도관, 의사, 간호사, 안경원, 어부, 공무원 등이 있다.

値 "값 치(値)=사람인 변(亻)+곧을 직(直)"

사람이 물건에 상당하다고 평가한 값을 뜻하며, 곧은 마음을 가져야 물건의 가격도 바르게 형성된다는 뜻에서 마음을 바르게 써야 장사도 잘 되고 부귀영화도 누릴 수 있음을 가르친다. 사업가나 장사하는 상인이 마음을 곧게 가지지 않으며 그 사업을 반드시 실패한다. 직업으로는 공무원, 사법관, 의사, 간호사, 교도관, 안경원, 식당 등이 있다.

齒 "이 치(齒)=그칠 지(止)+여러 개의 가둘 수(囚)가 합류한 글자"

이는 생장과 깊은 관계가 있으므로 나이의 뜻도 나타내며, 소금발 로(鹵)와 같은 듯을 나타내는 것은 치아의 생김새가 굵은 소금과 닮았다는 뜻도 된다. 또는 입안에 갖혀진 것이 치아라는 뜻에서 입과 치아를 본뜬 글자다. 직업으로는 치과의사, 간호사, 소금 장수, 식당, 기공사 등이 있다.

ㅊ

熾 "맹열할/불 활활탈 치(熾)=불화(火)+진흙 시(音+戈)"

불이 활활 잘 타올라 가는 뜻에서 왕성한 불속에 진흙이나 물을 끼얹으면 더욱더 거세게 탄다는 뜻이다. 이름으로 사용하지 않는 것이 좋다.

雉 "꿩 치(雉)=화살 시(矢)+새 추(隹)"

새 추(隹는 새)部와 음을 나타내는 矢(시는 치로 바뀜)가 합하여 이루어졌으며, 활로 쏘아서 잡을 수 있는 새, 즉, 사냥감으로 나타낸다.

<칙>

則 "법칙 칙(則)=조개 패(貝)+선칼도(刂)"

물건을 공평하게 분할함의 뜻과 공평의 뜻에서 전하여 법칙의 뜻이 된다. 재물에다 칼을 가져다 대더라도 그 규칙은 어길 수가 없다. 또는 어떤 물건을 자르고 다듬어도 법칙이 있다는 뜻으로 만들어졌다. 즉, 말을 이을 때 조사로 이어지는 '어조사 즉, 곧 즉 "으로 나타낸다.

勅 "칙서 칙(勅)=묶을 속(束)+힘 력(力)"

훈계의 뜻을 가지는 束(속)으로 이루어졌으며, 훈계하여 바르게 '하다'의 뜻으로 전(轉)하여 훈계의 말, 한초(漢椒)부터는 천자(天子)의 말・명령(命令)을 勅(칙)이라고 하게 되었다. 힘을 겉으로 표출하지 않도록 묶는다는 뜻에서 정성을 다한다는 뜻으로 나타내며 삼갈 함(諴)과 통하는 글자이며 경계할 칙(敕)과 同字이다. 직업으로는 국회의원, 공무원, 직장인 등이다.

<친>

親 "친할 친(親)=매울 신(辛)+사람인(人)+볼 견(見)"

나무처럼 많은 자식들을 부모가 보살핀다(見)는 뜻이 합하여 '친하다'를 뜻으로 아무리 독하고 차가운 사람도 자세히 살피고 자주 만나보면 가깝게 친할 수 있다는 뜻이다. 또는 설립(立)+나무목(木)+볼 견(見)= 뜻을 세우려면 낯선 사람과 큰 나무도 자주 찾아봐야 한다는 뜻으로 성품이 독하고 욕심을 부리면 사람이 따르지 않는다.

<칠>

漆 "옻칠 칠(漆)=삼수변(氵)+나무목(木)+뜰 탄(氽)"

강의 이름, 桼(칠)은 木과 水로 이루어져, 나무에서 나오는 물의 뜻으로 옻나무의 뜻의 본디 글자이며, 나중에 桼(칠은 木+水)이 쓰이지 않게 되어 漆(칠)을 옻나무의 뜻으로 빌어쓰게 됐다. 즉, 나무에서 나온 물감으로 칠을 하니 물 위에 뜬다는 뜻으로 만들어 옻나무의 칠로 나타내며 뜰 탄(氽)은 물 위에 사람이 뜬다는 뜻으로 만들어졌다. 나전칠기는 옻칠로 장식한 가구. 사람을 상징한 나무가 물 위에 뜬 상태이므로 이름으로 사용하지 않는 것이 좋다. 익사와 불을 조심해야 한다. 직업으로는 가구점, 자개, 칠기 등이 있다.

七 "일곱 칠(七)=한 일(一)+새 을(乙)"

다섯 손가락을 위로 펴고 나머지 손의 두 손가락을 옆으로 편 모양을 나타내어 '일곱'을 나타내며, 또 비수 비, 숟가락 비(匕)와 같은 글자로 숫자의 일곱을 나타낸다. 옛날에는 70세까지 살기가 무척 어려웠으므로 70세를 고희라 했으며 일곱 칠을 숟가락 비(匕)와 같이 나타낸 것은 나이가 많아지면 숟가락에 의지한다는 뜻과 식사 시간만 기다린다는 뜻도 된다.

<침>

沈 "잠길 침(沈)=삼수변(氵)+머뭇거릴 유(冘)"

水中(수중)에 가라앉다의 뜻으로 물가에서 머뭇거리다가 물에 빠지고 잠길 수도 있다는 뜻이다. 성씨 심(沈)으로 나타내며 머리에 갓(宀)을 쓴 사람(儿)이 물(氵)가에서 머뭇거리다가 물속에 빠져 잠겼다는 뜻으로 심봉사를 비유한다. 고로 물을 조심해야 하며, 게으르고 어정거리는 시간이 많아서 직장이나 일터에서 총애받기 어렵다.

針 "바늘 침(針)=쇠금(金)+열 십(十)"

나중에 金(금)이 더하여져서 바늘 모양의 세로획이 十(십)으로 쓰였으며 十(십→침은 변음)은 또 음을 나타내므로 쇠로 된 바늘을 의미하는데, 쇠꼬챙이로 만든 여러 개의 침이나 송곳을 나타낸다. 직업으로는 침쟁이, 한의사, 철물, 안마사 등이 있다.

枕 "베게 침(枕)=나무목(木)+머뭇거릴 유(冘)"

머리 밑에 까는 것, 즉 베개, 옛날의 베개는 나무로 만들었으며, 나무 밑이나 나무로 만든 침상과 나무로 만든 베개 옆에서 머뭇거린다는 뜻은 잠을 자고 싶다는 뜻에서 베개로 나타낸다.

<칭>

稱 "일컬을 칭(稱)=벼화(禾)+손으로 들 승(爫+冉)"

禾(화는 벼)의 수효를 소리내어 세다의 뜻으로 곡식과 음식을 상징한 벼화(禾)를 손으로 들(爫+冉)고 이러쿵 저러쿵 말한다는 뜻으로 만든 글자이다. "들 승" 은 컴퓨터에 글자가 없어서 송구하다. 손발톱 조(爫)+약할 염(冉)의 合字가 "손으로 든다는 뜻의 들 승" 이다

<쾌>

快 "쾌할 쾌(快)=심방 변(忄)+결단할 쾌(夬)"

夬(결・쾌)와 마음에(心) 걸림이 없고 밝고 상쾌한 느낌이라는 뜻이 합하여 '즐겁다'를 뜻으로 어떤 일을 결정짓고 나니 마음이 시원하다는 뜻에서 결단하다. 시원하다의 뜻을 나타낸다. 결단할 쾌(夬)는 큰대(大)+입구(口)의 가운데 앙(央)과 비슷한 글자이므로 마음의 중심을 바로 세웠다는 뜻도 된다.

<타>

打 "칠 타(打)=재방 변(扌)+망치 정(丁)"

옛날 나무를 자르는 소리, 비오는 소리, 악기의 소리 등을 丁丁(정정)이라고 하였었으며, 정(木+丁)은 나무를 치는 소리를 나타낸다. 또 나중에 치는 것은 손의 동작(動作)이므로 재방변(扌(=手)는 손)部로 바꿔 쓰고 발음도 변하여 (타)라고 읽게 되었다. 그리하여 손에 망치나 방망이를 잡고 두르린다는 뜻이 내포되어 있다. 직업으로는 운동선수, 목수, 토목업, 속기사, 컴퓨터를 만지는 사람, 인쇄소, 통신 등이 있다.

妥 "온당할 타(妥)=손톱 조(爫)+계집녀(女)"

여자의 연약한 모양의 뜻에서부터 온화한 모양, 편안한 모양의 뜻이 되고 여자가 바가지를 긁는 것도 그럴만한 일이 있기에 온당하다는 뜻이 있다.

他 "다를/남남 타(他)=사람인 변(亻)+어조사 야(也)"

뱀이 무서운 짐승이므로 사고와 별다른 일, 다른 것의 뜻으로 되며 他(타)는 후일 다시 人(사람인 변(亻(=人)는 사람)部)를 붙여 뱀과 구분되는 다른 사람, 다른 일의 뜻으로 사람과 사람이란 뜻이다. 이런 글자는 이름에 사용하지 않아도 사람의 이름이므로 있는 것과 같다.

<탁>

託 "부탁할 탁(託)=말씀언(言)+삐침(丿)+비수 비(匕)"

말을 맡겨 건네주는 뜻과 전(轉)하여 '의지하다', '부탁하다'의 뜻으로 어떤 일을 부탁한다는 뜻이다. 또한 좀 더 어렵게 부탁하면 비수(匕)로 사람을 죽이도록 청탁한다는 뜻도 되고, 때로는 물건을 탁송하도록 부탁한다는 뜻도 되므로 부탁이란 항상 조심해야 한다. 직업으로는 택배운송, 탁송, 우체부, 체신부, 심부름센터, 의사, 간호사, 식당 등이 있다.

卓 "높을 탁(卓)=점 복(卜)+일찍 조(早)"

다른 것과 견주어 높게 '뛰어나다'의 뜻으로 책상은 앉은 자리보다 한 단 높게 되어 있으므로 卓(타)이라고 한다. 아침 일찍이 치는 점괘가 확률이 높다는 뜻이다. 또, 점 복(卜)은 날카로운 입과

E

혀, 먹기 위한 수단이므로 숟가락 비(匕)로도 나타내므로 아침에 먹는 밥상의 밥이 높고 많다는 뜻이다. 옛날에는 점쟁이가 침술을 같이 사용한 탓이기 때문이다. 책상 탁(卓)과 통하는 글자로서 역학자, 학자, 교육자, 공무원, 직장인, 점쟁이, 식당, 간호사 등의 직업이 있다.

鐸 "요령/방울 탁(鐸)=쇠금(金)+엿볼 역(睪)"

쇠금(金은 광물・금속・날붙이)部와 음을 나타내는 부수를 제외한 글자 택(탁으로 바뀜)이 합하여 이루어졌으며, 죄인의 목에 쇠뭉치로 칼을 채워도 탈출의 기회, 안일한 기회를 엿본다는 뜻에서 요령을 부린다는 뜻이다.

晫 "밝을 탁(晫)=날일(日)+높을 탁(卓)"

날일(日은 해)部와 음을 나타내는 卓(탁)이 합하여 이루어졌으며, 빛이 밝다, 환하다는 뜻이 있다.

倬 "클 탁(倬)=사람인 변(亻)+높을 탁(卓)"

사람인 변(亻(=人)는 사람)部와 음을 나타내는 卓(탁)이 합하여 이루어졌으며, 높은 자리에 사람이 있으니 더욱 돋보인다, 크다, 밝다는 뜻을 가지고 있다.

托 "의지할 탁(托)"

재방 변(扌(=手)는 손)部와 음을 나타내는 부수를 제외한 글자 乇(책・탁)으로 이루어져 맡기다, 의지하다의 뜻을 가지고 있다.

<탄>

炭 "석탄 탄(炭)=뫼산(山)+재 회(灰)"

산(山)의 언덕 동굴(민엄호밑(厂는 굴바위, 언덕)部)에서 불을 피워(火) 나무를 태운 것이라는 데서 '숯'을 뜻하며, 산속에서 얻은 것으로 불을 떼고 나니 재만 남는다는 뜻에서 석탄으로 나타내므로 불을 조심해야 한다. 직업으로는 광업, 각종 탄광, 양회, 시멘트, 미장공 등이 있다.

彈 "탄알 탄(彈)=활 궁(弓)+단사 단(單)"

알을 쏘는 활, 튀기는 활의 뜻으로 활을 당겨서 쏘니 날아가는 화살이 실탄과 같다는 뜻이다. 직업으로는 사격선수, 운수업, 군인, 떠돌이, 역학자 등이 있다.

坦 "평탄할 탄(坦)=흙토(土)+아침 단(旦)"

흙토(土는 흙)部와 음을 나타내는 旦(단은 탄으로 바뀜)이 합하여 이루어졌으며, 땅위로 솟아오르는 태양은 날마다 여전하다는 뜻으로 나타낸다.

<탈>

脫 "벗을 탈(脫)=육달월 변(月)=바꿀 태(兌)"

살에서 뼈를 제거하다, 전(轉)하여 빠지다, 벗다의 뜻으로 고기덩어리를 바꾼다는 뜻은 곧 뱀처럼 껍질을 벗는다는 뜻으로 나타낸다.

奪 "빼앗길 탈(奪)=날개칠 순(大 +隹)+마디촌(寸)"

새가 손에서 도망침, 전(轉)하여, 뺏는다는 뜻으로 새가 날개가 크게 퍼덕이면 생각했던 뜻을 이루거나 잃는다는 뜻으로 나타낸다. 날개칠 순은 큰대(大)+새 추(隹)의 합자이며, 별 규(奎), 꽁무니 뺄 규(奎)와 비슷한 뜻을 지닌다. 그러나 실지로는 얻는 것보다 잃는 것이 많다. 사람의 운명이 귀신에게 있다면 빼앗으리라는 뜻에서 만들어진 글자라고도 한다.

<탐>

耽 "즐길 탐(耽)=귀 이(耳)+머뭇거릴 유(冘)"

귀 이(耳는 귀)部와 음을 나타내는 부수를 제외한 글자 유가 합하여 이루어졌으며, 귓가에서 자꾸 머뭇거린다는 뜻은 남의 말과 노래를 엿듣고 즐긴다는 뜻이다. 반드시 해야할 일이 아닌 것도 놀기가 좋아서 즐긴다는 뜻으로 나타내며, 무능력자로 만든다.

探 "찾을 탐(探)=제방 변(扌)+그물망(罒)+나무목(木)"

속 깊이 들어가 물건을 찾는 일을 뜻하며, 아주 깊이 숨겨진 것도 손만 대면 찾을 수 있다는 뜻과 그물 속에 숨겨진 나무뿌리도 찾을 수 있다는 뜻이 있다. 직업으로는 탐사단, 고고학자, 사법관, 땅꾼, 심마니, 농업 등이 있다.

貪 "탐낼 탐(貪)=사람인(人)+빚질 부(負)"

재물(財物)이 분산하고 모자라다의 뜻에서 남에게 빚을 지면서도 물건이나 재물을 탐낸다는 욕심꾸러기를 상징한다.

<탑>

塔 "탑 탑(塔)=흙토(土)+깍지콩/팥 답(荅)"

탑은 흙으로 만들므로 土(토)를 덧붙였으며 卒塔婆(졸탑파)・塔婆(탑파)의 준말이다.
콩깍지를 까지 않는 여러 개의 콩이 나란히 든 모양과 같다는 뜻에서 탐으로 나타내며, 키와 덩치가 비교적 탑처럼 듬직하다. 연애 결혼, 연인을 만날 수도 있으나 배우자의 출세는 어렵다. 그리고 가족과의 마음은 화답하다.

<탕>

湯 "끓일 탕(湯)=삼수변(氵)+바꿀 역(易)"

뜨거운 물, 또 음이 통하는 蕩(탕)의 뜻을 빌어, 물이 하나 가득인 모양을 나타내며 물을 끓이면 아래위로 서로 바뀌진다는 뜻에서 끓이다의 뜻으로 나타낸다.

<태>

殆 "위태로울 태(殆)=죽을 사(死)+늙을 태(台)"

위태함과 또 似(사)에 통하여 가깝다・거의의 뜻을 나타내며, 늙어서 죽을 때가 되었으니 조심하라는 뜻이다. 그래서 "가까울 태, 비로소 태"로도 나타내며, 죽을 사 변(사)은 명칭이고, 뜻은 뼈와 살을 발라낸다는 뜻이다.

太 "클/둥글/심할 태(太)=큰대(大)+표할 주(丶)"

크다는 의미의 大에 점을 찍어 더 크다는 것을 나타낸 글자로 '크다'를 뜻하며, 큰 사람의 다리 사이에 점을 붙여 하는 짓거리가 심하다는 뜻으로 쉽게 말하자면 다리에 불알을 단 것까지는 좋으나, 젊어서는 하는 일이 없이 게으름만 피우고 돌아다니며 빈둥거리니 심하다는 뜻이다. 이름의 형성이 부족하면 40대 이후부터 또는 60대가 부지런해진다. 직업으로는 건달, 운수업, 장사꾼 등이 있다.

泰 "클 태(泰)=한 일(一)+지아비 부(夫)+물수(水)"

양손으로 물을 떠내는 일로 매끈매끈함의 뜻으로 음을 빌어 편안한 모양의 뜻과 또 太(태)에 통하여 크다, 거만 떨다의 뜻이 있다. 즉, 큰 산처럼 생겼으니 크다는 뜻이다. 석삼(三)+사람인(人)은 산(山)의 모양이며 물수(水)는 계곡을 나타내지만, 본래의 뜻은 흐르는 물처럼 순리를 거역하지 말고 올바르게 살면 크게 된다는 뜻이다. 직업으로는 공무원, 정치인, 학자, 교육자, 정치인, 두목 등이 있다.

態 "태도/모양 태(態)=능할 능(能)+마음심(心)"

능(能)히 일을 할 수 있는 자신에 찬 생각이 얼굴에 나타난다는 데서 '모양, 태도'를 뜻하고 여러 가지의 일을 잘 할 수 있는 정신적 능력을 말한다. 재능, 현능의 뜻의 본디 글자이며, 나중에 음을 빌어 주로 자태의 뜻에 쓰인다. 또 그 사람의 태도는 마음속에서부터 생겨난다는 뜻과 능할 능(能) 작은벌레 연(肙)+두 개의 비수 비(匕匕)의 합자로서 작은 애벌레도 무엇이든 배우면 능숙해진다는 뜻도 되지만 착할 능, 곰 능, 발이 셋 달린 거북이를 나타내기도 한다. 직업으로는 한의원, 한의사, 간호사, 약사, 식당, 약재상 등이 있다.

兌 "바꿀/지름길 태(兌)=여덟 팔(八)+맏 형(兄)"

어진 사람인 발(儿은 사람의 다리 모양)部와 口(구=입)와 八(팔)의 합자하여 사람이 입을 열어 기뻐 웃음의 뜻으로 지름길을 이용하는 사람이 항상 먼저란 뜻과 지혜와 생각, 전술에서도 형님 소리를 들어야 이길 수 있다. 여덟 팔(八)은 두 개의 발이 출발의 의미를 나타내고 때로는 존경과 받들디의 뜻도 된다. 직업으로는 돌아다닐 일이 많은 직업, 경찰, 장사꾼, 외판원, 운수업 등이 있다.

台 "별/늙을/기쁠이/기를이 태(台)=마늘 모(厶)+입구(口)"

입을 방실거리며 '기뻐하다'의 뜻으로, 음이 비슷한데서 예로부터 臺(대·태)의 속자(俗字)로 쓰였으며, 사사로운 감정이나 어떤 욕심을 가져도 작은 테두리 안에 있는 것 뿐이란 뜻이다. 즉, 한정된 것 뿐이며 마늘 모(厶)=사사 사(厶), 간사할 사와 같은 뜻을 지니며, 한족 팔을 구부려 끌어안는 다는 뜻이다. 직업으로는 운수업, 경찰차, 소방차, 앰블런스, 상업, 식당 등이 있다.

邰 "나라이름 태(邰)=별 태(台)+우부방(⻏)"

우부방(⻏(=邑)은 마을)部와 음을 나타내는 台(태・이)가 합하여 이루어졌으며, 작은 고을과 같은 작은 나라의 이름으로 사용되던 글자이다.

<택>

宅 "집 택(宅)=움집 면(宀)+일천 천(千)"

사람(人)이 의지하고 사는 '집'을 뜻과 방이 몇 개씩 있는 집의 뜻은 옛 글자 모양이 갓머리(宀은 집, 집 안) 部와 수를 나타내는 七(칠)을 합친 모양과 같다 七(칠)은 切(절은 나누다)과 같으므로 방으로 나누어 사람이 살기 좋게 하는 뜻인 듯하며, 집 우(宇)와 비슷한 글자로서 지붕 밑에 많은 숫자의 가족이 살 수 있다는 뜻으로 만든 글자이다. 또, 일천 천(千)이 아래의 꼬부라진 글자는 삐침(丿)+숫가락 비(匕)의 합자로도 나타내므로 일천 천(千)의 변형체이다. 직업으로는 의사, 약사, 간호사, 우체국, 통신, 식당, 식육, 체신청, 심부름꾼 등이 있다.

澤 "못 택(澤)=삼수변(氵)+죄인잡을/엿볼 역(睪)"

물이 축축하게 젖어 빛나는 것과 자비를 베푸는 것, 또한 지금은 水草가 돋아나 있는 못의 뜻으로도 쓰이는데, 감옥에 죄인을 가두듯이 많은 물을 가둔 곳이 연못이란 뜻으로 죄인 잡을 역, 엿볼 역(睪)은 그물망(罒)+다행 행(幸)은 지아비 부(夫)+방패 간(干)의 합자로서 지아비, 스승, 아버지, 마누라가 있다는 것은 참으로 다행이란 뜻이다. (睪)은 생각과는 달리 죄인을 잘 잡지 못하고 다른 직업으로 요행만 바라게 되는 일이 많고 욕심이 고다하여 건달이나 죄인일 될 수도 있다. 직업으로는 정치인, 공무원, 경찰, 역학자, 어부, 선장, 어떤 물건을 고르는 직업 등이 있다.

擇 "가릴 택(擇)=제방 변(扌)+엿볼 역(睪)"

재방 변(扌(=手)는 손)部와 음을 나타내는 동시에 나누다의 뜻을 가지는 부수를 제외한 글자 睪(역)의 전음으로 이루어졌으며, 손으로 가려 뽑다의 뜻으로 좋은 날짜나 어떤 물건을 손으로 가려낸다는 뜻이다. 택일은 좋을 길일을 가려낸다. 직업으로는 역학자, 어떤 물건을 고르는 직업, 선별작업, 어부 등이 있다.

<토>

土 "흙토(土)=열 십(十)+한 일(一)"

초목의 싹이 흙덩이를 뚫고 땅 위로 돋아나는 모양을 본뜬 글자로 '흙'을 뜻하며, 토지의 신의 신체를 나타낸다. 나중에 이것을 사(士)로 쓰고, 토는 토지의 흙의 뜻이 되었다. 따라서 땅 위로 금방 솟아오르는 초목의 새싹을 본떠서 땅으로 나타내며, 윗 상(上)과 비슷한 뜻을 지니며 한일(一)은 땅, 지평선이며, 열 십(十)은 초목의 떡잎이 겨우 나온 새싹을 나타낸다. 즉, 선비 사(士)는 열 십(十)을 땅바닥에 쪼그리고 앉은 사람과 선비의 모양을 나타낸다. 직업으로는 농업, 건축가, 토목가, 화훼, 공무원, 직장인 등이 있다.

兎 "토끼 토(兎)=삐침(丿)+가운데 중(中)+어진 사람인 발(儿)"

본래 긴 귀와 짧은 꼬리를 가진 토끼의 모양을 본떠 그것이 지금의 자형으로 변했으며, 면할 면, 달아날 면(免)과 같이 쓰이고 꼬리에 점(丶)이 없어도 같은 글자로 쓰인다. 즉 숫자의 끝나는 지점에서 달아난다는 뜻으로 달아난다는 뜻은 곧 죽으러 간다는 뜻과 같다.

<통>

通 "통할 통(通)=쉬엄쉬엄 갈 착(辶)+물솟을 용(甬)"

甬(용)은 管(관)과 같은 모양의 것으로 (통) 등 甬(용)이 붙는 글씨는 속이 빈 것과 꿰뚫는 것을 나타내며, 通(통)은 쉽게 빠져나가는 것으로 샘물이 솟는 구멍처럼 통한다는 뜻이다. 즉, 물 솟을 용(甬)은 병부절(㔾)+쓸 용(用)의 합자로서 병이 들어서 죽을 때가 되어야 어떤 일을 통할 수 있다는 뜻이다.

統 "거느릴/계 통 (統)=실사(糸)+채울 충(充)"

음을 나타내는 充(충)은 어린이가 자라나다, 키가 자라다, 실사(糸는 실타래)部는 실, 統(통)은 길게 뻗은 실, 큰 줄거리, 본 줄거리의 뜻으로 쓰이며, 가문의 대나 국가원수의 대를 잇기 위하여 백성을 거느리고 이어간다는 뜻에서 주로 대통령에 쓰이는 글자이다.

ㅌ

<퇴>

堆 "쌓을/퇴비 퇴(堆)=흙토(土)+새 추(隹)"

부수를 제외한 글자 추(퇴로 바뀜)가 음을 나타내며, 작은 흙덩이와 조금씩 모은 흙이 퇴비가 된다는 뜻으로 (堆)의 약자이며, 고자(古字)는 (尸+口)이다.

<투>

投 "던질 투(投)=제방 변(扌)=팔모창 수(殳)"

재방 변(扌(=手)는 손)部와 음을 나타내는 부수를 제외한 글자 殳(수→투는 변음(變音)는 치다)로 이루어져 손에 잡았던 창을 던진다는 뜻과 창을 잡았다는 뜻으로도 나타낸 것은 창이던 돌멩이던 잡으면 언젠가는 놓거나 던져야 하는 것이므로 던진다는 뜻이 정답이다. 창던지기, 투포환, 운동선수, 군인, 포수, 사격 등과 같이 남과 다투기를 좋아하고, 성격이 강하다.

鬪 "싸울 투(鬪)=문 문(門)+세울/아이놈 주(尌)"

鬪(투)의 속자로 뜻을 나타내는 싸울 투(鬥는 싸우다)部와 음을 나타내는 부수를 제외한 글자 (착)으로 이루어졌으며, 자신의 뜻을 이루기 위해서 아이들처럼 다툰다는 뜻이다. 즉, 과다한 욕심과 자존심으로 인해 다툼과 형제간의 불화를 나타내므로 이름으로 사용하지 않는 것이 좋다.

透 "통할/뛸 투(透)=쉬엄쉬엄 갈 착(辶)+빼낼 수(秀)"

책받침(辶(=辵)는 쉬엄쉬엄 가다)部와 음을 나타내는 동시에 통하게 하다의 뜻을 가지는 秀(수)로 이루어지며, 빠져나가다의 뜻으로 거리를 빠져 나간다는 뜻이다. 또 막혔던 길이 뚫린다는 뜻도 된다. 직업으로는 운송업, 장사꾼, 돌아다닐 일이 많은 직업 등이 있다.

<특>

特 "홀로/특별할 특(特)=소 우(牛)+절 사(士)+마디촌(寸)"

옛날 관청(寺)에서 중대한 일을 결정할 때는 보통 것보다 크고 힘센 소(牛)를 신의 제단에 바쳤는데 그런 특별한 소라는 데서 '특별하다'를 뜻했으며, 땅의 한쪽 모서리에 있는 소, 사람이 살지 않는 절간에 있는 소를 나타내어 뜻을 부여했다. 특히, 절간에서는 소와 개 등, 짐승을 기르지 않는다는 뜻에서 절 사(사)를 붙였으며 이름에 사용하면 절간에서 일하는 짐승이란 뜻이 되므로 사용하지 않는 것이 좋다.

<파>

波 "물결 파(波)=삼수변(氵)+껍질 피(皮)"

삼수변(氵(=水, 氺)는 물)部와 음을 나타내는 皮(피→파는 변음)는 동물로 부터 벗긴 껍질, 여기서는 披(피)·破(파)의 뜻을 받고 있으며, 波(파)는 강이나 바다 등의 물이 올라갔다 내려갔다 하면서 움직인다의 뜻으로 전하여 파도가 일다·움직이다의 뜻에 물의 표면을 나타낸다. 또 강물이나 바닷물의 표면을 나타내고, 파도=바닷물이 바람에 일렁이다의 뜻으로 껍질 피(皮)는 알맹이가 없는 껍데기뿐이다.

頗 "치우칠 파(頗)=껍질 피(皮)+머리 혈(頁)"

머리 혈(頁는 머리)部와 음을 나타내는 동시에 기울다의 뜻을 나타내기 위한 皮(피→파는 변음)로 이루어졌으며, 머리가 기울다의 뜻과 전(轉)하여 치우치다·비뚤어지다의 뜻으로 머리가 한쪽으로 기울어진다. 또는 생각하는 관점이 한쪽으로 치우치다. 비뚤어지다의 뜻이다. 이름으로 사용하면 머리 부분에 이상이 생길 수도 있으니 조심해야 한다.

派 "물가닥날 파(派)=삼수변(氵)+언덕 엄(厂)+씨앗 씨(氏)"

글자의 오른쪽 부분은 물이 길게 이어지는 뜻의 永(영)을 뒤집은 모양으로 强(강)의 본류에서 지류가 갈라지는 모양으로 거기에서 갈라지다의 뜻이 되며, 강물이나 바닷물의 표면과 속이 함께 출렁이므로 깨지고 부서진다는 뜻이다.

罷 "마칠 파(罷)=그물망(罒)+능할 능(能)"

그물망(⺳(=网, 罒)는 그물)部는 그물이고, 죄인을 잡는 뜻으로 현명하고 능력이 있는 사람을 일단 죄로 해서 잡힌다 하더라도, 곧 풀려나기 때문에 그물망(⺳(=网, 罒)는 그물)部와 能을 합하여 방면하는 뜻을 나타내고 전하여, 그만두다, 쉬다, 물리치다 등의 뜻으로 쓰인다. 또 그물 속에 갇히는데도 능숙하다. 또는 망(罒)을 넉 사()로 읽으면 교도소에 드나들거나 죽는데도 능숙해졌다는 뜻도 된다.

播 "씨부릴 파(播)=제방 변(扌)+번지 번(番)"

番(번→파는 변음(變音))이 밭에 씨를 뿌리는 뜻의 본디 글자로써 나중에 원뜻이 쓰이지 않게 되었으므로 재방 변(扌(=手)는 손)部를 보태어 播(파)를 만들고, 뿌리다의 뜻의 글자로 사용하였다. 즉, 씨앗을 뿌려야 할 곳을 세밀히 잘 살펴서 손으로 던진다는 뜻에서 씨앗을 뿌린다는 뜻이다.

破 "깨트릴 파(破)=돌석(石)+껍질 피(皮)"

石(석)은 돌, 음을 나타내는 皮(피→파는 변음)는 동물로부터 벗긴 껍질, 여기서는 披(피는 헤치다)·波(파는 물결) 등과 통하는 헤어지다, 떨어지다의 뜻을 나타내며, 破(파)는 돌이 부서지다, 나중에 돌뿐이 아니라, 사물이 깨지다, 찢어지다, 찢다의 뜻으로 쓰인다. 즉, 돌의 껍질을 벗긴다는 말은 곧 깨트린다는 뜻이다.

巴 "뱀 파/파충류 파(巴)=뱀 사(巳)+표할 주(丶)"

본래 뱀이 또아리를 틀고 있는 모양을 본뜬 글자로써, '소용돌이'란 뜻을 가지고 있으며, 똬리를 튼 뱀의 목에 눈알을 붙였으니 빛이 반짝이는 뱀과 살아있는 파충류가 된다. 이글 위에 쌀포(勹)를 붙이면 빛 색(色)이 되고 몸 기(己)의 변형체이다.

琶 "비파 파(琶)=쌍옥 각(玉玉)+뱀 파(巴)"

현악기를 뜻하는 珏(각=주감이)와 음을 나타내는 巴(파)로 이루어진 글자로써 두 개의 구슬에서 파충류의 빛살과 같은 아름다운 소리가 나온다는 뜻에서 악기로 나타낸다.

把 "잡을 파(把)=제방 변(扌)+뱀 파(巴)"

재방 변(扌(=手)는 손)部와 음을 나타내는 巴(파)로 이루어졌으며, 손으로 뱀을 잡는다는 뜻이 된다. 직업으로는 땅꾼, 뱀장수, 보신탕 등이 있다.

坡 "둑 파(坡)=흙토(土)+껍질 피(皮)"

흙토(土는 흙)部와 음을 나타내는 皮(피)의 전음이 합하여 이루어졌으며, 땅의 표면에 쌓은 둑을 나타낸다.

<판>

判 "판단할 판(判)=여덟 팔(八)+무성할 봉(丯+봉)+선칼도(刂)"

칼로 물건을 잘라 나누는 것으로 옛날 증문을 판서라고 하여, 서로 나누어 가지고는 나중에 맞추어 보았다, 그래서 나누는 일도 맞추는 일도 判(판)이라고 하며, 쓸모없는 것은 파내고 잘라내어 옳고 그릇을 분석 결정한다는 뜻이다. 이름의 연결이 좋으면 사법관, 의사가 되지만 그렇지 못하면 판금, 금형, 조각가, 조형물, 도장, 목형을 만들거나 다루게 된다.

板 "널 판(板)=나무목(木)+돌이킬/뒤엎을 반(反)"

얇고 넓적한 나무판의 뜻을 나타내는 나무목(木은 나무)部와 음을 나타내는 反(반→판은 변음)으로 이루어지며 넓적한 나무와 판자라는 뜻으로 나무를 이리저리 뒤엎어서 만든 것이 판자, 관(棺)이란 뜻이다. 널 판(板)은 아래의 인쇄 판, 판목 판(板)과 같은 글자다. 이름에 사용하면 순리를 거역하고 반역자의 일을 꾀하며 건전한 성품의 소유자는 못 된다. 직업으로는 판형, 조각가, 금형, 도장, 인쇄소, 출판업 등이 있다.

版 "인쇄/판목 판(版)=조각 편(片)+돌이킬 반(反)"

反(반→판은 변음)은 右(우)에 대하여 左(좌), 앞에 대하여 뒤와 같이 거꾸로 되어 있는 것으로 片(편)은 나무를 둘로 쪼갠 한쪽, 版(판)은 나무를 쪼개 만든 판자를 말하며 글자를 써서 서류와 같이 쓴 판자도 공사에 쓰는 판자도 다 版(판)이라고 했다. 뒤에 판목에 글자를 파서 인쇄하였으므로 출판·판화 등의 말이 생겼나. 즉 물건을 팔고 그 대가로 돈을 돌려 받는다. 그러나 반대 반(反)의 영향으로 속임수를 쓸 수도 있으며 장사에 소질과 능력이 있다.

<팔>

八 "여덟 팔(八)=삐침 별(丿)+파임 불(乀)"

네 손가락씩 두 손을 편 모양을 나타내어 '여덟'을 뜻하며 혹은 물건(物件)이 둘로 나누어지는 모양, 등지다, 벌어지다, 헤어지다의 뜻으로 數(수)의 8을 나타내는 것은 둘로 나누고, 다시 또 둘로 나눌 수 있는 수라는 데서 왔을 것이다. 즉, 사람의 양발을 벌린 모양을 본뜨고 두 손은 가지런히 모은 상태로도 나타내며 숫자의 여덟 개와 출발의 의미도 되지만 정성껏 받는다는 표현도 된다.

<패>

ㅍ

貝 "조개 패(貝)=눈목(目)+여덟 팔(八), 또는 사람인(人)"

두 개의 조가비를 가진 조개류의 모양으로 옛날에 조가비를 돈으로 사용(使用)했기 때문에

貝(패)가 붙는 글자는 대부분 돈과 관계가 있다. 그래서 사람의 눈알처럼 생긴 것이 이곳저곳으로 옮겨 다니는 것을 보고 발이 있을 것이라는 생각에서 발(발)을 붙였다. 이와 같이 재물도 발이 없으면서 있는 것처럼 멋대로 왔다가 갈대도 멋대로 가는 것이기에 조개 패(패)를 재물로도 나타낸다. 조개 패(패)를 독자적으로 쓰면 재물이 없고 건강과 외로움으로 인한 고통이 따른다. 그러나 다른 좋은 뜻을 가진 부수변과 합류한 글자를 사용하면 어려움은 없다. 조개는 글자 그대로 현실적으로 얼굴만 있고 발은 보이지 않는 것이므로 늙어서 고혈압, 중풍 등으로 걸음걸이가 불편하거나 발(발)이 나타나는 40대에 가까운 이와 이별이 생기는 이도 있다. 특히, 밤하늘의 파도소리를 들으며 달과 별빛을 벗삼는 외로움이 있으며 음식과 장사에는 소질이 있다, 비록 공무원이라 할지라도 재물에 욕심을 부리기도 한다.

覇 "으뜸 패(覇)=비 우(雨)+가죽 혁(革)+달 월(月)"

우뚝, 두목 즉 싸움에 이겨서 권세를 잡는다는 뜻이다. 여기서 비 우(雨)는 하늘의 뜻을 빙빙 둘러 포용한다는 뜻이고 가죽 혁(革)은 띠로서 감싸고 묶는다는 뜻이며, 달 월(月)은 고깃덩어리와 같은 동식물과 사람을 나타낸다. 그러나 이름에 사용한다면 숫자가 많지 않고 달 월, 육달월 변(肉=月)의 영향을 받는다.

佩 "찰 패/노리개 패(佩)=사람인 변(亻)+안석 궤(几)+둘릴 잡(帀)"

사람인 변(亻(=人)는 사람)部와 음을 나타내는 凡(범은 패로 바뀜)이 합하여 이루어졌으며, 주머니에 넣거나 허리춤에 차고 다니는 노리개란 뜻이다. 즉, 안석 궤(几)+둘릴 잡(帀)은 "궤연(하늘에 날리는 연)으로 나타낸다.

浿 "물이름 패(浿)"

삼수변(氵(=水, 氺)는 물)部와 음을 나타내는 貝(패)가 합하여 이루어졌으며, 조개가 노는 강의 이름과 물 속의 조개란 뜻이다.

<팽>

烹 "삶을 팽(烹)=형통할 형(亨)+연화발(灬)"

亨(형=삶음)과 火(화=불)의 합자하여 불을 붙여 삶아서 요리한다는 뜻으로 형(亨)=돼지해머리(亠)+입구(口)+마칠 료(了)의 합자로서 지난 일은 이미 끝났다는 뜻이며 원래는 드릴 향(향)을 50년 전부터 형통하다는 뜻으로 고쳐 사용한다. 즉 "토사구팽=사냥이 끝나면 사냥개도 삶아먹는다." 고로 쓸모가 없으면 쉽게 버린다는 뜻으로 믿음성이 부족하고 신의가 없다.

彭 "많을/나라이름 팽(彭)=열 십(十)+콩 두(豆)+터럭 삼(彡)"

터럭 삼(彡는 무늬, 빛깔, 머리, 꾸미다)部의 전음이 음을 나타내며, 무성한 콩나무에 많이 열린 콩이란 뜻에서 나라이름 팽으로도 나타내고 여기서 열 십(十)+콩 두(豆)는 콩나무란 뜻의 콩 두(豆)와 같은 글자이며 (豆)만 독자적으로 쓰면 제가(祭器) 두(豆)가 된다. 즉, 조상에게 제사를 잘 모셔야 함을 나타내어 "성씨" 로 쓰이는 글자다.

<편>

便 "편할/오줌 편(便)=사람인 변(亻)+고칠 갱(更)"

사람인 변(亻(=人)는 사람)部와 음을 나타내는 동시에 바로잡다, 바꾸다의 뜻을 가진 更(경→편은 변음(變音))으로 이루어져 사람에게 便利(편리)하게 바꾸는 것, 불편한 곳이 있으면 형편 좋게 고침의 뜻으로 또 음이 닮은 傳(전)의 뜻을 받아 消息(소식)・訪門(방문) 등의 뜻으로도 쓰인다. 즉, 어떤 일을 하기가 편리하다는 뜻으로 편할 편, 고칠 갱, 똥오줌 변 등의 3가지 음과 뜻으로 나타낸다. 또 나이가 들면 대소변을 가리지 못한다는 뜻과 편지를 직접 가지 않고 서신으로 전하니 편하다는 뜻이다.

編 "엮을 편(編)=실사(糸)+작을 편(扁)"

실사(糸는 실타래)部와 음을 나타내는 동시에 竹簡(죽간)의 뜻을 나타내는 扁(편)으로 이루어졌으며, 글자를 쓴 죽간을 실로 얽어서 하나로 만드는 뜻으로 전(轉)하여 엮다・짜다・서적을 만들다 따위의 뜻을 가지고 있다. 또 작은 것들 여러 개를 실로 묶거나 얽어맨다는 뜻으로 엮을 편(編)은 문 호(戶)+그물망(网), 또는 쓸 용(用)으로도 사용된다. 직업으로는 인쇄업, 출판사, 편집부, 잡지, 신문사, 광고지, 의류, 실 등이 있다.

篇 "책 편(篇)=대나무 죽(竹)+작을 편(扁)"

대 죽(竹는 대나무)部와 음을 나타내는 扁(편)은 실로 매는 뜻)으로 이루어졌으며, 대나무 패를 실로 맨 것으로, 책의 뜻으로 종이가 없을 때 대나무로 종이로 사용하여 책으로 묶는다.

片 "조각 편(片)=삐침(丿)+윗 상(上)+아래 하(下)"

나무를 쪼개어 조각의 한 편을 본뜬 글자로 '조각'을 뜻하며, 木(목)을 둘로 나누면 오른쪽은 片(편), 왼쪽은 장(장수 장 변(爿는 나뭇조각)部)이 된다고 생각했다, 그런데 옛날에는 글자를 우향, 좌향 어느 쪽으로 써도 같은 경우가 많으면, 따라서 片(편)도 장수 장 변(爿는 나뭇조각)部와 같아 침상이나 나무 널빤지의 모양을 나타낸 것이다. 즉, 나중에 두 개로 나눈 한쪽의 뜻으로 편시의 성씨에 사용되는 이 글자는 장수 장, 널조각 장(爿)과 합류해야 한 개의 나무(木)가 완성되므로 성씨이니 어쩔 수 없지만 이름에는 사용하지 않는 것이 좋다.

扁 "작을 편(扁)=문 호(戶)+쓸 용(用), 또는 그물망(网)"

지게 호(戶는 지게문)部와 글자를 쓰는 죽간을 나타내는 冊(책)으로 이루어졌으며, 문에 거는 대나무 패의 뜻으로 작은 창문과 문풍지란 뜻이다.

偏 "기울 편(偏)=사람인 변(亻)+작을 편(扁)"

뜻을 나타내는 사람인 변(亻(=人)는 사람)部와 음을 나타내는 동시에 한쪽 가의 뜻(邊변)을 가진 扁(편)으로 이루어졌으며, 사람이 한쪽으로 치우쳐 공정치 못한 것을 뜻하고, 너무 작은 것은 큰사람의 곁으로 기울거나 치우친다는 뜻이다.

<평>

平 "평할 평(平)=방패 간(干)+여덟 팔(八)"

물 위에 뜬 물풀의 모양을 본뜬 글자로 수면이 고르고 평평하다는 뜻으로 물질적으로 평가 할 수도 있다는 데서 옛날에는 화폐의 단위로 사용되던 글자로서 "평가함"을 나타낸다. 즉, 지금은 십 원, 백 원이지만 과거에는 한 평, 두 평으로 사용하던 점포의 화폐단위이다. 고를 평, 평평할 평, 분별하여 다스릴 평으로도 나타내며 변론할 변(변)과 통하는 글자다. 직업으로는 공무원, 정치인, 법관, 변호사, 사업가 등이 있다.

評 "평론할 평(評)=말씀언(言)+평할 평(平)"

말씀언(言은 말하다)部와 음을 나타내는 平(평은 公平공평의 뜻)으로 이루어졌으며 공평하게 논함의 뜻으로 어떤 글의 내용을 입으로 평가한다는 내용이다.

坪 "당 평평할 평(坪)=흙토(土)+고를 평(平)"

흙토(土는 흙)部와 음을 나타내는 동시에 '평탄하다'의 뜻인 平(평)으로 이루어졌으며, 평탄한 땅, '들판'의 뜻으로 평퍼짐한 땅을 나타낸다.

<폐>

陛 "섬돌 폐(陛)=언덕부 변(阝)+견줄 비(匕)+흙토(土)"

좌부변(阝(=阜)는 언덕)部와 음을 나타내는 부수를 제외한 글자 坒(비)의 전음이 합하여 이루어져, 뜰 계(階)와 통하는 글자로서 뜰앞의 계단과 댓돌을 나타낸다. 또, 언덕부 변(阝)은 높다는 뜻으로 比는 형제처럼 닮은 댓돌과 계단이며 흙토(土)는 땅과 계단이 연결됨을 나타낸다. 이름으로 사용할 시 형제와 친구 간에 우애롭지 못하고 언덕 밑이나 고층에 산다. 직업으로는 토목, 건축업, 소개업, 농업 등이 있다.

弊 "헤질/피해 폐(弊)=헤진옷 폐(敝)+손잡을 공(廾)"

개가 지쳐 쓰러지는 뜻과 나중에 개의 뜻이 빠지고 음을 빌어 깨어지다, 찢어지다의 뜻으로 여러 사람의 옷과 마음이 함께 헤지고 찢어지는 고통이 있다는 뜻이다. 남에게 피해를 주거나 폐를 끼치지 않으면 내가 피해를 입는다. 또 함께 동업을 해도 좋지 않는 결과를 만들므로 공무원이나 직장인이 좋다.

閉 "닫을 폐(閉)=문 문(門)+재주 재(才)"

門(문)은 좌우로 열리는 입구로 才(재)는 문을 닫고 빗장을 건 모양, 문을 닫고, 出入(출입)을 끊다, 닫다의 뜻으로 문안에서 재주를 부리자니 타인의 근접을 막는다는 뜻에서 문을 닫거나 막는다는 뜻이다.

幣 "폐백 폐(幣)=옷헤질 폐(敝)+수건 건(巾)"

수건 건(巾는 옷감, 헝겊)部와 음을 나타내는 부수를 제외한 글자 敝(폐)로 이루어졌으며, 명주의 뜻으로 즉, 고대는 명주를 돈 대신 썼으므로 화폐의 뜻으로 쓰이게 되었다. 찢어지거나 낡은 옷을 나타내며, 결혼대의 폐백(幣帛)은 비단을 선물하여 낡을 때까지 입으라는 뜻일 뿐이다.

ㅍ

<포>

飽 "배부를 포(飽)=밥 식(食)+쌀포(勹)"

밥 식(食(=飠)는 먹다, 음식)部와 음을 나타내는 동시에 부풀어 커지다의 뜻을 가지는 包(포)로 이루어져 있으며, 만족하게 먹다, 만족해하다의 뜻으로, 밥을 배 속에 넣고 나니 배가 부르다는 뜻을 나타낸다. 포식(飽食)=실컷 먹고 또 먹어서 배가 터질 듯하다는 표현과 굶주려서 먹을 것을 찾는 사람으로 될 수도 있다. 직업으로는 음식점, 군인, 포수, 환자, 의사 등이 있다.

布 "베 포(布)=풀벨 예(乂)+수건 건(巾)"

수건 건(巾는 옷감, 헝겊)部와 음을 나타내는 父(부는 한 집 안 전체를 거느리는 가장을 뜻하며, 포는 변음)로 이루어져, 넓게 편 천, 천을 넓게 펴다의 뜻으로 베는 가위질을 해야 수건을 만들고 각종 옷감도 만들 수 있다는데서 만들어진 글자이다. 즉, 풀 벨 예(乂)는 가위질로 각종 풀이나 천, 종이의 목을 베는 형상에서 뚫고 찢는다는 뜻으로 나타내기도 한다. 또 부모나 가족과 인연이 짧다. 직업으로는 광고업, 포목, 지업사, 의류업, 옷수선 등이 있다.

捕 "잡을 포(抱)=제방 변(扌)+클 보(甫)"

재방 변(扌(=手)는 손)部와 음과 함께 묶는다의 뜻을 나타내기 위한 보(甫→포는 변음(變音))로 이루어져 손으로 꼭 쥐고 놓지 않는 것으로, 붙잡다의 뜻과 아무리 큰 것도 손으로 잡을 수 있다는 뜻으로 만들어진 글자이다. 클 보(甫)는 쓸 용(用)+주살 익(弋)의 약자를 합친 글자로 덩치가 크고 넓적하다. 즉, 욕심이 많고 성기도 큰 편이며, 섹스를 즐겨하고, 욕심 때문에 이득이 안되는 사람과는 관계를 거부하는 경향이 있다. 직업으로는 사법관, 의사, 간호사, 약사, 식당, 식육점 등이다. 간, 신장질환, 사고, 수술, 고혈압, 관절염에도 조심해야 한다.

勹 "쌀 (勹)=쌀포(勹)+이미 이(已)"

이(已)는 뱀 사(巳)와 같이 몸 기(己)의 변형체이므로 병든 몸이나 어떤 물건을 보자기에 싼다는 뜻과 실탄을 총구에 넣어서 쏜다는 뜻도 된다. 직업으로는 금융계, 군인, 총포사, 포수, 사격선수, 장난감, 사채업자 등이 있다.

抱 "가질 포(抱)=제방 변(扌)+쌀포(包)"

재방 변(扌(=手)는 손)部와 음을 나타내는 包(포는 싸다)로 이루어져 손으로 싸안는다의 뜻으로 보자기에 싼 것이나 총기류도 내가 가진다는 뜻이다.

胞 "태 포(胞)= 육달월 변(月)+쌀포(包)"

육달 월(月(=肉)는 살, 몸)部와 음을 나타내는 包(포는 임신한 모양)의 합자하여 뱃속의 아이를 싸고 있는 막(膜)을 말하며, 보자기에 고기덩어리 즉, 배 속의 아가와 아기 집을 나타낸다.

浦 "물가 포(浦)=삼수변(氵)+넓을 보(甫)"

삼수변(氵(=水, 氺)는 물)部와 음을 나타내는 동시에 잇닿다의 뜻을 나타내기 위한 보(甫→포는 변음(變音))로 이루어져, 물가에 잇닿은 곳과 강이나 바닷가에 자리한 포구, 항구를 나타낸다.

葡 "포도나무 포(葡)=초두 변(艹)+쌀포(勹)+클 보(甫)"

당나라 때 서역으로부터 Budau의 음역 글자로서, 넓직한 밭 전체가 넝쿨로 덮힌 과수원을 나타낸다.

<폭>

暴 "폭발할 폭(暴)=가로 왈(曰)+함께할 공(共)+물수(水)"

날일(日는 해) 部와 出(출), 양손 모양의 글자와 米(미)의 합자로 쌀을 햇볕에 쬠의 뜻과 넓은 바다처럼 크게 퍼져나간다는 뜻에서 폭발한다는 뜻으로 나타낸다. 즉 남에게 지기를 싫어하고 난폭해질 우려가 있다.

幅 "넓이 폭(幅)=수건 건(巾)+복 복(福)의 고자(古字)"

수건 건(巾는 옷감, 헝겊)部와 음을 나타내는 부수를 제외한 글자 복(폭은 변음(變音))으로 이루어져 있어, 옷감의 폭, 너비의 뜻, 전하여 단순히 폭의 뜻으로 쓰여 천의 넓이가 넓고, 크다는 뜻이다.

<표>

表 "겉 표(表)=흙토(土)+옷의(衣)"

모피 털이 있는 옷을 겉쪽으로 입는다 하여 바깥을 뜻하며 본디, 가죽옷은 털이 겉으로 드러나 있는데, 禮服(예복)으로서는 그 위에 겉옷을 입어 털이 속으로 가려지게 한다. 즉, 이 옷이

表(표)이며, 나중에 널리 물건의 가죽의 뜻으로 쓰이게 되며, 또 標(표)와도 통하게 된다. 또한 땅의 표면으로 나타난 씨앗, 또는 걸 옷, 땅의 표면이란 뜻으로 만든 글자로 (表)의 상단부에 흙토(土)를 날 생(生)으로, 옷의(衣)를 씨앗 씨(氏)로 해석할 수도 있다. 좋은 일을 표면으로 나타내기를 좋아하고 덩치와 키도 큰 편이다. 직업으로는 공무원, 정치인, 농업, 산부인과(의사), 의류 디자이너, 종묘 등이 있다.

飄 "날릴 표(飄)=표 표(票)+바람 (風)"

바람 풍(風는 바람)部와 음을 나타내는 票(표)가 합하여 이루어져 나부끼다, 떨어지다의 뜻으로 문서나 쪽지와 같은 것들이 바라에 흩어져 날린다는 뜻이다. 여기에서는 나뭇잎이 낙엽으로 흩어져 날린다는 뜻으로 어떤 일이 성과도 없이 바람에 흩어질 수도 있으니 조심해야 한다.

標 "표시할 표(標)=나무목(木)+쪽지 표(票)"

木(목)과 음을 나타내며 동시에 불티가 너울거리며 올라가는 것처럼 물건이 높이 올라감을 뜻하는 票(표)로 이루어졌으며, 커다란 나무 끝의 매우 연약한 부분을 뜻하고 나중에 높이 내건 眼標(안표)의 뜻으로 쓰인다. 즉, 나무로 만들어 세운 이정표를 말한다.

票 "쪽지/표 표(票)=서녁 서(西)+보일 시(示)"

물건의 중요한 부분인(부수를 제외한 부분의 글자←要의 생략형(省略形)) 중심부가 눈에 잘 보이게(示) 표시(表示)하여 둔다는 뜻이 합하였으며 '쪽지, 표시(表示)'를 뜻하며, 차표, 기차표처럼 생긴 것들을 나타내는데 (票)는 밤 율(栗)과 닮은 글자로서, 사용하면 표를 팔거나 증권, 광고지, 경마권, 화투, 포커 등의 도박성을 좋아하므로 이러한 직업과 인연이 있다.

杓 "자루 표(杓)=나무목(木)+구기 작(勺)"

나무목(木는 나무)部와 음을 나타내는 동시에 국자의 뜻을 가지는 勺(작)으로 이루어지며, 나무로 만든 국자의 뜻으로 구기 작, 술잔 작과 同字로서 자루가 긴 바가지, 또는 북두성의 긴 자루로도 나타낸다.

彪 "범/무늬 표(彪)=범 호(虎)+터럭 삼(彡)"

虎(호)와 터럭 삼(彡는 무늬, 빛깔, 머리, 꾸미다)部의 합자하여 호랑이의 등에 얼룩무늬를 나타내고 얼룩덜룩한 옷감과 인연이 있다.

豹 "표범 표(豹)= 벌레 치(豸)+구기 작(勺)"

갖은돼지시변(豸는 짐승, 돼지)部와 음을 나타내는 勺(작)으로 이루어졌으며, 이것은 벌레처럼 조그만 것이 둥근 공처럼 잘 뛴다는 뜻에서 표범으로 나타낸다.

驃 "날랠/표절따 표(驃)=말마(馬)+표 표(票)"

말마(馬는 말)部와 음을 나타내는 票(표)가 합하여 이루어져, 누런 바탕에 흰빛이 섞인 말, 빠르다, 굳세다, 날래다의 뜻으로 나타낸다. 경마, 화투, 포커, 운수업, 장사꾼, 돌아다닐 일이 많은 직업 등과 인연이 깊다.

<품>

品 "품할 품(品)=입구(口)+부르짖을 현(口口)"

여러 사람이 모여서 의견을(口) 주고받으니 좋은 물건이 나타난다 하여 '물건(物件)'을 뜻하며 口(구)는 사람의 입→말을 하는 일, 品(품)은 많은 사람이 와글와글 議論(의론)함→물건의 좋고 나쁨을 판정하는 일, 일설(一說)에는 口(구)가 말을 하는 것이 아니고 물건의 모양을 나타내고 品(품)은 많은 물건의 뜻이라고도 한다. 즉 입으로 소리를 낸다는 뜻에서 어떤 벼슬을 내리거나 평가한다는 뜻으로 나타내며, 이글 자가 직위, 벼슬을 내린다는 뜻은 品자가 석 삼(三)으로 형성되고, 또, 王과 같은 글자로 만들어져 있다. 직업으로는 교육자, 음악가, 연예인, 가수, 언론인, 방송인, 식당 등이 있다.

稟 "여쭐/받을 품(稟)=넉넉할 름(亠+回)+벼화(禾)"

벼화(禾는 곡식)部와 음을 나타내는 부수를 제외한 글자 㐭(름)이 합하여 이루어져, 농사를 지어 거둔 곡식이 곳간에 가득하다는 뜻이 담겨져 있다.

<풍>

豊 "풍년/풍성할 풍(豊)=굽을 곡(曲)+콩 두(豆)"

豐의 속자(俗字)로 豆(그릇)위에 음식을 담아 올린 모양, 하나 잔뜩 들어 있는 것으로부터 풍부의 뜻이 되며, 산에서 나는 퇴비를 잘 이용하여 정성껏 농사를 지어야 콩이 풍성하다는 뜻에서 풍년이 든다는 뜻으로 나타낸다. 또 굽을 곡(曲)은 약자(略字)이며 본자는 뫼산(山)의 양쪽에 무성할 봉(봉)이 두 개 합류한 글자로서 산속의 무성한 수목을 나타내고, 부모나 가족가의 인연이 짧지 않으면 본인의 건강이 빨리 상하게 되고, 체격은 굵고 풍성해진다. 예절을 잘 지키는 듯 하지만 매사를 입으로 처리한다. 직업으로는 음악가, 농업, 비료, 퇴비, 종묘, 음식점, 약재상 등이 있다.

楓 "단풍나무 풍(楓)=나무목(木)+바람 풍(風)"

木(목은 나무)部와 음을 나타내는 風(풍)이 합하여 이루어져, 세찬 바람에 흔들리는 나무란 뜻에서 가을철의 낙엽을 떨구는 단풍나무로 나타낸다.

風 "바람 풍(풍)=안석 궤+벌레충(충)"

무릇(凡) 태풍이 지나간 다음에 병충(蟲)이 많이 번식한다는 뜻을 합하여 '바람'을 하며, 눈에 보이지 않는 작은 벌레 같이 달려들기도 하고 날아가기도 한다는 뜻에서 바람으로 나타낸다.

<피>

被 "이불 피(被)=옷의 변(衤)+껍질 피(皮)"

옷의 변(衤(=衣)는 옷)部와 음을 나타내는 동시에 가리다의 뜻을 나타내기 위한 皮(피)를 합친 글자로 잘 때 뒤집어 쓰는 옷으로, 뒤집어 쓰다, 쓰다, 입다의 뜻과
옷은 옷이되 겉에 입는 옷이므로 이불을 나타낸다. 또는 겉에다 걸치는 복(피복)이나 덧옷을 상징하며, 속은 비었어도 겉치장은 잘 한다는 뜻과 같이 사치성을 좋아하는 마음을 나타낸다. 말년에 자식에게 근심이 따르게 된다.

彼 "저 피(彼)=자축거릴 척(彳)+껍질 (皮)"

갈라진 길의 뜻과 원줄기에서 갈라져 가는 데서, 먼 곳의 물건(物件) 또는 사람을 가리킨다. 즉, 이곳 저곳을 머뭇거린다는 뜻으로 만든 글자이며, 껍질 피(皮)는 겉껍데기를 나타내고 자축거릴 척(彳)은 교차로의 반쪽을 나타내기 때문에 저 피(彼)는 저 이(伊)와 뜻이 통하는 글자이다. 즉, 남의 물건이나 학문도 탐을 내고 그 물건이나 그것에 기웃거리게 된다.

疲 "숨가쁠 피(疲)=병녁 녁(疒)+가죽 피(皮)"

병질 엄(疒는 병, 병상에 드러누운 모양)部와 음을 나타내는 동시에 지치다의 뜻을 나타내기 위한 皮(피)로 이루어져 병들어 지치다의 뜻으로 질병의 근원이 겉으로 나타나니 피곤하다는 뜻과

병질엄(疒)이란 말을 병녁 녁의 명칭이다. 또한 피곤할 피로도 나타내므로 이름으로 사용하면 좋지 않다.

<필>

匹 "짝 필(匹)=상자 방(匚)+어진 사람인 발(儿)"

본래는 옷감 두 끗의 뜻으로 음은 나란히 놓다에서 유래했다. 또 匹夫(필부)와 같이 하나의 뜻으로 쓰는 것은 옛날 한 끗의 옷감을 양쪽으로부터 감아 두개를 나란히 놓은 모양을 一匹(일필)이라고 한데서 유래해 사람이 상자 속으로 들어간 것은 짝이 생겼다는 뜻이다. 그러나 죽을 사(四)와 같은 글자이므로 죽음에 가깝다는 뜻에서 변변치 못하다는 뜻이 있다.

必 "반드시 필(必)=마음심(心)+삐침 별(丿)"

땅을 나눌 때 말뚝을 세워 경계를 분명히 하여 나눈다는 데서 '반드시'의 뜻으로 쓰이며, 마음이란 사람의 가슴 속에 든 심장(心腸)의 모양을 본뜬 글자로서, 한 개의 삐침 별(丿)이 파고들어 비수 비(匕)를 만들고 있으므로 맺고 끊음이 강하지만 입에서 나오는 말 속에 항상 남의 심장을 찌르는 가시가 있다. 또 비방과 헐뜯기를 좋아하고 심장병을 조심해야 한다. 직업으로는 의사, 사법관, 가수, 음악가, 언론인 등이 있다.

筆 "붓 필(筆)=대나무 죽(竹)+소리낼 률(聿)"

손에 붓을 쥔 모양의 聿(율→필은 변음(變音))과 자루가 대나무인 것을 분명히 나타내기 위해 竹(죽)을 붙여서 쓰이고, 즉 대나무로 만든 붓을 뜻한다. 또, 대나무로 글씨를 쓰고 그림을 그리는 소리가 들린다는 뜻으로 만든 글자이다. 옛날에는 대나무를 쪼개어 끝을 두드려서 글씨를 쓰고 종이로 이용되기도 했으며 그림도 그리고 퉁소나 악기를 만들어 불기도 했다. 직업으로는 화가, 서예가, 음악가, 가수, 학원 강사, 꽃집 등이 있다.

畢 "마칠 필(畢)=밭 전(田)+이십 십(卄)+무성할 봉(丰)"

짐승을 잡는 자루가 달린 그물 모양을 나타내는 부수를 제외한 글자와 음을 나타내는 불(田+점→필은 변음(變音))로 이루어지며 자루가 달린 그물의 모양, 음을 빌어 남김없이, 모두의 뜻으로 쓰이고, 숲이 무성한 곳에 토끼잡이가 귀하여 그물을 쳤다는 뜻에서 죽음이 가깝다는 뜻으로 나타낸다.

II

弼 "도울 필(弼)=두 개의 활 궁(弓)+일백 백(白)"

활을 도지개에 거는 일, 전(轉)하여 붙이다, '돕다'의 뜻으로 활을 만들기 쉽도록 활을 길에 피는데 쓰이는 기계라는 뜻에서 돕는다라고 나타내며, 몸은 늘어져 힘과 용기는 없으면서 재물에 욕심을 살아있다. 또, 게으른 편이고 한량들처럼 놀기만을 좋아한다.

<핍>

逼 "핍박할 핍(逼)=너비 복(畐)+쉬엄쉬엄 갈 착(辶)"

책받침(辶(=辵)는 쉬엄쉬엄 가다)部와 음을 나타내는 부수를 제외한 글자 畐(복)의 전음(轉音)이 합하여 이루어졌으며, 너비 복은 복 복(福)의 고자로서 그렇게 천천히 가서 언제 복을 받는 곳까지 도달하겠느냐는 뜻에서 "핍박하다. 궁핍하다."의 뜻으로 나타낸다. 즉, 돌아다니며 복을 얻고자 하나 끝이 없다라는 의미가 있다.

<하>

河 "물 하(河)=삼수변(氵)+가할 가(可)"

'강물'을 뜻하며, 可(가→하는 변음(變音))는 입으로부터 숨이 세게 나오거나 허락하여 말하는 일, 河(하)는 물이 시원스럽지 못하게 나가다가 세차게 흐르는 일, 중국(中國)에서는 黃河(황하)를 예로부터 河(하)라 일컫고 그 神을 河神이라 하여 소중히 여겼다. 즉, 물을 닮았다는 뜻으로 만들었다. 또, 가부(可否)를 결정한다는 가할 가(可)는 아래 하(下)의 고자는 고무래 정(丁) 망치 정(丁)과 같으므로 (口)으로 말하고 망치로 두드린다는 뜻이므로 결정권자가 되거나 리더십이 강하다. 직업으로는 고위공무원, 정치인, 법관, 치과의사, 식육점 등이 있다.

遐 "멀 하(遐)=빌릴 가(叚)+쉬엄쉬엄걸을 착(辶)"

책받침(辶(=辵)는 쉬엄쉬엄 가다)部와 음을 나타내는 부수를 제외한 글자 叚(가)의 전음(轉音)이 합하여 이루어져, (착)은 교차로의 사거리 중 3거리를 표현한 글자로서 무엇을 빌리기 위해 멀리로 간다는 늣으로 만든 글자로써, 빌릴 가(叚)에 사람인 변(亻)을 붙이면, 거짓 가(假)가 된다. 남에게 돈을 빌리려면 당연히 거짓말이 사용된다는 뜻이다.

下 "아래 하(下)=한 일(一)+점 복(卜)"

밑의 것이 위의 것에 덮여 있는 모양이며, 上(상)에 대한 아래, 아래쪽, 낮은 쪽, 나중에 글자 모양을 꾸며 지금 글자체가 되었으며, 즉, 모든 씨앗이 싹을 틔우면 그 뿌리는 아래로부터 먼저 내린다는 뜻에서 만들어진 글자이다. 아래, 아랫사람, 하수인 등을 나타내며, 아래 하(下)의 古字는 하(下)이다. 상(上)과 하(下)의 합자는 희롱할 롱(弄)이다. 씨앗이 싹을 틔우면 그 뿌리는 아래로부터 먼저 내린다는 뜻으로 만들어진 글자로서 사용하면 20대 중반까지 고난이 많고 땅속으로 내려갈 수도 있으니 이름으로 사용하지 않는 것이 좋다.

夏 "여름 하(夏)=한 일(一)+스스로 자(自)+뒤올 치(夊)"

탈을 쓰고 춤추는 모양→크고 훌륭하다→중국(中國)사람이나 중국(中國)을 가리키고, 여름의 뜻으로 쓰게 된 것은 여름에 지내는 제사 때 춤추는 데서 유래한다고 한다. 또, 여름은 스스로가 천천히 뒤처져서 온다는 뜻으로 만든 글자이다. 위의 한 일(一)은 머리에 쓴 관직과 명예를, 눈목(目)은 얼굴과 머리를, 뒤올 치(夊)는 걸음걸이를 나타낸다. 머리 위에 쓴 명예, 관록, 벼슬을 나타내기도 한다. 직업으로는 고위공무원, 정치인, 사업가, 학자, 교육자, 의사 등이 있다.

荷 "연꽃 하(荷)=초두 변(艹)+어찌 하(何)"

물건(物件)을 올려놓을 수 있는 연잎을 뜻하며, 나중에 何(하)는 疑問(의문)의 말로 쓰이고 荷(하)는 등에 진다, 짐의 뜻으로 쓰이는 일이 많으며, 사람인들 어찌 풀을 뒤집어 쓰지 않을 수 있겠는가? 라는 뜻으로 죽어서 꽃가마에 장식한 연꽃으로 나타내며, 어찌 하(何)는 사람인 변(亻)+옳을 가(可)의 합자로서 어깨에 멘다는 멜 하, 짐질 하, 원망할 하로도 나타낸다. 즉, 가능하다고 우기던 사람이 풀속에 잠든다는 뜻으로 이름으로 사용하지 않는 것이 좋다.

賀 "하례할 하(賀)=더할 가(加)+조개 패(貝)"

조개 패(貝는 돈, 재물)部와 음을 나타내는 加(가는 많다)로 이루어져 賀(하)는 선물을 내고 하례하는 일과 돈이나 물건을 가져가서 인사를 드린다는 뜻으로 인사치례만 하는 것이 아니라 돈까지 보태어 준다는 뜻이다.

厦 "큰집 하(厦)=언덕 엄(厂), 또는 돌집 엄(广)+여름 하(夏)"

민엄호 밑(厂는 굴바위, 언덕)部와 부수를 제외한 글자 夏(하)가 음을 나타내며, 큰집 하, 곁방 하, 행랑 하로도 나타내는 것은 여름철에 시원하게 쉴 수 있는 곳, 남들이 모이는 행랑채를 말한다.

何 "어찌 하(何)=사람인 변(亻)+가할 가(可)"

짐을 뫼고 있는 사람의 모양, 나중에 모양이 변하여 人(사람인 변(亻(=人)는 사람)部)와 음을 나타내는 可(가→하는 변음(變音))를 합한 글자로 何(하)는 荷(하)의 본디 글자인데 可(가)의 음은 의문을 나타내는 말과 비슷하였으므로 의문의 뜻에 何(하) 자를 쓰게 되었다. 그러므로 뫼다짐의 뜻에는 연잎을 뜻하는 荷(하) 자를 빌어쓰게 되었으며, 가능한가? 옳은 것인가? 아니면 틀리는가를 사람에게 묻는다는 뜻에서 물음표로 쓰인다.

<학>

學 "배울 학(學)=절구 구(臼)+형상화할 효(爻)+덮을 멱(冖)+아들자(子)"

아이들이 양손에 책을 들고 가르침을 본받아 깨우치니 '배우다'의 뜻으로 절구(臼)의 한 테두리 안에서 본뜨고 배운다는(爻) 뜻이며 덮을 멱(冖)과 아들자(子)는 글자 자(字)와 같은 뜻이므로 글자도 배우고 익히며 본뜬다는 뜻이다. 즉 절구(구)의 테두리 안에서 친구들과 어울려 놀기 좋아하고 돈에 신경 쓰며 학문을 배울 수 없다는 뜻이므로 영리하고 명석하나 오히려 학교에 다니지 못한 사람이 많다. 그러나 조금만 열심히 해도 남들을 따를 수 있는 지혜로움이 있고 종교에 심취하는 이도 많다. 직업으로는 학자, 교육자, 금융계, 화가, 작가, 방앗간, 부부가 같이 일하는 집 안, 종교인 등이 있다.

鶴 "두루미 학(鶴)=새 높이날/새높이 이를 혹, 새 높이 이를 각(隺)+새조(鳥)"

새조(鳥는 새)部와 음을 나타내는 동시에 희다의 뜻을 가지는 부수를 제외한 글자 隺(학)으로 이루어졌으며, 흰 새의 뜻으로 보통 새들보다는 더 높이 난다는 뜻에서 고고한 학자풍의 학으로 나타낸다. 인물은 좋으나 건달, 역학자 등의 취미를 지니거나 돌아다닐 일이 많은 직업을 가지며 운송업, 고고학자, 사학자, 교육자 등에 인연이 있다. 또 가족 간의 사이가 불화가 있을 우려가 있다.

<한>

漢 "은하수 한(漢)=삼수변(氵)+무례한 한(卄+口+中+夫)"

양자강 상류 하천(水) 지역이라는 뜻을 합하여 '한나라'를 뜻하며, 본뜻은 陽子江(양자강)의 支流(지류)인 漢水(한수), 중국(中國)의 강은 동서로 흐르는데 한수만은 희귀하게도 남북으로 흐름, 은하수도 남북으로 흐르는 듯이 놓여 있으므로 그 뜻으로도 쓰인다. 고대 중국의 한나라에 갖가지의 무례한 놈도 많았다는 뜻에서 "놈 한"으로 사용하고 삼수변(氵)을 붙여서 하늘의 은하수도 갖가지의 별과 놈, 하천을 닮은 뜻에서 은하수 한, 한수라는 강 이름으로도 나타내며 물욕이 엄청나게 많고 재물을 보면 지아비를 팔아서라도 가지고 싶다는 뜻은 아비 부(夫)가 넉 사(四)로 들어가도 좋다는 뜻이기 때문이다. 공직자라 할지라도 돈에 눈독을 들이고 장사꾼의 기질을 지니거나 소질이 있다. 강제로라도 재물은 지니지만 욕심을 너무 부리면 수명이 최소한 20년 단축된다. 또한 고혈압, 간장, 신장질환, 중풍, 사고 등을 조심해야 한다. 직업은 교육자, 학자, 금융계, 사업가, 운수업, 물장수, 서비스업, 화가, 언론인, 기자, 경찰 등이지만 사업가가 된다면 많은 재물을 모은다.

韓 "나라 한(韓)=열 십(十)+일찍 조(早)+가죽 위(韋)"

에운다는 뜻을 가진 韋(위)와 음을 나타내며 동시에 우물 구덩이의 뜻을 나타내는 부수를 제외한 글자 (간)으로 이루어졌으며, 우물가를 에워싸는 우물난간의 뜻으로, 가죽 으로된 옷을 입고 일찍 조정에 출사한다, 또는 가죽으로 담장을 만든 우물에 일찍 물을 기르러 간다는 뜻에서 "우물담 한"으로도 나타내기도 한다. 또 가죽 위(韋)의 다섯 오(五)는 왼발, 입구(口)는 빙 두르다의 뜻과 걸을 과(과)는 오른발을 상징하며, 특히, 가죽 위(韋)는 연할 위, 군복 위의 뜻으로도 나타내는 것은 군인들이 입는 옛날 전투복과 군화를 나타내며 이미 다섯 오(五)의 왼발은 내밀고 있는 상태에서 군인들이 무장만 갖추면 오른발도 따라서 내밀어 나라 국을 휩 쓸 수도 있다는 뜻이다. 즉, 김정일이 오른발을 마져 내민다 할지라도 결국 실패하고 자신의 죽음을 초래하게 될 것이다. 또한 걸을

ㅎ

과(과)는 어그러질 과(과)도 되기 때문이다. 직업으로는 군인, 직장인, 공무원, 가방, 의류, 군복 등이다.

閑 "한가할 한(閑)=문 문(門)+나무목(木)"

마소가 멋대로 도망치지 못하게 우리의 入口(입구)에 가로지른 나무로 전(轉)하여 간을 막다→막다의 뜻과 음을 빌어 한가하다, 틈이란 뜻으로 쓰이는데, 집 안에서 조용히 있는 정원수의 나무를 본떠서 사람이 한가하고 시간이 많다는 뜻으로 나타낸다. 즉, 이 글자의 나무목(木)은 사람을 나타내며, 집 안에서 조용히 쉬는 사람을 가리켜 한가하다 한다. 이름에 사용하면 집 안에서 쉬는 사람 즉, 일거리가 없는 사람, 병자와 같으며 여자라면 정원수, 화초에 불과하다.

寒 "찰 한(寒)=움집 면(宀)+그 기(其)+얼음 빙(冫)

춥고 밖에서는 얼음이(이수변(冫는 고드름, 얼음)部) 언다는 데서 '춥다'를 뜻하며, 집 안에 풀을 깔고 사람이 누운 모양, 추위를 나타내 이수변(冫는 고드름, 얼음)部는 얼음으로 역시 추위를 나타낸다. 즉, 집 안(宀)에 얼음(冫)이 서리니 함께(共)한 모든 사람(其)들이 춥다는 뜻으로 만들어졌으며, 얼음 빙(冫)대신에 흙토(土)가 들어가면 요새 새(塞)가 되는 글자로서 그 기(其)는 함께할 공(共)의 변형체의 어조사(語助辭)로 쓰인다.

汗 "땀 한/물 질펀할 한(汗)=삼수변(氵)+방패 간(干)"

땀이 皮膚(피부)를 뚫고 나오는 기분을 나타내며, 즉, 싸움터의 방패는 베고, 찌르고 막기도 한다는 뜻에서 범할 간, 눈물 흘릴 간, 간섭할 간으로도 나타낸 글자에 물(水)을 붙여 땀과 눈물을 많이 흘린다는 뜻이다. 특히, 이름에 사용하면 열 십(十)은 성기에 이용되어 이성 관계에서 땀과 눈물을 흘리며 타인이 범하기도 한다는 뜻이며 간(干)에 계집녀(女)를 붙이면 간음할 간이 되고 두 개는 방패 간에 계집녀(女)가 붙으면 고을 연(姸)이 된다. 즉, 사랑을 한 번 더 나누어 곱게 보인다는 뜻이다.

澣 "빨래할 한(澣)=삼수변(氵)+줄기 간(幹)"

삼수변(氵(=水, 氺)는 물)部와 음을 나타내는 幹(간은 한)이 합하여 이루어진 글자로써 흐르는 물줄기에서 빨래를 한다. 또한 빨래를 할 수 있는 곳이 흐르는 물줄기란 뜻이다.

限 "한정 한(限)=좌부 방(阝)+그칠 간(艮)"

좌부변(阝(=阜)은 언덕)部와 음을 나타내는 艮(간→한은 변음(變音)는 가만히 눈여겨보다→머무르다)으로 이루어진 글자로써, 거기까지 나가 머물다→거기까지 나가다→뚜렷이 한계 짓다라는 뜻으로 언덕의 끝, 낭떠러지의 끝이므로 멈춘다는 뜻을 가지고 있다.

瀚 "넓고 클/북극해 한(瀚)= 삼수변(氵)+새 높이날 한(翰)"

삼수변(氵(=水, 氺)는 물)部와 음을 나타내는 翰(한)이 합하여 이루어져 넓고 큰 모양의 뜻으로 아침 일찍부터 새가 날으면 더욱 넓고 큰 곳을 날 수 있다는 의미로 북극해의 큰 바다처럼 넓고 크다는 뜻을 나타낸다. 높이 날 한(翰)=일찍 조(早)+깃 소, 새가 나는 모양 옹(翁)과 같은 글자로서 늙은이 옹(翁)으로도 나타낸다.

翰 "새 높이날 한(翰)=일찍 조(早)+늙은이 옹(翁)"

깃 우(羽는 깃, 날개)部와 음을 나타내며 간(羽를 제외한 나머지 글자)으로 이루어지며, 새 이름, 산새의 뜻으로 새가 나는 모양은 일찍부터 성숙된 모양이란 뜻에서 새가 나는 모양 옹(翁)으로도 나타낸다.

閒 "한가/마구간 한(閒)= 문 문(門)+육달월 변(月)"

間(간), 閑(한)의 본자에서 門(문)과 月(월)의 합자하여 문짝 사이로 月光(월광)이 새어 들어오고 있음의 뜻에서 틈·사이의 뜻이 되며, 즉, 집 안에서 키우는 고리(肉)란 뜻에서 가축의 우리를 나타낸다.

旱 "가물 한(旱)=날일(日)+방패 간(干)"

해가 쨍쨍 내리쬬이고 마른다는 뜻에서 태양이 아무 곳에나 범하여 파고든다. 즉, 태양이 파고들고 뜨겁다는 뜻이므로 날씨가 가물다는 뜻이 된다. 이름으로 사용 할 경우 먹을 것이 부족해진다.

<함>

鹹 "짤함/다함(鹹)=닭 유(酉)+같을 함(咸)"

소금밭 로(鹵는 소금)部와 부수를 제외한 글자 咸(함)이 음을 나타내며, 독아지(酉)에 담은 것이 강하게 매운 맛과 같다는 뜻으로 만든 글자이다. 다 함(咸)의 천간 무(戊)는 무기(戈)를 만드는 아궁이란 뜻에 뜻 지(旨)를 붙였고 닭 유(酉)는 술 단지를 본떴으므로 소금단지란 뜻이다.

咸 "다/같을 함(咸)=천간 무(戊)+뜻 지(旨)"

ㅎ

음을 빌어 다의 뜻으로 쓰이며, 한 아궁이 속에 뜻있는 것이 다 모였다. 또는 다 먹어 치웠다는 뜻도 된다. 뜻 지(旨)의 본자는 숟가락 비(匕)+날일(日)의 합자로서 날마다 먹어 치운다는 뜻으로 천간 무(戊)는 불꺼진 아궁이로서 먹을 것이나 땔감이 들어오기를 기다리는 상태의 아궁이므로 없다는 뜻이다. 직업으로는 한의사, 약사, 간호사, 음식점, 군인, 무사 등이 있다.

函 "휩쌀 함(函)=입벌릴 감(凵)+도울 승(丞)"

전(轉)하여 상자, 또 집어 '넣다'의 뜻으로 입을 벌린 곳에 먹을 것도 넣었다, 입으로 감싼다는 뜻과 같이 물건을 상자에 싼다는 뜻이다. 사주단자를 보낼 때 함 상자를 나타내며, 휩쌀 함(函)의 위에 초두 변(艹)을 붙이면 꽃 봉우리 함(菡)으로 토정비결의 저자 토정(土亭) 이지함(李之菡) 선생의 이름이다. 오얏나무가 상자 속에 든 꽃봉우리와 같다는 뜻의 이름이므로 땅속에 굴을 파고 살다가 62세에 죽었다. 아마, 이지함 선생도 이름의 비결이나 지금처럼 새로운 한자 공부와 글자의 뜻을 새길 줄 알았다면 이름을 고치고 운명도 고쳤을 것이다.

艦 "군함 함(艦)=배 주(舟)+볼 감(監)"

화살이나 돌 따위를 막기 위해 둘레를 판자로 둘러싼 배의 뜻으로, 아무리 살펴봐도 배를 닮았다.
배와 같은 것이 군함이란 뜻이다.

<합>

合 "합할 합(合)=사람인(人)+뜻 지(旨)의 본자"

그 어느 것이나, 모으다・모이다・합하다・맞다의 뜻이 共通(공통)되며, 서로가 뜻을 합치다. 마음속에 품은 뜻을 서로 합친다는 뜻으로 만들어진 글자로 위의 사람인(人)은 지붕을 나타내고 뜻 지(旨)는 먹은 음식과 생각, 의견 등을 한곳에 합친다는 뜻에서 집으로 나타낸다. 직업으로는 한의사, 간호사, 약사, 식당, 주방장, 언론인, 연예인 등이 있다.

<항>

恒 "항상 항(恒)=심방 변(忄)+베풀 선(亘)"

마음의 배가 양쪽 기슭을 왕복하며 변하지 않고, 전(轉)하여, 恒久不變(항구불변)의 뜻이다. 즉,

항상 베푸는 마음을 가진다는 뜻으로 만들어져 있어, 항상 베푸는 마음을 가져야 편하다.

抗 "겨룰 항(抗)=제방 변(扌)+목 항(亢)"

본래는 손으로 높이 올림을 나타냈지만, 나중에 경쟁(競爭)하다, 다투다의 뜻으로 목을 뻣뻣하게 세우고 손을 내민다는 뜻에서 싸움을 걸거나 항거, 반항한다는 뜻으로 나타낸다. 즉, 싸움이나 전투에서는 능하지만, 사회생활에서는 합당치 못하다. 목 항(亢)은 돼지머리 해(亠)+안석 궤(几)의 합자로서 사람의 목이 궤짝처럼 생겼다는 데서 고분고분하지 못하므로 독불장군이란 소리를 듣게 된다.

航 "항해할/비행할 항(航)=배 주(舟)+목 항(亢)"

배 주(舟는 쪽배)部와 음을 나타내는 동시에 앞으로 가다의 뜻을 가지는 亢(항)으로 이루어졌으며, 배를 타고 내를 건너는 것, 航(항)은 그 속체(俗體), 옛 음이 行(행)과 닮아서, 길을 가는 것이 行(행), 水上(수상)을 가는 것이 航(항)이라고 생각되었고, 궤짝을 닮은 배가 바다를 건넌다는 뜻과 또는 궤짝을 닮은 비행기가 하늘을 비행한다는 뜻도 된다. 직업으로는 항해사, 비행사, 어부, 사공, 이민 가족 등이다.

港 "항구 항(港)=삼수변(氵)+거리 항(巷)=거리 항(巷)은 함께할 공(共)+병부절(㔾)"

삼수변(氵(=水, 氺)는 물)部와 음을 나타내는 巷(항)으로 이루어진 글자로 共(공)은 함께라는 뜻을 나타내며 또 물건(物件)이 잘게 나뉜다는 뜻도 나타낸다. 邑(읍)은 고을, 巷(항)은 고을을 통하여 몇 개로 나누어진 골목. 港(항)은 고을의 골목처럼 나누어진 水路(수로), 港口(항구)의 뜻으로 바다를 달리던 배가 힘이 빠지면 쉬어가는 곳, 또는 배를 육지에 대는 곳을 항구라 한다. 여자는 배, 남자는 항구처럼 쉬었다가 떠나는 사람들을 나타낸다.

項 "목 항(項)=장인 공(工)+머리 혈(頁)"

머리 혈(頁는 머리)部와 음을 나타내는 工(공)의 전음(轉音)이 합하여 이루어져 工(공→항은 변음(變音))은 後(후는 뒤)와 통하여 머리 뒤쪽, 목덜미를 뜻하며, 장인(匠人)이 정교하게 다듬은 머리와 같다는 뜻으로 고분고분하지 못하고 뻣뻣한 행동을 잘하는 사람을 나타낸다. 즉, 장인 공(工)은 장인 정신으로 일하고 공부하면 되는게 없지만, 대부분이 손재주와 기술 방면에 능한 솜씨로 다듬은 석두(石頭)와 같은 머리(頁)이므로 현명하게 사용하지 못한다. 따라서 중국 초나라의 항우처럼 우둔한 사람이 대부분이다. 이 글자를 이름에 사용한다면 누구를 막론하고 힘은 장사지만 두뇌가 명석하지 못하여 우둔하게 된다. 그러므로 힘만 믿다가 호랑이에게 물려가는 꼴이 된다.

沆 "큰물 항(沆)=삼수변(氵)+목 항(亢)"

삼수변(氵(=水, 氺)는 물)部와 음을 나타내는 亢(항)이 합하여 이루어져, 물이 목 부분까지 찼다, 괴어있는 물, 넓다는 뜻에서 많은 큰물로 나타낸다. 이름으로 사용했을 경우에는 불과 물을 조심해야 한다.

<해>

解 "풀 해(解)=뿔 각(角)+칼도(刀)+걸을 과(牛)"

牛(우는 소)와 角(각는 뿔 여기서는 물건을 나누는 일)과 刀(도는 칼)의 합자하여 소의 살과 뼈를 따로 바르는 데서 물건(物件)을 풀어 헤치다→가르다의 뜻으로 칼로서 뿔이나 묶여진 고삐를 잘라 걷도록 했다는 뜻에서 "풀어헤치다. 모르는 문제를 풀다."의 뜻을 나타냈으며, 걸을 과(牛)를 소우(牛)로 읽으면 소의 뿔을 칼로 벤다는 듯이 된다는 뜻을 지닌다. 직업으로는 의사, 사법관, 한의사, 식육점, 약사 등과 인연이 있다.

骸 "뼈 해(骸)=뼈 골(骨)+돼지 해(亥)"

뼈 골(骨는 뼈)部와 음을 나타내는 亥(해)가 합하여 이루어졌으며, 뼈와 살로 구성된 몸을 나타낸다. (骨)은 뼈이며 (亥)는 살집이 풍성한 돼지와 같은 몸과 고기를 나타내며, 이글자의 뜻은 피부에서부터 뼈 깊숙한 곳까지란 뜻으로 그러나 이름에는 사용할 수 없다. 왜냐하면 사용하지 않아도 몸에 있는 것이기 때문이며 돼지 해(亥)를 이름에 사용하면 고기 육(肉)이 되고 나중에는 병든 몸이 되기 때문이다.

駭 "놀랄 해(駭)=말마(馬)+돼지 해(亥)"

말마(馬는 말)部와 음을 나타내는 亥(해)가 합하여 이루어졌으며, 돼지와 말은 서로가 상극인 동물이기 때문에 서로 만나면 놀라서 일어난다는 뜻과 달아난다는 뜻을 나타낸다. 직업으로는 고기를 싣고 다니는 운전사, (앰블런스, 장의차) 운전사, 염사 등이 있다.

海 "바다 해(海)=삼수변(氵)+매양 매(每)"

삼수변(氵(=水, 氺)는 물)部와 음을 나타내는 每(매)가 합하여 이루어졌으며, 每는 母와 같아서 애를 낳는 사람, 출산이나 결혼은 어두운 때와 관계(關係)가 있어 每(매)는 어둡다는 뜻도 나타냈으며, 또 중국(中國) 北方(북방)의 사람이 볼 수 있었던 바다는 검고 크고 어두운 것이었다.

그래서 水와 每(매)로 海(해) 자를 이루었으며, 끝도 없이 마냥(每) 물(水)과 같다는 뜻에서 끝없이 넓은 바다를 나타냈다. 본뜻을 추출하면 물이 없다. 물이 아니다는 뜻이다. 매양 매(每)는 두 가지로 표현된다. 어머니(母)의 넓은 품처럼 생긴 것(人)이 또 있다는 뜻과 바다지만 물(水)은 아니라는 뜻의 아닐 무, 말 무(毋)로도 나타냈으며, 말 무(毋)는 없을 무(無)와 통하는 글자로서 40세 이후부터 약간의 복이 일어나지만 결국 없는 것이 많고 모자라는 것도 많다는 뜻이므로 마냥 그렇다는 뜻일 뿐이다. 만약, 얻는 것이 생기면 그것만큼 또 다른 것을 잃는다. 직업으로는 항해사, 물장수, 약사, 소개소, 화류계, 어부, 등이다.

偕 "함께 해(偕)=사람인 변(亻)+다 개(皆)"

사람인 변(亻(=人)는 사람)部와 음을 나타내는 皆(개는 해로 바뀜)가 합하여 이루어졌으며, 사람들 모두 함께 라는 뜻이다. 다 개(皆)는 견줄 비(比)+흰백(白)의 합자로서 형제와 같은 사람들 모두라는 뜻이다.

楷 "해서/본보기 해(楷)=나무목(木)+다 개(皆)"

木(목는 나무)部와 음을 나타내는 皆(개)가 합하여 이루어졌으며, 곧게 선 나무를 본보기로 삼는다는 뜻이다.

奚 "계집종 해(奚)=손톱 조(爫)+작을 요(幺)+큰대(大)"

나무목(木는 나무)部와 음을 나타내는 亥(해→핵은 변음(變音))를 합친 글자로 씨앗이 싹트려고 하는 일, 씨앗의 뜻에서 중심의 뜻이 되며, 큰사람 즉, 주인의 손끝에서 놀아나는 어린 계집종이란 뜻이다.

<핵>

核 "씨/중심 핵(核)=나무목(木)+돼지 해(亥)"

나무목(木는 나무) 部와 음을 나타내는 亥(해→핵은 변음(變音))를 합친 글자로 씨앗이 싹트려고 하는 일, 씨앗의 뜻에서 中心(중심)의 뜻이 된다. 나무에서 결실한 가장 중심이 되는 열매, 또는 나무의 속을 나타나며, 여기서 돼지 해(亥)는 껍질이 없는 알맹이, 옷을 입지 않은 알몸뚱이, 고기덩어리를 나타난다.

劾 "캐물을 핵(劾)=돼지 해(亥)+힘 력(力)"

힘 력(力는 팔의 모양→힘써 일을 하다)部와 음을 나타내는 亥(해)의 전음(轉音)이 합하여 이루어졌으며, 모자라는 어린아이처럼 자꾸 되물음의 뜻이다. 즉, 모자라는 것이므로 힘을 더 보탠다는 뜻이다.

<행>

行 "갈 행(行)=자축거릴 척(彳)+자축거릴 촉(亍)"

네거리→굽지 않고 바로 가는 일, 나중에 가다→하다란 뜻과 行列(항렬)→같은 또래란 뜻의 두 가지로 나누어졌으며, 척(彳)은 교차로의 좌측(左) 절반이며 촉(亍)은 우측 교차로의 절반(右)인즉, 두 글자를 합치면 교차로의 사거리가 완성된 글자이다. 그래서 남보다 많이 돌아다닌다는 뜻이다. 가정생활과는 거리가 멀고 떠돌이, 방랑객처럼 평생 돌아다닌다. 직업으로는 운수업, 떠돌이 장사꾼, 외판원 등이지만 돈이 없다.

幸 "다행 행(幸)=지아비 부(夫)+방패 간(干)"

夭(요는 일찍 죽다)와 책받침(辶(=辵)는 쉬엄쉬엄 가다)部를 뺀 逆(역는 거역하다)의 합자하여 일찍 죽는 것을 면함을 좋은 일로 생각하여 다행하다의 뜻으로 쓰며, 지아비를 방패로 삼고 살아가니 다행이다. 또는 요행스럽게도 방패가 잇는 지아비와 만날 수도 있다. 연인이나 배우자가 있는 사람과 관계를 가졌으며 또, 다행 행(幸)은 설립(立)+아래위에 두 개의 열 십(十)과도 같으므로 돌아다닐 일이 많은 직업, 요행을 바라는 일이 많다. 직업으로는 운전사, 외판원, 떠돌이 장사꾼 등이 있다.

杏 "은행/살구 행(杏)=나무목(木)+입구(口)"

나무목(木는 나무)部와 음을 나타내는 向(향)의 생략형(省略形) 口(구)로 이루어져, 아궁이에 들어갈 나무라는 뜻에서 장작, 땔감으로도 나타내며, 은행이란 나무의 일종이 아닌 금융계의 은행(銀行)을 상징한다. 이유는 서로 상(相)과 같이 상자를 나타내기 때문이다.

<향>

享 "드릴 향(享)=돼지해머리(亠)+입구(口)+아들자(子)"

亯과 동자(同字) 正字(정자)는 돼지해머리(亠는 머리 부분, 위)部+口+曰로 이루어진 글자로 거리를 둘러싼 성벽 위의 높은 건물(建物)을 나타내며 후에 형통하다의 뜻에 빌어 쓰이고, 조상에게 제사와 정성을 드리자니 고달프다는 뜻. 형통할 형(亨)과 同字다. 돼지해머리(亠)+입구(口)= 옛 고(고)와 같으며 옛 조상이란 듯, 할 일은 많으나 재물이 따르지 않으며 남에게 베풀며 살아야 먹을 것도 풍족한 글자다. 직업으로는 언론인, 기자, 금융, 식당, 연예인 등이다.

香 "향기 향(香)=벼화(禾)+가로 왈(曰)"

薌과 통자(通字). 黍(서는 기장)와 甘(감)의 합자하여 맛이 좋은 기장의 뜻으로 기장을 삶을 때 나는 좋은 향기로부터, 전(轉)하여 향기의 뜻과 향기를 내는 약초의 이름을 나타내며, 익은 곡식과 같은 풀을 약탕기에 끓이거나 삶으니 향기가 난다는 뜻이다. 향기를 뿌려서 꽃과 나비를 유혹하는 직업, 화류계, 꽃집, 한의사, 다방, 물장수, 약국, 농업 등. 가족가의 사이가 좋지 않고 나이보다 조숙하여 빨리 늙는다.

鄕 "시골 향(鄕)=작을 요(幺)+나아갈 즉(卽)"

지금의 字形(자형)은 마을(邑읍)과 마을이 서로 마주하여 길이 통하다의 뜻→마을, (白+匕)의 옛 모양은 음식을 가운데 두고 마주 앉은 사람의 모습을 본뜬 것이며, 본디 食事(식사)를 한다는 뜻으로는 따로 饗(향)자를 쓰게 되었다. 앞으로 나가는데 도움이 되는 옛 고향, 사회생활에 도움이 되고 어릴 때 낳아주고 키워준 고향을 나타내며 작은 것이 나가서 큰 사람으로 장성한다는 뜻이다. 나아갈 즉(卽)은 "곧 즉"으로도 나타내며 향내 흡(皀)+병부절(卩)의 합자이다. 직업으로는 한의사, 약사, 한약재, 음악, 가수, 서비스업, 다방, 식당 등이다.

響 "음향 향(響)=시골 향(鄕)+소리 음(音)"

소리 음(音는 소리)部와 음을 나타내는 동시에 向(향)하다의 뜻을 가지는 鄕(향)으로 이루어졌으며, 사방으로 전해지는 소리의 뜻으로 시골의 소리, 고향의 소리, 즉, 깊은 곳에서 울려나오는 소리를 나타낸다. 깊은 곳이란 마음 속의 깊은 곳을 나타난다. 직업으로는 음악가, 가수, 음반, 한의사, 약사, 약재상, 식당, 서비스업 등이다.

珦 "옥이름 향(珦)=구슬옥(玉)+향할 향(向)"

구슬옥 변(玉(=王, 王)는 구슬)部와 음을 나타내는 羽(우)의 전음(轉音)이 합하여 이루어졌으며, 돌멩이가 있는 쪽으로 바라본다는 뜻에서 돌의 이름을 나타낸다.

<허>

虛 “빌 허(虛)=범호밑 변(虍)+언덕 丘와 同字”

범호 밑(虍은 범의 문채, 가죽)部(→허는 변음(變音))는 크다의 뜻으로, 부수(部首)를 제외(除外)한 글자는 큰 언덕을 뜻하고, 큰 언덕은 넓고 넓어 아무것도 없다는 데서 텅 비다의 뜻으로 되었고, 범의 머리가 구덩이에 빠졌으니 없는 것과 같다는 뜻으로 만들고, 거짓말 허, 아무것도 없을 허로도 나타낸다. 범의 머리만 있고 꼬리는 없다는 뜻과 같고 언덕 구(丘)의 古字는 그칠 지(止)와 북녁 북(北)을 닮았다.

許 “허락할 허(許)=말씀언(言)+말 오, 낮 오, 어수선할 오, 어그러질 오(午)”

午(오→허는 변음(變音))는 공이→공이로 찧어 섞다→섞사귀다, 言(언)은 말, 許(허)는 남과 서로 이야기하여 사귀다→남이 말하는 것을 듣다→허락한다의 뜻으로 대낮에 한 말은 쉽게 약속은 되었으나 믿음성이 부족함을 나타낸다. 마음속으로는 단단히 다짐했으나 매사의 일은 어그러질 수도 있다. 즉, 말로서 약속된 일은 가능한 믿지 않아야 하고 또, 매사의 일에서도 어긋나는 일이 많다는 뜻이다. 말(午)이나 소(牛)의 약속은 통하지 않으며 모든 일의 시작을 조심하라는 뜻이다.

墟 “터 허(墟)=흙토(土)+빌 허(虛)”

虛(허)는 음과 함께 커다란 언덕, '허무(虛無)하다'의 뜻을 나타내며, 土(토)을 더하여 허무한 흔적, 매우 황폐(荒廢)해진 자국의 뜻이 된다. 또한 居(거)와 통하여 빈터, 건물을 세우지 않거나 곡식을 심지 않는 빈터로 풀이된다.

<헌>

憲 “법/관청 헌(憲)=움집 면(宀)+임금왕(王)+그물망(罒)+마음심(心)”

해로운(害) 일을 하지 못하도록 밝은 눈과 마음으로 감시하다도록 만들었다는 데서 '법'을 뜻하는데, 관청에서 죄인을 문책하거나 법률을 관장하는 사람들의 올바른 마음을 나타내기도 한다. 만약 마음이 올바르지 못하고 헛된 욕심을 부리면 죄수가 될 우려가 있나. 직업으로는 시법관, 법률가, 공무원, 의사, 간호사, 안경점, 식당, 장의사 등이 있다.

軒 “추녀/마루/초헌 헌(헌)=수레거(車)+방패 간(干)”

본래는 채가 굽고 앞이 높은 大夫(대부)이상의 벼슬아치가 타는 수레의 뜻, 나중에 집의 처마도 높고 굽었으므로 처마를 가리키게 된다. 수레를 타고 밖을 내다볼 수 있는 곳처럼 생긴 처마의 끝이나 툇마루, 풍류객들이 노는 정자 등을 나타내며, 본 글자의 뜻은 수레와 방패란 뜻이므로 옛날 죄수들이 묶여서 실려 가는 수레를 나타내고, 또는 고기를 잘게 저민다는 뜻도 된다. 이름에 사용하면 숫자와 뜻이 너무 부족하여 마루에 앉아 노는 건달이 될 수도 있다.

獻 "드릴/어진사람 헌(獻)=범호밑 변(虍)+오지병 격(鬲)+개 견(犬)"

옛날에는 이것에 개고기를 담아서 宗廟(종묘)에 바쳤기 때문에 鬳(권)과 犬(견)을 합쳐, 바치다·존장에게 진상하다·드리다의 뜻으로 쓰이며, 범의 모습을 한 사람이 결국에는 개를 닮을 수도 있다는 뜻에서 무섭지 않은 착한 사람으로 평가할 수도 있으나 이름에 사용하면 두 얼굴을 가진 사람, 또는 개같이 모자라는 사람이 될 수도 있다.

<험>

驗 "시험할 험(驗)=말마(馬)+다 첨(僉)"

본래 말의 이름이었으나 나중에 험(言+僉는 끝까지 따져 묻다, 표적, 효능(效能)이나 효과(效果)의 정도(程度))의 代身(대신)이나 檢(검은 조사하다, 점검하다)의 대신으로 쓰이며, 모두다 말을 타고 달려봐야 안다는 뜻에서 시험한다는 뜻으로 나타낸다.

險 "위태로울 험(險)=언덕 부 변(阝)+다 첨(僉)

깎은 듯이 서 있다의 뜻을 나타내기 위한 僉(첨→험은 변음(變音))으로 이루어졌으며, 깎아지른 듯이 서 있는 험한 산, 높은 언덕 밑, 낭떠러지에 모두 모였으니 위험하다는 뜻이다. 집을 짓거나 차를 세울때도 낭떠러지와 언덕 밑은 조심해야 한다.

<현>

峴 "고개 현(峴)=뫼산(山)+볼 견(見)"

뫼산(山는 산봉우리)部와 음을 나타내는 見(견)으로 이루어진 글자로 산이 보인다. 산을 바라본다는 뜻에서 고개, 재로 나타내며, 산속에서 살거니 종교인이 될 우려가 있다.

縣 "고을 현(縣)=눈목(目)+아니 불(不)+이을 계(系)"

목을 거꾸로 나무에 걸다→높이 걸다의 뜻을 나타내며, 나중에 중앙정부에 연결된다는 뜻에서, 행정 구역을 나타내는 말로 쓰이며, 날마다 살피는 눈이 없어도 끊어지지 않고 영원히 이어져 가는 것이 고을이며 사람이 사는 마을이란 뜻이다. 달릴 현, 끊어질 현으로 나타내며, 중국의 붉은 색(色)의 남쪽 마을을 나타낸 글자로서 고을이라 했다. 그래서 눈으로 살피지 않아도 없어지지 않는다는 뜻으로 이름으로 사용하는 것은 적당하지 않다.

絃 "줄 현(絃)=실사(糸)+검을현(玄)"

실사(糸는 실타래)部와 음을 나타내는 동시에 걸다의 뜻을 가지는 玄(현)으로 이루어졌으며, 팽팽하게 걸어 친 실, 줄의 뜻으로 검은 실로 만든 줄, 즉, 악기 줄이란 뜻이며 악기 현으로도 나타낸다. 직업으로는 음악가, 가수, 악기제조업, 악사, 실, 방적, 의류 등이 있다.

懸 "매달 현(懸)=고을 현(縣)+마음심(心)"

마음에 걸리다의 뜻으로 본디 縣(현)과 똑같이 쓰이다가 나중에 縣(현)이 군·현의 뜻으로 사용(使用)되자, 오로지 걸다의 뜻만 나타나게 됐다. 또 돌을 둥굴게 갈아서 구슬을 꿰듯이 매달아 마을이나 가정이나 관측하는 도구의 뜻으로 사용된다.

玄 "검을현(玄)=돼지해머리(亠)+작을 요(幺)"

작을 요(幺는 작다)部와 돼지해머리(亠는 머리 부분, 위)部의 합자로써 幽遠(유원)의 뜻을 나타내며, 전하여, 검은 빛·하늘 등의 뜻으로 쓰여 검고도 작다. 어둡다는 뜻으로 만들어졌다. 두(亠)는 돼지머리, 사람의 머리에 쓰는 모자, 뚜껑 등으로 나타내고 아래의 (幺)는 똘똘 뭉쳐진 작은 실타래, 거문고 또는 음악으로도 나타나며, 입은 살아서 똑똑하나 덩치가 작고 마음이 여리다. 직업으로는 성악가, 가수, 실, 의류직, 방적 등이 있다.

賢 "어질 현(賢)=신하 신(臣)+또우(又)+조개 패(貝)"

많은 재화를 가지고 있어 남에게 나누어 주고, 전(轉)하여 뛰어나다·어질다는 뜻으로 되어있다. 또, 조개처럼 작게 허리를 굽힌 착한 신하(臣)란 뜻으로 신하 신(神)은 왕에게 충성하는 신하가 허리를 구부린 상태의 비스듬히 뜬 눈(目)을 본떠 착하다는 뜻과 조개(貝)를 합한 것은 어진신하는 재물을 탐하지 않아야 좋다는 뜻이다. 재물을 탐내면 조개 패(貝)의 눈목(目)이 죄수 수(囚), 너 사(四)로 변하니 조심해야 한다.

鉉 "솥귀 현(鉉)=쇠금(金)+검을현(玄)"

쇠금(金은 광물·금속·날붙이)部와 음을 나타내는 동시에 반원형(半圓形)의 뜻(현)을 나타내기 위한 玄(현)으로 이루어지며, '세발 솥', '남비', 물을 끓이거나 차를 끓이는 데 쓰는 질그릇의 반원형 족자리로 무쇠로 만든 검은 솥의 귀퉁이. 손잡이를 나타낸다. 또, 검을현(玄)의 영향력이 미치므로 쇠로 만든 악기와 줄, 전기선, 로프, 음악가, 가수 등을 나타낼 수도 있으며, 기본적인 성품은 검은 솥의 손잡이에 당하므로 욕심은 많은 편이며, 음악가, 가요방, 식당, 그릇장수도 가능하고 노래도 제법 잘하는 편이다. 키는 별로 크지 않으며, 체격이 굵은 편이며 욕심은 있다. 특히, 솥귀 현(鉉)을 이름에 사용하는 사람이 많으며 음악과 음식에도 소질이 있고 또, 음악가 중에서도 성악가나 악기를 취급하거나 악사가 되는 수도 있다.

現 "나타날 현(現)=구슬옥(玉)+볼 견(見)"

見(견·현)만으로 나타난다는 뜻으로 썼으나 玉(옥)을 갈아서 빛이 난다는 데서 구슬옥 변(玉(=玉, 王)는 구슬)部와 見을 합하여 現(현) 자를 만들었으며, 구슬을 보고 왕을 본다는 뜻으로 즉, 그런 것들이 나타나기를 기다리고 돌을 보고 만진다는 뜻도 된다. 직업으로는 공무원, 사업가, 장사꾼, 석공, 안경원, 식당, 레미콘 등으로 돌아다닐 일도 많다.

弦 "활시위 현(弦)=활 궁(弓)+검을현(玄)"

활 궁(弓은 활)部와 음을 나타내는 玄(현)의 합자이며, 玄(현)은 작을요(幺는 작다)部와 같아 실을 나타낸다. 활에 맨 실→활시위의 뜻으로 화살을 쏘고 나니 힘없이 늘어진 활을 나타내고, 활 궁(弓)은 몸 기(己)가 힘이 빠져 늘어진 상태의 변형체이며 검을현(玄)은 작은 실타래를 나타낸다.

顯 "나타날 현(顯)=가로 왈(曰)+작을 유(幺幺)+연화발(灬)+머리 혈(頁)"

머리 혈(頁은 머리)部와 음을 나타내는 동시에 감다의 뜻을 가지는 부수를 제외한 글자 㬎(현)으로 이루어졌으며, 머리에 감은 아름다운 裝飾物(장식물), 전(轉)하여 매우 밝다의 뜻으로 제사상의 지방(紙榜)에 쓰이는 글자로서 귀신의 머리가 나타난다는 뜻이다. (曰)은 고한다는 뜻과 유(幺幺)는 눈에 보이지 않는 아주 작은 형체를 말하며, 연화발(灬)은 초불을 따라 어떤 귀신의 형체가 나타나기를 바란다는 뜻으로 머리 혈(頁)은 시작을 나타낸다. 이름에 사용하면 되는 일이 없고 죽을 때만 기다린다는 뜻과 같다.

晛 "햇발 현(晛)=날일(日)+볼 견(見)"

날일(日는 해)部와 음을 나타내는 見(현)으로 이루어졌으며, 멀리 있는 햇살을 본다는 뜻으로 이런 글자를 사용하지 않아도 햇살은 있는 것이므로 참고하면 된다. 땡볕에서 날마다 힘겨운 일을 하게 되고 때로는 큰사람을 모시고 사는 비서관이 될 수도 있으나 본인의 출세는 어렵다.

泫 "물깊을/이슬 현(현)=삼수변(氵)+검을현(玄)"

삼수변(氵(=水, 氺)는 물)部와 음을 나타내는 玄(현)이 합하여 이루어졌으며, 물속이 어둡다는 뜻은 곧, 흐리거나 깊다는 뜻과 이슬처럼 작은 물방울을 나타내기도 하며 때로는 눈물이 될 수도 있다라는 뜻이다.

炫 "밝은 현(炫)=불화(火)+검을현(玄)"

불화(火(=灬)는 불꽃)部와 음을 나타내는 玄(현)이 합하여 이루어졌으며, 검고도 작은 것에 불을 붙였으니 밝다. 불빛이 환하다는 뜻일 뿐이다. 그러나 불은 꺼질 수도 있고 밤이면 더욱 어두울 수도 있다.

眩 "햇빛 현(眩)=날일(日)+검을현(玄)"

눈목(目(=罒)은 눈, 보다)部와 음을 나타내는 玄(현)이 합하여 이루어졌으며, 날이 밝았으니 어둡던 곳에도 빛이 든다는 뜻으로 밝을 현(炫), 현(玄)과 같은 뜻이다.

玹 "옥돌 현(玹)=구슬옥(玉)+검을현(玄)"

구슬옥 변(玉(=玉, 王)은 구슬)部와 음을 나타내는 玄(현)으로 이루어졌으며, 검은 돌도 잘 다듬으면 구슬이 된다는 뜻에서 검은 돌의 이름을 나타낸다. 구슬이란 돌을 잘 다듬으면 구슬이 되고, 아무리 험하게 생긴 큰 돌도 정원에 사용될 수 있으면 제 값을 받을 수 있다. 그러나 돌은 돌일 뿐이다.

<혈>

血 "피 혈(血)=표할 주(丶)+그릇 명(皿)"

제사에 희생의 짐승의 피를 그릇에 가득 담아 바친 모양, 옛날엔 약속을 할 때, 이 피를 서로 빨곤 하였으며, 옛날엔 皿(명은 그릇)위에 一(일)획을 썼으나 지금은 삐침(丿는 삐침)部를 쓴다. 즉, 짐승의 목을 찔러서 흐르는 피를 그릇에 받는 모양을 본 뜬 글자이다.

穴 "구멍 혈(穴)=움집 면(宀)+여덟 팔(八)"

穴居生活(혈거생활)의 住居(주거)를 본뜬 모양으로 사람의 발이 구멍 속에 든 모양, 묘지 속에 묻힌 발의 모양에서 구멍과 굴로 나타냈다.

頁 "머리 혈(頁)=한 일(一)+스스로 자(自)+여덟 팔(八)

상부는 머리털, 중부는 얼굴, 하부는 수염의 모양을 본뜬 글자로 (八)은 양 발과 다리이며, (自)는 얼굴과 코를 나타내며, 한 일(一)은 머리에 쓴 관(관)과 명예, 시작과 출발을 나타내어 어떤 일이던 가장 윗부분과 시초를 나타낸다.

<협>

俠 "낄 협(俠)=사람인 변(亻)+가질 협(夾)"

사람인 변(亻(=人)은 사람)部와 음을 나타내는 동시에 자기의 힘을 믿는 뜻(挾협)을 가지는 夾(협)으로 이루어지며 협기(俠氣)의 뜻으로, 사람이 사람을 더욱 많이 가진다는 뜻에서 옆구리에 낀다는 뜻으로 나타낸나. 가실 협(夾)은 큰 사람이란 뜻의 큰대(大)의 양 옆구리에 따를 종을 각각 나누어 붙인 글자이다. 즉, 사람을 따르게 한다는 뜻이며 많은 연인을 가지는 수 있으므로 여자를 조심해야 한다. 직업으로는 공무원, 정치인, 사업가, 교육자 등이 있다.

協 "도울 협(協)=열 십(十)+힘 함할 협(劦)"

열 십(十는 열, 많은 수)部와 힘을 합쳐(力·力·力) 도움을 준다는 뜻이 합하여 '돕다'를 뜻하며, 여러사람의 힘을 더욱 똘똘 뭉친다는 뜻이다. 힘 합할 협(劦)은 본음이 "겹" 으로 나타나며 힘력(力)이 세 개 합한 글자로 쓸 협으로도 나타내며, 또 열 십(十)은 숫자의 묶음을 표시하며 더욱 더 많다는 뜻을 나타낸다. 직업으로는 어떤 단체의 우두머리, 농협, 군인, 무도관, 농업 등이 있다.

脅 "갈비대 협(脅)=힘쓸 협(劦)+육달월 변(月)"

육달 월(月(=肉)는 살, 몸)部와 음으로 옆구리의 뜻을 나타내는 부수(部首)를 제외(除外)한 글자 劦(협)으로 이루어져 옆구리의 뜻, 음을 빌어 겁주다의 뜻에 쓰이고, 옆구리의 뜻으로는 脇(협)이라 쓰게 되었다. 여러개의 뼈대가 힘을 모으니 몸둥이가 힘을 쓴다는 뜻에서 갈비뼈로 나타내며, 달 월(月)은 항상 육달월 변(月=肉)으로 변하고 고기 육(肉)이 된다. 간장, 신장, 사고, 수술을 조심해야 한다. 직업으로는 의사, 간호사, 경찰, 식육점, 장의사, 염쟁이, 도살장 등이 있다.

夾 "가질 협(夾)=큰대(大)+따를 종(从)"

ㅎ

大(대=앞을 향한 사람)가 양 옆구리에 물건(物件)을 끼고 있음의 뜻하며, 세 개의 사람인(人)이 합류한 글자로서 큰 사람의 옆구리에 작은 사람을 낀다는 뜻으로 즉, 정치인이나 사업가, 공무원으로서도 많은 사람을 끼고 포용한다는 뜻이다. 건달성의 기질은 있으나 어려서부터 잘 가르치면 많은 사람을 포용할 수 있다. 때로는 활량으로서 많은 연인을 가지는 수도 있다. 이성간의 관계를 조심해야 한다.

浹 "두루젖을 협(浹)=삼수변(氵)+낄 협(夾)"

삼수변(氵(=水, 氺)은 물)部와 음을 나타내는 夾(협)이 합하여 이루어져 사람이 물에 젖는다는 뜻을 나타낸다. 물과 불을 조심해야 한다.

峽 "골짜기 협(峽)=뫼산(山)+낄 협(夾)"

뫼산(山는 산봉우리)部와 음을 나타내는 동시에 '끼다'의 뜻도 나타내는 夾(협)으로 이루어졌으며, 산에 끼인 곳, 골짜기, 산을 가진다, 산속에 산다는 뜻이다.

<형>

衡 "저울 형(衡)=갈 행(行)+클 환(奐)"

다닐 행(行는 다니다, 길의 모양)部와 음을 나타내는 부수를 제외한 글자 어(魚의 약자(略字))의 전음(轉音)이 합하여 이루어졌으며, 일설(一說)에는 角(각=뿔)과 大(대=크다)를 합하여, 큰 뿔의 뜻을 나타내며 가로의 뜻(☞橫횡)을 나타내기 위한 行으로 이루어져. 소뿔에 잡아맨 뿔 나무, 전(轉)하여 천칭의 가로대·저울·균형(均衡)의 뜻으로 길거리를 오가면서 보자기에 싸 모은 것을 무게를 가늠해 본다는 뜻에서 "저울 대"로 나타낸다. 클 환(奐)은 보자기에 싼다는 뜻의 쌀포(勹)+상자(田=四+큰대(大))의 합자로서 상업성 기질로 무엇이든 싸 모으는 욕심 때문에 망치는 수가 있다. 공직자라도 남의 재물에 탐욕을 부리는 수가 많으며 심하면 도박성도 있다. 장사꾼, 사업가로서 수단이 좋다.

刑 "형벌 형(刑)=평평할 견(幵)+선칼도(刂)"

體刑(체형)을 가하다의 뜻을 나타내는 선칼도 방(刂(=刀)은 칼, 베다, 자르다)部와 음을 나타내는 동시에 규칙의 뜻을 가진 井(정→형은 변음(變音))으로 이루어졌으며, 체형을 가하여 규칙에 복종시킨다는 뜻으로 보통 사람들과 같이 평평하지 못하고 우뚝한 것을 칼로 베어버린다는 뜻에서 형벌을 나타낸다. 우뚝한 것이란 즉, 머리에서 평범한 사람들의 것과는 다르게 불거져 나온 쓸모없는 것을 나타내며, 견(犬)은 성기(性器)를 나타내어 성기를 칼로 벤다. 성기를 거세한다는 뜻에서 본래는 궁중에서 상궁들과 놀아난 내시(內侍)들의 성기를 거세한 데서 비롯된 형벌이다. 섹스를 즐기며 성욕도 강하다. 직업으로는 의사, 간호사, 사법관, 도살장, 식육점, 군인, 애견 센타, 축산 등. 교도소에 가거나 내 몸이 성할 수도 있으니 조심해야 한다.

形 "얼굴 형(形)=평평할 견(幵)+터럭 삼(彡)"

터럭 삼(彡는 무늬, 빛깔, 머리, 꾸미다)部와 음을 나타내는 부수를 제외한 글자 견(같은 높이의 두 개의 물건(物件)→형)이 합하여 이루어져, 생김새가 뚜렷이 보인다는 뜻이 합하여 '형상'을 뜻하며, 본래의 모형을 본떠서 그와 비슷하게 만들어 낸다는 뜻으로 "모형 형"이라고도 한다. (犬)은 두 개의 방패 간(干)으로서 비슷하게 만든다는 뜻이며 터럭 삼(彡)은 터럭, 물, 도랑과 같이 깊고 높은 것도 모형이 가능함을 나타내므로, 위의 형벌 형(形)과 비슷한 뜻을 지녔다. 직업으로는 의사(성형외과), 간호사, 한의사, 식육점, 도살장, 축산, 화가 등이 있다.

馨 "꽃다울 형(馨)=소리성의 古字(士+巴)+팔모창 수(殳)+향기 향(香)"

향기 향(香은 향기롭다)部와 음을 나타내는 부수를 제외한 글자 殸(성)의 전음(轉音)으로 이루어졌으며, 아름다운 꽃의 향기는 창을 부딪치는 소리처럼 멀리 간다는 뜻으로 만들어져, 꽃의 향기가 전쟁터의 무기를 부딛치는 소리, 아름다운 노래 소리도 아니라면 결국 시끄러운 소리일 뿐이다. 직업으로는 음악가, 가수, 군인, 경찰, 무도관, 서비스업, 다방, 꽃집, 화류계 등이 있다.

兄 "맏 형(兄)=입구(口)+어진 사람인 발(儿) / 입구(口)+여덟 팔(八)"

口(구는 입)와 어진 사람인 발(儿는 사람의 다리 모양)部와의 합자하였으며, 입을 쓰는 사람. 형은 아우나 누이를 指導(지도)하는 데서 형의 뜻으로 삼는다. 또, 빈 곳에서부터 먼저 나왔으니 부모처럼 받들라는 뜻과 먼저 나왔으니 먼저 간다는 뜻에서 여덟 팔(八)의 손과 발을 붙여 "그칠 지, 다만 지"의 뜻으로 이름에 사용하면 게으르고 입을 헤벌리고 다니며 얻어먹고 살아야 하는 고달픔과 건강에 위험이 있다. 즉 복이 없는 글자이므로 이름으로 사용하면 좋지 않다.

邢 "나라이름 형(邢)=평평할 견(幵)+우부방(阝)"

우부방(阝(=邑)은 마을)部와 음을 나타내는 干(간·견은 형으로 바뀜)이 합하여 이루어졌으며, 이웃나라와 서로 어깨를 나란히 한다는 뜻에서 만들어진 글자이다.

亨 "형통할 형(亨)=돼지머리 해(亠)+입구(口)+마칠 료(了)"

돼지해머리(亠는 머리 부분, 위)部+口+日로 이루어진 글자로 거리를 둘러싼 성벽 위의 높은

ㅎ

건물(建物)을 나타내고, 후에 형통하다의 뜻에 빌어 쓰인다. 즉, 조상을 잘 모시다가 죽어도 좋다. 또는 조상을 잘 모시면 형통한다는 뜻으로 원래는 이 글자가 없었으나 약 50년 전에 드릴 향(享)을 고쳐서 사용한 글자이다. 즉, 조상에게 제사를 잘 모시고 정성껏 받들면 매사의 일이 형통한다는 뜻이다. 말하자면 효사상을 고취시키기 위한 수단으로서 만든 글자이다. 두뇌는 총명하고 영리하나 복이 적으며 조숙하여 빨리 늙는 경향이 있고 남에게 베풀며 살아야 좋다. 욕심을 부리면 만가지가 허사로다. 직업으로는 언론인, 금융업, 식당, 한의사, 식육점, 교육자 등이 있다.

螢 "반딧불 형(螢)=불꽃 염(炎)+덮을 멱(冖)+벌레충(虫)"

벌레충(虫는 뱀이 웅크린 모양, 벌레)部와 음을 나타내는 동시에 빛을 내며, 엇갈려 날아다니는 뜻을 나타내는 부수를 제외한 글자 (형는 개똥벌레)으로 이루어져 어둠이 짙은 한여름의 밤에 작은 빛을 내는 반딧불, 개똥벌레를 나타내며, 불과 물, 건강을 조심해야 한다. 복록에 몸이 많이 약해진다.

型 "거푸집/모형 (型)=형벌 형(刑)+흙토(土)"

흙토(土는 흙)部와 음을 나타내는 동시에 모양·형태의 뜻(形형)을 가지는 刑(형)으로 이루어져, 흙으로 만든 거푸집, 전(轉)하여 '틀'의 뜻으로 칼로 도려내고 잘라내는 형벌을 가하듯이 어떤 모형을 만든다는 뜻이다. 직업으로는 금형, 목형, 조각가, 화가, 사진작가, 복사기, 도장, 주물 등과 같은 것을 말한다.

炯 "빛날 형(炯)=불화(火)+창밝을 경(冏)"

불화(火(=灬)는 불꽃)部와 음을 나타내는 동시에 '멀다'의 뜻을 가지는 '경'(火를 뺀 나머지 글자)으로 이루어지며, 멀리서부터 보이는 '불'의 뜻으로 담 벽에 구멍 뚫린 창문이 있으므로 밝다는 뜻에 불화를 붙여서 빛이 난다는 뜻으로 나타낸다. 창 밝을 경(冏)은 큰입구(口)+나팔불 팔(叭)=(八)+(口)와 같은 글자로서 작은 창문은 나팔처럼 생겼다는 뜻으로 만든 것을 나타내며, 언론인, 음악가, 식당업에 소질이 있으나 뜻과 숫자가 부족하여, 남의 말을 엿듣기를 좋아하고 물, 불, 중풍, 고혈압, 치매증에 조심해야 한다. 어려서부터 지체장애인이 되는 이도 있으나 대부분 한정된 복록이 지나서부터 건강에 이상이 생긴다.

珩 "노리개 형(珩)=구슬옥(玉)+갈 행(行)"

구슬옥 변(玉(=王, 王)는 구슬)部와 음을 나타내는 行(행은 형으로 바뀜)이 합하여 이루어졌으며, 돌멩이처럼 생긴 구슬을 거리로 굴리고 다닌다는 뜻으로 즉, 굴렁쇠나 둥근 공과 같은 것을 어린이들이 이 거리, 저 거리로 굴리며 노는 노리개로 굴러다니는 돌멩이와 같다는 뜻이다.

瀅 "물맑을 형(瀅)=삼수변(氵)+아름다운 옥 영(瑩)"

삼수변(氵(=水, 氺)는 물)部와 음을 나타내는 동시에 '맑다'의 뜻을 가지는 瑩(형·영)으로 이루어지며, 훨훨 타는 불꽃이 보배란 뜻이지만 불꽃이 왕성한 곳에 물이 적게 흐르니 맑다는 뜻이며 돌멩이도 보이니 물이 맑은 듯 하다는 뜻이다. 불성할 계(火火)+보배 보(寶)는 불에 달구어진 돌멩이가 되고 또는 귀에 꽂는 보청기나 귀걸이로 사용하니 보배라는 뜻에서 귀막이 옥으로 나타낸다. 보청기를 꽂는 사람이 될 수 있다.

瑩 "아름다운 옥 형(瑩)/귀막이 옥 영(瑩)"

구슬옥 변(玉(=玉, 王)은 구슬)部와 음을 나타내는 熒(형)의 생략형(省略形)이 합하여 이루어졌으며, 돌멩이를 불에 달구고 다듬어서 만든 것을 귀걸이로 사용하거나 보청기로 사용하니 보배란 뜻이다. 즉, 좋은 말은 귀가 어두워 잘 안들린다라는 뜻이 있다.

<혜>

惠 "은혜 혜(惠)=수레거(車)+표할 주(丶)+마음심(心)"

언행을 삼가고 부수를 제외한 글자로 어진 마음(心)을 베푸니 '은혜'를 뜻하며, 어진 사람은 자기 자신(自身)을 삼가고 남을 위할 줄 안다는 뜻이 들어있다. 또 수레를 타고 가는 사람 즉, 상자속에 갇힌 분에게 마음(心)으로 감사함을 나타낸다. 하지만 마음뿐이며 실지로는 본인도 갇힐 수 있음을 암시한다. 수레 전(田,由)은 귀신머리 즉, 조상신(神)을 상징하며, 수레를 탄 마음이란 즉, 죽어서도 잊지 않겠다는 뜻에서 은혜로 나타낸다. 한편 교통사고를 조심해야 하고, 직업으로는 부모나 배우자의 직업이 돌아다니는 직업, 정비사, 운전사, 장사꾼, 노래방, 음식점, 음악가 등과 인연이 있다.

慧 "지혜 혜(慧)=빗자루 (彗)+마음심(心)=두개의무성한 봉(丰)+터진 가로 왈(ヨ)+마음 심(心)"

마음심(心(=忄, 㣺)은 마음, 심장)部와 음을 나타내는 동시에 날카롭다의 뜻을 가지는 彗(혜)로 이루어졌으며, 마음이 날카롭다의 뜻으로 잎과 가지가 무성한 싸리나무, 대나무로 만든 빗자루와 같은 마음이란 뜻이다. 터진 가로 왈(ヨ)의 본 뜻은 돼지머리 계(ヨ)이지만 여기서는 가로 왈(曰)에서 한쪽 면이 터진 뜻을 나타내어 말을 잘하며, 말이 많다는 뜻으로 나타내므로 무성할 봉과 합치면 말이 무성하게 더욱 많으며, 마음심(心)을 보태면 마음속에 우러나온 말이 더욱 많다는 뜻은 즉 아는 것이 있으므로 말이 많아진다는 뜻이다. 어려서는 총명하고 영리하며 입은

ㅎ

살아 있지만 40세 이후가 되면 산속의 숲이 무성한 곳에서 혼자 말을 하거나 노래를 부르게 된다는 뜻을 담는다. 직업으로는 공무원, 교육자, 언론인, 기자, 음악가, 연예인, 이·미용사, 가발, 농업, 임업 등이 있다.

彗 "빗자루 혜(彗)=두 개의 무성할 봉(丰)+터진 가로 왈(彐)"

又(우=손)와 艸(풀이 무성한 모양)의 합자하여 비의 뜻으로 가지가 무성한 싸리나무, 대나무로 만든 빗자루를 나타내며, 남의 할 일을 도맡아서 하듯, 청소도 하고 쓰레기도 치우지만 실속이 없다. 이러한 글자를 본래의 뜻은 모르고 획수만 맞춰 이름에 사용하는 소리성명학자도 처음부터 다시 글자 공부를 해야 할 것이다.

蕙 "난초 혜(蕙)=초두 변(艹)+은혜 혜(惠)"

초두머리(艹(=艸)는 풀, 풀의 싹)部와 음을 나타내는 惠(혜)가 합하여 이루어져 수레거(車)가 풀을 뒤집어썼으니 연꽃 연(蓮)을 닮았다. 그러므로 머지않아 꽃상여 타거나 복록이 줄어들고 건강이 악화되므로, 이름에 사용하면 좋지 않다.

<호>

號 "이름호 (號)=부를 호(号)+범 호(虎)"

범호 밑(虍는 범의 문채, 가죽)部와 입을 크게 벌려 부르는 것을 합하여 '부르다'를 뜻하며, 호랑이가 사납게 부르짖는다. 범을 부른다는 뜻을 나타내어 이름 호, 부를 호로도 나타내며, (虎)의 약자는 호(号)이다. 범 호(虎)는 범호 밑 변(虍)+안석 궤(几)로서 호랑이의 발을 나타내고, 호랑이가 부르짖는다는 뜻으로 만든 글자이다. 만물의 영장인 사람의 이름, 하물며 귀한 자식의 이름에 진심의 이름이나 글자를 쓸 수는 없다.

好 "좋을 호(好)=계집녀(女)=아들자(子)"

㚢와 동자(同字) 女(녀는 사람, 나중엔 여자를 나타냄)와 子(자는 아이)의 합자하여 어머니와 아들 혹은 여자와 남자의 두터운 애정이라는 데서 '좋아하다'를 뜻한다. 즉, 남녀가 함께 있으니 좋다 또는 여자가 자식을 낳으니 좋다는 뜻이고 또는 사내아이가 계집을 만나니 좋다는 뜻이다. 숫사와 뜻이 부족하므로 사용하지 않는 것이 좋으며, 만약 사용하면 활량이나 화류계의 기질을 가지며 게으르고 놀기를 좋아하여 방탕하게 된다. 여자와 남자는 이름에 없어도 있는 것이므로 오히려 장가를 들거나 시집을 가기가 힘들 것이다.

戶 "문 호(戶)=주검 시(尸)+표할 주(丶)"

門(문)의 반쪽을 본뜬 글자로 護(호)와 음이 같으므로 入口(입구)를 守護(수호)하는 것으로 설명된다. 그러므로 시체는 드나들지 못하도록 표시를 했다는 뜻에서 만들어진 글자로서 문(문)의 한쪽을 나타내며, 작은 창문을 나타내므로 큰 집은 물론, 자신의 주택을 지니고 살기 어렵고 숫자와 뜻도 부족하다.

乎 "그런가 호(乎)=일천 천(千)+여덟 팔(八)"

삐침(丿는 삐침)部(목소리의 올라가는 것을 뜻함)와 兮(혜)를 합쳐 이루어졌으며, 목소리를 길게 뽑아 뜻을 다하는 말의 뜻을 나타내고, 일천 번을 물어도 부족하여 여덟 번을 더물어도 의문사로 남는다는 뜻과 어조사(語助辭)의 물음표로 쓰인다.

互 "서로 호(互)=한 일(一)+돼지머리 계(彐)"

새끼줄을 감는 도구의 모양이라고 하며, 한가운데는 쥐는 곳, 좌우(左右)로 교대(交代)로 감는 것에서 전(轉)하여, 교호(交互), 서로의 뜻으로 쓰인다. 즉, 여기서는 돼지머리 계(彐)를 터진가로왈(ヨ)로 읽어서 입과 입이 서로 돕는다는 뜻으로 기와 와(瓦)와 같은 글자로서 서로 참여한다는 뜻과 기와처럼 이리저리 구부러지고 어그러지다의 뜻도 된다. 그러나 저녁 석(夕)과 가장 가까운 글자가 되므로 굽으면 몸뚱이가 굽어지듯이 건강에 주의해야 한다.

毫 "붓끝/가는 털 호(毫)=옛 고(古)+멀 경(冂)+털 모(毛)"

터럭 모(毛는 털)部와 음을 나타내는 高(고)의 생략형(省略形)인 부수를 제외한 글자로 이루어져 길고 뾰족한 가는 털의 뜻, 전(轉)하여 가늘고 작다의 뜻, 또는 가는 털로 만들어진 붓은 오래간다. 굵은 털은 잘 빠지지만 가는 털은 오래간다는 뜻도 된다. 사용하면 몸에 모발이 무성하고 집 안에서 털을 생산하거나 목장, 솜, 직물, 의류, 이・미용실, 가발, 서예, 붓을 만드는 직업과 인연이 있다.

豪 "호걸/돼지갈길 호(毫)=옛 고(古)+멀 경(冂)+돼지시(豕)"

돼지시(豕는 짐승, 돼지)部와 음을 나타내는 高(고)의 생략형(省略形)인 부수를 제외한 글자로 이루어져 본래는 돼지의 일종(一種)의 이름으로 쓰이며, 돼지를 기르는 집이란 뜻에서 돼지를 회초리로 때리고 갈긴다는 뜻이다. 호걸이란 뜻은 많은 짐승을 거느리는 사람에게 호걸로 나타내며 옛 고(古)와 돼지해머리(亠)=입구(口)와 같은 글자이며 멀 경(冂)을 붙이면 방한칸이 모자라는 높을고(高)와 통하는 글자이다.

浩 "넓고 클 호(浩)=삼수변(氵)+고할/알릴 고(告)"

모이고 흐르는 물의 모양이 넓고 크다는 뜻으로 알릴 고(告)는 흙토(土)+입구(口)로서 땅의 신(神)에 고한다는 뜻에 흙토(土)에 삐침(丿)이 붙은 것은 새싹의 떡잎이 하나 더 생겨나고 있다는 뜻일 뿐이므로 흙토(土)와 같이 사용된다. 날 생(生)도 마찬가지로 임금 주(主)에 삐침(丿)이 붙은 것은 새싹이 돋아나고 있다는 뜻을 나타내기도 한다. 알릴 고(告)는 아버지나 가족과의 인연이 짧은 수가 있다. 이름 3자의 형성이 부족하면 지신(地神)이나 조상에게 고하고 알려서 떠나는 병자가 될 우려가 있으므로 잘 지어야 한다. 직업으로는 무당, 점쟁이, 종교인, 운동선수처럼 공을 던져놓고 상대방에게 알리는 직업 등이 있다.

鎬 "호경/쟁가비 호(鎬)=쇠금(金)+높을고(高)"

쇠금(金은 광물·금속·날붙이)部와 음을 나타내는 高(고)로 이루어져 소로 만든 큰 집(金庫), 또는 쇠로 만들어 따뜻한 물을 담는 큰 그릇이나 목욕탕을 상징하여 쟁가비 호로 나타낸다. 본래는 주나라의 무왕이 살던 서울을 상징한 글자로서 크고 화려한 집, 황금으로 만든 집을 나타내기도 한다. 글자를 파자(破字)로 읽으면 금고가 되므로 사업가, 세무사, 금융계, 제철소, 회계, 목욕탕, 그릇점, 철물점, 금은방, 공무원 등의 직업을 얻을 수 있다.

護 "보호할 호(護)=말씀언(言)+잴/법도 약(艹+隹+又) "

바깥 둘레에서 헤아린다는 뜻을 가진 부수(部首)를 제외한 글자와 言으로 이루어져 둘레에서 말로 辨護(변호)한다는 뜻과 나중에 지키다의 뜻이 된다. 즉, 건강이나 어떤 자료를 정확히 측정하여 보살피고 보호한다는 뜻으로 잴 약은 풀우거질 추(艹+隹)+또우(又)의 합자로서 깊은 숲속까지 살피고 또 살핀다는 뜻이다. 이 글자를 사용하면 남의 보호를 받거나 보호하고 간호하는 위치의 직업을 가진다. 직업으로는 간호사, 약재상, 약방, 보디가드, 치료사, 장애자 복지사 등이 있다.

昊 "하늘 호(昊)=날일(日)+하늘 천(天) "

曰+大+어진 사람인 발(儿은 사람의 다리 모양)部(호)로 쓰여졌으며, 日(일=해)과 음(音)을 나타내며 동시에 '넓다'의 뜻(浩호)을 가지는 大+어진 사람인 발(儿는 사람의 다리 모양)部(호)로 이루어지며, 태양(太陽)이 반짝이며 빛나는 하늘의 뜻으로 大+어진 사람인 발(儿는 사람의 다리 모양)部(호)가 天(천)으로 변했다. 이 글자의 뜻으로는 밝은 태양은 큰 사람가까이에 있으나 구름 낀 하늘, 태양을 볼 수 없는 하늘이 되어 입과 지혜로 살아간다. 하늘 천(天)은 사람인(人)+한 일(一)=큰대(大)+한 일(一)이므로 큰 사람의 머리 위를 덮은 구름 낀 하늘이다. 지혜롭고 영리하여 직업으로는 언론인, 방송인, 연예인, 교육계, 화가, 설계사 등으로 생계를 유지한다. 하지만 교통사고, 심장, 간장, 고혈압은 조심해야 한다.

虎 "범 호(虎)=범호밑 변(虍)+안석 궤(几) "

범 호(虎)는 앞발을 버티고 있는 호랑이를 본뜬 글자이고 호랑이란 산 속의 주인이란 뜻에서 안석 궤(几)를 붙여서 앞발을 나타내며, 만물의 영장인 사람의 이름에 짐승의 이름을 넣을 수도 없다. 사용하면 성품이 강하고 고집스러우며 심하면 거칠기도 하다. 따라서 아버지와 인연이 짧지 않으면 배우자나 자식과 인연이 짧을 수도 있으며 큰 사업은 실패할 우려가 많다. 직업으로는 한의사, 한약방, 건축가, 포수, 축산, 가구점, 식당 등이 있다.

顥 "클 호(顥)=경치/볕 경(景)+머리 혈(頁)"

머리 혈(頁는 머리)部와 음을 나타내는 景(경)의 전음(轉音)이 합하여 이루어져 머리 위로 비치는 햇볕이 몹시 커보인다는 뜻이지만 본뜻은 허황된 여과 빛이랑 뜻으로 나타내며, 즉, 빛의 모양을 나타내지만 별로 볼일이 없다는 뜻이다. 파자(破字)로 읽으면 경혈(景頁)이므로 두뇌의 이상이 생길 수도 있어 머리를 들어 경치를 구경한다든 뜻일 뿐이다.

湖 "호수 호(湖)=삼수변(氵)+오랑캐 호(胡)"

삼수변(氵(=水, 氺)는 물)部와 음을 나타내는 胡(호)가 합하여 이루어져 둑을 둘러 쳐서 灌漑用(관개용)으로 물을 모아둔 곳, 호수의 뜻으로 沼(소)는 꾸불꾸불한 모양의 호수지만, 湖(호)는 壺(호는 단지)와 같은 長圓形(장원형)의 것을 말한다. 또 물속에 약한 고기를 잡아먹고 서식하는 나쁜 놈도 더러 있다는 뜻에서 호수, 강물, 연 못으로도 나타낸다.

胡 "오랑캐 호(胡)=옛/하늘 고(古)+육달 월(月)"

육달 월(月(=肉)는 살, 몸)部와 음을 나타내는 古(고→호는 변음(變音))로 이루어진 글자이며, 소의 턱밑살의 뜻과 음을 빌어 어째서, 무엇인가의 뜻의 語助辭(어조사)로 쓰인다. 또한 옛 조상도 모르고 하늘의 뜻도 무시한 것들이 고기와 재물, 여자만 보면 환장한다는 뜻에서 오랑캐, 도적놈으로 나타낸 말이다.

晧 "해돋을 호(晧)"

날일(日는 해)部와 음을 나타내는 告(고는 호로 바뀜)이 합하여 이루어졌으며, 밝다 · 해가 뜨다의 뜻으로 햇살이 거리로 퍼지는 것을 알린다는 뜻이다.

皓 "빛날 호(皓)"

흰백(白는 희다, 밝다)部와 음을 나타내는 告(고)로 이루어져 있으며, 태양(太陽)의 빛나는 모양, 전(轉)하여 '희다'의 뜻으로, 나중에 날일(日은 해)部를 白(흰백변)으로 고쳐쓰기도 하며, 흰백(白)+고할 고(告)=흰 빛을 알린다는 뜻이다. 흰백(白)은 현실로는 없는 빛살에 불과하다.

澔 "넓을 호(澔)=삼수변(氵)+빛날 호(皓)"

삼수변(氵(=水, 氺)은 물)部와 음을 나타내는 皓(호)가 합하여 이루어졌으며 연못의 물이 빛난다는 뜻은 넓고 많으니 맑다는 뜻과 같다. 의의 빛날 호(皓)와 同字다.

淏 "맑을 호(淏)"

삼수변(氵(=水, 氺)는 물)部와 음을 나타내는 昊(호)가 합하여 이루어져 태양이 밝으니 물도 맑고 푸른 하늘도 물처럼 맑다는 뜻이다.

濠 "물이름 호(濠)=삼수변(氵)+호걸 호(豪)"

삼수변(氵(=水, 氺)는 물)部와 음을 나타내는 豪(호)가 합하여 이루어져 좋은 물, 맑고 깨끗한 물을 나타내며 호걸 즉 좋은 사람이란 뜻이 내포되어 있다.

壺 "병 호(壺)=선비 사(士)+버금 아(亞)"

아가리가 작고 중배가 부른 단지의 모양, 위 부분은 뚜껑을 표시(表示)하며, 입을 떡 벌린 모양이란 데서 병으로 나타낸다.

琥 "호박 호(琥)=구슬옥(玉)+범 호(虎)"

구슬옥 변(玉(=王, 玊)는 구슬)部와 음을 나타내는 虎(호)가 합하여 이루어져 돌을 깎고 갈아서 만든 구슬 즉 호박이라는 보석의 이름이다.

瑚 "산호 호(瑚)=구슬옥(玉)+오랑캐 호(胡)"

구슬옥 변(玉(=王, 玊)은 구슬)部와 음을 나타내는 胡(호)로 이루어져 바다 속에 숨어서 연약한 고기를 잡아먹고 사는 산호초를 나타내어 산호초를 닮은 돌의 이름, 구슬의 이름으로 사용된다.

護 "지킬 호(護)=소리 음(音)+잴 약((艹+隹+又)"

소리 음(音는 소리)部와 음을 나타내는 부수를 제외한 글자 확(호로 바뀜)이 합하여 이루어져 소리를 시끄럽게 하여 새와 짐승들을 쫓고 곡식을 지킨다는 뜻이다. 주로 허수아비에 이용되는 글자이다.

壕 "해자 호(壕)=흙토(土)+호걸 호(豪)

흙토(土는 흙)部와 음을 나타내는 豪(호)로 이루어져 성 밑에 파놓은 우물, 연못 또는 호걸들이 땅바닥에 쓴 글씨로도 나타낸다.

<혹>

或 "혹시 혹(或)=뜻 지(旨)의 고자(고자)+한 일(一)+창 과(戈)"

무기(武器)를(戈) 들고 백성(口)과 영토(一)를 지키면서 '혹시'하며 적의 침입을 의심한다는 데서 '혹, 혹시'를 뜻하며 혹시라는 뜻의 의문사로 나타내기도 한다. 혹시 먹을 것이 될 수도 있고 아닐 수도 있다는 뜻이다.

惑 "유혹할 혹(惑)=혹시 혹(或)+마음심(心)"

마음심(心(=忄, 㣺)은 마음, 심장)部와 음을 나타내는 동시에 혹시, 혹은의 뜻을 가진 或(혹)으로 이루어졌으며, 마음에 혹시, 혹은 하고 생각하다의 뜻으로 넘어가서는 안되는 줄 알면서도 행여나 하는 마음에서 매혹된다.

<혼>

昏 "어두울/날저물 혼(昏)=씨앗 씨(氏)+날일(日)"

날일(日은 해)部와 사람인 변(亻(=人)은 사람)部와 一을 뺀 低(저)의 생략형(省略形)의 합자이고, 해가 떨어지다, 어두워지다의 뜻이 있으며, 날마다 씨앗을 만든다, 또는 태양의 씨앗이 아래로 숨는다, 또는 씨앗이 뜨거운 태양의 위에 올라 있으니 발아(발아)하기도 어렵고 싹을 틔우고 성장하기도 어렵다는 뜻에서 어두울 혼, 일찍 죽을 혼으로도 나타내며 백성 민(民)+날일(日)과 동자로 쓰여 혼인할 혼(婚)과 뜻이 통하는 글자이다. 백성 민(民)도 입을 헤벌린 씨앗이므로 이름에 사용은 조심스럽게 해야 한다. 이 글자는 태양이 있을 때의 낮에는 씨앗을 만들면 단명할 위험이 있음을 암시하고 있다.

婚 "혼인할 혼(婚)=계집녀(女)+날저물 혼(昏)"

계집녀(女는 여자)部와 음을 나타내는 昏(혼은 저녁 때)의 합자이며, 옛날엔 여자가 시집 갈 때에 해질녘부터 식이 시작되었으므로 시집가는 뜻으로 씨앗을 만들기 위해서 여자를 만난다는 뜻이다.

ㅎ

<홍>

洪 "넓을 홍(洪)=함께할 공(共)+삼수변(氵)"

삼수변(氵(=水, 氺)은 물)部와 음을 나타내며 동시에 元氣旺盛(원기왕성)하고, 크다의 뜻을 가진 共(공→홍은 변음(變音))으로 이루어졌으며, 큰 물·洪水(홍수)의 뜻으로 혼자보다는 여러 사람이 함께 손을 잡고(廾)하면 더욱 쉽다는 뜻에서 손잡을 공(廾)+여덟 팔(八)을 붙여 함께할 공(共)이며 물(氵)을 붙여 더욱 넓고 크다는 뜻으로 나타낸다. 체격이 굳고 활달하며 대인관계가 무난하고 가족이나 이웃과도 화합하며 가족이나 타인과의 동업도 잘 이끌어 나가며 가족과 같이 일하는 집안이 많다. 직업으로는 공무원, 사업가, 정치인으로서도 무난하다.

弘 "클 홍(弘)=활 궁(弓)+사사 사(厶)"

활 궁(弓는 활) 部와 음을 나타내는 宏(굉)의 생략형(省略形)인 마늘 모(厶는 나, 사사롭다, 마늘 모양) 部로 이루어졌으며, 활시윗소리, 또한 宏(굉)에 통하여, 넓다, 크다의 뜻으로 쓰이며, 짐승을 잡기 위해서 활을 크게 당겼다는 뜻에서 크다는 뜻, 또는 사사로운(私)욕심으로 "먹음을 함(含)"과 통하는 글자로서 내 것으로 만들고자 크게 팔을 벌려 끌어 당겼으나 한낱 욕심에 불과하다는 뜻에서 크다는 뜻일 뿐 식속은 없다. 또한 활 궁(弓)은 몸 기(己)가 힘이 빠져 이미 늘어진 상태이며 간사할 사(厶=私)는 내 것으로 끌어들이고자 하나 성품만 더러워진다는 뜻을 나타낸다. 글자의 본 뜻 보다는 오히려 작고 모자라는 글자이다. 직업은 직장인이나 기능공이 좋다.

鴻 "기러기 홍(鴻)=물 강(江)+새조(鳥)"

새조(鳥는 새)部와 음을 나타내는 동시에 크다의 뜻을 가지는 江(강→홍은 변음(變音))으로 이루어지며, 큰 새의 뜻을 가지고 있어 물가에서 노는 새, 강가에서 노는 새를 기러기로 나타냈으며, 물 강(江)은 흘러가는 물에 불과하고 새조(鳥)는 새일 뿐이므로 결국 철따라 왔다가 계절 따라 돌아가는 철새일 뿐이다. 적막하고 외롭은 가정이 될 수도 있다. 직업은 기능인이나 직장인이 좋다.

紅 "붉을 홍(紅)=실사(糸)+장인 공(工)"

옷감, 천의 赤白色(적백색)인 것, 연한 적색, 전(轉)하여, 그 색을 물들이는 풀의 이름 또는 單純(단순)한 적색의 뜻을 가지고 있으며, 기능공의 힘으로 실에 붉은 물을 들일 수 있다는 뜻에서 붉다는 뜻이 된다. 한 번 붉어진 실은 다시 하애지지 못하고 하라는 공부는 다하고 기술과 연애, 사랑하는 방법부터 배운다. 결혼을 일찍 서둘면 손해를 볼 수도 있다. 직업으로는 염색, 방적, 화공약품, 화가, 서예가, 의류 등이 있다.

烘 "횃불 홍(烘)=불화(火)+함께할 공(共)"

불화(火(=灬)는 불꽃)部와 음을 나타내는 共(공은 홍으로 바뀜)이 합하여 이루어졌으며 불을 때다의 뜻으로 사람의 손으로 불을 들었다는 뜻에서 횃불로 나타낸다.

虹 "무지개 홍(虹)=벌레충(虫)+장인 공(工)"

벌레충(虫는 뱀이 웅크린 모양, 벌레)部와 음을 나타내는 동시에 '하늘'의 뜻(空공)을 나타내기 위한 工(공)으로 이루어지며, 하늘에 걸리는 '벌레'의 뜻으로, 옛 사람은 무지개를 용이 나타난 것으로 생각했다. 또한 기능공이 다듬어서 만든 조각품처럼 생긴 것이 예쁘게 생긴 허리띠를 닮았다는 뜻에서 여러 가지 색상의 무지개로 나타낸다.

泓 "물깊을 홍(泓)=삼수변(氵)+클 홍(弘)

삼수변(氵(=水, 氺)는 물)部와 음을 나타내는 弘(홍)이 합하여 이루어졌으며 물이 넓고 깊다는 뜻으로 익사할 수 있으니 조심해야 한다.

<화>

火 "불화(火)=사람인(人)+표할 주(丶丶)"

불화(火)는 화산이 불을 뿜는 모양이라고도 일컫는다. 나중에는 火(화)가 化(화)와 같은 음이므로 물건의 모양을 변경시키거나 없애는 것이라고 설명하지만, 아주 옛날엔 毁(훼는 태워서 없애 버리다)와 음이 비슷하였다. 죽은 사람을 화장(화장)할 때 불꽃이 활활 타는 모양을 본뜨고 또는 사람의 옆으로 불이 타오르면 남는 것이 없다는 뜻에서 만든 글자이다. 또는 뫼산(山)의 위로 불꽃이 타는 모양이라고도 한다. 만약, 이름에 사용했다면 불과 물, 간장, 신장, 고혈압, 중풍 등을 조심해야 한다.

化 "변할 화(化)=사람인 변(亻)+비수 비(匕)"

사람(人)이 모양을 바꿔 다른 사람(匕)이 된다는 뜻을 합한 글자로 '되다'를 뜻하며 사람에게 칼을 주면 마음과 운명도 변한다는 뜻으로 만든 글자다. 때로는 숟가락 비(匕)로 읽으면 밥그릇 즉, 재물이 많은 사람을 봐도 마음이 변한다는 뜻으로 남자의 이름에 들어가면 재물을 보며 칼을 잡을 수도 있고, 여자의 이름에 들어가면 돈 많은 사람을 보게 되기도 하고 마음이 변할 수도 있다. 직업으로는 의사, 사법관, 간호사, 꽃집, 화류계, 화공약품, 식당, 이·미용사 등이 있다.

畵 "그림 화(畵)=마침내 률(聿)+밭 전(田)+한 일(一)"

田(전)+一(일)로 테두리를 두름(화는 사방으로 구획한 밭)와 손에 붓을 든 모양의 글자 聿(율)의 합자하여 붓으로 밭의 경계(境界)를 그으며 나중에 그림, 그리다의 뜻으로도 쓰인다. 그을 획(畫)과 동자(同字)로서 밭(田)처럼 생긴 화선지에 이리저리 (聿)그어서 획으로 나타낸다는 뜻에서 그림에서 나타나며 이름에 사용하면 그림, 서예, 소리, 음악에는 소질이 있으나 뜻과 숫자가 부족하여 출세는 어렵다.

和 "화할 화(和)=벼화(禾)+입구(口)"

음을 나타내는 禾(화)와 수확한 벼를 여럿이 나누어 먹는다는(口) 뜻을 합하여 '화목하다'를 뜻하며, 벼가 익어서 입으로 들어가는 시기가 되었다는 뜻과 곡식을 나누어 먹는다 뜻에서 화해와 화목을 나타낸다. 화는 나무의 열매가 익어서 고개를 숙인 형상이므로 올 성장하고 나이보다 많이 보고 머리도 빨리 하얘진다. 직업으로는 농업, 식당, 한의사, 약재상, 음악가 등이 있다.

華 "빛날 화(華)=초두 변(艹)+열 십(十)+쌍옥 각(珏)"

버드나무 가지가 아름답게 늘어진 모양의 글자의 합자로 아름답게 꽃이 핀 가지, 풀의 뜻에서 華麗(화려)함의 뜻이 되었다. 즉, 짚으로 이은 지붕 밑에 많은 가족과 함께 모여 산다는 뜻이며 꽃 화(花)와 동자다. 빛날 화(華)의 고자는 초두변(艹)+네 개의 사람인(从+从)+어조사 (어)로서 노부모가 많은 자식을 낳아 잘 키웠으니 빛난다는 뜻이다. 직업으로는 공무원, 직장인, 의사, 간호사, 한의사, 꽃집, 이·미용사, 식당, 음악가 등이 있다.

花 "꽃 화(花)=초두 변(艹)+변할 화(化)"

초두머리(艹(=艸)는 풀, 풀의 싹)部와 음을 나타내는 化(화)가 합하여 이루어졌으며, 풀이 나이가 들어 꽃을 피운다는 뜻에서 꽃으로 나타내며, 만약 꽃을 피운다면 수명이 단축되는 것은 화무십일홍이 되기 때문에 꽃을 피운다는 뜻은 출세를 의미한다. 그러나 출세와는 무관한 운명이며 화초에 불과하고 사람들의 노리개에 불과하다. 보면 꺾고 싶고 꺾으면 시들어 버리게 되는 것이다. 스스로의 위치를 알고 자제하며 살아야 남의 노리개가 되지 않는다. 직업으로는 한의사, 한약재, 화가, 음악가, 연예인, 꽃집, 화류계, 화공약품, 이·미용사, 정원사, 식당 등이다.

話 "말할/이야기 화(話)=말씀언(言)+말씀 설(舌)"

舌(설은 입에서 혀를 내민 모양)과 재미있게 말한다(言)는 뜻이 합하여 '말하다'를 뜻하며, 여러 가지 일을 주워 맞춰 이야기 하다, 전(轉)하여 이야기의 뜻하며, 話(화)나 活(활)·括(괄)등에 포함된 舌(설)은 괄(氏+口)의 변한 모양이며, 입안의 혀를 나타내는 舌(설)이 아니다. 즉,

처음부터 끝까지 입으로 해결한다는 뜻이 있다. 직업으로는 언론인, 방송인, 종교인, 기자, 가수, 음악가, 연예인 등이 있다.

貨 "재화/화폐 화(貨)=변할 화(化)+조개 패(貝)"

조개 패(貝는 돈, 재물)部와 음을 나타내는 化(화)가 합하여 이루어져 貨(화)는 化(화)와 같고 본래는 돈의 뜻이었지만 재물이나 물건과 바꾼다는 뜻으로 돈과 교환하여 심부름을 해 주는 화물차로도 나타며, 재물을 보면 마음이 변할 수도 있으므로 손에 칼을 잡거나 가정을 버리고 따라나설 수도 있다. 직업으로는 한의사, 금융계, 조폐공사, 화공약품, 이・미용사. 식당, 등이 있다.

禍 "재화 화(禍)=보일 시(示)+입비뚜러질 괘(咼)"

旤와 동자, 뜻을 나타내는 보일 시(示(=礻)는 보이다, 신)部와 음을 나타내는 동시에 問責(문책)의 뜻을 나타내기 위한 부수를 제외한 글자 과(화는 변음(變音))로 이루어져 신의 문책, 타박 등을 뜻하며, 입을 잘 못 놀리면 재앙이 닥친다는 뜻이 있다.

嬅 "계집엄전할 화(嬅)=계집녀(女)+빛날 화(華)"

계집녀(女는 여자)部와 음을 나타내는 華(화)로 이루어져 계집이 활짝핀 꽃처럼 한창 예쁘다는 뜻을 지녔다.

樺 "벗나무 화(樺)=나무목(木)+빛날 화(華)"

木(목은 나무)部와 음을 나타내는 華(화)가 합하여 이루어져 나무가 한창 빛난다는 뜻에서 활짝 핀 벚꽃나무를 나타낸다.

禾 "벼화(禾)=나무목(木)+삐침(丿)"

곡물(穀物)의 이삭이 축 늘어진 모양을 본 뜬 글자로, 한자의 부수로서, 곡물(穀物)에 관(關)한 뜻으로 나무에 빛살이 피고들이 곡식이 익었다는 뜻이 있다.

<확>

確 "확실할 확(確)=돌석(石)+새높이날 확(隺)"

塙이 고자(古字), 石(석)과 음을 나타내며 동시에 굳다의 뜻을 가지는 부수를 제외한 글자

ㅎ

隺(흑・작→확은 변음(變音))으로 이루어져 굳은 돌, 전(轉)하여 굳다의 뜻으로 새가 높이 날아서 단단한 돌 바위에 앉았으니 그 자리가 확실하다는 뜻이 있다. 새 높이 날 확(隺)은 움집 면(宀)+새 추(隹)의 합자로서 돌과 새라는 뜻일 뿐이다. 돌 위에 앉은 새가 사람이 돌 바위에 앉았다는 뜻이 될 수도 있다. 직업으로는 직장인, 석공, 농업 등이 있다.

穫 "수확할 확(穫)+벼화(禾)+잴/법도 약(艹+隹+又)

벼화(禾는 곡식)部와 음을 나타내는 동시에 취하다의 뜻을 나타내기 위한 부수를 제외한 글자 蒦(확)으로 이루어졌으며, 벼를 거두어들이다의 뜻을 가지고 있어 법측 상익은 곡식은 거두어야 한다는 뜻과 법도 약, 잴 약(추+우)=풀우거질 추(艹+隹)+또우(又)의 합자로서 우거졌던 곡식이 익었으니 거둔다는 뜻이 있다. 직업으로는 농업, 정미소, 서비스업, 다방, 한의사 등이 있다.

碻 "확실할/굳을 확(碻)=돌석(石)+높을고(高)"

돌석(石은 돌) 部와 음을 나타내는 高(고)의 전음(轉音)으로 이루어졌으며, 집을 지으면서 단단한 암반 위에다 지었으니 확실하다는 뜻이다. 또는 돌로 된 대리석이나 돌기둥으로 큰 집을 지었으니 확실하다는 뜻도 된다. 직업으로는 금융계, 경리직, 공무원, 건축가 등이 있다.

<환>

桓 "굳셀 환(桓)=나무목(木)+굳셀 환(亘)"

나무목(木는 나무) 部와 음을 나타내는 부수를 제외한 글자 亘(환)이 합하여 이루어져 베풀선(宣, 亘)과 동자(同字)로서 베푸는 마음은 나무처럼 굳세어야 한다는 뜻으로 나무로 관(棺)을 짜서 죽은 사람에게 베푼다는 뜻의 모감주나무, 하관(下棺)나무 환으로도 나타낸다. 환은 태양의 아래위를 덮은 글자의 뜻이 내포되어 있다.

歡 "기쁠 환(歡)=황새 관(雚)+하품할 흠(欠)"

하품흠 방部는 사람이 앉아서 입을 크게 벌리고 있는 모양으로 歡(환)은 음식 앞에 앉아서 입을 벌리고 있는 뜻으로 음식을 먹는 일은 즐거운 일이므로 기뻐하는 뜻으로 쓰인다.
황새가 기지개를 켜면서 크게 울부짖으니 오히려 기쁜 표정으로 나타내어 친할 환, 술이름 환, 나무이름 환으로도 나타내며, 황새 관(雚)은 초두 변(艹)+부르짖을 현(口, 口)+새 추(隹)로서 울음도 크게 우는 황새로 나타낸다. 직업으로는 의사(이비인후과), 간호사, 가수, 성악가, 식당, 이・미용사 등이 있다.

丸 "알 환(丸)=아홉 구(九)+표할 주(丶)"

기울어지다의 뜻을 가진 仄(측)을 거꾸로 쓴 글자로서 기울어져 구르다, 굴러가다, 둥근 것이란 뜻으로 알맹이로 만들어진 알약이나 탄환을 나타내며, 환(丸)의 아홉 구(九)는 새 을(乙)의 목에 빗살이 합류한 글자로서 숫자의 마지막을 나타낸다. 직업으로는 약국, 한의사, 제약회사, 총포사, 병기 제조창, 의사, 간호사 등이 있다.

環 "고리 환(環)=구슬옥(玉)+놀랄 경(睘)"

둥글게 되어 있는 구슬이란 뜻으로 돌을 갈아서 어떤 물체를 묶을 수 있도록 만든 고리와 반지를 나타낸다. 반지, 목걸이, 팔찌는 물론이고 수갑을 나타내기도 한다. 또는 테두리의 둘레, 원을 상징한다. 놀랄 경(睘)은 눈목(目)+슬플 애(哀)의 합자로서 교도소를 조심해야 한다. 직업으로는 금은방, 사법관, 석공, 레미콘, 어부, 안경점 등이 있다.

奐 "클/빛날 환(奐)=쌀포(勹)+넉 사(四)+큰대(大)"

산모(産母) 기랑이에 두 손을 갖나 댄 보양을 본뜬 글자로 큰 사람이 상자(四)를 보자기에 싼다는 뜻이 있다. 또는 큰 상자를 보자기에 싸 모은다는 뜻에서 크게 빛난다는 뜻도 된다. 직업으로는 사업가, 정치인, 군인, 공직자라 할지라도 싸 모으는데 서슴지 않고, 죽을 때는 죽더라도 싸 모은다는 뜻이므로 재물은 있다. 그러나 교도소는 조심해야 한다.

還 "돌아올/돌릴 환(還)=쉬엄쉬엄 갈 착(辶)+놀랄 경(睘)"

갔다가 다시 돌아오다의 뜻으로 거리로 나가도 놀랄 일, 돌아와도 놀랄 일이 생긴다는 뜻이 있다.

換 "바꿀 환(換)=제방 병(扌)+클 환(奐)"

손을 서로 어긋나게 바뀌고 전(轉)하여 바뀌다의 뜻으로 보자기에 싼 물건과 바꿔치기를 한다는 뜻이다. 직업으로는 사업가, 정치인이나 공직자로서 남의 청탁을 잘 들어주며 그 대가를 받기도 잘한다.

喚 "부를 환(喚)=입구(口)+클 환(奐)"

奐(환)은 시끄럽게 떠드는 소리를 나타내며, 크게 부르짖거나 부른다는 뜻이다. 무엇을 싸 모으거나 교환하기 위해서 또는 어떤 일을 시키기 위해서 부른다는 뜻을 가지고 있다.

煥 "빛날 환(煥)=불화(火)+클 환(奐)"

크게 빛난다는 뜻이지만 본래의 뜻은 '흩어지다'의 뜻을 가지는 奐(환)으로 이루어졌으며, 불빛을 사방(四方)으로 흩어지게 한다는 뜻이 있다.

晥 "깨끗할 환(晥)=날일(日)+마칠 완(完)"

날일(日은 해)部와 음(音)을 나타내는 完(완)의 전음(轉音)으로 이루어졌으며, 날마다 하던 일을 끝낼 때가 되었다는 뜻이지만 일을 끝마친다는 뜻은 곧 죽음을 의미하기 때문에 이름으로 사용하기는 적당하지 않다.

幻 "화할/허깨비 환(幻)=작을 요(幺)+촛불 정(丁)"

현(眩)과 통하여 눈을 어찔어찔하게 하다 '환상(幻像)'의 뜻으로 작은 촛불처럼 눈에 보이지 않는 환상적인 도깨비가 요술을 부린다는 뜻에서 미혹할 환, 희미할 환으로도 나타낸다. 변하다(化화), 전(轉)하여, 정신(情神)을 '어지럽히다'의 뜻이 있어 이름으로 사용하기는 적당하지 않다.

<활>

活 "살/응용할 활(活)=삼수변(氵)+혀 설(舌)"

活(활)은 물이 바위에 부딪히며 물결이 합치고 하여 소리를 내면서 힘차게 흘러가는 것, 전(轉)하여 힘차게 활동하는 일이란 뜻으로 혓바닥과 입을 움직여서 먹고산다는 뜻으로 혓바닥과 입을 움직여서 활동하고 생활에 응용하다는 뜻이다. 혀 설(舌)=일천 천(千)+입구(口)의 합자로서 천 가지의 말이 입으로 나오는 것을 혀를 움직여서 말로 만들어 낸다는 뜻이다. 직업으로는 교육자, 종교인, 장사꾼, 언론인, 연예인 등이 있다.

闊 "넓을 활(闊)=문 문(門)+살 활(活)"

넓다 · 트이다 등의 뜻으로 문 안과 집 안에서 활동한다는 뜻에 이름의 형성이 부족하면 병자가 될 수도 있으니 주의해야 한다.

<황>

黃 "누르 황(黃)=달 감(甘)+말미암을 유(由)+불화(火)"

중국(中國) 古代(고대)의 五行思想(오행사상)에서는 색깔 중에서 黃을 제일 소중히 여겨 하늘은 玄(현의 검정), 땅은 노랑. 天子(천자)는 黃帝(황제) 때 비롯되었다고 한다. 오곡이 익은 가을을 상징하며, 들판(田)에 불(火)이 붙은 듯 벌겋게 물든 가을에 풀 (艹)과 곡식이 익어서 먹을 수 있어 달다는 뜻(甘)이며 팔(八)은 화(火)의 약자이다. 성품은 약간 간사스럽고 술을 좋아하며 창조력은 부족하나 돈을 버는 데는 소질이 있다. 게으르고 구두쇠와 같이 인색한 것이 큰 단점이지만, 물, 불, 술, 간장, 신장, 중풍을 조심해야 한다. 직업으로는 화가, 농업, 정미소, 식당, 닭장수, 유흥업소 등이 있다.

皇 "임금 황(皇)=흰백(白)+임금왕(王)"

最古(최고)의 왕의 뜻으로 임금왕(王)이 쓴 왕관의 위로 흰 기운(白)이 뻗쳐오르는 모양을 나타내어 뛰어난 임금이란 뜻으로서 황제(黃帝)라 할 때 사용되며, 머리 위로 흰 기운이 오른다 함은 왕의 기상과 능력, 위엄을 나타낸다. 직업으로는 공무원, 직장인, 연예인, 언론인, 화가 등이 있다.

荒 "거칠 황(荒)=물망초 망(芒)+내 천(川)"

풀이 땅을 덮고 매우 荒廢(황폐)해지다의 뜻으로 냇가에 물망초가 무성하다는 뜻은 황폐된 땅을 상징하여 거칠다는 뜻으로 나타낸다. 망(芒)은 초두 변(艹)에다 망할 망(亡)을 붙여서 망종 망, 싹 망(芒)으로도 읽으며, 게을러서 농사도 제대로 지을 수 없고 땅을 황폐하게 만든다 하여 이름으로 사용하기는 좋지 않은 글이 된다.

凰 "봉황새 황(凰)=안석 궤(几)+임금 황(皇)"

鳳(봉)의 생략형(省略形)으로 뜻을 나타내는 안석 궤(几는 책상)部와 부수를 제외한 글자 皇(황)이 음을 나타내며, 새 중에서 가장 아름답고 품위 있는 새가 봉황새이며 가정적으로는 부부의 금실이 좋다는 뜻에서 암 봉황새로 나타낸다. 그러나 집 안에 갇힌 새, 새장에 갇힌 새 이로 본인이나 배우자의 출세는 어려운 반면, 직장에서의 직위는 높아질 수 있고 동료들과 화목하다. 가족과의 화목을 중히 여기지만 두 마리중에 한 마리는 한정된 복에서 날아가 버릴 수도 있다. 직업으로는 공무원, 직장인, 금융계, 교육자, 화가, 연예인, 언론인 등이 있다.

晃 "밝을/빛날 황(晃)=날일(日)+빛 광(光)"

밝다·빛나다의 뜻으로 불빛이 있는데 태양마저 떴으니 더욱 밝다. 빛난다는 뜻이지만 글자를 파자(破字)로 읽으면 일광(日光)이 된다. 즉, 태양이 빛난다는 뜻이다. 그러나 본래의 뜻은 빛 광(光)에 있다. 빛 광(光)은 불화(火)+우뚝할 올(兀)이며 올(兀)은 어진 사람인 발(儿)에 한 일(一)을 붙여 모사란나는 뜻의 설음발이 왕과 농자로 쓰이며 절름발이 왕(尢, 兀)은 모자라는

ㅎ

짓거리, 개 같은 짓거리도 제법 잘 한다는 뜻이다. 어려서는 제법 총명하고 영리한 듯 하지만 이름 3자의 형성이 좋을 때는 금융계, 공무원, 정치인, 화가, 한의사, 약사, 사법관 등으로 출세의 기미를 보이지만 그렇지 못할 때는 오히려 운세가 하락하게 되어 운전사, 외판원, 떠돌이 장사꾼, 개장수, 건달이 되는 것처럼 특이한 글자다. 따라서 물과 불을 조심해야 하며, 인생에서 최소한 한두 번의 화재와 재난, 병란을 겪을 수도 있으며, 교통사고도 조심해야 한다.

滉 "물 깊고 넓을 황(滉)=삼수변(氵)+밝을 황(晃)"

삼수변(氵(=水, 氺)는 물)部와 음을 나타내는 晃(황)이 합하여 이루어져 깊다·물이 깊고 넓다 등의 뜻으로 물속에서도 햇볕이 드니 깊고 넓으며 맑게 보인다는 뜻이다.

煌 "빛날 황(煌)=불화(火)+임금 황(皇)"

爗이 고자(古字) 뜻을 나타내는 불화(火(=灬)는 불꽃)部와 음을 나타내는 皇(황)이 합하여 이루어져 빛나다·성하다·아름답다 등의 뜻으로 임금의 머리에 쓴 왕관과 더불어 왕이라는 그 명예에서 번쩍번쩍 빛이 나는 것 같은 환상적인 빛으로 나타낸다.

惶 "두려울 황(惶)=심방 변(忄)+임금 황(皇)"

심방 변(忄(=心, 㣺)이 마음, 심장)部와 음을 나타내는 皇(황)이 합하여 이루어져, 두려워하다·당황하다·급하다의 뜻으로 임금을 본 듯한 마음이란 뜻에서 유혹할 황, 바쁠 황으로도 나타내며, 여기서는 돌아가신 조상을 뵙는듯한 마음, 먼 곳에서 왕을 보는 듯한 마음으로 나타내어 죄송스럽다는 뜻으로 연결된다.

況 "모양 황(況)=삼수변(心)+만 형(兄)"

나중에 발어(發語)의 조자(助字)로서 하물며의 뜻으로, 또 境(경)에 통하여 모양·상태(狀態)·취지 등의 뜻으로도 쓰였으며, 즉, 형님의 넓은 마음과 같다는 뜻을 나타낸다.

璜 "반둥근 패옥 황(璜)=구슬옥(玉)+누루 황(黄)"

구슬옥 변(玉(=玉, 王)는 구슬)部와 음을 나타내는 黄(황)이 합하여 이루어졌으며, 패옥·서옥이란 뜻으로 돌을 갈아서 둥글게 만든 패옥, 구슬, 색상이 누렇게 빛나는 구슬을 상징한다.

媓 "이름 황(媓)=계집녀(女)+임금 황(皇)"

계집녀(女는 여자)部와 부수를 제외한 글자 皇(황)이 음을 나타내며, 고대 중국 요(堯)임금의 딸과 순(舜)임금의 왕비(王妃)의 이름에 사용되었던 글자로 아버지나 남편이 왕이 되려면 가족의 이름도 좋아야 한다는 뜻이 있다.

<회>

灰 "재 회(灰)=언덕 엄(厂)+불화(火)"

재・석회・먼지・잿빛 등의 뜻으로 灰(회)는 손으로 불타다 남은 찌꺼기를 그러모으는 모양, 옛 음은 煤(매는 그을음)와 비슷하고 黑(흑)의 옛 음이나 뜻과도 관계(關係)가 깊다의 뜻으로 지붕 밑에 불, 또는 아궁이 속의 불을 나타내어 불이 타고 난 다음의 재로 나타내 사용하면 화재, 신장, 기관지, 사고, 등에 조심을 해야한다.

回 "돌아올 회(回)=큰 입구(口)+입구(口)"

迴의 간체자(簡體字) 물이 일정한 곳을 중심으로 빙빙 도는 모양을 본뜬 글자로 '돌다', '돌아오다'를 뜻이며, 또는 큰 입구(口)+눈목(目)은 약자로 쓰인다. 돌고 또 돈다는 뜻에서 물돌 회로도 나타내며 항상 제자리걸음이란 뜻이다. 이 내용의 기회는 비단의 끝자락을 몸에 감으면 이쪽과 저쪽으로 다시 되돌아온다는 뜻으로 나타낸다. 물론, 이름에 사용하면 제자리걸음이 되므로 발전이 없고 도박성 욕심과 의욕은 있으나 되는 일이 없다하여 이름에 적합하지 않다. 직업으로는 외판원, 장사꾼, 운전사, 도박꾼. 관정공사, 건축업 등이 있다.

會 "모을 회(會)= 사람인(人)+한 일(一)+넉 사(四)+점(丶)+가로 왈(曰) "

쌀을 찌는 도구(道具)에 뚜껑을 하는 뜻, 그것이 오직 뚜껑의 뜻이 되어 나중에는 上下(상하)가 합치는 데서부터 만나다, 모이다의 뜻으로 굴뚝의 아궁이(四)로 마음이 검은 사람들을 끌어 모아서 교화(曰)시킨다는 뜻이 있다. 즉, 사람을 모아 검은 마음을 교화시킨다는 뜻에서 법관, 교화, 교정, 교육자, 경찰관, 교도관, 의사 등이 되지만 만약, 어려서부터 가정교육이 부족하면 그 반대의 현상을 일으켜서 자신이 교도소에 가게 되거나 그 배우자나 자식이 이러한 직업을 가지게 되고, 심하면 사형수나 굴뚝을 고치는 사람, 화장쟁이, 장의사, 건달이 된다.

晦 "그믐 회(晦)=날일(日)+매양 매(每)"

그믐・밤・어둡다・감추다 등의 뜻으로 여기서 매양 매(每)는 말 무, 없을 무와 같은 뜻을 나타내어 빛이 없어서 어둡다는 뜻으로 어두운 그믐 밤, 빛이 없는 밤을 나타낸다.

ㅎ

徊 "머뭇거릴 회(徊)=자축거릴 척(彳)+돌아올 회(回)"

머뭇거리다·노닐다의 뜻으로 앞으로 계속 나아가지 못하고 되돌아옴을 나타내며, '나를 버리고 가신님은 십 리도 못 가서 발병난다' 처럼 앞으로 나가지도 못하고 결국 되돌아오는 발전이 없는 사람을 말한다. 만약 직장을 가진다면 한곳에 머물러야 좋다.

懷 "품을 회(懷)=심방 변(心)+도울 양(襄)"

돕고 싶은 마음이란 뜻에서 "품는다"는 뜻으로 나타내며, 양은 돼지해머리(亠)+부르짖을 현(口口)+두 개의 무성할 봉(丰)+옷의(衣)의 합자로 남을 돕고 싶은 마음은 있으나 줄 것이 없다. 마음에 돌이켜 생각하다의 뜻을 지녔다.

悔 "뉘우칠 회(悔)=심방 변(心)+매양 매(每)"

斷念(단념)하지 못하고 마음에 걸려하며, 좋아할 마음은 없다. 이것저것 생각할 마음이 없다는 뜻으로, 매양 매(每)는 없을 무(無)와 같은 뜻으로 나타낸다.

恢 "클 회(恢)=심방 변(忄)+재 회(灰)"

넓다·넓히다·광대하다·크다·크게 하다·갖추다·갖추어지다 등의 뜻을 지녔으며, 모두 타버리고 난 재와 같은 마음이란 뜻은 곧, 모든 욕심에서 벗어나 마음을 비웠다는 뜻이므로 크다의 뜻으로 나타낸다.

檜 "전나무 회(檜)=나무목(木)+모을 회(會)"

木(목은 나무)部와 음을 나타내는 會(회)가 합하여 이루어져, 전나무·노송나무·관 위의 장식 등의 뜻으로 전나무처럼 빽빽이 자란다는 뜻을 가지고 있다.

澮 "밭도랑 회(澮)=삼수변(氵)+모을 회(會)"

삼수변(氵(=水, 氺)는 물)部와 음을 나타내는 會(회)가 합하여 이루어졌으며, 밭에서 흐르던 물이 모여서 도랑을 이룬다는 뜻에서 물돌 회, 물 모여들 회로도 나타낸다.

繪 "그림 회(繪)= 실사(糸)+모을 회(會)"

오색(五色)의 실을 합쳐 수 놓는다, 전(轉)하여, 색채(色彩)를 배합(配合)한 그림의 뜻을 가지고 있으며, 갖가지 색상의 실을 모아서 만들어진 것이 자수, 그림으로 만들어진다는 뜻이다. 직업으로는 화가, 액자, 그림 가게 등이 있다.

<획>

獲 "얻을 획(獲)= 개견 변(犭)+풀 우거질 추(萑)+또우(又)"

개를 풀어 새나 짐승을 잡다, 또는 잡은 것이란 뜻으로 우거진 숲을 헤치고 또 헤쳐서 개를 손으로 찾는다는 뜻에서 거둬들인다. 풀 우거질 추(萑) +또우(又)=잴 약, 법도 약으로서 직업의 종류는 공무원, 설계사, 경찰관, 교도관, 기상관측, 사냥꾼, 개장수, 보신탕 장사 등이 있다.

劃 "그을 획(劃)=그림 화(畵)+선칼도(刂)"

칼자국을 내서 나누다, 전(轉)하여 구분(區分)의 뜻으로 그림을 그리기도 하고 글씨를 쓰기도 하며 칼로 긋듯이 날카롭게 그린다, 날카롭게 획을 긋는다는 뜻이 내포되어 있다. 직업으로는 화가, 서예가, 설계사, 조각가, 유리점, 그림 가게, 음악가 등이 있다.

<횡>

橫 "비길 횡(橫)=나무목(木)+누루 황(黃)"

문이 열리는 것을 막기 위한 나무, 빗장을 뜻하며, 빗장은 옆으로 끼우므로, 가로의 뜻이 됨나무가 가을을 만나서 변하는 계절이나 가을이 나무를 만나서 누렇게 변하는 것이나 서로 다를 바가 없다는 뜻에서 비겼다는 뜻으로 나타낸다. 즉, 누런 들판이나 가을의 나무나 같다는 뜻이다.

<효>

效 "본받을 효(效)=사귈 교(交)+등글월문(攵)"

적극적(積極的)으로 무엇인가 하는 것을 뜻하는 등글월문(攴(=攵)일을 하다, 회초리로 치다)部와 음(音)을 나타내는 동시에 交差(교차)하다의 뜻을 가진 交(교)로 이루어졌으며, 努力(노력)해서 배우는 일, 그 결과가 보람→효과(效果)가 좋으며, 좋은 것을 배우기 위해서는 두드려서 문을 열게 하여 사귀어야 그 것을 본받고 배워야 한다는 뜻이다. 좋은 사람은 사귀고 좋은 것은 배워야 한다는 뜻이다. 직업으로는 교육자, 무역회사 경영자, 교역, 학자, 작가, 교습소, 운동선수 등이 있다.

孝 "효도 효(孝)=늙을로밑 변(耂)+아들자(子)"

아들이 노인을 잘 奉養(봉양)하는 뜻에서 父母(부모)나 祖上(조상)을 잘 섬김을 나타내며, 노인과 부모를 받드는 것은 당연히 그 자식이 할 일이다. 늙을로 밑 변(耂)은 노인이란 뜻의 늙을 로(耂)와 같이 쓰이며 흙토(土)+삐침(丿)의 합자로서 흙토(土)는 어머니의 모태를 상징하고 삐침(丿)은 조상의 기운을 상징하여 그곳에서 출생한 자식이 효(孝)이다. 직업으로는 교육자, 공무원, 의사, 간호사, 약사, 식당 등이 있다.

曉 "새벽 효(曉)=날일(日)+멀/높을 요(堯)"

환해지는 時刻(시각)의 뜻으로 높은 언덕 위에 아침 해가 돋는다는 뜻에서 새벽을 나타내고 때로는 아주 멀리 있는 것도 아침에는 깨달을 수 있다는 깨달음을 효로도 나타냈으며, 멀 요, 높을 요(堯)는 세 개의 흙토(土)가 합류하여 높다는 뜻에 우뚝할 올(兀)을 붙였으니 우뚝 솟은 산봉우리와 언덕으로 나타냈다. 직업으로는 공무원, 교육자, 건축가, 직장인, 약사, 운전사, 장사꾼 등이 있다.

爻 "괘/형상할 효(爻)=풀벨 예(乂)+풀벨 예(乂)"

爻(효)는 교차(交叉)하는 표인 ×를 겹쳐서, 十(십)子(자)로 '교차하다'의 뜻을 나타내며, 어떤 물건을 자르거나 젓가락을 서로 어긋나게 엮듯이 괘상을 뽑는다는 뜻과 벤다는 뜻을 함께 나타낸다. 풀을 벤다는 뜻은 가위질하는 형상을 나타내며, 괘 효는 역학적인 어떤 이치를 생각한다는 뜻이 있다. 직업으로는 의사, 역학자, 점쟁이, 이·미용사, 정원사, 식육점, 등이 있다.

驍 "날랠 효(驍)=말마(馬)+멀 요(堯)"

말마(馬는 말)部와 음을 나타내는 堯(요)의 전음(轉音)이 합하여 이루어지며, 말을 타면 아무리 먼 곳도 빨리 갈 수 있다는데서 날쌔다는 뜻으로 나타낸다. 직업으로는 운전사, 배달원 등이 있다.

<후>

後 "뒤 후(後)=자축거릴 척(彳)+작을 요(幺)+천천히 갈 쇠(夊)"

뒤·곁·딸림 등의 뜻으로 작음 걸음으로 뒤따라간다는 뜻에서 뒤라는 뜻을 나타내며, 항상 2인자의 자리를 지키며 2등을 암시한다. 직업으로는 교육자, 운전사, 떠돌이 장사꾼 등이 있다.

候 "기후/맞을 후(候)=사람인 변(亻)+뚫을 곤(丨)+새 을(乙)+잃을 실(失)"

사람을 둘러보고 安否(안부)를 묻는 뜻을 가지고 있으며, 글자의 발어사(發語辭)로 쓰여 오고 가는 변덕이 심한 것이 기후와 절기란 뜻에서 만들어진 글자이다. 따라서 임금 후, 영주 후, 아름다울 후로도 나타낸 것은 본래의 뜻과는 다르다. 앞에서 입(口)을 붙이면 목구멍 후(喉)가 되며, 잃을 실(失)의 영향이 미칠 수 있으므로 사용하지 않는 것이 좋다.

厚 "두터울 후(厚)=언덕 엄(厂)+두터울 후(日+子) 와 동자로 쓰인다."

산이 두텁게 겹쳐 있다 또는 흙을 쌓아 올리거나 제사 음식을 수북이 담는다는 뜻에서 융숭한 마음이라는 뜻도 나타내며 날일(日)+아들자(子)도 두터울 후(厚)와 획수만 다를 뿐 같은 글자이다. 집 안에 있으면서 자식과 가족에게는 후덕한 마음을 지닌다는 뜻이 있으나, 정 반대의 현상으로서 말년에 자식에게 근심이 따른다. 직업으로는 정치인, 공직자, 교육계, 금융계 등이 있다.

后 "왕후 후(后)=언덕 엄(厂)+뜻 지(旨)의 古字"

사람의 몸 뒤에 있는 구멍, 똥구멍의 뜻으로, 나중에 단순(丹脣)히 뒤의 뜻이 된다. 음을 빌어 임금의 뜻(侯·皇)으로 쓰이고, 다시 侯(후)를 남자 임금, 后(후)를 여자, 곧 황후(皇后)의 뜻으로 한다. 집 안에 조용히 앉아서 숟가락으로 음식을 받아먹는다는 뜻에서 품위가 높은 왕후와 임금으로 나타내며, 뜻 지(旨)의 古字는 숟가락 비(匕)+날일(日), 또는 가로 왈(曰)의 합자로서 한의사나 약방에서 사용하는 약숟가락과 날카로운 비수로 나타낸다. 직업으로는 한의사, 약사, 침술사, 안마사, 공무원, 서비스업, 식당 등이 있다.

逅 "만날 후(逅)=쉬엄쉬엄 갈 착(辶)+왕후 후(后)"

책받침(辶(=辵)는 쉬엄쉬엄 가다)部와 음을 나타내는 后(후)가 합하여 이루어졌으며, 만나다·우연히 만나다 등에 뜻으로 임금이 느린 걸음으로 왕후를 만나러 간다는 뜻이 내포되어 있다.

喉 "목구멍 후(喉)=입구(口)+기후 후(候)"

입구(口는 입, 벅다, 말하다)部와 음을 나타내는 侯(후)로 이루어졌으며, 咽喉(인후), 목구멍의 뜻으로 계절과 기후에 따라 변덕이 심한 것도 목구멍, 기후로 인하여 감기, 기관지염을 앓는 것도 목구멍이다. 직업으로는 의사(이비인후과, 치과, 간호사), 측후소, 기상대, 음식점과 인연이 있다.

垕 "두터울 후(垕)=왕후 후(后)+흙토(土)"

厚(후)의 고자(古字)의 뜻을 나타내는 흙토 (土는 흙)部와 부수를 제외한 글자 后(후)가 음을 나타내며 두텁다·두껍다의 뜻으로 왕후가 땅바닥에 앉아있다는 내용으로 두터울 후(厚)의

ㅎ

古字이다.

<훈>

訓 "가르칠 훈(訓)=말씀언(言)+내 천(川)"

순서 있게 가르치다, 알아듣게 이야기하다의 뜻으로 흐르는 강물처럼 크고도 넓고 긴 내용을 말씀과 더불어 가르치고, 말을 길게 이으면서 가르친다는 뜻을 나타낸다. 교훈(敎訓), 훈시(訓示) 등에 사용된다. 직업으로는 교육계, 공무원, 언론인, 가수, 음악가 등이다. 이름 3자의 형성이 부족하면 건달이 되는 수도 있다.

熏 "불기운 훈(熏)=일천 천(千)+검을 흑(黑)"

燻과 동자(同字). 薰과 통자(通字). 艸(초=위로 올라가는 모양)와 黑(흑)의 합자하여 만들어져 검은 연기가 올라감의 뜻으로 검은 굴뚝의 구멍으로 천 가지의 연기와 그을음이 나온다는 뜻에서 불기운으로 나타낸다. 또는 사람의 혓바닥에서 나오는 말과 같은 것이 수천 가지로 흘러나온다는 뜻도 된다. 즉, 입으로 교화시키고 가르치며 다스린다는 뜻도 되므로 사법관과 인연이 있으나, 법관, 경찰, 교도관이 되지 못하면 자신이 교도소에 수감되는 죄수가 될 수도 있다. 직업으로는 법관, 경찰, 교도관, 죄수, 항공사, 선장, 기관사, 정비사, 공무원, 한의사, 약재상, 서예가, 음악가, 가수, 연예인, 언론인, 화장쟁이, 장의사, 식당 등이 있다.

塤 "질나팔 훈(塤)=흙토(土)+관원 원(員)"

흙토(土는 흙)部와 부수를 제외한 글자 員(원)이 음(音)을 나타내며, 흙을 구워서 만든 악기, 도자기 등을 말하므로 직업으로는 악사, 악기점, 음악가, 가수, 도예가, 그릇점 등이 있다.

勳 "공 훈(勳)=불기운 훈(熏)+힘 력(力)"

힘 력(力은 팔의 모양→힘써 일을 하다)部와 음을 나타내며, 임금의 뜻(君군)을 나타내기 위한 熏(훈)으로 이루어져, 임금을 위하여 '봉직(奉職)하다', 전(轉)하여, 임금을 위하여 수행(遂行)한 행위(行爲), 공적(功績), 훈공, 훈신(勳臣)의 뜻으로 왕성한 불기운에 힘을 더 보태니 공을 이룬다는 뜻이다. 최선의 노력한 결과로 볼 수 있고, 불기운 훈(熏)은 일천 천(千)+검을 흑(黑)의 합자로서 검을 흑(黑)은 넉 사(四)+흙토(土)로서 가운데 중(中)을 형성하고 그 아래에다 불(火)을 붙여서 굴뚝으로 나오는 그을음과 연기로 나타낸다. 넉 사(四)의 사람인 발(儿)은 그을음을 나타내어 마음과 혈색이 검은 사람을 나타내기도 한다.

焄 "향내음 훈(焄)=임금 군(君)+연화발(灬)"

김을 쐬다 · 김 오르다 · 냄새의 뜻으로 김오를 훈(薰)과 同字로 쓰이며 군자가 앉은 방바닥에 불을 지피니 뜨거운 냄새가 풍긴다는 내용이며, 군자 군(君)은 다스릴 윤(尹)+입구(口)로서 방안에서 입으로 백성을 다스린다는 뜻과 다스릴 윤(尹)은 주검 시(尸)+열 십(十)으로서 죽은 시체는 다스리기 쉽고 믿어도 된다는 뜻에서 믿을 윤(尹)으로도 나타낸다.

薰 "향기/온화할 훈(薰)=초두 변(艹) +불기운 훈(熏)"

연기나 향내가 들어차 있는 뜻의 熏(훈)으로 이루어지며, 향내를 좋게 하는 풀의 뜻, 전(轉)하여 좋은 냄새가 나나의 뜻으로 불기운을 받아서 꽃을 피우니 향기가 난다는 뜻이지만 굴뚝의 불기운을 숲과 꽃에 미치면 그 꽃과 숲은 죽을 수도 있으니 단명의 위태로움과 교도소에 갈 위험도 따른다. 그러므로 이름으로 사용하는 것은 좋지 않다.

勛 "공 훈(勛)=관원 원(員)+힘 력(力)"

힘 력(力는 팔의 모양→힘써 일을 하다)部와 부수를 제외한 글자 員(원)의 전음(轉音)이 음을 나타내며, 공적 · 관등 · 세운업적이란 뜻으로 최선을 다해 일한 공직자가 공을 이룬다는 뜻이 내포되어 있다. 이 글자를 공 훈(勳)과 고자(古字)로도 사용되지만, 이 글자는 관원(員)이란 뜻이므로 직업으로는 공무원이 최우선이다.

<훤>

萱 "원추리 훤(萱)=초두 변(艹)+베풀 선(宣)"

풀을 뜻하는 초두머리(艹(=艸)는 풀, 풀의 싹)部와 음을 나타내는 宣(선)의 전음(轉音)이 음을 나타내어 '원추리(백합과의 다년초)'를 나타내며, 꽃을 피워 씨앗을 뿌리고 나면 죽는 풀의 이름을 나타낸 글자다. 망우초 · 의남초라고도 하는 이 풀은 곧 죽어도 사내다운 멋이 있다는 뜻이지만 이름에는 사용하는 것은 좋지 않다.

喧 "떠들/시끄러울 훤(喧)=입구(口)+베풀 선(宣)"

입구(口는 입, 먹다, 말하다)部와 음을 나타내는 宣(선)의 전음(轉音)이 합하여 이루어져 입으로 베푼다는 뜻은 곧 시끄럽다는 뜻과 같다.

ㅎ

暄 "따뜻한 훤(暄)=날일(日)+베풀 선(宣)"

날마다 베풀며 살아야 한다는 뜻이지만 그럴 수도 없는 것은 무엇이든 모자라기 때문.

<훼>

毁 "헐 훼, 훼손할 훼(毁)=절구 구(臼)+흙토(土)+팔모창 수(殳)"

갖은 등글월문(殳는 치다, 날 없는 창) 部와 음을 나타내 쌀을 찧어 精白(정백)하는 뜻을 가지는 부수를 제외한 글자 (훼)로 이루어져 있으며, 쌀을 찧을 때 쓰는 土砂(토사)를 뜻했으나 虧(휴)와 통하여 망가뜨리다의 뜻으로 쓰여 창칼로 상하게 하거나 긁어 낸다와 절구 구(臼)는 내 몸의 구석진 곳, 흙토(土)는 뼈와 살과 어머니의 정성, 팔모창 수(殳)는 그것을 상하게 하는 도구를 나타내며, 내 몸은 부모님께서 주신 것이니 함부로 상하게 해서는 안된다는 뜻에 사용된다.

<휘>

暉 "햇빛 휘(暉) = 날일(日)+군사 군(軍)"

날일(日은 해)部와 음(音)을 나타내는 軍(군)의 전음(轉音)이 합하여 군영에 햇살이 비치니 그 위상은 더욱 빛이 난다는 뜻으로 글자를 파자(破字)하여 읽으면 일군(日軍)=일본의 군사란 뜻이다. 날일(日)은 날마다의 뜻이며 군사 군(軍)은 날마다 전쟁놀이 하는 군인을 나타내므로, 직업으로 군인이 되면 좋다.

揮 "휘두를 휘(揮)=제방 변(扌)+군사 군(軍)"

손(手)을 흔들어 군대(軍)를 지휘한다는 뜻으로 되어 있지만, 장성급이 될 수는 없으며 조교, 사병의 지휘관, 군악대, 보초병 등을 나타낸다. 손을 휘두르다의 뜻에서 指示(지시)하며 시킴의 뜻으로도 쓰인다.

輝 "빛날 휘(輝)=빛 광(光)+군사 군(軍)"

수레거(車는 수레, 차)部와 음(音)을 나타내는 동시에 돌다의 뜻을 나타내기 위한 軍(군→휘는 변음(變音))으로 이루어져, 빛날 휘(輝)와 동자로서 군사들의 사기를 높이고 군영에 빛이 드니 밝다는 뜻으로 군인이 되지 못하면 운전사가 될 확률이 높고, 빛 둘레에 둥글게 광망이 치다의 뜻을 지니고 있다.

彙 "무리/모을 휘(彙) =돼지머리 계(彑)+덮을 멱(冖)+실과 과(果)"

터진 가로 왈(彐(=彑)은 돼지머리, 고슴도치 머리, 기물의 모양)部와 음(音)을 나타내는 胃(위)의 생략형(省略形)이 합하여 이루어져, 털이 긴 짐승의 일종(一種), 그 짐승은 무리를 이루어 살며, 과일나무를 비닐하우스나 짚으로 덮어서 농사를 짓다와 집 안으로 모이도록 하다는 뜻이 있다. 사람(인)이 집 안에 있는 글자이므로 건강에 위험이 닥친다.

徽 "아름다울 휘(徽)=자축거릴 척(彳)+뫼산(山)+이을계(系)+등글월문(攵)"

徽, 褘와 통자(通字). 표지(標識)를 뜻하는 徵(징・치)의 생략형(省略形)인 실사(糸는 실타래)部를 제외한 나머지 글자와 음(音)을 나타내는 실사(糸는 사는 휘는 변음(變音))로 이루어진 글자이며, 계집녀(女는 여자)部 +尾(미=이름답다)와 통용(通用)으로 기러기의 발처럼 생긴 글과 서적 등을 대대로 이어간다는 뜻으로 깊은 산골에 사는 사람이나 남의 집을 지켜주는 사람이 될 수도 있다.

煇 "빛날 휘, 해무리 운(煇)=불화(火)+군사 군(軍)"

불화(火(=灬)는 불꽃)部와 음(音)을 나타내는 軍(군)의 전음(轉音)이 합하여 이루어져 빛나다・지지다・빛・햇무리라는 뜻을 가지고 있다.

<휴>

虧 "이지러질 휴(虧)=범호밑 변(虍)+새 추(隹)+어조사 혜(兮)"

범호 밑(虍는 범의 문채, 가죽)部의 전음(轉音)과 부수(部首)를 제외(除外)한 글자로 이루어져, 새의 몸뚱이에 범의 머리를 달았으니 밑끝마다 헛소리란 뜻에서 이지러지다의 뜻으로 나타낸다.

休 "쉴 휴(休)=사람인 변(亻)+나무목(木)"

사람(人)이 나무(木) 그늘에서 쉰다는 데서 '쉬다'라는 뜻을 내포하고 있으며, 이름에 사용하면 창조력이 부족하고 게으르며 남에게 의지하여 산다. 즉, 나무와 사람이란 뜻이므로 직업으로는 산림청, 임업, 농업, 목재소, 등이 있다.

烋 "화할 휴(烋)=쉴 휴(休)+연화발(灬)"

연화발(灬(=火)는 불꽃)部와 음(音)을 나타내는 休(휴)로 이루어졌으며, 사람이 쉬는 나무 밑에 불을 붙여서 태우고 있으니 불과 물, 건강에 좋지 않으므로 이름에 사용할 수 없는 글자이다.

攜 "가질/이끌 휴(攜)=재방 변(扌)+새 추(隹)+이에 내(乃)"

재방 변(扌(=手)은 손)部와 음(音)을 나타내며 동시에 매다·동여매다의 뜻을 나타내기 위한 부수(部首)를 제외(除外)한 글자 雋(휴)로 이루어져, 손을 매어 잡다의 뜻으로 손으로 새의 창자를 꺼낸다 또는 산부인과 의사라면 배 속의 아기와 자궁을 끄집어낸다는 뜻이다. 직업으로는 의사, 간호사가 될 수는 있으나 본인의 건강도 문제가 따를 수 있다.

<흉>

胸 "가슴 흉(胸)=육달월 변(月)+좋지못할 흉(匈)"

육달 월(月(=肉)는 살, 몸)部와 음(音)을 나타내는 부수(部首)를 제외(除外)한 글자가 합하여 쌀포몸(勹는 싸다)部와 음(音)을 나타내는 凶(흉은 속이 비다)으로 이루어져, 옛날 사람들은 가슴은 속이 비고, 생각한 일 등을 넣어 둘 수 있다고 생각했으며, 그러므로 가슴을 匈(흉)이라고 했고, 나중에 몸을 나타내는 月(월은 肉육)을 더하여 胸(흉)이 된다. 고로 고깃덩어리가 좋지 못하다는 뜻은 몸뚱이와 가슴도 흉하다는 뜻에서 가슴 부위와 흉부외과를 나타내 잘 배우면 흉부외과 의사는 될 수 있으나 잘 못하면 장애자가 될 수도 있다.

凶 "흉할 흉(凶)=입벌릴 감(凵)+풀벨 예(乂)"

兇과 동자(同字). 恟과 통자(通字). 텅빈(위튼입구(凵는 위가 터진 그릇)部) 함정의 갈라진(부수(部首)를 제외(除外)한 글자) 틈새로 빠져 '운수가 나쁘다', '흉하다' 즉 입 속의 혓바닥을 잘라낸다는 뜻이다.

<흑>

黑 "검을 흑(黑)=넉 사(四)+흙토(土)+연화 발(灬)"

또는 가운데 중(中)+사람인(人)+흙토(土)+연화발(灬)의 합자로도 나타내어 불을(火) 피워 창이 검게 그을린다는 뜻으로 굴뚝의 구멍으로 검은 연기와 그을음도 나온다해서 검다의 뜻을 나타내지만 인간의 이름에 사용되면 마음과 혈색도 검은 사람으로 나타낸다. 자신은 아무리 올바르다고 하나 마음 한구석에 검은 마음을 숨긴 사람이 될 수도 있으며 모음 회(會), 불기운 훈(熏)과 비슷한 뜻을 지녔으니 참고하라. 직업으로는 법관, 항공사, 선장, 경찰, 교도관, 기관사, 서예가, 사진작가, 정비사, 굴뚝을 고치는 사람, 화장장이, 장의사, 보신탕 등이 있다.

<흔>

昕 "해돋을 흔 (昕)=날일(日)+날 근(斤)"

날일(日는 해)部와 음(音)을 나타내는 斤(근)의 전음(轉音)이 합하여 이루어져, 새벽・해뜰 무렵 뜻으로 아침 햇살이 날카로운 연장에 비치면 더욱 빛을 더 낸다는 뜻으로 나타낸다.

欣 "기쁠 흔(欣)=무게 근(斤)+하품할 흠(欠)"

하품흠 방(欠는 하품하는 모양) 部와 음(音)을 나타내며, 함께 웃음소리를 나타내기 위한 斤(근)으로 이루어져, 입을 열고 웃으며 즐거워한다는 뜻이다. 즉, 큰 기지게를 무게 있게 켠다는 뜻에서 소리를 크게 지르고 짐승이 우는 모양도 소리가 크다는 뜻으로 만든 기쁠 흔(欣)과 동자다. 날 근(斤)은 도끼나 어떤 연장, 무기와 같은 것이 빛을 낸다는 뜻이므로 바쁘면 무기를 잡고 엉뚱한 짓을 할 수도 있다. 직업으로는 의사, 치과, 군인, 경찰, 식당, 식육점, 건달 등이 있다.

炘 "화끈거릴 흔(炘)=불화(火)+날 근(斤)"

불화(火(=灬)는 불꽃)部와 음(音)을 나타내는 斤(근☞흔은 변음(變音))으로 이루어져, 날이 시퍼런 연장에 불빛이 비치니 더욱 무섭게 빛난다는 뜻에서 화끈거리다・불사르다의 뜻으로 나타낸다.

<흘>

屹 "산우뚝할 흘(屹)=뫼산(山)+빌 걸(乞)"

뫼산(山은 산봉우리) 部와 음(音)을 나타내는 乞(걸)의 진음(轉音)이 합하여 이루어져, 별로

ㅎ

쓸모없는 산이 그저 우뚝하기만 하다는 뜻에서 사람도 없고 먹을 과일나무도 없는 빈 산이 우뚝하게 솟아나기만 했다는 뜻으로 되어 있다.

<흠>

欽 "공경할 흠(欽)=쇠금(金)+하품할 흠(欠)"

쇠금(金은 광물·금속·날붙이)部와 음(音)을 나타내는 金(금)의 전음(轉音)이 합하여 이루어졌으며, 쇳덩이와 금덩이가 있어도 가질 줄 모르고 팔장을 낀 채 물끄러미 쳐다볼 뿐이란 뜻에서, 존경을 받아도 마땅하다. 또는 물끄러미 쳐다볼 흠으로도 나타내며, 게을러서 금덩이를 가질 수 없다는 뜻이다.

<흡>

吸 "마실 흡(吸)=입구(口)+미칠 급(及)"

입구(口는 입, 먹다, 말하다)部와 음(音)을 나타내는 동시에 거기까지 닿다의 뜻을 가지는 及(급→흡은 변음(變音))으로 이루어졌으며, 입을 대고 빨다, 숨을 들이마시다의 뜻을 가지고 있어 어떤 음식을 입에까지 이르게 한다 즉, 먹다·마시다의 뜻으로 나타낸다.

洽 "젖을 흡(洽)=삼수변(氵)+합할 합(合)"

삼수변(氵(=水, 氺)는 물) 部와 음(音)을 나타내는 合(합)의 전음(轉音)이 합하여 이루어져 물과 물이 합하니 젖는다는 뜻이 있다. 또는 어떤 색상이 변한다는 뜻으로도 나타낸다.

恰 "흡사할 흡(恰)=심방 변(忄)+합할 합(合)"

심방 변(忄(=心, 㣺)은 마음, 심장) 部와 음(音)을 나타내는 合의 전음(轉音)이 합하여 이루어졌으며, 흡사하다·사이가 좋다·마치 등에 뜻이 있으며, 마음과 마음이 합했다는 뜻에서 흡사하게 닮는다는 뜻으로 나타낸다.

翕 "모일 흡(翕)=합할 합(合)+깃 우(羽)"

깃 우(羽☞깃, 날개)部와 음(音)을 나타내며 合(합)의 전음(轉音)이 합(合)하여 이루어졌으며, 합하다, 모으다 · 모이다 · 당기다 · 거두다 라는 뜻이며, 날개가 서로 모여 여러 마리의 많은 새들을 모았다는 뜻이 담겨 있다.

<흥>

興 "흥할/일 흥(興)=절구 구(臼)+함께할 동(同)+여덟 팔(八)"

同(동→흥은 변음(變音))과 마주 들어 올리다(臼 + 밑스물입(廾는 맞잡다) 部)의 합자(合字)로 여럿이 들어 돌리다, 일으키다, 일어나다. 즉, 가족 또는 동업자와 함께 일을 하니 흥한다는 뜻으로 만들어졌으며, 절구 구(臼)는 구덩이나 방앗간과 연결되므로 욕심은 뛰어나게 많으므로 물욕(物慾)을 버리면 더욱 좋다. 아래의 여덟 팔(八)+한 일(一)은 책상 기(丌)와 같은 뜻을 지니며, 때로는 많이 돌아다니며 장사하는 직업과도 인연이 있다. 직업으로는 가족이 함께 일하거나, 사업은 동업이 좋으며, 화가, 작가, 사진작가, 복사기, 방앗간, 정미소, 쌀집, 식당, 의사, 약국, 간호사, 공무원 등이 있다.

<희>

羲 "기운 희(曦)=양머리 양(羊)+빼낼 수(秀)+창 과(戈)"

양 양(羊☞양) 部와 음(音)을 나타내는 義(의)의 전음(轉音)이 합(合)하여 이루어졌으며, 착한 백성이 풍성한 곡식과 무기도 저장하고 있으니 기운이 충만하다는 뜻으로 나타낸다. 머리(羊)는 양의 신선한 피를 받아 신에게 제사상에 올리던 글자로서 착하고 선한 백성, 신선한 피, 역학자, 종교인, 공직자로도 나타내며, 빼낼 수(秀)는 곡식이 익었으니 뽑아내어 거둔다는 뜻을 나타내므로 조숙하여 빨리 늙으며, 자식 운이 좋지 않다. 창 과(戈)는 연장이나 무기를 이용하여 재물을 거두어들인다는 뜻이 내포되어 있다.

熙 "빛날 희(熙)=신하 신(臣)+병부절(㔾)+연화발(灬)"

연화발(灬(=火)는 불꽃) 部와 음(音)을 나타내는 부수(部首)를 제외(除外)한 글자 (희)로 이루어져 빛나다의 뜻과 음을 빌어 좋아하다라고 쓰이며, 참된 신하는 뜨거운 불로 몸을 태우는 고달픔이 있어도 거역, 반역하지 않는다는 뜻이다. 신하 신(臣)은 왕 앞에 엎드린 신하의 비스듬한 눈을 본떠서 착하고 복종하는 신하, 공직자, 착하고 순종하는 주부로 나타내며 병부절(㔾)은 몸에 문신이나 흉터를 나타내며 허리가 아프거나 심하면 간암 환자가 될 수도 있다. 연화발(灬)은 불화(火)가 글자의 발로 쓰일 때의 자형이므로 공직자, 직장인이 되지 못하면 화가, 사진작가, 복사기 관련이나 가스 관련 직업, 서점, 안경원, 교사 등의 직업을 가질 수 있다.

喜 "기쁠/즐길 희(喜)=길한 길(吉)+제기 두(豆)+입구(口)"

憘와 동자는 북(큰 북이나 장구 같은 타악기, 또는 악기를 치며 즐거워함)을 치며 노래 부르니(口) 기분이 좋아진다는 데서 '기쁘다'를 뜻하며 즉, 청렴한 선비가 조상을 잘 모시고자 제사를 잘 지내고 나니 먹을 것도 풍족하고 복을 받는다는 뜻에서 기쁘다는 뜻도 가지고 있다. 또한, 먹고 즐긴다는 뜻으로도 나타낸다.

姬 "계집 희(姬)=계집녀(女)+신하 신(臣)"

착한 신하처럼 순종하는 여자. 복종하고 착한 계집이란 뜻이다. 姬의 본자의 뜻을 나타내는 계집녀(女는 여자) 부(部)와 음(音)을 나타내는 姬(이·애에서 女를 뺀 나머지 글자)로 이루어진다. 남편에게 거역하지 않는 착한 마음을 가졌으며, 그 대부분이 선의적인 착한 눈을 가졌다. 이름 3자의 뜻이 부족하면 본인이 직접 공직자나 직업을 가지고 일해야 하는 어려움도 있다. 직업으로는 공무원, 직장인, 안경원, 컴퓨터 관련, 서점, 작가, 눈으로 세밀히 살펴봐야 하는 직업, 식당 등이 있다.

希 "바랄 희(希)=풀벨 예(乂)+왼 좌(左)+수건 건(巾)"

希와 동자는 晞, 稀와 통자(通字). 爻(효는 선이 교차한 모양)와 巾(건은 옷감, 천)의 합자(合字). 실을 섞어 짠 옷감을 나타내며, 각종 천이나 수건, 종이 등을 가위질로 잘라서 광고지로 이용하여 노력의 대가를 바란다는 뜻이 내포되어 있다. 수건 건(巾)을 옷으로 평가하면 옷을 입은 사람의 오른팔이나 머리를 가위질(乂)로 잘라버릴 수도 있다는 뜻이 되므로 사실상 이름에 사용하기는 두려운 글자이다. 그리고 아무리 모아도 크게 모이지 않으며 명예도 없는 글자로서 부친의 덧이 없고 부모와 가족과도 인연이 짧을 수 있다. 사고가 많이 나는 직업이 많이 들어 있어 조심스럽다. 직업으로는 옷수선, 재단사, 종이, 천, 옷감, 의류, 광고업, 간판, 예초기, 외판원 등이 있다.

禧 "복 희(禧)=보일 시(示)+기쁠 희(喜)"

기쁘게 즐길 수 있는 것이 현실로 나타날 수 있다는 뜻에서 복 복(卜)의 뜻으로 나타나지만 보일 시는 현실이 아닌 환상적인 것과 영상적인 것을 암시하기 때문에 기쁠 희, 즐길 희(喜)와 같은 글자이다. 憘와 동자(同字)를 나타내는 보일 시(示(=礻)는 보이다, 신) 部와 음(音)을 나타내는 동시(同時)에 '기뻐하다'의 뜻을 가진 熙(희)로 이루어졌으며, 신이 주시는 즐거운 것, '행복'의 뜻을 가지고 있다.

稀 "드물 희(稀)=벼화(禾)+바랄 희(希)"

뜻을 나타내는 벼화(禾는 곡식)部와 음(音)을 나타내는 동시에 적다의 뜻을 가진 希(희)로 이루어지며, 벼가 적다의 뜻과 전(轉)하여 드물다라는 뜻이 내포되어 있어 내가 바라는 것은 많으나 그렇지 못하다는 뜻에서 성글다는 뜻으로도 나타낸다.

戲 "희롱할 희(戲)=빌 허(虛)+창 과(戈)"

빈 구덩이 속에서 막대기로 희학질 한다는 뜻이다. 수놈과 암놈의 호랑이가 구덩이 속에서 희학질할 희(戲)로 나타내며, 본래 武威(무위)를 보이는 것을 뜻하였지만, 嬉(희)와 통하여 戲弄(희롱)의 뜻으로 쓰인다.

僖 "즐길 희(僖)=사람인 변(亻)+즐길 희(喜)"

사람과 더불어 즐긴다는 뜻을 가지고 있는데, 일찍 유흥에 눈을 떠 이성과 만나거나 즐기게 된다는 안 좋은 암시가 있는 글자이다.

嬉 "즐길/희학질할 희(嬉)=계집녀(女)+즐길 희(喜)"

기쁨이나 아름답다는 뜻과 함께 즐긴다는 내용으로 계집과 더불어, 또는 남자와 더불어 즐기고 희학질 한다는 뜻을 가지고 있다.

熹 "밝을 희(熹)=기쁠 희(喜)+연화발(灬)"

기운이나 세력이 한창 왕성하여 즐기는 곳에 불을 밝혔으니 밝다는 뜻을 가지고 있다.

凞 "화할 희(凞)=얼음 빙(冫)+빛날 희(熙)"

빛남이 열 짓는다는 뜻이니 좋은 의미로 해석된다. 고로 밝게 빛나던 것에 얼음이 얼었으니 모든 것이 다 변했다는 뜻이 내포되어 있다.

曦 "햇빛 희(曦)=날일(日)+기운 희(羲)"

태양의 기운이 빛난다는 뜻에서 햇빛으로 나타내며, 작게는 햇빛처럼 밝고 따뜻한 사람이 되길 바라며, 크게는 하늘의 이치와 인간의 도리를 아는 참사람이 되길 바란다는 뜻을 내포하고 있다.

십간오행 분류표

十 干 五 行 分 類 表

李修命理성명학술 대법원인명한자 十干字源五行 분류표									
十干字源五行	字源五行	字	訓	音	필획	원획	部首	部首劃數	部首名
甲木	木	家	집	가	10		宀	3	집 면 (갓머리)
甲木	木	架	시렁	가	9		木	4	나무 목
甲木	木	柯	줄기, 자루	가	9		木	4	나무 목
甲木	木	覺	깨달을	각	20		見	7	볼 견
甲木	木	閣	누각, 집	각	14		門	0	문 문
甲木	木	干	방패	간	3		干	3	방패 간
甲木	木	幹	줄기	간	13		干	3	방패 간
甲木	木	柬	가릴, 간략할	간	9		木	4	나무 목
甲木	木	看	볼	간	9		目	5	눈 목
甲木	木	簡	대쪽, 간략할	간	18		竹	6	대나무 죽
甲木	木	艮	괘 이름, 그칠	간	6		艮	6	머무를 간
甲木	木	艱	어려울	간	17		艮	6	머무를 간
甲木	木	間	사이	간	12		門	8	문 문
甲木	木	栞	표시, 수정, 벨	간	10		木	4	나무 목
甲木	木	柑	귤, 사탕수수	감	9		木	4	나무 목
甲木	木	橄	감람나무, 올리브	감	16		木	4	나무 목
甲木	木	瞰	굽어볼, 살필	감	17		目	5	눈 목
甲木	木	匣	갑옷	갑	7		匚	2	튼입구(상자방)
甲木	木	閘	수문	갑	13		門	8	문 문
甲木	木	康	편안할	강	11		广	3	엄 호
甲木	木	舡	배	강	9		舟	6	배 주

甲木	木	杠	외나무다리	강	7		木	4	나무 목
甲木	木	橿	감탕나무, 굳셀	강	17		木	4	나무 목
甲木	木	凱	개선할	개	12		几	2	안석 궤 (책상)
甲木	木	開	열	개	12		門	8	문 문
甲木	木	客	손님	객	9		宀	3	집 면 (갓머리)
甲木	木	居	살	거	8		尸	3	주검 시 (지붕)
甲木	木	楗	문빗장	건	13		木	4	나무 목
甲木	木	虔	공경할	건	10		虍	6	범 호
甲木	木	杰	준걸, 뛰어날	걸	8		木	4	나무 목
甲木	木	桀	하왕이름, 준걸	걸	10		木	4	나무 목
甲木	木	檢	검사할	검	17		木	4	나무 목
甲木	木	瞼	눈꺼풀	검	18		目	5	눈 목
甲木	木	格	격식	격	10		木	4	나무 목
甲木	木	檄	격문, 편지, 빠를, 빼어날	격	17		木	4	나무 목
甲木	木	覡	박수(남자 무당)	격	14		見	7	볼 견
甲木	木	見	볼, 살필	견	7		見	7	볼 견
甲木	木	箝	재갈 먹일, 끼울	겸	14		竹	6	대나무 죽
甲木	木	京	서울	경	8		亠	2	돼지머리 해
甲木	木	庚	천간	경	8		广	3	엄 호
甲木	木	徑	지름길	경	10		彳	3	자축거릴 척
甲木	木	梗	줄기, 막힐, 굳셀, 재앙	경	11		木	4	나무 목
甲木	木	痙	경련, 목 뻣뻣할, 중풍들	경	12		疒	5	병질 엄

甲木	木	竟	마침내, 끝, 거울, 끝나다	경	11	立	5	설 립
甲木	木	競	다툴, 쫓다, 굳세다, 나아가다	경	20	立	5	설 립
甲木	木	頃	이랑, 잠깐	경	11	頁	9	머리 혈
甲木	木	頸	목, 목덜미의 앞부분	경	16	頁	9	머리 혈
甲木	木	檠	활을 바로잡는 들 도지개, 등불	경	17	木	4	나무 목
甲木	木	京	서울, 언덕, 곳집	경	9	亠	2	돼지머리 해
甲木	木	檠	檠과 동자	경	17	木	4	나무 목
甲木	木	屆	다다를, 경계할	계	8	尸	3	주검 시 (지붕)
甲木	木	桂	계수나무	계	10	木	4	나무 목
甲木	木	械	기계, 틀, 무기, 구속	계	11	木	4	나무 목
甲木	木	棨	창, 부절, 창틀	계	12	木	4	나무 목
甲木	木	尻	꽁무니, 밑바닥, 뿌리, 땅에 대다	고	5	尸	3	주검 시 (지붕)
甲木	木	庫	곳집, 창고	고	10	广	3	엄 호
甲木	木	枯	마를, 야윌, 텅 빌	고	9	木	4	나무 목
甲木	木	槁	마를, 여윌, 때릴	고	14	木	4	나무 목
甲木	木	痼	고질, 입병, 痼(고)와 同字	고	13	疒	5	병질 엄
甲木	木	睾	고환, 못, 늪, 皐(고)가 本字	고	14	目	5	눈 목
甲木	木	顧	지난 날을 돌아볼, 생각할	고	21	頁	9	머리 혈
甲木	木	高	높을	고	10	高	10	높을 고
甲木	木	杲	밝을, 높을	고	8	木	4	나무 목
甲木	木	梏	수갑, 붙잡다	곡	11	木	4	나무 목
甲木	木	梱	누느리다, 가지런하게 하다	곤	11	木	4	나무 목

甲木	木	棍	몽둥이, 곤장, 일으키다	곤	12		木	4	나무 목
甲木	木	寡	적을, 약할, 돌보다, 과부	과	14		宀	3	집 면 (갓머리)
甲木	木	果	과실, 결과, 시녀	과	8		木	4	나무 목
甲木	木	顆	낟알, 둘레	과	17		頁	9	머리 혈
甲木	木	廓	둘레, 지역, 외성, 울타리	곽	14		广	3	엄 호
甲木	木	槨	외관(外棺)	곽	15		木	4	나무 목
甲木	木	冠	갓	관	9		冖	2	민갓머리 덮을 멱
甲木	木	官	벼슬	관	8		宀	3	집 면 (갓머리)
甲木	木	寬	너그러울	관	15		宀	3	집 면 (갓머리)
甲木	木	棺	널, 입관할	관	12		木	4	나무 목
甲木	木	管	대롱, 피리, 붓대, 열쇠, 저택	관	14		竹	6	대나무 죽
甲木	木	觀	볼	관	25		見	7	볼 견
甲木	木	關	빗장, 관계할, 끄다, 가두다	관	19		門	8	문 문
甲木	木	梡	도마, 장작, 적대	관	11		木	4	나무 목
甲木	木	寛	寬(관)의 俗字	관	14		宀	3	집 면 (갓머리)
甲木	木	光	빛	광	6		儿	2	어진 사람인 발
甲木	木	匡	바를, 구원할, 보좌할, 겁낼	광	6		匚	2	튼입구(상자방)
甲木	木	廣	넓을	광	15		宀	3	집 면 (갓머리)
甲木	木	筐	광주리, 평상, 작은 비녀	광	12		竹	6	대나무 죽
甲木	木	桄	광랑나무, 횡목	광	10		木	4	나무 목
甲木	木	広	넓을, 공허할, 비다, 빛나다	광	5		广	3	엄 호
甲木	木	卦	점괘, 걸차다, 매달다, 입다, 통과	괘	8		卜	2	점 복

甲木	木	槐	회화나무, 느티나무, 三公	괴	14		木	4	나무 목
甲木	木	宏	크다, 넓다, 포용, 널리	굉	7		宀	3	집 면 (갓머리)
甲木	木	交	사귈, 바꿀, 맡길, 건네다	교	6		亠	2	돼지머리 해
甲木	木	校	학교	교	10		木	4	나무 목
甲木	木	橋	다리	교	16		木	4	나무 목
甲木	木	枸	구기자, 호깨나무	구	9		木	4	나무 목
甲木	木	構	얽을, 꾸며댈, 이간, 음해, 닥나무	구	4		木	4	나무 목
甲木	木	瞿	놀랄, 두근거릴, 두려워할, 병기	구	18		目	5	눈 목
甲木	木	局	판	국	7		尸	3	주검 시 (지붕)
甲木	木	屈	굽힐, 움츠릴, 쇠하다, 꺾다	굴	8		尸	3	주검 시 (지붕)
甲木	木	闕	대궐, 조정, 흠	궐	18		門	8	문 문
甲木	木	机	책상, 기게, 틀, 재치, 기교	궤	6		木	4	나무 목
甲木	木	櫃	함, 상자	궤	18		木	4	나무 목
甲木	木	槻	물푸레나무	규	15		木	4	나무 목
甲木	木	規	법	규	11		見	7	볼 견
甲木	木	閨	안방, 침실, 부녀자, 협문	규	14		門	8	문 문
甲木	木	筠	대, 껍질, 피리	균	13		竹	6	대나무 죽
甲木	木	橘	귤나무, 달 이름	귤	16		木	4	나무 목
甲木	木	克	이길, 해낼, 능력 있을,	극	7		儿	2	어진 사람인 발
甲木	木	棘	가시	극	12		木	4	나무 목
甲木	木	極	극진, 지극, 다다르다, 혹독, 징벌	극	13		木	4	나무 목
甲木	木	根	뿌리	근	10		木	4	나무 목

甲木	木	槿	무궁화 나무	근	15		木	4	나무 목
甲木	木	覲	뵐, 만날, 구슬	근	18		見	7	볼 견
甲木	木	檎	능금나무	금	17		木	4	나무 목
甲木	木	兢	떨릴	긍	14		儿	2	어진 사람인 발
甲木	木	夔	조심할, 뛸, 외발 짐승	기	20		夊	3	천천히 걸을 쇠
甲木	木	寄	부치다, 도달하다, 위임하다	기	11		宀	3	집 면 (갓머리)
甲木	木	杞	구기자, 소태나무	기	7		木	4	나무 목
甲木	木	棋	바둑, 말, 장기	기	12		木	4	나무 목
甲木	木	棄	버릴, 돌보지 않을, 물리칠, 잊다	기	12		木	4	나무 목
甲木	木	機	틀, 베틀, 재치, 기교, 거짓, 허위	기	16		木	4	나무 목
甲木	木	箕	삼태기, 별 이름	기	14		竹	6	대나무 죽
甲木	木	榿	오리나무	기	14		木	4	나무 목
甲木	木	桔	도라지	길	10		木	4	나무 목
甲木	木	梛	나무 이름	나	11		木	4	나무 목
甲木	木	覶	자세할	나	19		見	7	볼 견
甲木	木	樂	즐길	낙	15		木	4	나무 목
甲木	木	欄	난간, 칼럼난, 외양간,나무 이름	난	21		木	4	나무 목
甲木	木	欒	둥글다, 야위다, 모감주나무	난	23		木	4	나무 목
甲木	木	枏	녹나무, 매화나무, 매실	남	8		木	4	나무 목
甲木	木	楠	남나무	남	13		木	4	나무 목
甲木	木	欖	감람나무, 올리브	남	25		木	4	나무 목
甲木	木	籃	대바구니, 채롱	남	20		竹	6	대나무 죽

甲木	木	廊	사랑채, 행랑	낭	13		广	3	엄 호
甲木	木	柰	능금나무, 자스민	내	9		木	4	나무 목
甲木	木	徠	오다, 도래하다	내	11		彳	3	자축거릴 척
甲木	木	来	오다, 돌아오다,	내	7		木	4	나무 목
甲木	木	年	해	년	6		干	3	방패 간
甲木	木	寧	편안할, 문안할	녕	14		宀	3	집 면 (갓머리)
甲木	木	寗	차라리, 어찌, 편안할, 문안할	녕	13		宀	3	집 면 (갓머리)
甲木	木	櫓	방패, 망루, 노, 상앗대	노	19		木	4	나무 목
甲木	木	賴	의뢰할, 의지하다	뇌	16		頁	9	머리 혈
甲木	木	尿	오줌, 소변	뇨	7		尸	3	주검 시 (지붕)
甲木	木	橈	굽다, 굽히다, 약화시킬, 배, 노	뇨	16		木	4	나무 목
甲木	木	屢	여러, 자주, 수효가 많은, 빨리	누	14		尸	3	주검 시 (지붕)
甲木	木	樓	다락, 망루, 층집, 점포	누	15		木	4	나무 목
甲木	木	瘻	부스럼, 혹, 곱사등이, 고질병	누	16		疒	5	병질 엄
甲木	木	杻	감탕나무, 사철나무	뉴	8		木	4	나무 목
甲木	木	廩	곳집, 녹미, 구호미, 쌓다, 저장	늠	16		广	3	엄 호
甲木	木	楞	네모, 모서리, 위엄	능	13		木	4	나무 목
甲木	木	尼	여승, 성시, 화평할, 저지하다	니	5		尸	3	주검 시 (지붕)
甲木	木	柅	무성할, 살필, 고동목	니	9		木	4	나무 목
甲木	木	亶	믿음, 도타울	단	13		亠	2	돼지머리 해
甲木	木	檀	박달나무, 자단, 아름다운 모양	단	17		木	4	나무 목
甲木	木	端	끝, 한계, 시초	단	14		立	5	설 립

甲木	木	簞	소쿠리, 대로 만든 밥그릇, 상자	단	18		竹	6	대나무 죽
甲木	木	疸	황달	달	10		疒	5	병질 엄
甲木	木	覃	깊을, 넓을, 미치다. 퍼지다	담	12		襾	6	덮을 아
甲木	木	答	대답할	답	12		竹	6	대나무 죽
甲木	木	棠	아가위, 팥배나무, 산앵도나무	당	12		木	4	나무 목
甲木	木	待	기다릴	대	9		彳	3	자축거릴 척
甲木	木	宅	댁	댁	6		宀	3	집 면 (갓머리)
甲木	木	德	큰	덕	15		彳	3	자축거릴 척
甲木	木	徳	큰 덕, 베풀, 은덕, 선행, 현자	덕	14		彳	3	자축거릴 척
甲木	木	屠	죽일, 잡을, 백정, 도살장	도	12		尸	3	주검 시 (지붕)
甲木	木	度	법도	도	9		广	3	엄 호
甲木	木	徒	무리, 동류, 제자, 하인, 인부	도	10		彳	3	자축거릴 척
甲木	木	桃	복숭아나무	도	10		木	4	나무 목
甲木	木	棹	돛대, 노	도	12		木	4	나무 목
甲木	木	棹	노, 배, 책상	도	12		木	4	나무 목
甲木	木	櫂	노, 상앗대, 배	도	18		木	4	나무 목
甲木	木	睹	보다, 분간, 자세히 보다, 예견	도	14		目	5	눈 목
甲木	木	牘	서찰, 서판, 문서	독	19		片	4	조각 편
甲木	木	督	감독할, 살펴볼	독	13		目	5	눈 목
甲木	木	篤	도타울, 진심이 깃들어 있다	독	16		竹	6	대나무 죽
甲木	木	頓	조아릴, 넘어질, 패할,	독	13		頁	9	머리 혈
甲木	木	東	동녘	동	8		木	4	나무 목

甲木	木	桐	오동나무	동	10		木	4	나무 목
甲木	木	棟	들보, 마룻대	동	12		木	4	나무 목
甲木	木	棟	마룻대, 용마루	동	12		木	4	나무 목
甲木	木	瞳	눈동자, 어리석은 모양	동	17		目	5	눈 목
甲木	木	橦	나무 이름	동	16		木	4	나무 목
甲木	木	兜	투구, 두건, 쓰개	두	11		儿	2	어진 사람인 발
甲木	木	杜	막을	두	7		木	4	나무 목
甲木	木	枓	두공(기둥 위 방형의 나무)	두	8		木	4	나무 목
甲木	木	頭	머리, 꼭대기, 최상부, 우두머리	두	16		頁	9	머리 혈
甲木	木	得	얻을, 만족할	득	11		彳	3	자축거릴 척
甲木	木	橙	귤, 등자나무, 걸상	등	16		木	4	나무 목
甲木	木	等	무리, 계급, 순위, 계단, 저울	등	12		竹	6	대나무 죽
甲木	木	覼	자세할	라	19		見	7	볼 견
甲木	木	樂	즐길	락	15		木	4	나무 목
甲木	木	欄	난간, 칼럼난, 외양간, 나무 이름	란	21		木	4	나무 목
甲木	木	欒	둥글다, 야위다, 모감주나무	란	23		木	4	나무 목
甲木	木	枏	녹나무, 매화나무, 매실	람	8		木	4	나무 목
甲木	木	楠	남나무	람	13		木	4	나무 목
甲木	木	欖	감람나무, 올리브	람	25		木	4	나무 목
甲木	木	籃	대바구니, 채롱	람	20		竹	6	대나무 죽
甲木	木	覽	볼	람	21		見	7	볼 견
甲木	木	廊	사랑체, 행랑	랑	13		广	3	엄 호

甲木	木	徠	오다, 도래하다	래	11		彳	3	자축거릴 척
甲木	木	来	오다, 돌아오다,	래	7		木	4	나무 목
甲木	木	亮	밝을, 우렁차다, 크다, 돕다	량	9		亠	2	돼지머리 해
甲木	木	亮	밝을, 우렁차다, 크다, 돕다	량	9		亠	2	돼지머리 해
甲木	木	梁	들보, 다리	량	11		木	4	나무 목
甲木	木	樑	들보	량	15		木	4	나무 목
甲木	木	良	어질	량	7		艮	6	머무를 간
甲木	木	椋	푸조나무	량	12		木	4	나무 목
甲木	木	廬	농막집, 여인숙, 주막, 숙직실	려	19		广	3	엄 호
甲木	木	戾	어그러질, 사납다	려	8		戶	4	지게 호
甲木	木	櫚	종려나무, 모과나무	려	19		木	4	나무 목
甲木	木	閭	마을, 里門	려	15		門	8	문 문
甲木	木	廉	청렴할, 검소할, 살피다, 끊다	렴	13		广	3	엄 호
甲木	木	簾	발, 주렴, 주막기	렴	19		竹	6	대나무 죽
甲木	木	笭	도꼬마리, 작은대바구니	령	11		竹	6	대나무 죽
甲木	木	領	거느리다, 다스리다, 통솔하다	령	14		頁	9	머리 혈
甲木	木	櫓	방패, 망루, 노, 상앗대	로	19		木	4	나무 목
甲木	木	虜	사로잡을, 생포, 포로, 노복	로	12		虍	6	범 호
甲木	木	籠	대바구니, 새장	롱	22		竹	6	대나무 죽
甲木	木	賴	의뢰할, 의지하다	뢰	16		頁	9	머리 혈
甲木	木	寮	동관, 작은창, 작은집, 텅비다	료	15		宀	3	집 면 (갓머리)
甲木	木	廖	텅 빌, 공허, 쓸쓸할	료	14		广	3	엄 호

甲木	木	療	병고칠, 치료할, 물리칠, 극복할	료	17		疒	5	병질 엄
甲木	木	瞭	밝을, 맑을, 뚜렷할	료	17		目	5	눈 목
甲木	木	竜	용, 임금, 천자, 비범한사람, 명마	룡	10		立	5	설 립
甲木	木	屢	여러, 자주, 수효가 많은, 빨리	루	14		尸	3	주검 시 (지붕)
甲木	木	樓	다락, 망루, 층집, 점포	루	15		木	4	나무 목
甲木	木	瘻	부스럼, 혹, 곱사등이, 고질병	루	16		疒	5	병질 엄
甲木	木	柳	버들	류	9		木	4	나무 목
甲木	木	榴	석류나무	류	14		木	4	나무 목
甲木	木	瘤	혹	류	15		疒	5	병질 엄
甲木	木	類	무리, 제사이름	류	19		頁	9	머리 혈
甲木	木	律	법률	률	9		彳	3	자축거릴 척
甲木	木	栗	밤나무	률	10		木	4	나무 목
甲木	木	廩	곳집, 녹미, 구호미, 쌓다, 저장	름	16		广	3	엄 호
甲木	木	楞	네모, 모서리, 위엄	릉	13		木	4	나무 목
甲木	木	履	밟을, 신을 신다, 겪다,지위오르다	리	15		尸	3	주검 시 (지붕)
甲木	木	李	오얏나무	리	7		木	4	나무 목
甲木	木	笠	삿갓	립	11		竹	6	대나무 죽
甲木	木	痲	저리다, 마비될, 마마꽃, 홍역	마	13		疒	5	병질 엄
甲木	木	寞	고요할, 쓸쓸할, 물욕없을	막	14		宀	3	집 면 (갓머리)
甲木	木	瞞	속일, 계승츠레, 감다, 흐리다	만	16		目	5	눈 목
甲木	木	末	끝, 마지막, 하위, 시간의끝, 지엽	말	5		木	4	나무 목
甲木	木	寐	자다, 죽다, 적적하다	매	12		宀	3	집 면 (갓머리)

甲木	木	枚	낱낱이, 널리, 줄기, 채찍, 점	매	8		木	4	나무 목
甲木	木	梅	매화나무, 신맛	매	1		木	4	나무 목
甲木	木	盲	소경, 장님, 어둡다, 무지하다	맹	8		目	5	눈 목
甲木	木	冪	덮다, 보, 바르다	멱	16		冖	2	민갓머리 덮을 멱
甲木	木	覓	찾다, 구하다, 곁눈질	멱	11		見	7	볼 견
甲木	木	免	면할, 용서하여 놓아주다, 해직할	면	8		儿	2	어진 사람인 발
甲木	木	棉	목화	면	12		木	4	나무 목
甲木	木	眄	곁눈질할, 돌보다, 흘기다	면	9		目	5	눈 목
甲木	木	眠	잠자다, 쉬다, 시들다, 진하다	면	10		目	5	눈 목
甲木	木	面	얼굴, 표정, 표면, 가면, 면전	면	9		面	9	낯 면
甲木	木	冥	어두울, 어리석다, 어리다	명	10		冖	2	민갓머리 덮을 멱
甲木	木	榠	홈통, 절 이름	명	12		木	4	나무 목
甲木	木	瞑	눈감다, 눈이 어둡다, 눈이 멀다	명	15		目	5	눈 목
甲木	木	明	밝을, 밝힐, 날새다, 결백하다	명	9		目	5	눈 목
甲木	木	某	아무, 어느, 아무개	모	9		木	4	나무 목
甲木	木	模	법, 본뜰, 본보기	모	15		木	4	나무 목
甲木	木	眸	눈동자, 눈, 자세히 보다	모	11		目	5	눈 목
甲木	木	橅	법, 규범, 어루만짐	모	16		木	4	나무 목
甲木	木	木	나무	목	4		木	4	나무 목
甲木	木	目	눈, 눈빛, 시력, 견해, 요점,제목	목	5		目	5	눈 목
甲木	木	睦	화목할	목	13		目	5	눈 목
甲木	木	冡	덮어쓸, 어둡다, 희미하다	몽	10		冖	2	민갓머리 덮을 멱

甲木	木	廟	사당, 묘당, 빈궁, 위패, 정전, 절	묘	15		广	3	엄 호
甲木	木	杳	아득할, 어둡다, 멀다, 깊숙하다	묘	8		木	4	나무 목
甲木	木	玅	묘할, 오묘, 미묘, 예쁘고 훌륭한	묘	9		立	5	설 립
甲木	木	楙	무성할, 아름답다, 훌륭한, 힘쓰다	무	13		木	4	나무 목
甲木	木	舞	춤추다, 뛰어다닐, 희롱, 부추길	무	14		舛	6	어그러질 천
甲木	木	文	글월	문	4		文	4	글월 문
甲木	木	門	문	문	8		門	8	문 문
甲木	木	顐	어리석을	문	18		頁	9	머리 혈
甲木	木	尾	꼬리, 끝, 뒤쪽, 마리, 자리,교미	미	7		尸	3	주검 시 (지붕)
甲木	木	微	작다, 정교하다, 적다, 없다	미	13		彳	3	자축거릴 척
甲木	木	未	아닐, 미래, 장차, 여덟째 지지	미	5		木	4	나무 목
甲木	木	梶	나무 끝, 문미, 처마, 차양	미	11		木	4	나무 목
甲木	木	楣	문미, 처마, 차양, 도리	미	13		木	4	나무 목
甲木	木	眉	눈썹, 노인의 긴 눈썹, 미녀	미	9		目	5	눈 목
甲木	木	閔	성씨, 근심, 우환, 가을하늘	민	12		門	8	문 문
甲木	木	閩	종족 이름, 모기, 성씨	민	14		門	8	문 문
甲木	木	旼	보다, 당황하여 어쩔 줄 모르다	민	9		目	5	눈 목
甲木	木	顋	강하다	민	14		頁	9	머리 혈
甲木	木	密	빽빽할, 자세할, 가깝다, 비밀	밀	11		宀	3	집 면 (갓머리)
甲木	木	朴	후박나무	박	6		木	4	나무 목
甲木	木	樸	순박할, 다듬다, 통나무	박	16		木	4	나무 목
甲木	木	箔	발, 잠박, 박	박	14		竹	6	대나무 죽

甲木	木	舶	선박, 옷깃	박	11		舟	6	배 주
甲木	木	斑	아롱질, 얼룩무늬, 어지러워짐	반	12		文	4	글월 문
甲木	木	槃	쟁반, 즐기다, 멈추다	반	14		木	4	나무 목
甲木	木	瘢	흉터, 흔적, 주근깨, 허물, 잘못	반	15		疒	5	병질 엄
甲木	木	盼	눈예쁠, 곁눈질할, 눈움직임	반	9		目	5	눈 목
甲木	木	般	가지, 일반, 반야, 선회하다	반	10		舟	6	배 주
甲木	木	頒	나눌, 구분, 반포, 하사, 펴다	반	13		頁	9	머리 혈
甲木	木	彷	헤맬, 배회, 비슷할	방	7		彳	3	자축거릴 척
甲木	木	房	방, 곁방, 규방, 거실, 관아,사당	방	8		戶	4	지게 호
甲木	木	枋	다목, 뗏목, 문지방	방	8		木	4	나무 목
甲木	木	榜	방붙일, 고시하다, 노젓다	방	14		木	4	나무 목
甲木	木	舫	네모진 배, 선박	방	10		舟	6	배 주
甲木	木	徘	어정거릴, 방황할, 노닐, 그리워할	배	11		彳	3	자축거릴 척
甲木	木	杯	술잔, 국 대접	배	8		木	4	나무 목
甲木	木	柏	측백, 잣나무, 크다, 다가오다	백	9		木	4	나무 목
甲木	木	栢	잣나무	백	10		木	4	나무 목
甲木	木	樊	울타리, 새장, 변두리, 농	번	15		木	4	나무 목
甲木	木	筏	뗏목, 큰배	벌	12		竹	6	대나무 죽
甲木	木	閥	문벌, 가문, 지체, 공훈,공로,기둥	벌	14		門	8	문 문
甲木	木	凡	무릇	범	3		几	2	안석 궤 (책상)
甲木	木	梵	불경, 범어, 깨끗할	범	11		木	4	나무 목
甲木	木	範	법, 모범, 거푸집	범	15		竹	6	대나무 죽

甲木	木	杋	뗏목	범	7		木	4	나무 목
甲木	木	檗	황벽나무	벽	17		木	4	나무 목
甲木	木	癖	버릇, 적취	벽	18		疒	5	병질 엄
甲木	木	闢	열다, 개간, 개척, 피하다, 규탄	벽	21		門	8	문 문
甲木	木	卞	성씨, 법	변	4		卜	2	점 복
甲木	木	瞥	눈깜짝할, 언뜻 보다, 힐끗 보다	별	17		目	5	눈 목
甲木	木	屛	병풍, 담, 변방, 감추다, 은퇴할	병	11		尸	3	주검 시 (지붕)
甲木	木	幷	아우를, 어울릴, 물리칠, 합하다	병	8		干	3	방패 간
甲木	木	柄	자루	병	9		木	4	나무 목
甲木	木	棅	자루	병	12		木	4	나무 목
甲木	木	病	질병, 근심, 결점	병	10		疒	5	병질 엄
甲木	木	竝	나란히, 모두, 견주다, 함께할	병	10		立	5	설 립
甲木	木	寶	보배	보	20		宀	3	집 면 (갓머리)
甲木	木	宝	보배, 보물, 옥새, 돈, 높임말	보	8		宀	3	집 면 (갓머리)
甲木	木	卜	점, 점괘, 갚다, 주다, 상고하다	복	2		卜	2	점 복
甲木	木	宓	성씨	복	8		宀	3	집 면 (갓머리)
甲木	木	復	돌아올	복	12		彳	3	자축거릴 척
甲木	木	覆	다시, 도리어, 엎어지다, 되풀이할	복	18		襾	6	덮을 아
甲木	木	本	근본, 뿌리, 줄기	본	5		木	4	나무 목
甲木	木	棒	막대, 몽둥이, 치다, 때리다	봉	12		木	4	나무 목
甲木	木	富	넉넉할, 부자	부	12		宀	3	집 면 (갓머리)
甲木	木	府	마을, 도읍, 관청	부	8		广	3	엄 호

甲木	木	復	다시, 거듭하다	부	12		彳	3	자축거릴 척
甲木	木	符	부호, 증표, 부적, 예언서, 도장	부	11		竹	6	대나무 죽
甲木	木	簿	문서, 장부, 홀, 거느리다	부	19		竹	6	대나무 죽
甲木	木	艀	작은 배, 거룻배	부	13		舟	6	배 주
甲木	木	彿	비슷할, 분간할 수 없을	불	8		彳	3	자축거릴 척
甲木	木	棚	사다리, 시렁, 선반	붕	12		木	4	나무 목
甲木	木	匪	비적, 대상자	비	10		匚	2	튼입구(상자방)
甲木	木	庇	덮다, 감싸다, 의탁하다, 돕다	비	7		广	3	엄 호
甲木	木	扉	사립문, 문짝, 집	비	12		戶	4	지게 호
甲木	木	斐	문체나다, 화려하다	비	12		文	4	글월 문
甲木	木	枇	비파나무, 참빗, 비파, 주걱	비	8		木	4	나무 목
甲木	木	痺	마비될, 왜소할, 암메추라기	비	13		疒	5	병질 엄
甲木	木	棐	도지개, 상 자	비	12		木	4	나무 목
甲木	木	庀	다스릴, 갖추다, 덮다	비	5		广	3	엄 호
甲木	木	斌	빛날, 아름답고 성할, 훌륭한 모양	빈	12		文	4	글월 문
甲木	木	檳	빈랑나무	빈	18		木	4	나무 목
甲木	木	頻	빈번히, 급하다	빈	16		頁	9	머리 혈
甲木	木	寫	베낄, 본뜰, 묘사할	사	15		宀	3	집 면 (갓머리)
甲木	木	徙	옮기다, 이사하다, 교화되다	사	11		彳	3	자축거릴 척
甲木	木	柶	수저, 윷	사	9		木	4	나무 목
甲木	木	査	조사할	사	9		木	4	나무 목
甲木	木	梭	북	사	11		木	4	나무 목

甲木	木	篩	체	사	16		竹	6	대나무 죽
甲木	木	疝	산증(허리, 아랫배가 아픈 병)	산	8		疒	5	병질 엄
甲木	木	算	셈, 계산, 수, 수명	산	14		竹	6	대나무 죽
甲木	木	杉	삼나무	삼	7		木	4	나무 목
甲木	木	森	수풀	삼	12		木	4	나무 목
甲木	木	床	평상, 마루, 기물	상	7		广	3	엄 호
甲木	木	庠	학교, 향학, 점잖고 침착하다	상	9		广	3	엄 호
甲木	木	廂	행랑, 곁채	상	12		广	3	엄 호
甲木	木	桑	뽕나무	상	10		木	4	나무 목
甲木	木	橡	상수리나무, 노도리	상	16		木	4	나무 목
甲木	木	牀	평상, 마루, 기물	상	8		爿	4	나무조각 장
甲木	木	相	서로	상	9		目	5	눈 목
甲木	木	箱	상자, 곳집, 곁채	상	15		竹	6	대나무 죽
甲木	木	省	덜다, 생략할, 허물, 재앙	생	9		目	5	눈 목
甲木	木	笙	생황, 대자리	생	11		竹	6	대나무 죽
甲木	木	序	차례	서	7		广	3	엄 호
甲木	木	庶	여러, 거의, 무리, 서출	서	11		广	3	엄 호
甲木	木	徐	천천히	서	10		彳	3	자축거릴 척
甲木	木	栖	깃들일, 살다, 쉬다, 쌓다	서	10		木	4	나무 목
甲木	木	棲	깃들, 살	서	12		木	4	나무 목
甲木	木	棲	깃들이다, 거처하다, 저장하다	서	12		木	4	나무 목
甲木	木	先	먼저	선	6		儿	2	어진 사람인 발

甲木	木	宣	베풀	선	9		宀	3	집 면 (갓머리)
甲木	木	宣	베풀다, 떨치다, 밝히다	선	9		宀	3	집 면 (갓머리)
甲木	木	癬	옴, 버짐, 종기, 옮다	선	22		疒	5	병질 엄
甲木	木	船	배, 선박, 술잔	선	11		舟	6	배 주
甲木	木	卨	높을, 사람 이름	설	11		卜	2	점 복
甲木	木	屑	가루, 달갑게 여길	설	10		尸	3	주검 시 (지붕)
甲木	木	楔	문설주, 쐐기, 연주하다	설	13		木	4	나무 목
甲木	木	閃	번쩍일, 엿보다	섬	10		門	8	문 문
甲木	木	欇	갈대를 엮어 만든 자리-삿자리	섭	21		木	4	나무 목
甲木	木	宬	서고, 장서실	성	10		宀	3	집 면 (갓머리)
甲木	木	省	살필, 깨닫다, 명심하다, 관청	성	9		目	5	눈 목
甲木	木	筬	바디, 베틀, 대나무 이름	성	13		竹	6	대나무 죽
甲木	木	笹	조릿대, 가는 대나무	세	11		竹	6	대나무 죽
甲木	木	宵	밤, 초저녁, 명주	소	10		宀	3	집 면 (갓머리)
甲木	木	所	바, 것, 곳, 처소, 관아,지위,기초	소	8		戶	4	지게 호
甲木	木	梳	얼레빗, 머리빗다	소	11		木	4	나무 목
甲木	木	瘙	피부병, 종기, 부스럼, 가렵다	소	15		疒	5	병질 엄
甲木	木	簫	퉁소, 조릿대	소	19		竹	6	대나무 죽
甲木	木	**柖**	나무가 흔들리다, 과녁, 목욕상	소	9		木	4	나무 목
甲木	木	屬	무리, 동아리, 혈족, 벼슬아치	속	21		尸	3	수검 시 (지붕)
甲木	木	束	묶다, 매다, 합치다, 단속하다	속	7		木	4	나무 목
甲木	木	宋	송나라	송	7		宀	3	집 면 (갓머리)

甲木	木	松	소나무	송	8		木	4	나무 목
甲木	木	頌	칭송할	송	13		頁	9	머리 혈
甲木	木	頌	칭송할, 낭송할, 암송할	송	13		頁	9	머리 혈
甲木	木	竦	공경하다, 두려워하다, 놀라다	송	12		立	5	설 립
甲木	木	守	지킬	수	6		宀	3	집 면 (갓머리)
甲木	木	樹	나무, 심다, 세우다, 막다	수	16		木	4	나무 목
甲木	木	瘦	여위다, 파리하다, 메마르다	수	15		疒	5	병질 엄
甲木	木	睡	졸음, 잠, 자다	수	13		目	5	눈 목
甲木	木	豎	세우다, 서다, 곧다, 짧다, 천하다	수	13		立	5	설 립
甲木	木	須	모름지기, 틀림없이, 마침내	수	12		頁	9	머리 혈
甲木	木	首	머리, 머리털, 수장, 군주, 첫째	수	9		首	9	머리 수
甲木	木	睟	바로 보다, 눈동자 맑을, 순수할	수	13		目	5	눈 목
甲木	木	睢	물 이름, 성씨	수	13		目	5	눈 목
甲木	木	宿	잠자다, 숙박하다, 나이많다	숙	11		宀	3	집 면 (갓머리)
甲木	木	橚	나무가 줄지어 서다, 무성하다	숙	17		木	4	나무 목
甲木	木	徇	돌다, 순행하다, 쫓다, 주창하다	순	9		彳	3	자축거릴 척
甲木	木	楯	난간, 방패, 빼내다	순	13		木	4	나무 목
甲木	木	盾	방패, 화폐명, 피하다	순	9		目	5	눈 목
甲木	木	瞬	눈깜짝이다, 보다, 주시하다	순	17		目	5	눈 목
甲木	木	筍	죽순, 대로 만든 가마, 대껍질	순	12		竹	6	대나무 죽
甲木	木	舜	순임금, 무궁화, 나팔꽃, 뛰어날	순	12		舛	6	어그러질 천
甲木	木	順	순할	순	12		頁	9	머리 혈

甲木	木	縢	잉아(베틀의 굵은 실)	승	14		木	4	나무 목
甲木	木	尸	주검, 신주	시	3		尸	3	주검 시 (지붕)
甲木	木	屎	대변, 분비물, 서툴다	시	9		尸	3	주검 시 (지붕)
甲木	木	屍	주검, 시체, 송장	시	9		尸	3	주검 시 (지붕)
甲木	木	柴	섶, 시제사, 제사 이름, 막다	시	10		木	4	나무 목
甲木	木	視	볼	시	12		見	7	볼 견
甲木	木	柹	감나무	시	9		木	4	나무 목
甲木	木	柿	감나무	시	9		木	4	나무 목
甲木	木	寔	이것, 방치하다, 진실로, 참으로	식	12		宀	3	집 면 (갓머리)
甲木	木	植	심을	식	12		木	4	나무 목
甲木	木	篒	대밥통, 사람 이름	식	15		竹	6	대나무 죽
甲木	木	栻	점치는 기구, 나무 이름	식	10		木	4	나무 목
甲木	木	宸	대궐, 집, 처마	신	10		宀	3	집 면 (갓머리)
甲木	木	室	집	실	9		宀	3	집 면 (갓머리)
甲木	木	實	열매	실	14		宀	3	집 면 (갓머리)
甲木	木	実	열매, 씨, 공물, 재물, 본질	실	8		宀	3	집 면 (갓머리)
甲木	木	審	살피다, 깨닫다, 듣다, 조사하다	심	15		宀	3	집 면 (갓머리)
甲木	木	兒	아기, 나이 어린 사람	아	8		儿	2	어진 사람인 발
甲木	木	児	아기, 나이 어린 사람	아	7		儿	2	어진 사람인 발
甲木	木	樂	풍류	악	15		木	4	나무 목
甲木	木	樂	노래, 음악, 악기, 연주하다	악	15		木	4	나무 목
甲木	木	顎	턱, 근엄하다, 얼굴이 높다	악	18		頁	9	머리 혈

甲木	木	安	편안할	안	6		宀	3	집 면 (갓머리)
甲木	木	案	책상, 생각, 안건	안	10		木	4	나무 목
甲木	木	眼	눈, 구멍, 안광, 요점	안	11		目	5	눈 목
甲木	木	顔	낯, 안면, 얼굴, 이마, 표정, 체면	안	18		頁	9	머리 혈
甲木	木	閼	가로막다, 그치다, 끝나다	알	16		門	8	문 문
甲木	木	庵	암자	암	11		广	3	엄 호
甲木	木	癌	암, 종기	암	17		疒	5	병질 엄
甲木	木	闇	숨다, 어둡다, 닫힌 문,밤	암	17		門	8	문 문
甲木	木	額	이마, 머릿수	액	18		頁	9	머리 혈
甲木	木	櫻	앵두, 벚나무	앵	21		木	4	나무 목
甲木	木	椰	야자나무	야	13		木	4	나무 목
甲木	木	亮	밝을, 우렁차다, 크다, 돕다	양	9		亠	2	돼지머리 해
甲木	木	梁	들보, 다리	양	11		木	4	나무 목
甲木	木	樑	들보	양	15		木	4	나무 목
甲木	木	良	어질	양	7		艮	6	머무를 간
甲木	木	椋	푸조나무	양	12		木	4	나무 목
甲木	木	楊	버들	양	13		木	4	나무 목
甲木	木	瘍	헐다, 종기, 천연두, 상처	양	14		疒	5	병질 엄
甲木	木	御	거느리다, 통치하다, 거둥하다	어	11		彳	3	자축거릴 척
甲木	木	瘀	어혈지다, 앓다, 병, 어혈	어	13		疒	5	병질 엄
甲木	木	檍	감탕나무, 참죽나무	억	17		木	4	나무 목
甲木	木	業	업	업	13		木	4	나무 목

甲木	木	廬	농막집, 여인숙, 주막, 숙직실	여	19		广	3	엄 호
甲木	木	戾	어그러질, 사납다	여	8		戶	4	지게 호
甲木	木	櫚	종려나무, 모과나무	여	19		木	4	나무 목
甲木	木	閭	마을, 里門	여	15		門	8	문 문
甲木	木	艅	배 이름	여	13		舟	6	배 주
甲木	木	亦	또, 만약, 이미	역	6		亠	2	돼지머리 해
甲木	木	役	부리다, 일하다, 줄짓다, 천하다	역	7		彳	3	자축거릴 척
甲木	木	疫	전염병, 역귀	역	9		疒	5	병질 엄
甲木	木	宴	잔치, 침실, 즐기다, 편안하다	연	10		宀	3	집 면 (갓머리)
甲木	木	年	해, 나이, 시대	연	6		干	3	방패 간
甲木	木	椽	서까래, 사다리	연	13		木	4	나무 목
甲木	木	筵	대자리, 좌석, 연회, 주연, 곳	연	13		竹	6	대나무 죽
甲木	木	兗	바르다, 단정하다, 묶다, 믿음	연	9		儿	2	어진 사람인 발
甲木	木	兖	바르다, 단정하다, 묶다, 믿음	연	8		儿	2	어진 사람인 발
甲木	木	閱	보다, 검열하다	열	15		門	8	문 문
甲木	木	廉	청렴할, 검소할, 살피다, 끊다	염	13		广	3	엄 호
甲木	木	簾	발, 주렴, 주막기	염	19		竹	6	대나무 죽
甲木	木	染	염색하다, 적시다	염	9		木	4	나무 목
甲木	木	閻	마을, 이문, 거리	염	16		門	8	문 문
甲木	木	寧	편안할, 문아할, 친정갈	영	14		宀	3	집 면 (갓머리)
甲木	木	笭	도꼬마리, 작은 대바구니	영	11		竹	6	대나무 죽
甲木	木	領	거느리다, 다스리다, 통솔하다	영	14		頁	9	머리 혈

甲木	木	楹	기둥, 맞선 모양	영	13		木	4	나무 목
甲木	木	榮	영화	영	14		木	4	나무 목
甲木	木	栄	꽃, 영예, 영광, 명예, 혈액	영	9		木	4	나무 목
甲木	木	睿	슬기, 임금의 언행, 슬기롭다	예	14		目	5	눈 목
甲木	木	預	맡기다, 참여하다, 미리	예	13		頁	9	머리 혈
甲木	木	瘱	고요하다, 편안하다, 자세하다	예	16		疒	5	병질 엄
甲木	木	寤	잠깨다, 깨닫다, 만나다, 꿈	오	14		宀	3	집 면 (갓머리)
甲木	木	梧	오동나무	오	11		木	4	나무 목
甲木	木	筽	버들고리, 대이름, 곡식	오	13		竹	6	대나무 죽
甲木	木	屋	집	옥	9		尸	3	주검 시 (지붕)
甲木	木	瘟	염병, 온역, 아픈 모양, 괴로워할	온	15		疒	5	병질 엄
甲木	木	兀	우뚝하다, 머리가 벗겨지다	올	3		儿	2	어진 사람인 발
甲木	木	癰	악창, 종기, 등창	옹	23		疒	5	병질 엄
甲木	木	完	완전할	완	7		宀	3	집 면 (갓머리)
甲木	木	宛	완연하다, 굽다, 동산, 언덕	완	8		宀	3	집 면 (갓머리)
甲木	木	梡	도마, 장작, 적대	완	11		木	4	나무 목
甲木	木	椀	주발, 바리	완	12		木	4	나무 목
甲木	木	頑	완고하다, 미련할, 둔하다	완	13		頁	9	머리 혈
甲木	木	往	가다, 보내다, 향하다	왕	8		彳	3	자축거릴 척
甲木	木	寮	동관, 작은 창, 작은 집,텅 빌	요	15		宀	3	집 면 (갓머리)
甲木	木	廖	텅 빌, 공허, 쓸쓸할	요	14		广	3	엄 호
甲木	木	療	병고칠, 치료할, 물리칠, 극복할	요	17		疒	5	병질 엄

甲木	木	瞭	밝을, 맑을, 뚜렷할	요	17		目	5	눈 목
甲木	木	尿	오줌, 소변	요	7		尸	3	주검 시 (지붕)
甲木	木	樂	좋아할, 즐거울	요	15		木	4	나무 목
甲木	木	橈	굽다, 굽히다, 약화시킬, 배, 노	요	16		木	4	나무 목
甲木	木	要	요긴하다, 요약하다, 모으다	요	9		襾	6	덮을 아
甲木	木	冗	쓸데없다, 번거롭다, 무익하다	용	4		冖	2	민갓머리 덮을 멱
甲木	木	容	얼굴	용	10		宀	3	집 면 (갓머리)
甲木	木	庸	떳떳할, 쓸	용	11		广	3	엄 호
甲木	木	榕	벵골 보리수, 용나무	용	14		木	4	나무 목
甲木	木	宂	한가롭다, 바쁘다, 쓸데없다	용	5		宀	3	집 면 (갓머리)
甲木	木	槦	나무 이름, 무기걸이	용	15		木	4	나무 목
甲木	木	竜	용, 임금, 천자, 비범한 사람,명마	용	10		立	5	설 립
甲木	木	宇	집	우	6		宀	3	집 면 (갓머리)
甲木	木	虞	염려할, 근심할, 편안할, 즐기다	우	13		虍	6	범 호
甲木	木	栯	산앵두	욱	10		木	4	나무 목
甲木	木	頊	삼가다, 멍하다, 사람 이름	욱	13		頁	9	머리 혈
甲木	木	橒	나무 무늬, 나무 이름	운	16		木	4	나무 목
甲木	木	篔	왕대, 대이름	운	16		竹	6	대나무 죽
甲木	木	篔	왕대, 대이름	운	18		竹	6	대나무 죽
甲木	木	元	으뜸	원	4		儿	2	어진 사람인 발
甲木	木	寃	원통할, 억울할, 원한, 재앙, 누명	원	11		宀	3	집 면 (갓머리)
甲木	木	爰	이내, 곧, 끌다, 성내다, 바꾸다	원	9		爪	4	손톱 조

甲木	木	願	원하다, 바라다, 기원하다, 성실할	원	19		頁	9	머리 혈
甲木	木	冤	원통할, 억울할, 원한, 재앙, 누명	원	10		冖	2	민갓머리 덮을 멱
甲木	木	杬	나무 이름	원	8		木	4	나무 목
甲木	木	笎	대무늬	원	10		竹	6	대나무 죽
甲木	木	爲	하다, 위하다, 다스리다, 되다	위	12		爪	4	손톱 조
甲木	木	柳	버들	유	9		木	4	나무 목
甲木	木	榴	석류나무	유	14		木	4	나무 목
甲木	木	瘤	혹	유	15		疒	5	병질 엄
甲木	木	類	무리, 제사 이름	유	19		頁	9	머리 혈
甲木	木	宥	너그러울, 용서할, 도울, 보피할	유	9		宀	3	집 면 (갓머리)
甲木	木	庾	곳집, 노적가리, 쌓다	유	12		广	3	엄 호
甲木	木	杻	감탕나무, 사철나무	유	8		木	4	나무 목
甲木	木	柔	부드러울	유	9		木	4	나무 목
甲木	木	柚	유자나무, 대나무	유	9		木	4	나무 목
甲木	木	楡	느릅나무, 해질무렵, 흔들다, 쏟다	유	13		木	4	나무 목
甲木	木	楢	졸참나무	유	13		木	4	나무 목
甲木	木	癒	병이 낫다, 남보다 낫다, 해치다	유	18		疒	5	병질 엄
甲木	木	牖	들창, 성씨, 깨우치다	유	15		片	4	조각 편
甲木	木	尹	성씨, 광택, 건육, 미쁨,무늬,벼슬	윤	4		尸	3	주검 시 (지붕)
甲木	木	閏	윤달	윤	12		門	8	문 문
甲木	木	閠	윤달, 잉여	윤	15		門	8	문 문
甲木	木	律	법률	률	9		彳	3	자축거릴 척

甲木	木	栗	밤나무	율	10		木	4	나무 목
甲木	木	櫽	마룻대, 도지개	은	18		木	4	나무 목
甲木	木	檃	도지개, 바로잡다	은	17		木	4	나무 목
甲木	木	宜	마땅할	의	8		宀	3	집 면 (갓머리)
甲木	木	椅	의자, 의나무	의	12		木	4	나무 목
甲木	木	艤	배대다, 정박하다	의	19		舟	6	배 주
甲木	木	履	밟을, 신을신다, 겪다, 지위오르다	이	15		尸	3	주검 시 (지붕)
甲木	木	李	오얏나무, 성씨	이	7		木	4	나무 목
甲木	木	梨	배나무, 늙은이, 모든, 나누다	이	11		木	4	나무 목
甲木	木	痢	설사, 이질, 곱똥	이	12		疒	5	병질 엄
甲木	木	籬	울타리, 대나무	이	25		竹	6	대나무 죽
甲木	木	痍	상처, 다치다	이	11		疒	5	병질 엄
甲木	木	杝	피나무, 바자울	이	7		木	4	나무 목
甲木	木	頤	턱, 괘이름, 기르다, 부리다	이	15		頁	9	머리 혈
甲木	木	寅	범, 동북방	인	11		宀	3	집 면 (갓머리)
甲木	木	儿	어진 사람	인	2		儿	2	어진 사람인 발
甲木	木	林	수풀	임	8		木	4	나무 목
甲木	木	棽	무성할, 우거질	임	12		木	4	나무 목
甲木	木	立	설	입	5		立	5	설 립
甲木	木	笠	삿갓	입	11		竹	6	대나무 죽
甲木	木	疵	허물, 흠, 혹, 재앙,흉보다,헐뜯다	자	11		疒	5	병질 엄
甲木	木	籍	온화할, 포용할, 의지할	자	20		竹	6	대나무 죽

甲木	木	爵	벼슬, 작위, 술, 술잔, 참새	작	18		爪	4	손톱 조
甲木	木	棧	사다리, 잔교, 주막	잔	12		木	4	나무 목
甲木	木	箴	경계, 돌침, 바늘	잠	15		竹	6	대나무 죽
甲木	木	簪	비녀, 섶, 빠르다	잠	18		竹	6	대나무 죽
甲木	木	匠	장인, 바치, 기술자	장	6		匚	2	튼입구(상자방)
甲木	木	庄	씩씩할, 단정할	장	6		广	3	엄 호
甲木	木	樟	녹나무	장	15		木	4	나무 목
甲木	木	檣	돛대	장	17		木	4	나무 목
甲木	木	欌	장롱, 의장	장	22		木	4	나무 목
甲木	木	牆	담장, 경계, 담을 치다	장	17		爿	4	나무조각 장
甲木	木	章	글	장	11		立	5	설 립
甲木	木	宰	재상	재	10		宀	3	집 면 (갓머리)
甲木	木	材	재목	재	7		木	4	나무 목
甲木	木	栽	심을	재	10		木	4	나무 목
甲木	木	梓	가래나무, 목수	재	11		木	4	나무 목
甲木	木	爭	다투다, 논쟁할, 간하다, 모자랄	쟁	8		爪	4	손톱 조
甲木	木	箏	쟁(악기), 풍경	쟁	14		竹	6	대나무 죽
甲木	木	底	밑, 바닥, 내부, 구석, 초고	저	8		广	3	엄 호
甲木	木	杵	절굿공이, 방패	저	8		木	4	나무 목
甲木	木	楮	닥나무, 종이, 돈, 지폐	저	13		木	4	나무 목
甲木	木	樗	가죽나무, 쓸모없는 물건	저	15		木	4	나무 목
甲木	木	疽	등창, 악창	저	10		疒	5	병질 엄

甲木	木	箸	젓가락, 대통	저	15		竹	6	대나무 죽
甲木	木	寂	고요하다, 쓸쓸하다, 열반	적	11		宀	3	집 면 (갓머리)
甲木	木	笛	피리, 날카로운 소리, 대나무	적	11		竹	6	대나무 죽
甲木	木	展	펴다, 늘이다, 구르다, 기록하다	전	10		尸	3	주검 시 (지붕)
甲木	木	廛	가게, 터, 집터	전	15		广	3	엄 호
甲木	木	栓	마개, 나무못, 빗장	전	10		木	4	나무 목
甲木	木	癲	미치다, 광증, 간질	전	24		疒	5	병질 엄
甲木	木	筌	통발	전	12		竹	6	대나무 죽
甲木	木	箋	기록하다, 글, 문서	전	14		竹	6	대나무 죽
甲木	木	箭	화살, 어살, 대이름	전	15		竹	6	대나무 죽
甲木	木	篆	전자, 도장, 관인	전	15		竹	6	대나무 죽
甲木	木	顚	엎드러지다, 이마	전	19		頁	9	머리 혈
甲木	木	顫	떨다, 진동하다	전	22		頁	9	머리 혈
甲木	木	癤	부스럼	절	20		疒	5	병질 엄
甲木	木	節	식물마디, 관절, 예절, 절개, 항목	절	15		竹	6	대나무 죽
甲木	木	占	점령하다, 점치다	점	5		卜	2	점 복
甲木	木	店	가게, 여관	점	8		广	3	엄 호
甲木	木	亭	정자	정	9		亠	2	돼지머리 해
甲木	木	定	정할	정	8		宀	3	집 면 (갓머리)
甲木	木	庭	뜰	정	10		广	3	엄 호
甲木	木	征	칠	정	8		彳	3	자축거릴 척
甲木	木	桯	사람이름	정	9		木	4	나무 목

甲木	木	楨	광나무, 단단한 나무	정	13		木	4	나무 목
甲木	木	檉	능수버들	정	17		木	4	나무 목
甲木	木	睛	눈동자, 안구, 싫어하는 눈빛	정	13		目	5	눈 목
甲木	木	艇	배, 거룻배	정	13		舟	6	배 주
甲木	木	靖	편안할, 꾀하다, 다스릴, 진정시킬	정	13		靑	8	푸를 청
甲木	木	靜	고요할	정	16		靑	8	푸를 청
甲木	木	頂	정수리	정	11		頁	9	머리 혈
甲木	木	桯	기둥, 탁자	정	11		木	4	나무 목
甲木	木	梃	막대기, 지팡이	정	11		木	4	나무 목
甲木	木	靚	단장하다, 부르다	정	15		靑	8	푸를 청
甲木	木	朾	치다, 때리다, 두드리다, 문설주	정	6		木	4	나무 목
甲木	木	眐	바라보다, 홀로가는 모양	정	10		目	5	눈 목
甲木	木	艶	검푸른빛, 그늘진 곳	정	14		靑	8	푸를 청
甲木	木	静	고요하다, 깨끗하다, 쉬다	정	14		靑	8	푸를 청
甲木	木	梯	사다리, 실마리, 새싹, 오르다	제	11		木	4	나무 목
甲木	木	第	차례, 집, 과거시험	제	11		竹	6	대나무 죽
甲木	木	題	제목, 머리말	제	18		頁	9	머리 혈
甲木	木	兆	조(억의 만배), 점괘, 빌미, 조짐	조	6		儿	2	어진 사람인 발
甲木	木	條	가지, 조리, 맥락	조	11		木	4	나무 목
甲木	木	棗	대추나무	조	12		木	4	나무 목
甲木	木	槽	구유, 술통, 물통	조	15		木	4	나무 목
甲木	木	爪	손톱, 갈퀴	조	4		爪	4	손톱 조

甲木	木	眺	바라보다, 알현하다, 회견하다	조	11		目	5	눈 목
甲木	木	簇	가는 대, 무리, 살촉	족	17		竹	6	대나무 죽
甲木	木	宗	마루	종	8		宀	3	집 면 (갓머리)
甲木	木	從	좇다, 따르다	종	11		彳	3	자축거릴 척
甲木	木	棕	종려나무, 야자나무	종	12		木	4	나무 목
甲木	木	柊	나무 이름	종	9		木	4	나무 목
甲木	木	椶	종려나무, 야자나무	종	13		木	4	나무 목
甲木	木	座	자리, 지위, 방석	좌	10		广	3	엄 호
甲木	木	宙	집	주	8		宀	3	집 면 (갓머리)
甲木	木	廚	부엌, 요리사, 궤, 장롱, 찬장	주	15		广	3	엄 호
甲木	木	朱	붉을	주	6		木	4	나무 목
甲木	木	柱	기둥	주	9		木	4	나무 목
甲木	木	株	그루	주	10		木	4	나무 목
甲木	木	籌	살, 투호살, 꾀, 산가지, 징발하다	주	20		竹	6	대나무 죽
甲木	木	舟	배	주	6		舟	6	배 주
甲木	木	竹	대오, 맞이할	죽	6		竹	6	대나무 죽
甲木	木	寯	모이다, 뛰어나다, 준걸, 재주	준	16		宀	3	집 면 (갓머리)
甲木	木	樽	술통, 술단지, 술잔	준	16		木	4	나무 목
甲木	木	竣	마치다, 멈추다, 고치다, 물러가다	준	12		立	5	설 립
甲木	木	睃	보다, 흘겨보다	준	12		目	5	눈 목
甲木	木	竴	기쁘다	준	17		立	5	설 립
甲木	木	櫛	빗, 모닥불, 빗다	즐	19		木	4	나무 목

甲木	木	楫	노, 배, 수집할	즙	13		木	4	나무 목
甲木	木	症	증세	증	10		疒	5	병질 엄
甲木	木	支	지탱하다, 가르다	지	4		支	4	지탱할 지
甲木	木	枝	가지	지	8		木	4	나무 목
甲木	木	枳	탱자나무	지	9		木	4	나무 목
甲木	木	直	곧을	직	8		目	5	눈 목
甲木	木	槙	결이 곱다, 뿌리가 모이다	진	14		木	4	나무 목
甲木	木	桭	평고대, 대청	진	11		木	4	나무 목
甲木	木	榛	개암나무, 덤불	진	14		木	4	나무 목
甲木	木	疹	마마, 홍역, 두창	진	10		疒	5	병질 엄
甲木	木	眞	참	진	10		目	5	눈 목
甲木	木	瞋	눈 부릅뜰, 성내다	진	15		目	5	눈 목
甲木	木	枃	바디(방직기구)	진	8		木	4	나무 목
甲木	木	桎	차꼬, 쐐기, 막히다	질	10		木	4	나무 목
甲木	木	疾	병, 질병, 아픔	질	10		疒	5	병질 엄
甲木	木	徵	부르다, 소집하다, 모집하다	징	15		彳	3	자축거릴 척
甲木	木	箚	찌르다, 기록하다, 닿다, 공문서	차	14		竹	6	대나무 죽
甲木	木	着	붙다, 옷입다,머리에쓰다,신을신다	착	12		目	5	눈 목
甲木	木	簒	빼앗다, 강탈할, 붉은 끈	찬	17		竹	6	대나무 죽
甲木	木	欑	모으다, 모이다, 떼짓다, 가장하다	찬	23		木	4	나무 목
甲木	木	察	살피다, 알다, 자세하다, 결백하다	찰	14		宀	3	집 면 (갓머리)
甲木	木	札	편지, 패, 공문서	찰	5		木	4	나무 목

甲木	木	站	역마을, 우두커니 서다, 일어서다	참	10		立	5	설 립
甲木	木	廠	공장, 헛간, 마구간	창	15		广	3	엄 호
甲木	木	槍	창, 나무, 막다	창	14		木	4	나무 목
甲木	木	瘡	부스럼, 종기, 상처	창	15		疒	5	병질 엄
甲木	木	艙	부두, 선창, 선실	창	16		舟	6	배 주
甲木	木	寀	녹봉	채	11		宀	3	집 면 (갓머리)
甲木	木	寨	목책, 울짱, 울타리	채	14		宀	3	집 면 (갓머리)
甲木	木	棌	참나무, 원목	채	12		木	4	나무 목
甲木	木	睬	주목하다, 속된 말	채	13		目	5	눈 목
甲木	木	柵	울타리, 목책	책	9		木	4	나무 목
甲木	木	策	꾀, 계책, 대쪽, 채찍, 점대	책	12		竹	6	대나무 죽
甲木	木	處	곳, 처소, 시간, 지위, 부분, 살다	처	11		虍	6	범 호
甲木	木	尺	자, 길이, 법, 편지	척	4		尸	3	주검 시 (지붕)
甲木	木	瘠	여위다, 메마르다, 궁핍하다	척	15		疒	5	병질 엄
甲木	木	舛	어그러지다, 틀리다	천	6		舛	6	어그러질 천
甲木	木	闡	밝히다, 분명하다, 열다, 넓히다	천	20		門	8	문 문
甲木	木	徹	통할, 뚫을	철	15		彳	3	자축거릴 척
甲木	木	瞮	눈이 밝다	철	17		目	5	눈 목
甲木	木	瞻	보다, 바라보다, 살피다	첨	18		目	5	눈 목
甲木	木	簽	제비, 대꼬챙이, 쪽지	첨	19		竹	6	대나무 죽
甲木	木	籤	제비, 대꼬챙이, 쪽지	첨	23		竹	6	대나무 죽
甲木	木	牒	편지, 문서, 계보	첩	13		片	4	조각 편

甲木	木	睫	속눈썹, 안목	첩	13		目	5	눈 목
甲木	木	廳	관청, 마루, 마을, 건물	청	25		广	3	엄 호
甲木	木	靑	푸를	청	8		靑	8	푸를 청
甲木	木	梢	나뭇가지끝, 꼬리, 끝, 말단, 장대	초	11		木	4	나무 목
甲木	木	椒	산초나무, 후추나무, 향기	초	12		木	4	나무 목
甲木	木	楚	초나라, 회초리, 가시나무	초	13		木	4	나무 목
甲木	木	樵	나무할, 땔나무	초	16		木	4	나무 목
甲木	木	矗	우거지다, 우뚝 솟다	촉	24		目	5	눈 목
甲木	木	村	마을	촌	7		木	4	나무 목
甲木	木	寵	사랑하다, 괴다, 교만하다	총	19		宀	3	집 면 (갓머리)
甲木	木	椎	쇠몽치, 등골,등뼈, 순박,어리석다	추	12		木	4	나무 목
甲木	木	楸	가래, 바둑판, 개오동나무	추	13		木	4	나무 목
甲木	木	樞	지도리	추	15		木	4	나무 목
甲木	木	皺	주름, 마른 대추, 찡그리다	추	15		皮	5	가죽 피
甲木	木	竺	천축, 대나무	축	8		竹	6	대나무 죽
甲木	木	築	쌓다, 다지다, 짓다, 악기 이름	축	16		竹	6	대나무 죽
甲木	木	椿	동백나무, 참죽나무	춘	13		木	4	나무 목
甲木	木	朮	차조, 삽주(풀)	출	5		木	4	나무 목
甲木	木	充	가득할	충	6		儿	2	어진 사람인 발
甲木	木	層	층, 겹, 계단, 높다	층	15		尸	3	주검 시 (지붕)
甲木	木	梔	치자나무	치	11		木	4	나무 목
甲木	木	痔	치질	치	11		疒	5	병질 엄

甲木	木	痴	어리석다, 어리다, 술병, 미치광이	치	13		疒	5	병질 엄
甲木	木	癡	어리석다, 어리다, 술병, 미치광이	치	19		疒	5	병질 엄
甲木	木	親	친하다, 가깝다	친	16		見	7	볼 견
甲木	木	柒	옻, 옻나무, 검은 칠, 일곱	칠	9		木	4	나무 목
甲木	木	寢	자다, 쉬다, 눕다	침	14		宀	3	집 면 (갓머리)
甲木	木	枕	베개, 말뚝, 잠자다	침	8		木	4	나무 목
甲木	木	朶	늘어지다, 움직이다	타	6		木	4	나무 목
甲木	木	楕	길고 둥글다	타	13		木	4	나무 목
甲木	木	舵	선박의 키	타	11		舟	6	배 주
甲木	木	橢	길쭉하다	타	16		木	4	나무 목
甲木	木	度	헤아리다, 꾀하다	탁	9		广	3	엄 호
甲木	木	柝	딱따기, 경계하다	탁	9		木	4	나무 목
甲木	木	橐	전대, 풀무	탁	16		木	4	나무 목
甲木	木	眈	노려보다, 뜻을 두다, 천천히 보다	탐	9		目	5	눈 목
甲木	木	榻	걸상, 평상, 책상	탑	14		木	4	나무 목
甲木	木	宕	호탕하다, 방탕하다	탕	8		宀	3	집 면 (갓머리)
甲木	木	兌	기쁠, 바꿀	태	7		儿	2	어진 사람인 발
甲木	木	笞	볼기치다, 태형	태	11		竹	6	대나무 죽
甲木	木	宅	집	택	6		宀	3	집 면 (갓머리)
甲木	木	兔	토끼, 달	토	8		儿	2	어진 사람인 발
甲木	木	兎	토끼, 달	토	8		儿	2	어진 사람인 발
甲木	木	桶	통	통	11		木	4	나무 목

甲木	木	痛	아프다, 번민하다	통	12		疒	5	병질 엄
甲木	木	筒	대통, 통발, 원통	통	12		竹	6	대나무 죽
甲木	木	槌	망치, 치다, 던지다,	퇴	14		木	4	나무 목
甲木	木	頹	무너지다, 기울다, 쇠하다	퇴	16		頁	9	머리 혈
甲木	木	闖	엿보다, 부딪치다	틈	18		門	8	문 문
甲木	木	杷	비파나무, 자루, 밭고무래	파	8		木	4	나무 목
甲木	木	爬	긁다, 기다, 잡다	파	8		爪	4	손톱 조
甲木	木	頗	자못, 매우, 비뚤어지다	파	14		頁	9	머리 혈
甲木	木	板	널빤지, 판목, 딱따기, 명패	판	8		木	4	나무 목
甲木	木	版	판목, 널빤지, 책	판	8		片	4	조각 편
甲木	木	牌	패, 간판, 방, 명찰	패	12		片	4	조각 편
甲木	木	覇	으뜸, 두목, 성씨	패	19		襾	6	덮을 아
甲木	木	扁	작다, 마음좁다, 낮다, 현판, 편액	편	9		戶	4	지게 호
甲木	木	片	조각, 납작한 조각	편	4		片	4	조각 편
甲木	木	篇	책, 완결시문, 편액	편	15		竹	6	대나무 죽
甲木	木	平	평평할, 고르다	평	5		干	3	방패 간
甲木	木	枰	바둑판, 걸상, 침상	평	9		木	4	나무 목
甲木	木	廢	폐하다, 버리다	폐	15		广	3	엄 호
甲木	木	閉	닫다, 막다, 가리다	폐	11		門	8	문 문
甲木	木	疱	물집, 천연두, 부르트다	포	10		疒	5	병질 엄
甲木	木	杓	북두자루, 당기다, 매다,치다	표	7		木	4	나무 목
甲木	木	標	표하다, 기록하다	표	15		木	4	나무 목

甲木	木	楓	단풍나무	풍	13		木	4	나무 목
甲木	木	彼	저, 저쪽, 덮다	피	8		彳	3	자축거릴 척
甲木	木	疲	피곤하다, 지치다	피	10		疒	5	병질 엄
甲木	木	皮	가죽	피	5		皮	5	가죽 피
甲木	木	筆	붓	필	12		竹	6	대나무 죽
甲木	木	廈	문간방, 큰집, 곁방	하	13		广	3	엄 호
甲木	木	閜	크게 열리다	하	13		門	8	문 문
甲木	木	虐	모질다, 사납다	학	9		虍	6	범 호
甲木	木	寒	차다, 춥다, 떨다	한	12		宀	3	집 면 (갓머리)
甲木	木	閑	한가하다, 등한하다, 막다, 닫다	한	12		門	8	문 문
甲木	木	閒	한가하다, 등한하다, 막다, 닫다	한	12		門	8	문 문
甲木	木	橌	큰 나무	한	16		木	4	나무 목
甲木	木	闞	익히다, 법	한	16		門	8	문 문
甲木	木	檻	난간, 우리, 함정	함	18		木	4	나무 목
甲木	木	艦	큰배, 선박, 군함	함	20		舟	6	배 주
甲木	木	閤	쪽문, 협문, 마을, 대궐	합	14		門	8	문 문
甲木	木	闔	문짝, 하늘문, 뜸	합	18		門	8	문 문
甲木	木	亢	높다, 극진하다	항	4		亠	2	돼지머리 해
甲木	木	杭	물건너다, 막다, 나룻배	항	8		木	4	나무 목
甲木	木	桁	차꼬(형구), 횃대	항	10		木	4	나무 목
甲木	木	航	배, 선박, 방주, 항해하다	항	10		舟	6	배 주
甲木	木	項	항목, 목덜미, 크다	항	12		頁	9	머리 혈

甲木	木	亥	돼지	해	6		亠	2	돼지머리 해
甲木	木	害	해하다, 해롭다	해	10		宀	3	집 면 (갓머리)
甲木	木	楷	본보기, 모범, 곧다	해	13		木	4	나무 목
甲木	木	核	씨, 핵심, 견실할	핵	10		木	4	나무 목
甲木	木	幸	다행	행	8		艮	6	머무를 간
甲木	木	杏	은행, 살구나무	행	7		木	4	나무 목
甲木	木	享	누리다, 제사지낼, 합당할, 연회	향	8		亠	2	돼지머리 해
甲木	木	虛	비다, 헛되다, 앓다	허	12		虍	6	범 호
甲木	木	櫶	나무 이름	헌	20		木	4	나무 목
甲木	木	眩	어지럽다, 어둡다	현	10		目	5	눈 목
甲木	木	睍	불거진눈, 아름다운모양, 눈이작다	현	12		目	5	눈 목
甲木	木	舷	뱃전	현	11		舟	6	배 주
甲木	木	見	뵙다, 나타나다	현	7		見	7	볼 견
甲木	木	顯	나타나다, 드러나다, 명확하다	현	18		頁	9	머리 혈
甲木	木	頁	머리, 목덜미, 목	혈	9		頁	9	머리 혈
甲木	木	頰	뺨, 땅이름, 기분좋다	협	16		頁	9	머리 혈
甲木	木	亨	형통할, 통달할, 제사	형	7		亠	2	돼지머리 해
甲木	木	兄	형, 맏이, 친척	형	5		儿	2	어진 사람인 발
甲木	木	寭	밝히다, 깨닫다	혜	15		宀	3	집 면 (갓머리)
甲木	木	戶	집	호	4		戶	4	지게 호
甲木	木	扈	따르다, 넓다, 막다	호	11		戶	4	지게 호
甲木	木	虎	범	호	8		虍	6	범 호

甲木	木	號	이름, 부호, 명령	호	13		虍	6	범 호
甲木	木	顥	크다, 넓다, 빛나다, 희다	호	21		頁	9	머리 혈
甲木	木	笏	홀, 가락을 맞추다	홀	10		竹	6	대나무 죽
甲木	木	樺	벚나무, 자작나무	화	16		木	4	나무 목
甲木	木	廓	크다, 넓다, 휑하다, 확장하다	확	14		广	3	엄 호
甲木	木	宦	벼슬, 내시, 관원	환	9		宀	3	집 면 (갓머리)
甲木	木	桓	굳셀, 푯말	환	10		木	4	나무 목
甲木	木	桓	굳세다, 크다, 머뭇거리다, 푯말	환	10		木	4	나무 목
甲木	木	闊	넓다, 트이다, 멀다	활	17		門	8	문 문
甲木	木	凰	봉황새	황	11		几	2	안석 궤 (책상)
甲木	木	徨	헤매다, 배회하다	황	12		彳	3	자축거릴 척
甲木	木	榥	책상, 창, 천 바른 창	황	14		木	4	나무 목
甲木	木	篁	대숲, 대이름, 피리	황	15		竹	6	대나무 죽
甲木	木	簧	혀, 피리	황	18		竹	6	대나무 죽
甲木	木	楻	깃대	황	13		木	4	나무 목
甲木	木	匯	물 돌아나갈, 모이다, 물가	회	13		匚	2	튼입구(상자방)
甲木	木	徊	머뭇거리다, 노닐다, 돌다	회	9		彳	3	자축거릴 척
甲木	木	檜	전나무, 노송나무	회	17		木	4	나무 목
甲木	木	宖	집이 울리다	횡	8		宀	3	집 면 (갓머리)
甲木	木	橫	가로, 옆, 자유 자재로, 학교	횡	16		木	4	나무 목
甲木	木	梟	올빼미, 꼭대기, 영웅, 효용하다	효	11		木	4	나무 목
甲木	木	後	뒤, 곁, 아랫사람, 임금,신령,왕후	후	9		彳	3	자축거릴 척

甲木	木	朽	썩다, 부패하다, 늙다, 악취	후	6		木	4	나무 목
甲木	木	徽	아름답다, 악기를 타다, 훌륭하다	휘	17		彳	3	자축거릴 척
甲木	木	携	이끌다, 가지다, 휴대하다, 잇다	휴	13		彳	3	자축거릴 척
甲木	木	虧	이지러지다, 부족하다, 줄다	휴	17		虍	6	범 호
甲木	木	兇	흉악하다, 두렵다	흉	6		儿	2	어진 사람인 발
甲木	木	痕	흔적, 그림자, 자취	흔	11		疒	5	병질 엄
甲木	木	橲	나무 이름	희	16		木	4	나무 목
甲木	木	卿	벼슬	경	12		卩㔾	2	병부 절
甲木	木	卷	책 권	권	8		卩㔾	2	병부 절
甲木	木	卵	알, 고환, 기르다, 크다, 굵다	난	7		卩㔾	2	병부 절
甲木	木	卵	알, 고환, 기르다, 크다, 굵다	란	7		卩㔾	2	병부 절
甲木	木	卯	토끼, 액일, 무성	묘	5		卩㔾	2	병부 절
甲木	木	卲	높다, 뛰어나다	소	7		卩㔾	2	병부 절
甲木	木	危	위태할, 불안할, 아슬하게 높다	위	6		卩㔾	2	병부 절
甲木	木	印	도장	인	6		卩㔾	2	병부 절
甲木	木	卽	곧, 이제, 가깝다	즉	9		卩㔾	2	병부 절
甲木	木	即	곧, 이제, 가깝다	즉	7		卩㔾	2	병부 절
乙木	木	嫁	시집갈(보낼)	가	13		女	3	계집 녀
乙木	木	稼	심을	가	15		禾	5	벼 화 (穀食)
乙木	木	茄	연 줄기	가	9	11	艸 艹	4(6)	초두머리(풀 초)
乙木	木	姦	간음, 간사할	간	9		女	3	계집 녀
乙木	木	乫	땅이름	갈	6		乙	1	새 을 乚, ㄱ

乙木	木	葛	칡, 나라이름	갈	13	15	艸 ++	4(6)	초두머리(풀 초)
乙木	木	紺	여청빛, 연보라	감	11		糸 糹	6	실 사
乙木	木	姜	성명	강	9		女	3	계집 녀
乙木	木	强	강할	강	12		弓	3	활 궁
乙木	木	彊	굳셀	강	16		弓	3	활 궁
乙木	木	糠	쌀겨	강	17		米	6	쌀 미
乙木	木	絳	진홍, 강 이름	강	12		糸 糹	6	실 사
乙木	木	綱	벼리	강	14		糸 糹	6	실 사
乙木	木	薑	성씨	강	17	19	艸 ++	4(6)	초두머리(풀 초)
乙木	木	襁	돈꿰미, 포대기	강	17	18	衤衣	5(6)	옷 의
乙木	木	嫝	편안할, 여자의 字	강	14		女	3	계집 녀
乙木	木	蓋	덮을	개	14	16	艸 ++	4(6)	초두머리(풀 초)
乙木	木	粳	메벼 (낟알에 찰기없는 벼)	갱	13		米	6	쌀 미
乙木	木	乾	하늘, 건조할	건	11		乙	1	새 을 ㄴ, ㄱ
乙木	木	巾	수건, 두건	건	3		巾	3	수건 건
乙木	木	乞	빌, 줄기	걸	3		乙	1	새 을 ㄴ, ㄱ
乙木	木	絹	비단	견	13		糸 糹	6	실 사
乙木	木	繭	누에고치, 실	견	19		糸 糹	6	실 사
乙木	木	鵑	두견이, 접동새, 진달래, 참꽃	견	18		鳥	11	새 조
乙木	木	結	맺을	결	12		糸 糹	6	실 사
乙木	木	兼	겸할	겸	10		八	2	여덟 팔
乙木	木	絅	잡아당길, 심할, 엄할	경	11		糸 糹	6	실 사

乙木	木	經	경서	경	13		糸 糹	6	실 사
乙木	木	莖	풀의 곧게 뻗은 줄기, 근본	경	11	13	艸 ++	4(6)	초두머리(풀 초)
乙木	木	鶊	꾀꼬리	경	19		鳥	11	새 조
乙木	木	稽	상고할, 헤아릴, 논의할, 셈하다	계	16		禾	5	벼 화 (穀食)
乙木	木	系	맬, 묶다, 잇다	계	7		糸 糹	6	실 사
乙木	木	繫	맬, 묶다, 잇다	계	19		糸 糹	6	실 사
乙木	木	繼	이어나갈, 매다	계	20		糸 糹	6	실 사
乙木	木	鷄	닭, 성씨, 고을, 산, 물 이름	계	21		鳥	11	새 조
乙木	木	姑	시어머니, 고모, 부녀자의 통칭	고	8		女	3	계집 녀
乙木	木	稿	볏짚, 원고, 초안	고	15		禾	5	벼 화 (穀食)
乙木	木	苦	쓰다, 괴롭다, 애쓰다, 많다	고	9	11	艸 ++	4(6)	초두머리(풀 초)
乙木	木	苽	볏과 풀 - 줄	고	9	11	艸 ++	4(6)	초두머리(풀 초)
乙木	木	菰	볏과 풀 - 줄, 부추, 옥, 외롭다	고	12	14	艸 ++	4(6)	초두머리(풀 초)
乙木	木	藁	짚, 마른나무, 원고, 초고	고	18	20	艸 ++	4(6)	초두머리(풀 초)
乙木	木	袴	바지	고	11	12	衤衣	5(6)	옷 의
乙木	木	雇	고용할, 빌리다, 僱(고)의 本字	고	12		隹	8	새 추
乙木	木	穀	곡식, 녹, 복록	곡	15		禾	5	벼 화 (穀食)
乙木	木	鵠	백조, 따오기, 과녁, 흰빛	곡	18		鳥	11	새 조
乙木	木	衮	곤룡포, 감다, [illegible], 袞 곤 同字	곤	11		衣	6	옷 의
乙木	木	袞	곤룡포, 띠, 크다	곤	10		衣	6	옷 의
乙木	木	[illegible]	곤룡포, 감다, [illegible], 袞 곤 同字	곤	16		衣	6	옷 의
乙木	木	公	관정, 공변될	공	4		八	2	여덟 팔

乙木	木	共	함께	공	6		八	2	여덟 팔
乙木	木	蚣	지네, 여치	공	10		虫	6	벌레 훼
乙木	木	串	땅이름, 꿰다, 익히다, 습관	곶	7		丨	1	뚫을 곤
乙木	木	瓜	오이, 참외, 모과, 달팽이	과	5		瓜	5	오이 과
乙木	木	科	과목, 과정, 품등, 그루, 법률	과	9		禾	5	벼 화 (穀食)
乙木	木	菓	과자, 과실	과	12	14	艸 艹	4(6)	초두머리(풀 초)
乙木	木	藿	콩잎, 곽향, 풀이름	곽	20	22	艸 艹	4(6)	초두머리(풀 초)
乙木	木	串	꿸, 익히다, 익숙할, 친할, 습관	관	7		丨	1	뚫을 곤
乙木	木	菅	골풀, 난초, 거적, 등골나물	관	12	14	艸 艹	4(6)	초두머리(풀 초)
乙木	木	館	집, 객사, 관사	관	17		飠食	9	밥 식
乙木	木	罫	그물 눈, 할 井間	괘	13	14	网罒	5(6)	그물 망
乙木	木	紘	끈, 굵은 줄, 크다, 넓다, 매달다	굉	10		糸 糹	6	실 사
乙木	木	嬌	아리따울, 교만, 사랑스러울	교	15		女	3	계집 녀
乙木	木	翹	뛰어날, 우뚝할, 날개, 꼬리깃털	교	18		羽	6	깃 우
乙木	木	蕎	메밀, 대극(풀)	교	16	18	艸 艹	4(6)	초두머리(풀 초)
乙木	木	蛟	교룡, 상어	교	12		虫	6	벌레 훼
乙木	木	餃	경단, 엿	교	15		飠食	9	밥 식
乙木	木	姣	아리따울, 교만, 사랑스러울	교	9		女	3	계집 녀
乙木	木	九	아홉, 많은 수	구	2		乙	1	새 을 ㄴ, ㄱ
乙木	木	具	갖출, 구비, 온전	구	8		八	2	여덟 팔
乙木	木	苟	진실로	구	9	11	艸 艹	4(6)	초두머리(풀 초)
乙木	木	鷗	갈매기	구	22		鳥	11	새 조

乙木	木	颶	맹렬한 폭풍	구	17		風	9	바람 풍
乙木	木	菊	국화	국	12	14	艸 ++	4(6)	초두머리(풀 초)
乙木	木	麴	누룩, 효모, 술, 성씨	국	19		麥	11	보리 맥
乙木	木	裙	치마, 속옷	군	12	13	衤衣	5(6)	옷 의
乙木	木	弓	활	궁	3		弓	3	활 궁
乙木	木	芎	궁궁이풀, 천궁	궁	7	9	艸 ++	4(6)	초두머리(풀 초)
乙木	木	蕨	고사리	궐	16	18	艸 ++	4(6)	초두머리(풀 초)
乙木	木	饋	음식보낼, 먹일	궤	21		飠食	9	밥 식
乙木	木	葵	해바라기, 아욱, 접시꽃, 헤아릴	규	13	15	艸 ++	4(6)	초두머리(풀 초)
乙木	木	嫢	가는허리, 나긋나긋할, 아리따울	규	14		女	3	계집 녀
乙木	木	糺	꼴, 끌어모을, 거둘, 공손할, 규명	규	7		糸 糹	6	실 사
乙木	木	饉	주릴, 흉년들	근	20		飠食	9	밥 식
乙木	木	嫤	여자의 字, 예쁠	근	14		女	3	계집 녀
乙木	木	妗	외숙모	금	7		女	3	계집 녀
乙木	木	芩	풀 이름	금	8	10	艸 ++	4(6)	초두머리(풀 초)
乙木	木	衾	이불	금	10		衣	6	옷 의
乙木	木	衿	옷깃	금	9	10	衤衣	5(6)	옷 의
乙木	木	襟	衿(옷깃 금) 同字	금	18	19	衤衣	5(6)	옷 의
乙木	木	級	등급, 차례	급	10		糸 糹	6	실 사
乙木	木	給	줄, 공급할, 넉넉할, 보태다	급	12		糸 糹	6	실 사
乙木	木	其	그	기	8		八	2	여덟 팔
乙木	木	冀	바랄, 기록할	기	16		八	2	여덟 팔

乙木	木	妓	기생, 창녀, 미인	기	7		女	3	계집 녀
乙木	木	幾	몇, 얼마, 어찌	기	12		幺	3	작을 요
乙木	木	紀	벼리, 세월	기	9		糸 糹	6	실 사
乙木	木	綺	비단, 광택, 곱다	기	14		糸 糹	6	실 사
乙木	木	羈	굴레, 나그네	기	24	25	网罒	5(6)	그물 망
乙木	木	豈	어찌, 그	기	10		豆	7	콩 두
乙木	木	飢	주릴, 흉년들	기	11		飠食	9	밥 식
乙木	木	饑	주릴, 흉년들	기	21		飠食	9	밥 식
乙木	木	稘	일주년 돌, 볏짚	기	13		禾	5	벼 화 (穀食)
乙木	木	緊	긴할, 엄할, 굳다	긴	14		糸 糹	6	실 사
乙木	木	姞	삼갈, 성씨	길	9		女	3	계집 녀
乙木	木	娜	아름다울, 날씬, 부드러운 모양	나	10		女	3	계집 녀
乙木	木	螺	소라, 술잔, 법라, 쪽머리, 지문	나	17		虫	6	벌레 훼
乙木	木	裸	벗을, 나체, 무일푼의 비유	나	13	14	衤衣	5(6)	옷 의
乙木	木	糯	찰벼	나	20		米	6	쌀 미
乙木	木	羅	펼칠, 그물	나	19	20	网罒	5(6)	그물 망
乙木	木	蘿	쑥, 담쟁이덩굴	나	23	25	艸 艹	4(6)	초두머리(풀 초)
乙木	木	裸	벗을, 알몸	나	13	14	衤衣	5(6)	옷 의
乙木	木	蓏	열매	나	14	16	艸 艹	4(6)	초두머리(풀 초)
乙木	木	落	떨어질, 쓸쓸할, 준공할, 두르다	낙	13	15	艸 艹	4(6)	초두머리(풀 초)
乙木	木	絡	잇다, 두르다, 얽다, 묶다, 헌솜	낙	12		糸 糹	6	실 사
乙木	木	蘭	난초, 목련, 난간, 네덜란드	난	21	23	艸 艹	4(6)	초두머리(풀 초)

乙木	木	鸞	난새, 방울	난	30		鳥	11	새 조
乙木	木	亂	어지러울	난	13		乙	1	새 을 ㄴ, ㄱ
乙木	木	藍	쪽, 남빛, 절, 남루, 보다	남	18	20	艸 ++	4(6)	초두머리(풀 초)
乙木	木	纜	닻줄	남	27		糸 糹	6	실 사
乙木	木	婪	탐할, 삼가지 않다	남	11		女	3	계집 녀
乙木	木	[illegible]	예쁠	남	11		女	3	계집 녀
乙木	木	納	수확, 받아들임, 헌납,반납,깁다	납	10		糸 糹	6	실 사
乙木	木	蠟	밀랍, 밀초, 양초, 고통,	납	21		虫	6	벌레 훼
乙木	木	衲	꿰매다, 승려, 장삼, 젖은 모양	납	9	10	衤衣	5(6)	옷 의
乙木	木	娘	여자, 각시	낭	10		女	3	계집 녀
乙木	木	螂	사마귀, 쇠똥구리	낭	16		虫	6	벌레 훼
乙木	木	蜋	사마귀, 버마재비	낭	13		虫	6	벌레 훼
乙木	木	耐	견딜, 감당할, 구레나룻 깎는 형벌	내	9		而	6	말이을 이
乙木	木	萊	명아주, 잡초	내	12	14	艸 ++	4(6)	초두머리(풀 초)
乙木	木	孃	아가씨, 여자아이, 어머니	냥	20		女	3	계집 녀
乙木	木	女	여자, 딸, 시집 보낼	녀	3		女	3	계집 녀
乙木	木	秊	해, 나이, 시대, 새해, 잘익은오곡	년	8		禾	5	벼 화 (穀食)
乙木	木	弩	큰활, 힘쓸	노	8		弓	3	활 궁
乙木	木	蘆	갈대, 조롱박, 꼭두서니	노	20	22	艸 ++	4(6)	초두머리(풀 초)
乙木	木	鷺	해오라기, 백로, 노우	노	24		鳥	11	새 조
乙木	木	綠	푸를, 초록비단	녹	14		糸 糹	6	실 사
乙木	木	菉	조개풀, 기록, 푸르다	녹	12	14	艸 ++	4(6)	초두머리(풀 초)

乙木	木	累	여러, 자주, 묶다, 폐끼치다	누	11		糸 糹	6	실 사
乙木	木	婁	끌다, 드문드문하다, 별 이름	누	11		女	3	계집 녀
乙木	木	縷	실, 올, 실처럼 가늘고 긴 것,명주	누	17		糸 糹	6	실 사
乙木	木	蔞	산 쑥, 풀 자란 모양,성씨	누	15	17	艸 ++	4(6)	초두머리(풀 초)
乙木	木	褸	헌 누더기, 깁다, 남루하다	누	16	17	衤衣	5(6)	옷 의
乙木	木	嫩	어릴, 연약, 미숙, 색깔엷은	눈	14		女	3	계집 녀
乙木	木	紐	맺을, 매다, 묶다, 관여하다	뉴	10		糸 糹	6	실 사
乙木	木	稜	모서리, 서슬, 논두렁, 이랑	능	13		禾	5	벼 화 (穀食)
乙木	木	綾	비단	능	14		糸 糹	6	실 사
乙木	木	菱	한해살이수초, 모나다	능	12	14	艸 ++	4(6)	초두머리(풀 초)
乙木	木	茶	차	다	10	12	艸 ++	4(6)	초두머리(풀 초)
乙木	木	茤	마름(수초)	다	10	12	艸 ++	4(6)	초두머리(풀 초)
乙木	木	緞	비단, 헝겊	단	15		糸 糹	6	실 사
乙木	木	蛋	새알, 해녀	단	11		虫	6	벌레 훼
乙木	木	袒	웃통 벗을, 소매 걷을, 어깨드러낼	단	10	11	衤衣	5(6)	옷 의
乙木	木	蕁	백합과풀, 쐐기풀	담	16	18	艸 ++	4(6)	초두머리(풀 초)
乙木	木	幢	기, 장막, 휘장	당	15		巾	3	수건 건
乙木	木	糖	엿, 사탕, 탄수화물,	당	16		米	6	쌀 미
乙木	木	帶	띠, 장식, 꾸밀	대	11		巾	3	수건 건
乙木	木	袋	자루, 포대, 가방, 전대	대	11		衣	6	옷 의
乙木	木	稻	벼, 쌀 일다	도	15		禾	5	벼 화 (穀食)
乙木	木	萄	포도, 머루	도	12	14	艸 ++	4(6)	초두머리(풀 초)

乙木	木	纛	의장기, 장식한 깃발	독	25		糸 糹	6	실 사
乙木	木	乭	이름, 돌	돌	6		乙	1	새 을 ㄴ, ㄱ
乙木	木	董	감독할, 살펴볼	동	13	15	艸 ++	4(6)	초두머리(풀 초)
乙木	木	蝀	무지개	동	14		虫	6	벌레 훼
乙木	木	荳	콩	두	11	13	艸 ++	4(6)	초두머리(풀 초)
乙木	木	豆	콩	두	7		豆	7	콩 두
乙木	木	屯	진치다, 병영	둔	4		屮	3	왼손 좌, 싹날 철, 풀 초
乙木	木	芚	싹나올, 채소	둔	8	10	艸 ++	4(6)	초두머리(풀 초)
乙木	木	乭	음역자	돌	5		乙	1	새 을 ㄴ, ㄱ
乙木	木	藤	등나무	등	19	21	艸 ++	4(6)	초두머리(풀 초)
乙木	木	藤	등나무, 덩굴, 지팡이	등	19	21	艸 ++	4(6)	초두머리(풀 초)
乙木	木	羅	펼칠, 그물	라	19	20	网罒	5(6)	그물 망
乙木	木	蘿	쑥, 담쟁이덩굴	라	23	25	艸 ++	4(6)	초두머리(풀 초)
乙木	木	螺	소라, 술잔, 법라, 쪽, 지문	라	17		虫	6	벌레 훼
乙木	木	裸	벗을, 알몸	라	13	14	衤衣	5(6)	옷 의
乙木	木	蓏	열매	라	14	16	艸 ++	4(6)	초두머리(풀 초)
乙木	木	絡	잇다, 두르다, 얽다, 묶다, 헌솜	락	12		糸 糹	6	실 사
乙木	木	落	떨어질, 준공, 두르다, 쓸쓸하다	락	13	15	艸 ++	4(6)	초두머리(풀 초)
乙木	木	鸞	난새, 방울	란	30		鳥	11	새 조
乙木	木	亂	어지러울, 손상시킬, 음란, 포악	란	13		乙	1	새 을 ㄴ, ㄱ
乙木	木	蘭	난초, 목련, 난간, 네덜란드	란	21	23	艸 ++	4(6)	초두머리(풀 초)
乙木	木	藍	쪽, 남빛, 절, 남루, 보다	람	18	20	艸 ++	4(6)	초두머리(풀 초)

乙木	木	纜	닻줄	람	27		糸 糹	6	실 사
乙木	木	藍	쪽	람	18	20	艸 ++	4(6)	초두머리(풀 초)
乙木	木	婪	탐할, 삼가지않다	람	11		女	3	계집 녀
乙木	木	婡	예쁠	람	11		女	3	계집 녀
乙木	木	蠟	밀랍, 밀초, 양초, 고통,	랍	21		虫	6	벌레 훼
乙木	木	螂	사마귀, 쇠똥구리	랑	16		虫	6	벌레 훼
乙木	木	蜋	사마귀, 버마재비	랑	13		虫	6	벌레 훼
乙木	木	萊	명아주, 잡초	래	12	14	艸 ++	4(6)	초두머리(풀 초)
乙木	木	粮	양식, 먹이, 급여	량	13		米	6	쌀 미
乙木	木	粱	기장, 조, 좋은 곡식	량	13		米	6	쌀 미
乙木	木	糧	양식, 먹이, 급여	량	18		米	6	쌀 미
乙木	木	藜	명아주, 나라 이름	려	19	21	艸 ++	4(6)	초두머리(풀 초)
乙木	木	蠣	굴조개, 가오리	려	21		虫	6	벌레 훼
乙木	木	黎	검다, 많다, 늙다	려	15		黍	12	기장 서
乙木	木	練	익힐	련	15	17	艸 ++	4(6)	초두머리(풀 초)
乙木	木	蓮	연밥	련	15	17	艸 ++	4(6)	초두머리(풀 초)
乙木	木	蓮	연꽃, 연, 연밥	련	15	17	艸 ++	4(6)	초두머리(풀 초)
乙木	木	孌	아름다울, 젊고 예쁠, 순종하다	련	22		女	3	계집 녀
乙木	木	裂	찢다, 터지다, 해지다. 재단하다	렬	12		衣	6	옷 의
乙木	木	翎	깃, 살깃	령	11		羽	6	깃 우
乙木	木	姈	슬기로울, 약삭빠를, 여자의 字	령	8		女	3	계집 녀
乙木	木	弩	큰활, 힘쓸	로	8		弓	3	활 궁

乙木	木	蘆	갈대, 조롱박, 꼭두서니	로	20	22	艸 ++	4(6)	초두머리(풀 초)
乙木	木	鷺	해오라기, 백로, 노우	로	24		鳥	11	새 조
乙木	木	綠	푸를	록	14		糸 糹	6	실 사
乙木	木	菉	조개풀, 기록, 푸르다	록	12	14	艸 ++	4(6)	초두머리(풀 초)
乙木	木	蓼	여뀌(풀)	료	15	17	艸 ++	4(6)	초두머리(풀 초)
乙木	木	累	여러, 자주, 묶다, 폐끼치다	루	11		糸 糹	6	실 사
乙木	木	婁	끌다, 드문드문하다, 별 이름	루	11		女	3	계집 녀
乙木	木	縷	실, 올, 실처럼 가늘고 긴 것,명주	루	17		糸 糹	6	실 사
乙木	木	蔞	산 쑥, 풀 자란 모양, 성씨	루	15	17	艸 ++	4(6)	초두머리(풀 초)
乙木	木	褸	헌 누더기, 깁다, 남루하다	루	16	17	衤衣	5(6)	옷 의
乙木	木	六	여섯, 죽이다	륙	4		八	2	여덟 팔
乙木	木	綸	벼리, 낚싯줄, 굵은 실,	륜	14		糸 糹	6	실 사
乙木	木	稜	모서리, 서슬, 논두렁, 이랑	릉	13		禾	5	벼 화 (穀食)
乙木	木	綾	비단	릉	14		糸 糹	6	실 사
乙木	木	菱	한해살이수초, 모나다	릉	12	14	艸 ++	4(6)	초두머리(풀 초)
乙木	木	罹	걸릴, 앓다,근심	리	16	17	网罒	5(6)	그물 망
乙木	木	莉	말리, 자스민	리	11	13	艸 ++	4(6)	초두머리(풀 초)
乙木	木	裏	속, 사물안쪽, 뱃속, 속마음, 모태	리	13		衣	6	옷 의
乙木	木	裡	속, 사물안쪽, 뱃속, 속마음, 모태	리	12	13	衤衣	5(6)	옷 의
乙木	木	離	떠날, 떼어놓다, 갈라지다, 분산	리	19		隹	8	새 추
乙木	木	藺	골풀, 꽃창포, 등심초	린	20	22	艸 ++	4(6)	초두머리(풀 초)
乙木	木	粒	낟알, 쌀밥먹다	립	11		米	6	쌀 미

乙木	木	痲	삼	마	11		痲	11	삼 마
乙木	木	媽	어머니, 할머니, 여자종, 암말	마	13		女	3	계집 녀
乙木	木	幕	장막, 군막, 휘장	막	14		巾	3	수건 건
乙木	木	莫	없다, 불가하다, 꾀하다	막	11	13	艸 艹	4(6)	초두머리(풀 초)
乙木	木	娩	낳을, 해산할, 순박, 유순, 교태	만	10		女	3	계집 녀
乙木	木	彎	굽을, 활을 당길	만	22		弓	3	활 궁
乙木	木	萬	일만, 성씨, 만무	만	13	15	艸 艹	4(6)	초두머리(풀 초)
乙木	木	蔓	덩굴, 순무, 퍼지다, 뻗다, 감다	만	15	17	艸 艹	4(6)	초두머리(풀 초)
乙木	木	蠻	오랑캐, 모멸, 업신여길, 거칠다	만	25		虫	6	벌레 훼
乙木	木	饅	만두	만	20		飠食	9	밥 식
乙木	木	茉	말리(상록관목, 자스민)	말	9	11	艸 艹	4(6)	초두머리(풀 초)
乙木	木	襪	버선, 허리띠	말	20	21	衤衣	5(6)	옷 의
乙木	木	妄	망령될, 허망, 속이다, 잊다, 거짓	망	6		女	3	계집 녀
乙木	木	網	그물	망	14		糸 糹	6	실 사
乙木	木	罔	그물, 없을, 계통, 조직, 속이다	망	8	10	罒	4(6)	그물망2 网 [罓,罒]
乙木	木	芒	까끄라기, 가시, 비늘, 억새	망	7	9	艸 艹	4(6)	초두머리(풀 초)
乙木	木	茫	아득하다, 흐릿하다, 망망하다	망	10	12	艸 艹	4(6)	초두머리(풀 초)
乙木	木	莽	우거질, 거칠다, 넓다, 광활할	망	10	12	艸 艹	4(6)	초두머리(풀 초)
乙木	木	妹	손아래 누이, 소녀, 어둡다	매	8		女	3	계집 녀
乙木	木	媒	중매, 매개, 안내,	매	12		女	3	계집 녀
乙木	木	罵	꾸짖다, 욕하다	매	15	16	网罒	5(6)	그물 망
乙木	木	苺	딸기, 이끼	매	9	11	艸 艹	4(6)	초두머리(풀 초)

乙木	木	麥	보리, 귀리, 메밀	맥	11		麥	11	보리 맥
乙木	木	氓	백성, 서민	맹	8		氏	4	성씨 씨
乙木	木	萌	싹, 움, 활량나물	맹	12	14	艸 艹	4(6)	초두머리(풀 초)
乙木	木	糸	가는 실, 적은 수, 생사, 견사	멱	6		糸 糹	6	실 사
乙木	木	綿	솜, 솜옷, 이어지다	면	14		糸 糹	6	실 사
乙木	木	緬	멀다, 아득하다, 생각할, 가는 실	면	15		糸 糹	6	실 사
乙木	木	麵	밀가루, 국수	면	20		麥	11	보리 맥
乙木	木	蔑	업신여길, 욕되게 하다, 모독하다	멸	15	17	艸 艹	4(6)	초두머리(풀 초)
乙木	木	茗	차의 싹, 늦게 딴 차	명	10	12	艸 艹	4(6)	초두머리(풀 초)
乙木	木	蓂	명협, 약초, 상서로운 풀 이름	명	14	16	艸 艹	4(6)	초두머리(풀 초)
乙木	木	螟	멸구, 마디충, 배추벌레, 모기	명	16		虫	6	벌레 훼
乙木	木	鳴	울	명	14		鳥	11	새 조
乙木	木	鷶	초명새, 봉황과 비슷하다는 神鳥	명	19		鳥	11	새 조
乙木	木	袂	소매	메	9	10	衤衣	5(6)	옷 의
乙木	木	姆	유모, 여스승, 맏동서	모	8		女	3	계집 녀
乙木	木	帽	모자, 두건, 붓두껍	모	12		巾	3	수건 건
乙木	木	芼	우거질, 뽑다, 풀	모	8	10	艸 艹	4(6)	초두머리(풀 초)
乙木	木	茅	띠(풀), 띳집, 깃발	모	9	11	艸 艹	4(6)	초두머리(풀 초)
乙木	木	穆	아름다울, 화목할, 공경	목	16		禾	5	벼 화 (穀食)
乙木	木	鶩	집오리, 순일하다, 달리다	목	20		鳥	11	새 조
乙木	木	蒙	어둡다, 어리석다, 어리다	몽	14	16	艸 艹	4(6)	초두머리(풀 초)
乙木	木	妙	묘할	묘	7		女	3	계집 녀

乙木	木	苗	모종, 핏줄, 백성, 곡식, 사냥	묘	9	11	艸 ++	4(6)	초두머리(풀 초)
乙木	木	繆	얽다, 묶다, 삼열단	무	17		糸 糹	6	실 사
乙木	木	茂	무성할	무	9	11	艸 ++	4(6)	초두머리(풀 초)
乙木	木	蕪	거칠다, 어지럽다, 달아날, 순무	무	16	18	艸 ++	4(6)	초두머리(풀 초)
乙木	木	鵡	앵무새	무	19		鳥	11	새 조
乙木	木	紊	어지러울, 문란, 번성하다	문	10		糸 糹	6	실 사
乙木	木	紋	무늬, 문채, 주름	문	10	12	艸 ++	4(6)	초두머리(풀 초)
乙木	木	蚊	모기	문	10		虫	6	벌레 훼
乙木	木	媚	아첨할, 예쁘다, 사랑하다, 좋다	미	12		女	3	계집 녀
乙木	木	彌	미륵, 두루, 더욱, 간난아이, 장식	미	17		弓	3	활 궁
乙木	木	米	쌀	미	6		米	6	쌀 미
乙木	木	薇	장미, 고비, 백일홍, 들완두	미	17	19	艸 ++	4(6)	초두머리(풀 초)
乙木	木	靡	쓰러질, 멸하다, 금지할, 호사할	미	19		非	8	아닐 비
乙木	木	娓	장황할, 힘쓰다, 예쁠, 따르다	미	10		女	3	계집 녀
乙木	木	媄	아름답다, 예쁘다, 빛곱다	미	12		女	3	계집 녀
乙木	木	媺	착하고 아름답다, 좋다, 여자아이	미	13		女	3	계집 녀
乙木	木	弥	미륵, 두루, 더욱, 간난아이, 장식	미	8		弓	3	활 궁
乙木	木	民	백성	민	5		氏	4	성씨 씨
乙木	木	緡	낚싯줄, 돈꿰미, 입다, 성하다	민	15		糸 糹	6	실 사
乙木	木	蜜	꿀, 벌꿀, 달콤할, 자세하다	밀	14		虫	6	벌레 훼
乙木	木	粕	지게미, 깻묵	박	11		米	6	쌀 미
乙木	木	縛	얽을, 묶다, 구속, 포승	박	16		糸 糹	6	실 사

乙木	木	薄	엷다, 적다, 야박하다, 싱겁다	박	17	19	艸 ++	4(6)	초두머리(풀 초)
乙木	木	絆	얽어맴, 묶다, 견제, 올가미	반	11		糸 糹	6	실 사
乙木	木	蟠	둥그렇게 포개감다, 두루 미치다	반	18		虫	6	벌레 훼
乙木	木	飯	밥, 식사, 먹다, 사육하다, 기르다	반	13		食	9	밥 식
乙木	木	妨	방해하다	방	7		女	3	계집 녀
乙木	木	幇	돕다, 보좌, 지원, 단체, 패거리	방	12		巾	3	수건 건
乙木	木	紡	길쌈, 비단, 길쌈, 실을 뽑다	방	10		糸 糹	6	실 사
乙木	木	芳	꽃다울	방	8	10	艸 ++	4(6)	초두머리(풀 초)
乙木	木	蒡	우엉, 인동덩굴, 흰쑥	방	14	16	艸 ++	4(6)	초두머리(풀 초)
乙木	木	蚌	방합, 펄조개	방	10		虫	6	벌레 훼
乙木	木	幫	돕다, 보좌, 지원, 단체, 패거리	방	17		巾	3	수건 건
乙木	木	裵	성씨, 옷 치렁치렁할, 배회할	배	14		衣	6	옷 의
乙木	木	褙	속적삼, 속옷, 배자	배	14	15	衤衣	5(6)	옷 의
乙木	木	帛	비단, 명주, 폐백	백	8		巾	3	수건 건
乙木	木	苩	성씨	백	9	11	艸 ++	4(6)	초두머리(풀 초)
乙木	木	幡	깃발, 먹수건, 행주, 날다	번	15		巾	3	수건 건
乙木	木	繁	번성할, 많다, 복잡할, 뒤섞이다	번	17		糸 糹	6	실 사
乙木	木	蕃	불다, 우거지다, 많다, 울타리	번	16	18	艸 ++	4(6)	초두머리(풀 초)
乙木	木	藩	울타리, 경계, 영역	번	19	21	艸 ++	4(6)	초두머리(풀 초)
乙木	木	飜	번역할, 뒤집다, 날다, 나부끼다	번	21		飛	9	날 비
乙木	木	翻	날다, 나부끼다, 뒤집다, 번역할	번	18		羽	6	깃 우
乙木	木	罰	벌할, 벌줄, 벌, 죄	벌	14	15	网罒	5(6)	그물 망

乙木	木	帆	돛, 돛단배	범	6		巾	3	수건 건
乙木	木	范	성씨, 규범, 본보기, 거푸집, 고상	범	9	11	艸 ++	4(6)	초두머리(풀 초)
乙木	木	蘗	황경나무, 쓰다, 괴롭다	벽	21	23	艸 ++	4(6)	초두머리(풀 초)
乙木	木	莂	모종낼, 부절, 씨뿌리기	별	11	13	艸 ++	4(6)	초두머리(풀 초)
乙木	木	襒	옷털다, 옷으로 훔치다	별	17	18	衤衣	5(6)	옷 의
乙木	木	兵	병사, 무기, 싸움, 재앙, 상하다	병	7		八	2	여덟 팔
乙木	木	秉	잡을	병	8		禾	5	벼 화 (穀食)
乙木	木	餠	떡, 밀가루떡, 밀국수, 먹다	병	17		飠食	9	밥 식
乙木	木	菩	보살, 보리	보	12	14	艸 ++	4(6)	초두머리(풀 초)
乙木	木	補	기울	보	12		衣	6	옷 의
乙木	木	褓	포대기	보	14	15	衤衣	5(6)	옷 의
乙木	木	茯	복령, 수레장식	복	10	12	艸 ++	4(6)	초두머리(풀 초)
乙木	木	蔔	십자화가채소, 치자꽃	복	15	17	艸 ++	4(6)	초두머리(풀 초)
乙木	木	複	겹칠, 겹옷, 솜옷	복	14	15	衤衣	5(6)	옷 의
乙木	木	乶	음역자(音譯字)	볼	8		乙	1	새 을 ㄴ, ㄱ
乙木	木	縫	꿰멜, 바느질할, 깁다	봉	17		糸 糹	6	실 사
乙木	木	蓬	쑥	봉	15	17	艸 ++	4(6)	초두머리(풀 초)
乙木	木	蜂	꿀벌, 봉망, 크다, 날카롭다	봉	13		虫	6	벌레 훼
乙木	木	鳳	봉황새	봉	14		鳥	11	새 조
乙木	木	婦	며느리, 아내, 여자, 예쁘다, 정숙	부	11		女	3	계집 녀
乙木	木	芙	연꽃	부	8	10	艸 ++	4(6)	초두머리(풀 초)
乙木	木	莩	갈대청, 독말풀	부	11	13	艸 ++	4(6)	초두머리(풀 초)

乙木	木	鳧	오리, 물오리, 들오리	부	13		鳥	11	새 조
乙木	木	粉	가루, 분, 안료	분	10		米	6	쌀 미
乙木	木	糞	똥, 비료, 거름주다, 제거하다	분	17		米	6	쌀 미
乙木	木	紛	어지러울, 번잡할, 왕성할, 섞다	분	10		糸 糹	6	실 사
乙木	木	芬	향기, 아름다운 덕행, 명성	분	8	10	艸 ++	4(6)	초두머리(풀 초)
乙木	木	弗	아니다, 말다, 근심하다, 다스릴	불	5		弓	3	활 궁
乙木	木	繃	묶을, 감다, 크다	붕	17		糸 糹	6	실 사
乙木	木	鵬	붕새, 봉황	붕	19		鳥	11	새 조
乙木	木	妃	왕비, 배우자, 여신의 존칭	비	6		女	3	계집 녀
乙木	木	婢	여자종, 첩	비	11		女	3	계집 녀
乙木	木	秕	쭉정이, 더럽힐	비	9		禾	5	벼 화 (穀食)
乙木	木	秘	숨길, 신비할, 성씨	비	10		禾	5	벼 화 (穀食)
乙木	木	菲	엷다, 둔하다, 짚신, 채소이름	비	12	14	艸 ++	4(6)	초두머리(풀 초)
乙木	木	蜚	바퀴, 쌕새기, 날다	비	14		虫	6	벌레 훼
乙木	木	裨	돕다, 보좌, 보태다, 작다	비	13	14	衤衣	5(6)	옷 의
乙木	木	非	아니다, 나쁘다, 등지다	비	8		非	8	아닐 비
乙木	木	飛	날다, 지다, 오르다, 빠르다	비	9		飛	9	날 비
乙木	木	嬪	궁녀, 궁녀 벼슬	빈	17		女	3	계집 녀
乙木	木	繽	어지럽다, 성하다	빈	20		糸 糹	6	실 사
乙木	木	穦	향기	빈	19		禾	5	벼 화 (穀食)
乙木	木	娑	춤출, 앉다, 빠르다, 너풀거리다	사	10		女	3	계집 녀
乙木	木	師	스승, 고사, 벼슬, 신령	사	10		巾	3	수건 건

乙木	木	私	사사,가족,집안,간통,은혜,가신	사	7		禾	5	벼 화 (穀食)
乙木	木	紗	비단	사	10		糸 糹	6	실 사
乙木	木	肆	방자할, 늘어 놓다, 늦추다	사	13		聿	6	붓 율
乙木	木	莎	사초	사	11	13	艸 艹	4(6)	초두머리(풀 초)
乙木	木	蓑	도롱이, 덮다	사	14	16	艸 艹	4(6)	초두머리(풀 초)
乙木	木	蛇	긴뱀, 자벌레	사	11		虫	6	벌레 훼
乙木	木	裟	가사, 춤추는 모양	사	13		衣	6	옷 의
乙木	木	飼	기르다, 억이다, 양육, 사육, 밥	사	14		飠食	9	밥 식
乙木	木	飼	기르다, 먹이다	사	14		飠食	9	밥 식
乙木	木	索	노, 헤어지다, 흩어지다, 꼬다	삭	6		糸 糹	6	실 사
乙木	木	蒜	마늘	산	14	16	艸 艹	4(6)	초두머리(풀 초)
乙木	木	乷	음역자(音譯字)	살	8		乙	1	새 을 ㄴ, ㄱ
乙木	木	薩	보살	살	18	20	艸 艹	4(6)	초두머리(풀 초)
乙木	木	芟	베다, 깎아버리다, 낫	삼	8	10	艸 艹	4(6)	초두머리(풀 초)
乙木	木	蔘	삼, 인삼	삼	15	17	艸 艹	4(6)	초두머리(풀 초)
乙木	木	衫	적삼, 옷	삼	8	9	衤衣	5(6)	옷 의
乙木	木	颯	바람소리	삽	14		風	9	바람 풍
乙木	木	孀	올어머니, 과부, 수절하다	상	20		女	3	계집 녀
乙木	木	常	떳떳할, 항상	상	11		巾	3	수건 건
乙木	木	翔	날다, 돌다, 삼가다	상	12		羽	6	깃 우
乙木	木	裳	치마, 바지	상	14		衣	6	옷 의
乙木	木	穡	수확할, 검소할, 근심할, 곡식	색	18		禾	5	벼 화 (穀食)

乙木	木	索	찾을, 더듬다	색	10		糸 糹	6	실 사
乙木	木	絮	솜, 헌솜, 솜옷, 두건	서	12		糸 糹	6	실 사
乙木	木	緖	실마리, 첫머리	서	15		糸 糹	6	실 사
乙木	木	署	마을, 부서, 관청	서	14	15	网罒	5(6)	그물 망
乙木	木	薯	감자, 마, 고구마	서	18	20	艸 ++	4(6)	초두머리(풀 초)
乙木	木	黍	기장	서	12		黍	12	기장 서
乙木	木	婿	사위, 남편, 벗, 사내	서	12		女	3	계집 녀
乙木	木	縃	서로, 아전, 계장	서	15		糸 糹	6	실 사
乙木	木	藇	아름답다, 우거지다, 무성하다	서	18	20	艸 ++	4(6)	초두머리(풀 초)
乙木	木	席	자리, 앉음새, 돛	석	10		巾	3	수건 건
乙木	木	蓆	자리, 석곡, 크다	석	14	16	艸 ++	4(6)	초두머리(풀 초)
乙木	木	䄷	섬	석	10		禾	5	벼 화 (穀食)
乙木	木	嬋	곱다, 아름답다	선	15		女	3	계집 녀
乙木	木	線	줄, 선, 실, 노선, 경계선, 단서	선	15		糸 糹	6	실 사
乙木	木	繕	깁다, 고치다, 보수, 수선하다	선	18		糸 糹	6	실 사
乙木	木	蘚	이끼	선	21	23	艸 ++	4(6)	초두머리(풀 초)
乙木	木	蟬	매미, 날다, 뻗다	선	18		虫	6	벌레 훼
乙木	木	饍	반찬, 선물, 생육	선	21		飠食	9	밥 식
乙木	木	嫙	예쁘다, 아리땁다	선	14		女	3	계집 녀
乙木	木	薛	성씨, 나라 이름, 맑은 대쑥	설	17	19	艸 ++	4(6)	초두머리(풀 초)
乙木	木	褻	더러울, 추잡할, 음란할, 음탕할	설	17		衣	6	옷 의
乙木	木	蔎	향풀, 차의 딴이름	설	15	17	艸 ++	4(6)	초두머리(풀 초)

乙木	木	纖	가늘다, 잘다, 가냘플, 부드럽다	섬	23		糸 糹	6	실 사
乙木	木	蟾	두꺼비, 달, 달빛	섬	19		虫	6	벌레 훼
乙木	木	葉	땅 이름, 성씨	섭	13	15	艸 ++	4(6)	초두머리(풀 초)
乙木	木	姓	성씨	성	8		女	3	계집 녀
乙木	木	娍	아름답다, 훤칠하다	성	10		女	3	계집 녀
乙木	木	稅	세금, 구실, 놓다	세	12		禾	5	벼 화 (穀食)
乙木	木	細	가늘다, 자세하다, 미미하다	세	11		糸 糹	6	실 사
乙木	木	素	본디,바탕,성질,정성,평소,희다	소	10		糸 糹	6	실 사
乙木	木	紹	잇다, 돕다, 소개하다, 받다, 노끈	소	11		糸 糹	6	실 사
乙木	木	蔬	나물, 푸성귀, 낟	소	16	18	艸 ++	4(6)	초두머리(풀 초)
乙木	木	蕭	쓸쓸할, 시끄럽다, 맑은 대쑥	소	17	19	艸 ++	4(6)	초두머리(풀 초)
乙木	木	蘇	되살아날, 차조기	소	20	22	艸 ++	4(6)	초두머리(풀 초)
乙木	木	穌	깨어나다, 소생하다, 살다	소	16		禾	5	벼 화 (穀食)
乙木	木	粟	조, 오곡, 좁쌀	속	12		米	6	쌀 미
乙木	木	續	잇다, 계속하다, 보태다, 계승	속	21		糸 糹	6	실 사
乙木	木	蓀	향풀 이름, 창포 이름	손	14	16	艸 ++	4(6)	초두머리(풀 초)
乙木	木	飧	저녁밥, 익힌 음식	손	12		食	9	밥 식
乙木	木	帥	거느리다, 인도하다, 따르다	솔	9		巾	3	수건 건
乙木	木	乺	솔	솔	9		乙	1	새 을 乚, ㄱ
乙木	木	衰	쇠하다, 약하다	쇠	10		衣	6	옷 의
乙木	木	嫂	형수, 결혼한 여자	수	13		女	3	계집 녀
乙木	木	帥	장수, 우두머리, 통솔자	수	9		巾	3	수건 건

乙木	木	秀	빼어날	수	7		禾	5	벼 화 (穀食)
乙木	木	穗	이삭, 벼이삭, 보리이삭	수	17		禾	5	벼 화 (穀食)
乙木	木	粹	순수하다, 같다, 정밀하다	수	14		米	6	쌀 미
乙木	木	綏	편안할, 물러가다, 끈	수	13		糸 糹	6	실 사
乙木	木	綬	끈, 인끈	수	14		糸 糹	6	실 사
乙木	木	繡	수놓다, 오색을 갖추다, 수, 비단	수	19		糸 糹	6	실 사
乙木	木	茱	수유나무	수	10	12	艸 ++	4(6)	초두머리(풀 초)
乙木	木	蒐	모으다, 은닉할, 점검할, 꼭두서니	수	14	16	艸 ++	4(6)	초두머리(풀 초)
乙木	木	蓚	수산, 기쁘다	수	14	16	艸 ++	4(6)	초두머리(풀 초)
乙木	木	藪	늪, 수풀	수	19	21	艸 ++	4(6)	초두머리(풀 초)
乙木	木	袖	소매, 반소매 저고리, 소매에 넣다	수	10	11	衤衣	5(6)	옷 의
乙木	木	雖	비록, 아무리~하여도, 도마뱀붙이	수	17		隹	8	새 추
乙木	木	穂	이삭, 벼이삭, 보리이삭	수	15		禾	5	벼 회 (穀食)
乙木	木	豎	세우다, 서다, 곧다, 짧다, 천하다	수	17		豆	7	콩 두
乙木	木	鵐	새매	수	19		鳥	11	새 조
乙木	木	肅	엄숙할	숙	12		聿	6	붓 율
乙木	木	菽	콩, 대두, 콩잎	숙	12	14	艸 ++	4(6)	초두머리(풀 초)
乙木	木	純	순수할	순	10		糸 糹	6	실 사
乙木	木	荀	풀 이름, 사람 이름	순	10	12	艸 ++	4(6)	초두머리(풀 초)
乙木	木	蓴	순채, 풀이 더부룩하게 나는 모양	순	15	17	艸 ++	4(6)	초두머리(풀 초)
乙木	木	蕣	무궁화, 무궁화나무	순	16	18	艸 ++	4(6)	초두머리(풀 초)
乙木	木	蝨	이(이목의 곤충), 검은깨, 참깨	슬	15		虫	6	벌레 훼

乙木	木	習	익히다, 익숙할, 배우다, 연습할	습	11		羽	6	깃 우
乙木	木	褶	주름	습	16	17	衤衣	5(6)	옷 의
乙木	木	襲	엄습하다, 인습하다, 물려받다	습	22		衣	6	옷 의
乙木	木	繩	노끈, 줄, 먹줄, 법, 바로잡다	승	19		糸 糹	6	실 사
乙木	木	蠅	파리, 돌아다니는 모양	승	19		虫	6	벌레 훼
乙木	木	始	비로소, 먼저, 근본, 처음	시	8		女	3	계집 녀
乙木	木	媤	시집, 여자의 字	시	12		女	3	계집 녀
乙木	木	市	저자	시	5		巾	3	수건 건
乙木	木	翅	날개, 지느러미	시	10		羽	6	깃 우
乙木	木	蒔	모종내다, 심다, 소회향	시	14	16	艸 ++	4(6)	초두머리(풀 초)
乙木	木	蓍	톱풀, 서죽, 점대	시	14	16	艸 ++	4(6)	초두머리(풀 초)
乙木	木	媞	복, 행복	시	12		女	3	계집 녀
乙木	木	蝕	좀먹다, 갉아먹다	식	15		虫	6	벌레 훼
乙木	木	食	밥, 음식, 제사, 벌이, 생활, 생계	식	9		食	9	밥 식
乙木	木	飾	꾸미다, 단장하다, 위장하다	식	14		飠食	9	밥 식
乙木	木	娠	잉태할, 머금다, 하인, 마부	신	10		女	3	계집 녀
乙木	木	紳	큰띠, 벼슬아치	신	11		糸 糹	6	실 사
乙木	木	莘	족두리풀, 길다, 많다, 나라이름	신	11	13	艸 ++	4(6)	초두머리(풀 초)
乙木	木	薪	섶, 땔감용나무, 잡초, 봉급	신	17	19	艸 ++	4(6)	초두머리(풀 초)
乙木	木	藎	조개풀, 나아가다	신	18	20	艸 ++	4(6)	초두머리(풀 초)
乙木	木	蜃	큰조개, 대합조개, 무명조개	신	13		虫	6	벌레 훼
乙木	木	芯	골풀, 등심초	심	8	10	艸 ++	4(6)	초두머리(풀 초)

乙木	木	雙	둘, 한쌍, 짝수	쌍	18		隹	8	새 추
乙木	木	氏	각시, 성씨, 존칭	씨	4		氏	4	성씨 씨
乙木	木	娥	예쁠, 아름답다, 미녀, 여자의字	아	10		女	3	계집 녀
乙木	木	芽	싹	아	8	10	艸 ++	4(6)	초두머리(풀 초)
乙木	木	莪	쑥, 약초이름	아	11	13	艸 ++	4(6)	초두머리(풀 초)
乙木	木	蛾	나방, 눈썹	아	13		虫	6	벌레 훼
乙木	木	雅	우아할, 아담할	아	12		隹	8	새 추
乙木	木	餓	굶주리다, 기아	아	16		飠食	9	밥 식
乙木	木	鴉	갈까마귀, 검다	아	15		鳥	11	새 조
乙木	木	鵝	거위, 軍陣의이름	아	18		鳥	11	새 조
乙木	木	娿	아리땁다	아	11		女	3	계집 녀
乙木	木	婀	아리땁다, 성씨	아	11		女	3	계집 녀
乙木	木	妸	아름답다, 여자의 字	아	3		女	3	계집 녀
乙木	木	婭	동서, 일가, 아양떨다	아	11		女	3	계집 녀
乙木	木	幄	휘장, 장막, 군막	악	12		巾	3	수건 건
乙木	木	雁	기러기, 가을	안	12		隹	8	새 추
乙木	木	鴈	기러기, 가을	안	15		鳥	11	새 조
乙木	木	姲	종용하다	안	9		女	3	계집 녀
乙木	木	婩	곱다	안	11		女	3	계집 녀
乙木	木	菴	암자, 초막, 절	암	12	14	艸 ++	4(6)	초두머리(풀 초)
乙木	木	鴨	오리, 여종, 下婢	압	16		鳥	11	새 조
乙木	木	秧	볏모, 묘목, 모내기	앙	10		禾	5	벼 화 (穀食)

乙木	木	鴦	원앙, 비오리	앙	16		鳥	11	새 조
乙木	木	艾	약쑥, 미모, 푸른빛, 늙은이, 나이	애	6	8	艸 ++	4(6)	초두머리(풀 초)
乙木	木	縊	목매다	액	16		糸 糹	6	실 사
乙木	木	鶯	꾀꼬리, 휘파람새, 무늬	앵	21		鳥	11	새 조
乙木	木	鸚	앵무새, 앵무조개	앵	28		鳥	11	새 조
乙木	木	也	이끼, 어조사	야	3		乙	1	새 을 乚, ㄱ
乙木	木	若	반야, 성씨, 사찰	야	9	11	艸 ++	4(6)	초두머리(풀 초)
乙木	木	弱	약하다, 쇠해지다	약	10		弓	3	활 궁
乙木	木	約	맺다, 약속하다, 묶다, 검소하다	약	9		糸 糹	6	실 사
乙木	木	若	만약, 같을	약	9	11	艸 ++	4(6)	초두머리(풀 초)
乙木	木	葯	꽃밥, 약	약	13	15	艸 ++	4(6)	초두머리(풀 초)
乙木	木	蒻	구약나물, 부들	약	14	16	艸 ++	4(6)	초두머리(풀 초)
乙木	木	藥	약, 약초, 작약	약	19	21	艸 ++	4(6)	초두머리(풀 초)
乙木	木	粮	양식, 먹이, 급여	양	13		米	6	쌀 미
乙木	木	粱	기장, 조, 좋은곡식	양	13		米	6	쌀 미
乙木	木	糧	양식, 먹이, 급여	양	18		米	6	쌀 미
乙木	木	孃	아가씨, 여자아이, 어머니	양	20		女	3	계집 녀
乙木	木	穰	짚, 풍년, 넉넉할	양	22		禾	5	벼 화 (穀食)
乙木	木	襄	돕다, 오르다, 이루다, 높다	양	17		衣	6	옷 의
乙木	木	養	기를	양	15		食	9	밥 식
乙木	木	嫣	아름답다, 상긋 웃다, 연하다	언	14		女	3	계집 녀
乙木	木	蘖	그루터기, 움, 허물, 가지를 끊다	얼	21	23	艸 ++	4(6)	초두머리(풀 초)

乙木	木	藜	명아주, 나라 이름	여	19	21	艸 ++	4(6)	초두머리(풀 초)
乙木	木	蠣	굴조개, 가오리	여	21		虫	6	벌레 훼
乙木	木	黎	검다, 많다, 늙다	여	15		黍	12	기장 서
乙木	木	女	여자, 딸, 처녀	여	3		女	3	계집 녀
乙木	木	如	같을	여	6		女	3	계집 녀
乙木	木	茹	먹다, 썩다, 받다	여	10	12	艸 ++	4(6)	초두머리(풀 초)
乙木	木	餘	남을	여	16		飠食	9	밥 식
乙木	木	妤	여관, 아름답다	여	7		女	3	계집 녀
乙木	木	繹	풀다, 끌어내다, 당기다, 다스릴	역	19		糸 糹	6	실 사
乙木	木	秊	해, 나이, 시대, 새해, 살익은오곡	연	8		禾	5	벼 화 (穀食)
乙木	木	練	익힐	연	15	17	艸 ++	4(6)	초두머리(풀 초)
乙木	木	蓮	연밥	연	15	17	艸 ++	4(6)	초두머리(풀 초)
乙木	木	蓮	연꽃, 연, 연밥	연	15	17	艸 ++	4(6)	초두머리(풀 초)
乙木	木	孌	아름다울, 젊고 예쁠, 순종하다	연	22		女	3	계집 녀
乙木	木	姸	곱다, 아름답다	연	9		女	3	계집 녀
乙木	木	娟	아름다울	연	10		女	3	계집 녀
乙木	木	緣	인연	연	15		糸 糹	6	실 사
乙木	木	縯	길다, 늘이다, 연장하다	연	17		糸 糹	6	실 사
乙木	木	鳶	솔개, 연, 나무연	연	14		鳥	11	새 조
乙木	木	嬿	아름답다, 수더분하다, 편하다	연	19		女	3	계집 녀
乙木	木	莚	덩굴이벋다, 대자리, 연회, 좌석	연	11	13	艸 ++	4(6)	초두머리(풀 초)
乙木	木	娟	예쁘나, 밝고 밝은 모양	연	9		女	3	계집 녀

乙木	木	娫	빛나다, 환하다, 예쁘다	연	10		女	3	계집 녀
乙木	木	耎	가냘프다, 부드럽다, 굼틀거리다	연	9		而	6	말이을 이
乙木	木	嬿	성씨, 여자의 자태	연	15		女	3	계집 녀
乙木	木	裂	찢다, 터지다, 해지다. 재단하다	열	12		衣	6	옷 의
乙木	木	苒	풀우거지다, 성하다, 시간 흘러갈	염	9	11	艸 ++	4(6)	초두머리(풀 초)
乙木	木	葉	잎, 꽃잎, 시대, 후손,	엽	13	15	艸 ++	4(6)	초두머리(풀 초)
乙木	木	翎	깃, 살깃	영	11		羽	6	깃 우
乙木	木	姈	슬기로울, 약삭빠를, 여자의 字	영	8		女	3	계집 녀
乙木	木	穎	이삭, 자루, 고리	영	16		禾	5	벼 화 (穀食)
乙木	木	纓	갓끈, 관끈, 노끈	영	23		糸 糹	6	실 사
乙木	木	英	꽃부리	영	9	11	艸 ++	4(6)	초두머리(풀 초)
乙木	木	嬴	가득차다, 남다, 나타나다	영	16		女	3	계집 녀
乙木	木	嬰	어릴아이, 갓난아이, 목에 걸다	영	17		女	3	계집 녀
乙木	木	蠑	영원(양서류)	영	20		虫	6	벌레 훼
乙木	木	荣	영화, 영예, 영광	영	10	12	艸 ++	4(6)	초두머리(풀 초)
乙木	木	艾	다스리다, 징계하다, 베다, 낫	예	6	8	艸 ++	4(6)	초두머리(풀 초)
乙木	木	穢	더럽다, 거칠다, 잡초	예	18		禾	5	벼 화 (穀食)
乙木	木	芮	성씨, 풀 뾰족뾰족 날	예	8	10	艸 ++	4(6)	초두머리(풀 초)
乙木	木	藝	재주, 기예, 법도, 학문, 심다	예	19	21	艸 ++	4(6)	초두머리(풀 초)
乙木	木	蘂	꽃술, 초목이 더부룩나는 모양	예	20	22	艸 ++	4(6)	초두머리(풀 초)
乙木	木	裔	후손, 옷단, 변방	예	13		衣	6	옷 의
乙木	木	蕊	꽃술, 초목이 더부룩나는 모양	예	16	18	艸 ++	4(6)	초두머리(풀 초)

乙木	木	嫕	유순하다, 정숙하다	예	14		女	3	계집 녀
乙木	木	羿	사람이름, 궁술의 명인,날아오를	예	9		羽	6	깃 우
乙木	木	蓺	심다, 다하다, 끝나다, 과녁	예	15	17	艸 ++	4(6)	초두머리(풀 초)
乙木	木	娛	즐기다, 농담하다, 안정되다	오	10		女	3	계집 녀
乙木	木	蜈	지네	오	13		虫	6	벌레 훼
乙木	木	穩	편안하다, 안정되다, 확실하다	온	19		禾	5	벼 화 (穀食)
乙木	木	縕	헌솜, 솜옷, 삼, 모시, 주홍빛	온	16		糸 糹	6	실 사
乙木	木	蘊	쌓다, 저축하다, 포용하다	온	20	22	艸 ++	4(6)	초두머리(풀 초)
乙木	木	媪	할머니, 늙은여자, 노모, 살찌다	온	13		女	3	계집 녀
乙木	木	稳	편안하다, 안정되다, 확실하다	온	14		禾	5	벼 화 (穀食)
乙木	木	翁	늙은이, 어르신, 아버지, 새목털	옹	10		羽	6	깃 우
乙木	木	雍	화할, 누그러질	옹	13		隹	8	새 추
乙木	木	饔	아침밥, 익은 음식, 희생, 요리할	옹	22		食	9	밥 식
乙木	木	蛙	개구리, 음란할, 사특할,	와	12		虫	6	벌레 훼
乙木	木	蝸	달팽이, 고둥	와	15		虫	6	벌레 훼
乙木	木	婉	순하다, 예쁘다, 아름답다	완	11		女	3	계집 녀
乙木	木	緩	느리다, 느슨하다, 부드럽다	완	15		糸 糹	6	실 사
乙木	木	翫	희롱하다, 장난하다, 깔보다	완	15		羽	6	깃 우
乙木	木	莞	빙그레웃다, 왕골, 돗자리	완	11	13	艸 ++	4(6)	초두머리(풀 초)
乙木	木	豌	완두, 콩엿	완	15		豆	7	콩 두
乙木	木	妧	좋다, 곱다, 아리땁다	완	7		女	3	계집 녀
乙木	木	婠	품성좋다, 어린아이 살찐모양	완	11		女	3	계집 녀

乙木	木	娃	예쁘다, 아름답다	왜	9		女	3	계집 녀
乙木	木	蓼	여뀌(풀)	요	15	17	艸 ++	4(6)	초두머리(풀 초)
乙木	木	妖	夭死, 요염, 아리땁다, 재앙	요	7		女	3	계집 녀
乙木	木	姚	예쁘다, 곱다, 가볍다, 날래다	요	9		女	3	계집 녀
乙木	木	繇	역사, 노래, 무성할, 흔들릴, 멀다	요	17		糸 糹	6	실 사
乙木	木	繞	두르다, 둘러싸다, 감기다, 성씨	요	18		糸 糹	6	실 사
乙木	木	耀	빛나다, 영광스럽다, 광채	요	20		羽	6	깃 우
乙木	木	蟯	요충, 작은벌레	요	18		虫	6	벌레 훼
乙木	木	饒	넉넉할	요	21		飠食	9	밥 식
乙木	木	縟	꾸미다, 가늘다, 무늬	욕	16		糸 糹	6	실 사
乙木	木	褥	침구요, 깃저고리	욕	15	16	衤衣	5(6)	옷 의
乙木	木	茸	풀나다, 우거지다	용	10	12	艸 ++	4(6)	초두머리(풀 초)
乙木	木	蓉	연꽃, 부용	용	14	16	艸 ++	4(6)	초두머리(풀 초)
乙木	木	紆	굽다, 굽히다, 얽히다, 늘어뜨릴	우	9		糸 糹	6	실 사
乙木	木	羽	깃털, 깃장식, 날개, 조류, 부채	우	6		羽	6	깃 우
乙木	木	芋	토란, 풀성한 모양, 덮다, 보유	우	7	9	艸 ++	4(6)	초두머리(풀 초)
乙木	木	稶	서직무성하다	욱	15		禾	5	벼 화 (穀食)
乙木	木	稢	서직무성하다	욱	13		禾	5	벼 화 (穀食)
乙木	木	芸	평지, 궁궁이, 향기, 김매다, 많다	운	8	10	艸 ++	4(6)	초두머리(풀 초)
乙木	木	蕓	평지, 궁궁이, 향기, 김매다, 많다	운	16	18	艸 ++	4(6)	초두머리(풀 초)
乙木	木	蔚	고을 이름, 번민할	울	15	17	艸 ++	4(6)	초두머리(풀 초)
乙木	木	菀	무성할, 울창할	울	12	14	艸 ++	4(6)	초두머리(풀 초)

乙木	木	雄	수컷, 두목, 씩씩할, 용감할	웅	12		隹	8	새 추
乙木	木	婉	순하다, 예쁘다, 아름답다	원	11		女	3	계집 녀
乙木	木	媛	여자, 미인, 궁녀	원	12		女	3	계집 녀
乙木	木	嫄	사람 이름, 여자의 字	원	13		女	3	계집 녀
乙木	木	苑	나라동산, 동산, 성씨, 나무무성할	원	9	11	艸 艹	4(6)	초두머리(풀 초)
乙木	木	袁	성씨, 옷 치렁거릴, 옷이 길다	원	10		衣	6	옷 의
乙木	木	鴛	원앙, 원앙수컷	원	16		鳥	11	새 조
乙木	木	褑	패옥띠, 옷	원	14	15	衤衣	5(6)	옷 의
乙木	木	委	맡기다, 버리다, 자세할, 쌓다	위	8		女	3	계집 녀
乙木	木	威	위엄, 권위, 세력	위	9		女	3	계집 녀
乙木	木	緯	씨줄,예언서,현악기줄,가로,묶다	위	15		糸 糹	6	실 사
乙木	木	萎	시들다, 마르다, 앓다, 둥굴레	위	12	14	艸 艹	4(6)	초두머리(풀 초)
乙木	木	葦	갈대, 거룻배	위	13	15	艸 艹	4(6)	초두머리(풀 초)
乙木	木	蔿	애기풀, 고을명, 성씨, 떠들다	위	16	18	艸 艹	4(6)	초두머리(풀 초)
乙木	木	蝟	고슴도치	위	15		虫	6	벌레 훼
乙木	木	褘	아름답다, 폐슬, 향낭, 손수건	위	14	15	衤衣	5(6)	옷 의
乙木	木	乳	젖, 어머니, 젖먹이	유	8		乙	1	새 을 乚, ㄱ
乙木	木	幼	어리다, 미숙하다	유	5		幺	3	작을 요
乙木	木	幽	그윽할, 멀다, 깊다, 조용하다	유	9		幺	3	작을 요
乙木	木	紐	맺다, 매다, 묶다	유	10		糸 糹	6	실 사
乙木	木	維	벼리, 밧줄, 구석	유	14		糸 糹	6	실 사
乙木	木	萸	수유나무	유	13	15	艸 艹	4(6)	초두머리(풀 초)

乙木	木	裕	넉넉할, 너그러울	유	12	13	衤衣	5(6)	옷 의
乙木	木	姷	짝	유	9		女	3	계집 녀
乙木	木	婑	아리땁다, 정숙할,	유	11		女	3	계집 녀
乙木	木	秞	곡식이 무성하다	유	10		禾	5	벼 화 (穀食)
乙木	木	六	여섯, 죽이다	육	4		八	2	여덟 팔
乙木	木	綸	벼리, 낚싯줄, 굵은실,	윤	14		糸 糹	6	실 사
乙木	木	荺	연뿌리, 대순	윤	11	13	艸 ++	4(6)	초두머리(풀 초)
乙木	木	聿	붓,마침내,몸소,펴다,닦다,좇다	율	6		聿	6	붓 율
乙木	木	絨	가는베, 융, 고운베	융	12		糸 糹	6	실 사
乙木	木	融	화할	융	16		虫	6	벌레 훼
乙木	木	融	녹다, 화하다, 성하다, 크게 밝다	융	16		虫	6	벌레 훼
乙木	木	穩	편안하다, 평온하다	온	19		禾	5	벼 화 (穀食)
乙木	木	蒑	풀빛이 푸르다	은	14	16	艸 ++	4(6)	초두머리(풀 초)
乙木	木	蒽	풀 이름	은	14	16	艸 ++	4(6)	초두머리(풀 초)
乙木	木	蘟	은총	은	21	23	艸 ++	4(6)	초두머리(풀 초)
乙木	木	乙	새	을	1		乙	1	새 을 乚, ㄱ
乙木	木	蔭	그늘,해그림자,음사,덕택,지하실	음	15	17	艸 ++	4(6)	초두머리(풀 초)
乙木	木	飮	마시다, 호흡할, 먹이다, 머금다	음	13		飠食	9	밥 식
乙木	木	鷹	매, 송골매, 해동청	응	24		鳥	11	새 조
乙木	木	薏	율무, 연밥알	의	17	19	艸 ++	4(6)	초두머리(풀 초)
乙木	木	蟻	개미, 검은 빛깔, 술구더기, 검다	의	19		虫	6	벌레 훼
乙木	木	衣	옷, 깃털, 표피, 싸는것,덮다,이끼	의	6		衣	6	옷 의

乙木	木	罹	걸릴, 앓다, 근심	이	16	17	网罒	5(6)	그물 망
乙木	木	莉	말리, 자스민	이	11	13	艸 ++	4(6)	초두머리(풀 초)
乙木	木	裏	속, 사물안쪽, 뱃속, 속마음, 모태	이	13		衣	6	옷 의
乙木	木	裡	속, 사물안쪽, 뱃속, 속마음, 모태	이	12	13	衤衣	5(6)	옷 의
乙木	木	離	떠날, 떼어놓다, 갈라지다, 분산	이	19		隹	8	새 추
乙木	木	姨	이모, 처형제, 서모	이	9		女	3	계집 녀
乙木	木	弛	늦추다, 풀리다, 게으르다, 쉬다	이	6		弓	3	활 궁
乙木	木	移	옮기다, 늦추다	이	11		禾	5	벼 화 (穀食)
乙木	木	而	말을 잇다, 같다	이	6		而	6	말이을 이
乙木	木	肄	익히다, 수고, 노력, 나머시	이	13		聿	6	붓 율
乙木	木	苡	질경이, 율무	이	9	11	艸 ++	4(6)	초두머리(풀 초)
乙木	木	荑	베다, 깎다, 흰비름	이	10	12	艸 ++	4(6)	초두머리(풀 초)
乙木	木	飴	엿, 단맛, 맛좋은 음식	이	14		飠食	9	밥 식
乙木	木	媐	기쁘다, 즐거워할	이	13		女	3	계집 녀
乙木	木	鳾	제비	이	17		鳥	11	새 조
乙木	木	㚷	여자의 자(字)	이	9		女	3	계집 녀
乙木	木	翊	돕다, 공경하다	익	11		羽	6	깃 우
乙木	木	翌	다음날, 날개, 새날이 밝다, 돕다	익	11		羽	6	깃 우
乙木	木	翼	날개	익	17		羽	6	깃 우
乙木	木	藺	골풀, 꽃창포, 등심초	인	20	22	艸 ++	4(6)	초두머리(풀 초)
乙木	木	姻	혼인, 장인, 시아버지, 인척, 연분	인	9		女	3	계집 녀
乙木	木	引	수레끌, 낭기나, 인도할, 연장할	인	4		弓	3	활 궁

乙木	木	絪	기운, 기운이 성한 모양, 요, 깔개	인	12		糸 糹	6	실 사
乙木	木	茵	자리, 깔개, 요, 사철쑥	인	10	12	艸 艹	4(6)	초두머리(풀 초)
乙木	木	蚓	지렁이	인	10		虫	6	벌레 훼
乙木	木	芢	씨, 풀이름	인	8	10	艸 艹	4(6)	초두머리(풀 초)
乙木	木	妊	임신하다	임	7		女	3	계집 녀
乙木	木	姙	임신하다	임	9		女	3	계집 녀
乙木	木	稔	여물다, 곡식익다	임	13		禾	5	벼 화 (穀食)
乙木	木	荏	들깨, 잠두, 두드럽다	임	10	12	艸 艹	4(6)	초두머리(풀 초)
乙木	木	粒	낟알, 쌀밥먹다	입	11		米	6	쌀 미
乙木	木	艿	새풀싹, 잡초	잉	8	10	艸 艹	4(6)	초두머리(풀 초)
乙木	木	姊	손위누이, 어머니	자	8		女	3	계집 녀
乙木	木	姿	모양, 모습, 맵시, 풍취, 소질	자	9		女	3	계집 녀
乙木	木	紫	자줏빛, 자줏빛 옷	자	12		糸 糹	6	실 사
乙木	木	茨	지붕잇다, 쌓다, 남가새풀	자	10	12	艸 艹	4(6)	초두머리(풀 초)
乙木	木	蔗	사탕수수, 감자, 맛이 좋다	자	15	17	艸 艹	4(6)	초두머리(풀 초)
乙木	木	藉	깔다, 깔개, 자리	자	18	20	艸 艹	4(6)	초두머리(풀 초)
乙木	木	雌	암컷, 암새, 약하다	자	14		隹	8	새 추
乙木	木	姉	손위누이, 어머니	자	8		女	3	계집 녀
乙木	木	耔	북돋우다	자	8		禾	5	벼 화 (穀食)
乙木	木	綽	너그럽다, 유순할, 더디다	작	14		糸 糹	6	실 사
乙木	木	芍	함박꽃, 요리할,	작	7	9	艸 艹	4(6)	초두머리(풀 초)
乙木	木	雀	참새, 다갈색, 뛰다	작	11		隹	8	새 추

乙木	木	鵲	까치	작	19		鳥	11	새 조
乙木	木	蠶	누에, 양잠, 누에치다	잠	24		虫	6	벌레 훼
乙木	木	雜	섞이다, 번다하다	잡	18		隹	8	새 추
乙木	木	帳	장막, 휘장, 군막	장	11		巾	3	수건 건
乙木	木	張	베풀, 기세가 오르다	장	11		弓	3	활 궁
乙木	木	粧	단장할, 화장할, 가장하다	장	12		米	6	쌀 미
乙木	木	莊	씩씩하다, 풀성하다, 단정하다	장	11	13	艸 ++	4(6)	초두머리(풀 초)
乙木	木	葬	장사지내다, 매장하다	장	13	15	艸 ++	4(6)	초두머리(풀 초)
乙木	木	蔣	성씨, 줄풀, 깔개	장	15	17	艸 ++	4(6)	초두머리(풀 초)
乙木	木	薔	장미	장	17	19	艸 ++	4(6)	초두머리(풀 초)
乙木	木	藏	감추다, 숨다, 곳집, 광, 오장	장	18	20	艸 ++	4(6)	초두머리(풀 초)
乙木	木	裝	꾸미다, 넣다, 묶다	장	13		衣	6	옷 의
乙木	木	縡	일, 싣다	재	16		糸 糹	6	실 사
乙木	木	裁	마름질할	재	12		衣	6	옷 의
乙木	木	姐	누이, 여자, 아주머니, 교만하다	저	8		女	3	계집 녀
乙木	木	紵	모시풀	저	11		糸 糹	6	실 사
乙木	木	苧	모시풀	저	9	11	艸 ++	4(6)	초두머리(풀 초)
乙木	木	菹	김치, 절이다	저	12	14	艸 ++	4(6)	초두머리(풀 초)
乙木	木	著	나타나다, 분명하다, 저술하다	저	13	15	艸 ++	4(6)	초두머리(풀 초)
乙木	木	雎	물수리	저	13		隹	8	새 추
乙木	木	嫡	정실, 본처, 맏아들, 대이을 사람	적	14		女	3	계집 녀
乙木	木	積	쌓다, 많다, 머무르다, 울적하다	적	16		禾	5	벼 화 (穀食)

乙木	木	績	길쌈할, 잣다, 뽑다, 삼다, 방적	적	17		糸 糹	6	실 사
乙木	木	翟	꿩, 깃옷(상제가 입는 생무명상복)	적	14		羽	6	깃 우
乙木	木	荻	물억새, 쑥, 갈잎피리	적	11	13	艸 ++	4(6)	초두머리(풀 초)
乙木	木	典	법	전	8		八	2	여덟 팔
乙木	木	纏	얽다, 구르다, 감다	전	21		糸 糹	6	실 사
乙木	木	餞	보내다, 전별하다	전	17		飠食	9	밥 식
乙木	木	荃	향초, 겨자무침, 통발	전	10	12	艸 ++	4(6)	초두머리(풀 초)
乙木	木	雋	살찐고기, 살찌다	전	13		隹	8	새 추
乙木	木	絶	끊다, 단절하다, 막히다, 뛰어나다	절	12		糸 糹	6	실 사
乙木	木	粘	붙다, 끈끈하다	점	11		米	6	쌀 미
乙木	木	蝶	나비	접	15		虫	6	벌레 훼
乙木	木	姃	계집 단정할	정	8		女	3	계집 녀
乙木	木	幀	그림족자, 비단에 그린 그림,수 틀	정	12		巾	3	수건 건
乙木	木	程	한도, 길, 단위	정	12		禾	5	벼 화 (穀食)
乙木	木	精	깨끗할, 정기, 정액, 자세할	정	14		米	6	쌀 미
乙木	木	綎	가죽띠, 인끈	정	13		糸 糹	6	실 사
乙木	木	婷	예쁘다, 아름다운 모양	정	12		女	3	계집 녀
乙木	木	姘	여자가 얌전하다	정	7		女	3	계집 녀
乙木	木	帝	제왕, 임금	제	9		巾	3	수건 건
乙木	木	弟	아우, 나이어린 사람, 제자	제	7		弓	3	활 궁
乙木	木	薺	냉이	제	18	20	艸 ++	4(6)	초두머리(풀 초)
乙木	木	製	짓다, 만들다, 가죽옷	제	14		衣	6	옷 의

乙木	木	媞	안존하다, 예쁘고 곱다, 편안하다	제	12		女	3	계집 녀
乙木	木	弔	조상하다, 문안	조	4		弓	3	활 궁
乙木	木	租	조세, 벼	조	10		禾	5	벼 화 (穀食)
乙木	木	稠	빽빽할, 많다, 농후하다	조	13		禾	5	벼 화 (穀食)
乙木	木	粗	거칠다, 크다	조	11		米	6	쌀 미
乙木	木	糟	지게미, 막걸리	조	17		米	6	쌀 미
乙木	木	組	베를 짜다, 꿰매다	조	11		糸 糹	6	실 사
乙木	木	繰	야청통견, 감색비단	조	19		糸 糹	6	실 사
乙木	木	肇	비롯하다, 창시하다, 교정하다	조	14		聿	6	붓 율
乙木	木	藻	마름, 졸(수초), 무늬, 꾸밈	조	20	22	艸 艹	4(6)	초두머리(풀 초)
乙木	木	蚤	벼룩, 일찍, 손톱	조	10		虫	6	벌레 훼
乙木	木	雕	독수리, 수리	조	16		隹	8	새 추
乙木	木	鳥	새, 봉황	조	11		鳥	11	새 조
乙木	木	種	씨	종	14		禾	5	벼 화 (穀食)
乙木	木	終	마치다, 끝내다, 완성되다	종	11		糸 糹	6	실 사
乙木	木	綜	모으다, 짜다	종	14		糸 糹	6	실 사
乙木	木	縱	세로, 발자취, 비록	종	17		糸 糹	6	실 사
乙木	木	罪	허물, 죄, 죄인, 그물	죄	13	14	网罒	5(6)	그물 망
乙木	木	姝	예쁘다, 연약하다	주	9		女	3	계집 녀
乙木	木	紂	껑거리끈, 말고삐, 창문, 주 임금	주	9		糸 糹	6	실 사
乙木	木	紬	명주, 모으다, 철하다, 잣다, 깁다	주	11		糸 糹	6	실 사
乙木	木	綢	얽다, 동여매다, 비단	주	14		糸 糹	6	실 사

乙木	木	蛛	거미	주	12		虫	6	벌레 훼
乙木	木	姝	사람이름, 예쁘다	주	8		女	3	계집 녀
乙木	木	粙	벼에 알들다	주	11		米	6	쌀 미
乙木	木	絑	붉다, 분홍색 비단	주	12		糸 糹	6	실 사
乙木	木	粥	죽, 미음, 연략할	죽	12		米	6	쌀 미
乙木	木	蠢	꾸물거릴, 어리석다, 불손하다	준	21		虫	6	벌레 훼
乙木	木	雋	영특할	준	13		隹	8	새 추
乙木	木	隼	송골매, 맹금류	준	10		隹	8	새 추
乙木	木	餕	대궁, 익힌 음식	준	16		飠食	9	밥 식
乙木	木	葰	크다, 성하다, 꽃술	준	13	15	艸 ++	4(6)	초두머리(풀 초)
乙木	木	茁	싹	줄	9	11	艸 ++	4(6)	초두머리(풀 초)
乙木	木	中	가운데	중	4		丨	1	뚫을 곤
乙木	木	葺	깁다, 지붕이다, 겹치다	즙	13	15	艸 ++	4(6)	초두머리(풀 초)
乙木	木	繒	비단, 명주	증	18		糸 糹	6	실 사
乙木	木	蒸	찌다, 김오르다, 증발하다, 섶나무	증	14	16	艸 ++	4(6)	초두머리(풀 초)
乙木	木	紙	종이, 장, 신문	지	10		糸 糹	6	실 사
乙木	木	芝	지초	지	8	10	艸 ++	4(6)	초두머리(풀 초)
乙木	木	芷	어수리, 구릿대	지	8	10	艸 ++	4(6)	초두머리(풀 초)
乙木	木	蜘	거미, 지주	지	14		虫	6	벌레 훼
乙木	木	稙	올벼, 이르다	직	13		禾	5	벼 화 (穀食)
乙木	木	稷	피, 기장, 곡신	직	15		禾	5	벼 화 (穀食)
乙木	木	織	짜다, 만들다, 베틀	직	18		糸 糹	6	실 사

乙木	木	秦	진나라	진	10		禾	5	벼 화 (穀食)
乙木	木	縉	붉은비단, 분홍빛	진	16		糸 糹	6	실 사
乙木	木	縝	곱다, 자상하다	진	16		糸 糹	6	실 사
乙木	木	蔯	더위지기, 사철쑥	진	15	17	艸 艹	4(6)	초두머리(풀 초)
乙木	木	袗	홑옷, 수놓은 옷	진	10	11	衤衣	5(6)	옷 의
乙木	木	稹	빽빽할, 뿌리얽힐	진	15		禾	5	벼 화 (穀食)
乙木	木	蓁	우거지다, 많다, 숲	진	14	16	艸 艹	4(6)	초두머리(풀 초)
乙木	木	姪	조카, 조카딸, 이질	질	9		女	3	계집 녀
乙木	木	嫉	미워할, 시샘하다	질	13		女	3	계집 녀
乙木	木	帙	책권차례, 책	질	8		巾	3	수건 건
乙木	木	秩	차례, 녹봉	질	10		禾	5	벼 화 (穀食)
乙木	木	蛭	거머리	질	12		虫	6	벌레 훼
乙木	木	緝	모으다, 길쌈하다	집	15		糸 糹	6	실 사
乙木	木	集	모을	집	12		隹	8	새 추
乙木	木	茶	차, 차나무, 소녀의미칭	차	10	12	艸 艹	4(6)	초두머리(풀 초)
乙木	木	姹	자랑할, 과시할, 소녀, 아가씨	차	9		女	3	계집 녀
乙木	木	纂	모으다, 잇다, 편집하다, 붉은 끈	찬	20		糸 糹	6	실 사
乙木	木	粲	정미, 쌀찧기, 밥, 세 미인, 곱다	찬	13		米	6	쌀 미
乙木	木	纘	잇다, 계승하다	찬	25		糸 糹	6	실 사
乙木	木	餐	밥, 점심밥, 간식, 음식, 먹다	찬	16		食	9	밥 식
乙木	木	饌	반찬, 음식, 먹다	찬	21		飠食	9	밥 식
乙木	木	紮	감다, 미무르다	찰	11		糸 糹	6	실 사

乙木	木	娼	창녀, 노는 여자	창	11		女	3	계집 녀
乙木	木	菖	창포	창	12	14	艸 ++	4(6)	초두머리(풀 초)
乙木	木	蒼	푸르다, 우거지다	창	14	16	艸 ++	4(6)	초두머리(풀 초)
乙木	木	綵	비단, 채색, 무늬	채	14		糸 糹	6	실 사
乙木	木	菜	나물, 반찬, 채마밭	채	12	14	艸 ++	4(6)	초두머리(풀 초)
乙木	木	蔡	성씨, 풀, 거북, 법	채	15	17	艸 ++	4(6)	초두머리(풀 초)
乙木	木	婇	여자의 字	채	11		女	3	계집 녀
乙木	木	妻	아내, 시집보내다, 간음하다	처	8		女	3	계집 녀
乙木	木	隻	외짝, 하나, 척	척	10		隹	8	새 추
乙木	木	薦	천거하다, 진술하다, 우거지다	천	17	19	艸 ++	4(6)	초두머리(풀 초)
乙木	木	茜	꼭두서니(약초), 빨강	천	10	12	艸 ++	4(6)	초두머리(풀 초)
乙木	木	綴	엮다, 잇다, 짓다, 꿰매다, 막다	철	14		糸 糹	6	실 사
乙木	木	妾	첩, 시비, 여자아이	첩	8		女	3	계집 녀
乙木	木	帖	문서, 표제, 탁본	첩	8		巾	3	수건 건
乙木	木	菁	우거지다, 순무	청	12	14	艸 ++	4(6)	초두머리(풀 초)
乙木	木	締	맺다, 체결하다, 단속하다	체	15		糸 糹	6	실 사
乙木	木	秒	분초(시간단위)	초	9		禾	5	벼 화 (穀食)
乙木	木	稍	점점, 이미, 매우	초	12		禾	5	벼 화 (穀食)
乙木	木	艸	풀, 잡초, 황야	초	6		艸	6	초두머리(풀 초)
乙木	木	苕	완두, 이삭, 우뚝하다	초	9	11	艸 ++	4(6)	초두머리(풀 초)
乙木	木	草	풀	초	10	12	艸 ++	4(6)	초두머리(풀 초)
乙木	木	蕉	파초, 땔나무, 쓰레기, 야위다	초	16	18	艸 ++	4(6)	초두머리(풀 초)

乙木	木	蜀	나라 이름, 나비 애벌레	촉	13		虫	6	벌레 훼
乙木	木	總	다, 모두, 언제나, 합하다	총	17		糸 糹	6	실 사
乙木	木	蔥	파, 부들, 섬섬옥수, 푸른색	총	15	17	艸 ++	4(6)	초두머리(풀 초)
乙木	木	総	다, 모두, 언제나, 합하다	총	14		糸 糹	6	실 사
乙木	木	秋	가을	추	9		禾	5	벼 화 (穀食)
乙木	木	芻	꼴, 꼴꾼, 짚, 기르다	추	10		艸	6	초두머리(풀 초)
乙木	木	萩	사철쑥, 가을	추	13	15	艸 ++	4(6)	초두머리(풀 초)
乙木	木	雛	병아리,새새끼,아이,최초,어리다	추	18		隹	8	새 추
乙木	木	縮	줄이다, 감축하다, 모자라다	축	17		糸 糹	6	실 사
乙木	木	蓄	모으다, 쌓다, 품다, 저장하다	축	14	16	艸 ++	4(6)	초두머리(풀 초)
乙木	木	蟲	벌레, 동물, 충해	충	18		虫	6	벌레 훼
乙木	木	衷	속마음, 속옷, 정성	충	10		衣	6	옷 의
乙木	木	萃	모으다, 도달하다, 야위다	췌	12	14	艸 ++	4(6)	초두머리(풀 초)
乙木	木	娶	장가들다	취	11		女	3	계집 녀
乙木	木	翠	푸르다, 비취색, 물총새	취	14		羽	6	깃 우
乙木	木	鷲	독수리, 수리	취	23		鳥	11	새 조
乙木	木	幟	기, 깃발, 표지	치	15		巾	3	수건 건
乙木	木	稚	어리다, 유치하다, 작다, 늦다	치	13		禾	5	벼 화 (穀食)
乙木	木	穉	어리다, 유치하다, 작다, 늦다	치	17		禾	5	벼 화 (穀食)
乙木	木	緇	검다, 검은비단, 검은빛, 검은옷	치	14		糸 糹	6	실 사
乙木	木	緻	빽빽하다, 찬찬하다, 곱다	치	16		糸 糹	6	실 사
乙木	木	置	두다, 배치하다, 버리다, 베풀다	치	13	14	网 罒	5(6)	그물 망

乙木	木	蚩	어리석다, 얕보다	치	10		虫	6	벌레 훼
乙木	木	雉	꿩, 담, 장원	치	13		隹	8	새 추
乙木	木	飭	신칙하다, 훈계하다, 바로잡다	칙	13		飠食	9	밥 식
乙木	木	蟄	숨다, 고요하다	칩	17		虫	6	벌레 훼
乙木	木	秤	저울, 열다섯근, 무게달다	칭	10		禾	5	벼 화 (穀食)
乙木	木	稱	일컫다, 저울질하다	칭	14		禾	5	벼 화 (穀食)
乙木	木	妥	온당하다, 평온하다	타	7		女	3	계집 녀
乙木	木	彈	탄알, 과실, 활	탄	15		弓	3	활 궁
乙木	木	綻	옷터지다, 깁다	탄	14		糸糹	6	실 사
乙木	木	帑	금고, 곳집	탕	8		巾	3	수건 건
乙木	木	糖	엿, 사탕, 설탕	탕	16		米	6	쌀 미
乙木	木	蕩	방탕하다	탕	16	18	艸 艹	4(6)	초두머리(풀 초)
乙木	木	苔	이끼, 설태	태	9	11	艸 艹	4(6)	초두머리(풀 초)
乙木	木	颱	태풍	태	14		風	9	바람 풍
乙木	木	統	거느리다, 합치다, 계통, 법	통	12		糸糹	6	실 사
乙木	木	褪	빛이 바래다, 퇴색하다, 옷벗다	퇴	15	16	衤衣	5(6)	옷 의
乙木	木	妬	샘내다, 투기하다	투	8		女	3	계집 녀
乙木	木	婆	할머니, 늙은 여자, 춤추는 모양	파	11		女	3	계집 녀
乙木	木	罷	마치다, 그만두다, 놓다, 내치다	파	15	16	网罒	5(6)	그물 망
乙木	木	芭	파초	파	8	10	艸 艹	4(6)	초두머리(풀 초)
乙木	木	瓣	외씨, 꽃잎, 과일조각, 오이씨	판	19		瓜	5	오이 과
乙木	木	八	여덟	팔	8		八	2	여덟 팔

乙木	木	稗	피, 작다, 잘다	패	13		禾	5	벼 화 (穀食)
乙木	木	編	엮다, 짓다, 얽다	편	15		糸 糹	6	실 사
乙木	木	翩	나부끼다, 훌쩍 날다	편	15		羽	6	깃 우
乙木	木	萍	부평초, 개구리밥, 떠돌다	평	12	14	艸 艹	4(6)	초두머리(풀 초)
乙木	木	嬖	사랑하다, 친숙하다, 비천하다	폐	16		女	3	계집 녀
乙木	木	幣	화폐, 비단, 폐백, 재물	폐	15		巾	3	수건 건
乙木	木	蔽	덮다, 총괄하다	폐	16	18	艸 艹	4(6)	초두머리(풀 초)
乙木	木	布	베	포	5		巾	3	수건 건
乙木	木	苞	싸다, 무성하다	포	9	11	艸 艹	4(6)	초두머리(풀 초)
乙木	木	葡	포도. 포도나무	포	13	15	艸 艹	4(6)	초두머리(풀 초)
乙木	木	蒲	부들, 창포, 냇버들	포	14	16	艸 艹	4(6)	초두머리(풀 초)
乙木	木	袍	도포, 두루마기	포	10	11	衤衣	5(6)	옷 의
乙木	木	褒	기리다, 칭찬하다, 크고 넓다	포	15		衣	6	옷 의
乙木	木	飽	배부르다, 옹골지다, 충실하다	포	14		飠食	9	밥 식
乙木	木	幅	폭, 너비, 가장자리	폭	12		巾	3	수건 건
乙木	木	瓢	바가지, 표주박	표	16		瓜	5	오이 과
乙木	木	表	거죽,겉면,도표,모범,표지,시계	표	8		衣	6	옷 의
乙木	木	颷	폭풍, 회오리바람	표	21		風	9	바람 풍
乙木	木	飄	나부끼다, 빠르다	표	20		風	9	바람 풍
乙木	木	飆	폭풍, 회오리바람	표	21		風	9	바람 풍
乙木	木	稟	여쭈다, 아뢰다, 천품, 바탕	품	13		禾	5	벼 화 (穀食)
乙木	木	豊	풍년,잔대,왕골,우거지다,크다	풍	13		豆	7	콩 두

乙木	木	風	바람	풍	9		風	9	바람 풍
乙木	木	被	옷입다. 씌우다	피	10	11	衤衣	5(6)	옷 의
乙木	木	弼	돕다, 보필하다	필	12		弓	3	활 궁
乙木	木	苾	향기롭다	필	9	11	艸 ++	4(6)	초두머리(풀 초)
乙木	木	荷	메다, 부담하다	하	11	13	艸 ++	4(6)	초두머리(풀 초)
乙木	木	蝦	두꺼비, 새우	하	15		虫	6	벌레 훼
乙木	木	鶴	두루미, 학, 희다	학	21		鳥	11	새 조
乙木	木	罕	드물다, 희소하다, 그물, 깃발	한	7	9	罒	4(6)	그물망2 网 [罒,罓]
乙木	木	翰	편지, 문서, 붓, 날개, 백마	한	16		羽	6	깃 우
乙木	木	嫺	우아할, 단아할, 조용할, 익숙할	한	15		女	3	계집 녀
乙木	木	緘	꿰매다, 묶다, 새끼줄, 서류함	함	15		糸 糹	6	실 사
乙木	木	菡	연꽃, 풍성한 모양	함	12	14	艸 ++	4(6)	초두머리(풀 초)
乙木	木	蛤	대합조개	합	12		虫	6	벌레 훼
乙木	木	姮	이름, 항아	항	9		女	3	계집 녀
乙木	木	嫦	항아, 상아, 여자의 字	항	14		女	3	계집 녀
乙木	木	蟹	게, 가물치	해	19		虫	6	벌레 훼
乙木	木	荇	노랑어리연꽃	행	10	12	艸 ++	4(6)	초두머리(풀 초)
乙木	木	餉	건량, 군량, 군비	향	15		飠食	9	밥 식
乙木	木	饗	잔치하다, 흠향하다, 대접하다	향	22		食	9	밥 식
乙木	木	弦	활시위	현	8		弓	3	활 궁
乙木	木	絃	악기줄	현	11		糸 糹	6	실 사
乙木	木	絢	무늬, 문채, 밝게 비추다, 곱다	현	12		糸 糹	6	실 사

乙木	木	縣	고을, 매달다	현	16		糸 糹	6	실 사
乙木	木	弦	활, 성씨	현	11		弓	3	활 궁
乙木	木	嫌	싫어할, 의심할	혐	13		女	3	계집 녀
乙木	木	莢	꼬투리, 비수리	협	11	13	艸 ++	4(6)	초두머리(풀 초)
乙木	木	荊	가시나무, 곤장, 아내	형	10	12	艸 ++	4(6)	초두머리(풀 초)
乙木	木	螢	반딧불	형	16		虫	6	벌레 훼
乙木	木	兮	어조사, 감탄사	혜	4		八	2	여덟 팔
乙木	木	蕙	난초, 혜초	혜	16	18	艸 ++	4(6)	초두머리(풀 초)
乙木	木	婋	재치있다, 영리하다	호	11		女	3	계집 녀
乙木	木	好	좋을	호	6		女	3	계집 녀
乙木	木	弧	활, 곡선부분, 혼자	호	8		弓	3	활 궁
乙木	木	瓠	박, 표주박, 병	호	11		瓜	5	오이 과
乙木	木	糊	풀칠하다, 죽먹다	호	15		米	6	쌀 미
乙木	木	縞	명주,고운빛깔,흰빛,희다,비추다	호	16		糸 糹	6	실 사
乙木	木	芐	지황	호	8	10	艸 ++	4(6)	초두머리(풀 초)
乙木	木	葫	마늘, 호리병박	호	13	15	艸 ++	4(6)	초두머리(풀 초)
乙木	木	蒿	쑥, 묘지, 향기나다	호	14	16	艸 ++	4(6)	초두머리(풀 초)
乙木	木	蝴	나비	호	15		虫	6	벌레 훼
乙木	木	婚	혼인하다, 처가, 사돈	혼	11		女	3	계집 녀
乙木	木	弘	크다, 넓다, 높다, 너그럽다	홍	5		弓	3	활 궁
乙木	木	紅	붉을	홍	9		糸 糹	6	실 사
乙木	木	虹	무지개, 채색깃발	홍	9		虫	6	벌레 훼

乙木	木	鴻	큰기러기, 원기, 성씨, 크다, 넓다	홍	17		鳥	11	새 조
乙木	木	嬅	탐스럽다, 아름답다, 여자의 자	화	15		女	3	계집 녀
乙木	木	禾	벼, 모, 곡식, 한해, 화하다	화	5		禾	5	벼 화 (穀食)
乙木	木	花	꽃	화	8	10	艸 ++	4(6)	초두머리(풀 초)
乙木	木	華	빛나다, 찬란, 사치, 번성, 광채	화	12	14	艸 ++	4(6)	초두머리(풀 초)
乙木	木	穫	수확하다	확	19		禾	5	벼 화 (穀食)
乙木	木	幻	헛보이다, 미혹하다, 괴이하다	환	4		幺	3	작을 요
乙木	木	紈	흰비단, 고운비단, 명주, 맺다	환	9		糸 糹	6	실 사
乙木	木	幌	휘장, 포장, 덮개	황	13		巾	3	수건 건
乙木	木	荒	거칠다, 흉년들다, 덮다, 폐기하다	황	10	12	艸 ++	4(6)	초두머리(풀 초)
乙木	木	蝗	메뚜기, 풀무치	황	15		虫	6	벌레 훼
乙木	木	媓	어머니	황	12		女	3	계집 녀
乙木	木	繪	그림,그리다,도면그리다,채색하다	회	19		糸 糹	6	실 사
乙木	木	茴	회향풀, 약이름, 방풍	회	10	12	艸 ++	4(6)	초두머리(풀 초)
乙木	木	蛔	회충	회	12		虫	6	벌레 훼
乙木	木	絵	그림,그리다,도면그리다,채색하다	회	12		糸 糹	6	실 사
乙木	木	帿	제후, 임금, 과녁	후	12		巾	3	수건 건
乙木	木	薰	향기	훈	18	20	艸 ++	4(6)	초두머리(풀 초)
乙木	木	蘍	향풀, 향내, 교훈	훈	20	22	艸 ++	4(6)	초두머리(풀 초)
乙木	木	薨	훙서하다, 죽다, 죽이다	훙	17	19	艸 ++	4(6)	초두머리(풀 초)
乙木	木	萱	원추리, 망우초	훤	13	15	艸 ++	4(6)	초두머리(풀 초)
乙木	木	麾	기, 대장기, 가리키다, 부르다	휘	15		麻	11	삼 마

乙木	木	鷸	도요새, 물총새, 새매	휼	23		鳥	11	새 조
乙木	木	紇	묶다, 명주실	흘	9		糸 糹	6	실 사
乙木	木	翕	합하다, 일어날, 성하다, 거두다	흡	12		羽	6	깃 우
乙木	木	姬	여자, 아가씨, 첩, 천자의딸, 가희	희	9		女	3	계집 녀
乙木	木	嬉	아름답다, 즐거워하다, 기뻐하다	희	15		女	3	계집 녀
乙木	木	希	바라다, 동경하다, 사모하다	희	7		巾	3	수건 건
乙木	木	稀	드물	희	12		禾	5	벼 화 (穀食)
乙木	木	絲	실, 가는실, 생사		12		糸 糹	6	실 사
乙木	木	加	더할	가	5		力	2	힘 력 (筋)
乙木	木	勘	헤아릴, 문초	감	11		力	2	힘 력 (筋)
乙木	木	劫	위협할	겁	7		力	2	힘 력 (筋)
乙木	木	勁	굳셀, 강하고 곧다, 예리하다	경	9		力	2	힘 력 (筋)
乙木	木	勍	세다, 강하다, 겨루다	경	10		力	2	힘 력 (筋)
乙木	木	功	공	공	5		力	2	힘 력 (筋)
乙木	木	勸	권할	권	20		力	2	힘 력 (筋)
乙木	木	劤	힘, 힘셀	근	6		力	2	힘 력 (筋)
乙木	木	勤	부지런할	근	13		力	2	힘 력 (筋)
乙木	木	努	힘쓸, 부지런히 일할, 뾰족솟다	노	7		力	2	힘 력 (筋)
乙木	木	勞	일할, 힘들일, 애쓰다, 고단하다	노	12		力	2	힘 력 (筋)
乙木	木	勒	재갈, 강제하다, 묶다, 새기다	늑	11		力	2	힘 력 (筋)
乙木	木	動	움직일, 옮기, 흔들릴, 감응하다	동	11		力	2	힘 력 (筋)
乙木	木	勵	힘쓸, 권장, 생각할, 근심할	려	17		力	2	힘 력 (筋)

乙木	木	力	힘, 하인, 군사, 힘쓰다	력	2		力	2	힘 력 (筋)
乙木	木	劣	못하다, 졸렬, 수준낮다, 약하다	렬	6		力	2	힘 력 (筋)
乙木	木	努	힘쓸, 부지런히 일할, 뾰족 솟다	로	7		力	2	힘 력 (筋)
乙木	木	勞	일하다, 힘들이다, 고단하다	로	12		力	2	힘 력 (筋)
乙木	木	勒	굴레, 재갈, 억누르다, 묶다	륵	11		力	2	힘 력 (筋)
乙木	木	募	모으다, 뽑다, 부르다	모	13		力	2	힘 력 (筋)
乙木	木	務	힘쓸, 권명할, 구할, 현혹될, 업무	무	11		力	2	힘 력 (筋)
乙木	木	勃	노하다, 발끈할, 성하다, 다투다	발	9		力	2	힘 력 (筋)
乙木	木	産	낳다, 자라다, 생기다, 출생, 재산	산	11		生	5	날 생
乙木	木	產	낳다, 자라다, 생기다, 출생, 재산	산	11		生	5	날 생
乙木	木	生	낳다, 살다	생	5		生	5	날 생
乙木	木	甥	생질, 사위, 외손자	생	12		生	5	날 생
乙木	木	勢	형세, 권세, 기세	세	13		力	2	힘 력 (筋)
乙木	木	甦	깨어나다, 소생하다, 살다	소	12		生	5	날 생
乙木	木	劭	힘쓰다, 열심히 일하다, 아름답다	소	7		力	2	힘 력 (筋)
乙木	木	勝	이기다, 뛰어나다, 훌륭하다	승	12		力	2	힘 력 (筋)
乙木	木	勵	힘쓸, 권장, 생각할, 근심할	여	17		力	2	힘 력 (筋)
乙木	木	力	힘, 하인, 군사, 힘쓰다	역	2		力	2	힘 력 (筋)
乙木	木	劣	못하다, 졸렬, 수준낮다, 약하다	열	6		力	2	힘 력 (筋)
乙木	木	勇	날랠	용	9		力	2	힘 력 (筋)
乙木	木	勖	힘쓰다, 노력할, 권면하다	욱	11		力	2	힘 력 (筋)
乙木	木	勣	공적, 업적, 공로	적	13		力	2	힘 력 (筋)

乙木	木	助	도울	조	7		力	2	힘 력 (筋)
乙木	木	勅	칙서, 조서, 꾸짖다	칙	9		力	2	힘 력 (筋)
乙木	木	劾	꾸짖다, 캐묻다	핵	8		力	2	힘 력 (筋)
乙木	木	効	본받다, 힘쓰다, 나타내다, 드리다	효	8		力	2	힘 력 (筋)
乙木	木	勳	공, 공적, 관등, 업적	훈	15		力	2	힘 력 (筋)
乙木	木	勛	공, 공적, 관등, 업적	훈	12		力	2	힘 력 (筋)
乙木	木	勲	공	훈	16		力	2	힘 력 (筋)
丙火	火	暇	틈, 겨를	가	13		日	4	날 일
丙火	火	軻	수레, 힘들, 사람이름	가	12		車	7	수레 거
丙火	火	感	느낄, 감응, 원한,	감	13		心	4	마음 심
丙火	火	愷	편안할	개	13	14	忄心	3(4)	심방(마음심)
丙火	火	更	다시	갱	7		日	4	가로 왈
丙火	火	炬	횃불	거	9		火	4	불 화
丙火	火	祛	강할	거	10		示	5	보일 시
丙火	火	車	수레	거	7		車	7	수레 거
丙火	火	愆	허물	건	13		心	4	마음 심
丙火	火	怯	겁낼	겁	8	9	忄心	3(4)	심방(마음심)
丙火	火	憩	쉴, 휴식할	게	16		心	4	마음 심
丙火	火	慊	마음에 차지 않을, 앙심품을	겸	13	14	忄心	3(4)	심방(마음심)
丙火	火	慶	경사	경	15		心	4	마음 심
丙火	火	憬	동경할, 깨닫을	경	15	16	忄心	3(4)	심방(마음심)
丙火	火	景	경치	경	12		日	4	날 일

丙火	火	暻	밝을	경	16		日	4	날 일
丙火	火	更	고칠	경	7		日	4	가로 왈
丙火	火	炅	빛날	경	8		火	4	불 화
丙火	火	烱	빛날, 밝을, 명백할,	경	11		火	4	불 화
丙火	火	輕	가벼울, 빠르다, 천하다, 업신여길	경	14		車	7	수레 거
丙火	火	憼	공경할, 경계할, 대비할, 갖추다	경	17		心	4	마음 심
丙火	火	熲	빛날, 불빛, 경침	경	15		火	4	불 화
丙火	火	悸	두근거릴, 두려워할, 절도있을	계	11	12	忄心	3(4)	심방(마음심)
丙火	火	烓	화덕, 밝을	계	10		火	4	불 화
丙火	火	暠	희다, 밝다	고	14		日	4	가로 왈
丙火	火	曲	굽을, 굽히다, 바르지않다, 누룩	곡	6		日	4	가로 왈
丙火	火	昆	맏	곤	8		日	4	날 일
丙火	火	恭	공손할	공	10		心	4	마음 심
丙火	火	慣	익숙할, 버릇, 관례	관	14	15	忄心	3(4)	심방(마음심)
丙火	火	舘	館(관)의 略字	관	16		舌	6	혀 설
丙火	火	恝	여유없을, 푸대접 할,	괄	10		心	4	마음 심
丙火	火	曠	비다, 비우다, 공허, 황폐, 허비	광	19		日	4	날 일
丙火	火	炚	빛, 세월, 기세, 명예, 경치, 문화	광	8		火	4	불 화
丙火	火	炗	빛, 세월, 기세, 명예, 경치, 문화	광	8		火	4	불 화
丙火	火	轟	울릴, 떠들썩할, 쫓이다, 수레소리	굉	21		車	7	수레 거
丙火	火	較	견줄, 환할	교	13		車	7	수레 거
丙火	火	轎	가마, 작은수레	교	19		車	7	수레 거

丙火	火	灸	뜸, 지탱할	구	7		火	4	불 화
丙火	火	軍	군사	군	9		車	7	수레 거
丙火	火	軌	바퀴자국, 궤도, 도로, 법도, 좇다	궤	9		車	7	수레 거
丙火	火	晷	그림자, 햇빛	귀	12		日	4	날 일
丙火	火	懃	은근할, 친절한 모양, 일에 힘씀	근	17		心	4	마음 심
丙火	火	昑	밝을	금	8		日	4	날 일
丙火	火	急	급할, 중요할	급	9		心	4	마음 심
丙火	火	忌	꺼릴, 질투, 경계	기	7		心	4	마음 심
丙火	火	祁	성하다, 크다, 많다, 조용하다	기	8		示	5	보일 시
丙火	火	祇	땅귀신, 편안할	기	9		示	5	보일 시
丙火	火	祈	기도, 기원할	기	9		示	5	보일 시
丙火	火	祺	길할, 편안할, 복, 길조	기	13		示	5	보일 시
丙火	火	麒	기린	기	19		鹿	11	사슴 록
丙火	火	暣	날씨, 일기	기	14		日	4	날 일
丙火	火	懦	나약, 무기력, 유연, 낮다	나	17	18	忄心	3(4)	심방(마음심)
丙火	火	懶	게으를, 나른할	나	19	20	忄心	3(4)	심방(마음심)
丙火	火	懶	게으를, 의욕없을	나	19	20	忄心	3(4)	심방(마음심)
丙火	火	烙	단근질할, 화침	낙	10		火	4	불 화
丙火	火	烙	단근질할, 화침	낙	10		火	4	불 화
丙火	火	暖	따뜻할	난	13		日	4	날 일
丙火	火	煖	더울, 따뜻할	난	13		火	4	불 화
丙火	火	爛	빛날, 화려할, 곱다, 무르익다	난	21		火	4	불 화

丙火	火	烺	빛 밝을, 말고 환하다	낭	11		火	4	불 화
丙火	火	念	생각, 스물, 잠깐, 생각하다	념	8		心	4	마음 심
丙火	火	恬	편안할, 고요할, 담담할, 조용할	념	9	10	忄心	3(4)	심방(마음심)
丙火	火	怒	성낼, 꾸짖을, 기세, 위세	노	9		心	4	마음 심
丙火	火	爐	화로, 향로, 풀무, 뙤약볕	노	20		火	4	불 화
丙火	火	輅	수레	노	13		車	7	수레 거
丙火	火	祿	녹봉, 복을 내리다	녹	13		示	5	보일 시
丙火	火	鹿	사슴, 곳집	녹	11		鹿	11	사슴 록
丙火	火	麓	산기슭	녹	19		鹿	11	사슴 록
丙火	火	惱	번뇌할, 화낼, 원망할, 괴로움	뇌	12	13	忄心	3(4)	심방(마음심)
丙火	火	慺	정성스러울, 기쁘다,	누	14	15	忄心	3(4)	심방(마음심)
丙火	火	馜	진한 향기	니	14		香	9	향기 향
丙火	火	旦	아침	단	5		日	4	날 일
丙火	火	旦	아침, 해돋을, 환한 모양	단	5		日	4	날 일
丙火	火	煓	불꽃성할, 빛날	단	13		火	4	불 화
丙火	火	㫜	밝을	단	9		日	4	날 일
丙火	火	憺	참담, 편안, 평온 결정, 조용할	담	16	17	忄心	3(4)	심방(마음심)
丙火	火	曇	흐릴, 먹구름 모양, 佛法	담	16		日	4	날 일
丙火	火	戇	어리석을, 우직할, 외고집	당	28		心	4	마음 심
丙火	火	旲	햇빛	대	7		日	4	날 일
丙火	火	悳	큰 덕, 베풀, 은덕, 선행, 현자	덕	12		心	4	마음 심
丙火	火	悼	슬퍼할, 마음 아파할, 어린애죽음	도	11	12	忄心	3(4)	심방(마음심)

丙火	火	燾	비칠, 비출	도	18		灬	4	연화발(불 화)
丙火	火	禱	빌, 기원할, 소망, 바라다	도	19		示	5	보일 시
丙火	火	馟	향기롭다	도	16		香	9	향기 향
丙火	火	惇	도타울, 숭상할, 노력할, 진심	독	11	12	忄心	3(4)	심방(마음심)
丙火	火	旽	밝을, 친밀할	독	8		日	4	날 일
丙火	火	暾	아침해, 비추다, 따스할, 수더분	독	16		日	4	날 일
丙火	火	焞	빛이 조금 어둑할, 기세가성한모양	돈	12		火	4	불 화
丙火	火	燉	불빛, 따뜻할	돈	16		火	4	불 화
丙火	火	憧	동경할, 그리워할	동	15	16	忄心	3(4)	심방(마음심)
丙火	火	曈	동이 트면서 훤해지는 모양	동	16		日	4	날 일
丙火	火	燈	등, 등잔, 초, 佛法	등	16		火	4	불 화
丙火	火	懶	게으를, 의욕없을	라	19	20	忄心	3(4)	심방(마음심)
丙火	火	烙	단근질할, 화침	락	10		火	4	불 화
丙火	火	爛	빛날, 화려할, 곱다, 무르익다	란	21		火	4	불 화
丙火	火	烺	빛 밝을, 말고 환하다	랑	11		火	4	불 화
丙火	火	輛	수레, 필적하다	량	15		車	7	수레 거
丙火	火	慮	생각할	려	15		心	4	마음 심
丙火	火	麗	고울	려	15		鹿	11	사슴 록
丙火	火	曆	책력, 역법, 수명	력	16		日	4	날 일
丙火	火	轢	수레바퀴에 치이다, 짓밟다	력	22		車	7	수레 거
丙火	火	憐	불쌍히여길, 귀여워할, 사랑할	련	15	16	忄心	3(4)	심방(마음심)
丙火	火	戀	그리워할, 사모할	련	23		心	4	마음 심

丙火	火	輦	가마, 손수레, 연	련	15		車	7	수레 거
丙火	火	煉	달구다, 이기다, 단련하다	련	13		火	4	불 화
丙火	火	烈	맵다, 사납다, 세차다, 강하다	렬	10		火 灬	4	불 화
丙火	火	怜	영리할, 지혜로울	령	8	9	忄心	3(4)	마음 심
丙火	火	昤	햇빛, 빛나다	령	9		日	4	날 일
丙火	火	禮	예도,예절,인사,예물,의식,예기	례	18		示	5	보일 시
丙火	火	隷	종,죄인,서체,종속,좇다,부리다	례	16		隶	8	미칠이
丙火	火	礼	禮(례)의 古字	례	6		示 ネ	5	보일 시
丙火	火	爐	화로, 향로, 풀무, 뙤약볕	로	20		火	4	불 화
丙火	火	怒	성낼, 꾸짖을, 기세	로	9		心	4	마음 심
丙火	火	輅	수레	로	13		車	7	수레 거
丙火	火	祿	녹봉, 복을 내리다	록	13		示	5	보일 시
丙火	火	鹿	사슴, 곳집	록	11		鹿	11	사슴 록
丙火	火	麓	산기슭	록	19		鹿	11	사슴 록
丙火	火	燎	횃불, 화톳불, 야화, 태우다	료	16		火	4	불 화
丙火	火	慺	정성스러울, 기쁘다,	루	14	15	忄心	3(4)	심방(마음심)
丙火	火	輪	바퀴	륜	15		車	7	수레 거
丙火	火	慄	떨리다, 두려워 할, 슬퍼할, 오싹	률	13	14	忄心	3(4)	심방(마음심)
丙火	火	燐	도깨비불, 인, 반딧불, 빛 번쩍일	린	16		火	4	불 화
丙火	火	麟	기린, 큰사슴 수컷, 빛나는 모양	린	23		鹿	11	사슴 록
丙火	火	啉	알고자 하다	림	12		日	4	날 일
丙火	火	慢	거만할, 게으르다, 거칠다, 방종할	만	14	15	忄心	3(4)	심방(마음심)

丙火	火	晩	늦을, 저물	만	11		日	4	날 일
丙火	火	曼	길게끌, 멀다, 곱다, 가볍다, 없다	만	11		日	4	가로 왈
丙火	火	輓	끌다, 실어 나르다, 애도하다	만	14		車	7	수레 거
丙火	火	忘	잊을, 버리다, 끝나다, 소홀, 상실	망	7		心	4	마음 심
丙火	火	忙	바쁠, 분주, 마음이 급하다, 초조	망	6	7	忄心	3(4)	심방(마음심)
丙火	火	輞	바퀴 테	망	15		車	7	수레 거
丙火	火	昧	어두울, 찢다, 탐하다, 어둑새벽	매	9		日	4	날 일
丙火	火	煤	그을음, 석탄, 먹	매	13		火	4	불 화
丙火	火	明	밝을	명	8		日	4	날 일
丙火	火	暝	저물다, 어둡다, 해가지다, 밤	명	14		日	4	날 일
丙火	火	慏	너그러울, 생각깊고, 심원하다	명	13	14	忄心	3(4)	심방(마음심)
丙火	火	慕	그리워하다, 뒤따르다, 생각하다	모	15		心	4	마음 심
丙火	火	暮	저물다, 늦다, 늙다, 밤, 저물녘	모	15		日	4	날 일
丙火	火	昴	별이름, 별자리	묘	9		日	4	날 일
丙火	火	憮	어루만질, 애무할, 놀라다, 붇다	무	15	16	忄心	3(4)	심방(마음심)
丙火	火	懋	무성할, 넉넉할, 뛰어날, 힘쓸	무	17		心	4	마음 심
丙火	火	無	없다, 아닐, 금지	무	12		火 灬	4	불 화
丙火	火	炆	따뜻할, 뭉근한 불	문	8		火	4	불 화
丙火	火	煝	빛나다, 가무는 기운, 불꽃	미	13		火	4	불 화
丙火	火	悶	답답할, 깨닫지 못할, 사리어둡다	민	12		心	4	마음 심
丙火	火	愍	근심, 걱정, 불쌍히여기다, 노력할	민	13		心	4	마음 심
丙火	火	憫	민망할, 근심할, 불쌍히 여기다	민	15	16	忄心	3(4)	심방(마음심)

丙火	火	旻	하늘	민	8		日	4	날 일
丙火	火	旼	화할, 온화할, 화락하다	민	8		日	4	날 일
丙火	火	忞	힘쓸, 노력할, 사리에 어둡다	민	8		心	4	마음 심
丙火	火	忟	힘쓸, 노력할, 사리에 어둡다	민	7	8	忄心	3(4)	심방(마음심)
丙火	火	暋	굳셀, 강할, 노력할, 번민하다	민	13		日	4	날 일
丙火	火	愍	총명할, 근심, 슬퍼할, 가엾게여길	민	15		心	4	마음 심
丙火	火	昉	밝다, 탐구할, 뵙다, 때마침	방	8		日	4	날 일
丙火	火	焙	불쬐다, 배롱	배	12		火	4	불 화
丙火	火	輩	무리, 순서, 서열, 세대, 짝	배	15		車	7	수레 거
丙火	火	煩	번거로울, 성가실, 귀찮다, 장황	번	13		火	4	불 화
丙火	火	燔	사르다, 태우다, 굽다, 말리다	번	16		火	4	불 화
丙火	火	昞	불꽃, 단청색, 밝다, 빛나다, 밝힐	병	9		日	4	날 일
丙火	火	昺	불꽃, 단청색, 밝다, 빛나다, 밝힐	병	9		日	4	날 일
丙火	火	炳	불꽃, 밝을	병	9		火	4	불 화
丙火	火	軿	부인용수레, 요란한소리, 수레휘장	병	15		車	7	수레 거
丙火	火	普	넓을	보	12		日	4	날 일
丙火	火	輔	돕다, 도움, 광대뼈, 재상, 아전	보	14		車	7	수레 거
丙火	火	福	복	복	14		示	5	보일 시
丙火	火	轐	복토, 바퀴살	복	7		車	7	수레 거
丙火	火	輻	바퀴살	복	16		車	7	수레 거
丙火	火	馥	향기	복	18		香	9	향기 향
丙火	火	烽	봉화, 병화, 봉화대, 경계	봉	11		火	4	불 화

丙火	火	熢	봉화, 병화, 불기운, 연기자욱할	봉	15		火	4	불 화
丙火	火	忿	성낼, 분하다, 원망할, 차다	분	8		心	4	마음 심
丙火	火	憤	분하다, 원통하다, 번민하다	분	15	16	忄心	3(4)	심방(마음심)
丙火	火	昐	햇빛	분	8		日	4	날 일
丙火	火	焚	불사를, 타다, 넘이지다	분	12		火	4	불 화
丙火	火	悲	슬프다, 비애, 동정	비	12		心	4	마음 심
丙火	火	比	견주다, 본뜨다	비	4		比	4	견줄 비
丙火	火	毖	삼갈, 근신할, 고달프다, 멀다	비	9		比	4	견줄 비
丙火	火	毗	돕다, 쇠퇴할, 벗겨질, 떨어지다	비	9		比	4	견줄 비
丙火	火	毘	돕다, 힘보태다, 밝다, 떨어지다	비	9		比	4	견줄 비
丙火	火	祕	숨길, 신비할, 성씨	비	10		示	5	보일 시
丙火	火	憑	기대다, 성하다	빙	16		心	4	마음 심
丙火	火	思	생각	사	9		心	4	마음 심
丙火	火	社	토지의신, 모일	사	8		示	5	보일 시
丙火	火	祀	제사, 해	사	8		示	5	보일 시
丙火	火	祠	사당, 제사지낼	사	10		示	5	보일 시
丙火	火	舍	집, 여관, 포기할	사	8		舌	6	혀 설
丙火	火	赦	용서하다, 풀어주다, 탕감하다	사	11		赤	7	붉을 적
丙火	火	麝	사향노루, 사향	사	21		鹿	11	사슴 록
丙火	火	爍	빛날, 태우다, 녹이다, 덥다	삭	19		火	4	불 화
丙火	火	祘	셈, 계산, 수, 수명	산	10		示	5	보일 시
丙火	火	煞	죽일, 총괄할, 결속할, 단속할	살	13		灬	4	연화발(불 화)

丙火	火	想	생각	상	13		心	4	마음 심
丙火	火	祥	상서로울	상	11		示	5	보일 시
丙火	火	慡	성품밝을	상	14	15	忄心	3(4)	심방(마음심)
丙火	火	愢	책선하다	새	12	13	忄心	3(4)	심방(마음심)
丙火	火	色	빛	색	6		色	6	빛 색
丙火	火	恕	용서할, 어질다	서	10		心	4	마음 심
丙火	火	暑	더울, 더위, 여름	서	13		日	4	날 일
丙火	火	曙	새벽, 때, 밝다	서	18		日	4	날 일
丙火	火	書	글	서	10		日	4	날 일
丙火	火	舒	펴다, 흩다, 느리다	서	12		舌	6	혀 설
丙火	火	㣽	용서할, 어질다, 동정하다	서	7		心	4	마음 심
丙火	火	㥠	지혜	서	12	13	忄心	3(4)	심방(마음심)
丙火	火	惜	아낄, 애석하다	석	11	12	忄心	3(4)	심방(마음심)
丙火	火	昔	옛날, 어제, 저녁	석	8		日	4	날 일
丙火	火	晳	밝을, 명백할, 피부 희고 깨끗할	석	12		日	4	날 일
丙火	火	晰	밝을, 명백할, 피부 희고 깨끗할	석	12		日	4	날 일
丙火	火	煽	부채질할, 불이 일다, 성하다	선	14		火	4	불 화
丙火	火	愃	잊다	선	12	13	忄心	3(4)	심방(마음심)
丙火	火	舌	혀, 말, 언어, 과녁의 부분	설	6		舌	6	혀 설
丙火	火	暹	햇살 치밀다, 나라 이름	섬	16		日	4	날 일
丙火	火	燮	불꽃	섭	17		火	4	불 화
丙火	火	性	성품	성	8	9	忄心	3(4)	마음 심

丙火	火	惺	도리를 깨닫다, 영리하다, 조용할	성	12	13	忄心	3(4)	심방(마음심)
丙火	火	星	별	성	9		日	4	날 일
丙火	火	晟	밝을	성	11		日	4	날 일
丙火	火	晠	밝다, 환하다, 성하다, 찬미하다	성	11		日	4	날 일
丙火	火	忕	익숙해지다, 익히다	세	6	7	忄心	3(4)	심방(마음심)
丙火	火	昭	밝을	소	9		日	4	날 일
丙火	火	炤	밝을 소	소	9		火	4	불 화
丙火	火	燒	불사르다, 타다, 익히다, 애태울	소	16		火	4	불 화
丙火	火	愫	정성, 참된마음, 진정	소	13	14	忄心	3(4)	심방(마음심)
丙火	火	悚	두려워할, 공경할, 기뻐할	송	10	11	忄心	3(4)	심방(마음심)
丙火	火	愁	근심, 슬퍼하다, 원망하다	수	13		心	4	마음 심
丙火	火	燧	부싯돌, 횃불, 봉화, 불피우다	수	17		火	4	불 화
丙火	火	輸	보내다, 나르다	수	16		車	7	수레 거
丙火	火	熟	익다, 여물다, 익히다, 숙련하다	숙	15		灬	4	연화발(불 화)
丙火	火	昇	오를	승	8		日	4	날 일
丙火	火	恃	믿다, 의지하다, 의뢰하다, 어머니	시	9	10	忄心	3(4)	심방(마음심)
丙火	火	是	옳을, 바를	시	9		日	4	날 일
丙火	火	時	때	시	10		日	4	날 일
丙火	火	示	보이다, 간주하다, 알리다	시	5		示	5	보일 시
丙火	火	禔	복, 행복, 즐거움	시	14		示	5	보일 시
丙火	火	息	쉬다, 호흡하다, 생존하다, 번식	식	10		心	4	마음 심
丙火	火	熄	불이 꺼지다, 소멸하다, 멎다	식	14		火	4	불 화

丙火	火	軾	수레앞턱가로나무, 절하다	식	13		車	7	수레 거
丙火	火	愼	삼가다, 근신하다, 두려워하다	신	13	14	忄心	3(4)	심방(마음심)
丙火	火	晨	새벽, 일시, 별이름	신	11		日	4	날 일
丙火	火	燼	불탄끝, 깜부기불	신	18		火	4	불 화
丙火	火	神	귀신, 신령, 정신, 덕이 높은 사람	신	10		示	5	보일 시
丙火	火	悉	모두, 궁구하다, 깨닫다, 갖추다	실	11		心	4	마음 심
丙火	火	心	마음	심	4		心	4	마음 심
丙火	火	惡	악하다, 더럽다, 추하다, 앓다	악	12		心	4	마음 심
丙火	火	愕	놀라다, 바른말하다	악	12	13	忄心	3(4)	심방(마음심)
丙火	火	晏	저물다, 편안할, 맑다, 화락하다	안	10		日	4	날 일
丙火	火	軋	삐걱거리다, 형벌이름	알	8		車	7	수레 거
丙火	火	暗	어둡다, 보이지 않다, 은폐하다	암	13		日	4	날 일
丙火	火	怏	원망하다, 불만스럽다, 앙심먹다	앙	8	9	忄心	3(4)	심방(마음심)
丙火	火	昂	밝다, 높다, 뜻이 높다	앙	9		日	4	날 일
丙火	火	愛	사랑	애	13		心	4	마음 심
丙火	火	曖	희미하다, 가리워지다, 흐리다	애	17		日	4	날 일
丙火	火	焥	빛날, 덥다, 불때다	애	11		火	4	불 화
丙火	火	惹	이끌다, 초대하다, 비방하다	야	13		心	4	마음 심
丙火	火	輛	수레, 필적하다	양	15		車	7	수레 거
丙火	火	恙	병, 독충, 근심할	양	10		心	4	마음 심
丙火	火	暘	해돋이, 말리다, 밝다, 환하다	양	13		日	4	날 일
丙火	火	煬	쬐다, 태우다, 불길이 세차다	양	13		火	4	불 화

丙火	火	禳	제사이름, 물리치다	양	22		示	5	보일 시
丙火	火	昜	볕, 양지, 태양, 양기, 한낮, 남성	양	9		日	4	날 일
丙火	火	禦	방어하다, 금지하다, 멈추다	어	16		示	5	보일 시
丙火	火	憶	생각할	억	16	17	忄心	3(4)	마음 심
丙火	火	焉	어찌, 어디, 그러하다	언	11		灬	4	연화발(불 화)
丙火	火	慮	생각할	여	15		心	4	마음 심
丙火	火	慮	생각할	여	15		心	4	마음 심
丙火	火	麗	고울	여	15		鹿	11	사슴 록
丙火	火	輿	수레, 가마, 노비	여	17		車	7	수레 거
丙火	火	轝	수레, 가마, 노비	여	21		車	7	수레 거
丙火	火	悆	잊다, 기뻐하다, 편안하다	여	11		心	4	마음 심
丙火	火	曆	책력, 역법, 수명	역	16		日	4	날 일
丙火	火	轢	수레바퀴에 치이다, 짓밟다	역	22		車	7	수레 거
丙火	火	易	바꿀	역	8		日	4	날 일
丙火	火	晹	해반짝나다	역	12		日	4	날 일
丙火	火	憐	불쌍히 여길, 귀여워할, 사랑할	연	15	16	忄心	3(4)	심방(마음심)
丙火	火	戀	그리워할, 사모할	연	23		心	4	마음 심
丙火	火	輦	가마, 손수레, 연	연	15		車	7	수레 거
丙火	火	烟	연기, 안개, 담배, 아리땁다	연	10		火	4	불 화
丙火	火	然	그러할	연	12		火 灬	4	불 화
丙火	火	煙	연기, 안개, 담배, 아리땁다	연	13		火	4	불 화
丙火	火	煉	달구다, 이기다, 단련하다	연	13		火	4	불 화

丙火	火	燃	불이 타다, 사르다	연	16		火	4	불 화
丙火	火	燕	제비	연	16		火 灬	4	불 화
丙火	火	軟	연하다, 부드럽다, 가볍다	연	11		車	7	수레 거
丙火	火	曣	청명할, 따뜻할	연	20		日	4	날 일
丙火	火	輭	연하다, 부드럽다, 가볍다	연	16		車	7	수레 거
丙火	火	烈	맵다, 사납다, 세차다, 강하다	열	10		火 灬	4	불 화
丙火	火	悅	기쁠	열	10	11	忄心	3(4)	마음 심
丙火	火	熱	덥다, 따뜻하다, 태우다, 바쁘다	열	15		灬	4	연화발(불 화)
丙火	火	念	생각, 스물, 잠깐, 생각하다	염	8		心	4	마음 심
丙火	火	炎	불꽃	염	8		火	4	불 화
丙火	火	焰	불꽃, 불빛, 빛	염	12		火	4	불 화
丙火	火	艶	곱다, 아름답다	염	19		色	6	빛 색
丙火	火	艷	곱다, 아름답다	염	24		色	6	빛 색
丙火	火	曄	성할, 빛날	엽	16		日	4	날 일
丙火	火	燁	빛날	엽	16		火	4	불 화
丙火	火	熀	이글거리다, 밝은 모양	엽	14		火	4	불 화
丙火	火	怜	영리할, 지혜로울	영	8	9	忄心	3(4)	마음 심
丙火	火	昤	햇빛, 빛나다	영	9		日	4	날 일
丙火	火	映	비칠	영	9		日	4	날 일
丙火	火	暎	비치다, 반사하다, 덮다, 햇빛	영	13		日	4	날 일
丙火	火	煐	빛나다, 사람 이름	영	13		火	4	불 화
丙火	火	營	경영할	영	17		火	4	불 화

丙火	火	禮	예도,예절,인사,예물,의식,예기	예	18		示	5	보일 시
丙火	火	隸	종,죄인,서체,종속,좇다,부리다	예	16		隶	8	미칠이
丙火	火	隸	종,죄인,서체,종속,좇다,부리다	예	16		隶	8	미칠이
丙火	火	曳	끌다, 힘겹다, 끌리다	예	6		日	4	가로 왈
丙火	火	禮	예도,예절,인사,예물,의식,예기	예	18		示	5	보일 시
丙火	火	礼	禮(례)의 古字	예	6		示 ネ	5	보일 시
丙火	火	惡	미워하다, 헐뜯다	오	12		心	4	마음 심
丙火	火	悟	깨닫다, 슬기롭다, 총명하다	오	10	11	忄心	3(4)	심방(마음심)
丙火	火	懊	한하다, 아끼다	오	16	17	忄心	3(4)	심방(마음심)
丙火	火	晤	총명할, 밝을	오	11		日	4	날 일
丙火	火	烏	까마귀, 탄식, 검다	오	10		灬	4	연화발(불 화)
丙火	火	熬	볶다, 타다, 삶다	오	15		灬	4	연화발(불 화)
丙火	火	燠	입김불다	오	17		火	4	불 화
丙火	火	昷	어질다, 온화할	온	9		日	4	날 일
丙火	火	曰	가로되, 말하기를, 일컫다	왈	4		日	4	가로 왈
丙火	火	旺	왕성할	왕	8		日	4	날 일
丙火	火	燎	횃불, 화톳불, 야화, 태우다	요	16		火	4	불 화
丙火	火	曜	빛날, 햇빛, 요일, 일월성신	요	18		日	4	날 일
丙火	火	燿	빛나다, 비치다, 빛	요	18		火	4	불 화
丙火	火	暚	햇빛, 밝다	요	14		日	4	날 일
丙火	火	慾	욕심, 욕정, 탐내다	욕	15		心	4	마음 심
丙火	火	慂	권하다, 억지로 권유하다	용	14		心	4	마음 심

丙火	火	熔	쇠를 녹이다, 거푸집	용	14		火	4	불 화
丙火	火	愚	어리석다, 우직하다, 고지식하다	우	13		心	4	마음 심
丙火	火	憂	근심, 병, 고통, 상중, 고생하다	우	15		心	4	마음 심
丙火	火	旴	크다, 해뜨다, 해돋는 모양	우	7		日	4	날 일
丙火	火	祐	복, 도움, 진헌할	우	10		示	5	보일 시
丙火	火	禑	복	우	14		示	5	보일 시
丙火	火	燠	위로하다	우	17		火	4	불 화
丙火	火	慪	공경할, 삼갈, 화내다	우	14	15	忄心	3(4)	심방(마음심)
丙火	火	㥔	기쁘다, 황홀한 모양	우	12	13	忄心	3(4)	심방(마음심)
丙火	火	旭	아침해, 빛날	욱	6		日	4	날 일
丙火	火	昱	햇빛밝을	욱	9		日	4	날 일
丙火	火	煜	빛날, 불꽃, 성하다	욱	13		火	4	불 화
丙火	火	燠	따뜻할, 선명할	욱	17		火	4	불 화
丙火	火	暈	어지럽다, 희미할, 눈침침할, 멀미	운	13		日	4	날 일
丙火	火	熉	노란 모양	운	14		火	4	불 화
丙火	火	熊	곰, 빛나는 모양	웅	14		火 灬	4	불 화
丙火	火	怨	원망할, 책망할, 미워할, 슬퍼할	원	9		心	4	마음 심
丙火	火	愿	원하다, 바라다, 기원하다, 성실할	원	14		心	4	마음 심
丙火	火	轅	끌채, 끌다	원	17		車	7	수레 거
丙火	火	慰	위로하다, 안심시키다, 우울해할	위	15		心	4	마음 심
丙火	火	暐	햇빛, 번쩍이다, 환하다	위	13		日	4	날 일
丙火	火	悠	멀다, 아득할, 근심할, 한가할	유	11		心	4	마음 심

丙火	火	惟	생각할, 사려할, 마땅하다, 오직	유	11	12	忄心	3(4)	심방(마음심)
丙火	火	愈	뛰어날, 병이 낫다, 고칠, 유쾌할	유	13		心	4	마음 심
丙火	火	愉	즐겁다, 기뻐할, 깨우쳐주다, 노래	유	12	13	忄心	3(4)	심방(마음심)
丙火	火	曘	햇빛, 어둡다	유	18		日	4	날 일
丙火	火	輪	바퀴	윤	15		車	7	수레 거
丙火	火	昀	햇빛	윤	8		日	4	날 일
丙火	火	慄	떨리다, 두려워할, 슬퍼할, 오싹	율	13	14	忄心	3(4)	심방(마음심)
丙火	火	燏	빛나다, 불빛	율	16		火	4	불 화
丙火	火	恩	은혜	은	10		心	4	마음 심
丙火	火	慇	괴로워할, 은근할, 친절할, 근심할	은	14		心	4	마음 심
丙火	火	憖	억지로, 기뻐할, 원하다, 한가하다	은	16		心	4	마음 심
丙火	火	愔	조용할, 화평할	음	12	13	忄心	3(4)	심방(마음심)
丙火	火	應	응할	응	17		心	4	마음 심
丙火	火	意	뜻, 생각, 사욕, 정취, 헤아리다	의	13		心	4	마음 심
丙火	火	懿	아름답다, 훌륭하다, 칭송하다	의	22		心	4	마음 심
丙火	火	怡	기쁘다, 즐거워할	이	8	9	忄心	3(4)	심방(마음심)
丙火	火	易	쉽다, 편안하다	이	8		日	4	날 일
丙火	火	熤	사람이름, 빛나다	익	15		火	4	불 화
丙火	火	燐	도깨비불, 인, 반딧불, 빛 번쩍일	인	16		火	4	불 화
丙火	火	麟	기린, 큰사슴 수컷, 빛나는 모양	인	23		鹿	11	사슴 록
丙火	火	忍	참다, 잔인할, 용서할, 질기다	인	7		心	4	마음 심
丙火	火	朄	작은 북, 작은 북소리	인	14		曰	4	가로 왈

丙火	火	日	날	일	4		日	4	날 일
丙火	火	恁	생각하다	임	10		心	4	마음 심
丙火	火	晽	알고자 하다	임	12		日	4	날 일
丙火	火	恣	마음대로, 제멋대로, 방자하다	자	10		心	4	마음 심
丙火	火	慈	사랑	자	13		心	4	마음 심
丙火	火	炙	굽다, 가까이 하다, 고기구이	자	8		火	4	불 화
丙火	火	煮	삶다, 끓이다, 굽다, 익히다	자	13		灬	4	연화발(불 화)
丙火	火	昨	어제, 옛날, 이전	작	9		日	4	날 일
丙火	火	灼	불사르다, 밝다	작	7		火	4	불 화
丙火	火	炸	터지다, 폭발할	작	9		火	4	불 화
丙火	火	暫	잠깐, 잠시, 별안간	잠	15		日	4	날 일
丙火	火	暲	밝다, 해돋다	장	15		日	4	날 일
丙火	火	災	재앙, 화재, 죄악	재	7		火	4	불 화
丙火	火	載	실을	재	13		車	7	수레 거
丙火	火	炙	굽다, 가까이 하다, 고기구이	적	8		火	4	불 화
丙火	火	赤	붉다,없다,벌거벗다,베다,멸하다	적	7		赤	7	붉을 적
丙火	火	悛	고치다, 중지하다	전	10	11	忄心	3(4)	심방(마음심)
丙火	火	煎	달이다, 졸이다	전	13		灬	4	연화발(불 화)
丙火	火	畑	화전, 밭	전	9		火	4	불 화
丙火	火	輾	돌아눕다	전	17		車	7	수레 거
丙火	火	轉	구를	전	18		車	7	수레 거
丙火	火	晢	밝을	절	11		日	4	날 일

丙火	火	点	점, 흠, 점찍다	정	9		灬	4	연화발(불 화)
丙火	火	情	뜻	정	11	12	忄心	3(4)	마음 심
丙火	火	晶	수정, 밝을	정	12		日	4	날 일
丙火	火	晸	해뜨다	정	13		日	4	날 일
丙火	火	炡	빛날, 불이 번쩍거리다	정	9		火	4	불 화
丙火	火	禎	상서	정	14		示	5	보일 시
丙火	火	鼎	솥, 삼공의자리, 바야흐로	정	13		鼎	13	솥 정
丙火	火	灯	등잔, 초, 불법	정	6		火	4	불 화
丙火	火	悌	공손하다, 공경하다, 화락하다	제	10	11	忄心	3(4)	심방(마음심)
丙火	火	祭	제사, 서로 접하다, 사귀다, 갚다	제	11		示	5	보일 시
丙火	火	禔	복, 행복, 즐거움	제	14		示	5	보일 시
丙火	火	早	이르다, 서두르다	조	6		日	4	날 일
丙火	火	晁	아침, 하루, 문안	조	10		日	4	날 일
丙火	火	曺	성, 무리	조	11		日	4	가로 왈
丙火	火	照	비출	조	13		火 灬	4	불 화
丙火	火	燥	마르다, 물기 없어지다, 애태우다	조	17		火	4	불 화
丙火	火	祖	할아버지, 조상, 국조, 시초, 근본	조	10		示	5	보일 시
丙火	火	祚	복조	조	10		示	5	보일 시
丙火	火	悰	즐기다, 즐겁다, 생각, 마음	종	11	12	忄心	3(4)	심방(마음심)
丙火	火	慫	권하다, 놀라다	종	15		心	4	마음 심
丙火	火	晝	낮, 정오	주	11		日	4	날 일
丙火	火	炷	심지, 자루, 태우다	주	9		火	4	불 화

丙火	火	輳	몰려들다	주	16		車	7	수레 거
丙火	火	燽	밝다, 드러나다	주	18		火	4	불 화
丙火	火	晙	밝다, 이르다	준	11		日	4	날 일
丙火	火	焌	굽다, 태우다	준	11		火	4	불 화
丙火	火	惷	어수선할, 어리석다	준	13		心	4	마음 심
丙火	火	衆	무리	중	12		血	6	피 혈
丙火	火	憎	밉다, 증오할, 미움	증	15	16	忄心	3(4)	심방(마음심)
丙火	火	曾	일찍, 거듭	증	12		日	4	가로 왈
丙火	火	烝	김오르다, 찌다, 많다	증	10		灬	4	연화발(불 화)
丙火	火	志	뜻	지	7		心	4	마음 심
丙火	火	旨	뜻, 조서, 성지, 맛	지	6		日	4	날 일
丙火	火	智	슬기, 지혜	지	8		日	4	날 일
丙火	火	祉	복, 하늘에서 내리는 행복	지	9		示	5	보일 시
丙火	火	祗	다만, 공경할	지	10		示	5	보일 시
丙火	火	晉	나아갈	진	10		日	4	날 일
丙火	火	晋	진나라, 나아가다	진	10		日	4	날 일
丙火	火	軫	수레뒤턱나무, 길	진	12		車	7	수레 거
丙火	火	昣	밝다	진	9		日	4	날 일
丙火	火	禛	복받다	진	15		示	5	보일 시
丙火	火	輯	모을	집	16		車	7	수레 거
丙火	火	懲	징계하다, 응징하다, 그만두다	징	19		心	4	마음 심
丙火	火	車	수레	차	7		車	7	수레 거

丙火	火	燦	빛날, 찬란할	찬	17		火	4	불 화
丙火	火	慘	참혹하다, 혹독하다, 아프다	참	14	15	忄心	3(4)	심방(마음심)
丙火	火	慙	부끄럽다, 수치	참	15		心	4	마음 심
丙火	火	懺	뉘우칠	참	20	21	忄心	3(4)	심방(마음심)
丙火	火	慚	부끄러워할, 수치	참	14	15	忄心	3(4)	심방(마음심)
丙火	火	愴	슬프다, 마음 아파하다, 어지럽다	창	13	14	忄心	3(4)	심방(마음심)
丙火	火	昌	창성할, 아름답다, 착하다	창	8		日	4	날 일
丙火	火	昶	해가길다, 환하다, 밝다, 트이다	창	9		日	4	날 일
丙火	火	暢	화창하다, 통쾌하다, 막힘이 없다	창	14		日	4	날 일
丙火	火	悽	슬퍼하다, 야위다	처	11	12	忄心	3(4)	심방(마음심)
丙火	火	慽	근심하다, 서러워하다	척	14	15	忄心	3(4)	심방(마음심)
丙火	火	慼	근심하다, 서러워하다	척	15		心	4	마음 심
丙火	火	輟	그치다, 버리다, 깁다	철	15		車	7	수레 거
丙火	火	轍	바퀴자국, 차도	철	19		車	7	수레 거
丙火	火	悊	밝다, 슬기롭다	철	11		心	4	마음 심
丙火	火	輒	문득, 쉽게, 번번이, 항상	첩	14		車	7	수레 거
丙火	火	晴	개다, 맑다	청	12		日	4	날 일
丙火	火	替	바꾸다, 쇠하다, 폐하다, 정지하다	체	12		日	4	가로 왈
丙火	火	憔	파리하다, 수척하다, 시달리다	초	15	16	忄心	3(4)	심방(마음심)
丙火	火	炒	볶다, 떠들다	초	8		火	4	불 화
丙火	火	焦	타다, 그을리다	초	12		灬	4	연화발(불 화)
丙火	火	燭	촛불, 등촉, 비추다	촉	17		火	4	불 화

丙火	火	忖	헤아리다, 짐작하다	촌	6	7	忄心	3(4)	심방(마음심)
丙火	火	憁	분주하다, 바쁘다, 무지하다	총	14	15	忄心	3(4)	심방(마음심)
丙火	火	最	가장, 제일, 최상	최	12		曰	4	가로 왈
丙火	火	祝	빌다, 기원하다, 축하하다, 축문할	축	10		示	5	보일 시
丙火	火	軸	굴대, 북, 바디, 나아가다	축	12		車	7	수레 거
丙火	火	春	봄	춘	9		日	4	날 일
丙火	火	忠	충성	충	8		心	4	마음 심
丙火	火	悴	파리하다, 시들다, 수척하다	췌	11	12	忄心	3(4)	심방(마음심)
丙火	火	炊	불때다, 밥짓다	취	8		火	4	불 화
丙火	火	惻	슬퍼하다, 간절한 모양	측	12	13	忄心	3(4)	심방(마음심)
丙火	火	恥	부끄러워할, 욕보이다	치	10		心	4	마음 심
丙火	火	熾	성하다, 불 활활 붙다	치	16		火	4	불 화
丙火	火	輜	짐수레, 수레 총칭	치	15		車	7	수레 거
丙火	火	快	쾌하다, 상쾌할, 시원하다, 빠르다	쾌	7	8	忄心	3(4)	심방(마음심)
丙火	火	惰	게으르다, 업신여기다, 불경하다	타	12	13	忄心	3(4)	심방(마음심)
丙火	火	晫	밝다, 환하다, 성하다	탁	12		日	4	날 일
丙火	火	憚	꺼리다, 두려워할, 탐하다	탄	15	16	忄心	3(4)	심방(마음심)
丙火	火	炭	숯, 목탄, 숯불	탄	9		火	4	불 화
丙火	火	怠	게으를, 거만할, 업신여길, 느릴	태	9		心	4	마음 심
丙火	火	態	모습, 모양, 상태	태	14		心	4	마음 심
丙火	火	慟	서러워할, 애통하다	통	14	15	忄心	3(4)	심방(마음심)
丙火	火	慝	사특하다, 악하다	특	15		心	4	마음 심

丙火	火	悖	거스르다	패	10	11	忄心	3(4)	심방(마음심)
丙火	火	烹	삶다, 죽이다, 불리다, 익힌 음식	팽	11		灬	4	연화발(불 화)
丙火	火	愎	강퍅하다, 괴팍, 너그럽지 못하다	퍅	12	13	忄心	3(4)	심방(마음심)
丙火	火	怖	두려워하다, 위협하다	포	8	9	忄心	3(4)	심방(마음심)
丙火	火	暴	사납다, 난폭하다	포	15		日	4	날 일
丙火	火	暴	사납다, 난폭하다, 해치다	폭	15		日	4	날 일
丙火	火	曝	사납다, 난폭하다, 해치다	폭	19		日	4	날 일
丙火	火	爆	불터질, 폭발할	폭	19		火	4	불 화
丙火	火	輻	바퀴살	폭	16		車	7	수레 거
丙火	火	慓	급하다, 날래다	표	14	15	忄心	3(4)	심방(마음심)
丙火	火	票	표	표	11		示	5	보일 시
丙火	火	必	반드시	필	5		心	4	마음 심
丙火	火	馝	좋은 향내나다	필	14		香	9	향기 향
丙火	火	昰	여름夏의 古字, 여름, 중국	하	9		日	4	날 일
丙火	火	赮	붉다, 노을	하	16		赤	7	붉을 적
丙火	火	恨	한, 유감, 원통하다	한	9	10	忄心	3(4)	심방(마음심)
丙火	火	悍	사납다, 세차다	한	10	11	忄心	3(4)	심방(마음심)
丙火	火	旱	가물다, 사납다, 뭍, 육로, 밭	한	7		日	4	날 일
丙火	火	轄	다스리다, 관리하다, 비녀장	할	17		車	7	수레 거
丙火	火	恒	항상	항	9	10	忄心	3(4)	마음 심
丙火	火	恆	항상, 늘	항	9	10	忄心	3(4)	심방(마음심)
丙火	火	懈	게으르다, 피곤하다	해	16	17	忄心	3(4)	심방(마음심)

丙火	火	香	향기	향	9		香	9	향기 향
丙火	火	晑	밝다	향	10		日	4	날 일
丙火	火	麘	사향사슴	향	20		鹿	11	사슴 록
丙火	火	憲	법, 가르침, 깨우침	헌	16		心	4	마음 심
丙火	火	軒	집, 추녀, 수레, 난간, 들창	헌	10		車	7	수레 거
丙火	火	爀	불빛, 붉을	혁	18		火	4	불 화
丙火	火	赫	빛날, 붉을	혁	14		赤	7	붉을 적
丙火	火	焱	불꽃, 화염	혁	12		火	4	불 화
丙火	火	焃	빛나다, 성대하다, 붉다	혁	11		火	4	불 화
丙火	火	懸	매달다, 멀다, 헛되다, 빚	현	20		心	4	마음 심
丙火	火	晛	햇살, 밝다, 환하다	현	11		日	4	날 일
丙火	火	炫	밝을, 빛날	현	9		火	4	불 화
丙火	火	昡	햇빛, 당혹하다	현	9		日	4	날 일
丙火	火	怰	팔다	현	8	9	忄心	3(4)	심방(마음심)
丙火	火	血	피,근친,슬픔의 눈물,빨간색,월경	혈	6		血	6	피 혈
丙火	火	炯	빛날	형	9		火	4	불 화
丙火	火	熒	밝을, 등불	형	14		火	4	불 화
丙火	火	馨	꽃다울, 향기로울	형	20		香	9	향기 향
丙火	火	惠	은혜	혜	12		心	4	마음 심
丙火	火	慧	슬기로울, 지혜	혜	15		心	4	마음 심
丙火	火	暳	별 반짝일, 작별	혜	15		日	4	날 일
丙火	火	恵	은혜, 사랑, 자애	혜	10		心	4	마음 심

丙火	火	憓	사랑할, 순종할, 은혜	혜	15	16	忄心	3(4)	심방(마음심)
丙火	火	昊	하늘, 희다, 밝다	호	8		日	4	날 일
丙火	火	晧	해돋을, 밝을	호	11		日	4	날 일
丙火	火	祜	복, 행복	호	10		示	5	보일 시
丙火	火	惑	미혹하다, 의심하다, 번뇌	혹	12		心	4	마음 심
丙火	火	昏	어둡다, 요절하다, 장가들다	혼	8		日	4	날 일
丙火	火	True	멍에	혼	16		車	7	수레 거
丙火	火	忽	갑자기, 문득, 잊다	홀	8		心	4	마음 심
丙火	火	惚	황홀하다, 흐릿하다	홀	11	12	忄心	3(4)	심방(마음심)
丙火	火	烘	화톳불, 피우다, 쬐다	홍	10		火	4	불 화
丙火	火	火	불, 화재, 태양	화	4		火	4	불 화
丙火	火	禍	재앙, 사고, 허물, 죄, 해치다	화	14		示	5	보일 시
丙火	火	患	근심, 질병, 재앙, 미워하다	환	11		心	4	마음 심
丙火	火	晥	환하다, 밝다	환	11		日	4	날 일
丙火	火	煥	빛날, 불꽃	환	13		火	4	불 화
丙火	火	煌	이글거리다, 밝은 모양	황	14		火	4	불 화
丙火	火	恍	황홀하다, 마음을 빼앗겨 멍하다	황	9	10	忄心	3(4)	심방(마음심)
丙火	火	惶	두려워하다, 당황하다, 급하다	황	12	13	忄心	3(4)	심방(마음심)
丙火	火	愰	마음이 밝다, 들뜨다, 요동하다	황	13	14	忄心	3(4)	심방(마음심)
丙火	火	慌	어리둥절하다, 황홀하다	황	13	14	忄心	3(4)	심방(마음심)
丙火	火	晃	밝을	황	10		日	4	날 일
丙火	火	晄	밝다, 환하다	황	10		日	4	날 일

丙火	火	煌	빛나다, 성하다, 아름답다, 불빛	황	13		火	4	불 화
丙火	火	恢	넓다, 크다, 갖추다	회	9	10	忄心	3(4)	심방(마음심)
丙火	火	悔	뉘우치다, 자책하다, 한맺히다	회	10	11	忄心	3(4)	심방(마음심)
丙火	火	懷	품다, 임신하다, 생각하다, 따르다	회	19	20	忄心	3(4)	심방(마음심)
丙火	火	晦	그믐, 밤, 어둠, 어둡다, 희미하다	회	11		日	4	날 일
丙火	火	會	모이다, 모으다, 만나다, 잘하다	회	13		曰	4	가로 왈
丙火	火	灰	재, 석회, 먼지, 회색	회	6		火	4	불 화
丙火	火	曉	새벽	효	16		日	4	날 일
丙火	火	煦	따뜻하게 하다, 덥다, 베풀다	후	13		灬	4	연화발(불 화)
丙火	火	暈	무리, 달무리, 안개	훈	13		日	4	날 일
丙火	火	焄	김을쐬다, 그을리다, 위협하다	훈	11		灬	4	연화발(불 화)
丙火	火	熏	불길, 연기, 황혼	훈	14		灬	4	연화발(불 화)
丙火	火	燻	연기낄, 질식하다	훈	18		火	4	불 화
丙火	火	暈	무리, 햇무리, 달무리, 안개	훈	13		日	4	날 일
丙火	火	暄	온난하다, 따뜻하다, 건조시키다	훤	13		日	4	날 일
丙火	火	煊	마르다, 건조, 빛나다, 밝히다	훤	13		火	4	불 화
丙火	火	暉	빛	휘	13		日	4	날 일
丙火	火	煇	빛날	휘	13		火	4	불 화
丙火	火	輝	빛나다, 빛, 불빛	휘	15		車	7	수레 거
丙火	火	烋	아름답다, 경사롭다, 행복	휴	10		灬	4	연화발(불 화)
丙火	火	恤	불쌍하다, 구휼하다, 근심하다	휼	9	10	忄心	3(4)	심방(마음심)
丙火	火	昕	새벽, 아침	흔	8		日	4	날 일

丙火	火	炘	화끈거릴, 불사르다, 굽다	흔	8		火	4	불 화
丙火	火	忻	기쁘다, 받들다, 흠모하다, 기쁨	흔	7	8	忄心	3(4)	심방(마음심)
丙火	火	恰	흡사하다, 융화하다, 마음쓰다	흡	9	10	忄心	3(4)	심방(마음심)
丙火	火	憙	기쁠	희	16		心	4	마음 심
丙火	火	憙	기뻐하다, 좋아하다	희	16		心	4	마음 심
丙火	火	憘	기쁘다, 즐겁다	희	15	16	忄心	3(4)	심방(마음심)
丙火	火	晞	마르다, 말리다, 밝다, 환해지다	희	11		日	4	날 일
丙火	火	曦	햇빛, 일광	희	20		日	4	날 일
丙火	火	熙	빛날	희	13		火 灬	4	불 화
丙火	火	熹	밝을, 성할	희	16		火 灬	4	불 화
丙火	火	熺	빛날, 성하다, 밝다	희	16		火	4	불 화
丙火	火	禧	복	희	17		示	5	보일 시
丙火	火	暿	빛나다, 밝다, 동트다	희	16		日	4	날 일
丙火	火	爔	불, 햇빛	희	20		火	4	불 화
丙火	火	烯	불빛, 에틸렌	희	11		火	4	불 화
丁火	火	伽	절	가	7		亻	2	사람 인
丁火	火	佳	아름다울	가	8		亻	2	사람 인
丁火	火	假	거짓	가	11		亻	2	사람 인
丁火	火	價	값	가	15		亻	2	사람 인
丁火	火	駕	멍에	가	15		馬	10	말 마
丁火	火	侃	굳셀, 강직, 화평, 안온	간	8		亻	2	사람 인
丁火	火	价	크다	개	6		亻	2	사람 인

丁火	火	件	물건	건	6		亻	2	사람 인
丁火	火	健	굳셀	건	11		亻	2	사람 인
丁火	火	騫	이지러질, 둔할	건	20		馬	10	말 마
丁火	火	傑	호걸	걸	12		亻	2	사람 인
丁火	火	儉	검소할	검	15		亻	2	사람 인
丁火	火	偈	쉴, 휴식할	게	11		亻	2	사람 인
丁火	火	俓	지름길, 빠르다, 곧다	경	9		亻	2	사람 인
丁火	火	倞	세다, 강하다	경	10		亻	2	사람 인
丁火	火	傾	기울, 바르지 않다	경	13		亻	2	사람 인
丁火	火	儆	경계할, 조심할	경	15		亻	2	사람 인
丁火	火	驚	놀랄, 두려워할, 경계할, 빠를	경	23		馬	10	말 마
丁火	火	係	묶을, 잇다, 얽다	계	9		亻	2	사람 인
丁火	火	供	이바지할, 받들, 모실, 베풀, 갖출	공	8		亻	2	사람 인
丁火	火	侊	성찬, 성한 모양, 크다, 성대하다	광	8		亻	2	사람 인
丁火	火	佼	예쁠, 교활, 업신여길, 교제할	교	8		亻	2	사람 인
丁火	火	俱	함께, 갖출	구	10		亻	2	사람 인
丁火	火	驅	몰다, 빨리달릴, 몰아낼	구	21		馬	10	말 마
丁火	火	倦	게으를, 고달플, 문서, 화폐	권	10		亻	2	사람 인
丁火	火	僅	겨우, 희미할, 적다	근	13		亻	2	사람 인
丁火	火	今	이제	금	4		人	2	사람 인
丁火	火	伋	속일, 거짓	급	6		亻	2	사람 인
丁火	火	企	꾀할, 발돋움할	기	6		人	2	사람 인

丁火	火	伎	재능, 방술, 배우, 천천히 걸을	기	6		亻	2	사람 인
丁火	火	騎	말탈, 기병, 기마	기	18		馬	10	말 마
丁火	火	騏	준마, 검푸른말	기	18		馬	10	말 마
丁火	火	驥	천리마, 준마	기	26		馬	10	말 마
丁火	火	佶	헌걸찰, 씩씩할, 난삽하다	길	8		亻	2	사람 인
丁火	火	駱	낙타, 달리다, 이어지다, 종족명	낙	16		馬	10	말 마
丁火	火	丹	정성스러울	난	4		丶	1	점 주
丁火	火	來	돌아, 부르다, 위로, 그 이후	내	8		人	2	사람 인
丁火	火	佞	아첨, 간사, 말잘할, 미혹, 유약	녕	7		亻	2	사람 인
丁火	火	儡	꼭두각시, 허수아비, 쇠퇴, 영락	뇌	17		亻	2	사람 인
丁火	火	丹	붉을	단	4		丶	1	점 주
丁火	火	但	다만, 오직, 거리낌없이	단	7		亻	2	사람 인
丁火	火	倓	고요할, 죄물로 속죄하다	담	10		亻	2	사람 인
丁火	火	代	대신할	대	5		亻	2	사람 인
丁火	火	倒	넘어질	도	10		亻	2	사람 인
丁火	火	仝	한가지, 무리, 함께	동	5		人	2	사람 인
丁火	火	騰	오를, 도약할, 뛰어오를, 날다	등	20		馬	10	말 마
丁火	火	駱	낙타, 달릴	락	16		馬	10	말 마
丁火	火	丹	정성스러울	란	4		丶	1	점 주
丁火	火	來	올	래	8		人	2	사람 인
丁火	火	倆	재주, 솜씨, 재능	량	10		亻	2	사람 인
丁火	火	侶	짝, 벗	려	9		亻	2	사람 인

丁火	火	儷	짝, 한쌍, 나란히, 견줄, 아름답다	려	21		亻	2	사람 인
丁火	火	驢	당나귀, 나귀	려	26		馬	10	말 마
丁火	火	驪	검은말, 검다	려	29		馬	10	말 마
丁火	火	令	하여금, 법령, 벼슬, 장관, 계절	령	5		人	2	사람 인
丁火	火	伶	영리할, 외롭다, 악공, 노리개	령	7		亻	2	사람 인
丁火	火	例	법식, 규칙, 본보기	례	8		亻	2	사람 인
丁火	火	儡	꼭두각시, 허수아비, 쇠퇴, 영락	뢰	17		亻	2	사람 인
丁火	火	僚	동료, 관리, 예쁠	료	14		亻	2	사람 인
丁火	火	侖	생각할, 둥글다	륜	8		人	2	사람 인
丁火	火	倫	인륜	륜	10		亻	2	사람 인
丁火	火	俚	속될, 부탁할,	리	9		亻	2	사람 인
丁火	火	俐	똑똑할, 영리할	리	9		亻	2	사람 인
丁火	火	臨	임할, 통치할, 비추다, 접근하다	림	17		臣	6	신하 신
丁火	火	馬	말	마	10		馬	10	말 마
丁火	火	驀	말탈, 뛰어넘다, 곧장, 쉬지 않고	맥	21		馬	10	말 마
丁火	火	侮	업신여길, 조롱할	모	9		亻	2	사람 인
丁火	火	們	들(복수형), 무리, 살찐 모양	문	10		亻	2	사람 인
丁火	火	侎	어루만지다	미	8		亻	2	사람 인
丁火	火	駁	논박할, 어긋날, 섞이다, 얼룩말	박	14		馬	10	말 마
丁火	火	伴	짝, 반려, 벗, 동료	반	7		亻	2	사람 인
丁火	火	倣	본뜰, 닮다, 본받다, 배우다	방	10		亻	2	사람 인
丁火	火	傍	곁, 옆, 가까이, 방황하다, 엇갈릴	방	12		亻	2	사람 인

丁火	火	倍	갑절, 햇무리, 곱하다, 외우다	배	10		亻	2	사람 인
丁火	火	俳	배우, 광대, 익살, 어정거릴, 방황	배	10		亻	2	사람 인
丁火	火	伯	맏	백	7		亻	2	사람 인
丁火	火	佰	일백, 우두머리	백	8		亻	2	사람 인
丁火	火	伐	정벌할, 베다, 북치다, 찌르다	벌	6		亻	2	사람 인
丁火	火	僻	궁벽할, 경박, 천하다, 편벽될	벽	15		亻	2	사람 인
丁火	火	便	똥오줌, 곧, 문득	변	2		亻	2	사람 인
丁火	火	倂	아우를, 나란히 하다, 물리치다	병	10		亻	2	사람 인
丁火	火	騈	나란히 할, 늘어놓다, 늘어서다	병	18		馬	10	말 마
丁火	火	保	지킬, 보호할, 유지할, 책임지다	보	9		亻	2	사람 인
丁火	火	伏	엎드릴, 굴복할, 감추다, 엿보다	복	6		亻	2	사람 인
丁火	火	僕	사내종, 마부, 무리, 벗, 동아리	복	14		亻	2	사람 인
丁火	火	俸	녹봉, 봉직하다	봉	10		亻	2	사람 인
丁火	火	付	수여하다, 맡기다, 의지하다	부	5		亻	2	사람 인
丁火	火	俯	구부릴, 고개숙일, 눕다, 숨다	부	10		亻	2	사람 인
丁火	火	傅	스승, 수표, 보좌, 붙다, 칠하다	부	12		亻	2	사람 인
丁火	火	駙	곁마, 덧방나무, 가깝다, 빠르다	부	15		馬	10	말 마
丁火	火	佛	부처, 불교, 불경, 프랑스 약칭	불	7		亻	2	사람 인
丁火	火	備	갖추다, 준비할, 채우다, 예방할	비	12		亻	2	사람 인
丁火	火	儐	인도할, 대접할	빈	16		亻	2	사람 인
丁火	火	份	빛날, 아름답고 성할, 훌륭한 모양	빈	6		亻	2	사람 인
丁火	火	騁	달리다, 펴다	빙	17		馬	10	말 마

丁火	火	仕	섬길, 종사할, 벼슬할, 선비	사	5		亻	2	사람 인
丁火	火	伺	엿볼, 정찰할, 찾다, 문안하다	사	7		亻	2	사람 인
丁火	火	似	같을, 닮을	사	7		亻	2	사람 인
丁火	火	使	하여금, 가령, 하인, 사신	사	8		亻	2	사람 인
丁火	火	俟	기다릴, 대기할	사	9		亻	2	사람 인
丁火	火	僿	잘게 부수다, 막다	사	15		亻	2	사람 인
丁火	火	駟	사마, 사마수레	사	15		馬	10	말 마
丁火	火	傘	우산, 일산	산	12		人	2	사람 인
丁火	火	傷	다칠, 해칠, 애태우다, 근심하다	상	13		亻	2	사람 인
丁火	火	像	모양, 본뜬 형상, 초상, 법식	상	14		亻	2	사람 인
丁火	火	償	갚다, 상환하다, 배상, 대가, 보상	상	17		亻	2	사람 인
丁火	火	偦	재주있을, 도둑잡다	서	11		亻	2	사람 인
丁火	火	仙	신선	선	5		亻	2	사람 인
丁火	火	僊	춤추다, 신선, 불로장생하는 사람	선	13		亻	2	사람 인
丁火	火	偰	맑다, 깨끗하다, 성씨	설	11		亻	2	사람 인
丁火	火	韶	풍류이름, 예쁘다, 잇다	소	14		音	9	소리 음
丁火	火	騷	떠들다, 근심하다, 급하다, 쓸다	소	20		馬	10	말 마
丁火	火	俏	거문고 타다	소	9		亻	2	사람 인
丁火	火	俗	풍속, 관습, 속인	속	9		亻	2	사람 인
丁火	火	修	닦을	수	10		亻	2	사람 인
丁火	火	僧	승려, 마음이 편한 모양	승	14		亻	2	사람 인
丁火	火	侍	모시다, 시중들다, 양육하다	시	8		亻	2	사람 인

丁火	火	偲	굳세다, 재주많다, 똑똑하다	시	11		亻	2	사람 인
丁火	火	伸	펼	신	7		亻	2	사람 인
丁火	火	侁	걷는 모양, 분주히 오가는 모양	신	8		亻	2	사람 인
丁火	火	信	믿을	신	9		亻	2	사람 인
丁火	火	臣	신하	신	6		臣	6	신하 신
丁火	火	什	열 사람, 열 집, 다종다양한	십	4		亻	2	사람 인
丁火	火	俄	아까, 잠시, 기울다, 높다, 러시아	아	9		亻	2	사람 인
丁火	火	仰	우러를	앙	6		亻	2	사람 인
丁火	火	倻	가야, 땅 이름	야	11		亻	2	사람 인
丁火	火	倆	재주, 솜씨, 재능	양	10		亻	2	사람 인
丁火	火	佯	거짓, 가장하다, 속이다, 노닐다	양	8		亻	2	사람 인
丁火	火	馭	말을 부리다, 타는 것, 마부	어	12		馬	10	말 마
丁火	火	億	억	억	15		亻	2	사람 인
丁火	火	偃	쓰러지다, 쉬다, 편안하다, 눕다	언	11		亻	2	사람 인
丁火	火	俺	크다, 어리석다	엄	10		亻	2	사람 인
丁火	火	儼	의젓하고 점잖다	엄	22		亻	2	사람 인
丁火	火	侶	짝, 벗	여	9		亻	2	사람 인
丁火	火	儷	짝, 한쌍, 나란히, 견줄, 아름답다	여	21		亻	2	사람 인
丁火	火	驢	당나귀, 나귀	여	26		馬	10	말 마
丁火	火	驪	검은말, 검다	여	29		馬	10	말 마
丁火	火	余	나, 남다, 여분	여	7		人	2	사람 인
丁火	火	驛	역, 역참, 역말, 역관, 정거장	역	23		馬	10	말 마

丁火	火	令	하여금, 법령, 벼슬, 장관, 계절	영	5		人	2	사람 인
丁火	火	伶	영리할, 외롭다, 악공, 노리개	영	7		亻	2	사람 인
丁火	火	例	법식, 규칙, 본보기	예	8		亻	2	사람 인
丁火	火	例	법식, 규칙, 본보기	예	8		亻	2	사람 인
丁火	火	倪	어린이, 다시난 이	예	10		亻	2	사람 인
丁火	火	伍	다섯 사람, 다섯 집, 대열, 군대	오	6		亻	2	사람 인
丁火	火	俉	대오, 맞이할	오	6		亻	2	사람 인
丁火	火	傲	거만하다, 오만하다, 교만하다	오	13		亻	2	사람 인
丁火	火	臥	눕다, 쉬다, 엎다	와	8		臣	6	신하 신
丁火	火	倭	왜나라, 일본	왜	10		亻	2	사람 인
丁火	火	僚	동료, 관리, 예쁠	요	14		亻	2	사람 인
丁火	火	僥	요행, 난쟁이, 바라다, 긴 모양	요	14		亻	2	사람 인
丁火	火	俑	목우, 허수아비, 아프다	용	9		亻	2	사람 인
丁火	火	傭	품팔이할, 품삯	용	13		亻	2	사람 인
丁火	火	傛	익숙할, 아름다울, 불안하다	용	12		亻	2	사람 인
丁火	火	佑	도울	우	7		亻	2	사람 인
丁火	火	偶	짝, 배필, 허수아비, 대하다	우	11		亻	2	사람 인
丁火	火	優	뛰어날, 넉넉할	우	17		亻	2	사람 인
丁火	火	優	넉넉할, 도탑다, 후하다, 뛰어날	우	17		亻	2	사람 인
丁火	火	俁	크다, 얼굴 크다, 장대하다	우	9		亻	2	사람 인
丁火	火	韻	운, 운치, 정취, 음향, 기품, 취향	운	19		音	9	소리 음
丁火	火	位	방위, 벼슬	위	7		亻	2	사람 인

丁火	火	偉	크다, 위대할, 훌륭할	위	11		亻	2	사람 인
丁火	火	僞	거짓, 사투리, 잘못, 작위, 속이다	위	14		亻	2	사람 인
丁火	火	侑	권하다, 배식하다, 돕다, 용서할	유	8		亻	2	사람 인
丁火	火	儒	선비, 유교, 난쟁이, 나약하다	유	16		亻	2	사람 인
丁火	火	俞	대답할, 보답할, 수긍할, 편안할	유	9		人	2	사람 인
丁火	火	侖	생각할, 둥글다	윤	8		人	2	사람 인
丁火	火	倫	인륜	윤	10		亻	2	사람 인
丁火	火	㒚	기대다, 의지하다	은	16		亻	2	사람 인
丁火	火	音	소리, 그늘	음	9		音	9	소리 음
丁火	火	韾	소리가 화하다	음	20		音	9	소리 음
丁火	火	依	의지하다, 순종하다, 따르다	의	8		亻	2	사람 인
丁火	火	倚	의지하다, 치우치다, 맡기다, 믿다	의	10		亻	2	사람 인
丁火	火	儀	거동, 법도, 법식, 예절, 선물	의	15		亻	2	사람 인
丁火	火	俚	속될, 부탁할,	이	9		亻	2	사람 인
丁火	火	俐	똑똑할, 영리할	이	9		亻	2	사람 인
丁火	火	以	~써, 말다, 거느리다, 닮다, 까닭	이	5		人	2	사람 인
丁火	火	伊	저, 그이, 그녀, 너	이	6		亻	2	사람 인
丁火	火	人	사람, 남자, 어른, 백성	인	2		人	2	사람 인
丁火	火	仁	어질다, 인자하다	인	4		亻	2	사람 인
丁火	火	佚	편안할, 달아날	일	7		亻	2	사람 인
丁火	火	佾	줄춤(춤출 때 늘어선 줄)	일	8		亻	2	사람 인
丁火	火	馹	역말	일	14		馬	10	말 마

丁火	火	臨	임할, 통치할, 비추다, 접근하다	임	17		臣	6	신하 신
丁火	火	任	맡길	임	6		亻	2	사람 인
丁火	火	臨	임할	임	17		臣	6	신하 신
丁火	火	仍	말미암다, 따르다	잉	4		亻	2	사람 인
丁火	火	仔	자세할, 어리다, 견뎌내다	자	5		亻	2	사람 인
丁火	火	作	짓다, 창작하다, 노동하다, 행동할	작	7		亻	2	사람 인
丁火	火	仗	의장, 무기, 병장기, 지팡이, 호위	장	5		亻	2	사람 인
丁火	火	臧	착하다, 좋다, 감추다	장	14		臣	6	신하 신
丁火	火	佇	우두커니 서다, 머물러 있다, 쌓다	저	7		亻	2	사람 인
丁火	火	低	높이, 온도 등이 낮다, 값이 싸다	저	7		亻	2	사람 인
丁火	火	儲	쌓다, 저축하다, 동궁, 태자, 버금	저	18		亻	2	사람 인
丁火	火	佃	밭갈다, 농사짓다	전	7		亻	2	사람 인
丁火	火	佺	신선이름, 고치다, 회개하다	전	8		亻	2	사람 인
丁火	火	傳	전할	전	13		亻	2	사람 인
丁火	火	停	머무르다	정	11		亻	2	사람 인
丁火	火	偵	염탐하다, 정탐하다, 살피다	정	11		亻	2	사람 인
丁火	火	佂	황급하다, 바삐가다, 허둥대다	정	7		亻	2	사람 인
丁火	火	儕	무리, 벗, 함께, 동등하다	제	16		亻	2	사람 인
丁火	火	俎	도마, 적대	조	9		人	2	사람 인
丁火	火	倧	상고시대 신인	종	10		亻	2	사람 인
丁火	火	佐	도울	좌	7		亻	2	사람 인
丁火	火	主	주인	주	5		丶	1	점 주

丁火	火	住	살	주	7		亻	2	사람 인
丁火	火	侏	난쟁이, 광대, 왜소하다	주	8		亻	2	사람 인
丁火	火	做	짓다, 맡다	주	11		亻	2	사람 인
丁火	火	駐	머무를, 체류할	주	15		馬	10	말 마
丁火	火	俊	준걸	준	9		亻	2	사람 인
丁火	火	儁	준걸, 뛰어난 인물, 당당하다	준	15		亻	2	사람 인
丁火	火	駿	준마, 준걸, 빠르다, 높다, 험하다	준	17		馬	10	말 마
丁火	火	僔	모이다, 많다, 겸손하다	준	14		亻	2	사람 인
丁火	火	仲	버금	중	6		亻	2	사람 인
丁火	火	馶	굳세다	지	14		馬	10	말 마
丁火	火	儘	다하다, 완수하다, 극치에 달함	진	16		亻	2	사람 인
丁火	火	[illegible]	밝다	진	11		臣	6	신하 신
丁火	火	侄	어리석다, 단단하다, 조카	질	8		亻	2	사람 인
丁火	火	什	세간, 가구	집	4		亻	2	사람 인
丁火	火	侘	낙망할, 실의하다, 자랑하다	차	8		亻	2	사람 인
丁火	火	借	빌리다, 의지하다	차	10		亻	2	사람 인
丁火	火	儹	모으다, 모이다, 일꾸미다	찬	17		亻	2	사람 인
丁火	火	儹	모으다, 모이다, 빠르다	찬	21		亻	2	사람 인
丁火	火	僭	주제넘다	참	14		亻	2	사람 인
丁火	火	倉	곳집, 창고, 옥사, 선창, 바다	창	10		人	2	사람 인
丁火	火	倡	광대, 기생, 가무	창	10		亻	2	사람 인
丁火	火	債	빚, 부채, 빌리다	채	13		亻	2	사람 인

丁火	火	倜	기개있다, 높이 들다, 소탈하다	척	10		亻	2	사람 인
丁火	火	仟	일천, 밭두렁, 무성하다	천	5		亻	2	사람 인
丁火	火	僉	다, 모두, 돕다	첨	13		人	2	사람 인
丁火	火	促	재촉하다, 촉박하다	촉	9		亻	2	사람 인
丁火	火	催	재촉하다, 쳐오다	최	13		亻	2	사람 인
丁火	火	騶	마부, 기수, 승마	추	20		馬	10	말 마
丁火	火	驟	달리다, 빠르다	취	24		馬	10	말 마
丁火	火	側	곁, 가까이, 측면	측	11		亻	2	사람 인
丁火	火	仄	기울다, 뒤척이다	측	4		人	2	사람 인
丁火	火	侈	사치하다, 무절제하다, 과장되다	치	8		亻	2	사람 인
丁火	火	値	값, 가격, 걸맞다	치	10		亻	2	사람 인
丁火	火	馳	달리다, 질주하다, 경과하다	치	13		馬	10	말 마
丁火	火	侵	침노하다, 범하다, 엄습하다	침	9		亻	2	사람 인
丁火	火	他	다르다, 간사하다	타	5		亻	2	사람 인
丁火	火	馱	싣다, 짐지다, 말타다	타	13		馬	10	말 마
丁火	火	駝	낙타, 곱사등이, 싣다, 태우다	타	15		馬	10	말 마
丁火	火	倬	크다, 높고 크다, 밝다, 빼어나다	탁	10		亻	2	사람 인
丁火	火	偸	훔치다, 사통할, 교활할, 깔보다	투	11		亻	2	사람 인
丁火	火	佩	차다, 달다, 휴대하다, 두르다	패	8		亻	2	사람 인
丁火	火	便	편하다, 아첨하다, 쉬다, 익히다	편	9		亻	2	사람 인
丁火	火	偏	치우치다, 속이다	편	11		亻	2	사람 인
丁火	火	騙	속이다, 사취하다, 말타다	편	19		馬	10	말 마

丁火	火	佈	펴다, 널리 알리다	포	7		亻	2	사람 인
丁火	火	俵	나누어 주다, 흩다	표	10		亻	2	사람 인
丁火	火	驃	황부루(말), 빠르다	표	21		馬	10	말 마
丁火	火	馮	성씨	풍	12		馬	10	말 마
丁火	火	佖	점잖다, 위엄없다, 견주다	필	7		亻	2	사람 인
丁火	火	何	누구, 어찌	하	7		亻	2	사람 인
丁火	火	僩	굳세다, 부들부들 떨다, 엿보다	한	14		亻	2	사람 인
丁火	火	伉	짝, 부부, 배필	항	6		亻	2	사람 인
丁火	火	偕	함께, 두루, 굳세다, 같다	해	11		亻	2	사람 인
丁火	火	駭	놀라다, 소란스럽다, 경계하다	해	16		馬	10	말 마
丁火	火	倖	요행, 괴다, 사랑하다, 총애하다	행	10		亻	2	사람 인
丁火	火	響	울릴	향	22		音	9	소리 음
丁火	火	驗	시험, 증험, 효과	험	23		馬	10	말 마
丁火	火	侐	고요할, 적막할	혁	8		亻	2	사람 인
丁火	火	俔	염탐하다, 비유하다, 두려워하다	현	9		亻	2	사람 인
丁火	火	儇	영리하다, 빠르다	현	15		亻	2	사람 인
丁火	火	俠	의기롭다, 호협하다, 가볍다	협	9		亻	2	사람 인
丁火	火	護	구하다, 보호하다	호	23		音	9	소리 음
丁火	火	化	화할, 될	화	4		亻	2	사람 인
丁火	火	丸	둥글다, 가지다, 새알, 탄알, 방울	환	3		丶	1	점 주
丁火	火	驩	기뻐하다, 즐거워하다, 화목하다	환	28		馬	10	말 마
丁火	火	驍	날래다, 굳세다, 용맹, 황부루 말	효	22		馬	10	말 마

丁火	火	傚	본받다, 배우다, 닮게하다	효	12		亻	2	사람 인
丁火	火	侯	제후, 임금, 후작	후	9		亻	2	사람 인
丁火	火	候	기후, 계절, 닷새, 상황, 조짐	후	10		亻	2	사람 인
丁火	火	休	쉬다, 사직하다, 그만두다, 멈추다	휴	6		亻	2	사람 인
丁火	火	俒	완전하다, 끝나다	혼	9		亻	2	사람 인
丁火	火	俙	비슷하다, 송사하다, 희미하다	희	9		亻	2	사람 인
丁火	火	僖	기쁘다, 즐겁다	희	14		亻	2	사람 인
丁火	火	了	마칠, 밝을, 완결	료	2		亅	1	갈구리 궐
丁火	火	事	일	사	8		亅	1	갈구리 궐
丁火	火	予	나, 주다, 하사하다, 승인하다	여	4		亅	1	갈구리 궐
丁火	火	了	마칠, 밝을, 완결	요	2		亅	1	갈구리 궐
甲木	木	梨	배나무, 늙은이, 모든, 나누다	리	11		木	4	나무 목
甲木	木	筮	점, 점치다	서	13		竹	6	대나무 죽
戊土	土	磵	산골짜기 물	간	17		石	5	돌 석
戊土	土	碣	비석, 문체이름	갈	14		石	5	돌 석
戊土	土	嵌	산골짜기	감	12		山	3	뫼 산
戊土	土	戡	이길, 평정할	감	13		戈	4	창 과
戊土	土	監	볼, 살필, 성씨	감	14		皿	5	그릇 명
戊土	土	龕	감실, 절탑	감	22		龍	16	용 룡
戊土	土	岬	곶	갑	8		山	3	뫼 산
戊土	土	岡	뫼, 산등성이	강	8		山	3	뫼 산
戊土	土	崗	언덕, 작은산	강	11		山	3	뫼 산

戊土	土	降	내릴	강	9	14	阜 阝	3(8)	언덕 부(좌부방)
戊土	土	蓋	덮을	개	11		皿	5	그릇 명
戊土	土	隔	사이 뜰, 바꿀	격	13	18	阜 阝	3(8)	언덕 부(좌부방)
戊土	土	犬	개, 겸칭	견	4		犬	4	개 견
戊土	土	甄	질그릇, 교화할, 밝힐	견	14		瓦	5	기와 와
戊土	土	缺	이지러질, 없어질, 부족할	결	10		缶	6	장군 부
戊土	土	硬	단단할, 방해할	경	12		石	5	돌 석
戊土	土	磬	경쇠(악기), 경석, 굽다, 비다	경	16		石	5	돌 석
戊土	土	冂	멀다, 비다	경	2		冂	2	멀경 몸
戊土	土	冏	빛날, 밝다, 창	경	7		口	3	에워쌀위(큰입구)
戊土	土	戒	경계할, 지경	계	7		戈	4	창 과
戊土	土	磎	마른시내, 빌, 공허할	계	15		石	5	돌 석
戊土	土	谿	시내, 산골짜기	계	17		谷	7	골 곡(산등성이)
戊土	土	階	섬돌, 품계, 층계	계	12	17	阜 阝	3(8)	언덕 부(좌부방)
戊土	土	固	굳다, 완고, 독점, 감금, 진압	고	8		口	3	에워쌀위(큰입구)
戊土	土	谷	골	곡	7		谷	7	골 곡(산등성이)
戊土	土	困	곤하다, 졸리다, 괴롭다, 난처함	곤	7		口	3	에워쌀위(큰입구)
戊土	土	崑	산 이름	곤	11		山	3	뫼 산
戊土	土	戈	창, 전쟁, 싸움	과	4		戈	4	창 과
戊土	土	罐	두레박, 물동이, 타악기	관	24		缶	6	장군 부
戊土	土	狂	미칠, 사나울, 경망, 황급, 거만	광	7	8	犭	3(4)	개사슴록(개견)
戊土	土	嶠	산 쭈뼛할, 높을, 산길, 악곡	교	15		山	3	뫼 산

戊土	土	久	오랠	구	3		丿	1	삐칠 별
戊土	土	區	구분할, 지경	구	11		匸	2	감출 혜
戊土	土	國	나라	국	11		囗	3	에워쌀위(큰입 구)
戊土	土	圈	감방, 술잔, 나라, 경계, 구역	권	11		囗	3	에워쌀위(큰입 구)
戊土	土	厥	그것	궐	12		厂	2	기슭 엄
戊土	土	硅	규소, 실리콘	규	11		石	5	돌 석
戊土	土	赳	헌걸찰, 용맹스럽다, 재능	규	9		走	7	달릴 주 (赱와 同字)
戊土	土	戟	창, 찌를	극	12		戈	4	창 과
戊土	土	隙	틈, 구멍, 흠, 여가, 원한, 불화	극	13	18	阜阝	3(8)	언덕 부(좌부방)
戊土	土	亘	뻗칠, 극진할	긍	6		二	2	두 이
戊土	土	矜	자랑할	긍	9		矛	5	창 모
戊土	土	亙	亘(긍)의 本字	긍	6		二	2	두 이
戊土	土	岐	갈림길, 산이름	기	7		山	3	뫼 산
戊土	土	崎	험할, 사나울	기	11		山	3	뫼 산
戊土	土	旗	깃발, 표지	기	14		方	4	모 방
戊土	土	碁	바둑, 장기	기	13		石	5	돌 석
戊土	土	磯	물가, 여울, 자갈밭, 서덜	기	17		石	5	돌 석
戊土	土	起	일어날	기	10		走	7	달릴 주 (赱와 同字)
戊土	土	嵐	남기, 산바람	남	12		山	3	뫼 산
戊土	土	狼	이리, 천랑성, 사납고 거칠다	낭	10	11	犭	3(4)	개사슴록(개견)
戊土	土	乃	이에, 그래서, 도리어, 비로소, 또	내	2		丿	1	삐칠 별
戊土	土	崍	산 이름	내	11		山	3	뫼 산

戊土	土	獰	모질다, 사납다, 흉악하다	녕	17	18	犭	3(4)	개사슴록(개견)
戊土	土	盧	성씨, 밥그릇, 눈동자	노	16		皿	5	그릇 명
戊土	土	碌	푸른돌, 구리의 푸른녹, 무능	녹	13		石	5	돌 석
戊土	土	農	농사, 농부, 농가, 힘쓰다	농	13		辰	7	별 진
戊土	土	磊	돌무더기, 큰모양, 뜻이 크다	뇌	15		石	5	돌 석
戊土	土	陋	더러울, 못생긴, 신분낮은	누	9	14	阜 阝	3(8)	언덕 부(좌부방)
戊土	土	嶁	봉우리, 산꼭대기	누	14		山	3	뫼 산
戊土	土	陵	언덕, 능, 업신여길, 범하다	능	11	16	阜 阝	3(8)	언덕 부(좌부방)
戊土	土	匿	숨길, 도피할, 숨은 죄	닉	11		匸	2	감출 혜
戊土	土	團	둥글다, 모이다, 굴러가다	단	14		口	3	에워쌀위(큰입구)
戊土	土	獺	수달	달	19	20	犭	3(4)	개사슴록(개견)
戊土	土	岱	대산(오악의 하나), 크다	대	8		山	3	뫼 산
戊土	土	戴	머리에 이다, 들다, 생각하다	대	17		戈	4	창 과
戊土	土	臺	대, 돈대, 무대, 받침대	대	14		至	6	이를 지
戊土	土	隊	무리, 떼, 군대	대	12	17	阜 阝	3(8)	언덕 부(좌부방)
戊土	土	圖	그림	도	14		口	3	에워쌀위(큰입구)
戊土	土	島	섬	도	10		山	3	뫼 산
戊土	土	嶋	섬	도	14		山	3	뫼 산
戊土	土	盜	도둑, 비적, 훔칠	도	12		皿	5	그릇 명
戊土	土	陶	질그릇	도	11	16	阜 阝	3(8)	언덕 부(좌부방)
戊土	土	獨	홀로, 홀몸	독	16	17	犭	3(4)	개사슴록(개견)
戊土	土	阧	치솟을, 가파르다, 험하다	두	7	12	阜 阝	3(8)	언덕 부(좌부방)

戊土	土	嶝	고개, 비탈길	등	15		山	3	뫼 산
戊土	土	嵐	남기, 산바람	람	12		山	3	뫼 산
戊土	土	狼	이리, 천랑성, 사납고 거칠다	랑	10	11	犭	3(4)	개사슴록(개견)
戊土	土	崍	산 이름	래	11		山	3	뫼 산
戊土	土	旅	나그네, 군대, 도로, 척추, 군중	려	10		方	4	모 방
戊土	土	礪	숫돌, 연마하다	려	20		石	5	돌 석
戊土	土	礫	조약돌, 자갈, 모래	력	20		石	5	돌 석
戊土	土	獵	사냥할, 찾다	렵	18	19	犭	3(4)	개사슴록(개견)
戊土	土	囹	옥, 감옥	령	8		口	3	에워쌀위(큰입구)
戊土	土	岺	고개, 산맥, 산봉우리,	령	8		山	3	뫼 산
戊土	土	嶺	고개, 산맥, 산봉우리,	령	17		山	3	뫼 산
戊土	土	岭	고개, 산맥, 산봉우리,	령	8		山	3	뫼 산
戊土	土	盧	성씨, 밥그릇, 눈동자	로	16		皿	5	그릇 명
戊土	土	盧	검을	로	16		皿	5	그릇 명
戊土	土	碌	푸른 돌, 구리에 낀 푸른 녹	록	13		石	5	돌 석
戊土	土	磊	돌무더기, 큰 모양, 뜻이 크다	뢰	15		石	5	돌 석
戊土	土	龍	용, 임금, 천자, 비범한사람, 명마	룡	16		龍	16	용 룡
戊土	土	陋	더러울, 못생긴, 신분낮은	루	9	14	阜 阝	3(8)	언덕 부(좌부방)
戊土	土	嶁	봉우리, 산꼭대기	루	14		山	3	뫼 산
戊土	土	旒	깃발, 면류관 끈	류	13		方	4	모 방
戊土	土	硫	유황	류	12		石	5	돌 석
戊土	土	戮	죽일, 육시, 욕되다, 죄짓다	륙	15		戈	4	창 과

戊土	土	陸	뭍	륙	11	16	阜 阝	3(8)	언덕 부(좌부방)
戊土	土	崙	뫼, 산 이름	륜	11		山	3	뫼 산
戊土	土	崘	산 이름, 산이 험한 모양	륜	11		山	3	뫼 산
戊土	土	嵂	가파를, 산 높고 험한 모양	률	12		山	3	뫼 산
戊土	土	隆	성할, 높을, 클	륭	12	17	阜 阝	3(8)	언덕 부(좌부방)
戊土	土	陵	언덕, 능, 업신여길, 범하다	릉	11	16	阜 阝	3(8)	언덕 부(좌부방)
戊土	土	厘	다스릴, 정리할, 개정, 주다	리	9		厂	2	기슭 엄
戊土	土	狸	삵	리	10	11	犭	3(4)	개사슴록(개견)
戊土	土	隣	이웃	린	15	20	阜 阝	3(8)	언덕 부(좌부방)
戊土	土	獜	튼튼할, 건장할	린	15	16	犭	3(4)	개사슴록(개견)
戊土	土	碄	깊을	림	13		石	5	돌 석
戊土	土	砬	돌 소리, 돌 무너지는 소리	립	10		石	5	돌 석
戊土	土	碼	마노, 야드, 나루터	마	15		石	5	돌 석
戊土	土	磨	돌을 갈다, 닳다, 고생하다, 찧다	마	16		石	5	돌 석
戊土	土	巒	뫼, 산, 둥근 봉우리, 산작고 뾰족	만	22		山	3	뫼 산
戊土	土	陌	길,거리,두렁길,경계,일백,성씨	맥	9	14	阜 阝	3(8)	언덕 부(좌부방)
戊土	土	猛	사납다, 굳셀, 용맹, 건장, 날래다	맹	11	12	犭	3(4)	개사슴록(개견)
戊土	土	盟	맹세, 약속, 구역	맹	13		皿	5	그릇 명
戊土	土	冕	면류관, 관을 쓰다	면	11		冂	2	멀경 몸
戊土	土	皿	그릇, 그릇덮개, 접시	명	5		皿	5	그릇 명
戊土	土	冒	무릅쓰다, 나아갈, 이기다, 덮다	모	9		冂	2	멀경 몸
戊土	土	矛	세모진 창, 모순	모	5		矛	5	창 모

戊土	土	猫	고양이, 살쾡이	묘	12	13	犭	3(4)	개사슴록(개견)
戊土	土	戊	천간	무	5		戈	4	창 과
戊土	土	嵋	산 이름	미	12		山	3	뫼 산
戊土	土	嵄	산, 산 이름, 깊은 산	미	12		山	3	뫼 산
戊土	土	岷	산 이름, 강 이름	민	8		山	3	뫼 산
戊土	土	砇	옥돌	민	9		石	5	돌 석
戊土	土	碈	옥돌	민	14		石	5	돌 석
戊土	土	盤	소반, 쟁반, 받침, 바탕, 큰돌	반	15		皿	5	그릇 명
戊土	土	磐	너럭바위, 반석, 광대, 웅장하다	반	15		石	5	돌 석
戊土	土	磻	강아름	반	17		石	5	돌 석
戊土	土	礬	백반(광물), 꽃 이름	반	20		石	5	돌 석
戊土	土	方	모, 네모, 방위, 국가	방	4		方	4	모 방
戊土	土	旁	곁,널리,보좌,의지하다,왕래할	방	10		方	4	모 방
戊土	土	磅	돌 떨어지는 소리	방	15		石	5	돌 석
戊土	土	防	막을	방	7	12	阜 阝	3(8)	언덕 부(좌부방)
戊土	土	龐	어지러울, 크다, 높다, 성씨, 충실	방	19		龍	16	용 룡
戊土	土	盃	잔, 국대접	배	9		皿	5	그릇 명
戊土	土	陪	모시다, 보좌, 보태다, 상환할	배	11	16	阜 阝	3(8)	언덕 부(좌부방)
戊土	土	磻	강 이름, 돌살 촉	번	17		石	5	돌 석
戊土	土	犯	범하다, 저촉하다, 법을 어기다	범	5	6	犭	3(4)	개사슴록(개견)
戊土	土	碧	푸를	벽	14		石	5	돌 석
戊土	土	鱉	자라, 고사리	별	25		黽	13	맹꽁이 맹

戊土	土	甁	병, 단지, 시루, 두레박	병	13		瓦	5	기와 와
戊土	土	峰	봉우리, 산	봉	10		山	3	뫼 산
戊土	土	缶	장군(질그릇)	부	6		缶	6	장군 부
戊土	土	赴	다다를, 나아가다, 힘쓰다	부	9		走	7	달릴 주 (赱와 同字)
戊土	土	阜	언덕, 백성, 메뚜기, 크다, 높다	부	8		阜	8	언덕부(좌부방)
戊土	土	附	붙을, 합사하다, 창자	부	8	13	阜 阝	3(8)	언덕 부(좌부방)
戊土	土	盆	동이, 주발, 부피	분	9		皿	5	그릇 명
戊土	土	崩	무너질, 훼손될, 천자가 죽다	붕	11		山	3	뫼 산
戊土	土	硼	붕사	붕	13		石	5	돌 석
戊土	土	砒	비상, 비소	비	9		石	5	돌 석
戊土	土	碑	비석, 돌기둥, 석주, 비문	비	13		石	5	돌 석
戊土	土	乍	잠깐, 언뜻, 바로	사	5		ノ	1	삐칠 별
戊土	土	些	적다, 작다	사	8		二	2	두 이
戊土	土	四	넷, 사방	사	5		口	3	에워쌀위(큰입구)
戊土	土	獅	사자, 한배서 난 두마리 강아지	사	13	14	犭	3(4)	개사슴록(개견)
戊土	土	砂	모래, 사막	사	9		石	5	돌 석
戊土	土	山	뫼, 산 이름	산	3		山	3	뫼 산
戊土	土	峠	고개, 고비	상	9		山	3	뫼 산
戊土	土	狀	형상, 모양, 용모, 정상, 공적	상	8		犬	4	개 견
戊土	土	嶼	섬, 작은산	서	17		山	3	뫼 산
戊土	土	嶼	섬, 작은산	서	17		山	3	뫼 산
戊土	土	石	돌	석	5		石	5	돌 석

戊土	土	碩	클	석	14		石	5	돌 석
戊土	土	碩	크다, 머리가 크다, 차다	석	14		石	5	돌 석
戊土	土	旋	돌다, 회전하다	선	11		方	4	모 방
戊土	土	陝	땅 이름, 섬서성, 일정치 않다	섬	10	15	阜 阝	3(8)	언덕 부(좌부방)
戊土	土	成	이룰	성	7		戈	4	창 과
戊土	土	猩	성성이, 붉은 빛, 무자비하다	성	12	13	犭	3(4)	개사슴록(개견)
戊土	土	盛	담을, 성할	성	12		皿	5	그릇 명
戊土	土	碎	부수다, 깨뜨리다, 부스러기	쇄	13		石	5	돌 석
戊土	土	囚	가두다, 사로잡다, 죄인, 옥사	수	5		口	3	에워쌀위(큰입구)
戊土	土	岫	산굴, 암혈, 산봉우리, 산꼭대기	수	8		山	3	뫼 산
戊土	土	峀	산굴, 암혈, 산봉우리, 산꼭대기	수	8		山	3	뫼 산
戊土	土	戍	둔영, 병사, 지키다	수	6		戈	4	창 과
戊土	土	狩	사냥할, 정벌할, 쫓겨날, 순시할	수	9	10	犭	3(4)	개사슴록(개견)
戊土	土	獸	짐승, 가축, 야만	수	19		犬	4	개 견
戊土	土	隋	수나라	수	12	17	阜 阝	3(8)	언덕 부(좌부방)
戊土	土	隧	길, 굴, 돌다	수	16	21	阜 阝	3(8)	언덕 부(좌부방)
戊土	土	隨	따르다, 추종할, 좇이다, 발꿈치	수	16	21	阜 阝	3(8)	언덕 부(좌부방)
戊土	土	戌	개,열한째 지지,방위,온기,정성	술	6		戈	4	창 과
戊土	土	崇	높을	숭	11		山	3	뫼 산
戊土	土	崧	우뚝 솟다, 산이 높다, 산 이름	숭	11		山	3	뫼 산
戊土	土	嵩	높은 산, 산 이름, 높고 크다	숭	13		山	3	뫼 산
戊土	土	乘	타다, 오르다, 헤아리다, 이기다	승	10		丿	1	삐칠 별

戊土	土	陞	오를	승	10	15	阜阝	3(8)	언덕 부(좌부방)
戊土	土	阩	오르다	승	7	12	阜阝	3(8)	언덕 부(좌부방)
戊土	土	弑	윗사람을 죽이다	시	12		弋	3	주살 익
戊土	土	施	베풀다, 실시하다	시	9		方	4	모 방
戊土	土	猜	시기할, 혐오할, 의심할, 두려워할	시	11	12	犭	3(4)	개사슴록(개견)
戊土	土	式	법	식	6		戈	4	창 과
戊土	土	辰	때, 시대, 아침, 하루, 택일	신	7		辰	7	별 진
戊土	土	亞	버금, 동서, 무리	아	8		二	2	두 이
戊土	土	峨	높다, 위엄있다, 높은 산	아	10		山	3	뫼 산
戊土	土	我	나	아	7		戈	4	창 과
戊土	土	阿	언덕, 물가, 기슭	아	8	13	阜阝	3(8)	언덕 부(좌부방)
戊土	土	峩	높다, 위엄있다, 높은 산	아	10		山	3	뫼 산
戊土	土	砑	갈다, 광택내다, 으깨다, 광석	아	9		石	5	돌 석
戊土	土	亜	버금, 동서, 무리	아	7		二	2	두 이
戊土	土	硪	바위, 산이 높다	아	12		石	5	돌 석
戊土	土	岳	큰 산, 긴 뿔 모양, 제후	악	8		山	3	뫼 산
戊土	土	嶽	큰 산, 긴 뿔 모양, 제후	악	17		山	3	뫼 산
戊土	土	岸	언덕, 낭떠러지, 층계, 높다	안	8		山	3	뫼 산
戊土	土	岩	바위, 언덕, 벼랑	암	8		山	3	뫼 산
戊土	土	巖	바위, 언덕, 벼랑	암	23		山	3	뫼 산
戊土	土	狎	익숙하다, 희롱하다, 업신여기다	압	8	9	犭	3(4)	개사슴록(개견)
戊土	土	厓	언덕	애	8		厂	2	기슭 엄

戊土	土	崖	언덕, 벼랑, 모서리	애	11		山	3	뫼 산
戊土	土	碍	거리낄, 장애되다, 지장주다	애	13		石	5	돌 석
戊土	土	隘	좁다, 곤궁하다, 험하다, 가득찰	애	13	18	阜 阝	3(8)	언덕 부(좌부방)
戊土	土	礙	거리낄, 장애되다, 지장주다	애	19		石	5	돌 석
戊土	土	厄	불행한 일, 재앙	액	4		厂	2	기슭 엄
戊土	土	罌	양병, 항아리	앵	20		缶	6	장군 부
戊土	土	陽	볕	양	12	17	阜 阝	3(8)	언덕 부(좌부방)
戊土	土	圄	감옥, 말기르는 사람, 지키다	어	10		口	3	에워쌀위(큰입구)
戊土	土	於	어조사, 의지할, 따르다, 존재할	어	8		方	4	모 방
戊土	土	嚴	엄하다, 혹독하다, 지독하다	엄	17		厂	2	기슭 엄
戊土	土	龑	고명하다, 높고 밝은 모양	엄	20		龍	16	용 룡
戊土	土	嶪	높고 험하다	업	16		山	3	뫼 산
戊土	土	円	화폐 단위	엔	4		冂	2	멀경 몸
戊土	土	旅	나그네, 군대, 도로, 척추, 군중	여	10		方	4	모 방
戊土	土	礪	숫돌, 연마하다	여	20		石	5	돌 석
戊土	土	璵	돌이름, 여돌	여	19		石	5	돌 석
戊土	土	礫	조약돌, 자갈, 모래	역	20		石	5	돌 석
戊土	土	研	갈	연	11		石	5	돌 석
戊土	土	硯	벼루	연	12		石	5	돌 석
戊土	土	研	벼루	연	11		石	5	돌 석
戊土	土	厭	싫어하다, 물리다, 조용하다	염	14		厂	2	기슭 엄
戊土	土	獵	사냥할, 찾다	엽	18	19	犭	3(4)	개사슴록(개견)

戊土	土	囹	옥, 감옥	**영**	8		口	3	에워쌀위(큰입구)
戊土	土	岺	고개, 산맥, 산봉우리,	**영**	8		山	3	뫼 산
戊土	土	嶺	고개, 산맥, 산봉우리,	**영**	17		山	3	뫼 산
戊土	土	**岭**	고개, 산맥, 산봉우리,	**영**	8		山	3	뫼 산
戊土	土	嶸	가파르다, 험하다	**영**	17		山	3	뫼 산
戊土	土	獰	모질다, 사납다, 흉악하다	**영**	17	18	犭	3(4)	개사슴록(개견)
戊土	土	盈	차다, 가득하다, 충만하다	**영**	9		皿	5	그릇 명
戊土	土	乂	풀을 베다, 깎다	**예**	2		丿	1	삐칠 별
戊土	土	猊	사자, 부처가 앉는 자리	**예**	11	12	犭	3(4)	개사슴록(개견)
戊土	土	**睿**	밝다	**예**	12		谷	7	골 곡 (산등성이)
戊土	土	五	다섯 (성명학에선 5획으로사용)	**오**	5		二	2	두 이
戊土	土	獒	길이 잘든 개, 맹견	**오**	15		犬	4	개 견
戊土	土	鼇	자라, 바다거북	**오**	24		黽	13	맹꽁이 맹
戊土	土	獄	옥, 송사, 판결	**옥**	14	15	犭	3(4)	개사슴록(개견)
戊土	土	瓮	독, 항아리, 물장군	**옹**	9		瓦	5	기와 와
戊土	土	甕	독, 항아리	**옹**	18		瓦	5	기와 와
戊土	土	瓦	기와, 질그릇	**와**	5		瓦	5	기와 와
戊土	土	碗	사발, 주발	**완**	13		石	5	돌 석
戊土	土	阮	성씨, 월금, 나라이름	**완**	7	12	阜 阝	3(8)	언덕 부(좌부방)
戊土	土	**岏**	산이 뾰족하다, 가파르다, 높다	**완**	7		山	3	뫼 산
戊土	土	嵬	높다, 산이 험준하다, 허망하다	**외**	13		山	3	뫼 산
戊土	土	巍	높고 크다, 장원하다	**외**	21		山	3	뫼 산

戊土	土	猥	외람하다, 뒤섞이다, 더럽다	외	12	13	犭	3(4)	개사슴록(개견)
戊土	土	堯	요임금	요	12		山	3	뫼 산
戊土	土	嶢	높다, 메마르다	요	15		山	3	뫼 산
戊土	土	辱	욕되다, 거스르다, 욕보이다	욕	10		辰	7	별 진
戊土	土	龍	용,임금,천자,비범한 사람,명마	용	16		龍	16	용 룡
戊土	土	于	어조사, 향해가다, 행하다	우	3		二	2	두 이
戊土	土	盂	사발, 밥그릇, 주발	우	8		皿	5	그릇 명
戊土	土	隅	모퉁이, 구석, 땅 이름	우	12	17	阜 阝	3(8)	언덕 부(좌부방)
戊土	土	云	일컫다, 말하다, 도착하다, 구름	운	4		二	2	두 이
戊土	土	隕	떨어지다, 무너질, 사로잡힐, 잃다	운	13	18	阜 阝	3(8)	언덕 부(좌부방)
戊土	土	亐	땅 이름, 어조사	울	3		二	2	두 이
戊土	土	原	언덕, 근본	원	10		厂	2	기슭 엄
戊土	土	圓	둥글다, 온전할, 원만할,	원	13		口	3	에워쌀위(큰입구)
戊土	土	園	동산	원	9	11	口	3	에워쌀위(큰입구)
戊土	土	猿	원숭이	원	13	14	犭	3(4)	개사슴록(개견)
戊土	土	阮	나라 이름, 악기명, 관문명	원	7	12	阜 阝	3(8)	언덕 부(좌부방)
戊土	土	院	집, 담장, 마을, 절	원	10	15	阜 阝	3(8)	언덕 부(좌부방)
戊土	土	越	넘다, 초과하다, 경과하다, 빼앗다	월	12		走	7	달릴 주 (赱와 同字)
戊土	土	圍	에워쌀, 포위할, 지키다, 사냥하다	위	12		口	3	에워쌀위(큰입구)
戊土	土	旒	깃발, 면류관 끈	유	13		方	4	모 방
戊土	土	硫	유황	유	12		石	5	돌 석
戊土	土	猶	오히려, 가히, 이미	유	12	13	犭	3(4)	개사슴록(개견)

戊土	土	猷	꾀, 모략, 법칙, 공적, 도리	유	13		犬	4	개 견
戊土	土	囿	동산, 담, 구역, 모이다, 국한되다	유	9		口	3	에워쌀위(큰입구)
戊土	土	戮	죽일, 육시, 욕되다, 죄짓다	육	15		戈	4	창 과
戊土	土	陸	뭍	육	11	16	阜 阝	3(8)	언덕 부(좌부방)
戊土	土	崙	뫼, 산 이름	윤	11		山	3	뫼 산
戊土	土	崘	산 이름, 산이 험한 모양	윤	11		山	3	뫼 산
戊土	土	阭	높다	윤	7	12	阜 阝	3(8)	언덕 부(좌부방)
戊土	土	嵂	가파를, 산 높고 험한 모양	율	12		山	3	뫼 산
戊土	土	隆	성할, 높을, 클	융	12	17	阜 阝	3(8)	언덕 부(좌부방)
戊土	土	戎	병장기, 병거, 군사	융	6		戈	4	창 과
戊土	土	隱	숨을	은	17	22	阜 阝	3(8)	언덕 부(좌부방)
戊土	土	陰	그늘, 음기, 그림자, 세월, 암컷	음	11	16	阜 阝	3(8)	언덕 부(좌부방)
戊土	土	厘	다스릴, 정리할, 개정, 주다	이	9		厂	2	기슭 엄
戊土	土	狸	삵	이	10	11	犭	3(4)	개사슴록(개견)
戊土	土	二	두, 둘째, 두번, 버금	이	2		二	2	두 이
戊土	土	匿	숨기다, 도피할, 숨은 죄	익	11		匸	2	감출 혜
戊土	土	益	더할	익	10		皿	5	그릇 명
戊土	土	隣	이웃	인	15	20	阜 阝	3(8)	언덕 부(좌부방)
戊土	土	獜	튼튼할, 건장할	인	15	16	犭	3(4)	개사슴록(개견)
戊土	土	因	인하다, 말미암다	인	6		口	3	에워쌀위(큰입구)
戊土	土	碄	깊을	임	13		石	5	돌 석
戊土	土	砬	돌소리, 돌무너지는 소리	입	10		石	5	돌 석

戊土	土	瓷	사기그릇, 오지그릇, 질그릇병	자	11		瓦	5	기와 와
戊土	土	磁	자석, 자기	자	14		石	5	돌 석
戊土	土	盞	잔, 술잔, 등잔	잔	13		皿	5	그릇 명
戊土	土	岑	봉우리, 낭떠러지	잠	7		山	3	뫼 산
戊土	土	狀	문서, 편지, 숨기다	장	8		犬	4	개 견
戊土	土	獐	노루	장	14	15	犭	3(4)	개사슴록(개견)
戊土	土	獎	권면하다, 돕다	장	15		犬	4	개 견
戊土	土	再	다시, 두번	재	6		冂	2	멀경 몸
戊土	土	狙	원숭이, 엿보다	저	8	9	犭	3(4)	개사슴록(개견)
戊土	土	猪	돼지, 돼지새끼, 웅덩이, 물이괴다	저	12	13	犭	3(4)	개사슴록(개견)
戊土	土	狄	오랑캐, 악공, 아전, 꿩깃, 사악할	적	7	8	犭	3(4)	개사슴록(개견)
戊土	土	戰	싸움, 전쟁, 경기	전	16		戈	4	창 과
戊土	土	截	끊다, 말잘하다, 다스리다	절	14		戈	4	창 과
戊土	土	岾	땅 이름, 절 이름	점	8		山	3	뫼 산
戊土	土	井	우물	정	4		二	2	두 이
戊土	土	旌	기, 나타내다, 밝히다	정	11		方	4	모 방
戊土	土	碇	닻, 배가 멈추다	정	13		石	5	돌 석
戊土	土	除	덜다, 없애다, 버리다, 제외하다	제	10	15	阜 阝	3(8)	언덕 부(좌부방)
戊土	土	際	즈음, 변두리	제	14	19	阜 阝	3(8)	언덕 부(좌부방)
戊土	土	趙	조나라	조	14		走	7	달릴 주 (赱와 同字)
戊土	土	阻	막히다, 험하다	조	8	13	阜 阝	3(8)	언덕 부(좌부방)
戊土	土	族	겨레, 일가, 친족	족	11		方	4	모 방

戊土	土	猝	갑자기	졸	11	12	犭	3(4)	개사슴록(개견)
戊土	土	走	달리다	주	7		走	7	달릴 주 (赱와 同字)
戊土	土	冑	투구	주	9		冂	2	멀경 몸
戊土	土	峻	높을, 준엄할	준	10		山	3	뫼 산
戊土	土	陖	가파르다, 높이 솟다, 험하다	준	10	15	阜 阝	3(8)	언덕 부(좌부방)
戊土	土	濬	준설하다	준	12		谷	7	골 곡 (산등성이)
戊土	土	甑	시루	증	17		瓦	5	기와 와
戊土	土	之	갈	지	4		ノ	1	삐칠 별
戊土	土	砥	숫돌, 갈다, 수양하다, 평정하다	지	10		石	5	돌 석
戊土	土	至	이를	지	6		至	6	이를 지
戊土	土	厎	숫돌, 갈다, 수양하다, 평정하다	지	7		厂	2	기슭 엄
戊土	土	盡	다하다, 완수하다, 극치에 달함	진	14		皿	5	그릇 명
戊土	土	臻	이르다, 파급될, 모이다, 중첩하다	진	16		至	6	이를 지
戊土	土	辰	수성, 별의 총칭, 다섯째 지지	진	7		辰	7	별 진
戊土	土	陣	진치다, 대열, 싸움	진	10	15	阜 阝	3(8)	언덕 부(좌부방)
戊土	土	陳	베풀	진	11	16	阜 阝	3(8)	언덕 부(좌부방)
戊土	土	嵯	우뚝솟다, 가파르다	차	13		山	3	뫼 산
戊土	土	磋	갈다, 연마하다, 토의하다, 절충할	차	15		石	5	돌 석
戊土	土	硨	옥돌	차	12		石	5	돌 석
戊土	土	巑	산 뾰족할, 높이 솟다, 고상하다	찬	22		山	3	뫼 산
戊土	土	猖	미쳐 날뛰다	창	11	12	犭	3(4)	개사슴록(개견)
戊土	土	砦	진터, 목책, 진치다	채	11		石	5	돌 석

戊土	土	冊册	책, 문서, 꾀, 계획	책	5		冂	2	멀경 몸
戊土	土	戚	친척, 일가, 겨레, 도끼, 근심할	척	11		戈	4	창 과
戊土	土	陟	오르다, 등극하다, 승진하다	척	10	15	阜 阝	3(8)	언덕 부(좌부방)
戊土	土	阡	두렁, 밭두두길, 도로	천	6	11	阜 阝	3(8)	언덕 부(좌부방)
戊土	土	硝	화약, 질산칼륨, 초석	초	12		石	5	돌 석
戊土	土	礁	암초, 숨은 바윗돌	초	17		石	5	돌 석
戊土	土	礎	주춧돌, 기초	초	18		石	5	돌 석
戊土	土	超	뛰어넘다, 뛰다	초	12		走	7	달릴 주 (辵와 同字)
戊土	土	岧	산이 높다, 험준하다	초	8		山	3	뫼 산
戊土	土	崔	성씨, 높다	최	11		山	3	뫼 산
戊土	土	趨	달아나다, 달리다, 뒤쫓다, 취하다	추	17		走	7	달릴 주 (辵와 同字)
戊土	土	趣	뜻, 풍취, 향하다	취	15		走	7	달릴 주 (辵와 同字)
戊土	土	厠	뒷간, 돼지우리, 곁	측	11		厂	2	기슭 엄
戊土	土	峙	언덕, 고개, 우뚝 솟다	치	9		山	3	뫼 산
戊土	土	致	이를	치	10		至	6	이를 지
戊土	土	砧	다듬잇돌, 모탕	침	10		石	5	돌 석
戊土	土	陀	비탈지다, 무너지다, 험하다, 벼랑	타	8	13	阜 阝	3(8)	언덕 부(좌부방)
戊土	土	破	깨뜨릴, 부수다, 망치다, 악곡이름	파	10		石	5	돌 석
戊土	土	阪	언덕, 비탈, 둑	판	7	12	阜 阝	3(8)	언덕 부(좌부방)
戊土	土	狽	이리, 낭패하다, 허둥지중하다	패	10	11	犭	3(4)	개사슴록(개견)
戊土	土	陛	대궐섬돌, 층계, 계급, 품계	폐	10	15	阜 阝	3(8)	언덕 부(좌부방)
戊土	土	圃	채마밭, 농사일	포	10		口	3	에워쌀위(큰입구)

戊土	土	砲	대포, 돌쇠 뇌	포	10		石	5	돌 석
戊土	土	陂	방죽, 연못, 간사하다	피	8	13	阜 阝	3(8)	언덕 부(좌부방)
戊土	土	匹	짝, 배우자, 상대	필	4		匸	2	감출 혜
戊土	土	乏	모자라다, 가난하다	핍	5		丿	1	삐칠 별
戊土	土	厦	문간방, 큰집, 곁방	하	12		厂	2	기슭 엄
戊土	土	碬	숫돌, 돌자갈땅	하	14		石	5	돌 석
戊土	土	限	한정하다, 가지런하다, 지경	한	9	14	阜 阝	3(8)	언덕 부(좌부방)
戊土	土	陷	빠지다, 움푹 패다, 날조하다	함	11	16	阜 阝	3(8)	언덕 부(좌부방)
戊土	土	盒	합(소반뚜껑)	합	11		皿	5	그릇 명
戊土	土	陜	좁다, 땅 이름	합	10	15	阜 阝	3(8)	언덕 부(좌부방)
戊土	土	缸	항아리, 한말들이 질그릇	항	9		缶	6	장군 부
戊土	土	降	항복하다, 화합하다	항	9	14	阜 阝	3(8)	언덕 부(좌부방)
戊土	土	獻	드리다, 바치다	헌	20		犬	4	개 견
戊土	土	險	험하다, 높다, 멀다	험	16	21	阜 阝	3(8)	언덕 부(좌부방)
戊土	土	峴	고개, 재갈	현	10		山	3	뫼 산
戊土	土	晛	한정하다, 한계	현	10	15	阜 阝	3(8)	언덕 부(좌부방)
戊土	土	峽	골짜기, 땅 이름	협	10		山	3	뫼 산
戊土	土	狹	좁다, 경시하다	협	10	11	犭	3(4)	개사슴록(개견)
戊土	土	岵	산, 민둥산, 초목 우거진 산	호	8		山	3	뫼 산
戊土	土	狐	여우, 여우털옷, 부엉이, 의심하다	호	8	9	犭	3(4)	개사슴록(개견)
戊土	土	或	혹은, 존재하다	혹	8		戈	4	창 과
戊土	土	確	굳다, 견고, 확고, 진실, 단단하다	확	15		石	5	돌 석

戊土	土	碻	굳다, 견고, 확고, 진실, 단단하다	확	15		石	5	돌 석
戊土	土	圜	두르다, 에워싸다	환	16		口	3	에워쌀위(큰입구)
戊土	土	猾	교활하다, 침범하다, 희롱하다	활	13	14	犭	3(4)	개사슴록(개견)
戊土	土	豁	뚫린 골짜기, 소통하다, 깨닫다	활	17		谷	7	골 곡 (산등성이)
戊土	土	隍	해자, 산골짜기, 공허하다	황	12	17	阜 阝	3(8)	언덕 부(좌부방)
戊土	土	回	돌아오다, 돌다, 간사하다, 피하다	회	6		口	3	에워쌀위(큰입구)
戊土	土	獪	교활하다, 간교하다, 어지럽다	회	16	17	犭	3(4)	개사슴록(개견)
戊土	土	獲	얻다, 맞히다, 잡다, 여자종	획	17	18	犭	3(4)	개사슴록(개견)
戊土	土	厚	두터울	후	9		厂	2	기슭 엄
戊土	土	屹	산 높을	흘	6		山	3	뫼 산
戊土	土	戲	희롱하다, 놀이하다	희	16		戈	4	창 과
戊土	土	戱	희롱하다, 놀이하다	희	15		戈	4	창 과
己土	土	可	옳을	가	5		口	3	입 구
己土	土	呵	꾸짖을	가	8		口	3	입 구
己土	土	哥	성씨	가	10		口	3	입 구
己土	土	嘉	아름다울	가	14		口	3	입 구
己土	土	哿	옳을	가	10		口	3	입 구
己土	土	各	각각	각	6		口	3	입 구
己土	土	脚	다리	각	11	13	肉 月	4(6)	육달 월
己土	土	肝	간장	간	7	9	肉 月	4(6)	육달 월
己土	土	堪	견딜, 뛰어날	감	12		土	3	흙 토 (제단)
己土	土	甘	달다, 만족	감	5		甘	5	달 감

己土	土	邯	땅 이름, 강 이름	감	8	12	邑 阝	3(7)	고을읍(우부방)
己土	土	甲	첫째	갑	5		田	5	밭 전
己土	土	胛	어깨 뼈	갑	9	11	肉 月	4(6)	육달 월
己土	土	堈	언덕	강	11		土	3	흙 토 (제단)
己土	土	畺	지경(경계)	강	13		田	5	밭 전
己土	土	疆	지경(경계)	강	19		田	5	밭 전
己土	土	塏	높은 땅(건조)	개	13		土	3	흙 토 (제단)
己土	土	坑	구덩이	갱	7		土	3	흙 토 (제단)
己土	土	去	갈	거	5		厶	2	마늘모(사사로울 사)
己土	土	腱	힘줄	건	13	15	肉 月	4(6)	육달 월
己土	土	膈	가슴, 장격, 종틀	격	14	16	肉 月	4(6)	육달 월
己土	土	堅	굳셀, 굳을	견	11		土	3	흙 토 (제단)
己土	土	牽	끌, 이끌	견	11		牛	4	소 우
己土	土	肩	어깨	견	8	10	肉 月	4(6)	육달 월
己土	土	嗛	겸손할, 부족할, 흉년들	겸	13		口	3	입 구
己土	土	坰	들, 국경 근처	경	8		土	3	흙 토 (제단)
己土	土	境	지경	경	14		土	3	흙 토 (제단)
己土	土	脛	정강이, 종아리, 보행, 걸음	경	11	13	肉 月	4(6)	육달 월
己土	土	啓	열릴, 일깨울, 보도할, 사뢰다	계	11		口	3	입 구
己土	土	堺	지경, 경계, 한계	계	12		土	3	흙 토 (제단)
己土	土	界	지경, 경계, 한계	계	9		田	5	밭 전
己土	土	古	옛	고	5		口	3	입 구

己土	土	叩	때릴, 조아리다, 끌어당기다	고	5		口	3	입 구
己土	土	告	고할, 아뢸, 발표할, 고발, 가르칠	고	7		口	3	입 구
己土	土	呱	아이 우는 소리, 새 울음소리	고	8		口	3	입 구
己土	土	羔	새끼양, 흑양	고	10		羊	6	양 양
己土	土	考	생각할, 살필	고	6	8	耂	4(6)	늙을 노
己土	土	股	넓적다리, 정강이	고	8	10	肉 月	4(6)	육달 월
己土	土	膏	기름진, 살진고기, 은혜, 고약	고	14	16	肉 月	4(6)	육달 월
己土	土	哭	울, 곡하다, 노래하다	곡	10		口	3	입 구
己土	土	坤	땅, 괘이름, 왕후, 유순함	곤	8		土	3	흙 토 (제단)
己土	土	空	빌	공	8		穴	5	구멍 혈
己土	土	郭	둘레, 외성	곽	11	15	邑 阝	3(7)	고을읍(우부방)
己土	土	壙	뫼 구덩이, 들판	광	18		土	3	흙 토 (제단)
己土	土	胱	방광	광	10	12	肉 月	4(6)	육달 월
己土	土	塊	덩어리, 흙덩이	괴	13		土	3	흙 토 (제단)
己土	土	咬	깨물다, 새소리	교	9		口	3	입 구
己土	土	喬	높을, 뛰어날, 교만, 교활	교	12		口	3	입 구
己土	土	膠	아교, 달라붙을, 학교 이름	교	15	17	肉 月	4(6)	육달 월
己土	土	郊	들, 야외, 근교, 시골, 교통요충	교	9	13	邑 阝	3(7)	고을읍(우부방)
己土	土	勾	句(구)의 俗字	구	4		勹	2	쌀 포
己土	土	口	압, 어귀, 인구, 입구, 구멍	구	3		口	3	입 구
己土	土	句	글귀, 올가미	구	5		口	3	입 구
己土	土	嘔	토할, 노래할, 감쌀,	구	14		口	3	입 구

己土	土	坵	언덕, 구릉, 무덤, 마을, 산	구	8		土	3	흙 토 (제단)
己土	土	究	연구할, 헤아릴	구	7		穴	5	구멍 혈
己土	土	邱	언덕, 구릉, 무덤,	구	8	12	邑 阝	3(7)	고을읍(우부방)
己土	土	龜	땅이름, 나라이름	구	16		龜	16	거북 귀
己土	土	耉	늙다, 나이 많다, 검버섯, 늙은이	구	9	11	耂	4(6)	늙을 노
己土	土	君	임금, 현자, 남편, 아내, 군자	군	7		口	3	입 구
己土	土	窘	가난, 곤궁, 고생, 괴롭다	군	12		穴	5	구멍 혈
己土	土	群	무리	군	13		羊	6	양 양
己土	土	郡	고을	군	10	14	邑 阝	3(7)	고을읍(우부방)
己土	土	堀	굴, 땅파다, 먼지일다	굴	11		土	3	흙 토 (제단)
己土	土	窟	동굴, 토굴, 움집	굴	13		穴	5	구멍 혈
己土	土	穹	하늘, 활꼴, 궁하다, 깊다, 크다	궁	8		穴	5	구멍 혈
己土	土	窮	극에 달할, 중단, 가난할, 외질	궁	15		穴	5	구멍 혈
己土	土	龜	거북, 등골뼈, 패물, 본뜰	귀	16		龜	16	거북 귀
己土	土	圭	서옥, 홀	규	6		土	3	흙 토 (제단)
己土	土	窺	엿볼, 꾀하다	규	16		穴	5	구멍 혈
己土	土	竅	구멍, 관건, 비결, 요점,	규	18		穴	5	구멍 혈
己土	土	邽	고을 이름, 성씨, 보옥	규	9	13	邑 阝	3(7)	고을읍(우부방)
己土	土	勻	고르게 같다	균	4		勹	2	쌀 포
己土	土	均	고를	균	7		土	3	흙 토 (제단)
己土	土	畇	개간할	균	9		田	5	밭 전
己土	土	龜	터질, 갈라질	균	16		龜	16	거북 귀

己土	土	墐	매흙질할	근	14		土	3	흙 토 (제단)
己土	土	肯	즐길	긍	8	10	肉 月	4(6)	육달 월
己土	土	嗜	즐길, 좋아할	기	13		口	3	입 구
己土	土	器	그릇, 도구, 기관, 존중할	기	16		口	3	입 구
己土	土	圻	畿(기)와 同字	기	7		土	3	흙 토 (제단)
己土	土	基	터	기	11		土	3	흙 토 (제단)
己土	土	埼	갑, 옥 이름	기	11		土	3	흙 토 (제단)
己土	土	己	몸	기	3		己	3	몸 기
己土	土	氣	기운	기	10		气	4	기운기 엄 (雲)
己土	土	畸	뙈기밭, 불구, 병신, 기이할	기	13		田	5	밭 전
己土	土	畿	경기, 경계, 전야	기	15		田	5	밭 전
己土	土	耆	늙을, 즐길, 미워할, 사나울, 어른	기	10		老,耂	6	늙을 로
己土	土	肌	살가죽, 피부	기	6	8	肉 月	4(6)	육달 월
己土	土	吉	길할	길	6		口	3	입 구
己土	土	喫	먹을, 담배피울	끽	12		口	3	입 구
己土	土	喇	나팔, 승려, 말을 급히 하다	나	12		口	3	입 구
己土	土	那	어찌	나	7	11	邑 阝	3(7)	고을읍(우부방)
己土	土	喇	나팔, 승려	나	12		口	3	입 구
己土	土	䏧	성기다, 배지 않다	나	10	12	肉 月	4(6)	육달 월
己土	土	南	남녘	남	9		十	2	열 십
己土	土	男	사내	남	7		田	5	밭 전
己土	土	囊	주머니, 자루	낭	22		口	3	입 구

ㄹ土	土	郎	사내, 남편, 아들, 주인, 벼슬명	낭	9	13	邑 阝	3(7)	고을읍(우부방)
ㄹ土	土	內	안	내	4		入	2	들 입
ㄹ土	土	老	늙을, 노련할, 대접할, 공경할	노	6		老	6	늙을 로
ㄹ土	土	嚧	웃다	노	19		口	3	입 구
ㄹ土	土	壟	밭두렁, 언덕, 구릉, 무덤, 돈대	농	19		土	3	흙 토 (제단)
ㄹ土	土	牢	우리, 감옥, 희생(소, 양, 돼지)	뇌	7		牛	4	소 우
ㄹ土	土	腦	뇌, 뇌수, 머리, 마음, 정신	뇌	13	15	肉 月	4(6)	육달 월
ㄹ土	土	壘	보루, 진, 겹치다, 쌓다	누	18		土	3	흙 토 (제단)
ㄹ土	土	肋	갈빗대, 늑골	늑	6	8	肉 月	4(6)	육달 월
ㄹ土	土	能	능할, 재능있는, ~할 수 있다	능	10	12	肉 月	4(6)	육달 월
ㄹ土	土	膩	기름질, 매끄러울, 싫증, 기름때	니	16	18	肉 月	4(6)	육달 월
ㄹ土	土	單	홑, 오직, 혼자, 정성	단	12		口	3	입 구
ㄹ土	土	壇	제단, 마루, 터	단	16		土	3	흙 토 (제단)
ㄹ土	土	鄲	나라 이름, 현 이름	단	15	19	邑 阝	3(7)	고을읍(우부방)
ㄹ土	土	啖	씹을, 삼킬, 먹일, 싱겁다, 속임	담	11		口	3	입 구
ㄹ土	土	膽	쓸개, 담력, 마음 배짱, 품은 뜻	담	17	19	肉 月	4(6)	육달 월
ㄹ土	土	畓	논, 水田	답	9		田	5	밭 전
ㄹ土	土	唐	당나라	당	10		口	3	입 구
ㄹ土	土	堂	집	당	11		土	3	흙 토 (제단)
ㄹ土	土	塘	연못, 제방	당	13		土	3	흙 토 (제단)
ㄹ土	土	當	마땅, 밑바탕	당	13		田	5	밭 전
ㄹ土	土	垈	집터	대	8		土	3	흙 토 (제단)

己土	土	坮	대, 돈대, 무대, 받침대	대	8		土	3	흙 토 (제단)
己土	土	對	마주할, 대답할, 대조할, 짝	대	14		寸	3	마디 촌
己土	土	堵	담, 담의안, 틀어막다, 악기틀	도	12		土	3	흙 토 (제단)
己土	土	塗	칠할, 지우다, 길	도	13		土	3	흙 토 (제단)
己土	土	導	인도할	도	16		寸	3	마디 촌
己土	土	都	도읍	도	12	16	邑 阝	3(7)	고을읍(우부방)
己土	土	墩	돈대, 흙무더기	독	15		土	3	흙 토 (제단)
己土	土	突	갑자기, 부딪칠, 굴뚝	돌	9		穴	5	구멍 혈
己土	土	同	같을	동	6		口	3	입 구
己土	土	垌	항아리, 단지	동	9		土	3	흙 토 (제단)
己土	土	竇	구멍, 쪽문, 지하, 도랑	두	20		穴	5	구멍 혈
己土	土	臀	볼기, 밑(바닥)	둔	17	19	肉 月	4(6)	육달 월
己土	土	鄧	나라 이름	등	15	19	邑 阝	3(7)	고을읍(우부방)
己土	土	喇	나팔, 승려	라	12		口	3	입 구
己土	土	南	남녘	람	9		十	2	열 십
己土	土	郎	사내, 남편, 아들, 주인, 벼슬명	랑	9	13	邑 阝	3(7)	고을읍(우부방)
己土	土	略	간략할, 생략, 다스릴	략	11		田	5	밭 전
己土	土	兩	두	량	8		入	2	들 입
己土	土	量	헤아릴, 추측할	량	12		里	7	마을 리
己土	土	呂	성씨, 법칙, 음률	려	7		口	3	입 구
己土	土	羚	영양, 큰 뿔	령	11		羊	6	양 양
己土	土	老	늙을, 노련할, 대접할, 공경할	로	6		老,耂	6	늙을 로

己土	土	嚧	웃다	로	19		口	3	입 구
己土	土	壟	밭두렁, 언덕, 구릉, 무덤, 돈대	롱	19		土	3	흙 토 (제단)
己土	土	牢	우리, 감옥, 희생(소, 양, 돼지)	뢰	7		牛	4	소 우
己土	土	壘	보루, 진, 겹치다, 쌓다	루	18		土	3	흙 토 (제단)
己土	土	留	머무를, 정지할, 뒤지다, 지체	류	10		田	5	밭 전
己土	土	肋	늑골, 갈빗대	륵	6	8	肉 月	4(6)	육달 월
己土	土	吏	벼슬아치, 관리, 아전, 벼슬살이	리	6		口	3	입 구
己土	土	唎	가는 소리, 작은 소리	리	10		口	3	입 구
己土	土	犁	밭갈, 검다, 얼룩얼룩, 뒤엎다	리	11		牛	4	소 우
己土	土	羸	파리할, 고달플, 지치다, 괴로울	리	19		羊	6	양 양
己土	土	里	마을	리	7		里	7	마을 리
己土	土	釐	다스릴, 정리할, 개정, 주다	리	18		里	7	마을 리
己土	土	犂	밭갈, 검다, 얼룩얼룩, 뒤엎다	리	12		牛	4	소 우
己土	土	吝	아낄, 인색, 주저	린	7		口	3	입 구
己土	土	鄰	이웃, 보필,	린	15	19	邑 阝	3(7)	고을읍(우부방)
己土	土	膜	꺼풀, 얇은 막, 어루만지다	막	15	17	肉 月	4(6)	육달 월
己土	土	卍	만자(부처가슴에있는길상표시)	만	6		十	2	열 십
己土	土	啪	끝	말	10		口	3	입 구
己土	土	埋	묻다, 감추다, 메우다, 장사지낼	매	10		土	3	흙 토 (제단)
己土	土	脈	줄기, 맥박, 혈관	맥	10	12	肉 月	4(6)	육달 월
己土	土	名	이름	명	6		口	3	입 구
己土	土	命	목숨	명	8		口	3	입 구

己土	土	牟	소 우는 소리, 질냄비	모	6		牛	4	소 우
己土	土	牡	수컷, 양성, 언덕	모	7		牛	4	소 우
己土	土	牧	치다, 다스릴, 기를	목	8		牛	4	소 우
己土	土	畝	이랑, 백평, 밭 넓이	무	10		田	5	밭 전
己土	土	墨	먹, 형벌종류, 그을음,	묵	15		土	3	흙 토 (제단)
己土	土	吻	입술, 입끝, 말투	문	7		口	3	입 구
己土	土	問	물을,문초,방문,찾다,알릴,소식	문	11		口	3	입 구
己土	土	脗	꼭 맞을, 합하다, 입술	문	11	13	肉 月	4(6)	육달 월
己土	土	勿	말다, 아니다, 근심, 분주할	물	4		勹	2	쌀 포
己土	土	物	물건, 만물, 사물, 일, 재물, 종류	물	8		牛	4	소 우
己土	土	味	맛, 기분, 취향, 뜻	미	8		口	3	입 구
己土	土	美	아름다울, 맛나다	미	9		羊	6	양 양
己土	土	博	넓을	박	12		十	2	열 십
己土	土	膊	팔뚝, 건육, 지경, 책살하다	박	14	16	肉 月	4(6)	육달 월
己土	土	半	반	반	5		十	2	열 십
己土	土	畔	밭두렁, 지경, 배반할, 피하다	반	10		田	5	밭 전
己土	土	坊	동네, 집, 가게	방	7		土	3	흙 토 (제단)
己土	土	肪	살찔, 비계, 기름	방	8	10	肉 月	4(6)	육달 월
己土	土	膀	방광, 부풀어 오르다	방	14	16	肉 月	4(6)	육달 월
己土	土	邦	나라	방	7	11	邑 阝	3(7)	고을읍(우부방)
己土	土	昉	본뜨다, 모방, 견주다, 비슷하다	방	7		口	3	입 구
己土	土	培	북돋울, 배양할, 양성할, 불리다	배	11		土	3	흙 토 (제단)

己土	土	背	등, 뒤, 집의 북쪽 간괘, 배자	배	9	11	肉 月	4(6)	육달 월
己土	土	胚	임신할, 시작할, 시초, 반제품	배	9	11	肉 月	4(6)	육달 월
己土	土	番	차례, 횟수, 울타리	번	12		田	5	밭 전
己土	土	壁	벽, 담, 군루, 나성	벽	16		土	3	흙 토 (제단)
己土	土	堡	작은 성, 방죽, 둑, 보전하다	보	12		土	3	흙 토 (제단)
己土	土	報	갚다, 알리다, 대답하다	보	12		土	3	흙 토 (제단)
己土	土	匐	기다, 엎드릴, 무너질	복	11		勹	2	쌀 포
己土	土	腹	배, 속마음, 중심, 전면, 안다	복	13	15	肉 月	4(6)	육달 월
己土	土	封	봉할, 흙을 쌓다, 크다, 가멸다	봉	9		寸	3	마디 촌
己土	土	峯	봉우리	봉	10		土	3	흙 토 (제단)
己土	土	否	아닐, 부정할, 불가, 없다	부	7		口	3	입 구
己土	土	咐	분부할, 불다	부	8		口	3	입 구
己土	土	埠	부두, 선창	부	11		土	3	흙 토 (제단)
己土	土	腐	썩을, 나쁜 냄새, 마음 상하다	부	14	16	肉 月	4(6)	육달 월
己土	土	腑	오장육부, 마음, 충심, 친족	부	12	14	肉 月	4(6)	육달 월
己土	土	膚	피부, 표피, 제육	부	15	17	肉 月	4(6)	육달 월
己土	土	部	떼,집단,마을,관청,분야,부서	부	11	15	邑 阝	3(7)	고을읍(우부방)
己土	土	吩	분부하다, 명령내리다, 뿜다	분	7		口	3	입 구
己土	土	噴	뿜다, 재채기하다, 코골다	분	15		口	3	입 구
己土	土	墳	무덤,언덕,둑,책,나누다,비옥할	분	15		土	3	흙 토 (제단)
己土	土	卑	낮을, 왜소할, 낮출, 겸손, 천할	비	8		十	2	열 십
己土	土	肥	살찌다, 넉넉해지다, 투박하다	비	8	10	肉 月	4(6)	육달 월

己土	土	脾	지라, 넓적다리	비	12	14	肉 月	4(6)	육달 월
己土	土	鄙	더럽다, 천하다, 속되다, 촌스럽다	비	14	18	邑 阝	3(7)	고을읍(우부방)
己土	土	嚬	찡그릴, 하품할, 웃는 모양	빈	19		口	3	입 구
己土	土	牝	암컷, 골짜기	빈	6		牛	4	소 우
己土	土	邠	나라 이름, 성씨	빈	7	11	邑 阝	3(7)	고을읍(우부방)
己土	土	史	역사	사	5		口	3	입 구
己土	土	司	맡을, 수호할, 관아, 마을, 벼슬	사	5		口	3	입 구
己土	土	唆	부추길, 꼬드길, 교사할	사	10		口	3	입 구
己土	土	嗣	잇다, 계승하다, 연습하다, 자손	사	13		口	3	입 구
己土	土	寺	사찰, 마을	사	6		寸	3	마디 촌
己土	土	射	쏘다, 비추다, 추구하다, 헤아릴	사	10		寸	3	마디 촌
己土	土	巳	뱀, 地支, 삼짇날, 자식, 태아, 복	사	3		己	3	몸 기
己土	土	邪	간사할, 사악할	사	7	11	邑 阝	3(7)	고을읍(우부방)
己土	土	參	셋, 인삼, 길다	삼	11		厶	2	마늘모(사사로울 사)
己土	土	商	장사, 헤아릴	상	11		口	3	입 구
己土	土	喪	잃다, 복입다, 죽다, 상제, 망하다	상	12		口	3	입 구
己土	土	嘗	맛볼, 경험, 시험, 체험, 가을제사	상	14		口	3	입 구
己土	土	尙	오히려	상	8		小	3	작을 소
己土	土	塽	높고 밝은 땅	상	14		土	3	흙 토 (제단)
己土	土	塞	변방, 요새, 보루	새	13		土	3	흙 토 (제단)
己土	土	嗇	아낄, 인색, 탐냄, 곡식을 거두다	색	13		口	3	입 구
己土	土	塞	막힐, 막다, 차다	색	13		土	3	흙 토 (제단)

己土	土	牲	희생, 제사에 쓰는소, 가축의 통칭	생	9		牛	4	소 우
己土	土	墅	농막, 별장	서	14		土	3	흙 토 (제단)
己土	土	犀	무소, 무소 뿔	서	12		牛	4	소 우
己土	土	胥	서로, 잠깐, 아전	서	9	11	肉 月	4(6)	육달 월
己土	土	善	착할	선	12		口	3	입 구
己土	土	羨	부러워할, 탐낼	선	13		羊	6	양 양
己土	土	腺	샘	선	13	15	肉 月	4(6)	육달 월
己土	土	膳	선물, 반찬, 생육	선	16	18	肉 月	4(6)	육달 월
己土	土	墡	백토, 좋은 흙	선	15		土	3	흙 토 (제단)
己土	土	城	성, 재, 도읍	성	10		土	3	흙 토 (제단)
己土	土	腥	비리다, 여위다, 날고기, 누리다	성	13	15	肉 月	4(6)	육달 월
己土	土	胜	비리다, 여위다, 날고기, 누리다	성	9	11	肉 月	4(6)	육달 월
己土	土	召	무르다, 초래하다, 알리다	소	5		口	3	입 구
己土	土	嘯	휘파람불다, 읊조리다, 울부짖다	소	16		口	3	입 구
己土	土	塑	흙빚다, 만들다, 토우, 허수아비	소	13		土	3	흙 토 (제단)
己土	土	小	작을	소	3		小	3	작을 소
己土	土	少	적을	소	4		小	3	작을 소
己土	土	邵	땅 이름, 고을 이름, 성씨	소	8	12	邑 阝	3(7)	고을읍(우부방)
己土	土	咲	웃음, 비웃다, 꽃이 피다	소	9		口	3	입 구
己土	土	巽	부드럽다, 유순하다, 사양하다	손	12		己	3	몸 기
己土	土	嗽	기침할, 양치질할	수	14		口	3	입 구
己土	土	垂	드리우다, 쏟다, 베풀다, 전하다	수	8		土	3	흙 토 (제단)

己土	土	羞	부끄러워할, 수줍어할, 겁내다	수	11		羊	6	양 양
己土	土	脩	말린고기, 수양하다, 시들다, 멀다	수	11	13	肉 月	4(6)	육달 월
己土	土	寿	목숨, 수명, 장수, 머리, 별 이름	수	7		寸	3	마디 촌
己土	土	塾	글방, 학당, 과녁	숙	14		土	3	흙 토 (제단)
己土	土	脣	입술, 가장자리	순	11	13	肉 月	4(6)	육달 월
己土	土	膝	무릎	슬	15	17	肉 月	4(6)	육달 월
己土	土	升	되	승	4		十	2	열 십
己土	土	塍	밭두렁, 제방	승	13		土	3	흙 토 (제단)
己土	土	嘶	울다, 흐느끼다, 말이 울다	시	15		口	3	입 구
己土	土	埴	찰흙, 진흙, 점토	식	11		土	3	흙 토 (제단)
己土	土	呻	읊조리다, 앓는 소리를 내다	신	8		口	3	입 구
己土	土	申	거듭, 베풀다, 연장시키다	신	5		田	5	밭 전
己土	土	腎	콩팥, 불알	신	12	14	肉 月	4(6)	육달 월
己土	土	尋	찾을	심	12		寸	3	마디 촌
己土	土	甚	심하다, 사납다, 깊고 두텁다	심	9		甘	5	달 감
己土	土	十	열, 열번, 열배, 전부	십	2		十	2	열 십
己土	土	啞	벙어리, 목쉬다	아	11		口	3	입 구
己土	土	哦	읊조리다	아	10		口	3	입 구
己土	土	堊	흰흙, 백토, 진흙, 색흙, 희게칠함	악	11		土	3	흙 토 (제단)
己土	土	鄂	나라이름, 고을이름, 한계, 놀라다	악	12	16	邑 阝	3(7)	고을읍(우부방)
己土	土	唵	머금다, 움켜 먹다	암	11		口	3	입 구
己土	土	壓	억압하다, 가로막다, 진압하다	압	17		土	3	흙 토 (제단)

己土	土	哀	슬프다, 가엾다, 사랑하다, 喪中	애	9		口	3	입 구
己土	土	埃	티끌, 더러움	애	10		土	3	흙 토 (제단)
己土	土	唉	묻다, 대답하다	애	10		口	3	입 구
己土	土	腋	겨드랑이	액	12	14	肉 月	4(6)	육달 월
己土	土	野	들, 민간, 문밖	야	11		里	7	마을 리
己土	土	埜	들, 민간, 문밖	야	11		土	3	흙 토 (제단)
己土	土	略	간략할, 생략, 다스릴	약	11		田	5	밭 전
己土	土	兩	두	양	8		入	2	들 입
己土	土	量	헤아릴, 추측할	양	12		里	7	마을 리
己土	土	壤	흙덩이, 부드러운 흙, 경작지	양	20		土	3	흙 토 (제단)
己土	土	羊	양, 상서롭다, 배회하다	양	6		羊	6	양 양
己土	土	唹	고요히 웃다	어	11		口	3	입 구
己土	土	臆	가슴, 가슴뼈, 마음, 생각	억	17	19	肉 月	4(6)	육달 월
己土	土	堰	둑, 방죽, 보	언	12		土	3	흙 토 (제단)
己土	土	嚴	엄할	엄	20		口	3	입 구
己土	土	呂	성씨, 법칙, 음률	여	7		口	3	입 구
己土	土	域	지경, 구역, 나라, 땅 가장자리	역	11		土	3	흙 토 (제단)
己土	土	嚥	삼키다, 마시다	연	19		口	3	입 구
己土	土	堧	빈터	연	12		土	3	흙 토 (제단)
己土	土	咽	목메다, 막히다	열	9		口	3	입 구
己土	土	羚	영양, 큰 뿔	영	11		羊	6	양 양
己土	土	塋	무덤, 산소, 장지, 매장하다	영	13		土	3	흙 토 (제단)

己土	土	咏	읊다, 노래하다, 시를 짓다	영	8		口	3	입 구
己土	土	埶	재주, 기예, 법도, 학문, 심다	예	11		土	3	흙 토 (제단)
己土	土	堄	성 위 낮게 쌓은 담	예	11		土	3	흙 토 (제단)
己土	土	午	낮	오	4		十	2	열 십
己土	土	吾	나	오	7		口	3	입 구
己土	土	吳	성씨, 나라 이름	오	7		口	3	입 구
己土	土	嗚	슬프다, 흐느껴 울다, 탄식하다	오	13		口	3	입 구
己土	土	塢	둑, 제방, 마을	오	13		土	3	흙 토 (제단)
己土	土	墺	물가, 뭍	오	16		土	3	흙 토 (제단)
己土	土	壅	막다, 가리다, 북돋우다	옹	16		土	3	흙 토 (제단)
己土	土	邕	막히다, 화하다, 화락하다, 막다	옹	10	14	邑 阝	3(7)	고을읍(우부방)
己土	土	窩	움집, 집, 굴, 별장	와	14		穴	5	구멍 혈
己土	土	窪	웅덩이, 맑은 물	와	14		穴	5	구멍 혈
己土	土	脘	밥통, 위,	완	11	13	肉 月	4(6)	육달 월
己土	土	腕	팔뚝, 팔목, 팔	완	12	14	肉 月	4(6)	육달 월
己土	土	垸	칠하다, 굴러가다, 제방, 둑	완	10		土	3	흙 토 (제단)
己土	土	畏	두려워할, 경외할, 꺼릴, 조심할	외	9		田	5	밭 전
己土	土	凹	오목하다, 팬 곳	요	5		凵	2	입벌릴 감
己土	土	窈	고요하다, 얌전하다, 아름답다	요	10		穴	5	구멍 혈
己土	土	窯	기와가마, 오지그릇, 기와굽다	요	15		穴	5	구멍 혈
己土	土	腰	허리, 신장, 중요한 곳	요	13	15	肉 月	4(6)	육달 월
己土	土	埇	길돋우다, 골목길	용	10		土	3	흙 토 (제단)

己土	土	墉	담, 담장, 보루, 벽	용	14		土	3	흙 토 (제단)
己土	土	右	오른	우	5		口	3	입 구
己土	土	牛	소	우	4		牛	4	소 우
己土	土	郵	우편, 역말, 오두막집, 허물	우	11	15	邑 阝	3(7)	고을읍(우부방)
己土	土	堣	모퉁이, 구석, 땅 이름	우	12		土	3	흙 토 (제단)
己土	土	圩	오목할, 물가, 제방	우	6		土	3	흙 토 (제단)
己土	土	邘	땅 이름	우	6	10	邑 阝	3(7)	고을읍(우부방)
己土	土	郁	성하다, 울창할, 향기롭다	욱	9	13	邑 阝	3(7)	고을읍(우부방)
己土	土	篔	떨어지다, 추락하다, 구름이 일다	운	15		穴	5	구멍 혈
己土	土	員	인원, 수효, 관원	원	10		口	3	입 구
己土	土	垣	담	원	9		土	3	흙 토 (제단)
己土	土	尉	벼슬, 편안히 할, 위로하다	위	11		寸	3	마디 촌
己土	土	胃	밥통, 마음, 별 이름, 말하다	위	9	11	肉 月	4(6)	육달 월
己土	土	留	머무를, 정지할, 뒤지다, 지체	유	10		田	5	밭 전
己土	土	兪	대답할, 보답할, 수긍할, 편안할	유	9		入	2	들 입
己土	土	唯	오직, 생각하다	유	11		口	3	입 구
己土	土	喩	깨우치다, 가르쳐 주다, 비유하다	유	12		口	3	입 구
己土	土	由	말미암을	유	5		田	5	밭 전
己土	土	堉	기름진 땅	육	11		土	3	흙 토 (제단)
己土	土	肉	고기, 살, 몸, 혈연	육	6	8	肉 月	4(6)	육달 월
己土	土	育	기르다, 자라다, 어리다, 낳다	육	8	10	肉 月	4(6)	육달 월
己土	土	胤	자손, 맏, 맏아들, 잇다, 계승하다	윤	9	11	肉 月	4(6)	육달 월

己土	土	垠	지경, 땅끝, 가장자리, 벼랑, 형상	은	9		土	3	흙 토 (제단)
己土	土	听	웃다, 입크다, 논쟁하다,	은	7		口	3	입 구
己土	土	圪	흙더미가 우뚝하다	을	6		土	3	흙 토 (제단)
己土	土	吟	읊다, 신음할, 탄식할, 취주하다	음	7		口	3	입 구
己土	土	邑	고을, 마을, 도읍	읍	7	11	邑 阝	3(7)	고을읍(우부방)
己土	土	膺	가슴, 흉부, 마음	응	17	19	肉 月	4(6)	육달 월
己土	土	義	옳을	의	13		羊	6	양 양
己土	土	吏	벼슬아치, 관리, 아전, 벼슬살이	이	6		口	3	입 구
己土	土	唎	가는 소리, 작은 소리	이	10		口	3	입 구
己土	土	犁	밭갈, 검다, 얼룩얼룩, 뒤엎다	이	11		牛	4	소 우
己土	土	羸	파리할, 고달플, 지치다, 괴로울	이	19		羊	6	양 양
己土	土	里	마을	이	7		里	7	마을 리
己土	土	釐	다스릴, 정리할, 개정, 주다	이	18		里	7	마을 리
己土	土	已	이미, 벌써, 매우	이	3		己	3	몸 기
己土	土	異	다르다, 기이할, 뛰어날, 진귀할	이	11		田	5	밭 전
己土	土	犂	밭갈, 검다, 얼룩얼룩, 뒤엎다	이	12		牛	4	소 우
己土	土	胹	힘줄이 질기다	이	10	12	肉 月	4(6)	육달 월
己土	土	吝	아낄, 인색, 주저	인	7		口	3	입 구
己土	土	鄰	이웃, 보필,	인	15	19	邑 阝	3(7)	고을읍(우부방)
己土	土	咽	목구멍, 목, 북을 치다	인	9		口	3	입 구
己土	土	氤	기운어리다, 천지기운, 기운성하다	인	10		气	4	기운기 엄 (雲)
己土	土	牣	차다, 충만할, 살찌다, 더하다	인	7		牛	4	소 우

己土	土	入	들다, 들이다	입	2		入	2	들 입
己土	土	卄	스물, 이십	입	3		十	2	열 십
己土	土	咨	묻다, 상의하다, 꾀하다, 탄식하다	자	9		口	3	입 구
己土	土	者	놈, 사람, 무리	자	9	11	耂	4(6)	늙을 노
己土	土	勺	구기, 잔, 피리	작	3		勹	2	쌀 포
己土	土	嚼	씹다, 맛보다, 술을 강권하다	작	21		口	3	입 구
己土	土	場	마당, 구획, 시기, 논밭, 들판	장	12		土	3	흙 토 (제단)
己土	土	墻	담장, 경계, 담을 치다	장	16		土	3	흙 토 (제단)
己土	土	將	장수	장	11		寸	3	마디 촌
己土	土	腸	창자, 마음, 충심	장	13	15	肉 月	4(6)	육달 월
己土	土	臟	오장, 내장	장	22	24	肉 月	4(6)	육달 월
己土	土	将	장수, 인솔자, 장차	장	10		寸	3	마디 촌
己土	土	哉	어조사, 비롯할, 처음, 재난, 재앙	재	9		口	3	입 구
己土	土	在	있을	재	6		土	3	흙 토 (제단)
己土	土	齋	목욕재계할, 공경할, 집, 방	재	17		齊	14	가지런할 제
己土	土	齎	가져올, 가져갈, 증여하다	재	21		齊	14	가지런할 제
己土	土	咀	씹다, 맛보다, 저주하다	저	8		口	3	입 구
己土	土	邸	집, 관저, 주막, 곳집, 사제, 근저	저	8	12	邑 阝	3(7)	고을읍(우부방)
己土	土	吊	이르다, 도달하다	적	6		口	3	입 구
己土	土	全	전부	전	6		入	2	들 입
己土	土	塡	메우다,박아넣다,순종하다,채우다	전	13		土	3	흙 토 (제단)
己土	土	塼	벽돌, 땅 이름	전	14		土	3	흙 토 (제단)

己土	土	專	오로지, 홀로, 독점하다, 권세많을	전	11		寸	3	마디 촌
己土	土	田	밭	전	5		田	5	밭 전
己土	土	甸	경기, 구역, 들판	전	7		田	5	밭 전
己土	土	竊	훔치다, 도둑, 남몰래	절	22		穴	5	구멍 혈
己土	土	呈	드리다,바치다,한도,한정,청원서	정	7		口	3	입 구
己土	土	町	밭두둑, 경작지	정	7		田	5	밭 전
己土	土	穽	함정, 구덩이	정	9		穴	5	구멍 혈
己土	土	鄭	나라 이름	정	15	19	邑 阝	3(7)	고을읍(우부방)
己土	土	埩	밭갈다	정	11		土	3	흙 토 (제단)
己土	土	啼	울다, 울부짖다	제	12		口	3	입 구
己土	土	堤	방죽	제	12		土	3	흙 토 (제단)
己土	土	臍	배꼽	제	18	20	肉 月	4(6)	육달 월
己土	土	齊	가지런하다, 단정하다, 재빠르다	제	14		齊	14	가지런할 제
己土	土	嘲	비웃다, 조롱하다	조	15		口	3	입 구
己土	土	窕	으늑하다, 조용하다, 한가하다	조	11		穴	5	구멍 혈
己土	土	尊	높다, 공경하다	존	12		寸	3	마디 촌
己土	土	卒	마치다, 죽다, 끝내다	졸	8		十	2	열 십
己土	土	腫	종기, 부스럼	종	13	15	肉 月	4(6)	육달 월
己土	土	坐	앉다, 대질하다	좌	7		土	3	흙 토 (제단)
己土	土	呪	빌다, 기원하다, 저주하다	주	8		口	3	입 구
己土	土	周	두루	주	8		口	3	입 구
己土	土	嗾	부추기다	주	14		口	3	입 구

己土	土	疇	이랑, 삼밭, 무리, 세습, 짝	주	19		田	5	밭 전
己土	土	邾	나라 이름, 고을명	주	9	13	邑 阝	3(7)	고을읍(우부방)
己土	土	埈	높다, 가파를	준	10		土	3	흙 토 (제단)
己土	土	畯	농부, 농신, 준걸, 출중	준	12		田	5	밭 전
己土	土	埻	과녁, 법, 표준	준	11		土	3	흙 토 (제단)
己土	土	重	무거울	중	9		里	7	마을 리
己土	土	增	더할	증	15		土	3	흙 토 (제단)
己土	土	只	다만	지	5		口	3	입 구
己土	土	咫	여덟치, 길이, 짧다	지	9		口	3	입 구
己土	土	地	땅	지	6		土	3	흙 토 (제단)
己土	土	址	터, 기슭, 주춧돌	지	7		土	3	흙 토 (제단)
己土	土	肢	팔다리, 사지, 수족	지	8	10	肉 月	4(6)	육달 월
己土	土	脂	기름, 입술연지, 진, 두달 난 태아	지	10	12	肉 月	4(6)	육달 월
己土	土	吱	가는 소리, 헐떡이며 가는 모양	지	7		口	3	입 구
己土	土	塡	진정할, 오래되다, 누르다, 다하다	진	13		土	3	흙 토 (제단)
己土	土	唇	놀라다	진	10		口	3	입 구
己土	土	嗔	성내다, 책망할	진	13		口	3	입 구
己土	土	塵	티끌, 시간, 더럽히다	진	14		土	3	흙 토 (제단)
己土	土	畛	논두둑, 지경	진	10		田	5	밭 전
己土	土	叱	꾸짖다, 욕하다	질	5		口	3	입 구
己土	土	窒	막다, 막히다, 멈추다	질	11		穴	5	구멍 혈
己土	土	膣	음도, 음문, 새살돋다	질	15	17	肉 月	4(6)	육달 월

己土	土	執	잡다, 가지다, 처리하다, 두려워할	집	11		土	3	흙 토 (제단)
己土	土	嗟	탄식하다, 감탄하다, 갑작스럽게	차	13		口	3	입 구
己土	土	窄	좁다, 축소시키다, 곤궁하다	착	10		穴	5	구멍 혈
己土	土	竄	숨다, 달아나다, 숨기다, 내치다	찬	18		穴	5	구멍 혈
己土	土	參	참여하다, 가지런하다, 섞이다	참	11		厶	2	마늘모(사사로울 사)
己土	土	塹	구덩이, 땅파다	참	14		土	3	흙 토 (제단)
己土	土	唱	노래부를, 선창, 인도하다	창	11		口	3	입 구
己土	土	窓	창, 창문, 지게문	창	11		穴	5	구멍 혈
己土	土	脹	붓다, 부풀다	창	12	14	肉 月	4(6)	육달 월
己土	土	埰	사패지, 영지, 무덤	채	11		土	3	흙 토 (제단)
己土	土	脊	등마루, 등골뼈	척	10	12	肉 月	4(6)	육달 월
己土	土	坧	터, 기지	척	8		土	3	흙 토 (제단)
己土	土	墌	터, 기지, 터닦다	척	14		土	3	흙 토 (제단)
己土	土	千	일천, 밭두렁, 초목이 무성함	천	3		十	2	열 십
己土	土	喘	숨차다, 헐떡일, 기침병, 숨, 호흡	천	12		口	3	입 구
己土	土	穿	뚫다, 꿰뚫다, 개통하다, 통과	천	9		穴	5	구멍 혈
己土	土	凸	볼록할, 가운데가 볼록하다	철	5		凵	2	입벌릴 감
己土	土	哲	밝을	철	10		口	3	입 구
己土	土	喆	밝을	철	12		口	3	입 구
己土	土	尖	뾰족하다, 거칠다, 꼭대기, 끝	첨	6		小	3	작을 소
己土	土	甛	달다, 곤히 자다	첨	11		甘	5	달 감
己土	土	甜	달다, 곤히 자다	첨	11		甘	5	달 감

ㄹ土	土	堞	성가퀴(성위낮은담)	첩	12		土	3	흙 토 (제단)
ㄹ土	土	疊	거급, 겹쳐지다	첩	22		田	5	밭 전
ㄹ土	土	哨	망보다, 경계하다, 작다, 날카롭다	초	10		口	3	입 구
ㄹ土	土	肖	닮다, 모양이 같다, 본받다	초	7	9	肉 月	4(6)	육달 월
ㄹ土	土	囑	부탁, 당부하다	촉	24		口	3	입 구
ㄹ土	土	寸	마디	촌	3		寸	3	마디 촌
ㄹ土	土	邨	마음, 시골, 촌스럽다, 꾸밈없다	촌	7	11	邑 阝	3(7)	고을읍(우부방)
ㄹ土	土	塚	무덤, 산꼭대기, 봉토, 언덕	총	13		土	3	흙 토 (제단)
ㄹ土	土	墜	떨어지다, 부수다	추	15		土	3	흙 토 (제단)
ㄹ土	土	鄒	추나라, 마을	추	13	17	邑 阝	3(7)	고을읍(우부방)
ㄹ土	土	畜	짐승, 개간한밭, 쌓다, 모으다	축	10		田	5	밭 전
ㄹ土	土	出	나다, 낳다, 나가다, 떠나다	출	5		凵	2	입벌릴 감
ㄹ土	土	膵	췌장, 이자	췌	16	18	肉 月	4(6)	육달 월
ㄹ土	土	吹	입김불다, 과장하다, 부추기다	취	7		口	3	입 구
ㄹ土	土	嘴	부리, 주둥이, 사물의 뾰족한 끝	취	16		口	3	입 구
ㄹ土	土	脆	연하다, 가볍다, 무르다, 부드럽다	취	10	12	肉 月	4(6)	육달 월
ㄹ土	土	嗤	비웃다, 웃다, 미련하다, 어리석다	치	13		口	3	입 구
ㄹ土	土	咤	꾸짖다, 개탄하다, 입맛 다시다	타	9		口	3	입 구
ㄹ土	土	唾	침, 침뱉다, 토하다	타	11		口	3	입 구
ㄹ土	土	墮	떨어지다, 탈락하다, 태만하다	타	15		土	3	흙 토 (제단)
ㄹ土	土	卓	높을	탁	8		十	2	열 십
ㄹ土	土	啄	쪼다, 똑똑 두느리나	탁	11		口	3	입 구

己土	土	坼	터지다, 열다, 싹트다, 허물다	탁	8		土	3	흙 토 (제단)
己土	土	呑	삼킬	탄	7		口	3	입 구
己土	土	嘆	탄식하다, 읊다	탄	14		口	3	입 구
己土	土	坦	평탄할	탄	8		土	3	흙 토 (제단)
己土	土	脫	벗다, 벗어나다, 사면하다, 풀다	탈	11	13	肉 月	4(6)	육달 월
己土	土	脱	벗다, 벗어나다, 사면하다, 풀다	탈	11	13	肉 月	4(6)	육달 월
己土	土	塔	탑, 층집, 절	탑	13		土	3	흙 토 (제단)
己土	土	台	별 이름	태	5		口	3	입 구
己土	土	胎	아이배다, 기르다, 태아, 태반	태	9	11	肉 月	4(6)	육달 월
己土	土	邰	나라이름, 성씨	태	8	12	邑 阝	3(7)	고을읍(우부방)
己土	土	垞	사람 이름	택	9		土	3	흙 토 (제단)
己土	土	吐	토하다, 털어놓다	토	6		口	3	입 구
己土	土	土	흙, 땅, 토양, 육지	토	3		土	3	흙 토 (제단)
己土	土	堆	쌓다, 놓다, 흙무더기, 언덕	퇴	11		土	3	흙 토 (제단)
己土	土	腿	넓적다리, 다리살	퇴	14	16	肉 月	4(6)	육달 월
己土	土	特	특별할, 뛰어날, 수컷, 희생동물	특	10		牛	4	소 우
己土	土	坡	언덕, 고개, 비탈	파	8		土	3	흙 토 (제단)
己土	土	巴	꼬리, 땅이름, 뱀	파	4		己	3	몸 기
己土	土	坂	언덕, 비탈, 둑	판	7		土	3	흙 토 (제단)
己土	土	叭	입벌리다, 나팔	팔	5		口	3	입 구
己土	土	唄	염불소리, 찬불	패	10		口	3	입 구
己土	土	膨	배부르다, 부풀다	팽	16	18	肉 月	4(6)	육달 월

己土	土	坪	평평할	평	8		土	3	흙 토 (제단)
己土	土	吠	개가 짖다, 욕하다	폐	7		口	3	입 구
己土	土	肺	허파, 마음, 충심	폐	8	10	肉 月	4(6)	육달 월
己土	土	包	싸다, 감싸다, 꾸러미	포	5		勹	2	쌀 포
己土	土	匍	기어가다, 갈다	포	9		勹	2	쌀 포
己土	土	匏	박, 바가지, 악기명	포	11		勹	2	쌀 포
己土	土	咆	고함지르다	포	8		口	3	입 구
己土	土	哺	먹다, 먹이다, 음식물	포	10		口	3	입 구
己土	土	胞	세포, 포자, 배, 태보, 자궁	포	9	11	肉 月	4(6)	육달 월
己土	土	脯	말린 고기포, 말린 과실	포	11	13	肉 月	4(6)	육달 월
己土	土	品	물건, 물품, 등급, 품격, 품계, 법	품	9		口	3	입 구
己土	土	畢	마칠	필	11		田	5	밭 전
己土	土	嘏	크다, 장대하다, 복받다	하	14		口	3	입 구
己土	土	呀	입딱벌리다, 높이 솟다, 휑하다	하	7		口	3	입 구
己土	土	嚇	웃음소리, 감탄사, 웃다	하	17		口	3	입 구
己土	土	嗃	엄하다	학	13		口	3	입 구
己土	土	壑	산골짜기, 도랑	학	17		土	3	흙 토 (제단)
己土	土	函	함, 상자, 갑옷	함	8		凵	2	입벌릴 감
己土	土	含	머금을	함	7		口	3	입 구
己土	土	咸	다	함	9		口	3	입 구
己土	土	啣	재갈을 머금다, 물다, 받들다	함	11		口	3	입 구
己土	土	喊	소리지다, 입나불나, 음식맛보다	함	12		口	3	입 구

己土	土	合	합할	합	6		口	3	입 구
己土	土	哈	물고기많은모양, 웃는소리, 마시다	합	9		口	3	입 구
己土	土	巷	거리, 시가, 문 밖	항	9		己	3	몸 기
己土	土	肛	항문, 배가 뚱뚱하다	항	7	9	肉 月	4(6)	육달 월
己土	土	咳	어린아이가 웃다, 포괄하다, 기침	해	9		口	3	입 구
己土	土	垓	지경, 수비, 층계	해	9		土	3	흙 토 (제단)
己土	土	咍	비웃을, 조소할, 즐길, 기뻐할	해	8		口	3	입 구
己土	土	向	향하다, 나아가다, 길잡다	향	6		口	3	입 구
己土	土	嚮	향하다, 길잡다	향	19		口	3	입 구
己土	土	鄕	고향	향	13	17	邑 阝	3(7)	고을읍(우부방)
己土	土	噓	불다, 울다, 거짓말하다	허	15		口	3	입 구
己土	土	墟	터, 언덕, 구렁, 시장	허	15		土	3	흙 토 (제단)
己土	土	呟	소리	현	8		口	3	입 구
己土	土	穴	구멍, 동굴, 구덩이	혈	5		穴	5	구멍 혈
己土	土	協	화할	협	8		十	2	열 십
己土	土	脅	위협하다, 으르다, 겨드랑이	협	10	12	肉 月	4(6)	육달 월
己土	土	脇	위협하다, 으르다, 겨드랑이	협	10	12	肉 月	4(6)	육달 월
己土	土	型	모형, 거푸집, 모범	형	9		土	3	흙 토 (제단)
己土	土	邢	성씨, 나라 이름	형	7	11	邑 阝	3(7)	고을읍(우부방)
己土	土	呼	부르다,내쉬다,호통치다,슬프다	호	8		口	3	입 구
己土	土	壕	해자, 도랑	호	17		土	3	흙 토 (제단)
己土	土	胡	되, 수염, 턱밑살	호	9	11	肉 月	4(6)	육달 월

己土	土	犒	호궤하다, 맛좋은 음식	호	14		牛	4	소 우
己土	土	哄	떠들썩하다, 크게 웃다, 진작하다	홍	9		口	3	입 구
己土	土	和	화목할	화	8		口	3	입 구
己土	土	畵	그림	화	13		田	5	밭 전
己土	土	喚	부르다, 소환하다, 외치다	환	12		口	3	입 구
己土	土	堭	당집, 전각, 해자	황	12		土	3	흙 토 (제단)
己土	土	黃	누렇다, 누런빛, 황금	황	12		黃	12	누를 황
己土	土	膾	회, 회치다, 얇게 썰다	회	17	19	肉 月	4(6)	육달 월
己土	土	哮	성내다, 울부짖다, 천식, 해수병	효	10		口	3	입 구
己土	土	嚆	울리다, 소리나다, 울다, 외치다	효	17		口	3	입 구
己土	土	肴	안주, 고기안주, 육효, 섞이다	효	8	10	肉 月	4(6)	육달 월
己土	土	窙	높은 기운, 기운이 올라 찌다	효	12		穴	5	구멍 혈
己土	土	后	뒤,곁,아랫사람,임금,신령,왕후	후	6		口	3	입 구
己土	土	吼	울부짖다, 아우성치다, 설법하다	후	7		口	3	입 구
己土	土	喉	목구멍, 목, 요긴한 곳, 요충지	후	12		口	3	입 구
己土	土	嗅	냄새맡다	후	13		口	3	입 구
己土	土	垕	두텁다, 후하다, 두껍다, 짙다	후	9		土	3	흙 토 (제단)
己土	土	堠	돈대, 흙성, 망대	후	12		土	3	흙 토 (제단)
己土	土	塤	질나발	훈	13		土	3	흙 토 (제단)
己土	土	壎	질나발	훈	17		土	3	흙 토 (제단)
己土	土	喧	지껄이다, 떠들썩하다, 시끄럽다	훤	12		口	3	입 구
己土	土	卉	풀, 초목, 많다	훼	5		十	2	열 십

己土	土	喙	부리, 주둥이, 입, 뾰족한 끝	훼	12		口	3	입 구
己土	土	畦	밭두둑, 지경, 쉰 이랑	휴	11		田	5	밭 전
己土	土	凶	흉하다, 흉악하다, 해치다	흉	4		凵	2	입벌릴 감
己土	土	匈	오랑캐, 가슴, 떠들썩하다	흉	6		勹	2	쌀 포
己土	土	胸	가슴, 마음, 뜻, 의지, 도량, 속	흉	10	12	肉 月	4(6)	육달 월
己土	土	吃	말더듬다, 머뭇거리다, 어눌하다	흘	6		口	3	입 구
己土	土	吸	마시다, 숨 들이쉬다, 끌다	흡	7		口	3	입 구
己土	土	喜	기쁠	희	12		口	3	입 구
己土	土	噫	한숨쉬다, 탄식하다, 느끼다	희	16		口	3	입 구
己土	土	囍	쌍희	희	22		口	3	입 구
己土	土	犧	희생, 짐승	희	20		牛	4	소 우
己土	土	羲	복희씨, 사람명	희	16		羊	6	양 양
己土	土	甫	클	보	7		用	5	쓸 용
己土	土	用	쓸	용	5		用	5	쓸 용
己土	土	甬	길, 휘, 섬, 땅 이름	용	7		用	5	쓸 용
甲木	木	痢	설사, 이질, 곱똥	리	12		疒	5	병질 엄
甲木	木	籬	울타리, 대나무	리	25		竹	6	대나무 죽
庚金	金	街	거리	가	12		行	6	다닐 행
庚金	金	揀	가릴, 분별할	간	12	13	扌手	3(4)	재 방 (손 수)
庚金	金	敢	굳셀, 감행할	감	12		攵	4	칠 복, 글월 문
庚金	金	改	고칠	개	7		攵	4	칠 복, 글월 문
庚金	金	拒	막을	거	8	9	扌手	3(4)	재 방 (손 수)

庚金	金	据	근거, 근원	거	11	12	扌手	3(4)	재 방 (손 수)
庚金	金	據	의거할	거	16	17	扌手	3(4)	재 방 (손 수)
庚金	金	擧	들	거	18		手	4	손 수
庚金	金	建	세우다, 일으키다, 아뢰다, 열쇠	건	10	13	辶辵	4(7)	책받침, 쉬엄쉬엄갈 착
庚金	金	迲	갈	겁	9	12	辶辵	4(7)	책받침, 쉬엄쉬엄갈 착
庚金	金	揭	높이 들	게	12	13	扌手	3(4)	재 방 (손 수)
庚金	金	擊	칠, 공격할, 마주볼, 지탱할	격	17		手	4	손 수
庚金	金	遣	보낼, 파견할, 떨쳐 버리다	견	14	17	辶辵	4(7)	책받침, 쉬엄쉬엄갈 착
庚金	金	抉	도려낼, 폭로할	결	7	8	扌手	3(4)	재 방 (손 수)
庚金	金	擎	들다, 받들다, 높다, 우뚝 솟다	경	17		手	4	손 수
庚金	金	敬	공경할	경	13		攵	4	칠 복, 글월 문
庚金	金	耕	밭갈	경	10		耒	6	쟁기 뢰
庚金	金	逕	좁은 길, 지나다	경	11	14	辶辵	4(7)	책받침, 쉬엄쉬엄갈 착
庚金	金	拷	때리다, 두드릴, 도려낼, 약탈할	고	9	10	扌手	3(4)	재 방 (손 수)
庚金	金	攷	생각할, 헤아릴	고	6		攵	4	칠 복, 글월 문
庚金	金	故	도리, 사리, 교우	고	9		攵	4	칠 복, 글월 문
庚金	金	敲	두드릴	고	14		攴	4	칠 복
庚金	金	鼓	북, 맥박, 시보, 치다, 두드리다	고	13		鼓	13	북 고
庚金	金	拱	팔짱 낄, 아무 일도 하지않는 모양	공	9	10	扌手	3(4)	재 방 (손 수)
庚金	金	控	당길, 던질, 두드릴, 급할, 위급	공	11	12	扌手	3(4)	재 방 (손 수)
庚金	金	攻	칠, 때릴, 공격, 다스리다, 닦다	공	7		攵	4	칠 복, 글월 문
庚金	金	鞏	굳을, 묶다, 나라, 고을 이름	공	15		革	9	가죽 혁

庚金	金	過	지날, 경과, 왕래, 초과, 넘칠	과	13	16	辶辵	4(7)	책받침, 쉬엄쉬엄갈 착
庚金	金	括	묶다, 담다, 찾다, 궁구, 모일	괄	9	10	扌手	3(4)	재 방 (손 수)
庚金	金	适	빠를, 신속, 사람 이름	괄	10	13	辶辵	4(7)	책받침, 쉬엄쉬엄갈 착
庚金	金	掛	걸다, 입다, 나누다, 도모하다	괘	11	12	扌手	3(4)	재 방 (손 수)
庚金	金	敎	가르칠, 본받을	교	11		攵	4	칠 복, 글월 문
庚金	金	拘	잡을, 체포, 굽힐, 단속	구	8	9	扌手	3(4)	재 방 (손 수)
庚金	金	救	구원할, 치료할	구	11		攵	4	칠 복, 글월 문
庚金	金	衢	네거리, 갈림길, 갈行	구	24		行	6	다닐 행
庚金	金	逑	짝, 모으다	구	11	14	辶辵	4(7)	책받침, 쉬엄쉬엄갈 착
庚金	金	鞠	가죽공, 국화, 성씨, 궁핍, 국문	국	17		革	9	가죽 혁
庚金	金	鞫	국문, 심문, 곤궁, 양육	국	18		革	9	가죽 혁
庚金	金	掘	파다, 우뚝솟다	굴	11	12	扌手	3(4)	재 방 (손 수)
庚金	金	拳	주먹, 권법, 힘	권	10		手	4	손 수
庚金	金	捲	거둘, 감아말다, 힘쓸, 용기내다	권	11	12	扌手	3(4)	재 방 (손 수)
庚金	金	揆	헤아릴, 법도, 계략, 벼슬	규	12	13	扌手	3(4)	재 방 (손 수)
庚金	金	逵	길거리, 한길, 물속 길	규	12	15	辶辵	4(7)	책받침, 쉬엄쉬엄갈 착
庚金	金	近	가까울	근	8	11	辶辵	4(7)	책받침, 쉬엄쉬엄갈 착
庚金	金	擒	사로잡을	금	16	17	扌手	3(4)	재 방 (손 수)
庚金	金	扱	이를, 취급할, 거두다.	급	7	8	扌手	3(4)	재 방 (손 수)
庚金	金	技	재주, 재능	기	7	8	扌手	3(4)	재 방 (손 수)
庚金	金	朞	돌(1주년), 기복	기	12		月	4	달 월
庚金	金	期	기약할	기	12		月	4	달 월

庚金	金	耭	논밭을 갈다	기	18		耒	6	쟁기 뢰
庚金	金	拮	바쁘게 일할, 맞서다, 겨루다	길	9	10	扌手	3(4)	재 방 (손 수)
庚金	金	拏	붙잡을, 뒤섞다	나	9		手	4	손 수
庚金	金	拿	붙잡다, 점령, 장악, 부담하다	나	10		手	4	손 수
庚金	金	邏	순찰, 돌다, 막다, 차단하다	나	23	26	辶辵	4(7)	책받침, 쉬엄쉬엄갈 착
庚金	金	挐	붙잡을	나	10		手	4	손 수
庚金	金	挪	옮길, 流用하다	나	10	11	扌手	3(4)	재 방 (손 수)
庚金	金	拏	붙잡을, 체포할	나	9		手	4	손 수
庚金	金	邏	순찰, 순행, 차단	나	23	26	辶辵	4(7)	책받침, 쉬엄쉬엄갈 착
庚金	金	摞	정돈할, 포개쌓을	나	14	15	扌手	3(4)	재 방 (손 수)
庚金	金	捏	꾸밀, 반죽할, 붙잡을, 억누르다	날	10	11	扌手	3(4)	재 방 (손 수)
庚金	金	捺	누르다, 비비다	날	11	12	扌手	3(4)	재 방 (손 수)
庚金	金	擥	가질, 취하다, 잡아당김, 손에 쥠	남	18		手	4	손 수
庚金	金	攬	가질, 취하다, 잡아당김, 손에 쥠	남	24	25	扌手	3(4)	재 방 (손 수)
庚金	金	拉	끌다, 꺾다, 당기다	납	8	9	扌手	3(4)	재 방 (손 수)
庚金	金	臘	섣달, 납향, 승려 득도한 이후햇수	납	19	21	肉 月	4(6)	육달 월
庚金	金	朗	밝을, 또랑또랑하게, 유쾌활달	낭	11	13	肉 月	4(6)	육달 월
庚金	金	撚	비틀, 비비다, 꼬다, 반죽하다	년	15	16	扌手	3(4)	재 방 (손 수)
庚金	金	拈	집을, 손가락으로 집어 비틀다	념	8	9	扌手	3(4)	재 방 (손 수)
庚金	金	捻	비틀다, 비꼬다, 붙잡다, 누르다	념	11	12	扌手	3(4)	재 방 (손 수)
庚金	金	撈	건지다, 잡다	노	15	16	扌手	3(4)	재 방 (손 수)
庚金	金	弄	희롱할, 놀다, 제 마음대로 디루디	농	7		廾	3	손맞잡을 공

庚金	金	朧	흐릿하다, 달이지다	농	20		月	4	달 월
庚金	金	撓	어리접다, 휘다, 굽히다, 요란할	뇨	15	16	扌手	3(4)	재 방 (손 수)
庚金	金	撻	때릴, 종아리칠	달	16	17	扌手	3(4)	재 방 (손 수)
庚金	金	達	통달할	달	13	16	辶辵	4(7)	책받침, 쉬엄쉬엄갈 착
庚金	金	擔	멜, 책임질, 맡다	담	16	17	扌手	3(4)	재 방 (손 수)
庚金	金	遝	뒤섞일, 모이다	답	14	17	辶辵	4(7)	책받침, 쉬엄쉬엄갈 착
庚金	金	撞	치고 찌를, 충돌할, 돌진할	당	15	16	扌手	3(4)	재 방 (손 수)
庚金	金	擡	들다, 메다, 쳐들다	대	17	18	扌手	3(4)	재 방 (손 수)
庚金	金	抬	들다, 메다, 쳐들다	대	8	9	扌手	3(4)	재 방 (손 수)
庚金	金	挑	돋울, 꾈, 뜯을, 후비다	도	9	10	扌手	3(4)	재 방 (손 수)
庚金	金	掉	흔들, 요동, 정돈, 삿대	도	11	12	扌手	3(4)	재 방 (손 수)
庚金	金	搗	찧을, 다듬이질, 두드릴, 고치다	도	13	14	扌手	3(4)	재 방 (손 수)
庚金	金	逃	도망칠, 면할, 피할, 숨길, 떠날	도	10	13	辶辵	4(7)	책받침, 쉬엄쉬엄갈 착
庚金	金	途	길, 도로	도	11	14	辶辵	4(7)	책받침, 쉬엄쉬엄갈 착
庚金	金	道	길	도	13	16	辶辵	4(7)	책받침, 쉬엄쉬엄갈 착
庚金	金	敦	도타울	돈	12		攵	4	칠 복, 글월 문
庚金	金	朣	달 뜰, 달빛 밝으려할, 떠오르다	동	16	18	肉 月	4(6)	육달 월
庚金	金	逗	머무를, 피하다	두	11	14	辶辵	4(7)	책받침, 쉬엄쉬엄갈 착
庚金	金	遁	숨을, 달아날, 도망칠, 회피할	둔	13	16	辶辵	4(7)	책받침, 쉬엄쉬엄갈 착
庚金	金	遯	달아날, 숨다	둔	15	18	辶辵	4(7)	책받침, 쉬언쉬엄갈 착
庚金	金	拏	붙잡을, 체포할	라	9		手	4	손 수
庚金	金	邏	순찰, 순행, 차단	라	23	26	辶辵	4(7)	책받침, 쉬엄쉬엄갈 착

庚金	金	摞	정돈할, 포개쌓을	라	14	15	扌手	3(4)	재 방 (손 수)
庚金	金	擥	가질, 취하다, 잡아당김, 손에 쥠	람	18		手	4	손 수
庚金	金	攬	가질, 취하다, 잡아당김, 손에 쥠	람	24	25	扌手	3(4)	재 방 (손 수)
庚金	金	臘	섣달, 납향, 승려 득도한 이후햇수	랍	19	21	肉 月	4(6)	육달 월
庚金	金	拉	끌다, 꺾다, 당기다	랍	8	9	扌手	3(4)	재 방 (손 수)
庚金	金	朗	밝을, 또랑또랑하게, 유쾌활달	랑	11		月	4	달 월
庚金	金	掠	노략질, 매질할	략	11	12	扌手	3(4)	재 방 (손 수)
庚金	金	攣	걸리다, 매이다, 연관되다, 경련할	련	23		手	4	손 수
庚金	金	連	연할, 잇닿을	련	11	14	辶辵	4(7)	책받침, 쉬엄쉬엄갈 착
庚金	金	斂	거두다, 지장, 모으다, 감춤, 염습	렴	17		攵	4	칠 복, 글월 문
庚金	金	逞	즐겁다, 용감, 극진, 왕성, 근심풀	령	11	14	辶辵	4(7)	책받침, 쉬엄쉬엄갈 착
庚金	金	撈	건지다, 잡다	로	15	16	扌手	3(4)	재 방 (손 수)
庚金	金	弄	희롱할, 놀다, 제 마음대로 다루다	롱	7		廾	3	받들 공
庚金	金	朧	흐릿하다, 달이지다	롱	20		月	4	달 월
庚金	金	遼	멀다, 늦추다	료	16	19	辶辵	4(7)	책받침, 쉬엄쉬엄갈 착
庚金	金	鬧	시끄럽다, 지껄이다, 성하다, 난만	료	15		鬥	10	싸울 투
庚金	金	摛	펴지다, 알려질, 표현하다, 글짓다	리	14	15	扌手	3(4)	재 방 (손 수)
庚金	金	撛	붙들다, 구원, 빼어나다	린	15	16	扌手	3(4)	재 방 (손 수)
庚金	金	摩	무지를, 연마할, 쓰다듬다, 닳다	마	15		手	4	손 수
庚金	金	魔	마귀, 악마, 마술, 인이 박이다	마	21		鬼	10	귀신 귀
庚金	金	邈	멀다, 아득하다, 근심, 업신여길	막	18	21	辶辵	4(7)	책받침, 쉬엄쉬엄갈 착
庚金	金	挽	당기다, 끌다, 말다, 싸나, 애도할	만	10	11	扌手	3(4)	재 방 (손 수)

庚金	金	抹	지우다, 바르다, 화장하다	말	8	9	扌手	3(4)	재 방 (손 수)
庚金	金	韎	말갈, 버선	말	14		革	9	가죽 혁
庚金	金	望	바랄, 기대, 그리워할, 바라보다	망	11		月	4	달 월
庚金	金	朢	바랄, 그리워할, 바라보다, 보름	망	14		月	4	달 월
庚金	金	邁	멀리가다, 지나다, 힘쓰다, 돌다	매	17	20	辶辵	4(7)	책받침, 쉬엄쉬엄갈 착
庚金	金	魅	매혹, 홀리다, 현혹, 도깨비	매	15		鬼	10	귀신 귀
庚金	金	摸	본뜰, 찾다, 탐색	모	14	15	扌手	3(4)	재 방 (손 수)
庚金	金	耗	소모할, 없애다, 흉년들다, 덜다	모	10		耒	6	쟁기 뢰
庚金	金	朦	달빛희미할, 의식이 총명치 못할	몽	18		月	4	달 월
庚金	金	描	그리다, 묘사	묘	12	13	扌手	3(4)	재 방 (손 수)
庚金	金	拇	엄지손가락, 엄지발가락	무	8	9	扌手	3(4)	재 방 (손 수)
庚金	金	撫	어루만질	무	15	16	扌手	3(4)	재 방 (손 수)
庚金	金	抆	닦다, 문지르다, 갈다	문	7	8	扌手	3(4)	재 방 (손 수)
庚金	金	迷	미혹할, 길을 잃다, 유혹할, 흐릿	미	10	13	辶辵	4(7)	책받침, 쉬엄쉬엄갈 착
庚金	金	敏	민첩할	민	11		攵	4	칠 복, 글월 문
庚金	金	敃	강인할, 힘쓰다	민	9		攵	4	칠 복, 글월 문
庚金	金	拍	손뼉치다, 어루만지다, 박자, 어깨	박	8	9	扌手	3(4)	재 방 (손 수)
庚金	金	撲	치다, 두드리다, 때리다, 찌르다	박	15	16	扌手	3(4)	재 방 (손 수)
庚金	金	迫	핍박할, 닥치다, 줄어들, 궁하다	박	9	12	辶辵	4(7)	책받침, 쉬엄쉬엄갈 착
庚金	金	拌	버리다, 학대할, 뒤섞다, 쪼개다	반	8	9	扌手	3(4)	재 방 (손 수)
庚金	金	搬	옮길, 이사하다, 나르다, 운반할	반	13	14	扌手	3(4)	재 방 (손 수)
庚金	金	攀	높은 곳에 오르려 무엇을 끌어잡다	반	19		手	4	손 수

庚金	金	返	돌이킬, 되돌릴, 바꾸다, 도리어	반	8	11	⻌辵	4(7)	책받침, 쉬엄쉬엄갈 착
庚金	金	魃	가뭄, 한귀(가뭄조율귀신)	발	15		鬼	10	귀신 귀
庚金	金	尨	삽살개, 잡색, 섞이다, 높고 크다	방	7		尢	3	절름발이 왕, 더욱 우
庚金	金	放	놓다, 추방하다, 내걸다, 넓히다	방	8		攵	4	칠 복, 글월 문
庚金	金	拜	절하다, 굽히다, 삼가고 공경할	배	9		手	4	손 수
庚金	金	排	밀치다, 물리칠, 늘어설, 교정할	배	11	12	扌手	3(4)	재 방 (손 수)
庚金	金	魄	넋, 몸, 모양, 달빛	백	15		鬼	10	귀신 귀
庚金	金	擘	엄지손가락, 나누다, 쪼개다, 찢다	벽	17		手	4	손 수
庚金	金	弁	고깔, 말씀, 땅이름, 급하다	변	5		廾	3	받들 공
庚金	金	邊	가	변	19	22	⻌辵	4(7)	책받침, 쉬엄쉬엄갈 착
庚金	金	邊	가장자리, 측면, 변방, 국경	변	19	22	⻌辵	4(7)	책받침, 쉬엄쉬엄갈 착
庚金	金	抦	잡다	병	8	9	扌手	3(4)	재 방 (손 수)
庚金	金	服	옷, 일, 약 분량, 직책, 일용품	복	8		月	4	달 월
庚金	金	捧	받들, 섬길, 의지할, 부축하다	봉	11	12	扌手	3(4)	재 방 (손 수)
庚金	金	逢	만날,영접,크고 넓다,매다,예측	봉	11	14	⻌辵	4(7)	책받침, 쉬엄쉬엄갈 착
庚金	金	敷	펴다, 퍼지다, 분할, 다스리다	부	15		攵	4	칠 복, 글월 문
庚金	金	扮	꾸미다, 합하다	분	7	8	扌手	3(4)	재 방 (손 수)
庚金	金	拂	떨칠, 사악함을 털다, 먼지털다	불	8	9	扌手	3(4)	재 방 (손 수)
庚金	金	朋	벗	붕	8		月	4	달 월
庚金	金	批	비평할, 비답, 바로잡다	비	7	8	扌手	3(4)	재 방 (손 수)
庚金	金	鼻	코, 구멍, 시초	비	14		鼻	14	코 비
庚金	金	擯	물리칠, 인도할, 배척할, 인도자	빈	17	18	扌手	3(4)	재 방 (손 수)

庚金	金	捨	버릴, 포기할, 폐하다, 기부하다	사	11	12	扌手	3(4)	재 방 (손 수)
庚金	金	數	자주, 여러 번, 빠르다, 서두르다	삭	15		攵	4	칠 복, 글월 문
庚金	金	朔	초하루, 처음, 아침, 달력	삭	10		月	4	달 월
庚金	金	散	흩다, 한가롭다, 흩어지다,	산	12		攵	4	칠 복, 글월 문
庚金	金	撒	뿌리다, 놓아주다, 펼치다	살	15	16	扌手	3(4)	재 방 (손 수)
庚金	金	揷	꽂다, 끼우다, 찌르다	삽	12	13	扌手	3(4)	재 방 (손 수)
庚金	金	插	꽂다, 끼우다, 찌르다	삽	12	13	扌手	3(4)	재 방 (손 수)
庚金	金	爽	시원할, 밝다, 날이 새다, 맑다	상	11		爻	4	사귈 효
庚金	金	抒	퍼내다, 말하다	서	7	8	扌手	3(4)	재 방 (손 수)
庚金	金	捿	깃들이다, 거처하다, 저장하다	서	11	12	扌手	3(4)	재 방 (손 수)
庚金	金	敍	펴다, 늘어서다, 차례	서	11		攴	4	칠 복
庚金	金	逝	가다, 죽다, 날다, 맹세하다	서	11	14	辶辵	4(7)	책받침, 쉬엄쉬엄갈 착
庚金	金	揟	고기잡다, 거르다	서	12	13	扌手	3(4)	재 방 (손 수)
庚金	金	敘	펴다, 늘어서다, 차례	서	11		攵	4	칠 복, 글월 문
庚金	金	敾	깁다, 고치다, 보수, 수선하다	선	16		攵	4	칠 복, 글월 문
庚金	金	選	가릴, 뽑다, 선거하다, 임용되다	선	16	19	辶辵	4(7)	책받침, 쉬엄쉬엄갈 착
庚金	金	掃	비로 쓸다, 칠하다, 쓰다, 제거할	소	11	12	扌手	3(4)	재 방 (손 수)
庚金	金	搔	긁다, 소란하다, 붙잡다	소	13	14	扌手	3(4)	재 방 (손 수)
庚金	金	逍	노닐다, 거닐다, 한가롭다	소	11	14	辶辵	4(7)	책받침, 쉬엄쉬엄갈 착
庚金	金	遡	거슬러 올라가다, 따라 내려가다	소	14	17	辶辵	4(7)	책받침, 쉬엄쉬엄갈 착
庚金	金	速	빠르다, 이루다	속	11	14	辶辵	4(7)	책받침, 쉬엄쉬엄갈 착
庚金	金	損	덜다, 감소하다, 손해볼, 해치다	손	13	14	扌手	3(4)	재 방 (손 수)

庚金	金	遜	겸손하다, 사양하다, 양위하다	손	14	17	辶辵	4(7)	책받침, 쉬엄쉬엄갈 착
庚金	金	送	보내다, 전달할, 알리다, 선물	송	10	13	辶辵	4(7)	책받침, 쉬엄쉬엄갈 착
庚金	金	手	손	수	4		手	4	손 수
庚金	金	授	주다, 전수하다, 제수하다, 받다	수	11	12	扌手	3(4)	재 방 (손 수)
庚金	金	搜	찾다, 뒤지다, 탐구하다, 가리다	수	13	14	扌手	3(4)	재 방 (손 수)
庚金	金	收	거두다, 익다, 정제하다, 그치다	수	6		攵	4	칠 복, 글월 문
庚金	金	數	셈, 산법, 역법, 등급, 이치, 규칙	수	15		攵	4	칠 복, 글월 문
庚金	金	遂	드디어, 두루, 수로, 이루다	수	13	16	辶辵	4(7)	책받침, 쉬엄쉬엄갈 착
庚金	金	邃	깊다, 심오하다, 정통하다, 멀다	수	18	21	辶辵	4(7)	책받침, 쉬엄쉬엄갈 착
庚金	金	術	재수,꾀,방법,계략,술수,길,일	술	11		行	6	다닐 행
庚金	金	述	펴다, 글짓다, 서술하다, 말하다	술	9	12	辶辵	4(7)	책받침, 쉬엄쉬엄갈 착
庚金	金	拾	줍다, 습득하다	습	9	10	扌手	3(4)	재 방 (손 수)
庚金	金	承	이을	승	8		手	4	손 수
庚金	金	拭	씻다, 닦다	식	9	10	扌手	3(4)	재 방 (손 수)
庚金	金	迅	빠르다, 신속하다, 뛰어넘다	신	7	10	辶辵	4(7)	책받침, 쉬엄쉬엄갈 착
庚金	金	拾	열, 십(十)	십	9	10	扌手	3(4)	재 방 (손 수)
庚金	金	牙	어금니, 대장기	아	4		牙	4	어금니 아
庚金	金	衙	마을, 대궐, 관청	아	13		行	6	다닐 행
庚金	金	握	쥐다, 손아귀, 주먹	악	12	13	扌手	3(4)	재 방 (손 수)
庚金	金	按	억누르다, 쓰다듬다, 잡아당길	안	9	10	扌手	3(4)	재 방 (손 수)
庚金	金	鞍	안장, 말, 안장지우다	안	15		革	9	가죽 혁
庚金	金	押	누르다, 도장찍다, 잡다	압	8	9	扌手	3(4)	재 방 (손 수)

庚金	金	扼	잡다, 누르다, 움켜쥐다, 가지다	액	7	8	扌手	3(4)	재 방 (손 수)
庚金	金	掖	겨드랑이, 곁채	액	11	12	扌手	3(4)	재 방 (손 수)
庚金	金	揶	야유하다, 조롱하다	야	12	13	扌手	3(4)	재 방 (손 수)
庚金	金	捓	야유하다, 조롱하다	야	10	11	扌手	3(4)	재 방 (손 수)
庚金	金	掠	노략질, 매질할	약	11	12	扌手	3(4)	재 방 (손 수)
庚金	金	揚	날리다, 하늘을 날다, 오르다	양	12	13	扌手	3(4)	재 방 (손 수)
庚金	金	攘	물리치다, 제거하다, 훔치다	양	20	21	扌手	3(4)	재 방 (손 수)
庚金	金	敭	오르다, 날다, 쳐들다	양	13		攵	4	칠 복, 글월 문
庚金	金	様	모양, 본보기, 견본, 격식, 형상	양	14	15	扌手	3(4)	재 방 (손 수)
庚金	金	抑	억누르다, 굽히다, 물리치다	억	7	8	扌手	3(4)	재 방 (손 수)
庚金	金	掩	가리다, 숨기다, 엄습하다	엄	11	12	扌手	3(4)	재 방 (손 수)
庚金	金	逆	거스르다, 거절하다, 어기다	역	10	13	辶辵	4(7)	책받침, 쉬엄쉬엄갈 착
庚金	金	撚	비틀, 비비다, 꼬다, 반죽하다	연	15	16	扌手	3(4)	재 방 (손 수)
庚金	金	攣	걸리다, 매이다, 연관되다, 경련할	연	23		手	4	손 수
庚金	金	連	연할, 잇닿을	연	11	14	辶辵	4(7)	책받침, 쉬엄쉬엄갈 착
庚金	金	捐	버리다, 없애다, 객사하다, 기부	연	10	11	扌手	3(4)	재 방 (손 수)
庚金	金	挻	늘이다, 끌다, 늦추다, 취하다	연	10	11	扌手	3(4)	재 방 (손 수)
庚金	金	衍	넓다, 넘치다, 남다, 풍부하다	연	9		行	6	다닐 행
庚金	金	斂	거두다, 저장, 모으다, 감춤, 염습	염	17		攵	4	칠 복, 글월 문
庚金	金	逞	즐겁다, 용감, 극진, 왕성, 근심풀	영	11	14	辶辵	4(7)	책받침, 쉬엄쉬엄갈 착
庚金	金	迎	맞다, 영접하다	영	8	11	辶辵	4(7)	책받침, 쉬엄쉬엄갈 착
庚金	金	朠	달빛	영	13		月	4	달 월

庚金	金	敖	거만하다, 놀다, 희롱하다	오	11		攵	4	칠 복, 글월 문
庚金	金	擁	끼다, 가지다, 호위하다, 안다	옹	16	17	扌手	3(4)	재 방 (손 수)
庚金	金	遼	멀다, 늦추다	요	16	19	辶辵	4(7)	책받침, 쉬엄쉬엄갈 착
庚金	金	鬧	시끄럽다, 지껄이다, 성하다, 난만	요	15		鬥	10	싸울 투
庚金	金	拗	우기다, 고집스럽다, 꺾다, 비틀다	요	8	9	扌手	3(4)	재 방 (손 수)
庚金	金	搖	흔들다, 움직이다, 빠르다	요	13	14	扌手	3(4)	재 방 (손 수)
庚金	金	撓	어리접다, 휘다, 굽히다, 요란할	요	15	16	扌手	3(4)	재 방 (손 수)
庚金	金	擾	시끄럽다, 흐려지다, 길들이다	요	18	19	扌手	3(4)	재 방 (손 수)
庚金	金	遙	멀다, 아득하다, 거닐다, 떠돌다	요	14	17	辶辵	4(7)	책받침, 쉬엄쉬엄갈 착
庚金	金	邀	맞이하다, 만나나, 요구하다	요	17	20	辶辵	4(7)	책받침, 쉬엄쉬엄갈 착
庚金	金	尤	더욱, 허물, 원한, 훌륭한 사람,	우	4		尢	3	절름발이 왕, 더욱 우
庚金	金	迂	에돌다, 멀다, 굽히다, 피하다	우	7	10	辶辵	4(7)	책받침, 쉬엄쉬엄갈 착
庚金	金	遇	우연히만날, 조우하다, 상봉, 대접	우	13	16	辶辵	4(7)	책받침, 쉬엄쉬엄갈 착
庚金	金	扜	당기다, 끌어들이다	우	6	7	扌手	3(4)	재 방 (손 수)
庚金	金	耘	김매다, 제거할, 북돋우다	운	10		耒	6	쟁기 뢰
庚金	金	運	옮길, 움직일, 운반할, 궁리할, 쓸	운	13	16	辶辵	4(7)	책받침, 쉬엄쉬엄갈 착
庚金	金	援	돕다, 당기다, 잡다, 뽑다	원	12	13	扌手	3(4)	재 방 (손 수)
庚金	金	遠	멀	원	14	17	辶辵	4(7)	책받침, 쉬엄쉬엄갈 착
庚金	金	朊	달빛희미할, 알부민	원	8		月	4	달 월
庚金	金	月	달	월	4		月	4	달 월
庚金	金	衛	지키다, 보위할, 호위할, 아름답다	위	15		行	6	다닐 행
庚金	金	違	어긋날, 다르다, 떨어지다, 피하다	위	13	16	辶辵	4(7)	책받침, 쉬엄쉬엄갈 착

庚金	金	魏	성씨,나라 이름,대궐,높다,능히 할	위	18		鬼	10	귀신 귀
庚金	金	衛	지키다, 보위할, 호위할, 아름답다	위	16		行	6	다닐 행
庚金	金	揄	야유할, 빈정거릴, 희롱할, 퍼내다	유	12	13	扌手	3(4)	재 방 (손 수)
庚金	金	攸	바, 장소, 달리다	유	7		攵	4	칠 복, 글월 문
庚金	金	有	있을	유	6		月	4	달 월
庚金	金	遊	놀다, 즐기다, 떠돌다, 여행하다	유	13	16	辶辵	4(7)	책받침, 쉬엄쉬엄갈 착
庚金	金	逾	넘다, 넘기다, 건너뛰다, 지나다	유	13	16	辶辵	4(7)	책받침, 쉬엄쉬엄갈 착
庚金	金	遺	남기다,끼치다,잃다,버리다,잊다	유	16	19	辶辵	4(7)	책받침, 쉬엄쉬엄갈 착
庚金	金	逌	웃다, 말미암다, 바	유	11	14	辶辵	4(7)	책받침, 쉬엄쉬엄갈 착
庚金	金	遹	걸어가는 모양	율	10	13	辶辵	4(7)	책받침, 쉬엄쉬엄갈 착
庚金	金	揖	읍하다, 사양할	읍	12	13	扌手	3(4)	재 방 (손 수)
庚金	金	擬	비기다, 비교할, 헤아릴, 본뜨다	의	17	18	扌手	3(4)	재 방 (손 수)
庚金	金	爾	너,성씨,어조사,같이,그,뿐,此	이	14		爻	4	사귈 효
庚金	金	邇	가깝다	이	18	21	辶辵	4(7)	책받침, 쉬엄쉬엄갈 착
庚金	金	摛	퍼지다, 알려질, 표현하다, 글짓다	이	14	15	扌手	3(4)	재 방 (손 수)
庚金	金	靭	질기다, 부드럽다	인	12		革	9	가죽 혁
庚金	金	靷	가슴걸이 끈, 잡아 당기다	인	13		革	9	가죽 혁
庚金	金	撛	붙들다, 구원, 빼어나다	인	15	16	扌手	3(4)	재 방 (손 수)
庚金	金	逸	편안할, 달아날	일	12	15	辶辵	4(7)	책받침, 쉬엄쉬엄갈 착
庚金	金	掌	손바닥, 솜씨, 치다	장	12		手	4	손 수
庚金	金	捚	손바닥에 받다	재	10	11	扌手	3(4)	재 방 (손 수)
庚金	金	抵	막다, 배척하다, 거스르다, 겨루다	저	8	9	扌手	3(4)	재 방 (손 수)

庚金	金	這	이, 이것, 낱낱, 지금	저	11	14	辶辵	4(7)	책받침, 쉬엄쉬엄갈 착
庚金	金	摘	따다,들춰내다,손가락으로 가리킬	적	14	15	扌手	3(4)	재 방 (손 수)
庚金	金	敵	대적할, 겨루다, 거역하다, 보답할	적	15		攵	4	칠 복, 글월 문
庚金	金	迪	나아가다, 이루다, 인도할, 계승	적	9	12	辶辵	4(7)	책받침, 쉬엄쉬엄갈 착
庚金	金	迹	자취, 업적, 행적	적	10	13	辶辵	4(7)	책받침, 쉬엄쉬엄갈 착
庚金	金	適	맞다, 마땅하다, 시집가다, 즐기다	적	15	18	辶辵	4(7)	책받침, 쉬엄쉬엄갈 착
庚金	金	折	꺾다, 할인하다, 타협하다, 결단할	절	7	8	扌手	3(4)	재 방 (손 수)
庚金	金	接	잇다, 접붙이다, 교제하다,	접	11	12	扌手	3(4)	재 방 (손 수)
庚金	金	摺	접다, 꺾다, 방향바꾸다	접	14	15	扌手	3(4)	재 방 (손 수)
庚金	金	挺	빼어날, 앞서다	정	10	11	扌手	3(4)	재 방 (손 수)
庚金	金	政	정사	정	8		攵	4	칠 복, 글월 문
庚金	金	整	가지런할	정	16		攵	4	칠 복, 글월 문
庚金	金	措	두다, 놓다, 처리하다, 베풀다	조	11	12	扌手	3(4)	재 방 (손 수)
庚金	金	操	잡다, 손에 쥐다	조	16	17	扌手	3(4)	재 방 (손 수)
庚金	金	朝	아침	조	12		月	4	달 월
庚金	金	造	짓다, 만들다, 성취하다	조	11	14	辶辵	4(7)	책받침, 쉬엄쉬엄갈 착
庚金	金	遭	만나다, 당하다	조	15	18	辶辵	4(7)	책받침, 쉬언쉬엄갈 착
庚金	金	拙	옹졸하다, 둔하다	졸	8	9	扌手	3(4)	재 방 (손 수)
庚金	金	挫	꺾다, 손상시킬	좌	10	11	扌手	3(4)	재 방 (손 수)
庚金	金	週	돌다, 회전하다	주	12	15	辶辵	4(7)	책받침, 쉬엄쉬엄갈 착
庚金	金	拄	버티다, 손가락질하다, 거절하다	주	8	9	扌手	3(4)	재 방 (손 수)
庚金	金	遒	닥치다, 끝나다, 굳다, 모이다	주	13	16	辶辵	4(7)	책받침, 쉬엄쉬엄갈 착

庚金	金	遒	닥치다, 끝나다, 굳다, 모이다	주	11	14	辶辵	4(7)	책받침, 쉬엄쉬엄갈 착
庚金	金	逡	뒷걸음질치다, 차례가 있다	준	11	14	辶辵	4(7)	책받침, 쉬엄쉬엄갈 착
庚金	金	遵	좇다, 따르다, 거느리다, 지키다	준	16	19	辶辵	4(7)	책받침, 쉬엄쉬엄갈 착
庚金	金	迿	앞서다, 앞다투다	준	10	13	辶辵	4(7)	책받침, 쉬엄쉬엄갈 착
庚金	金	拯	건지다, 구원할	증	9	10	扌手	3(4)	재 방 (손 수)
庚金	金	持	가지다, 손에 쥐다	지	9	10	扌手	3(4)	재 방 (손 수)
庚金	金	指	가리키다, 손가락질하다, 지시할	지	9	10	扌手	3(4)	재 방 (손 수)
庚金	金	摯	잡다, 올리다, 치다	지	15		手	4	손 수
庚金	金	遲	더디다, 늦다	지	16	19	辶辵	4(7)	책받침, 쉬엄쉬엄갈 착
庚金	金	搢	사이에 꽂다	진	13	14	扌手	3(4)	재 방 (손 수)
庚金	金	進	나아갈	진	12	15	辶辵	4(7)	책받침, 쉬엄쉬엄갈 착
庚金	金	抮	되돌리다, 붙다	진	8	9	扌手	3(4)	재 방 (손 수)
庚金	金	迭	번갈아들다	질	9	12	辶辵	4(7)	책받침, 쉬엄쉬엄갈 착
庚金	金	朕	나, 짐, 조짐, 전조	짐	10		月	4	달 월
庚金	金	遮	가리다, 감추다, 차단하다, 속이다	차	15	18	辶辵	4(7)	책받침, 쉬엄쉬엄갈 착
庚金	金	捉	잡다, 쥐다, 체포하다, 지키다	착	10	11	扌手	3(4)	재 방 (손 수)
庚金	金	搾	짜내다, 거르다	착	13	14	扌手	3(4)	재 방 (손 수)
庚金	金	撰	짓다, 적다, 기록하다, 품다, 저술	찬	15	16	扌手	3(4)	재 방 (손 수)
庚金	金	攢	모이다, 모으다, 뚫다, 도려내다	찬	22	23	扌手	3(4)	재 방 (손 수)
庚金	金	擦	문지르다, 마찰	찰	17	18	扌手	3(4)	새 방 (손 수)
庚金	金	敞	시원하다, 높다	창	12		攵	4	칠 복, 글월 문
庚金	金	採	캐다, 뜯다, 채집하다, 채택하다	채	11	12	扌手	3(4)	재 방 (손 수)

庚金	金	拓	넓히다, 개척하다, 줍다, 꺾다	척	8	9	扌手	3(4)	재 방 (손 수)
庚金	金	擲	던지다, 내버리다, 떨치다	척	18	19	扌手	3(4)	재 방 (손 수)
庚金	金	擅	멋대로하다, 차지하다	천	16	17	扌手	3(4)	재 방 (손 수)
庚金	金	遷	옮기다, 떠나가다, 추방하다	천	15	18	辶辵	4(7)	책받침, 쉬엄쉬엄갈 착
庚金	金	韆	그네	천	24		革	9	가죽 혁
庚金	金	撤	거두다, 치우다, 줄이다, 없애다	철	15	16	扌手	3(4)	재 방 (손 수)
庚金	金	捷	빠르다, 이기다	첩	11	12	扌手	3(4)	재 방 (손 수)
庚金	金	逮	잡다, 체포하다, 쫓다, 이르다	체	12	15	辶辵	4(7)	책받침, 쉬엄쉬엄갈 착
庚金	金	遞	갈리다, 전하다	체	14	17	辶辵	4(7)	책받침, 쉬엄쉬엄갈 착
庚金	金	抄	뽑다, 베끼나, 누멀갈이하다	초	7	8	扌手	3(4)	재 방 (손 수)
庚金	金	招	부르다, 묶다, 구하다, 나타내다	초	8	9	扌手	3(4)	재 방 (손 수)
庚金	金	悤	바쁘다, 급하다, 총명하다	총	11	12	扌手	3(4)	재 방 (손 수)
庚金	金	摠	다, 모두, 언제나, 합하다	총	14	15	扌手	3(4)	재 방 (손 수)
庚金	金	撮	모으다, 사진찍다	촬	15	16	扌手	3(4)	재 방 (손 수)
庚金	金	抽	뽑다, 빼다, 찢다	추	8	9	扌手	3(4)	재 방 (손 수)
庚金	金	推	밀다, 변천하다, 천거하다, 넓히다	추	11	12	扌手	3(4)	재 방 (손 수)
庚金	金	追	쫓다, 이루다, 잇닿다, 구하다	추	10	13	辶辵	4(7)	책받침, 쉬엄쉬언갈 착
庚金	金	逐	쫓다, 쫓아내다, 도망가다	축	11	14	辶辵	4(7)	책받침, 쉬엄쉬엄갈 착
庚金	金	衝	찌르다, 치다, 향하다, 움직이다	충	15		行	6	다닐 행
庚金	金	就	나아가다, 이루다	취	12		尢	3	절름발이 왕, 더욱 우
庚金	金	打	치다, 때리다	타	5	6	扌手	3(4)	재 방 (손 수)
庚金	金	拖	끌다, 풀어놓다	타	8	9	扌手	3(4)	재 방 (손 수)

庚金	金	拓	새기다, 밀다	탁	8	9	扌手	3(4)	재 방 (손 수)
庚金	金	擢	뽑다, 제거하다, 발탁하다, 솟다	탁	17	18	扌手	3(4)	재 방 (손 수)
庚金	金	探	찾다, 염탐하다, 구명하다, 잡다	탐	11	12	扌手	3(4)	재 방 (손 수)
庚金	金	擇	가리다, 분간하다	택	16	17	扌手	3(4)	재 방 (손 수)
庚金	金	撐	버티다, 취하다, 헤치다	탱	15	16	扌手	3(4)	재 방 (손 수)
庚金	金	攄	펴다, 나타내다	터	18	19	扌手	3(4)	재 방 (손 수)
庚金	金	通	통하다, 내왕하다, 알리다	통	11	14	辶辵	4(7)	책받침, 쉬엄쉬엄갈 착
庚金	金	退	물러나다, 물리치다, 사양하다	퇴	10	13	辶辵	4(7)	책받침, 쉬엄쉬엄갈 착
庚金	金	投	던지다, 가담하다, 의탁하다	투	7	8	扌手	3(4)	재 방 (손 수)
庚金	金	透	사무치다, 꿰뚫다, 통하다, 뛰다	투	11	14	辶辵	4(7)	책받침, 쉬엄쉬엄갈 착
庚金	金	鬪	병기들고 싸우다	투	20		鬥	10	싸울 투
庚金	金	把	잡다, 가지다, 묶다, 긁다	파	7	8	扌手	3(4)	재 방 (손 수)
庚金	金	播	씨뿌리다, 퍼뜨리다, 베풀다	파	15	16	扌手	3(4)	재 방 (손 수)
庚金	金	擺	열다, 옷 아랫단	파	18	19	扌手	3(4)	재 방 (손 수)
庚金	金	捌	깨뜨리다, 찢다	팔	10	11	扌手	3(4)	재 방 (손 수)
庚金	金	敗	패하다, 무너지다, 부수다	패	11		攵	4	칠 복, 글월 문
庚金	金	遍	두루, 모든, 횟수	편	13	16	辶辵	4(7)	책받침, 쉬엄쉬엄갈 착
庚金	金	鞭	채찍, 회초리, 형별	편	18		革	9	가죽 혁
庚金	金	弊	폐단, 부정행위, 해지다, 나쁘다	폐	15		廾	3	받들 공
庚金	金	斃	죽다, 넘어져 죽다	폐	18		攵	4	칠 복, 글월 문
庚金	金	抛	던지다, 버리다	포	7	8	扌手	3(4)	재 방 (손 수)
庚金	金	抱	안다, 품다, 둘러싸다	포	8	9	扌手	3(4)	재 방 (손 수)

庚金	金	逋	도망가다, 달아나다, 포탈하다	포	11	14	辶辵	4(7)	책받침, 쉬엄쉬엄갈 착
庚金	金	披	헤치다, 펴다, 풀다	피	8	9	扌手	3(4)	재 방 (손 수)
庚金	金	避	피하다, 벗어나다	피	17	20	辶辵	4(7)	책받침, 쉬엄쉬엄갈 착
庚金	金	逼	핍박하다, 닥치다	핍	13	16	辶辵	4(7)	책받침, 쉬엄쉬엄갈 착
庚金	金	遐	멀다, 어찌	하	13	16	辶辵	4(7)	책받침, 쉬엄쉬엄갈 착
庚金	金	抗	겨루다, 대항하다	항	7	8	扌手	3(4)	재 방 (손 수)
庚金	金	行	다니다, 대열, 순서	항	6		行	6	다닐 행
庚金	金	邂	만나다, 우연, 요행	해	17	20	辶辵	4(7)	책받침, 쉬엄쉬엄갈 착
庚金	金	行	다닐	행	6		行	6	다닐 행
庚金	金	革	가죽, 피부	혁	9		革	9	가죽 혁
庚金	金	衒	자랑하다, 선전하다, 다니며 팔다	현	11		行	6	다닐 행
庚金	金	挾	끼다, 끼워넣다, 두루 미치다	협	10	11	扌手	3(4)	재 방 (손 수)
庚金	金	衡	저울대, 가로장, 도리, 비녀	형	16		行	6	다닐 행
庚金	金	逈	멀다, 판이하다, 뛰어나다, 빛나다	형	10	13	辶辵	4(7)	책받침, 쉬엄쉬엄갈 착
庚金	金	鞋	신발, 가죽신	혜	15		革	9	가죽 혁
庚金	金	魂	넋, 마음, 생각	혼	14		鬼	10	귀신 귀
庚金	金	靴	신발, 가죽신	화	13		革	9	가죽 혁
庚金	金	擴	넓히다, 확대하다, 늘리다	확	18	19	扌手	3(4)	재 방 (손 수)
庚金	金	攫	움키다, 가로채다, 빼앗다	확	23	24	扌手	3(4)	재 방 (손 수)
庚金	金	換	바꾸다, 교체되다, 고치다	환	12	13	扌手	3(4)	재 방 (손 수)
庚金	金	還	돌아오다, 돌아보다, 물러나다	환	17	20	辶辵	4(7)	책받침, 쉬엄쉬엄갈 착
庚金	金	遑	급하다, 허둥거리다, 한가하다	황	13	16	辶辵	4(7)	책받침, 쉬엄쉬엄갈 착

庚金	金	效	본받을	효	10		攵	4	칠 복, 글월 문
庚金	金	斅	가르치다, 교육하다, 배우다, 학교	효	20		攴	4	칠 복
庚金	金	爻	사귀다,본받다,가로긋다,엇걸리다	효	4		爻	4	사귈 효
庚金	金	逅	우연히 만나다, 터놓다, 사귀다	후	10	13	辶辵	4(7)	책받침, 쉬엄쉬엄갈 착
庚金	金	揮	휘두르다, 지휘하다, 뿌리다	휘	12	13	扌手	3(4)	재 방 (손 수)
庚金	金	鑑	거울	감	22		金	8	쇠 금
庚金	金	鑒	거울, 견식, 안식, 살필	감	22		金	8	쇠 금
庚金	金	鉀	갑옷	갑	13		金	8	쇠 금
庚金	金	鋼	강철	강	16		金	8	쇠 금
庚金	金	鏹	굳셀	강	18		金	8	쇠 금
庚金	金	鎧	갑옷, 가사	개	18		金	8	쇠 금
庚金	金	巨	클	거	5		工	3	장인 공
庚金	金	鉅	클, 강할	거	13		金	8	쇠 금
庚金	金	鋸	톱, 자를	거	16		金	8	쇠 금
庚金	金	鍵	열쇠, 자물쇠	건	17		金	8	쇠 금
庚金	金	鈐	비녀장, 열쇠	검	12		金	8	쇠 금
庚金	金	鉗	칼, 다물, 강제하다	겸	13		金	8	쇠 금
庚金	金	鎌	낫, 모서리, 가짜	겸	18		金	8	쇠 금
庚金	金	瓊	구슬	경	19	20	玉 王	4(5)	구슬 옥
庚金	金	鏡	거울	경	19		金	8	쇠 금
庚金	金	錮	땜질할, 막다, 매다, 가두다, 단단	고	16		金	8	쇠 금
庚金	金	錕	붉은쇠, 산 이름	곤	16		金	8	쇠 금

庚金	金	骨	뼈, 골격, 의기	골	10		骨	10	뼈 골
庚金	金	工	장인	공	3		工	3	장인 공
庚金	金	鍋	냄비, 기름통	과	17		金	8	쇠 금
庚金	金	錧	줏대, 중요 부분, 쟁기	관	16		金	8	쇠 금
庚金	金	鑛	광철	광	23		金	8	쇠 금
庚金	金	巧	공교할, 솜씨, 예쁠, 약삭빠를	교	5		工	3	장인 공
庚金	金	臼	절구, 나무이름	구	6		臼	6	절구 구
庚金	金	舊	옛, 늙은이, 친구	구	18		臼	6	절구 구
庚金	金	銶	끌	구	15		金	8	쇠 금
庚金	金	[illegible]	삽, 쟁기날, 두견새, 뻐꾸기	귀	14		金	8	쇠 금
庚金	金	鈞	서른 근, 녹로, 고르다	균	12		金	8	쇠 금
庚金	金	金	쇠	금	8		金	8	쇠 금
庚金	金	錦	비단	금	16		金	8	쇠 금
庚金	金	及	미칠	급	4		又	2	또 우
庚金	金	錡	가마솥	기	16		金	8	쇠 금
庚金	金	錤	호미	기	16		金	8	쇠 금
庚金	金	金	성씨	김	8		金	8	쇠 금
庚金	金	錄	기록할, 나타낼, 단속할,	녹	16		金	8	쇠 금
庚金	金	鏤	새길, 박아 꾸미다, 소통, 강철	누	19		金	8	쇠 금
庚金	金	鈕	도장 손잡이, 단추, 성씨	뉴	12		金	8	쇠 금
庚金	金	斷	끊을, 결단, 나누다, 조각	단	18		斤	4	도끼 근
庚金	金	段	층계, 구분, 소각, 방법	단	9		殳	4	몽둥이 수

庚金	金	鍛	쇠를 불리다, 두드리다. 대장일	단	17		金	8	쇠 금
庚金	金	錟	긴 창	담	16		金	8	쇠 금
庚金	金	鐺	쇠사슬, 종, 북소리	당	21		金	8	쇠 금
庚金	金	鍍	도금할	도	17		金	8	쇠 금
庚金	金	韜	감출, 칼전대, 활집	도	19		韋	9	가죽 위
庚金	金	銅	구리	동	14		金	8	쇠 금
庚金	金	鈍	둔할, 무딜, 우둔	둔	12		金	8	쇠 금
庚金	金	鍊	쇠를 달굴, 단련할	련	15		金	8	쇠 금
庚金	金	鈴	방울	령	13		金	8	쇠 금
庚金	金	錄	기록할, 나타낼, 단속할,	록	16		金	8	쇠 금
庚金	金	鏤	새길, 박아 꾸미다, 소통, 강철	루	19		金	8	쇠 금
庚金	金	錀	금	륜	16		金	8	쇠 금
庚金	金	鏻	굳셀	린	20		金	8	쇠 금
庚金	金	鏋	순금	만	19		金	8	쇠 금
庚金	金	銘	새길, 기록, 조각, 명심, 문체이름	명	14		金	8	쇠 금
庚金	金	錨	닻	묘	17		金	8	쇠 금
庚金	金	巫	무녀, 의사, 산 이름	무	7		工	3	장인 공
庚金	金	鈱	돈꿰미, 장사밑천생업, 공물, 조세	민	13		金	8	쇠 금
庚金	金	鉑	금박	박	13		金	8	쇠 금
庚金	金	反	돌이킬, 반복, 돌아오다	반	4		又	2	또 우
庚金	金	叛	배반할, 둘이 되다, 달아날, 빛날	반	9		又	2	또 우
庚金	金	拔	뽑다, 빼다, 공략	발	8	9	手 扌	3(4)	손 수

庚金	金	撥	다스릴, 제거할, 파내다	발	15	16	手 扌	3(4)	손 수
庚金	金	鉢	바리때, 사발, 승려되는 일	발	13		金	8	쇠 금
庚金	金	釩	떨치다, 그릇, 잔	범	11		金	8	쇠 금
庚金	金	鉼	판금, 금화, 은화, 가마솥, 나라명	병	16		金	8	쇠 금
庚金	金	鍑	솥, 술가마	복	17		金	8	쇠 금
庚金	金	鋒	칼날, 봉망, 끝, 병기, 뾰족하다	봉	15		金	8	쇠 금
庚金	金	扶	도울	부	7	8	手 扌	3(4)	손 수
庚金	金	斧	도끼, 도끼무늬, 베다, 찍다	부	8		斤	4	도끼 근
庚金	金	釜	가마, 솥의 범칭, 용량 단위	부	10		金	8	쇠 금
庚金	金	鑌	강철, 광내나, 빛내다	빈	22		金	8	쇠 금
庚金	金	斯	이것, 죄다, 쪼개다, 떠나다, 희다	사	12		斤	4	도끼 근
庚金	金	鑠	녹일, 녹다, 아름답다, 정정하다	삭	23		金	8	쇠 금
庚金	金	殺	죽일, 없앨, 지울	살	11		殳	4	몽둥이 수
庚金	金	鈒	창, 새기다	삽	12		金	8	쇠 금
庚金	金	鋤	호미, 김매다, 없애다, 어긋나다	서	15		金	8	쇠 금
庚金	金	敘	펴다, 늘어서다, 차례	서	9		又	2	또 우
庚金	金	錫	주석, 구리, 성씨	석	16		金	8	쇠 금
庚金	金	舃	신발, 주춧돌, 개펄, 빛나다	석	12		臼	6	절구 구
庚金	金	鉐	놋쇠, 성시	석	13		金	8	쇠 금
庚金	金	鐥	복자, 좋은 쇠	선	20		金	8	쇠 금
庚金	金	攝	끌어잡을, 몰아잡을	섭	21	22	手 扌	3(4)	손 수
庚金	金	銷	녹이나, 사라지다, 쇠하다, 무쇠	소	15		金	8	쇠 금

庚金	金	殺	빠를, 감하다, 내리다, 덜다	쇄	11		殳	4	몽둥이 수
庚金	金	鎖	쇠사슬, 자물쇠, 수갑, 봉하다	쇄	18		金	8	쇠 금
庚金	金	**鏁**	쇠사슬, 자물쇠, 가두다	쇄	18		金	8	쇠 금
庚金	金	釗	쇠, 사람 이름	쇠	10		金	8	쇠 금
庚金	金	受	받을	수	8		又	2	또 우
庚金	金	銖	저울눈, 중량 이름, 무디다	수	14		金	8	쇠 금
庚金	金	銹	녹슬다, 녹	수	15		金	8	쇠 금
庚金	金	髓	뼛골, 골수, 정수	수	23		骨	10	뼈 골
庚金	金	叔	아재비	숙	8		又	2	또 우
庚金	金	錞	악기이름, 의거하다	순	16		金	8	쇠 금
庚金	金	鉥	돗바늘, 찌르다, 인도하다	술	13		金	8	쇠 금
庚金	金	新	새로운, 처음, 새 것	신	13		斤	4	도끼 근
庚金	金	**双**	둘, 한쌍, 짝수	쌍	4		又	2	또 우
庚金	金	鍔	칼날, 칼끝, 창날	악	17		金	8	쇠 금
庚金	金	與	줄	여	14		臼	6	절구 구
庚金	金	鍊	쇠를 달굴, 단련할	연	15		金	8	쇠 금
庚金	金	鉛	납, 분, 흑연, 연필심, 잿빛	연	13		金	8	쇠 금
庚金	金	鈴	방울	영	13		金	8	쇠 금
庚金	金	鍈	방울소리	영	17		金	8	쇠 금
庚金	金	叡	사리에 밝다, 통달할, 슬기롭다	예	16		又	2	또 우
庚金	金	銳	날카롭다, 날래다	예	15		金	8	쇠 금
庚金	金	**壡**	사리에 밝다, 어질다, 성인	예	19		又	2	또 우

庚金	金	鈺	보배	옥	13		金	8	쇠 금
庚金	金	鋺	주발, 바리	완	16		金	8	쇠 금
庚金	金	鎔	쇠를 녹이다, 거푸집	용	18		金	8	쇠 금
庚金	金	鏞	큰 쇠북, 종	용	19		金	8	쇠 금
庚金	金	又	또, 다시, 오른손, 거듭하다, 용서	우	2		又	2	또 우
庚金	金	友	벗	우	4		又	2	또 우
庚金	金	釪	창고달, 바리때, 악기명, 농기구	우	11		金	8	쇠 금
庚金	金	鋺	저울판, 호미목	원	16		金	8	쇠 금
庚金	金	鉞	도끼, 수레방울소리, 뛰어넘다	월	13		金	8	쇠 금
庚金	金	韋	기죽, 다룸가죽, 둘레, 부드럽나	위	9		韋	9	가죽 위
庚金	金	臾	잠깐, 비옥하다	유	9		臼	6	절구 구
庚金	金	鍮	놋쇠, 자연동	유	17		金	8	쇠 금
庚金	金	鈗	병기, 근신이 가지는 창	윤	12		金	8	쇠 금
庚金	金	鑰	금	윤	16		金	8	쇠 금
庚金	金	殷	은나라, 성할	은	10		殳	4	몽둥이 수
庚金	金	銀	은	은	14		金	8	쇠 금
庚金	金	毅	굳세다, 강인할, 화내다, 진혹하다	의	15		殳	4	몽둥이 수
庚金	金	鏻	굳셀,	인	20		金	8	쇠 금
庚金	金	韌	질기다, 부드럽다	인	12		韋	9	가죽 위
庚金	金	鎰	무게 이름, 중량	일	18		金	8	쇠 금
庚金	金	自	스스로	자	6		自	6	스스로 자 비(鼻)의 古字
庚金	金	斫	베다, 자르나, 치다	작	9		斤	4	도끼 근

庚金	金	才	재주	재	3	4	手 扌	3(4)	손 수
庚金	金	錚	쇳소리, 징	쟁	16		金	8	쇠 금
庚金	金	鏑	화살촉, 우는 화살	적	19		金	8	쇠 금
庚金	金	殿	전각, 궁궐, 큰집, 절	전	13		殳	4	몽둥이 수
庚金	金	鈿	비녀, 나전세공, 금장식	전	13		金	8	쇠 금
庚金	金	銓	사람가리다, 뽑다	전	14		金	8	쇠 금
庚金	金	錢	돈, 동전, 값, 비용, 자금, 기금	전	16		金	8	쇠 금
庚金	金	鐫	새기다, 조각하다	전	21		金	8	쇠 금
庚金	金	釘	못, 융기물, 박다	정	10		金	8	쇠 금
庚金	金	鉦	징소리, 징	정	13		金	8	쇠 금
庚金	金	鋌	쇳덩이, 광석	정	15		金	8	쇠 금
庚金	金	錠	덩이, 제기 이름, 은화	정	16		金	8	쇠 금
庚金	金	鋥	칼날 세우다	정	15		金	8	쇠 금
庚金	金	提	끌다, 이끌다, 거느릴, 손에 들다	제	12	13	手 扌	3(4)	손 수
庚金	金	釣	낚다, 낚시, 유혹	조	11		金	8	쇠 금
庚金	金	鏃	화살촉, 조각하다	족	19		金	8	쇠 금
庚金	金	鍾	술잔, 술병, 쇠북, 모을	종	17		金	8	쇠 금
庚金	金	鐘	쇠북, 종, 시계	종	20		金	8	쇠 금
庚金	金	左	왼쪽,증거,낮은자리,근처,진보적	좌	5		工	3	장인 공
庚金	金	鑄	쇠를 불리다, 양성하다, 녹	주	22		金	8	쇠 금
庚金	金	鉒	쇳돌, 손잡이, 두다	주	13		金	8	쇠 금
庚金	金	鋕	새기다, 마음에 새기다, 명심하다	지	15		金	8	쇠 금

庚金	金	振	떨칠	진	10	11	手 扌	3(4)	손 수
庚金	金	鎭	진압할	진	18		金	8	쇠 금
庚金	金	鉁	보배, 진귀할	진	13		金	8	쇠 금
庚金	金	鏶	판금, 금속판	집	20		金	8	쇠 금
庚金	金	叉	갈래, 가닥, 작살	차	3		又	2	또 우
庚金	金	差	다르다, 어긋나다, 기이할, 부리다	차	10		工	3	장인 공
庚金	金	錯	어긋날, 섞다, 꾸미다, 도금하다	착	16		金	8	쇠 금
庚金	金	鑿	뚫다, 파다, 깎다	착	28		金	8	쇠 금
庚金	金	鑽	뚫다, 끌다, 모으다, 깊이 연구할	찬	27		金	8	쇠 금
庚金	金	斬	베다, 끊다, 재단하다	참	11		斤	4	도끼 근
庚金	金	釵	비녀, 인동덩굴	채	11		金	8	쇠 금
庚金	金	斥	물리치다, 엿보다, 가리키다	척	5		斤	4	도끼 근
庚金	金	釧	팔찌, 가락지	천	11		金	8	쇠 금
庚金	金	鐵	쇠	철	21		金	8	쇠 금
庚金	金	體	몸, 신체, 몸소, 형상	체	23		骨	10	뼈 골
庚金	金	鈔	좋은 쇠, 좋다	초	11		金	8	쇠 금
庚金	金	叢	떨기, 숲, 모이다	총	18		又	2	또 우
庚金	金	銃	총, 우렛소리, 도끼구멍, 총쏘다	총	14		金	8	쇠 금
庚金	金	錐	송곳, 바늘, 침	추	16		金	8	쇠 금
庚金	金	錘	저울추, 단련하다	추	16		金	8	쇠 금
庚金	金	鎚	쇠망치, 저울추	추	18		金	8	쇠 금
庚金	金	取	가지다, 취하다, 의지하다, 채용할	취	8		又	2	또 우

庚金	金	臭	냄새, 구린내, 심하게, 썩다	취	10		自	6	스스로 자 비(鼻)의 古字
庚金	金	針	바늘, 침, 가시, 침놓다, 찌르다	침	10		金	8	쇠 금
庚金	金	托	받침, 맡길	탁	6	7	手 扌	3(4)	손 수
庚金	金	鐸	방울, 목탁, 풍경	탁	21		金	8	쇠 금
庚金	金	鈦	티타늄	태	12		金	8	쇠 금
庚金	金	鈑	금박, 황금, 금화	판	12		金	8	쇠 금
庚金	金	捕	잡을	포	10	11	手 扌	3(4)	손 수
庚金	金	鋪	펴다, 늘어놓다	포	15		金	8	쇠 금
庚金	金	鉍	창자루	필	13		金	8	쇠 금
庚金	金	韓	나라 이름, 한국	한	17		韋	9	가죽 위
庚金	金	銜	재갈, 직함, 관, 머금다	함	14		金	8	쇠 금
庚金	金	骸	뼈, 백골, 신체	해	16		骨	10	뼈 골
庚金	金	鉉	솥귀, 재상, 활시위	현	13		金	8	쇠 금
庚金	金	鋗	노구솥, 냄비, 옥소리	현	15		金	8	쇠 금
庚金	金	鋏	집게, 가위, 부젓가락, 칼	협	15		金	8	쇠 금
庚金	金	鎣	줄, 그릇, 갈다, 장식하다	형	18		金	8	쇠 금
庚金	金	鏸	날카로울, 세모창	혜	20		金	8	쇠 금
庚金	金	鎬	호경, 곡괭이, 밝은모양, 빛나다	호	18		金	8	쇠 금
庚金	金	鉷	쇠뇌고동, 석궁	홍	14		金	8	쇠 금
庚金	金	鐶	고리, 반지, 귀걸이	환	21		金	8	쇠 금
庚金	金	鐄	종, 큰종, 쇠북, 종소리, 큰낫	횡	20		金	8	쇠 금
庚金	金	鑂	금빛 퇴색하다, 금빛이 변하다	훈	22		金	8	쇠 금

庚金	金	毁	헐다, 부수다, 제거하다, 무너지다	훼	13		殳	4	몽둥이 수
庚金	金	鑫	기쁘다, 사람 이름	흠	24		金	8	쇠 금
庚金	金	興	일어날	흥	15		臼	6	절구 구
庚金	金	斛	휘, 말, 재다, 헤아리다	곡	11		斗	4	말 두/싸울 두
庚金	金	斗	말	두	4		斗	4	말 두/싸울 두
庚金	金	料	헤아릴, 생각할, 수효를 세다	료	10		斗	4	말 두/싸울 두
庚金	金	斜	비스듬하다, 기울다, 굽다, 베끼다	사	11		斗	4	말 두/싸울 두
庚金	金	斡	돌다, 관리하다	알	14		斗	4	말 두/싸울 두
庚金	金	料	헤아릴, 생각할, 수효를 세다	요	10		斗	4	말 두/싸울 두
庚金	金	斟	침작할, 헤아릴	짐	13		斗	4	말 두/싸울 두
甲木	木	林	수풀	림	8		木	4	나무 목
辛金	金	賈	값	가	13		貝	7	조개 패
辛金	金	刻	새길	각	8		刂 刀	2	선칼 도
辛金	金	角	뿔	각	7		角	7	뿔 각
辛金	金	刊	새길	간	5		刂 刀	2	선칼 도
辛金	金	剛	굳셀	강	10		刂 刀	2	선칼 도
辛金	金	劍	칼	검	15		刂 刀	2	선칼 도
辛金	金	潔	깨끗할, 바를	결	14		冫	2	이수변,얼음빙
辛金	金	賈	장사, 상인, 상품	고	13		貝	7	조개 패
辛金	金	辜	허물, 죄, 재난	고	12		辛	7	매울 신
辛金	金	貢	바칠, 공물, 천거할, 이바지하다	공	10		貝	7	조개 패
辛金	金	貫	꿸, 뚫을, 달성하다, 섬기다	관	11		貝	7	조개 패

辛金	金	刮	긁을, 모진바람	괄	8		刂 刀	2	선칼 도
辛金	金	購	사다, 구하다, 친하다, 화해할	구	17		貝	7	조개 패
辛金	金	貴	귀할, 신분높을	귀	12		貝	7	조개 패
辛金	金	剋	이길, 해낼, 능력있을,	극	9		刂 刀	2	선칼 도
辛金	金	劇	심할, 혹독할	극	15		刂 刀	2	선칼 도
辛金	金	剆	가지칠	나	9		刂 刀	2	선칼 도
辛金	金	酪	소젖, 타락, 과즙, 죽, 술, 식초	낙	13		酉	7	닭 유
辛金	金	剌	발랄할, 어그러질	날	9		刂 刀	2	선칼 도
辛金	金	辣	매울, 언행이 엄혹하다	날	14		辛	7	매울 신
辛金	金	冷	한랭할, 얼다, 한가할, 낯설	냉	7		冫	2	이수변,얼음빙
辛金	金	彔	나무를 새기다	녹	8		彐	3	돼지머리 계
辛金	金	賂	뇌물, 선물, 재물, 재화, 증정	뇌	13		貝	7	조개 패
辛金	金	賚	주다, 위로하다, 하사한 물건	뇌	15		貝	7	조개 패
辛金	金	賴	의뢰할, 의지하다	뇌	16		貝	7	조개 패
辛金	金	凜	차다. 춥다, 늠름하다	늠	15		冫	2	이수변,얼음빙
辛金	金	凌	업신여길, 능가할, 얼음	능	10		冫	2	이수변,얼음빙
辛金	金	爹	아버지, 웃어른에 대한 존칭	다	10		父	4	아비 부
辛金	金	彖	판단할, 점칠	단	9		彐	3	돼지머리 계
辛金	金	貸	빌릴, 용서할, 빌린 금품	대	12		貝	7	조개 패
辛金	金	到	도달하다, 닿다, 가다, 세밀하다	도	8		刂 刀	2	선칼 도
辛金	金	賭	내기, 도박	도	16		貝	7	조개 패
辛金	金	冬	겨울, 동면	동	5		冫	2	이수변,얼음빙

辛金	金	凍	얼다, 춥다, 얼음	동	10		冫	2	이수변,얼음빙
辛金	金	剆	가지 칠	라	9		刂 刀	2	선칼 도
辛金	金	酪	소젖, 타락, 술, 과즙, 죽, 식초	락	13		酉	7	닭 유
辛金	金	剌	발랄할, 어그러질	랄	9		刂 刀	2	선칼 도
辛金	金	辣	매울, 언행이 엄혹하다	랄	14		辛	7	매울 신
辛金	金	冷	차다, 한랭, 얼다	랭	7		冫	2	이수변,얼음빙
辛金	金	凉	서늘할, 얇다, 외롭다, 맑다	량	10		冫	2	이수변,얼음빙
辛金	金	冽	맑다, 한랭, 춥다	렬	8		冫	2	이수변,얼음빙
辛金	金	列	벌이다, 늘어서다, 분리하다	렬	6		刂 刀	2	선칼 도
辛金	金	醴	단술, 감수, 밝은술, 진액, 달다	례	20		酉	7	닭 유
辛金	金	彔	나무를 새기다	록	8		彐	3	돼지머리 계
辛金	金	賂	뇌물, 선물, 재물, 재화, 증정	뢰	13		貝	7	조개 패
辛金	金	賚	주다, 위로하다, 하사한 물건	뢰	15		貝	7	조개 패
辛金	金	賴	의뢰할, 의지하다	뢰	16		貝	7	조개 패
辛金	金	劉	죽일, 베풀다, 승리, 도끼,칼,성씨	류	15		刂 刀	2	선칼 도
辛金	金	凌	업신여길, 능가할, 얼음	릉	10		冫	2	이수변,얼음빙
辛金	金	利	이로울	리	7		刂 刀	2	선칼 도
辛金	金	每	매양, 늘, 탐내다	매	7		毋	4	말 무
辛金	金	買	사다, 내다, 고용하다, 자초할	매	12		貝	7	조개 패
辛金	金	賣	팔다, 속이다. 배신, 내통, 넓히다	매	15		貝	7	조개 패
辛金	金	酩	술 취할, 단술	명	13		酉	7	닭 유
辛金	金	母	어머니, 나이많은 여자, 모체	모	5		毋	4	말 무

辛金	金	毋	말다, 없다, 아니다	무	4		毋	4	말 무
辛金	金	貿	무역할, 바꾸다	무	12		貝	7	조개 패
辛金	金	刎	목벨, 스스로 목을 자르다	문	6		刂 刀	2	선칼 도
辛金	金	剝	벗길, 깎다, 다치다, 상하다	박	10		刂 刀	2	선칼 도
辛金	金	醱	술을 빚다	발	19		酉	7	닭 유
辛金	金	賠	물어줄, 보상할, 손해볼, 사과할	배	15		貝	7	조개 패
辛金	金	配	나눌, 짝짓다, 걸맞다, 견주다	배	10		酉	7	닭 유
辛金	金	辟	임금, 임, 법, 허물	벽	13		辛	7	매울 신
辛金	金	辨	분별할, 나누다, 밝히다, 따지다	변	16		辛	7	매울 신
辛金	金	辯	말씀, 문체이름, 말잘하다	변	21		辛	7	매울 신
辛金	金	釆	분별할, 나누다, 밝히다, 따지다	변	7		釆	7	분별할 변
辛金	金	別	나누다, 헤어지다, 떠나다	별	7		刂 刀	2	선칼 도
辛金	金	副	버금, 다음, 둘째, 부본, 도움	부	11		刂 刀	2	선칼 도
辛金	金	父	아버지, 친족 어른, 관장, 창시자	부	4		父	4	아비 부
辛金	金	負	짐지다, 떠맡다, 빚지다, 업다	부	9		貝	7	조개 패
辛金	金	賦	세금부과, 군비, 군사, 선비	부	15		貝	7	조개 패
辛金	金	賻	부의	부	17		貝	7	조개 패
辛金	金	賁	거대하다, 달리다, 날래다	분	12		貝	7	조개 패
辛金	金	費	소비하다, 손상	비	12		貝	7	조개 패
辛金	金	貧	가난, 부족할, 결핍될, 구차할	빈	11		貝	7	조개 패
辛金	金	賓	손님, 사위, 물가	빈	14		貝	7	조개 패
辛金	金	贇	예쁘다, 빛나다, 문채	빈	19		貝	7	조개 패

辛金	金	賜	주다, 하사하다, 은혜 베풀다	사	15		貝	7	조개 패
辛金	金	辭	말씀, 핑계, 사퇴	사	19		辛	7	매울 신
辛金	金	削	깎을, 빼앗다, 모질다, 약해지다	삭	9		刂 刀	2	선칼 도
辛金	金	刪	깎다, 제하다, 정하다	산	7		刂 刀	2	선칼 도
辛金	金	酸	신맛, 나른하다, 슬프다, 고되다	산	14		酉	7	닭 유
辛金	金	觴	잔	상	18		角	7	뿔 각
辛金	金	賞	상줄, 증여할, 칭찬할, 즐기다	상	15		貝	7	조개 패
辛金	金	賽	굿하다, 내기하다, 주사위	새	17		貝	7	조개 패
辛金	金	甠	재물	생	12		貝	7	조개 패
辛金	金	釋	풀다, 설명하다	식	20		釆	7	분별할 변
辛金	金	剡	땅 이름, 강 이름	섬	10		刂 刀	2	선칼 도
辛金	金	贍	넉넉할, 많다, 구제하다	섬	20		貝	7	조개 패
辛金	金	醒	술이 깨다, 깨닫다, 병이 낫다	성	16		酉	7	닭 유
辛金	金	貰	빌리다, 용서하다, 외상	세	12		貝	7	조개 패
辛金	金	贖	속죄하다, 바꾸다	속	22		貝	7	조개 패
辛金	金	刷	인쇄하다, 등사하다, 쓸다, 솔질	쇄	8		刂 刀	2	선칼 도
辛金	金	酬	갚다, 보답하다, 술을 권하다	수	13		酉	7	닭 유
辛金	金	賥	재물, 재화	수	15		貝	7	조개 패
辛金	金	醇	진국술, 진한술, 순수하다	순	15		酉	7	닭 유
辛金	金	辛	맵다, 독하다, 괴롭다, 살생하다	신	7		辛	7	매울 신
辛金	金	賹	사람 이름	애	15		貝	7	조개 패
辛金	金	冶	용광로, 대장간, 들, 단련하다	야	7		冫	2	이수변,얼음빙

辛金	金	爺	아버지, 늙으신네, 남자존칭	야	13		父	4	아비 부
辛金	金	凉	서늘할, 엷다, 외롭다, 맑다	양	10		冫	2	이수변,얼음빙
辛金	金	釀	술빚다, 꿀만들다, 술	양	24		酉	7	닭 유
辛金	金	醼	잔치, 연회	연	23		酉	7	닭 유
辛金	金	洌	맑다, 한랭, 춥다	열	8		冫	2	이수변,얼음빙
辛金	金	列	벌이다, 늘어서다, 분리하다	열	6		刂 刀	2	선칼 도
辛金	金	醴	단술, 감주, 맑은술, 진액, 달다	예	20		酉	7	닭 유
辛金	金	醴	단술, 감주, 맑은술, 진액, 달다	예	20		酉	7	닭 유
辛金	金	刈	풀을 베다, 자르다, 제거하다, 낫	예	4		刂 刀	2	선칼 도
辛金	金	賱	넉넉할, 재운있다, 많이 있다	운	16		貝	7	조개 패
辛金	金	劉	죽일,베풀다,승리,도끼,칼,성씨	유	15		刂 刀	2	선칼 도
辛金	金	酉	닭	유	7		酉	7	닭 유
辛金	金	釉	광택, 윤, 잿물	유	12		釆	7	분별할 변
辛金	金	毓	기르다, 어리다	육	14		毋	4	말 무
辛金	金	贇	예쁘다, 빛나다, 문채	윤	19		貝	7	조개 패
辛金	金	凝	엉기다, 얼다, 춥다	응	16		冫	2	이수변,얼음빙
辛金	金	醫	의원,의술,의학,유모,단술,매실	의	18		酉	7	닭 유
辛金	金	利	이로울	이	7		刂 刀	2	선칼 도
辛金	金	彛	떳떳하다, 평탄하다, 상도, 술그릇	이	16		彐	3	돼지머리 계
辛金	金	貽	끼치다, 남기다, 전하다, 증여하다	이	12		貝	7	조개 패
辛金	金	貳	둘, 버금, 거듭할, 의심할, 돕다	이	12		貝	7	조개 패
辛金	金	彝	떳떳하다, 평탄하다, 상도, 술그릇	이	18		彐	3	돼지머리 계

辛金	金	賃	품삯, 품팔이	임	13		貝	7	조개 패
辛金	金	剩	남다, 길다	잉	12		刂 刀	2	선칼 도
辛金	金	刺	찌르다, 끊다, 꾸짖다, 충고하다	자	8		刂 刀	2	선칼 도
辛金	金	資	재물, 자본, 바탕, 비용, 의뢰	자	13		貝	7	조개 패
辛金	金	酌	술따르다, 술마시다	작	10		酉	7	닭 유
辛金	金	臟	장물, 뇌물받다, 숨기다, 감추다	장	21		貝	7	조개 패
辛金	金	醬	된장, 간장, 장조림, 젓갈	장	18		酉	7	닭 유
辛金	金	財	재물, 보물, 물품	재	10		貝	7	조개 패
辛金	金	賳	재물, 재화	재	16		貝	7	조개 패
辛金	金	貯	쌓다, 저축하다, 담다, 가게, 상점	저	12		貝	7	조개 패
辛金	金	賊	도둑, 도둑질, 역적	적	13		貝	7	조개 패
辛金	金	前	앞	전	9		刂 刀	2	선칼 도
辛金	金	貞	곧을	정	9		貝	7	조개 패
辛金	金	酊	술 취하다	정	9		酉	7	닭 유
辛金	金	制	절제하다	제	8		刂 刀	2	선칼 도
辛金	金	劑	약제, 약첩, 조제하다	제	16		刂 刀	2	선칼 도
辛金	金	醍	맑은술	제	16		酉	7	닭 유
辛金	金	凋	시들다, 여위다, 슬퍼하다, 새기다	조	10		冫	2	이수변,얼음빙
辛金	金	酎	전국술, 술빚다	주	10		酉	7	닭 유
辛金	金	酒	술, 잔치, 마시다	주	10		酉	7	닭 유
辛金	金	賗	재물	주	12		貝	7	조개 패
辛金	金	准	준하다, 법도, 평평할, 바로잡을	준	10		冫	2	이수변,얼음빙

辛金	金	準	준하다, 법도, 평평할, 바로잡을	준	12		冫	2	이수변,얼음빙
辛金	金	贈	주다, 선사하다	증	19		貝	7	조개 패
辛金	金	贄	폐백	지	18		貝	7	조개 패
辛金	金	賑	구휼하다, 넉넉할	진	14		貝	7	조개 패
辛金	金	質	바탕, 본질, 품질	질	15		貝	7	조개 패
辛金	金	贊	돕다, 밝히다, 칭찬하다, 나아가다	찬	19		貝	7	조개 패
辛金	金	賛	돕다, 밝히다, 칭찬하다, 나아가다	찬	15		貝	7	조개 패
辛金	金	剎	절, 기둥, 탑	찰	8		刂 刀	2	선칼 도
辛金	金	創	비롯하다, 시작하다, 다치다	창	12		刂 刀	2	선칼 도
辛金	金	采	풍채, 벼슬, 무늬	채	8		釆	7	분별할 변
辛金	金	責	꾸짖다, 헐뜯다, 받아내다	책	11		貝	7	조개 패
辛金	金	凄	쓸쓸하다, 처량하다, 싸늘하다	처	10		冫	2	이수변,얼음빙
辛金	金	刺	찌르다, 베다, 살피다, 절단하다	척	8		刂 刀	2	선칼 도
辛金	金	剔	뼈를 바르다, 깎다, 준설하다	척	10		刂 刀	2	선칼 도
辛金	金	賤	천하다, 경멸하다, 경시하다	천	15		貝	7	조개 패
辛金	金	貼	붙이다, 붙다, 따르다	첩	12		貝	7	조개 패
辛金	金	剃	머리깎다, 털깎다, 땋은 머리	체	9		刂 刀	2	선칼 도
辛金	金	剿	끊다, 죽이다, 겁탈하다, 괴로워할	초	13		刂 刀	2	선칼 도
辛金	金	酢	신맛나는 조미료, 초, 신맛	초	12		酉	7	닭 유
辛金	金	醋	초, 식초	초	15		酉	7	닭 유
辛金	金	醮	제사 지내다, 기원하다, 술따르다	초	19		酉	7	닭 유
辛金	金	觸	닿다, 찌르다, 느끼다, 받다	촉	20		角	7	뿔 각

辛金	金	酋	우두머리, 묵은 술	추	9	酉	7	닭 유
辛金	金	醜	추하다, 못생기다, 밉다, 못되다	추	17	酉	7	닭 유
辛金	金	賰	넉넉하다, 부유하다	춘	16	貝	7	조개 패
辛金	金	冲	화하다, 부딪치다, 비다, 찌르다	충	6	冫	2	이수변,얼음빙
辛金	金	贅	혹, 군더더기, 데릴사위, 회유하다	췌	18	貝	7	조개 패
辛金	金	醉	취하다, 술에 담그다, 탐닉하다	취	15	酉	7	닭 유
辛金	金	則	법칙, 준칙, 이치	칙	9	刂 刀	2	선칼 도
辛金	金	貪	탐내다, 희망하다, 자초하다, 탐욕	탐	11	貝	7	조개 패
辛金	金	判	판단하다, 판결, 나누다, 맡다	판	7	刂 刀	2	선칼 도
辛金	金	販	팔다, 사다, 장사할, 무역할, 베번	편	11	貝	7	조개 패
辛金	金	辦	힘들이다, 갖추다, 주관하다	판	16	辛	7	매울 신
辛金	金	貝	조개, 패각, 재화, 돈, 보화, 비단	패	7	貝	7	조개 패
辛金	金	貶	낮추다, 폄하다	폄	12	貝	7	조개 패
辛金	金	剽	겁박하다, 위협하다, 사납다	표	13	刂 刀	2	선칼 도
辛金	金	賀	하례하다, 가상하다	하	12	貝	7	조개 패
辛金	金	割	베다, 끊다, 쪼개다	할	12	刂 刀	2	선칼 도
辛金	金	解	풀다, 벗다, 깨닫다	해	13	角	7	뿔 각
辛金	金	賢	어질	현	15	貝	7	조개 패
辛金	金	顯	나타날	현	23	貝	7	조개 패
辛金	金	冾	화하다, 젖다, 윤택하다	협	8	冫	2	이수변,얼음빙
辛金	金	刑	형벌, 법, 모양, 제어	형	6	刂 刀	2	선칼 도
辛金	金	彗	살별, 꼬리별, 쓸다	혜	11	크	3	돼지머리 계

辛金	金	醯	식혜, 식초, 술	혜	19		酉	7	닭 유
辛金	金	酷	심하다, 독하다	혹	14		酉	7	닭 유
辛金	金	貨	재물, 상품, 물건, 화폐, 뇌물	화	11		貝	7	조개 패
辛金	金	賄	재물, 뇌물, 예물, 선사하다	회	13		貝	7	조개 패
辛金	金	劃	긋다, 구획, 계획, 쪼개다, 열다	획	14		刂 刀	2	선칼 도
辛金	金	酵	삭히다, 발효하다, 지게미	효	14		酉	7	닭 유
辛金	金	彙	무리, 동류, 고슴도치, 모으다	휘	13		彐	3	돼지머리 계
辛金	金	凞	빛나다, 쬐다, 화락하다, 기뻐하다	희	15		冫	2	이수변,얼음빙
辛金	金	珂	마노(보석), 흰 옥돌	가	9	10	玉 王	4(5)	구슬 옥
辛金	金	珏	쌍옥	각	9	10	玉 王	4(5)	구슬 옥
辛金	金	諫	간할, 충고, 헐뜯을	간	16		言	7	말씀 언
辛金	金	玕	옥돌	간	7	8	玉 王	4(5)	구슬 옥
辛金	金	講	암송할, 배울, 연구할	강	17		言	7	말씀 언
辛金	金	玒	옥 이름	강	7	8	玉 王	4(5)	구슬 옥
辛金	金	皆	모두, 비교	개	9		白	5	흰 백
辛金	金	劒	칼, 검법, 베다	검	16		刀刂	2	칼 도
辛金	金	譴	꾸짖을	견	21		言	7	말씀 언
辛金	金	訣	이별, 사별할, 비결, 결정할	결	11		言	7	말씀 언
辛金	金	謙	겸손할	겸	17		言	7	말씀 언
辛金	金	璟	옥빛	경	16	17	玉 工	4(5)	구슬 옥
辛金	金	璥	경옥	경	17	18	玉 王	4(5)	구슬 옥
辛金	金	警	말을 삼가, 조심, 주의 주다	경	20		言	7	말씀 언

辛金	金	瑛	옥빛, 수정, 패옥	경	13	14	玉 王	4(5)	구슬 옥
辛金	金	計	셈할, 세다	계	9		言	7	말씀 언
辛金	金	誡	경계할, 명령할, 훈계할, 계율	계	14		言	7	말씀 언
辛金	金	皐	언덕, 못, 물가, 논	고	11		白	5	흰 백
辛金	金	誥	고할, 가르침, 경계	고	14		言	7	말씀 언
辛金	金	皋	언덕, 못, 물가, 皐의 略字	고	10		白	5	흰 백
辛金	金	琨	옥돌, 패옥, 美石	곤	12	13	玉 王	4(5)	구슬 옥
辛金	金	珙	옥, 큰 수슬	공	10	11	玉 王	4(5)	구슬 옥
辛金	金	誇	자랑할, 뽐낼, 사치할, 공허할	과	13		言	7	말씀 언
辛金	金	課	공부할, 시험, 부과,과목,조세	과	15		言	7	말씀 언
辛金	金	琯	옥피리, 율관, 옥장식, 빛내다	관	12	13	玉 王	4(5)	구슬 옥
辛金	金	瓘	옥, 옥이름, 홀	관	22	23	玉 王	4(5)	구슬 옥
辛金	金	珖	옥피리, 옥이름	광	10	11	玉 王	4(5)	구슬 옥
辛金	金	皎	달 밝을, 희고 밝다, 결백, 햇빛	교	11		白	5	흰 백
辛金	金	矯	바로잡을, 굳셀	교	17		矢	5	화살 시
辛金	金	毬	공, 제기	구	1		毛	4	터럭 모
辛金	金	玖	옥돌, 검은 옥돌, 아홉	구	7	8	玉 王	4(5)	구슬 옥
辛金	金	球	공	구	11	12	玉 王	4(5)	구슬 옥
辛金	金	矩	모날, 법도	구	10		矢	5	화살 시
辛金	金	謳	노래할	구	18		言	7	말씀 언
辛金	金	珣	옥돌	구	9	10	玉 王	4(5)	구슬 옥
辛金	金	劵	문서, 증서, 화폐	권	8		刀 刂	2	칼 도

辛金	金	詭	속일, 꾸짖을, 위배할, 무너질	궤	13		言	7	말씀 언
辛金	金	珪	서옥	규	10	11	玉 王	4(5)	구슬 옥
辛金	金	瑾	아름다운 옥, 붉은 옥	근	15	16	玉 王	4(5)	구슬 옥
辛金	金	謹	삼가다, 자성하다	근	18		言	7	말씀 언
辛金	金	琴	거문고	금	12	13	玉 王	4(5)	구슬 옥
辛金	金	玘	노리개, 패옥	기	7	8	玉 王	4(5)	구슬 옥
辛金	金	琦	옥이름, 기이할, 진기할, 훌륭할	기	12	13	玉 王	4(5)	구슬 옥
辛金	金	琪	아름다운 옥	기	12	13	玉 王	4(5)	구슬 옥
辛金	金	璂	피변 꾸미개	기	15	16	玉 王	4(5)	구슬 옥
辛金	金	璣	모난 구슬, 별 이름	기	16	17	玉 王	4(5)	구슬 옥
辛金	金	記	기록할	기	10		言	7	말씀 언
辛金	金	譏	비웃을, 나무랄, 기찰하다	기	19		言	7	말씀 언
辛金	金	璣	모난 구슬	기	19	20	玉 王	4(5)	구슬 옥
辛金	金	諾	허락할, 대답할, 동의할, 순종할	낙	16		言	7	말씀 언
辛金	金	珞	구슬목걸이	낙	10	11	玉 王	4(5)	구슬 옥
辛金	金	瓓	옥광채, 옥무늬	난	21	22	玉 王	4(5)	구슬 옥
辛金	金	琅	옥돌, 금옥소리, 문고리, 고을명	낭	11	12	玉 王	4(5)	구슬 옥
辛金	金	瑯	옥돌, 금옥소리, 문고리, 고을명	낭	14	15	玉 王	4(5)	구슬 옥
辛金	金	瑙	마노, 옥돌, 무늬돌	노	13	14	玉 王	4(5)	구슬 옥
辛金	金	璐	아름다운 옥	노	17	18	玉 王	4(5)	구슬 옥
辛金	金	論	서술할, 말할	논	15		言	7	말씀 언
辛金	金	瓏	옥소리, 환한 모양	농	20	21	玉 王	4(5)	구슬 옥

辛金	金	多	많을	다	6		夕	3	저녁 석
辛金	金	夛	많을, 낫다, 두텁다, 늘어나다	다	6		夕	3	저녁 석
辛金	金	短	짧을, 숨가쁠, 부족할	단	12		矢	5	화살 시
辛金	金	談	말씀	담	15		言	7	말씀 언
辛金	金	譚	클, 깊을, 편안할	담	19		言	7	말씀 언
辛金	金	玳	대모(바다거북과의 하나)	대	9	10	玉 王	4(5)	구슬 옥
辛金	金	刀	칼, 화폐, 거룻배, 무게 단위	도	2		刀 刂	2	칼 도
辛金	金	讀	읽을, 이해할, 계산할, 구절	독	22		言	7	말씀 언
辛金	金	讀	구절, 구두점, 읽다	두	22		言	7	말씀 언
辛金	金	謄	베끼다, 등사하다, 옮겨 쓰다	등	17		言	7	말씀 언
辛金	金	珞	구슬 목걸이	락	10	11	玉 王	4(5)	구슬 옥
辛金	金	諾	허락,승낙,허가,대답,동의,순종	락	16		言	7	말씀 언
辛金	金	瓓	옥광채, 옥무늬	란	21	22	玉 王	4(5)	구슬 옥
辛金	金	琅	옥돌, 금옥소리, 문고리, 고을명	랑	11	12	玉 王	4(5)	구슬 옥
辛金	金	瑯	옥돌, 금옥소리, 문고리, 고을명	랑	14	15	玉 王	4(5)	구슬 옥
辛金	金	諒	살펴 알다, 찾다, 어질다, 돕다	량	15		言	7	말씀 언
辛金	金	璉	호련, 종묘, 제기, 잇다	련	15	16	玉 王	4(5)	구슬 옥
辛金	金	玲	옥소리	령	9	10	玉 王	4(5)	구슬 옥
辛金	金	瑙	마노, 옥돌, 무늬돌	로	13	14	玉 王	4(5)	구슬 옥
辛金	金	璐	아름다운 옥	로	17	18	玉 王	4(5)	구슬 옥
辛金	金	論	서술할, 말할	론	15		言	7	말씀 언
辛金	金	瓏	옥소리, 환한 모양	롱	20	21	玉 王	4(5)	구슬 옥

辛金	金	琉	유리, 나라 이름	류	11	12	玉 王	4(5)	구슬 옥
辛金	金	瑠	맑은 유리, 나라 이름	류	14	15	玉 王	4(5)	구슬 옥
辛金	金	謬	그르칠, 잘못할	류	18		言	7	말씀 언
辛金	金	理	다스릴	리	11	12	玉 王	4(5)	구슬 옥
辛金	金	璃	유리, 구슬 이름	리	15	16	玉 王	4(5)	구슬 옥
辛金	金	璘	옥빛, 옥광채, 옥모양, 무늬	린	16	17	玉 王	4(5)	구슬 옥
辛金	金	琳	옥돌	림	12	13	玉 王	4(5)	구슬 옥
辛金	金	瑪	차돌, 마노	마	14	15	玉 王	4(5)	구슬 옥
辛金	金	勉	힘쓸, 권하다	면	9		刀 刂	2	칼 도
辛金	金	毛	털	모	4		毛	4	터럭 모
辛金	金	瑁	옥홀(천자가 지니던 옥으로 만든)	모	13	14	玉 王	4(5)	구슬 옥
辛金	金	謀	꾀할, 지략, 계책	모	16		言	7	말씀 언
辛金	金	謨	꾀, 속이다, 계획	모	18		言	7	말씀 언
辛金	金	夢	꿈	몽	14		夕	3	저녁 석
辛金	金	珷	옥돌	무	12	13	玉 王	4(5)	구슬 옥
辛金	金	誣	속일, 꾸밀, 더럽힐	무	14		言	7	말씀 언
辛金	金	謎	수수께끼, 미혹시킬, 헷갈리게 할	미	17		言	7	말씀 언
辛金	金	瑂	옥돌	미	13	14	玉 王	4(5)	구슬 옥
辛金	金	玟	옥돌, 아름다운 돌	민	8	9	玉 王	4(5)	구슬 옥
辛金	金	珉	옥돌	민	9	10	玉 王	4(5)	구슬 옥
辛金	金	瑉	옥돌	민	13	14	玉 王	4(5)	구슬 옥
辛金	金	謐	고요할, 삼갈, 상세할, 조용한 말	밀	17		言	7	말씀 언

辛金	金	珀	호박	박	9	10	玉 王	4(5)	구슬 옥
辛金	金	璞	가공치 않은 옥돌, 소박,꾸밈없다	박	16	17	玉 王	4(5)	구슬 옥
辛金	金	班	나누다, 이별, 주다, 서성거리다	반	10	11	玉 王	4(5)	구슬 옥
辛金	金	訪	찾을, 방문할	방	11		言	7	말씀 언
辛金	金	謗	헐뜯을, 나무랄, 비방할, 대답할	방	17		言	7	말씀 언
辛金	金	北	달아날, 패하다, 저버릴, 분리할	배	5		匕	2	비수 비
辛金	金	白	흰	백	5		白	5	흰 백
辛金	金	百	일백	백	6		白	5	흰 백
辛金	金	珐	법랑, 에나멜	법	12	13	玉 王	4(5)	구슬 옥
辛金	金	劈	쪼개다, 가르다	벽	15		刀刂	2	칼 도
辛金	金	璧	구슬, 둥근 옥, 주름, 쌓다	벽	18	19	玉 王	4(5)	구슬 옥
辛金	金	變	변할	변	23		言	7	말씀 언
辛金	金	琈	보배, 보물, 옥새, 돈, 높임말	보	10	11	玉 王	4(5)	구슬 옥
辛金	金	譜	족보, 계보, 악보, 적다, 작곡하다	보	19		言	7	말씀 언
辛金	金	珤	보배, 보물, 옥새, 돈, 높임말	보	10	11	玉 王	4(5)	구슬 옥
辛金	金	琫	칼집 장식, 받치다	봉	12	13	玉 王	4(5)	구슬 옥
辛金	金	訃	부고	부	9		言	7	말씀 언
辛金	金	北	북녘	북	5		匕	2	비수 비
辛金	金	分	나눌, 베풀다, 구별하다, 헤어질	분	4		刀刂	2	칼 도
辛金	金	匕	비수, 숟가락, 화살촉	비	2		匕	2	비수 비
辛金	金	琵	비파, 타다	비	12	13	玉 王	4(5)	구슬 옥
辛金	金	玭	구슬 이름, 소리나는 진주	빈	8	9	玉 王	4(5)	구슬 옥

辛金	金	璸	구슬 이름, 옥무늬	빈	18	19	玉 王	4(5)	구슬 옥
辛金	金	詐	속이다, 말을 꾸미다	사	12		言	7	말씀 언
辛金	金	詞	말씀, 시문, 문장	사	12		言	7	말씀 언
辛金	金	謝	사례할, 갚다, 양보할, 사양할	사	17		言	7	말씀 언
辛金	金	珊	산호, 패옥, 조잔하다	산	9	10	玉 王	4(5)	구슬 옥
辛金	金	詳	자세할	상	13		言	7	말씀 언
辛金	金	璽	옥새, 인장	새	19	20	玉 王	4(5)	구슬 옥
辛金	金	瑞	상서로울	서	13	14	玉 王	4(5)	구슬 옥
辛金	金	誓	맹세할, 경계할	서	14		言	7	말씀 언
辛金	金	諝	슬기, 총명한 사람, 헤아리다	서	16		言	7	말씀 언
辛金	金	夕	저녁	석	3		夕	3	저녁 석
辛金	金	琁	옥, 구슬	선	11	12	玉 王	4(5)	구슬 옥
辛金	金	瑄	도리옥	선	13	14	玉 王	4(5)	구슬 옥
辛金	金	璇	옥, 옥돌	선	15	16	玉 王	4(5)	구슬 옥
辛金	金	璿	구슬, 옥, 혼천의	선	18	19	玉 王	4(5)	구슬 옥
辛金	金	詵	많다, 묻다, 모이다	선	13		言	7	말씀 언
辛金	金	設	베풀, 설립할, 온전하다	설	11		言	7	말씀 언
辛金	金	說	말씀, 문체이름, 말하다	설	14		言	7	말씀 언
辛金	金	珹	옥 이름, 구슬 이름	성	11	12	玉 王	4(5)	구슬 옥
辛金	金	誠	정성	성	14		言	7	말씀 언
辛金	金	瑆	옥빛, 빛나다	성	13	14	玉 王	4(5)	구슬 옥
辛金	金	說	달래다, 유세하다	세	14		言	7	말씀 언

辛金	金	訴	호소하다, 아뢰다, 고소하다	소	12		言	7	말씀 언
辛金	金	玿	아름다운 옥	소	9	10	玉 王	4(5)	구슬 옥
辛金	金	謖	일어나다, 뛰어나다, 여미다	속	17		言	7	말씀 언
辛金	金	訟	송사하다, 쟁론하다, 신원하다	송	11		言	7	말씀 언
辛金	金	誦	암송하다, 노래하다, 읊다	송	14		言	7	말씀 언
辛金	金	琇	옥돌, 빛나다, 광채를 발하다	수	11	12	玉 王	4(5)	구슬 옥
辛金	金	璲	패옥, 노리개	수	17	18	玉 王	4(5)	구슬 옥
辛金	金	誰	누구, 무엇, 옛날	수	15		言	7	말씀 언
辛金	金	讐	원수, 동류, 대답할, 갚다, 맞다	수	23		言	7	말씀 언
辛金	金	讎	원수, 바로잡다, 대답하다	수	23		言	7	말씀 언
辛金	金	璲	수술, 구슬 이름	수	20	21	玉 王	4(5)	구슬 옥
辛金	金	夙	이르다, 빠르다, 삼가다, 새벽	숙	6		夕	3	저녁 석
辛金	金	琡	옥 이름, 큰 홀	숙	12	13	玉 王	4(5)	구슬 옥
辛金	金	璹	옥 그릇, 옥 이름	숙	18	19	玉 王	4(5)	구슬 옥
辛金	金	珣	옥 이름, 옥 그릇	순	10	11	玉 王	4(5)	구슬 옥
辛金	金	詢	묻다, 상의하다, 문의하다, 같다	순	13		言	7	말씀 언
辛金	金	瑟	큰 거문고, 비파, 엄숙할, 곱다	슬	13	14	玉 王	4(5)	구슬 옥
辛金	金	璱	푸른 구슬, 옥이 산뜻하고 깨끗함	슬	17	18	玉 王	4(5)	구슬 옥
辛金	金	匙	숟가락, 열쇠	시	11		匕	2	비수 비
辛金	金	矢	화살, 산가지, 대변, 곧다, 정직	시	5		矢	5	화살 시
辛金	金	試	시험, 검증하다, 비교해보다	시	13		言	7	말씀 언
辛金	金	詩	시, 시경, 시를 짓다, 기록하다	시	13		言	7	말씀 언

辛金	金	謚	시호, 시호를 내리다	시	16		言	7	말씀 언
辛金	金	諟	바르다, 바로잡다	시	16		言	7	말씀 언
辛金	金	毸	날개치다, 봉이 춤추는 모양	시	13		毛	4	터럭 모
辛金	金	訊	묻다, 말하다, 알리다, 조사하다	신	10		言	7	말씀 언
辛金	金	璶	옥돌	신	18	19	玉 王	4(5)	구슬 옥
辛金	金	諶	참으로, 믿다	심	16		言	7	말씀 언
辛金	金	訝	의심하다, 맞다	아	11		言	7	말씀 언
辛金	金	皒	흰빛, 흰색, 희다	아	12		白	5	흰 백
辛金	金	謁	뵈다, 아뢰다, 알리다, 고하다	알	16		言	7	말씀 언
辛金	金	夜	밤,저녁무렵,새벽녘,한밤중,침실	야	8		夕	3	저녁 석
辛金	金	諒	살펴알다, 찾다, 어질다, 돕다	양	15		言	7	말씀 언
辛金	金	讓	사양하다, 양보하다, 겸손하다	양	24		言	7	말씀 언
辛金	金	語	말씀, 소리, 논란하다, 알리다	어	14		言	7	말씀 언
辛金	金	言	말씀, 견해, 글, 언론, 맹세, 호령	언	7		言	7	말씀 언
辛金	金	諺	언문, 상말, 속담, 조문하다	언	16		言	7	말씀 언
辛金	金	璵	옥, 옥 이름	여	18	19	玉 王	4(5)	구슬 옥
辛金	金	譯	번역할	역	20		言	7	말씀 언
辛金	金	璉	호련, 종묘, 제기, 잇다	연	15	16	玉 王	4(5)	구슬 옥
辛金	金	瑌	옥돌	연	13	14	玉 王	4(5)	구슬 옥
辛金	金	瓀	옥돌	연	18	19	玉 王	4(5)	구슬 옥
辛金	金	說	기뻐할, 즐거워할	열	14		言	7	말씀 언
辛金	金	琰	옥, 홀, 옥을 깎다	염	12	13	玉 王	4(5)	구슬 옥

辛金	金	玲	옥소리	영	9	10	玉 王	4(5)	구슬 옥
辛金	金	瑩	밝다, 맑다, 명백하게 하다	영	15	16	玉 王	4(5)	구슬 옥
辛金	金	瓔	옥돌, 구슬 목걸이	영	21	22	玉 王	4(5)	구슬 옥
辛金	金	詠	읊다, 노래하다, 시를 짓다	영	12		言	7	말씀 언
辛金	金	詣	이르다, 다다르다, 나아가다	예	13		言	7	말씀 언
辛金	金	譽	기리다, 명예	예	21		言	7	말씀 언
辛金	金	玴	옥돌	예	9	10	玉 王	4(5)	구슬 옥
辛金	金	誤	그르치다, 잘못하다, 의혹하다	오	14		言	7	말씀 언
辛金	金	珸	옥돌	오	11	12	玉 王	4(5)	구슬 옥
辛金	金	玉	옥	옥	5	6	玉 王	4(5)	구슬 옥
辛金	金	瑥	사람 이름	온	14	15	玉 王	4(5)	구슬 옥
辛金	金	訛	잘못되다, 거짓되다, 속이다	와	11		言	7	말씀 언
辛金	金	玩	즐길, 희롱할	완	8	9	玉 王	4(5)	구슬 옥
辛金	金	琓	서옥	완	11	12	玉 王	4(5)	구슬 옥
辛金	金	琬	홀, 아름다운 옥	완	12	13	玉 王	4(5)	구슬 옥
辛金	金	王	임금	왕	4	5	玉 王	4(5)	구슬 옥
辛金	金	矮	난쟁이, 키작다, 짧다	왜	13		矢	5	화살 시
辛金	金	外	바깥	외	5		夕	3	저녁 석
辛金	金	瑤	아름다운 옥	요	14	15	玉 王	4(5)	구슬 옥
辛金	金	謠	노래, 가요, 소문, 헐뜯다	요	17		言	7	말씀 언
辛金	金	瑢	패옥 소리	용	14	15	玉 王	4(5)	구슬 옥
辛金	金	玗	옥돌	우	7	8	玉 王	4(5)	구슬 옥

辛金	金	瑀	패옥, 옥돌	우	13	14	玉 王	4(5)	구슬 옥
辛金	金	瑗	구슬,옥	원	13	14	玉 王	4(5)	구슬 옥
辛金	金	瑋	옥이름, 진중할, 아름답다, 진귀할	위	13	14	玉 王	4(5)	구슬 옥
辛金	金	謂	일컫다, 가리키다, 논평할, 설명할	위	16		言	7	말씀 언
辛金	金	琉	유리, 나라 이름	유	11	12	玉 王	4(5)	구슬 옥
辛金	金	瑠	맑은 유리, 나라 이름	유	14	15	玉 王	4(5)	구슬 옥
辛金	金	謬	그르칠, 잘못할	유	18		言	7	말씀 언
辛金	金	瑜	아름다운 옥, 옥빛	유	13	14	玉 王	4(5)	구슬 옥
辛金	金	誘	꾀다, 유인하다, 권하다, 혼란시킬	유	14		言	7	말씀 언
辛金	金	諛	아첨할, 비위 맞추다	유	16		言	7	말씀 언
辛金	金	諭	타이를, 비유할, 깨닫다, 깨우침	유	16		言	7	말씀 언
辛金	金	琟	옥돌, 새 이름	유	12	13	玉 王	4(5)	구슬 옥
辛金	金	玧	귀막이 구슬	윤	8	9	玉 王	4(5)	구슬 옥
辛金	金	誾	향기, 온화할, 화기애애하다	은	15		言	7	말씀 언
辛金	金	珢	옥돌	은	10	11	玉 王	4(5)	구슬 옥
辛金	金	矣	어조사	의	7		矢	5	화살 시
辛金	金	誼	정(情), 정의, 정분 도리,옳다	의	15		言	7	말씀 언
辛金	金	議	의논할, 분간할, 의견, 주장	의	20		言	7	말씀 언
辛金	金	理	다스릴	이	11	12	玉 王	4(5)	구슬 옥
辛金	金	璃	유리, 구슬 이름	이	15	16	玉 王	4(5)	구슬 옥
辛金	金	珥	귀고리, 햇무리, 귀를 베다,끼우다	이	10	11	玉 王	4(5)	구슬 옥
辛金	金	珆	옥돌, 용무늬 옥홀	이	9	10	玉 王	4(5)	구슬 옥

辛金	金	謚	웃다	익	17		言	7	말씀 언
辛金	金	璘	옥빛, 옥광채, 옥모양, 무늬	인	16	17	玉 王	4(5)	구슬 옥
辛金	金	刃	칼날, 칼, 병기	인	3		刀 刂	2	칼 도
辛金	金	認	알다, 인식, 인정하다, 허가하다	인	14		言	7	말씀 언
辛金	金	璌	사람 이름	인	15	16	玉 王	4(5)	구슬 옥
辛金	金	諲	공경하다, 삼가다	인	16		言	7	말씀 언
辛金	金	琳	옥돌	임	12	13	玉 王	4(5)	구슬 옥
辛金	金	訨	생각하다	임	11		言	7	말씀 언
辛金	金	諮	묻다, 상의하다, 꾀하다	자	16		言	7	말씀 언
辛金	金	璋	홀, 반쪽홀, 구슬, 밝다	장	15	16	玉 王	4(5)	구슬 옥
辛金	金	諍	간하다, 송사하다	쟁	15		言	7	말씀 언
辛金	金	詛	저주할, 맹세할, 욕하다, 원망하다	저	12		言	7	말씀 언
辛金	金	的	과녁, 진실, 목표	적	8		白	5	흰 백
辛金	金	謫	귀양갈, 꾸짖다, 벌하다, 결점	적	18		言	7	말씀 언
辛金	金	剪	자르다, 끊다, 깎다	전	11		刀 刂	2	칼 도
辛金	金	氈	모전, 담요, 융단	전	17		毛	4	터럭 모
辛金	金	琠	귀막이, 옥 이름	전	12	13	玉 王	4(5)	구슬 옥
辛金	金	詮	설명할, 헤아려볼, 법, 규율	전	13		言	7	말씀 언
辛金	金	切	끊다, 베다, 정성스럽다, 적절하다	절	4		刀 刂	2	칼 도
辛金	金	玎	옥소리	정	6	7	玉 王	4(5)	구슬 옥
辛金	金	珽	옥 이름, 옥 홀	정	11	12	玉 王	4(5)	구슬 옥
辛金	金	訂	바로잡다	정	9		言	7	말씀 언

辛金	金	諪	조정하다, 고르다	정	16		言	7	말씀 언
辛金	金	珵	패옥, 아름다운 옥	정	11	12	玉 王	4(5)	구슬 옥
辛金	金	諸	모두, 말잘하다	제	16		言	7	말씀 언
辛金	金	瑅	옥 이름	제	13	14	玉 王	4(5)	구슬 옥
辛金	金	璪	면류관드림옥	조	17	18	玉 王	4(5)	구슬 옥
辛金	金	詔	조서, 고하다, 말하다, 지도하다	조	12		言	7	말씀 언
辛金	金	調	고르다, 조절하다	조	15		言	7	말씀 언
辛金	金	琮	옥홀, 구멍있는 팔갈형 옥, 부신	종	12	13	玉 王	4(5)	구슬 옥
辛金	金	瑽	패옥소리	종	15	16	玉 王	4(5)	구슬 옥
辛金	金	珠	구슬	주	10	11	玉 王	4(5)	구슬 옥
辛金	金	註	글뜻 풀다, 기재하다, 기록하다	주	12		言	7	말씀 언
辛金	金	誅	베다, 책하다, 형벌	주	13		言	7	말씀 언
辛金	金	皗	밝다, 비단이 희다	주	13		白	5	흰 백
辛金	金	證	증거, 증명서, 법칙, 증명하다	증	19		言	7	말씀 언
辛金	金	識	적다, 기록하다, 표시하다, 표지	지	19		言	7	말씀 언
辛金	金	知	알	지	8		矢	5	화살 시
辛金	金	誌	기록할, 외우다, 기억하다, 표지	지	14		言	7	말씀 언
辛金	金	瑱	귀막이 옥	진	14	15	玉 王	4(5)	구슬 옥
辛金	金	珍	보배	진	9	10	玉 王	4(5)	구슬 옥
辛金	金	瑨	아름다운 돌	진	14	15	玉 王	4(5)	구슬 옥
辛金	金	璡	옥돌	진	16	17	玉 王	4(5)	구슬 옥
辛金	金	診	진찰하다	진	12		言	7	말씀 언

辛金	金	瓆	사람 이름	질	19	20	玉 王	4(5)	구슬 옥
辛金	金	瑳	곱다, 웃다, 갈다	차	14	15	玉 王	4(5)	구슬 옥
辛金	金	璨	옥빛, 아름다운 옥, 빛나다	찬	17	18	玉 王	4(5)	구슬 옥
辛金	金	瓚	옥잔, 제기, 술그릇, 큰홀	찬	23	24	玉 王	4(5)	구슬 옥
辛金	金	讚	기리다, 찬양할, 돕다, 인도하다	찬	26		言	7	말씀 언
辛金	金	讃	기리다, 찬양할, 돕다, 인도하다	찬	22		言	7	말씀 언
辛金	金	讒	참소하다, 헐뜯다	참	24		言	7	말씀 언
辛金	金	讖	예언, 참서, 조짐	참	24		言	7	말씀 언
辛金	金	琗	옥빛	채	12	13	玉 王	4(5)	구슬 옥
辛金	金	玔	옥고리,올팔지	천	7	8	玉 王	4(5)	구슬 옥
辛金	金	詹	이르다, 바라보다, 말이 많다	첨	13		言	7	말씀 언
辛金	金	諂	아첨하다, 아양떨다, 비위맞추다	첨	15		言	7	말씀 언
辛金	金	諜	염탐하다, 안심하다, 문서, 기록	첩	16		言	7	말씀 언
辛金	金	請	청하다, 부르다, 바라다, 묻다	청	15		言	7	말씀 언
辛金	金	切	온통, 모두	체	4		刀 刂	2	칼 도
辛金	金	諦	살피다, 진실, 이치	체	16		言	7	말씀 언
辛金	金	初	처음	초	7		刀 刂	2	칼 도
辛金	金	諏	묻다, 의논하다, 자문하다	추	15		言	7	말씀 언
辛金	金	瑃	옥 이름	춘	13	14	玉 王	4(5)	구슬 옥
辛金	金	珫	귀고리 옥	충	10	11	玉 王	4(5)	구슬 옥
辛金	金	琛	보배, 옥, 진귀하다	침	12	13	玉 王	4(5)	구슬 옥
辛金	金	琢	다듬다, 연마하다, 꾸미다	탁	12	13	玉 王	4(5)	구슬 옥

辛金	金	琸	사람 이름	탁	12	13	玉 王	4(5)	구슬 옥
辛金	金	託	부탁하다, 의탁하다, 핑계하다	탁	10		言	7	말씀 언
辛金	金	誕	낳다, 기르다, 거짓	탄	14		言	7	말씀 언
辛金	金	珆	옥 무늬, 옥 이름	태	9	10	玉 王	4(5)	구슬 옥
辛金	金	討	치다, 공격하다	토	10		言	7	말씀 언
辛金	金	琶	비파, 타다	파	12	13	玉 王	4(5)	구슬 옥
辛金	金	評	평론할	평	12		言	7	말씀 언
辛金	金	諷	풍자하다, 변죽 울리다, 외우다	풍	16		言	7	말씀 언
辛金	金	珌	칼집 장식, 장식	필	9	10	玉 王	4(5)	구슬 옥
辛金	金	瑕	허물, 티, 옥의 티	하	13	14	玉 王	4(5)	구슬 옥
辛金	金	謔	희롱하다	학	16		言	7	말씀 언
辛金	金	該	갖추다, 겸하다, 포용하다, 마땅히	해	13		言	7	말씀 언
辛金	金	諧	화하다, 화동하다, 조화되다	해	16		言	7	말씀 언
辛金	金	瑎	검은 옥돌	해	13	14	玉 王	4(5)	구슬 옥
辛金	金	珦	옥 이름	향	10	11	玉 王	4(5)	구슬 옥
辛金	金	許	허락할, 약속할	허	11		言	7	말씀 언
辛金	金	玹	옥돌	현	9	10	玉 王	4(5)	구슬 옥
辛金	金	現	나타날	현	11	12	玉 王	4(5)	구슬 옥
辛金	金	琄	옥모양, 패옥	현	11	12	玉 王	4(5)	구슬 옥
辛金	金	譞	영리하다, 수다스럽다, 슬기, 지혜	현	20		言	7	말씀 언
辛金	金	珩	노리개, 갓끈, 패옥	형	10	11	玉 王	4(5)	구슬 옥
辛金	金	瑩	옥빛, 의혹할	형	15	16	玉 王	4(5)	구슬 옥

辛金	金	譿	슬기롭다, 좋다, 순종, 분별하다	혜	22		言	7	말씀 언
辛金	金	譓	슬기롭다, 좋다, 순종, 분별하다	혜	19		言	7	말씀 언
辛金	金	毫	터럭, 붓, 호	호	11		毛	4	터럭 모
辛金	金	琥	호박, 옥그릇	호	12	13	玉 王	4(5)	구슬 옥
辛金	金	瑚	산호, 호련	호	13	14	玉 王	4(5)	구슬 옥
辛金	金	皓	희다, 깨끗하다, 밝다, 환하다	호	12		白	5	흰 백
辛金	金	護	보다, 지키다, 보호할, 통솔할	호	21		言	7	말씀 언
辛金	金	皞	밝다, 화락하다	호	15		白	5	흰 백
辛金	金	謼	부르다, 내쉬다, 호통치다, 슬프다	호	18		言	7	말씀 언
辛金	金	琿	아름나운 옥	혼	13	14	玉 王	4(5)	구슬 옥
辛金	金	訌	어지럽다, 무너지다, 뒤숭숭하다	홍	10		言	7	말씀 언
辛金	金	話	말씀, 이야기, 좋은 말, 말하다	화	13		言	7	말씀 언
辛金	金	譁	시끄럽다, 떠들썩하다	화	19		言	7	말씀 언
辛金	金	環	고리	환	17	18	玉 王	4(5)	구슬 옥
辛金	金	璜	패옥, 서옥, 위세	황	16	17	玉 王	4(5)	구슬 옥
辛金	金	皇	임금, 춤, 면류관	황	9		白	5	흰 백
辛金	金	誨	가르치다, 인도하다, 가르침	회	14		言	7	말씀 언
辛金	金	皛	나타나다, 물빛이 희다, 밝다	효	15		白	5	흰 백
辛金	金	珝	옥 이름	후	10	11	玉 王	4(5)	구슬 옥
辛金	金	訓	가르칠	훈	10		言	7	말씀 언
辛金	金	諱	숨기다, 꺼리다, 피하다	휘	16		言	7	말씀 언
辛金	金	譎	속이다,기만하다,어긋나다,변하다	휼	19		言	7	말씀 언

辛金	金	訢	기뻐하다, 성씨	흔	11		言	7	말씀 언
辛金	金	訖	도달하다, 마치다	흘	10		言	7	말씀 언
辛金	金	詰	묻다, 따지다, 금지하다, 경계하다	힐	13		言	7	말씀 언
甲木	木	宮	집, 사당, 절, 학교, 담	궁	10		宀	3	집 면 (갓머리)
甲木	木	權	권세, 권력, 권한, 권리, 저울	권	22		木	4	나무 목
甲木	木	虜	사로잡을, 생포, 포로, 노복	노	12		虍	6	범 호
甲木	木	西	서녘	서	6		襾	6	덮을 아
甲木	木	笑	웃음	소	10		竹	6	대나무 죽
甲木	木	篠	조릿대, 가는대	소	17		竹	6	대나무 죽
甲木	木	樣	모양, 본보기, 견본, 격식, 형상	양	15		木	4	나무 목
甲木	木	橤	꽃술, 드리우다, 축 늘어지다	예	16		木	4	나무 목
甲木	木	寓	부치다, 맡기다, 기탁할, 의탁할	우	12		宀	3	집 면 (갓머리)
甲木	木	允	맏, 아들, 진실, 믿음, 미쁘다	윤	4		儿	2	어진 사람인 발
壬水	水	澗	산골 물, 강 이름	간	15	16	氵水	3(4)	삼 수 (물 수)
壬水	水	渴	목마를, 급할	갈	12	13	氵水	3(4)	삼 수 (물 수)
壬水	水	江	강	강	6	7	氵水	3(4)	삼 수 (물 수)
壬水	水	漑	물 댈	개	14	15	氵水	3(4)	삼 수 (물 수)
壬水	水	渠	개천, 우두머리	거	12	13	氵水	3(4)	삼 수 (물 수)
壬水	水	漧	하늘, 마를	건	14	15	氵水	3(4)	삼 수 (물 수)
壬水	水	黔	검은빛깔	검	16		黑	12	검을 흑
壬水	水	激	격할, 빠를	격	16	17	氵水	3(4)	삼 수 (물 수)
壬水	水	決	결단할	결	7	8	氵水	3(4)	삼 수 (물 수)

壬水	水	潔	깨끗할, 맑을	결	15	16	氵水	3(4)	삼 수 (물 수)
壬水	水	涇	통할, 곧게 흐를, 월경,	경	10	11	氵水	3(4)	삼 수 (물 수)
壬水	水	耿	빛날,환할,맑다,명백할,슬퍼하다	경	10		耳	6	귀 이
壬水	水	契	맺을, 약속할	계	9		大	3	큰 대
壬水	水	季	계절	계	8		子	3	아들 자
壬水	水	溪	시내	계	13	14	氵水	3(4)	삼 수 (물 수)
壬水	水	孤	외로울, 떨어지다, 돌보다	고	8		子	3	아들 자
壬水	水	沽	팔고사다, 탐냄, 물 이름, 술장수	고	8	9	氵水	3(4)	삼 수 (물 수)
壬水	水	滾	큰물이 흐르다	곤	14	15	氵水	3(4)	삼 수 (물 수)
壬水	水	汨	골골할, 다스릴	골	7	8	氵水	3(4)	삼 수 (물 수)
壬水	水	滑	익살스럽다, 어지럽다. 다스리다	골	13	14	氵水	3(4)	삼 수 (물 수)
壬水	水	孔	구멍	공	4		子	3	아들 자
壬水	水	灌	물댈, 붓다, 흘러들다, 씻다	관	21	22	氵水	3(4)	삼 수 (물 수)
壬水	水	洸	성낼, 용감할, 굳센, 물결이번쩍	광	9	10	氵水	3(4)	삼 수 (물 수)
壬水	水	丘	언덕	구	5		一	1	한 일
壬水	水	丘	언덕, 구릉, 무덤, 마을, 산	구	5		一	1	한 일
壬水	水	求	구할	구	7	6	氺	5(4)	아래물수(물수)
壬水	水	躬	몸, 활, 몸소	궁	10		身	7	몸 신
壬水	水	淃	물 돌아흐를, 물	권	11	12	氵水	3(4)	삼 수 (물 수)
壬水	水	潰	무너질, 성취할	궤	15	16	氵水	3(4)	삼 수 (물 수)
壬水	水	奎	별, 문장	규	9		大	3	큰 대
壬水	水	湀	물이 솟아 흐를	규	12	13	氵水	3(4)	삼 수 (물 수)

壬水	水	瑾	맑을	근	14	15	氵水	3(4)	삼 수 (물 수)
壬水	水	契	부족 이름	글	9		大	3	큰 대
壬水	水	汲	물을 긷다, 인도할, 천거할	급	7	8	氵水	3(4)	삼 수 (물 수)
壬水	水	奇	기특할, 새로울	기	8		大	3	큰 대
壬水	水	汽	수증기	기	7	8	氵水	3(4)	삼 수 (물 수)
壬水	水	沂	물 이름, 고을 이름, 지경, 변방	기	7	8	氵水	3(4)	삼 수 (물 수)
壬水	水	淇	물 이름, 강 이름	기	11	12	氵水	3(4)	삼 수 (물 수)
壬水	水	奈	어찌, 지옥, 나락	나	8		大	3	큰 대
壬水	水	洛	물 이름	낙	9	10	氵水	3(4)	삼 수 (물 수)
壬水	水	湳	물 이름, 추장	남	12	13	氵水	3(4)	삼 수 (물 수)
壬水	水	濫	넘칠, 범람, 훔치다, 탐하다	남	17	18	氵水	3(4)	삼 수 (물 수)
壬水	水	浪	물결, 파도, 유랑	낭	10	11	氵水	3(4)	삼 수 (물 수)
壬水	水	奈	어찌	내	8		大	3	큰 대
壬水	水	潞	강 이름, 종족명, 고을 이름	노	16	17	氵水	3(4)	삼 수 (물 수)
壬水	水	瀘	물 이름, 강 이름	노	19	20	氵水	3(4)	삼 수 (물 수)
壬水	水	鹵	소금, 소금밭, 개펄, 황무지	노	11		鹵	11	소금 로
壬水	水	濃	짙을, 이슬맺힌 모양, 진하다	농	16	17	氵水	3(4)	삼 수 (물 수)
壬水	水	聾	귀머거리, 어리석을, 우매하다	농	22		耳	6	귀 이
壬水	水	瀧	비오다, 적시다, 물소리	농	19	20	氵水	3(4)	삼 수 (물 수)
壬水	水	瀨	여울, 급류, 부탁, 의뢰, 물 이름	뇌	19	20	氵水	3(4)	삼 수 (물 수)
壬水	水	淚	눈물, 촛농, 울다	누	11	12	氵水	3(4)	삼 수 (물 수)
壬水	水	漏	샐, 틈나다, 구멍, 빠뜨리다	누	14	15	氵水	3(4)	삼 수 (물 수)

壬水	水	淚	눈물, 촛농, 울다	누	11	12	氵水	3(4)	삼 수 (물 수)
壬水	水	泥	진흙, 수렁, 이슬에 젖은 모양	니	8	9	氵水	3(4)	삼 수 (물 수)
壬水	水	濔	많을, 많은 모양	니	17	18	氵水	3(4)	삼 수 (물 수)
壬水	水	溺	빠질, 그르칠, 지나치다	닉	13	14	氵水	3(4)	삼 수 (물 수)
壬水	水	湍	여울, 급류	단	12	13	氵水	3(4)	삼 수 (물 수)
壬水	水	澾	미끄러울	달	16	17	氵水	3(4)	삼 수 (물 수)
壬水	水	淡	맑을	담	12	13	氵水	3(4)	삼 수 (물 수)
壬水	水	湛	귀여워하고 사랑할, 술에 빠질	담	12	13	氵水	3(4)	삼 수 (물 수)
壬水	水	潭	못, 소, 물결따라 떠도는 모양	담	15	16	氵水	3(4)	삼 수 (물 수)
壬水	水	澹	맑을, 싱거울, 담백할, 조용할	담	16	17	氵水	3(4)	삼 수 (물 수)
壬水	水	聃	귓바퀴없을, 나라 이름, 노자 이름	담	11		耳	6	귀 이
壬水	水	沓	겹칠, 끓을	답	8		水	4	물 수
壬水	水	黨	무리, 마을, 장소	당	20		黑	12	검을 흑
壬水	水	大	큰	대	3		大	3	큰 대
壬水	水	黛	눈썹연필, 여자눈썹, 검푸른빛	대	17		黑	12	검을 흑
壬水	水	淘	씻을	도	11	12	氵水	3(4)	삼 수 (물 수)
壬水	水	淘	쌀을 일다, 씻다	도	11	12	氵水	3(4)	삼 수 (물 수)
壬水	水	渡	건널	도	12	13	氵水	3(4)	삼 수 (물 수)
壬水	水	滔	물넘칠, 넓다	도	13	14	氵水	3(4)	삼 수 (물 수)
壬水	水	濤	물결, 쌀을씻다, 조수	도	17	18	氵水	3(4)	삼 수 (물 수)
壬水	水	瀆	도랑, 업신여길, 버릇없이 굴다	독	18	19	氵水	3(4)	삼 수 (물 수)
壬水	水	沌	엉길, 사리에 어두울, 어리석나	돈	7	8	氵水	3(4)	삼 수 (물 수)

壬水	水	潼	물 이름, 높은모양	동	15	16	氵水	3(4)	삼 수 (물 수)
壬水	水	洛	물 이름	락	9	10	氵水	3(4)	삼 수 (물 수)
壬水	水	湳	물 이름, 추장	람	12	13	氵水	3(4)	삼 수 (물 수)
壬水	水	濫	넘칠, 범람, 훔치다, 탐하다	람	17	18	氵水	3(4)	삼 수 (물 수)
壬水	水	浪	물결, 파도, 유랑	랑	10	11	氵水	3(4)	삼 수 (물 수)
壬水	水	涼	서늘할, 얇다, 외롭다, 맑다	량	11	12	氵水	3(4)	삼 수 (물 수)
壬水	水	濾	여과하다, 맑게 하다, 씻다	려	18	19	氵水	3(4)	삼 수 (물 수)
壬水	水	瀝	스미다, 물방울 떨어지다, 물대다	력	19	20	氵水	3(4)	삼 수 (물 수)
壬水	水	漣	잔물결, 물놀이, 눈물흘릴	련	14	15	氵水	3(4)	삼 수 (물 수)
壬水	水	聯	연이을, 나란히, 합하다, 관청	련	17		耳	6	귀 이
壬水	水	洌	맑다, 한랭, 춥다	렬	9	10	氵水	3(4)	삼 수 (물 수)
壬水	水	濂	물 이름, 도랑물	렴	16	17	氵水	3(4)	삼 수 (물 수)
壬水	水	聆	듣다, 깨닫다, 쫓이다, 햇수, 나이	령	11		耳	6	귀 이
壬水	水	齡	나이, 연령	령	20		齒	15	이 치
壬水	水	泠	깨닫다, 맑다	령	8	9	氵水	3(4)	삼 수 (물 수)
壬水	水	澪	깨닫다, 맑다, 온화하다	령	16	17	氵水	3(4)	삼 수 (물 수)
壬水	水	澧	강 이름, 감천, 파도소리,	례	16	17	氵水	3(4)	삼 수 (물 수)
壬水	水	潞	강 이름, 종족명, 고을 이름	로	16	17	氵水	3(4)	삼 수 (물 수)
壬水	水	瀘	물 이름, 강 이름	로	19	20	氵水	3(4)	삼 수 (물 수)
壬水	水	鹵	소금, 소금밭, 개펄, 황무지	로	11		鹵	11	소금 로
壬水	水	聾	귀머거리, 어리석을, 우매하다	롱	22		耳	6	귀 이
壬水	水	瀧	비오다, 적시다, 물소리	롱	19	20	氵水	3(4)	삼 수 (물 수)

壬水	水	瀨	여울, 급류, 부탁, 의뢰, 물 이름	뢰	19	20	氵水	3(4)	삼 수 (물 수)
壬水	水	聊	애오라지, 이명, 힘입다, 편안하다	료	11		耳	6	귀 이
壬水	水	漏	샐, 틈나다, 구멍, 빠뜨리다	루	14	15	氵水	3(4)	삼 수 (물 수)
壬水	水	淚	눈물, 촛농, 울다	루	11	12	氵水	3(4)	삼 수 (물 수)
壬水	水	流	흐를, 방랑, 떠돌다, 퍼지다	류	10	11	氵水	3(4)	삼 수 (물 수)
壬水	水	溜	처마물	류	13	14	氵水	3(4)	삼 수 (물 수)
壬水	水	瀏	맑다, 빠르다, 밝다, 물 맑은 모양	류	18	19	氵水	3(4)	삼 수 (물 수)
壬水	水	淪	빠질, 망하다, 스며들다, 잔물결	륜	11	12	氵水	3(4)	삼 수 (물 수)
壬水	水	浬	海里	리	10	11	氵水	3(4)	삼 수 (물 수)
壬水	水	涖	나다를, 임하다, 물소리	리	10	11	氵水	3(4)	삼 수 (물 수)
壬水	水	潾	맑을, 불결이반짝일,석간수	린	15	16	氵水	3(4)	삼 수 (물 수)
壬水	水	淋	임질, 장마, 물뿌리다	림	11	12	氵水	3(4)	삼 수 (물 수)
壬水	水	漠	넓을, 쓸쓸, 조용, 맑다, 어둡다	막	14	15	氵水	3(4)	삼 수 (물 수)
壬水	水	万	일만, 성씨, 만무	만	3		一	1	한 일
壬水	水	滿	찰, 가득하다	만	14	15	氵水	3(4)	삼 수 (물 수)
壬水	水	漫	흩어질, 질펀할, 가득차다, 넘치다	만	14	15	氵水	3(4)	삼 수 (물 수)
壬水	水	灣	물굽이, 만, 정박시키다	만	25	26	氵水	3(4)	삼 수 (물 수)
壬水	水	沫	물거품, 침방울, 흐르는땀	말	8	9	氵水	3(4)	삼 수 (물 수)
壬水	水	貊	맥국, 북방족, 맹수, 조용하다	맥	13		豸	7	벌레치(갖은돼지시)
壬水	水	孟	맏	맹	8		子	3	아들 자
壬水	水	沔	물 이름, 물흐르다, 빠지다	면	7	8	氵水	3(4)	삼 수 (물 수)
壬水	水	滅	꺼지다, 멸하다, 없어실, 나하나	멸	13	14	氵水	3(4)	삼 수 (물 수)

壬水	水	溟	바다, 어둡다, 아득하다	명	13	14	氵水	3(4)	삼 수 (물 수)
壬水	水	洺	강 이름, 고을명	명	9	10	氵水	3(4)	삼 수 (물 수)
壬水	水	貌	모양, 얼굴, 안면, 자태, 행동거지	모	14		豸	7	벌레치(갖은돼지시)
壬水	水	沐	머리감을, 씻다, 잘라낼, 쌀뜨물	목	7	8	氵水	3(4)	삼 수 (물 수)
壬水	水	沒	빠지다, 가라앉다, 잠수, 마치다	몰	7	8	氵水	3(4)	삼 수 (물 수)
壬水	水	渺	아득할, 물이 끝없이 넓다, 멀다	묘	12	13	氵水	3(4)	삼 수 (물 수)
壬水	水	默	잠잠할, 입 다물다	묵	16		黑	12	검을 흑
壬水	水	默	묵묵할, 고요할, 모독하다	묵	16		黑	12	검을 흑
壬水	水	汶	물 이름, 내 이름, 불분명함, 불결	문	7	8	氵水	3(4)	삼 수 (물 수)
壬水	水	聞	듣다, 알다, 알려지다, 맡다, 방문	문	14		耳	6	귀 이
壬水	水	沕	아득할, 그윽할, 숨다, 숨기다	물	7	8	氵水	3(4)	삼 수 (물 수)
壬水	水	渼	파문, 못 이름, 내 이름	미	12	13	氵水	3(4)	삼 수 (물 수)
壬水	水	湄	물가	미	12	13	氵水	3(4)	삼 수 (물 수)
壬水	水	黴	곰팡이, 창병, 때 끼어 얼굴 검을	미	23		黑	12	검을 흑
壬水	水	洣	강 이름	미	9	10	氵水	3(4)	삼 수 (물 수)
壬水	水	躾	예절 가르칠	미	16		身	7	몸 신
壬水	水	泯	멸망할, 죽다, 문란할	민	8	9	氵水	3(4)	삼 수 (물 수)
壬水	水	潣	물 졸졸 흘러내릴	민	15	16	氵水	3(4)	삼 수 (물 수)
壬水	水	泊	머무를, 묵다, 배를 대다	박	8	9	氵水	3(4)	삼 수 (물 수)
壬水	水	泮	물가, 얼음녹다, 풀리다	반	8	9	氵水	3(4)	삼 수 (물 수)
壬水	水	潘	성씨, 뜨물, 소용돌이	반	15	16	氵水	3(4)	삼 수 (물 수)
壬水	水	渤	바다이름, 발해, 물소리, 안개	발	12	13	氵水	3(4)	삼 수 (물 수)

壬水	水	潑	물뿌리, 사납다, 활발, 새다	발	15	16	氵水	3(4)	삼 수 (물 수)
壬水	水	滂	비 퍼붓다, 물 흐르는 소리	방	13	14	氵水	3(4)	삼 수 (물 수)
壬水	水	湃	물결칠, 물결소리	배	12	13	氵水	3(4)	삼 수 (물 수)
壬水	水	氾	넘치다, 뜨다, 넓다, 흐르다	범	5	6	氵水	3(4)	삼 수 (물 수)
壬水	水	汎	넓다, 뜨다, 떠돌다, 빠르다, 두루	범	6	7	氵水	3(4)	삼 수 (물 수)
壬水	水	泛	뜨다, 넓다	범	8	9	氵水	3(4)	삼 수 (물 수)
壬水	水	渢	풍류소리, 큰목소리, 알맞은목소리	범	12	13	氵水	3(4)	삼 수 (물 수)
壬水	水	法	법, 방법, 불교진리, 모형, 꼴	법	8	9	氵水	3(4)	삼 수 (물 수)
壬水	水	丙	남녘, 셋째 천간	병	5		一	1	한 일
壬水	水	洑	논밭을 기두는 곳, 보	보	9	10	氵水	3(4)	삼 수 (물 수)
壬水	水	湺	보, 사람 이름	보	12	13	氵水	3(4)	삼 수 (물 수)
壬水	水	潽	물 이름, 끓다	보	15	16	氵水	3(4)	삼 수 (물 수)
壬水	水	奉	받들	봉	8		大	3	큰 대
壬水	水	浲	물 이름	봉	10	11	氵水	3(4)	삼 수 (물 수)
壬水	水	漨	내 이름, 물이 모이는 모양	봉	14	15	氵水	3(4)	삼 수 (물 수)
壬水	水	不	아닐, 못하다, 없다, 마르다	부	4		一	1	한 일
壬水	水	夫	지아비, 사내, 일군, 군인, 사부	부	4		大	3	큰 대
壬水	水	孚	미쁘다(믿음성), 붙다, 달리다	부	7		子	3	아들 자
壬水	水	孵	알까다, 자라다, 기르다	부	14		子	3	아들 자
壬水	水	浮	물에 뜨다, 가볍다, 근거 없다	부	10	11	氵水	3(4)	삼 수 (물 수)
壬水	水	溥	베풀다	부	13	14	氵水	3(4)	삼 수 (물 수)
壬水	水	奔	달리다, 급히 가다, 빠르다	분	8		大	3	큰 대

壬水	水	奮	떨치다, 명성, 휘두를, 성내다	분	16		大	3	큰 대
壬水	水	汾	크다, 물 구르는 모양, 물 이름	분	7	8	氵水	3(4)	삼 수 (물 수)
壬水	水	不	아니다, 못하다	불	4		一	1	한 일
壬水	水	丕	크다, 받들다, 엄숙, 처음, 으뜸	비	5		一	1	한 일
壬水	水	沸	들끓다, 분분히 일어나다, 샘솟다	비	8	9	氵水	3(4)	삼 수 (물 수)
壬水	水	泌	분비할, 내 이름	비	8	9	氵水	3(4)	삼 수 (물 수)
壬水	水	奜	크다	비	11		大	3	큰 대
壬水	水	浜	물가, 끝, 잇닿다	빈	10	11	氵水	3(4)	삼 수 (물 수)
壬水	水	濱	물가, 끝, 잇닿다	빈	17	18	氵水	3(4)	삼 수 (물 수)
壬水	水	瀕	물가, 끝, 잇닿다	빈	19	20	氵水	3(4)	삼 수 (물 수)
壬水	水	豳	나라이름, 성씨	빈	17		豕	7	돼지 시
壬水	水	氷	얼음, 고체, 기름	빙	5		水	4	물 수
壬水	水	聘	부를, 찾아갈, 구할, 장가들다	빙	13		耳	6	귀 이
壬水	水	奢	사치할, 과분할, 넉넉할, 많다	사	12		大	3	큰 대
壬水	水	沙	모래, 사막	사	7	8	氵水	3(4)	삼 수 (물 수)
壬水	水	泗	물 이름, 콧물	사	8	9	氵水	3(4)	삼 수 (물 수)
壬水	水	渣	찌꺼기, 강 이름	사	12	13	氵水	3(4)	삼 수 (물 수)
壬水	水	瀉	쏟다, 설사하다	사	18	19	氵水	3(4)	삼 수 (물 수)
壬水	水	汕	오구, 물고기 헤엄치는 모양	산	6	7	氵水	3(4)	삼 수 (물 수)
壬水	水	三	석	삼	3		一	1	한 일
壬水	水	滲	스며들다, 배다	삼	14	15	氵水	3(4)	삼 수 (물 수)
壬水	水	澁	떫다, 껄끄럽다	삽	15	16	氵水	3(4)	삼 수 (물 수)

壬水	水	上	위	상	3		一	1	한 일
壬水	水	湘	강 이름, 물 이름	상	12	13	氵水	3(4)	삼 수 (물 수)
壬水	水	象	코끼리, 상아, 모양, 얼굴, 법	상	12		豕	7	돼지 시
壬水	水	潒	세찰, 떠돌다, 씻다	상	15	16	氵水	3(4)	삼 수 (물 수)
壬水	水	湑	거르다, 맑다	서	12	13	氵水	3(4)	삼 수 (물 수)
壬水	水	奭	크다, 성하다, 해소되다	석	15		大	3	큰 대
壬水	水	汐	조수, 간조, 물 이름	석	6	7	氵水	3(4)	삼 수 (물 수)
壬水	水	淅	쌀을 일다, 비바람 소리, 쓸쓸하다	석	11	12	氵水	3(4)	삼 수 (물 수)
壬水	水	潟	개펄, 소금밭	석	15	16	氵水	3(4)	삼 수 (물 수)
壬水	水	鼫	석시, 날다람쥐, 땅강아지	석	18		鼠	13	쥐 서
壬水	水	渲	바림 (수묵화 기법, 그라데이션)	선	12	13	氵水	3(4)	삼 수 (물 수)
壬水	水	泄	새다, 싸다, 발생하다, 없애다	설	8	9	氵水	3(4)	삼 수 (물 수)
壬水	水	洩	새다, 비밀이 흘러나오다, 폭포	설	9	10	氵水	3(4)	삼 수 (물 수)
壬水	水	渫	파내다, 준설하다,	설	12	13	氵水	3(4)	삼 수 (물 수)
壬水	水	齧	깨물다, 침식하다, 씹다	설	21		齒	15	이 치
壬水	水	涉	건널	섭	10	11	氵水	3(4)	삼 수 (물 수)
壬水	水	聖	성인	성	13		耳	6	귀 이
壬水	水	世	인간, 일생, 생애	세	5		一	1	한 일
壬水	水	洗	씻을	세	9	10	氵水	3(4)	삼 수 (물 수)
壬水	水	洒	물로 씻다, 누명을 씻다	세	9	10	氵水	3(4)	삼 수 (물 수)
壬水	水	涚	잿물, 가라 앉히다	세	10	11	氵水	3(4)	삼 수 (물 수)
壬水	水	巢	새집, 집, 큰 피리	소	11		巛	3	내 천(개미허리)

壬水	水	沼	못, 연못, 늪	소	8	9	氵水	3(4)	삼 수 (물 수)
壬水	水	消	사라질, 삭이다, 소멸시키다	소	10	11	氵水	3(4)	삼 수 (물 수)
壬水	水	溯	거슬러 올라가다	소	13	14	氵水	3(4)	삼 수 (물 수)
壬水	水	瀟	강 이름, 맑다, 비바람치다	소	20	21	氵水	3(4)	삼 수 (물 수)
壬水	水	涑	헹구다, 강 이름	속	10	11	氵水	3(4)	삼 수 (물 수)
壬水	水	孫	손자	손	10		子	3	아들 자
壬水	水	淞	강 이름, 상고대	송	11	12	氵水	3(4)	삼 수 (물 수)
壬水	水	灑	물뿌리다, 깨끗하다, 떨어지다	쇄	22	23	氵水	3(4)	삼 수 (물 수)
壬水	水	水	물	수	4		水	4	물 수
壬水	水	洙	물가	수	9	10	氵水	3(4)	삼 수 (물 수)
壬水	水	漱	양치질할, 빨래하다, 씻다, 헹구다	수	14	15	氵水	3(4)	삼 수 (물 수)
壬水	水	濉	물 이름, 성씨	수	16	17	氵水	3(4)	삼 수 (물 수)
壬水	水	孰	누구, 무엇, 어느, 익다, 여물다	숙	11		子	3	아들 자
壬水	水	淑	맑을	숙	11	12	氵水	3(4)	삼 수 (물 수)
壬水	水	潚	빠르다, 성씨	숙	16	17	氵水	3(4)	삼 수 (물 수)
壬水	水	巡	돌다, 순행, 따르다, 살피다	순	7		巛	3	내 천(개미허리)
壬水	水	洵	참으로, 진실로, 소리없이 울다	순	9	10	氵水	3(4)	삼 수 (물 수)
壬水	水	淳	순박할	순	11	12	氵水	3(4)	삼 수 (물 수)
壬水	水	濕	젖다, 낮추다, 스스로 비하하다	습	17	18	氵水	3(4)	삼 수 (물 수)
壬水	水	丞	정승, 돕다, 받들다, 이어받다	승	6		一	1	한 일
壬水	水	氶	잇다, 받들다, 장가들다	승	5		水	4	물 수
壬水	水	豕	돼지	시	7		豕	7	돼지 시

壬水	水	豺	승냥이	시	10		豸	7	벌레치(갖은돼지 시)
壬水	水	湜	물이 맑다, 엄정하다	식	12	13	氵水	3(4)	삼 수 (물 수)
壬水	水	身	신체, 줄기, 자신, 출신, 아이배다	신	7		身	7	몸 신
壬水	水	失	잃다, 도망치다, 남기다, 오인할	실	5		大	3	큰 대
壬水	水	沁	스며들다, 물을 긷다,	심	7	8	氵水	3(4)	삼 수 (물 수)
壬水	水	沈	성씨, 즙	심	7	8	氵水	3(4)	삼 수 (물 수)
壬水	水	深	깊을, 색이 짙다	심	11	12	氵水	3(4)	삼 수 (물 수)
壬水	水	瀋	즙을 내다, 성씨, 물 이름	심	18	19	氵水	3(4)	삼 수 (물 수)
壬水	水	渥	두텁다, 짙다, 젖다, 적시다	악	12	13	氵水	3(4)	삼 수 (물 수)
壬水	水	齷	아착하다, 잔다	악	24		齒	15	이 치
壬水	水	央	가운데	앙	5		大	3	큰 대
壬水	水	涯	물가	애	11	12	氵水	3(4)	삼 수 (물 수)
壬水	水	液	진액, 즙	액	11	12	氵水	3(4)	삼 수 (물 수)
壬水	水	耶	어조사, 그런가, 아버지, 예수	야	9		耳	6	귀 이
壬水	水	涼	서늘할, 얇다, 외롭다, 맑다	양	11	12	氵水	3(4)	삼 수 (물 수)
壬水	水	洋	큰바다, 서양, 거센 파도, 광대할	양	9	10	氵水	3(4)	삼 수 (물 수)
壬水	水	瀁	내이름, 물 이름, 물이넘치는모양	양	18	19	氵水	3(4)	삼 수 (물 수)
壬水	水	漾	출렁거리다, 넘쳐 흐르다	양	14	15	氵水	3(4)	삼 수 (물 수)
壬水	水	漁	고기잡다, 빼앗다, 사냥하다	어	14	15	氵水	3(4)	삼 수 (물 수)
壬水	水	齬	아래윗니가 어긋나다, 맞지않다	어	22		齒	15	이 치
壬水	水	孼	서자, 재앙, 천민	얼	19		子	3	아들 자
壬水	水	奄	문득, 오래, 환관, 덮다, 위로하다	엄	8		大	3	큰 대

壬水	水	淹	담그다, 머무르다, 적시다	엄	11	12	氵水	3(4)	삼 수 (물 수)
壬水	水	濾	여과하다, 맑게 하다, 씻다	여	18	19	氵水	3(4)	삼 수 (물 수)
壬水	水	汝	너	여	6	7	氵水	3(4)	삼 수 (물 수)
壬水	水	瀝	스미다, 물방울 떨어지다, 물대다	역	19	20	氵水	3(4)	삼 수 (물 수)
壬水	水	漣	잔물결, 물놀이, 눈물 흘릴	연	14	15	氵水	3(4)	삼 수 (물 수)
壬水	水	聯	연이을, 나란히, 합하다, 관청	연	17		耳	6	귀 이
壬水	水	沇	강 이름, 물 이름	연	7	8	氵水	3(4)	삼 수 (물 수)
壬水	水	沿	물 따라가다, 좇다, 따르다	연	8	9	氵水	3(4)	삼 수 (물 수)
壬水	水	涎	침, 끈끈한 액체,점액, 잇닿다	연	10	11	氵水	3(4)	삼 수 (물 수)
壬水	水	涓	시내, 작은 흐름, 깨끗할, 흐르다	연	10	11	氵水	3(4)	삼 수 (물 수)
壬水	水	淵	못, 웅덩이, 근원, 출처, 북소리	연	12	13	氵水	3(4)	삼 수 (물 수)
壬水	水	演	펴다, 넓히다, 멀리흐를, 스며들다	연	14	15	氵水	3(4)	삼 수 (물 수)
壬水	水	渊	못, 웅덩이, 근원, 출처, 북소리	연	11	12	氵水	3(4)	삼 수 (물 수)
壬水	水	洌	맑다, 한랭, 춥다	열	9	10	氵水	3(4)	삼 수 (물 수)
壬水	水	潱	물 흐르는 모양	열	15	16	氵水	3(4)	삼 수 (물 수)
壬水	水	濂	물 이름, 도랑물	염	16	17	氵水	3(4)	삼 수 (물 수)
壬水	水	鹽	소금, 자반, 후렴	염	24		鹵	11	소금 로
壬水	水	聆	듣다, 깨닫다, 쫓이다, 햇수, 나이	영	11		耳	6	귀 이
壬水	水	齡	나이, 연령	영	20		齒	15	이 치
壬水	水	泠	깨닫다, 맑다	영	8	9	氵水	3(4)	삼 수 (물 수)
壬水	水	永	길다, 오래다, 읊다	영	5		水	4	물 수
壬水	水	泳	헤엄칠	영	8	9	氵水	3(4)	삼 수 (물 수)

壬水	水	渶	물 맑다, 강 이름	영	12	13	氵水	3(4)	삼 수 (물 수)
壬水	水	潁	강 이름, 물 이름	영	15		水	4	물 수
壬水	水	濚	물이 졸졸 흐르다	영	17	18	氵水	3(4)	삼 수 (물 수)
壬水	水	瀛	바다, 늪	영	19	20	氵水	3(4)	삼 수 (물 수)
壬水	水	瀯	물 졸졸 흐르다	영	20	21	氵水	3(4)	삼 수 (물 수)
壬水	水	澪	깨닫다, 맑다, 온화하다	영	16	17	氵水	3(4)	삼 수 (물 수)
壬水	水	澧	강 이름, 감천, 파도소리,	예	16	17	氵水	3(4)	삼 수 (물 수)
壬水	水	汭	물굽이, 물 속	예	7	8	氵水	3(4)	삼 수 (물 수)
壬水	水	濊	종족이름, 물 깊고 넓은 모양,흐릴	예	16	17	氵水	3(4)	삼 수 (물 수)
壬水	水	豫	미리	예	16		豕	7	돼지 시
壬水	水	奧	깊다, 그윽할, 흐리다, 쌓다, 속	오	13		大	3	큰 대
壬水	水	汚	더럽다, 나쁘다, 욕되다, 씻다	오	6	7	氵水	3(4)	삼 수 (물 수)
壬水	水	澳	깊다	오	16	17	氵水	3(4)	삼 수 (물 수)
壬水	水	浯	강 이름, 산 이름	오	10	11	氵水	3(4)	삼 수 (물 수)
壬水	水	沃	기름질, 물댈	옥	7	8	氵水	3(4)	삼 수 (물 수)
壬水	水	溫	따뜻할	온	13	14	氵水	3(4)	삼 수 (물 수)
壬水	水	渦	소용돌이	와	12	13	氵水	3(4)	삼 수 (물 수)
壬水	水	浣	빨다, 세탁하다, 근심을 씻다	완	10	11	氵水	3(4)	삼 수 (물 수)
壬水	水	汪	넓을, 못, 바다	왕	7	8	氵水	3(4)	삼 수 (물 수)
壬水	水	聊	애오라지, 이명, 힘입다, 편안하다	요	11		耳	6	귀 이
壬水	水	夭	일찍 죽다, 어리다	요	4		大	3	큰 대
壬水	水	浴	목요하다, 수양하다	욕	10	11	氵水	3(4)	삼 수 (물 수)

壬水	水	涌	물솟다, 떠오르다, 오르다	용	10	11	氵水	3(4)	삼 수 (물 수)
壬水	水	湧	물솟다, 떠오르다, 오르다	용	12	13	氵水	3(4)	삼 수 (물 수)
壬水	水	溶	녹을, 물 질펀히 흐를,	용	13	14	氵水	3(4)	삼 수 (물 수)
壬水	水	聳	솟다	용	17		耳	6	귀 이
壬水	水	宋	비, 물, 물 이름	우	7		水	4	물 수
壬水	水	澐	큰 물결, 물 흐르는 모 양	운	15	16	氵水	3(4)	삼 수 (물 수)
壬水	水	沄	돌아흐를, 소용돌이칠, 넓다, 깊다	운	7	8	氵水	3(4)	삼 수 (물 수)
壬水	水	夽	높다, 크다	운	7		大	3	큰 대
壬水	水	鬱	답답할, 우울할, 울창할	울	29		鬯	10	울창주 창
壬水	水	沅	강 이름, 물 이름	원	7	8	氵水	3(4)	삼 수 (물 수)
壬水	水	洹	물 이름	원	9	10	氵水	3(4)	삼 수 (물 수)
壬水	水	湲	물흐르다, 물이 맑다, 졸졸 흐를	원	12	13	氵水	3(4)	삼 수 (물 수)
壬水	水	源	근원	원	13	14	氵水	3(4)	삼 수 (물 수)
壬水	水	渭	물 이름, 강 이름, 흩어지다	위	12	13	氵水	3(4)	삼 수 (물 수)
壬水	水	流	흐를, 방랑, 떠돌다, 퍼지다	유	10	11	氵水	3(4)	삼 수 (물 수)
壬水	水	溜	처마물	유	13	14	氵水	3(4)	삼 수 (물 수)
壬水	水	瀏	맑다, 빠르다, 밝다, 물 맑은 모양	유	18	19	氵水	3(4)	삼 수 (물 수)
壬水	水	孺	젖먹이, 어린애, 아내, 처자, 어릴	유	17		子	3	아들 자
壬水	水	油	기름, 유막, 광택, 온화, 느긋할	유	8	9	氵水	3(4)	삼 수 (물 수)
壬水	水	洧	강 이름, 물 이름, 땅이름	유	9	10	氵水	3(4)	삼 수 (물 수)
壬水	水	游	헤엄치다, 뜨다, 놀다, 여행하다	유	12	13	氵水	3(4)	삼 수 (물 수)
壬水	水	濡	물에 적시다, 베풀다, 윤나다	유	17	18	氵水	3(4)	삼 수 (물 수)

壬水	水	聈	교요하다 (짐승을 가르쳐 길들일)	유	11		耳	6	귀 이
壬水	水	湵	깊다	유	12	13	氵水	3(4)	삼 수 (물 수)
壬水	水	淪	빠질, 망하다, 스며들다, 잔물결	윤	11	12	氵水	3(4)	삼 수 (물 수)
壬水	水	奫	물이 깊고 넓다	윤	15		大	3	큰 대
壬水	水	潤	물이 불다, 윤택할	윤	15	16	氵水	3(4)	삼 수 (물 수)
壬水	水	潏	사주(沙洲), 사람이 만든 작은 섬	율	15	16	氵水	3(4)	삼 수 (물 수)
壬水	水	汩	흐르다, 통하다, 맑다, 빠르다	율	7	8	氵水	3(4)	삼 수 (물 수)
壬水	水	瀜	물 깊고 넓은 모양	융	19	20	氵水	3(4)	삼 수 (물 수)
壬水	水	溵	물소리, 물 이름	은	13	14	氵水	3(4)	삼 수 (물 수)
壬水	水	泿	물가	은	9	10	氵水	3(4)	삼 수 (물 수)
壬水	水	濦	강 이름	은	17	18	氵水	3(4)	삼 수 (물 수)
壬水	水	淫	음란할, 탐할, 장마,	음	11	12	氵水	3(4)	삼 수 (물 수)
壬水	水	泣	울다, 근심할, 눈물	읍	8	9	氵水	3(4)	삼 수 (물 수)
壬水	水	浬	海里	이	10	11	氵水	3(4)	삼 수 (물 수)
壬水	水	涖	다다를, 임하다, 물소리	이	10	11	氵水	3(4)	삼 수 (물 수)
壬水	水	夷	오랑캐, 잘못, 상하다, 죽이다	이	6		大	3	큰 대
壬水	水	耳	귀, 성한 모양, 귀에 익다	이	6		耳	6	귀 이
壬水	水	溺	빠지다, 그르치다,	익	13	14	氵水	3(4)	삼 수 (물 수)
壬水	水	瀷	강 이름, 물 이름, 물결무늬	익	20	21	氵水	3(4)	삼 수 (물 수)
壬水	水	潾	맑을, 불결이 반짝일, 석간수	인	15	16	氵水	3(4)	삼 수 (물 수)
壬水	水	湮	묻히다, 잠기다, 빠지다, 스미다	인	12	13	氵水	3(4)	삼 수 (물 수)
壬水	水	㲾	찢어 맞붙다	인	6	7	氵水	3(4)	삼 수 (물 수)

壬水	水	一	하나, 첫 번째, 모든	일	1		一	1	한 일
壬水	水	溢	넘치다, 가득 차다, 교만하다	일	13	14	氵水	3(4)	삼 수 (물 수)
壬水	水	淋	임질, 장마, 물 뿌리다	임	11	12	氵水	3(4)	삼 수 (물 수)
壬水	水	孕	임신하다, 품다	잉	5		子	3	아들 자
壬水	水	子	아들	자	3		子	3	아들 자
壬水	水	字	글자, 문자, 암컷, 양육하다	자	6		子	3	아들 자
壬水	水	孜	힘쓰다, 부지런할	자	7		子	3	아들 자
壬水	水	滋	붇다, 증가할, 무성하다, 많다	자	12	13	氵水	3(4)	삼 수 (물 수)
壬水	水	孱	나약하다, 신음하다, 삼가다	잔	12		子	3	아들 자
壬水	水	潺	졸졸 흐르다	잔	15	16	氵水	3(4)	삼 수 (물 수)
壬水	水	潛	잠기다, 가라앉다	잠	15	16	氵水	3(4)	삼 수 (물 수)
壬水	水	**潜**	잠기다, 가라앉다	잠	15	16	氵水	3(4)	삼 수 (물 수)
壬水	水	丈	어른, 장자, 남자 노인의 존칭	장	3		一	1	한 일
壬水	水	獎	장려할, 권면할, 칭찬할, 표창할	장	14		大	3	큰 대
壬水	水	漿	즙, 미음, 마실 것	장	15		水	4	물 수
壬水	水	長	길	장	8		長	8	길 장
壬水	水	**奘**	크다, 성하다, 튼튼하다, 건장하다	장	10		大	3	큰 대
壬水	水	**漳**	물 이름, 둑, 막다	장	14	15	氵水	3(4)	삼 수 (물 수)
壬水	水	溨	맑다, 물 이름	재	12	13	氵水	3(4)	삼 수 (물 수)
壬水	水	滓	찌꺼기, 때, 앙금	재	13	14	氵水	3(4)	삼 수 (물 수)
壬水	水	沮	막다, 꺾이다, 새다	저	8	9	氵水	3(4)	삼 수 (물 수)
壬水	水	渚	물가, 강 이름, 모래섬, 삼각주	저	12	13	氵水	3(4)	삼 수 (물 수)

壬水	水	齟	이가 어긋나다, 씹다	저	20		齒	15	이 치
壬水	水	滴	물방울, 극히 적은 분량	적	14	15	氵水	3(4)	삼 수 (물 수)
壬水	水	奠	터를 정하다, 제사 지내다	전	12		大	3	큰 대
壬水	水	澱	앙금, 찌거기, 얕은 물	전	16	17	氵水	3(4)	삼 수 (물 수)
壬水	水	浙	강 이름, 물 이름	절	10	11	氵水	3(4)	삼 수 (물 수)
壬水	水	漸	점점, 차츰, 번지다	점	14	15	氵水	3(4)	삼 수 (물 수)
壬水	水	點	점, 흠, 점찍다	점	17		黑	12	검을 흑
壬水	水	丁	고무래	정	2		一	1	한 일
壬水	水	汀	물가	정	5	6	氵水	3(4)	삼 수 (물 수)
壬水	水	淀	앙금, 찌꺼기, 얕은 물	정	11	12	氵水	3(4)	삼 수 (물 수)
壬水	水	淨	맑을, 깨끗할	정	11	12	氵水	3(4)	삼 수 (물 수)
壬水	水	渟	물이 괴다, 멈추다	정	12	13	氵水	3(4)	삼 수 (물 수)
壬水	水	湞	물 이름	정	12	13	氵水	3(4)	삼 수 (물 수)
壬水	水	瀞	깨끗할, 맑다, 사념없다, 정하다	정	19	20	氵水	3(4)	삼 수 (물 수)
壬水	水	涏	곧다, 물길이 곧게 벋은 모양	정	10	11	氵水	3(4)	삼 수 (물 수)
壬水	水	濟	건널	제	17	18	氵水	3(4)	삼 수 (물 수)
壬水	水	濟	건너다, 돕다	제	17	18	氵水	3(4)	삼 수 (물 수)
壬水	水	済	건너다, 돕다	제	11	12	氵水	3(4)	삼 수 (물 수)
壬水	水	漕	배로 실어 나르다	조	14	15	氵水	3(4)	삼 수 (물 수)
壬水	水	潮	밀물, 조수, 바닷물	조	15	16	氵水	3(4)	삼 수 (물 수)
壬水	水	存	있을	존	6		子	3	아들 자
壬水	水	淙	물소리	종	11	12	氵水	3(4)	삼 수 (물 수)

壬水	水	奏	아뢰다, 바치다, 이루다, 모이다	주	9		大	3	큰 대
壬水	水	州	고을	주	6		川	3	내 천
壬水	水	注	붓다, 물을 대다	주	8	9	氵水	3(4)	삼 수 (물 수)
壬水	水	洲	물가, 섬	주	9	10	氵水	3(4)	삼 수 (물 수)
壬水	水	湊	모이다, 달리다, 항구, 살결	주	12	13	氵水	3(4)	삼 수 (물 수)
壬水	水	澍	단비, 적시다	주	15	16	氵水	3(4)	삼 수 (물 수)
壬水	水	耼	귀, 귀밝다	주	14		耳	6	귀 이
壬水	水	浚	깊을, 재물 약탈할	준	10	11	氵水	3(4)	삼 수 (물 수)
壬水	水	準	준하다, 법도, 평평할, 바로 잡을	준	13	14	氵水	3(4)	삼 수 (물 수)
壬水	水	濬	깊다, 심오하다, 물길 통하다	준	17	18	氵水	3(4)	삼 수 (물 수)
壬水	水	汁	즙, 국물, 진누깨비, 눈물	즙	5	6	氵水	3(4)	삼 수 (물 수)
壬水	水	池	못	지	6	7	氵水	3(4)	삼 수 (물 수)
壬水	水	沚	물가, 강 가운데 조그만 섬	지	7	8	氵水	3(4)	삼 수 (물 수)
壬水	水	漬	담그다, 적시다, 잠기다	지	14	15	氵水	3(4)	삼 수 (물 수)
壬水	水	汦	붙다, 멈추다, 가지런한 모양	지	7	8	氵水	3(4)	삼 수 (물 수)
壬水	水	洔	섬, 갑자기 불은 물	지	9	10	氵水	3(4)	삼 수 (물 수)
壬水	水	職	직분, 직책, 벼슬	직	18		耳	6	귀 이
壬水	水	津	나루	진	9	10	氵水	3(4)	삼 수 (물 수)
壬水	水	溱	많다,펴지다,성하다,닿다,도달할	진	13	14	氵水	3(4)	삼 수 (물 수)
壬水	水	潗	샘솟다, 물 끓는 모양, 빗소리형용	집	15	16	氵水	3(4)	삼 수 (물 수)
壬水	水	澄	맑다, 깨끗하다	징	15	16	氵水	3(4)	삼 수 (물 수)
壬水	水	且	또, 또한, 우선	차	5		一	1	한 일

壬水	水	奲	관대할	차	24		大	3	큰 대
壬水	水	齪	악착하다, 작다	착	22		齒	15	이 치
壬水	水	澯	맑다, 출이 출렁거리다	찬	16	17	氵水	3(4)	삼 수 (물 수)
壬水	水	滄	큰바다, 싸늘하다, 검푸르다	창	13	14	氵水	3(4)	삼 수 (물 수)
壬水	水	漲	물 넘치다, 가득차다	창	14	15	氵水	3(4)	삼 수 (물 수)
壬水	水	滌	씻다, 닦다, 청소하다	척	14	15	氵水	3(4)	삼 수 (물 수)
壬水	水	天	하늘,제왕,자연,천체,천성,운명	천	4		大	3	큰 대
壬水	水	川	내, 굴, 끊임없이	천	3		川	3	내 천
壬水	水	泉	샘, 지하수, 돈, 황천	천	9		水	4	물 수
壬水	水	淺	얕다, 엷다, 부족하다	천	11	12	氵水	3(4)	삼 수 (물 수)
壬水	水	澈	물 맑을	철	15	16	氵水	3(4)	삼 수 (물 수)
壬水	水	沾	더하다, 첨가하다, 엿보다, 강 이름	첨	8	9	氵水	3(4)	삼 수 (물 수)
壬水	水	添	더하다, 보태다	첨	11	12	氵水	3(4)	삼 수 (물 수)
壬水	水	淸	맑을	청	11	12	氵水	3(4)	삼 수 (물 수)
壬水	水	聽	듣다, 판결하다, 허락하다	청	22		耳	6	귀 이
壬水	水	涕	눈물, 울다	체	10	11	氵水	3(4)	삼 수 (물 수)
壬水	水	滯	막히다, 얽매이다, 남다, 쌓이다	체	14	15	氵水	3(4)	삼 수 (물 수)
壬水	水	貂	담비(가죽, 꼬리)	초	12		豸	7	벌레치(갖은돼지시)
壬水	水	聰	귀밝다, 총명하다, 듣다, 살피다	총	17		耳	6	귀 이
壬水	水	聡	귀밝다, 총명하다, 듣다, 살피다	총	14		耳	6	귀 이
壬水	水	湫	다하다, 서늘하다, 웅덩이, 늪, 못	추	12	13	氵水	3(4)	삼 수 (물 수)
壬水	水	丑	소	축	4		一	1	한 일

壬水	水	黜	내치다, 물리치다, 버리다, 줄이다	출	17		黑	12	검을 흑
壬水	水	沖	화하다, 부딪치다, 비다, 찌르다	충	7	8	氵水	3(4)	삼 수 (물 수)
壬水	水	聚	모으다, 저축하다	취	14		耳	6	귀 이
壬水	水	測	헤아리다, 재다, 맑다, 알다	측	12	13	氵水	3(4)	삼 수 (물 수)
壬水	水	治	다스릴	치	8	9	氵水	3(4)	삼 수 (물 수)
壬水	水	淄	검은 빛, 물 이름	치	11	12	氵水	3(4)	삼 수 (물 수)
壬水	水	齒	이, 나이, 어금니	치	15		齒	15	이 치
壬水	水	七	일곱	칠	7		一	1	한 일
壬水	水	漆	옻, 옻나무, 검은 칠, 일곱	칠	14	15	氵水	3(4)	삼 수 (물 수)
壬水	水	沈	잠기다, 빠지다, 원기잃다	침	7	8	氵水	3(4)	삼 수 (물 수)
壬水	水	浸	잠기다, 담그다, 번지다, 적시다	침	10	11	氵水	3(4)	삼 수 (물 수)
壬水	水	夬	터놓다, 정하다, 나누다	쾌	4		大	3	큰 대
壬水	水	濁	흐리다, 혼탁할, 더럽다, 혼란하다	탁	16	17	氵水	3(4)	삼 수 (물 수)
壬水	水	濯	씻다, 빛나다, 크다	탁	17	18	氵水	3(4)	삼 수 (물 수)
壬水	水	灘	여울, 모래톱, 개펄	탄	22	23	氵水	3(4)	삼 수 (물 수)
壬水	水	奪	빼앗다, 약탈하다, 잃다	탈	14		大	3	큰 대
壬水	水	耽	즐기다, 좋아하다, 열중하다	탐	10		耳	6	귀 이
壬水	水	湯	끓이다, 온천	탕	12	13	氵水	3(4)	삼 수 (물 수)
壬水	水	太	클	태	4		大	3	큰 대
工水	水	汰	걸러내다, 씻을, 사치할	태	7	8	氵水	3(4)	삼 수 (물 수)
壬水	水	泰	클	태	10		水	4	물 수
壬水	水	澤	못	택	16	17	氵水	3(4)	삼 수 (물 수)

壬水	水	洞	밝다, 꿰뚫다, 통하다, 통달하다	통	9	10	氵水	3(4)	삼 수 (물 수)
壬水	水	套	씌우다, 겹치다, 크다, 덮개	투	10		大	3	큰 대
壬水	水	波	물결, 흐름, 눈의영채, 은총, 혜택	파	8	9	氵水	3(4)	삼 수 (물 수)
壬水	水	派	물갈래, 지류, 유파, 파견하다	파	9	10	氵水	3(4)	삼 수 (물 수)
壬水	水	沛	쏟아지다, 내리다	패	7	8	氵水	3(4)	삼 수 (물 수)
壬水	水	浿	강 이름, 고을 이름	패	10	11	氵水	3(4)	삼 수 (물 수)
壬水	水	澎	물 세게 부딪는 기세	팽	15	16	氵水	3(4)	삼 수 (물 수)
壬水	水	泙	물소리, 거센 물결	평	8	9	氵水	3(4)	삼 수 (물 수)
壬水	水	泡	거품, 물 흐르는 소리, 왕성하다	포	8	9	氵水	3(4)	삼 수 (물 수)
壬水	水	浦	물가	포	10	11	氵水	3(4)	삼 수 (물 수)
壬水	水	瀑	폭포	폭	18	19	氵水	3(4)	삼 수 (물 수)
壬水	水	漂	떠다니다, 띄우다, 나부끼다	표	14	15	氵水	3(4)	삼 수 (물 수)
壬水	水	豹	표범	표	10		豸	7	벌레치(갖은돼지시)
壬水	水	泌	스며 흐르다, 물결 부딪치다	필	8	9	氵水	3(4)	삼 수 (물 수)
壬水	水	下	아래	하	3		一	1	한 일
壬水	水	河	물	하	8	9	氵水	3(4)	삼 수 (물 수)
壬水	水	學	배울	학	16		子	3	아들 자
壬水	水	学	배우다, 學(학)의 간체자(簡體字)	학	8		子	3	아들 자
壬水	水	汗	땀, 물이 질펀한 모양	한	6	7	氵水	3(4)	삼 수 (물 수)
壬水	水	漢	한나라, 한수, 은하수, 사나이	한	14	15	氵水	3(4)	삼 수 (물 수)
壬水	水	澣	빨래하다, 발씻다, 열흘	한	16	17	氵水	3(4)	삼 수 (물 수)
壬水	水	瀚	넓고 큰 모양, 사막	한	19	20	氵水	3(4)	삼 수 (물 수)

壬水	水	澖	넓다	한	15	16	氵水	3(4)	삼 수 (물 수)
壬水	水	涵	물에 젖다, 잠기다	함	11	12	氵水	3(4)	삼 수 (물 수)
壬水	水	鹹	짜다, 두루 미치다, 같다, 모두	함	20		鹵	11	소금 로
壬水	水	沆	큰물, 넓을	항	7	8	氵水	3(4)	삼 수 (물 수)
壬水	水	港	항구, 도랑, 뱃길	항	12	13	氵水	3(4)	삼 수 (물 수)
壬水	水	奚	어찌, 무슨, 무엇	해	10		大	3	큰 대
壬水	水	孩	어린아이, 마음이 어리다, 달래다	해	9		子	3	아들 자
壬水	水	海	바다	해	10	11	氵水	3(4)	삼 수 (물 수)
壬水	水	瀣	이슬 기운, 바다 기운	해	19	20	氵水	3(4)	삼 수 (물 수)
壬水	水	涬	기운, 넓고 어두운 모양, 끌다	행	11	12	氵水	3(4)	삼 수 (물 수)
壬水	水	奕	크다, 아름답다	혁	9		大	3	큰 대
壬水	水	泫	이슬빛나다, 눈물흘리다, 뒤섞이다	현	8	9	氵水	3(4)	삼 수 (물 수)
壬水	水	孑	외롭다, 작다, 짧다	혈	3		子	3	아들 자
壬水	水	夾	끼다, 좁다, 겸하다	협	7		大	3	큰 대
壬水	水	浹	두루 미치다, 젖다	협	10	11	氵水	3(4)	삼 수 (물 수)
壬水	水	泂	멀다, 깊다	형	8	9	氵水	3(4)	삼 수 (물 수)
壬水	水	滎	실개천, 물결 일다	형	14		水	4	물 수
壬水	水	瀅	물 맑다, 개천	형	18	19	氵水	3(4)	삼 수 (물 수)
壬水	水	灐	물 이름	형	21	22	氵水	3(4)	삼 수 (물 수)
壬水	水	浩	넓을, 클	호	10	11	氵水	3(4)	삼 수 (물 수)
壬水	水	淏	맑다	호	11	12	氵水	3(4)	삼 수 (물 수)
壬水	水	湖	호수	호	12	13	氵水	3(4)	삼 수 (물 수)

壬水	水	滸	물가	호	14	15	氵水	3(4)	삼 수 (물 수)
壬水	水	澔	넓다, 크다	호	15	16	氵水	3(4)	삼 수 (물 수)
壬水	水	濠	호주, 해자, 도랑	호	17	18	氵水	3(4)	삼 수 (물 수)
壬水	水	濩	널리 퍼지다	호	17	18	氵水	3(4)	삼 수 (물 수)
壬水	水	灝	넓다, 깊다, 밝고 맑다, 희다	호	24	25	氵水	3(4)	삼 수 (물 수)
壬水	水	豪	호걸	호	14		豕	7	돼지 시
壬水	水	混	섞다, 합하다, 혼탁하다, 맞추다	혼	11	12	氵水	3(4)	삼 수 (물 수)
壬水	水	渾	흐리다, 혼탁하다, 미련하다	혼	12	13	氵水	3(4)	삼 수 (물 수)
壬水	水	汞	수은	홍	7		水	4	물 수
壬水	水	泓	물 깊을	홍	8	9	氵水	3(4)	삼 수 (물 수)
壬水	水	洪	넓을	홍	9	10	氵水	3(4)	삼 수 (물 수)
壬水	水	澕	물이 깊다	화	15	16	氵水	3(4)	삼 수 (물 수)
壬水	水	渙	흩어질, 풀리다, 찬란하다, 빛나다	환	12	13	氵水	3(4)	삼 수 (물 수)
壬水	水	活	살다, 태어나다, 생기있다	활	9	10	氵水	3(4)	삼 수 (물 수)
壬水	水	滑	미끄럽다, 교활하다	활	13	14	氵水	3(4)	삼 수 (물 수)
壬水	水	濶	넓다, 트이다, 멀다	활	17	18	氵水	3(4)	삼 수 (물 수)
壬水	水	況	상황, 형편, 모양	황	8	9	氵水	3(4)	삼 수 (물 수)
壬水	水	湟	성지, 해자, 물에 빠지다	황	12	13	氵水	3(4)	삼 수 (물 수)
壬水	水	滉	물 깊을	황	13	14	氵水	3(4)	삼 수 (물 수)
壬水	水	潢	웅덩이, 못, 저수지	황	15	16	氵水	3(4)	삼 수 (물 수)
壬水	水	淮	물 이름, 강 이름	회	11	12	氵水	3(4)	삼 수 (물 수)
壬水	水	澮	봇도랑, 시내, 물 이름	회	16	17	氵水	3(4)	삼 수 (물 수)

壬水	水	孝	효도	효	7		子	3	아들 자
壬水	水	涍	성씨, 물 이름, 물가	효	10	11	氵水	3(4)	삼 수 (물 수)
壬水	水	淆	뒤섞이다, 흐리다	효	11	12	氵水	3(4)	삼 수 (물 수)
壬水	水	洶	용솟음치다, 혼란스럽다, 시끄럽다	흉	9	10	氵水	3(4)	삼 수 (물 수)
壬水	水	黑	검다, 어둡다, 나쁘다, 사악하다	흑	12		黑	12	검을 흑
壬水	水	洽	흡족할, 젖을, 화합할	흡	9	10	氵水	3(4)	삼 수 (물 수)
壬水	水	聲	소리,풍류,노래,이름,명예,사성		17		耳	6	귀 이
壬水	水	鯨	고래, 수컷 고래	경	19		魚	11	물고기 어 漁
壬水	水	鯤	곤이, 곤어	곤	19		魚	11	물고기 어 漁
壬水	水	魯	노나라, 성씨, 노둔하다	노	15		魚	11	물고기 어 漁
壬水	水	魯	노나라, 성씨, 노둔하다	로	15		魚	11	물고기 어 漁
壬水	水	鯉	잉어, 편지, 서찰	리	18		魚	11	물고기 어 漁
壬水	水	鱗	비늘, 물고기	린	23		魚	11	물고기 어 漁
壬水	水	鰻	뱀장어	만	22		魚	11	물고기 어 漁
壬水	水	鱉	자라, 고사리	별	23		魚	11	물고기 어 漁
壬水	水	鰒	전복, 떡조개	복	20		魚	11	물고기 어 漁
壬水	水	士	선비, 관리, 사내	사	3		士	3	선비 사
壬水	水	壻	사위, 남편, 사내, 동서	서	12		士	3	선비 사
壬水	水	鮮	고울	선	17		魚	11	물고기 어 漁
壬水	水	壽	목숨, 수명, 장수, 머리, 별 이름	수	14		士	3	선비 사
壬水	水	鰐	악어	악	20		魚	11	물고기 어 漁
壬水	水	鮟	아귀, 메기	안	17		魚	11	물고기 어 漁

壬水	水	魚	물고기	어	11		魚	11	물고기 어 漁
壬水	水	鰲	자라, 바다거북	오	22		魚	11	물고기 어 漁
壬水	水	鯉	잉어, 편지, 서찰	이	18		魚	11	물고기 어 漁
壬水	水	鱗	비늘, 물고기	인	23		魚	11	물고기 어 漁
壬水	水	壹	한, 하나, 오직,통일하다,전일하다	일	12		士	3	선비 사
壬水	水	壬	천간, 북방	임	4		士	3	선비 사
壬水	水	壯	씩씩할, 장할	장	7		士	3	선비 사
壬水	水	壮	장하다, 굳세다	장	6		士	3	선비 사
壬水	水	鮎	메기, 은어	점	16		魚	11	물고기 어 漁
壬水	水	鯖	청어, 고등어	청	19		魚	11	물고기 어 漁
壬水	水	鰍	미꾸라지, 능가하다, 밟다	추	20		魚	11	물고기 어 漁
壬水	水	鰌	미꾸라지, 능가하다, 밟다	추	20		魚	11	물고기 어 漁
壬水	水	鮐	복어, 늙은이	태	16		魚	11	물고기 어 漁
壬水	水	鮑	절인 물고기, 전복	포	16		魚	11	물고기 어 漁
壬水	水	鰕	새우, 암코래, 도롱뇽	하	20		魚	11	물고기 어 漁
壬水	水	壺	병, 술병, 박, 단지	호	12		士	3	선비 사
壬水	水	鰥	환어, 홀아비, 곤이	환	21		魚	11	물고기 어 漁
甲木	木	眷	돌볼, 베풀, 사모할, 권속, 은총	권	11		目	5	눈 목
甲木	木	権	權(권)과 同字	권	15		木	4	나무 목
甲木	木	籠	대바구니, 새장	농	22		竹	6	대나무 죽
甲木	木	橦	나무이름	동	16		木	4	나무 목
甲木	木	棽	무성할, 우거질	림	12		木	4	나무 목

甲木	木	立	설	립	5		立	5	설 립
甲木	木	并	아우를, 어울릴, 물리칠, 합하다	병	6		干	3	방패 간
甲木	木	析	쪼개다, 가르다, 밝히다	석	8		木	4	나무 목
甲木	木	痒	가렵다, 넓다, 종기, 병	양	11		疒	5	병질 엄
甲木	木	枉	굽다, 휘다, 복종하다, 사특하다	왕	8		木	4	나무 목
癸水	水	歌	노래	가	14		欠	4	하품 흠
癸水	水	跏	책상다리할	가	12		足	7	발 족
癸水	水	跭	세우다, 우뚝 솟다	강	13		足	7	발 족
癸水	水	距	상거할, 막을	거	12		足	7	발 족
癸水	水	踞	걸터앉을	거	15		足	7	발 족
癸水	水	建	세울	건	9		廴	3	끌 인(민책받침)
癸水	水	蹇	절뚝발이, 머무를	건	17		足	7	발 족
癸水	水	癸	열 번째 천간	계	9		癶	5	필발머리,등질 발
癸水	水	跨	넘어갈, 자랑할, 점거할, 사타구니	과	13		足	7	발 족
癸水	水	款	항목, 정성, 진분, 돈, 인장	관	12		欠	4	하품 흠
癸水	水	蹶	넘어질, 일어설	궐	19		足	7	발 족
癸水	水	歸	돌아갈, 따르다, 의탁할, 위임할	귀	18		止	4	그칠 지
癸水	水	旣	이미	기	11		无	4	없을 무
癸水	水	欺	속일, 허위, 기만	기	12		欠	4	하품 흠
癸水	水	路	길, 통행, 도리, 방법, 요처	노	13		足	7	발 족
癸水	水	露	이슬, 진액, 좋은 술, 허무함 비유	노	21		雨	8	비 우
癸水	水	雷	천둥, 위엄있는 모양, 빠른 모양	뇌	13		雨	8	비 우

癸水	水	踏	밟을	답	15		足	7	발 족
癸水	水	跳	뛸, 솟구칠, 도전, 빨리달리다	도	13		足	7	발 족
癸水	水	蹈	밟을, 발로 구를	도	17		足	7	발 족
癸水	水	登	오를	등	12		癶	5	필발머리,등질 발
癸水	水	歷	지나다, 책력, 다니다(발자국)	력	16		止	4	그칠 지
癸水	水	靂	벼락, 천둥	력	24		雨	8	비 우
癸水	水	殮	염습할, 납관할	렴	17		歹	4	죽을 사
癸水	水	零	비오다, 숫자 0	령	13		雨	8	비 우
癸水	水	靈	신령, 혼령, 영기, 존엄,하늘,천제	령	24		雨	8	비 우
癸水	水	露	이슬, 진액, 좋은 술, 허무함 비유	로	21		雨	8	비 우
癸水	水	路	길, 통행, 도리, 방도, 요처, 길손	로	13		足	7	발 족
癸水	水	雷	천둥, 위엄있는 모양, 빠른 모양	뢰	13		雨	8	비 우
癸水	水	率	비율, 제한	률	11		玄	5	검을 현
癸水	水	离	떠날, 떼어놓다, 갈라지다, 분산	리	11		内	5	짐승발자국 유
癸水	水	躪	짓밟다,수레가 밟고 지나가다	린	27		足	7	발 족
癸水	水	霖	장마	림	16		雨	8	비 우
癸水	水	歿	죽다, 끝내다, 숨다, 해가 지다	몰	8		歹	4	죽을 사
癸水	水	无	없다,4	무	4		无	4	없을 무
癸水	水	武	호반, 무인, 무사, 군대위용, 병법	무	8		止	4	그칠 지
癸水	水	霧	안개, 가볍고 잘다	무	19		雨	8	비 우
癸水	水	雯	구름무늬	문	12		雨	8	비 우
癸水	水	雹	우박, 두들기다	박	13		雨	8	비 우

癸水	水	發	피다, 쏘다, 일어나다	발	12		癶	5	필발머리,등질 발
癸水	水	跋	밟다, 넘어갈, 사납다, 촛불 밑동	발	12		足	7	발 족
癸水	水	髮	머리털, 초목, 메마른 밭, 모래땅	발	15		髟	10	터럭발(늘어질 표)
癸水	水	霹	벼락, 천둥	벽	21		雨	8	비 우
癸水	水	步	걸음, 보, 행위, 운수, 보병	보	7		止	4	그칠 지
癸水	水	步	걸음, 보, 행위, 운수, 보병	보	8		止	4	그칠 지
癸水	水	趺	책상다리할, 받침	부	11		足	7	발 족
癸水	水	雰	눈이 날리다, 안개, 서리, 먼지	분	12		雨	8	비 우
癸水	水	彬	빛	빈	11		彡	3	터럭삼 (髮)
癸水	水	殯	빈소, 초빈하다, 염하다	빈	18		歹	4	죽을 사
癸水	水	霦	옥의 광채	빈	19		雨	8	비 우
癸水	水	死	죽다, 목숨걸다	사	6		歹	4	죽을 사
癸水	水	霰	싸라기눈, 말린 떡을 잘게 썬 것	산	20		雨	8	비 우
癸水	水	霜	서리, 흰가루, 세월	상	17		雨	8	비 우
癸水	水	跣	맨발, 맨발로 다니다	선	13		足	7	발 족
癸水	水	雪	눈	설	11		雨	8	비 우
癸水	水	禼	사람이름, 은나라 시조 이름	설	12		内	5	짐승발자국 유
癸水	水	殲	다 죽이다, 멸하다, 없애다	섬	21		歹	4	죽을 사
癸水	水	歲	해, 나이, 세월	세	13		止	4	그칠 지
癸水	水	疏	소통할, 트이다, 드물다, 깔다	소	12		疋	5	짝 필
癸水	水	疎	성기다, 트이다, 나누다, 멀다	소	12		疋	5	짝 필
癸水	水	霄	하늘,진눈깨비,운기,야간,구름	소	15		雨	8	비 우

癸水	水	霄	하늘,진눈깨비,운기,야간,구름	소	19		雨	8	비 우
癸水	水	率	거느릴, 쫓다, 따르다, 소탈하다	솔	11		玄	5	검을 현
癸水	水	殊	다르다, 뛰어나다, 끊어지다	수	4		歹	4	죽을 사
癸水	水	需	쓰이다, 구하다, 공급할, 기르다	수	14		雨	8	비 우
癸水	水	鬚	수염, 술, 식물수염, 모름지기	수	22		髟	10	터럭발(늘어질 표)
癸水	水	殉	따라 죽다, 순장, 목숨 바치다	순	10		歹	4	죽을 사
癸水	水	殖	붇다, 번성하다, 번식하다	식	12		歹	4	죽을 사
癸水	水	殃	재앙, 해치다, 괴롭히다	앙	9		歹	4	죽을 사
癸水	水	靄	아지랑이, 구름이 모이는 모양	애	24		雨	8	비 우
癸水	水	躍	뛸	약	21		足	7	발 족
癸水	水	彦	선비	언	9		彡	3	터럭삼 (髮)
癸水	水	歟	어조사, 편안한 기운	여	18		欠	4	하품 흠
癸水	水	歷	지나다, 책력, 다니다(발자국)	역	16		止	4	그칠 지
癸水	水	靂	벼락, 천둥	역	24		雨	8	비 우
癸水	水	延	늘이다, 잇다, 끌다, 인도하다	연	7		廴	3	끌 인(민책받침)
癸水	水	殮	염습할,납관할	염	17		歹	4	죽을 사
癸水	水	髥	구레나룻	염	14		髟	10	터럭발(늘어질 표)
癸水	水	零	비오다, 숫자 0	영	13		雨	8	비 우
癸水	水	靈	신령,혼령,영기,존엄,하늘,천제	영	24		雨	8	비 우
癸水	水	影	그림자	영	15		彡	3	터럭삼 (髮)
癸水	水	霙	진눈깨비, 눈꽃	영	17		雨	8	비 우
癸水	水	霓	무지개, 벼락, 가장자리	예	16		雨	8	비 우

癸水	水	歪	기울다, 비뚤다	왜	9		止	4	그칠 지
癸水	水	欲	하고자 할, 온순할, 좋아할	욕	11		欠	4	하품 흠
癸水	水	踊	뛰다, 춤추다, 신발	용	14		足	7	발 족
癸水	水	禹	하우씨, 임금, 벌레, 느슨할	우	9		内	5	짐승발자국 유
癸水	水	雨	비	우	8		雨	8	비 우
癸水	水	雩	기우제	우	11		雨	8	비 우
癸水	水	䨒	물소리, 깃털, 날개, 조류	우	14		雨	8	비 우
癸水	水	彧	문채, 긴모양, 무성하다	욱	10		彡	3	터럭삼 (髮)
癸水	水	殞	죽다, 훼손하다,추락하다	운	14		歹	4	죽을 사
癸水	水	雲	구름, 습기	운	12		雨	8	비 우
癸水	水	踰	넘다, 지나가다, 뛰다, 더욱	유	16		足	7	발 족
癸水	水	蹂	밟다, 죽이다, 빠르다	유	16		足	7	발 족
癸水	水	率	비율, 제한	율	11		玄	5	검을 현
癸水	水	疑	의심할, 헛갈릴, 미혹될, 두려워할	의	14		疋	5	짝 필
癸水	水	离	떠날, 떼어놓다, 갈라지다, 분산	이	11		内	5	짐승발자국 유
癸水	水	躪	짓밟다, 수레가 밟고 지나가다	인	27		足	7	발 족
癸水	水	霖	장마	임	16		雨	8	비 우
癸水	水	玆	이, 여기, 지금, 검다	자	10		玄	5	검을 현
癸水	水	殘	잔인할, 해치다, 남다, 나머지	잔	12		歹	4	죽을 사
癸水	水	躇	머뭇거리다, 건너뛰다	저	20		足	7	발 족
癸水	水	跡	발자취, 업적, 행적	적	13		足	7	발 족
癸水	水	蹟	자취, 업적, 행적	적	18		足	7	발 족

癸水	水	電	번개, 전기, 전화, 빠르다	전	13		雨	8	비 우
癸水	水	霑	젖다, 적시다, 은혜입다	점	16		雨	8	비 우
癸水	水	廷	조정	정	7		廴	3	끌 인(민책받침)
癸水	水	正	바를	정	5		止	4	그칠 지
癸水	水	霆	천둥소리,번개,세차고 빠름의 비유	정	15		雨	8	비 우
癸水	水	蹄	굽, 발, 올무	제	16		足	7	발 족
癸水	水	霽	비개다, 노여움 풀리다	제	22		雨	8	비 우
癸水	水	彫	새기다, 꾸미다	조	11		彡	3	터럭삼 (髮)
癸水	水	躁	조급하다, 떠들다	조	20		足	7	발 족
癸水	水	足	발, 뿌리, 근본	족	7		足	7	발 족
癸水	水	踪	자취, 사적, 흔적	종	15		足	7	발 족
癸水	水	踵	발꿈치, 도달하다	종	16		足	7	발 족
癸水	水	蹤	발자취, 사적, 흔적	종	18		足	7	발 족
癸水	水	躊	머뭇거리다	주	21		足	7	발 족
癸水	水	止	그치다, 끝나다	지	4		止	4	그칠 지
癸水	水	趾	발, 터	지	11		足	7	발 족
癸水	水	殄	다하다, 끊다, 멸하다	진	9		歹	4	죽을 사
癸水	水	震	우레, 천둥, 벼락	진	15		雨	8	비 우
癸水	水	跌	거꾸러지다, 넘어지다, 틀리다	질	12		足	7	발 족
癸水	水	次	버금	차	6		欠	4	하품 흠
癸水	水	此	이, 이에	차	6		止	4	그칠 지
癸水	水	蹉	미끄러질, 넘어질, 지나다	차	17		足	7	발 족

癸水	水	彰	드러나다, 뚜렷하다, 게시하다	창	14		彡	3	터럭삼 (髮)
癸水	水	彩	채색, 무늬, 윤기	채	11		彡	3	터럭삼 (髮)
癸水	水	蹠	밟다, 도달하다, 발바닥, 다리	척	18		足	7	발 족
癸水	水	踐	밟다, 발로 디디다, 짓밟다, 베다	천	15		足	7	발 족
癸水	水	蹙	닥치다, 긴박하다, 곤궁하다	축	18		足	7	발 족
癸水	水	蹴	발로 차다, 밟다, 감축하다, 쫓다	축	19		足	7	발 족
癸水	水	踔	멀다, 뛰어나다	탁	15		足	7	발 족
癸水	水	歎	탄식하다, 읊다	탄	15		欠	4	하품 흠
癸水	水	殆	거의, 장차, 위태할	태	9		歹	4	죽을 사
癸水	水	跆	밟다, 유린하다, 업신여길, 노래할	태	12		足	7	발 족
癸水	水	跛	절름발이, 절룩거리다	파	12		足	7	발 족
癸水	水	霸	으뜸, 두목, 성씨	패	21		雨	8	비 우
癸水	水	彭	나라이름,姓	팽	12		彡	3	터럭삼 (髮)
癸水	水	彪	범, 작은 범, 빛나다	표	11		彡	3	터럭삼 (髮)
癸水	水	疋	짝, 배필, 홀, 필	필	5		疋	5	짝 필
癸水	水	霞	노을, 새우, 맛난 술	하	17		雨	8	비 우
癸水	水	歇	쉬다, 그치다, 휴식하다	헐	13		欠	4	하품 흠
癸水	水	玄	검을	현	5		玄	5	검을 현
癸水	水	形	모양, 형상, 얼굴	형	7		彡	3	터럭삼 (髮)
癸水	水	蹊	좁은 길, 지름길	혜	17		足	7	발 족
癸水	水	歡	기뻐할	환	22		欠	4	하품 흠
癸水	水	廻	돌다, 선회하다, 돌리다, 피하다	회	9		廴	3	끌 인(민책받침)

癸水	水	歊	김이 오르다, 숨쉬다	효	14		欠	4	하품 흠
癸水	水	欣	기뻐할	흔	8		欠	4	하품 흠
癸水	水	欠	하품, 빚, 흠, 모자라다	흠	4		欠	4	하품 흠
癸水	水	欽	공경할	흠	12		欠	4	하품 흠
癸水	水	歆	흠향하다, 부러워하다, 탐내다	흠	13		欠	4	하품 흠
癸水	水	夏	여름	하	10		夊	3	뒤저올 치

작명 한자 사전

1판 인쇄 / 2023년 8월 20일
1판 발행 / 2023년 8월 30일

지은이 / 이기정
감　수 / 이　수
편　집 / 류동익
펴낸이 / 홍정수
펴낸곳 / 이더레인

등록/1950. 11. 1 서울 제 03-00993호
주소/서울특별시 용산구 한강대로 62 나길 6
대표전화/02-3785-2211
팩시밀리/02-3785-2272
홈페이지/www.tamgudang.co.kr
전자우편/tamgudang@paran.com

값 45,000 원

ISBN 978-89-6499-073-5

※※ 이더레인은 탐구당의 서브 브랜드입니다.